律师公司法业务
前沿问题与案例评析
①

CORPORATE LAW PRACTICE
CHALLENGES AND SOLUTIONS

中华全国律师协会公司法专业委员会　编著

北京大学出版社
PEKING UNIVERSITY PRESS

图书在版编目(CIP)数据

律师公司法业务前沿问题与案例评析.①/中华全国律师协会公司法专业委员会编著. —北京:北京大学出版社,2016.10
ISBN 978-7-301-27540-5

Ⅰ.①律… Ⅱ.①中… Ⅲ.①公司法-案例-中国 Ⅳ.①D922.291.915

中国版本图书馆 CIP 数据核字(2016)第 219527 号

书　　　名	律师公司法业务前沿问题与案例评析① Lüshi Gongsifa Yewu Qianyan Wenti yu Anli Pingxi ①
著作责任者	中华全国律师协会公司法专业委员会　编著
责 任 编 辑	陆建华　王丽环
标 准 书 号	ISBN 978-7-301-27540-5
出 版 发 行	北京大学出版社
地　　　址	北京市海淀区成府路 205 号　100871
网　　　址	http://www.pup.cn　http://www.yandayuanzhao.com
电 子 信 箱	yandayuanzhao@163.com
新 浪 微 博	@北京大学出版社　@北大出版社燕大元照法律图书
电　　　话	邮购部 62752015　发行部 62750672　编辑部 62117788
印 刷 者	北京大学印刷厂
经 销 者	新华书店
	730 毫米×1020 毫米　16 开本　36.25 印张　756 千字 2016 年 10 月第 1 版　2016 年 10 月第 1 次印刷
定　　　价	88.00 元

未经许可,不得以任何方式复制或抄袭本书之部分或全部内容。
版权所有,侵权必究
举报电话:010-62752024　电子信箱:fd@pup.pku.edu.cn
图书如有印装质量问题,请与出版部联系,电话:010-62756370

出版说明

编写本书的缘由

中华全国律师协会公司法专业委员会(以下简称公司法委员会)于2015年9月,在四川省成都市召开了"新常态下公司投融资模式创新法律业务研讨会暨中华全国律师协会公司法专业委员会2015年年会",对新常态下投融资模式创新法律业务的诸多热点和难点问题进行了研讨和交流。会后,公司法委员会对提交会议交流的论文进行了修改与完善,形成一批具有一定质量和典型意义的文章与案例,提交出版社出版。出版本书,旨在通过对新常态下律师公司法业务实务操作的创新经验以及典型案例的汇集和整理,归纳、总结律师开展公司法实务所遇到的各类前沿问题,交流律师应对各类前沿问题的实务操作经验,帮助律师提高从事公司法业务的整体素质和业务水平,同时向有关立法机关、司法机关和行政部门提出相应的立法、执法建议。

本书的主要内容

本书分为"新三板"业务,众筹业务,PPP及其他新型投融资业务,非诉公司业务热点问题,股权转让纠纷,股东资格、股东责任与股东权利纠纷,公司诉讼热点问题共七大部分。

本书涉及的公司法实务前沿问题与研究成果主要包括:

1. 新三板实务操作方面的研究成果;

2. 新三板法律风险防范方面的研究成果；
3. 众筹律师实务方面的研究成果；
4. 股权众筹的风险与规范机制方面的研究成果；
5. PPP律师实务方面的研究成果；
6. P2P律师实务方面的研究成果；
7. 互联网金融纠纷的风险防范与化解方面的研究成果；
8. 上市公司收购防御律师实务方面的研究成果；
9. 律师公司非诉业务的突破和创新方面的研究成果；
10. 股权转让纠纷的律师实务方面的研究成果；
11. 股东资格纠纷的律师实务方面的研究成果；
12. 股东权利与股东责任纠纷方面的研究成果；
13. 公司诉讼的专业化方面的研究成果。

本书的读者对象

本书由中华全国律师协会公司法专业委员会从委员及其他具有丰富经验的执业律师的公司业务经验总结文章和案例中，经反复筛选，并分门别类编撰而成。

本书可供律师、企业法务人员、法学理论研究者、法律院系的师生以及立法部门、行政管理部门和司法部门的专业人士等使用。

作者

本书作者为中华全国律师协会公司法专业委员会的委员或具有公司法业务丰富从业经验的资深律师。公司法专业委员会是中华全国律师协会理事会批准设立并进行组织管理和业务活动指导的下属法律业务专业委员会。

本书中所选文章与案例，是作者执业感悟和研究的结果，并不代表公司法专业委员会以及中华全国律师协会的意见。在此特别感谢北京大学出版社的蒋浩先生、陆建华先生和王丽环女士，他们为此书的出版发行付出了智慧和辛劳。

由于编辑时间仓促，加之对具体律师公司业务的办理可能仁者见仁、智者见智，以及与此相关的理论研究并无定论，本书中的不妥甚至谬误之处敬请见谅，也敬请读者不吝赐教。

中华全国律师协会公司法专业委员会
2016年9月

目 录

第一部分 "新三板"业务

中国新三板的发展与律师业务机遇／计静怡　　003
浅析新三板企业定向增资中涉及的对赌问题／杨　威　郭　静　　010
新三板对赌协议案例浅析／张东平　程　闽　　015
新三板借壳法律实务初探／孔伟平　马思虹　　023
新三板挂牌要点浅析／莫　雷　邓航宇　　033
"新三板"首例换股吸收合并重组退市案剖析／吴金凤　　037
新三板挂牌公司实物出资及股权转让案例分析／宋永霞　　044
浅析新三板流动性问题／张一琼　　048
浅议如何发挥新三板市场的蓄水池和孵化器作用／雍石泉　　052
论新三板对员工持股流转的限制／耿　韬　　056
"新三板"挂牌条件简析／姜克强　　061

第二部分　众筹业务

众筹律师实务探讨／李琦文　　069
我国股权众筹中的投资人利益保护探析／周红民　张　远　　076
公募股权众筹"领投＋跟投"模式下的法律架构研究／张晓宇　李宁卿　　084
浅议股权众筹法律现状／黄振辉　马小鹭　　088
论投融资创新模式的风险与监管／黄振辉　陈丽芬　　095
浅析我国股权众筹的困境与完善／黄振辉　赖汉兴　　100
股权众筹的法律风险及思考
　　——兼议中国"股权众筹第一案"的司法影响／孙　蓉　张凤羽　　104
投融资模式创新引发的争议
　　——以众筹融资与非法集资的界限为视角／曹友志　　111
股权众筹的模式比较及风险防范／陆　婷　　121

众筹模式下的法律风险预防／吴洪钢　126
股权众筹、新三板投融资法律风险／陈志宽　131
股权众筹融资监管相关问题的思考与建议／彭　晶　138
股权众筹的风险与规范机制／吴和平　张亚琼　140

第三部分　PPP及其他新型投融资业务

社会资本参与PPP项目的风险防控／吴正林　153
河北威县智慧灌溉与水权交易PPP模式及PPP项目公司的定位探索
　／张智远　韩军刚　163
P2P业务的法律风险管理及趋势展望／张晓丽　168
VIE架构的拆解回归之路／孙　平　177
论"互联网+"时代非公开股权融资法律风险／邓露茸　185
互联网股权融资走向的法律分析／唐有良　冯俨祯　192
当前投融资纠纷化解模式探析／苏翔志　195
通道投资项目的权益维护／王永刚　198
生技医药企业投资并购趋势与法律应对／夏　巍　203
公司融资引发的风险分析／汤　拯　207
关于私募投资基金的认定／赵燕颖　211
竞争性行业混合所有制公司结构设计初探／黄兴旺　215

第四部分　非诉公司业务热点问题

浅论母子公司交叉持股的法律规制／陶云秀　223
我国上市公司现行收购防御实践研究／田　海　229
公司增资扩股的法律实务操作
　——为企业投融资保驾护航／张嘉良　261
关于协同推进商事登记改革、最大限度释放改革红利的思考／郭春宏　270
略论商改背景下的"公司秘书"服务／郭春宏　274
浅析有限责任公司虚拟股激励的法律筹划问题
　——以一起软件公司虚拟股激励案例为分析模板／周海洋　278
浅析公司董事、监事和高级管理人员之法律风险／廖明松　283
网络游戏运营之法律风险初探／周海洋　289

浅谈企业法律风险的量化评价 / 卫德佳	295
相互保险组织制度及律师业务创新 / 李占英	306

第五部分　股权转让纠纷

关于法定解除权在股权转让合同纠纷案件中的限制和否定问题的探讨	
——从一则案例看《中华人民共和国合同法》第94条第3项规定的法定解除权在股权转让合同纠纷案件中的适用 / 徐小兵	313
应当对《公司法》第32条第3款的"第三人"作限制性解释	
——从一起公司债权人诉公司登记股东的清偿责任纠纷案谈起 / 吴　冬　朱　亮	319
股权转让合同适用"法定解除"的特殊性探讨 / 刘晓雪	328
浅析撤销股权工商登记的若干法律问题	
——以一公司股权纠纷引发行政诉讼案为例 / 李光耀　夏　欢	331
论股东优先购买权的性质 / 刘晓雪	336
浅谈涉矿企业股权转让中的矿权转让 / 巫　江	379
有限责任公司股权转让变更登记效力探讨 / 熊　杰	383
股权争议案例分析 / 张　铁	389
附条件股权转让的股东身份判定 / 曾亚西　赵　豪	393
论国有股权转让僵局的突破 / 孙艺茹	397
浅论煤矿《企业整体转让合同》的法律性质和效力 / 马朝兴　郑显芳	401

第六部分　股东资格、股东责任与股东权利纠纷

从一起再审案看股东资格的确定 / 龚志忠	409
浅谈公司股东资格能否自动丧失问题	
——以股权转让和增资扩股合同解除引发的一宗案例为例 / 曾家煜	420
论有限责任公司股东以不具有处分权的财产出资	
——股东资格取得与股东资格解除 / 赵　鸿	426
有限责任公司股东除名制度研究 / 李天瑜　沈弋力	431
从隐名出资相关案例看隐名股东资格认定 / 谢金秀	443
瑕疵出资股权设立信托的外部责任试析 / 刘　斌　蔺楷毅	451
瑕疵出资情况下股东权利限制问题探讨 / 李　威　刘元星	459

认缴资本制下出资期限届满前股东对公司债权人的补充赔偿责任／贾首波　464
有限公司股权代持与公司法人人格混同／方　灿　470
论"股东按照实缴的出资比例分取红利"的利润分配规则
　　——从一起公司决议效力纠纷案谈起／周　伟　朱进姝　478
论有限公司小股东权益的保护／袁怀军　484
认缴资本制下有限公司股东权分析／朱增进　488

第七部分　公司诉讼热点问题

担保债权人对公司提供担保的决议审查义务异议／苏祖耀　497
损害公司利益责任纠纷案中举证责任边界的界定／许俊儒　叶　成　505
对信息披露违法案完善证券行政执法的建议／张保生　王　汀　朱媛媛　510
公司归入权问题探讨
　　——兼谈对《公司法》第148条的理解／张秀华　519
如何理清集团公司内部的错综关系
　　——由一起典型案例说起／罗　勇　彭建华　526
公司人格混同的正确认定与法人人格否认的审慎适用
　　——以某法院审理的一起财产转让纠纷案为例／蒲鹏英　530
非法清算受益人仅需在非法清算行为造成的实际损失范围内承担违约责任
　　——从一起股东清算责任纠纷案看违法清算损害债权人利益的责任
　　　承担问题／郑书宏　540
论公司的司法解散／袁怀军　544
有限责任公司股东间签订承包经营合同的法律效力探讨／万艺娇　548
认缴资本制下公司债权人的法律风险识别与防范／张　涛　554
对赌协议的法律性质及效力研究／奚　庆　吴倩芸　559
浅谈股权投资中对赌协议的法律效力问题／莫静华　568

第一部分

"新三板"业务

中国新三板的发展与律师业务机遇

计静怡[*]

一、新三板概要介绍

新三板与主板、创业板一样,都是资本市场中一个独立板块,最大的区别是新三板属于场外市场(OTC),因而在新三板挂牌的公司不能公开发行股票,但可以定向发行、公开转让股票。企业在新三板挂牌的条件较主板、创业板要低很多,没有财务指标的要求,也不限行业、地域,实质性的要求为:成立两年、业务明确、持续经营、治理机制健全、合法规范经营、股权明晰、券商督导等七个方面。新三板是为解决小微企业融资难的问题而生的,自然符合条件的小微企业都可以上新三板,但从目前实践来看,仍然是高新技术企业占了绝大多数,任何有潜力的高新技术企业都会受到资本市场的热捧。

(一) 新三板的历史、演变与发展

"新三板"是业界对"中关村科技园区非上市股份有限公司代办股份报价转让系统"的俗称。

2006年,国务院发布《〈国家中长期科学和技术发展规划纲要(2006—2020年)〉若干配套政策的通知》,其中明确规定:"推进高新技术企业股份转让工作。启动中关村科技园区未上市高新技术企业进入证券公司代办系统进行股份转让试点工作。"

2006年1月,根据国务院的决定,中关村科技园区非上市股份公司进入证券公司代办股份转让系统进行股份转让试点。先后有中关村园区高新技术企业挂牌。中关村科技园区非上市股份有限公司股份报价转让正式成为三板市场的一部分,为与原来的三板市场区分,被称为"新三板"。

2010年4月,中国证监会成立国家高新技术产业开发区非上市公司股份转让试点暨场外市场建设筹备工作领导小组及其工作机构,姚刚副主席任领导小组组长。

2011年2月,国务院副总理王岐山主持会议,研究证券场外市场建设有关问题。会议要求,逐步探索建立全国统一的证券场外市场;3月,国务院发布《中华人民共和国国民经济和社会发展第十二个五年规划纲要》提出:"扩大代办股份转让系统试点,加快发展场外交易市场。"

---

[*] 北京市法大律师事务所高级合伙人。

2012年3月,中国证监会全国场外市场筹备组成立;5月,筹备组工作团队组建完成;7月,国务院同意扩大非上市股份公司股份转让试点,在中关村园区基础上,新增上海张江、武汉东湖、天津滨海高新区进入试点范围;同意设立全国中小企业股份转让系统,组建运营管理机构;9月7日,扩大非上市股份公司股份转让试点合作备忘录签署暨首批企业挂牌仪式在京举行;9月20日,全国中小企业股份转让系统有限责任公司在国家工商总局完成登记注册。

2013年1月16日,全国中小企业股份转让系统揭牌仪式举行,即新三板交易所成立;6月19日,国务院总理李克强主持召开国务院常务会议,会议决定加快发展多层次资本市场,将中小企业股份转让系统试点扩大至全国,鼓励创新、创业型中小企业融资发展,扩大债券发行,逐步实现债券市场互通互融;12月14日,国务院正式发布《关于全国中小企业股份转让系统有关问题的决定》,标志着全国中小企业股份转让系统正式扩大至全国范围。

2014年1月24日,266家企业在全国中小企业股份转让系统集体挂牌,新三板上的挂牌公司一举达到600家;5月19日,全国中小企业股份转让系统独立开发的证券交易系统正式上线;8月15日,在全国中小企业股份转让系统挂牌的企业达到1012家;8月25日,做市商制度正式实施,首日43只做市股票交易活跃,涨幅最大的是行悦信息(430357),涨幅为128.03%。

2015年8月18日,新三板挂牌企业一举突破3200家。

(二) 新三板的定位及其影响

新三板主要针对高科技企业和中小企业,一方面,通过新三板市场盘活资产存量;另一方面,可在此调整结构,做上市前的准备。目前,我国创业板的进入门槛较高,众多的中小微企业达不到上市条件,难以利用股票市场直接融资。而新三板则定位于为成长型、创新型中小企业提供股份转让和定向融资服务,满足市场需求。

新三板的扩容将会促进民间投资和中小企业发展。对于创投机构来说,新三板扩容将为其带来投资新机遇。在新三板挂牌企业数量增加的同时,挂牌企业股东人数的突破,也将使其交易日益活跃,使创投机构在面临更多投资标的时,其退出渠道将较以往更加顺畅。

新三板市场建立后,资本市场服务面得到了拓宽。这将有利于缓解交易所市场的发行上市压力,稳定市场预期。新三板市场是对A股市场以及其他公开发行市场的准备和补充,其扩容对A股市场不形成冲击,交易只涉及资产存量,不涉及增量,而普通个人投资者也不直接参与。按现有制度安排,新三板当前的投资者准入范围不会对二级市场造成投资者分流。由于当前允许的机构投资者仅限于法人、信托、合伙企业,自然人限于挂牌前的自然人股东或定向增资等原因持有公司股份的自然人,因此还不会对二级市场的投资者产生直接影响。

新三板的行业定位是高新技术产业开发园区中处于初创期的企业。这些企业行业分布广泛,主要集中于信息技术、制造业、生物医药、新能源、新经济、新材料、新农业、节能环保、文化传媒、咨询服务等,更具有包容性。

(三) 新三板的挂牌条件

股份有限公司申请股票在全国股份转让系统挂牌,不受股东所有制性质的限制,不限于高新技术企业,应当符合下列条件:

(1) 依法设立且存续满两年。有限责任公司按原账面净资产值折股整体变更为股份有限公司的,存续时间可从有限责任公司成立之日起计算。

(2) 业务明确,有持续经营能力。企业能够清晰描述其产品或服务、生产或服务方式、业务规模、关键资源要素和商业模式等情况,并如实披露过往经营业绩,便于市场和投资者自主判断。

(3) 公司治理机制健全,合法规范经营。

(4) 股权明晰,股票发行和转让行为合法合规。

(5) 主办券商推荐并持续督导。

(6) 全国股份转让系统公司要求的其他条件。

(四) 新三板挂牌流程

站在项目管理的角度,可将新三板挂牌项目分为四个阶段:项目成立阶段→股改阶段→尽职调查与材料制作阶段→挂牌阶段。

一个挂牌项目是在参与各方通力合作的基础上完成的,其中涉及企业、券商、会计师、律师、股转系统、中登公司以及政府相关部门(如工商、税务、环保、上市办)等诸多参与方。项目成功运作需要制定详细而周密的计划,明确各方的职责分工,按业务流程统筹安排各项工作,使项目协调有序运行,按期达到项目目标。整个项目的运作牵头与主协调人为主办券商,其是项目运作计划的制订与执行者,协调其他各方完成各自职责内的工作,推动项目运行,是项目成败的第一负责人。

(五) 新三板法律规则体系

新三板法律规则代表着新三板制度体系。根据制度内容进行分类,可以分为:总体规则、挂牌业务规则、定向发行业务规则、并购重组业务规则、信息披露业务规则、交易结算业务规则、"两网"及退市业务和其他规则等七大类。

作为专业人士,如企业财务总监、信息披露负责人、券商、会计师、律师等,如果掌握了新三板整个法律规则并能运用自如,则可以认为其新三板业务已经达到了相当水平。对这部分的掌握程度直接决定专业水平的高低。

二、新三板的重要价值及意义

(一) 新三板对企业发展的重要意义

在新三板挂牌的企业,属于非上市公众公司。虽然与上市公司的市场地位、所受监管的严格程度等方面有着明显差别,但是新三板市场对挂牌企业本身和其所在地区的社会经济有着重要意义。

(1) 解决中小企业融资难的问题；
(2) 解决中小企业股权定价的问题；
(3) 解决企业转板的问题；
(4) 解决企业公司治理的问题；
(5) 解决创业者回报及创投机构退出的问题；
(6) 解决树立品牌、提高企业公众形象的问题。

总之，企业上新三板挂牌，概括起来有七个好处：

(1) 资金扶持。根据各区域及政府政策不一，企业可享受园区及政府补贴。
(2) 便利融资。新三板上市公司挂牌后可实施定向增发股份，提高公司信用等级，帮助企业更快融资。
(3) 财富增值。新三板上市企业及股东的股票可以在资本市场中以较高的价格进行流通，实现资产增值。
(4) 股份转让。股东股份可以合法转让，提高股权流动性。
(5) 转板上市。转板机制一旦确定，公司可优先享受"绿色通道"。
(6) 公司发展。有利于完善公司的资本结构，促进公司规范发展。
(7) 宣传效应。提升新三板上市公司的品牌，提高企业的知名度。

(二) 新三板对区域经济发展的重要意义

区域经济的发展分为外源式发展及内源式发展。外源式发展即为各级政府多年以来的招商引资举措，希望通过引进外部的优秀企业及资金进入本区域，实现财税增加，促进经济增长。而内源式发展由于受地区人才、资金、市场等限制，区域内企业发展速度慢，导致经济止步不前。但是新三板的全国扩容，为区域经济的内源式增长提供了有力的促进，政府鼓励更多符合条件的小微企业，通过在新三板挂牌，成为公众公司，借此吸引外部资金投入、优秀人才加盟、公司规范经营按章纳税，使当地经济在不依靠引入外来资金的情况下，实现财税增收、经济增长。

(三) 投资项目的标的平台，并购项目的"选秀池"

相比沪、深交易所，新三板更符合人们对资本市场的想象，对企业及每个投资者都是机会。新三板对挂牌公司的融资方式、融资时点、融资规模、融资过程、融资价格均不予干涉，完全由市场主体自主协商，充分体现出市场化特征。

在发行方式上，可以选择挂牌同时发行或挂牌后发行；在发行目的上，可以是引进外部投资者或者是用于股权激励；在发行节奏上，不对发行次数和间隔时间作硬性规定；在认购方式上，既可以是现金认购，也可以是股权认购。"在新三板，小额、便捷、灵活、多元的投融资机制基本形成。企业挂牌后，还有被上市公司或战略合作方并购实现间接上市，甚至转板的机会。"

随着做市商制度正式落地新三板,越来越多的挂牌企业的股价,随着流动性的注入开始上下波动,新三板投资步入黄金时期。新三板是真正具备互联网思维的资本市场,堪比纳斯达克,其发展将远远超出人们的预期。

新三板正在成为资本市场的下一个风口,改革红利吸引了越来越多公募基金的布局。对于新三板公司,如下的关键词充分说明了历史性的利好和机会:上市公司收购新三板公司、定向增发助力新三板公司并购重组、新三板公司多属新兴行业——收购标的优质、新三板政策助力并购重组下使流动性提升——为并购重组提供价格依据、市场功能完善——为并购重组提供新的融资工具、新三板公司的并购成本较低、转板预期下的新三板公司将加快并购重组步伐,并购重组成为创投退出新渠道。

(四)新三板的未来展望

新三板是资本市场的一次制度性盛宴,未来市值将达万亿级;未来3年,新三板挂牌企业将突破1万家。

新三板将具备上市准备板的功能。各种迹象表明,中国证监会有意让新三板承担"上市预备板"的功能,拟上市企业先选择在新三板挂牌,通过一段时间的信息披露,既可提高规范运作水平,也可通过市场检验经营能力,提高信息披露质量。

新三板可分流IPO"堰塞湖"压力。许多在证监会排队IPO的企业自愿撤下申报,转而申请新三板挂牌,此举短期内不失为一种疏导化解IPO"堰塞湖"的办法,而从长期来看,新三板有望成为我国多层次资本市场的重要一环,为中小企业提供一个更匹配其风险特征的融资市场。

三、新三板市场中律师的业务发展

从以上篇幅可以看出,在新三板的整体发展中,无论企业规治挂牌、融资并购还是转板上市等各个环节,均须依靠律师的专业工作。同时,律师的参与也是法律规定提出的要求。律师如何在历史赋予自己的这次机会中发挥重要作用,本文认为首先要从认识上充分理解,然后在行动上主动参与,以高度的专业能力为新三板提供坚强的支持,成为新三板发展建设的重要生力军。

(一)新三板法律业务范畴

从实务上讲,律师在新三板领域的工作内容主要有:尽职调查、出具法律意见书、挂牌后服务。

1. 尽职调查

在任何一项关乎公司外部合作及发展的事项中,尽职调查是必不可少的工作内容。法律尽职调查是新三板工作必要的前置事务。目标公司是否符合新三板的基本要求、以何种方案挂牌、甚至挂牌后的整体资本运作等,均需要以尽职调查的结果进行判断、分析及规划,所以说,尽职调查是新三板工作启动的根本。这项重要的工作,对律师的业务素质具有很高的要求,从尽职调查的内容设计、方法适用、资料分析、结论总结到方案建议,考验着律师对综合法律体系的掌握以及运用的智慧。

2. 出具法律意见书

这是一项法律要求的工作内容。法律意见书是全国中小企业股份转让系统有限责任公司(以下简称"股转公司")依照法律规定审核企业新三板挂牌时的必备文件,属于强制性法律文件。法律意见书的结论不仅决定着某些重要事项对企业能否挂牌的影响,更重要的是决定企业挂牌后能否获得资本的青睐,合作伙伴对企业风险的法律评估系数等。法律意见书承载着如此重要的责任,同时也意味着律师对在法律意见书上的签名要承担法律的责任,绝不是任意的草草签字。律师首先要意识到法律意见书对于企业以及自己的意义,尔后要用庄重的态度对待法律意见书。

3. 挂牌后服务

企业通过新三板挂牌,可以认识到,公司除常规法律顾问之外,专业的、懂得资本市场的律师对企业发展的必要作用。律师可以担任挂牌企业后续的资本运作专项法律顾问,或者承担企业融资、并购、转板上市的专项法律事务。

(二) 新三板整体法律事务的市场容量

目前,按照新三板的市场规划,预计三年内挂牌企业数量为1万家。据此推算,法律服务在此市场中将产生三部分收益:一是直接挂牌费用;二是企业综合治理费用;三是挂牌后专项法律事务费用。这些收益为法律服务新增收入,其总数概算大约不低于百亿元。

(三) 律师在新三板业务中的角色定位及优势

律师在新三板业务中的角色定位及优势,可从三个方面体现:

(1) 新三板挂牌,券商占据主导地位,但项目是否符合标准,首先应以法律及财务尽职调查结果来确定,并且企业的改制方案以及所有程序的合法合规性均要通过律师出具的法律意见书进行确认,否则会影响企业挂牌,所以券商的工作很多要依赖律师对企业的判断及整改措施的制定。在这种条件下,律师不应该被动地从事新三板的挂牌工作,而是应该主动地承担前置审查及整改工作,将合格的企业交给券商。律师应该成为整体挂牌工作的主导者,成为工作团队的整合者。

(2) 律师的工作对象及客户中有大量企业,这些企业会成为新三板挂牌的客户资源及渠道。无论律师担任企业法律顾问或者帮助企业处理过专项事务,对企业的情况都会有一定的了解,这对于分析判断该企业能否符合新三板挂牌标准具有重要意义,既能减少企业盲目冲击新三板的冲动,也能避免工作团队选择挂牌目标的盲目性。

(3) 发挥公司律师与资本律师的协同作用,帮助企业以专业方式高效实现新三板挂牌目的,顺利向公众公司转化。

(四) 律师收费制度改革的建议

律师的服务从本质上来讲是一种智力成果,可视为软性的知识类产品,其权利类同于知识产权。律师事务所作为经营性的服务机构,其商业属性类似公司企业。由于机构形态的特质,律师事务所本身失去了进入资本市场、以资本模式增速发展的机会,但律师提供的法律服务,能否如知识产权一样作价入股,分享资本市场可能的股权增值的福利还有待研究。

目前,券商以为新三板企业提供挂牌服务所应收的服务费折股转为挂牌公司股权的模式,已证明为可行之法。同样作为中介服务机构的律师是否也有理由将所提供的法律服务转化为股权呢?既然现在是一个创新的时代,创造律师服务资本化新模式成为可能,我们亦应探讨一种律师收费制度的创新——律师为客户提供的法律服务,在与客户协商一致的前提下可以转化为一种合法权利或利益。

浅析新三板企业定向增资中涉及的对赌问题

杨 威[*] 郭 静[**]

随着新三板挂牌在全国范围的扩容,越来越多的企业参与其中。公司申请新三板挂牌,通常是为提升企业知名度、规范公司内部治理、利用"绿色通道"转板,实现最终的 IPO 设想等目的。但综合已挂牌和正在申请挂牌公司的整体情况分析,最为重要的显然还是通过新三板挂牌将企业转换为公众公司后,企业得以真正参与资本市场运作,或者更明确地说是融资作用。从目前实践情况分析,定向增发股份形式的增资是新三板企业采用较为广泛的一种融资模式,其中涉及的对赌增发问题更是广受关注。

一、新三板企业增资中对赌模式的背景及现状

(一)产生背景

新三板是相对于主板和创业板而言的称谓,因此挂牌公司亦成为广义上的上市公司。新三板挂牌企业从规模上说,大多属于中小微企业。由于新三板挂牌的周期相对较短,加之有限责任公司长期的管理经营模式所限,传统的商业逻辑和商业模式在企业管理者头脑中根深蒂固还停留在做小生意的思维逻辑上,使得大多数企业家无论从意识上还是行为上仍无法真正融入资本市场。大多数企业家在过去若干年,都只有间接融资,例如抵押贷款、担保贷款等,除此之外极少尝试过其他的资本运作,对资本市场感觉神秘莫测。

新三板定向增发,又称新三板定向发行,是指申请挂牌公司、挂牌公司向特定对象发行股票的行为。新三板定向增发作为新三板股权融资的主要功能,对解决新三板挂牌企业发展过程中的资金瓶颈问题具有极为重要的作用。《全国中小企业股份转让系统业务规则(试行)》中明确规定:"申请挂牌公司申请股票在全国股份转让系统挂牌的同时定向发行的,应在公开转让说明书中披露。"该条款明确了企业在新三板挂牌的同时可以进行定向融资。

允许挂牌企业在挂牌时进行定向股权融资,凸显了新三板的融资功能,缩小了其与主板、创业板融资功能的差距;同时,由于增加了挂牌时的股份供给,可以解决未来做市商库存股份的来源问题。另外,挂牌的同时可以进行定向发行,并不是一

---

[*] 天津市允公律师事务所主任。
[**] 天津市允公律师事务所律师。

个强制要求,拟挂牌企业可以根据自身对资金的需求来决定是否进行股权融资,避免了股份大比例稀释的情况出现。

(二) 现状分析

由于前文分析的新三板挂牌和申请挂牌企业所处的发展阶段和历史沿革,使得多数情况下的投资者对其进行的综合考量和业绩评估并不能得出确定的结论并进而形成坚定的投资信心。在这种背景下,新三板挂牌和申请挂牌企业的定向增发过程中越来越多地采用了"对赌协议"的方式。据不完全统计,截至2015年5月7日,新三板挂牌上市企业共843家,根据各公司发布的公开转让说明书和补充法律意见书等,公司大股东与新增投资者签订过对赌协议的企业共37家,所涉及的行业包括信息技术、工业、材料、日常消费等7个行业,其中信息技术行业最多,达到13家。

对赌协议是投资方与企业对未来不确定情况的一种约定。双方以企业当前业绩为议价基础,确定投资条件,根据双方认可的业绩增长情况,以具体业绩指标甚至股价作为协议条件,对赌标的通常被设定为企业股权,或者是远远超出一般标准的其他支付条件。一方面,投资方希望通过这种手段控制投资风险。对于企业而言,签订对赌协议的好处是能够在短期内获得足够现金支持企业发展,同时无需出让企业控股权,只要在协议规定范围内达到对赌条件,其资金利用成本相对较低。但另一方面,如果不能满足对赌要求,触发对赌条款,企业亦将付出高昂的代价。

二、关于对赌问题的法律定性及对新三板企业的影响

对赌协议在西方资本交易中特别是股权投资中广泛存在,在国际资本对国内企业的投资中也被经常采纳。但类似协议之所以在国内长期以来饱受非议,原因往往是对赌标准设定过高,利益明显偏向机构投资者,同时,融资方缺乏经验,最终往往造成对自己非常不利的局面。

(一) 对赌协议的表现形式

对赌协议往往发生在投资方与企业控制人之间,对赌协议中的投资方和融资方是该法律关系的主体。投资方通常有着丰富的资本运作经验与融资能力。对赌协议的实质属于债的关系。多数情况下协议双方的权利和义务表现为如下形式:

(1) 如果目标企业财务业绩如期达到约定指标,融资方享有请求投资方增加出资或无偿转让部分股权等特定给付的权利;投资方负有实施追加出资和无偿转让部分股权等特定给付的义务。

(2) 如果目标企业未能达标,投资方享有请求融资方转让部分股权甚至企业控制权给投资方或按约定价格回购投资方所持股权的特定给付的权利。由于控制权易主,可能还涉及融资方调整董事会结构等变动行为。

从上述表现形式分析,对赌协议的客体应是股权转让行为、金钱补偿行为、委

任董事行为、回购股份行为等事先约定的调整行为。

(二) 对赌协议的法律性质

关于对赌协议的法律性质,目前观点存在分歧:一种观点认为,对赌协议为射幸合同,对赌协议具备射幸性,符合射幸合同的本质特征;另一种观点认为,对赌协议归属于附条件生效合同。

射幸合同,又称机会性合同,是指合同的法律效果在缔约时不能确定的合同。我国法律并没有对射幸合同的直接表述。总结理论界和实践界的观点,射幸合同基本特征大致包括:

(1) 射幸合同的交易对象是"机会"。机会是否买中对双方利益影响甚巨。

(2) 射幸合同成立即生效。

(3) 射幸合同当事人的支出和收入之间不具对等性,可能一本万利,也可能一无所获。这种不对等无法从交易对方获得补偿。

(4) 射幸合同具有更为严格的适法性,其类型以法有明文规定者为限。

通过以上对射幸合同的分析可以看出,对赌协议不符合射幸合同的特征。对赌协议中投资方称为买方,融资方称为卖方,以此对比射幸合同中的买卖模式,首先,买方经过估值后以溢价入股的方式获得卖方部分股权,当卖方达到约定业绩标准即买方买中机会时,买方虽然由于卖方的业绩成长导致自身股价增值获得额外收益,但其必须无偿转让部分股权给卖方,实际上形成了双赢的局面。虽然在卖方达标的情形下,买方获得额外利益来源于买中的机会,但由于双赢局面的出现,明显不符合射幸合同的对价模式。在对赌协议中,买方经过估值后以溢价入股的方式获得卖方部分股权,这其实已经存在一定的损失,而区别于普通的增资入股。当卖方未达标即买方未买中机会时,由于协议约定的补偿机制的存在,买方获得一定利益,而此利益并不是射幸合同中的额外收益,其恰恰属于买方由于估值过高本不应该支付的额外对价。其本质属于利益回补而不是额外收益。在卖方未达标的情形下,买方虽然损失了部分对价,但其获得了相应利益,也不符合射幸合同中买方错失机会而致使风险自负的规则。综合上述分析,笔者认为,对赌协议的性质当属于附条件生效的合同。

(三) 对赌协议对新三板挂牌企业的不利影响

实践操作中,新三板挂牌公司和申请挂牌公司通过采取对赌协议的模式进行增资的方式及其表现形式多样化,例如以挂牌结果为标准的对赌、以业绩考核为标准的对赌、以资质和人员等为标准的对赌、以财务指标增长为标准的对赌等。鉴于对赌协议条款给未来带来的不确定性,签订对赌协议可能会对新三板企业和申请挂牌企业带来一定的不利影响,主要体现在:

(1) 对赌协议中的责任虽然为投资人和股东签订,但附加在股东上的责任义务很可能会直接影响到公司的正常运营,尤其是控股股东。这里面所包含的道德风险和合法合规风险是客观存在并且无法避免的。

（2）对赌条款一旦触发，股东或控股股东的还款能力存在极大风险。一般情况下，如果控股股东有足够的可支配资产用于应对回购事项，就不会采取对赌形式进行融资。

（3）对赌条款一旦触发，将会对公司的控制权产生极大影响，进而影响公司的持续经营。

基于上述对赌条款可能针对股权的稳定性、公司的控制权、公司的现金流量等产生的负面影响，为了避免追求企业的超常规发展对公司健康带来损害及可能影响到公司的持续经营能力，证监会对于拟IPO公司的对赌协议是绝对禁止的。但是，不同于证监会对拟上市公司的"一刀切"态度，新三板股转公司在一定程度上接受和容忍对赌协议的存在，对于已挂牌公司的定向增资中包含的对赌协议，也在一定条件下允许存在。可容忍的范围体现在：

（1）对赌协议的协议方不能包含挂牌主体，对于可能损害挂牌主体的条款也需要进行清理。

（2）由控股股东和投资方进行的对赌协议是可以被认可的。

（3）已存在的对赌协议，尽量在挂牌的同时解除责任和义务，如存在客观情况确实不能解除的，建议由中介机构分析说明触发对赌条款时，协议方履行义务不会对挂牌主体的控制权、持续经营能力等挂牌必要条件产生影响，以确保不损害公司及其他股东的权利和利益。

三、关于对新三板企业对赌问题的几点建议

笔者认为，对于新三板挂牌企业和申请挂牌企业采取对赌协议以定向增发方式进行的融资，在操作实施过程中，应当注意下述问题：

（1）综合分析已经采取对赌模式进行增资的企业情况，大多数企业并不能依照签约时预估和拟定的方式发展，尤其是指向财务业绩的对赌指标均未能很好实现。因此，在同等条件下，企业应优先选取其他更为安全稳妥的融资模式，如果并非必要，建议尽量避免签订包含对赌条款的增资协议。

（2）具体到协议本身，包含对赌条款的增资协议，其主体不能指向挂牌主体即挂牌或申请挂牌企业；如果涉及，必须通过补充协议在挂牌时予以消除或变更。

（3）依照相关的法律规定和新三板的政策性规定，针对对赌协议的背景、交易主体、形式和主要条款做好详尽真实的信息披露。

（4）签订包含对赌条款的增资协议之前，挂牌或申请挂牌企业应当积极会商主办券商、律师事务所等中介机构，探讨相关的风险防控体系和操作方式，尽量将风险降低到可控范围内。

（5）挂牌或申请挂牌企业针对对赌条款所指向的财务指标、非财务指标、挂牌上市时间和企业行为等标的，应做好相关的准备工作，包括触发对赌条款后，股权

回购的资金来源等,以避免造成企业财务困难的情况发生。

(6) 为避免公司及未涉及的其他股东的利益受到损害,建议由控股股东(实际控制人)或对赌股东作出相应的承诺和保证。

新三板的资本市场虽然还不是真正面向公众公开转让的开放的资本市场,但它的功能就是进入资本市场的练兵场。挂牌前后的资本运作,不仅在范围、方式、体量、运行方式上有很大的不同,而且在金融产品结构、交易规则、监管机制和运行程序上也大大不同,建议新三板企业在增资中谨慎对待对赌协议这把双刃剑,做到合理利用,谨防风险。

新三板对赌协议案例浅析

张东平* 程闽**

随着我国多层次资本市场,特别是新三板市场的迅速发展,越来越多的资金正加速涌入各类存在融资需求、具备高速增长潜力的拟挂牌公司。而由于投资方与融资方在公司估值、公司业绩回报等问题中总是难以达成一致,为了平衡各方利益,在投资过程中,投资方为确保自身的投资获得足够的利益保障,通常会与融资方、融资方的实际控制人签订对赌协议,对未来不确定的情况进行约定。从法律上看,对赌协议实际上属于射幸合同的一种,具有期权的属性。协议中往往安排投资方以极低价格行权、增加董事席位以及业绩未达标时要求支付现金补偿或要求融资方回购股权等一系列事项。一旦条件具备,就可能直接影响公司的控制权、股权结构以及公司现金流,对公司的持续、稳定经营产生一定的负面影响。此外,为了避免触发对赌协议,实际控制人或对赌协议的相对方会采取一些非常规手段追求业绩,对企业"拔苗助长",这同样有损企业的健康发展。因此,在我国主板市场中,证监会对上市公司的对赌协议是绝对禁止的。

但是,随着新三板的高速发展、挂牌企业数量的急剧增长以及我国多层次资本市场的发展需求,诸多创新性的变革和更为灵活的发展模式在新三板中正逐渐被监管层容忍和接受。同时,私募基金的不断壮大,使得对赌协议的存在具有强大的市场需求,大量企业在新三板挂牌备案以及定增过程中出现了不少对赌协议。本文通过对一些具有代表性的案例进行归纳、梳理,分析股转公司对拟挂牌企业涉及的对赌协议的审核标准、尺度,以期对律师实务有所启示。

一、新三板中对赌协议的主要内容及类型

(一) 赌业绩增长,投资方与股东约定股权回购

2014年3月27日,天津皇冠幕墙装饰股份有限公司(以下简称"皇冠幕墙")(证券代码:430336)发布定向发行公告,皇冠幕墙向天津市武清区国有资产经营投资公司(以下简称"武清国投")定向发行200万股,融资1000万元。武清国投以现金方式全额认购本次定向发行的股份。皇冠幕墙在《天津皇冠幕墙装饰股份有限公司股票发行情况报告书》中披露,公司与武清国投签订了《关于天津皇冠幕墙

---

* 福建天衡联合律师事务所高级合伙人。
** 福建天衡联合律师事务所律师。

装饰股份有限公司之增资扩股协议》以下简称《协议》。该《协议》中就股份回购约定如下：

当出现以下情况时，乙方(武清国投，投资方)有权要求丙方(欧洪荣、黄海龙，公司持股比例前两名股东、实际控制人)受让乙方所持有的全部或部分公司股份，丙方具有按本《协议》第5.2条约定的转让价格受让该等股份的义务；但是如果任何第三方提出的购买该等股份的条件优于股份转让价格，则乙方有权决定将该等股份转让给第三方：

(1) 甲方(皇冠幕墙)自2014年起，连续3年，每年经审计的营业收入保持15%增幅；

(2) 丙方或甲方实质性违反本协议的相关条款。

主办券商及项目律师对上述条款发表了如下意见：上述条款为皇冠幕墙的股东、实际控制人欧洪荣、黄海龙与武清国投附条件股份转让条款，双方本着意思自治的原则自愿订立，内容不影响皇冠幕墙及其他股东的利益，条款合法有效。假使条件成就，执行该条款，股份变更不会导致皇冠幕墙的控股股东、实际控制人发生变化，不影响挂牌公司的持续稳定经营。

从本案例可知，投资人为了保证投资利益，要求公司业绩高速增长，而由于皇冠幕墙股东、实际控制人的股权高度集中，涉及股权回购的条款即使触发，只要不造成公司控股股东、实际控制人的变化，能够保证公司的稳定持续经营，此种对赌条款还是可以存在的。

(二) 赌高管在职

2015年2月26日，广州云宏信息科技股份有限公司(以下简称"云宏信息")(证券代码:832135)披露了《广州云宏信息科技股份有限公司公开转让说明书》，根据该说明书显示：

2012年5月10日，广州云宏信息科技有限公司(以下简称"云宏有限")(云宏信息前身)股东会决议通过，增加注册资本175万元，粤之商(投资方)以货币资金2 000万元认缴新增的注册资本175万元，溢价部分计入资本公积，其他股东放弃本次增资的优先权利。

2012年3月，粤之商与云宏有限、股东张为杰、韩小莉、邹理贤和广州尚云投资咨询有限公司(以下简称"广州尚云")签署了《广州云宏信息科技有限公司增资协议》(以下简称《增资协议》)，该《增资协议》中约定了如下对赌条款：

(1) 云宏有限发生年度亏损或公司在2012当期实际净利润低于承诺利润的80%；2013年当期实际利润低于1 500万元；2014年当期实际利润低于2 500万元；(2) 云宏有限现任执行董事张为杰、技术总监邹理贤、公司销售总监胡荣未按协议的约定在公司任职，并给云宏有限造成重大影响；(3) 云宏有限未按信息披露要求向广东粤之商投资合伙企业(有限合伙)(以下简称"粤之商")进行信息披露,经广东粤之商书面正式告知后仍不作更正;(4)云宏有限在经营过程中违反公司章程、增资协议的有关规定,存在严重违法、违规经营或违法、违规决策;(5)云宏有限在广东粤之商投资满四年时仍未有意向中国证监会提交首发上市申请,但因广东粤之商自身的原因影响公司上市除外;(6)云宏有限放弃上市计划;(7)云宏有限在本次股权投资完成后清算、解散或清盘。

粤之商有权要求张为杰、邹理贤、韩小莉在以上特定情形出现时须收购其所持云宏有限的股权。收购价格按以下两者最大者确定:

(1)粤之商的投资本金和按10%年投资收益率计算的收益之和;

(2)粤之商所持股权对应的是上一月度审计后公司净资产。

上述对赌协议中较为特殊的是第(2)项"云宏有限现任执行董事张为杰、技术总监邹理贤、公司销售总监胡荣未按协议的约定在公司任职,并给云宏有限造成重大影响"。一般而言,保障核心高管任职稳定通常是通过股权激励计划来实现的,而从本案例的上述对赌条款可以看出,投资方对于公司执行董事张为杰、技术总监邹理贤、公司销售总监胡荣对公司的重要性亦十分看重,通过对赌协议来加强对高管任职的约束。这种赌"高管在职"的对赌条款在对赌协议中十分少见。应该说,这本是对赌协议的一种创新,但可能是出于确保在新三板顺利挂牌的考虑,2014年8月26日,云宏信息、张为杰、粤之商和广州尚云签订《增资协议之补充协议》,终止了《增资协议》的上述条款。

(三)赌业绩,股东支付现金补偿

2014年1月22日,深圳市易事达电子股份有限公司(以下简称"易事达"(股票代码:430628)披露了《深圳市易事达电子股份有限公司公开转让说明书》,根据该说明书显示:

2012年2月23日,经深圳市易事达电子有限公司(易事达前身)股东会决议,同意将注册资本增加至1 561.04万元,新增注册资本231.04万元,由新股东苏州天旋钟山九鼎投资中心(以下简称"钟山九鼎")及苏州天昌湛卢九鼎投资中心(以下简称"湛卢九鼎")缴纳。钟山九鼎以货币投入1 648.75万元,其中152.37万元计入注册资本,其余1 496.38万元计入资本公积。湛卢九鼎以货币投入851.25万元,其中78.67万元计入注册资本,其余772.58万元计入资本公积。

在本次增资过程中,增资方钟山九鼎及湛卢九鼎(甲方)、公司(乙方)、公司股东段武杰及周继科(丙方)签订了《增资补充协议》,约定了对赌条款,主要内容如下:

(1)业绩补偿:公司2011年、2012年、2013年的净利润分别不得低于2 500万元、3 300万元、4 300万元,同时2012年、2013年实现净利润累计不低于7 600万元。如果不能完成以上任一业绩指标,由丙方段武杰及周继科对甲方钟山九鼎和湛卢九鼎根据约定作出现金补偿,自有资金不足的,由公司向甲方单向分红或丙方将分红所得支付甲方补足。

(2) 退出安排:如果:① 公司2014年6月30日前未提交发行上市申报材料并获受理;② 公司2014年12月31日前没有完成挂牌上市;③ 公司2011年实现净利润低于2000万元,或者2012年实现净利润低于2600万元,或者2013年实现净利润低于3400万元,增资方钟山九鼎及湛卢九鼎有权选择在上述任一情况出现后要求公司及段武杰、周继科以约定价款回购或购买其持有的全部或部分易事达股权。

此后,出于让公司在新三板顺利挂牌的考虑,2013年11月28日,公司股东段武杰、周继科作出承诺,即全部承担增资方基于上述《增资补充协议》提出的一切包括但不限于支付业绩补偿、差额补偿及/或转让股份的责任与义务,确保公司及其他股东不因上述《增资补充协议》的履行而遭受任何损失,如果公司或其他股东的利益因上述《增资补充协议》的履行受到任何损害或损失,承诺人将就该等损害或损失承担不可撤销的连带赔偿责任。根据《增资补充协议》,当增资方向第三方转让股权时,根据买方需要,可要求易事达股东段武杰、周继科也以增资方转让的同等条件转让一部分股权。对此,增资方承诺自公司向股转公司报送申请材料之日起放弃上述权利。

2013年12月31日,增资方钟山九鼎及湛卢九鼎(甲方)、公司(乙方)、公司大股东段武杰及周继科(丙方)签订了《增资补充协议二》,约定主要内容包括:

(1) 自乙方向全国中小企业股份转让系统申报挂牌材料之日起,豁免乙方基于前述协议对赌条款约定的所有责任和义务;

(2) 自乙方向全国中小企业股份转让系统申报挂牌材料之日起,增资方放弃可以要求乙方及丙方回购或受让甲方所持有的乙方股份的权利;

(3) 如果甲方向其他任何第三方转让甲方所持有的乙方全部或部分股份,甲方承诺对外每股转让价格不低于乙方最近一期经审计的每股净资产值;

(4) 如果乙方挂牌申请被否决,或者乙方挂牌申报材料被撤回,则上述甲方放弃的权利即自行恢复。

易事达的上述对赌条款较为复杂,主办券商及律师对上述对赌协议的核查亦较为仔细。主办券商经核查认为:挂牌公司关于对赌条款相关责任和义务,自公司向股转公司申报本次挂牌资料之日,已通过股东出具承诺函及三方新签署补充协议的方式免除,上述增资补充协议的对赌约定仅限于增资方与公司大股东之间。公司股东段武杰、周继科能够在不对公司股权结构产生不利影响的前提下,通过自有资金及获取公司分红偿付相关的对赌约定款项,并通过其持股比例提议,确保通过公司实施分红的议案,使公司实施同比例分红不会侵害其他股东的利益,不会对公司持续经营带来不利影响。综上,上述增资补充协议的对赌约定对公司本次挂牌不构成实质影响。

律师经核查认为:根据《增资补充协议》《增资补充协议二》及股东段武杰、周继科出具的《承诺函》，自易事达向股转公司申报本次挂牌资料之日，增资方豁免易事达基于《增资补充协议》项下的一切义务，虽然增资方可要求易事达股东段武杰、周继科履行支付相关业绩补偿等义务，但根据公司及股东段武杰、周继科的说明，段武杰、周继科通过自公司获得的现金分红及自有资产可以偿还该等业绩补偿、借款及利息。同时，根据股东段武杰、周继科出具的相关承诺，其将通过自有资金、现金分红或自筹资金的方式偿还上述业绩补偿等款项，确保不因支付上述业绩补偿等款项而转让其持有的公司股份。增资方亦承诺放弃在其向第三方转让股份时要求股东段武杰、周继科同时转让股份的权利。综上，律师认为，易事达股东段武杰、周继科出具了相关承诺及说明，在满足该等承诺及说明的情况下，上述增资扩股过程中存在的对赌事项，不会损害公司及其他股东的利益，不会对本次挂牌构成重大实质性障碍。

从本案例可以看出，对赌约定仅限于增资方与公司大股东之间，对赌协议的触发不会对公司股权结构产生不利影响，大股东有能力履行对赌协议约定，不损害其他股东利益是对赌协议能够在新三板中得以存在的必要条件。

（四）赌挂牌

2014年1月22日，北京欧迅体育文化股份有限公司（以下简称"欧迅体育"）（股票代码：430617）披露了《北京欧迅体育文化股份有限公司公开转让说明书》，根据说明书显示：

2013年5月23日，公司召开股东会并作出决议，同意增加新股东上海屹和投资管理合伙企业（有限合伙）、上海鼎宣投资管理合伙企业（有限合伙）、上海棕泉亿投资合伙企业（有限合伙）；同意公司的注册资本新增13.3333万元，其中：上海屹和投资管理合伙企业（有限合伙）以货币500万元认缴公司新增注册资本7.8431万元、资本公积492.1569万元，上海鼎宣投资管理合伙企业（有限合伙）以货币300万元认缴公司新增注册资本4.7059万元、资本公积295.2941万元，上海棕泉亿投资合伙企业（有限合伙）以货币50万元认缴公司新增注册资本0.7843万元、资本公积49.2157万元。

2013年8月15日，公司的各投资方签订了《投资协议》，公司实际控制人朱晓东对投资方作出如下业绩承诺：

（1）截至2013年12月31日，2013年年度经审计的扣除非经常性损益的净利润不低于人民币760万元；

（2）截至2014年12月31日，2014年年度经审计的扣除非经常性损益的净利润不低于人民币1140万元；

（3）即2013年和2014年两年的平均利润扣除非经常性损益的净利润不低于人民币950万元。

同时，该《投资协议》约定了公司新三板挂牌的申报时间以及在业绩承诺无法满足的情况下，实际控制人朱晓东对投资人（投资人指：屹和投资、鼎宣投资、棕泉亿投资)的现金补偿和股权收购;自公司提交新三板挂牌申请之日起,本协议约定的关于投资人的特别条款自行失效,投资人依该等条款所享有的特别权利同时终止等。

上述《投资协议》的签署方包括欧迅体育原股东与投资方,并不包括欧迅体育,因此《投资协议》只对欧迅体育原股东和投资方具有约束力,对欧迅体育并不具有约束力,投资协议中并无欧迅体育承担义务的具体约定。此外,《投资协议》包括了欧迅体育实际控制人朱晓东在满足约定条件下收购投资方持有的欧迅体育股权或对投资方的现金补偿条款,该等条款的履行将可能导致实际控制人朱晓东所持有的欧迅体育的股权比例增加或保持不变,不会导致欧迅体育控股股东、实际控制人的变更。《投资协议》为原股东和投资方的权利义务所作出的约定,并无关于欧讯体育义务、责任的约定,并未损害欧迅体育的合法权益。

通过该案例可知,投资方与挂牌企业实际控制人虽然就企业的业绩进行了对赌,约定了股权收购条款,但是,对于影响公司股权结构的对赌协议,投资方与公司实际控制人都采取了较为谨慎的态度,特别约定了企业在新三板挂牌时对赌协议中关于投资人的特别条款自行失效,投资人依该等条款所享有的特别权利同时终止,以免对企业挂牌产生不利影响。

二、股转公司对对赌协议的审核尺度

通过前述案例分析可知,股转公司对于企业在历史增资阶段以及定增过程中存在对赌协议的情况并非绝对禁止,对赌协议在符合一定条件的情况下是可以适当存在的。股转公司关于对赌协议的要求、审核尺度可以主要归纳为如下几点:

(一) 对赌协议不能涉及挂牌公司的责任与义务

新三板挂牌企业所涉及的对赌协议,其权利义务仅能发生于投资方与企业股东、实际控制人之间,仅对投资方和控股股东产生约束力,对赌协议本身不应涉及挂牌企业的义务、责任,以免对企业的持续、稳定经营造成影响。应该说,这是股转公司关于对赌协议的基本态度,而且也符合最高人民法院"甘肃世恒案"再审判决[(2012)民提字第11号]中,对投资人与公司之间的对赌条款无效而投资人与原始股东之间的对赌条款有效的认定。

(二) 对赌协议不能影响公司控制权的稳定性

对赌协议中常见的股东回购、受让投资方所持股权的条款,一旦触发,将造成各股东持股比例发生变化。而企业在新三板挂牌的基本要求就是股权明晰、公司控制权稳定。因此,对赌协议最好不涉及股权回购条款,若确需设置该等条款,则即使触发,也不能造成公司实际控制权发生变化。这就要求即使在对赌协议触发股权调整条款的情况下,其控股股东仍能维持控股地位,公司的实际控制权保持不变。

(三) 公司股东、实际控制人有足够的履约能力

对赌协议中往往存在关于企业业绩目标的约定。在前述易事达(430628)案例中,增资方要求在业绩未达标的情况下,股东段武杰、周继科需支付现金补偿。若对赌协议中存在该等条款,主办券商及律师应当重点审查、判断对赌的公司股东是否具备足够的履约能力,只有具备相应的履约能力,对赌条款才有被允许存在的可能。

(四) 损害公司及股东权益的条款应在挂牌前或挂牌之时予以解除

通过前述案例中券商及律师关于对赌协议的审查、处理意见可以看出,除可容忍的对赌条款外,影响公司持续经营或可能造成实质性障碍的对赌条款应当在挂牌之前或挂牌之时予以解除。具体可采用签订补充协议、约定在挂牌时相应对赌条款失效的方式,亦可由协议方出具承诺函,承诺在企业挂牌时即放弃相应协议权利等方式加以解决。

三、对律师实务的启示

结合诸多新三板挂牌企业披露的对赌协议以及股转公司对待对赌协议的审核态度,在律师实务中,起草、审核拟在新三板挂牌企业所涉及的对赌协议时,应当注意以下几个方面:

(1) 无论从最高人民法院有关对赌协议的效力认定标准,还是从股转公司关于对赌协议的审核态度而言,律师在起草、审核对赌协议时应尽量避免将拟挂牌公司作为对赌协议的合同主体。如果公司一定要作为合同主体,也不应使公司承担对赌的责任或义务。

(2) 对赌条款中对企业的业绩要求应尽量符合企业发展的客观实际,不宜设定过高的目标、脱离了企业的实际盈利能力,否则容易造成企业为了冲业绩而脱离良性发展的轨道。同时,设定过高的业绩标准也容易被股转公司认为会影响公司的良性发展,进而对企业挂牌造成不利影响。

因此,虽然对赌协议属于商业条款,但律师也应尽量提醒客户约定过高业绩目标的不利影响,建议客户的业绩目标应符合企业实际盈利能力,或者约定在企业挂牌时相应条款自动失效。

(3) 避免在对赌协议中安排涉及公司经营管理人员任职方面的条款。虽然新三板实务中对对赌协议的存在采取了较为宽容的态度,但是其核心原则是不能影响公司的正常经营管理。

从经营管理的层面而言,高管的稳定性确实对企业的良性发展起着重要作用。在对赌协议中安排高管人员的硬性任职要求,从表面上看,确实有利于企业稳定发展,但是,现代企业的运营机制决定了高管层并非一成不变,当相应人员的能力、忠诚度等因素发生变化,经营管理层同样应当作出相应调整。而现代企业制度下企

业的股东会、董事会、监事会等机构本就能够对管理层进行调整,在对赌协议中对管理层的人员任职进行干预,可能会被股转公司视为影响公司的正常经营管理,并可能对公司的法人治理结构的健全规范性认定产生不良影响。因此,对赌协议中应当避免设置对人员任职的干预的对赌条款。对高管人员的任职要求,主要可以通过股权激励计划来实现。对于业已存在相关内容的对赌协议,建议在申请挂牌前通过补充协议予以解除。

新三板借壳法律实务初探

孔伟平* 马思虹**

一、公司重组、借壳概念辨析及新三板发展现状

(一) 重组

重组的概念比较广,在不同的领域,重组涉及的含义也有所不同,如债务重组、股权重组、资产重组等。本文所提及的重组,指的是狭义的资产重组,即公司在日常经营活动以外处置资产的行为。

对非上市公众公司而言,除了一般意义上的资产重组外,还存在一种特殊形式的重组,该种重组会构成法律法规规定的重大资产重组,需要符合法规规定的一系列条件与要求。《非上市公众公司重大资产重组管理办法》[①]第2条第2款规定:"本办法所称的重大资产重组是指公众公司及其控股或者控制的公司在日常经营活动之外购买、出售资产或者通过其他方式进行资产交易,导致公众公司的业务、资产发生重大变化的资产交易行为。"

(二) 借壳及其相关概念

1. 借壳

借壳本身不是一个严格的法律术语或学理概念,它是从实践中总结出来的一个概念,具体指的是,通过一系列股权及资产的运作间接取得公众公司资格的一种做法。

2. 借壳上市

实践中出现比较多的借壳上市概念,指的是一家非上市公司通过收购一家上市公司的控股权,并将其资产通过一定方式注入该上市公司,从而实现其资产在资本市场上市的目的。借壳上市现象在上市公司中曾屡见不鲜。

3. 新三板的借壳

随着新三板市场的逐渐建立与发展,借壳的概念在新三板中也开始出现。新三板市场的借壳,是一种特殊形式的借壳,指的是一家非公众公司通过收购一家新

---

* 北京市鑫诺律师事务所执行合伙人,中华全国律师协会公司法专业委员会委员、北京律师协会国有资产法律专业委员会主任、北京上市公司协会独立董事工作委员会副主任。

** 北京市鑫诺律师事务所律师。

① 经2014年5月5日中国证券监督管理委员会第41次主席办公会议审议通过,自2014年7月23日起施行。

三板挂牌公司的控股权,并将其资产通过一定方式注入该挂牌公司,从而实现其资产在新三板挂牌的目的。

(三) 新三板发展现状

自新三板市场建立至今(2015年7月),已有3 000多家公司挂牌。从挂牌公司的运作实践来看,在新三板挂牌,能够帮助公司规范内部管理,提升知名度,增强美誉度,提供融资能力。因此,登陆新三板并进行融资成为许多中小企业的目标,这也直接引发了新三板中借壳现象的萌芽与产生。自今年上半年来,从一些挂牌企业披露的相关股权及资产重组的公告中不难看出一些借壳的迹象与动机,该等迹象正逐渐开始浮出水面。

从借壳本身的目的和动因来看,借壳主要是为了规避上市审批周期长、时间成本高、对拟上市主体的各方面要求严格等因素。但是,从全国中小企业股份转让系统的相关业务规则的规定及审核进度上看,目前,新三板挂牌的审核进度一般比较快②,对挂牌企业也没有太高的门槛限制,因此,作为规避审批期限漫长的动因就不存在了。新三板中出现借壳这个概念,目前主要是节省时间成本以外的原因(具体参见本文第四部分案例中的论述)。

二、目前新三板借壳的基本步骤及操作路径

从借壳行为期望达到的目的出发,结合新三板市场中出现的一些挂牌公司的实践,目前新三板市场中的借壳主要由以下基本步骤构成:

(一) 挂牌公司的控股权的取得

取得挂牌公司的控制权,即拟借壳公司通过交易达到取得一家新三板挂牌公司的控股权的目的的行为。

取得挂牌公司的控股权的具体操作路径主要包括两种:第一种路径是通过股权转让收购挂牌公司控股权;第二种路径是通过认购挂牌公司定向增发的股票取得挂牌公司控股权。

由于借壳通常是原资产剥离并将新资产置入的过程(少数情况下原资产不剥离继续运营,常常出现在主营业务未发生变更的情形下),因此,在上述转让或认购过程当中,与一般的转让或认购有一点很明显的区别,即转让或认购的标的股权不含其对应的标的公司的那部分资产的价值,相关协议中应当明确约定,挂牌公司的

---

② 2015年8月6日,全国中小企业股份转让系统有限责任公司(以下简称"股转公司")微信刊发了《新三板挂牌公司并购重组基本不涉"借壳"行为 审查效率持续提升》一文,文章称:"截至2015年7月31日,全国股份转让系统挂牌公司数量已达到3052家,其中2015年度新增挂牌公司1488家……企业挂牌没有障碍,也不存在排队现象。"以过往的事实来看,拟挂牌主体申报后很快会收到股转公司的反馈意见,自申报文件提交股转公司审核之日起,直至取得股转公司同意挂牌的审核意见,一般在1—2个月左右,因申报主体的具体情形会有差异。

原资产在转让或增发后仍属于其原股东所有,并将在未来一定期限内以一定的协议安排予以剥离。

鉴于很多挂牌公司目前在新三板挂牌运行的时间不长,在通过股权转让收购挂牌企业的控股权的过程中,常常出现拟收购的标的股权为限售股的情形。限售股的产生原因包括上市锁定股、高管在职期间每年限制转让股等。在这种情形下,转让方与收购方通常先完成无限售条件的那部分股票的转让,同时,转让方授予收购方在一定期限内以约定价格收购解禁后的剩余限售股权的选择权。为了保证在第一期股权转让后即拥有对挂牌公司的实际控制权,收购方通常通过委托行使股权协议先行取得尚未收购的限售股权的实际权利,以保证及早对挂牌企业形成控制,另外,收购方对未能立即收购的限售股部分未来的成功收购,常常要求转让方提供相应的担保,包括股权质押及第三方保证等。具体的交易结构,在交易双方处于不同交易地位时,常常呈现出不同的安排。

完成挂牌企业的收购后,通常进行董事、监事、高级管理人员的变更,公司原董事、监事、高级管理人员在离职半年后,其持有的挂牌公司的股票可以恢复流通,此时完成剩余的股权转让。

(二) 原资产的剥离

即新三板挂牌公司的股东将公司原有的全部或大部分资产以出售或其他形式由挂牌公司剥离给股东自有或指定的其他主体。

鉴于不同资产的存在形式、交割方式等均存在差异,对原资产的剥离通常根据资产具体类别的不同作出有针对性的安排。

例如,在研发型高新技术类企业,无形资产比例较高,其中包含可转让的无形资产(包括商标、专利、软件著作权等)以及不可转让的无形资产(即主体具有特定性的无形资产,包括公司原有的资质、资格等)。对于前一类无形资产,可直接做权属转让登记;对后一类无形资产,一般约定继续由挂牌公司享有,但前提是资产受让方具备在一定期限内申请取得相同资质或资格的条件。

在债权债务方面,债务在事先取得债权人同意后转移给资产受让方(如因债权人不同意而无法转移,资产受让方应在债务届满期以前对资产转让方进行等额补偿);债权也应转移给资产受让方,但鉴于部分债权(如应收账款和正在执行的合同未来可产生的收益)无法立即完成转移,通常由资产受让方与挂牌公司签署应收账款的催收协议等,并约定债权实现后立即交付资产受让方。

对于部分需要特殊资格的资产,在资产受让方获得相关资格前,资产转让方一般采用无偿租赁的方式将资产租赁给资产受让方使用。如北京地区的购车资格需要摇号,通常约定,在资产受让方取得购车资格以前,由资产转让方与资产受让方签署车辆租赁协议,将车辆租赁给资产受让方无偿使用,待资产受让方获得购车资格后,再将车辆过户给资产受让方。

鉴于借壳过程中原资产的剥离通常无法在短期内全部完成,为保障资产受让方因最终受让时间不确定性而产生的风险,通常由资产转让方(即挂牌企业原有股东)作出担保。另外,确保通过一定的交易安排保证无法立即过户的资产在过渡期内的使用权属于资产受让方所有。

(三) 新资产的置入

即收购方完成对挂牌公司的控股权的收购后,将其自身的资产通过出售等方式置入挂牌公司中。

新资产的置入可采用现金收购或发行股份购买资产收购等形式,具体根据公司的资产及现金流状况决定。

在过往A股借壳上市的案例中,上述原资产的剥离及新资产的置入也可采取新旧资产置换这种一步到位的形式完成。不过,鉴于目前股转系统对新三板借壳的态度仍较为模糊,根据股转系统目前对外发布的文章可以推断,其目前仅将控股权和主营业务同时发生变更的情形视为借壳。[3] 这种定义尽管没有在有效力的文件中明确化,但反映了股转系统对新三板借壳的一种态度。据此,在A股借壳上市案例中出现过的新旧资产置换一步到位的模式在目前的新三板中的可行性暂时还不确定,因此,新三板借壳中的原资产剥离和新资产置入这两个环节,目前是独立完成的,且新资产的置入往往需要一个期间段,而不是一次性完成的。

三、现有新三板借壳重组相关法律法规

根据前述,新三板借壳中主要涉及控股权收购、原资产剥离和新资产置入三个环节。在这三个环节中,控股权收购环节主要涉及挂牌企业收购的相关法规,核心法规为《非上市公众公司收购管理办法》(以下简称《收购管理办法》)[4];资产剥离和置入环节主要涉及挂牌企业的重大资产重组方面的法规,核心法规为《非上市公众公司重大资产重组管理办法》(以下简称《重大资产重组管理办法》),具体内容如下:

(一) 控制权收购阶段的相关法规——《收购管理办法》

1. 收购方(拟借壳主体)的资格

《收购管理办法》第6条规定,作为拟借壳主体的收购方,在其准备收购挂牌壳公司的控股权时,应当首先保证其具备如下条件:

---

[3] 根据股转公司《新三板挂牌公司并购重组基本不涉"借壳"行为 审查效率持续提升》一文披露:截至2015年7月31日,新三板市场共68家公司发生收购事项,159家公司涉及重大资产重组,绝大部分属于产业整合,未出现收购(即控制权变更)与重组(即主营业务变更)的交叉行为。而少数交叉行为,重组对手方与收购方没有关联关系,或置入资产体量很小,因此都不涉及借壳。根据股转公司上述文章中的表述,可以看出,只有控制权和主营业务同时变更才构成借壳。另外,股转公司称,目前"新三板市场仅有两家公司在控制权发生变动的同时或控制权变动后,购买置入了来自收购方及其关联方的大额资产。对于这两家公司的收购和重组行为,全国股转公司依据企业挂牌准入标准进行了审查。

[4] 经2014年5月5日中国证券监督管理委员会第41次主席办公会议审议通过,自2014年7月23日起施行。

（1）收购人及其实际控制人应当具有良好的诚信记录，收购人及其实际控制人为法人的，应当具有健全的公司治理机制。

（2）有下列情形之一的，不得收购公众公司：收购人负有数额较大债务，到期未清偿，且处于持续状态；收购人最近两年有重大违法行为或者涉嫌有重大违法行为；收购人最近两年有严重的证券市场失信行为；收购人为自然人的，存在《中华人民共和国公司法》（以下简称《公司法》）第146条规定的情形；法律、行政法规规定以及中国证监会认定的不得收购公众公司的其他情形。

另外，作为收购方，还应当符合《全国中小企业股份转让系统投资者适当性管理细则》（试行）的规定。

2. 收购过程中的信息披露

（1）《收购管理办法》第13条规定："有下列情形之一的，投资者及其一致行动人应当在该事实发生之日起2日内编制并披露权益变动报告书，报送全国股份转让系统，同时通知该公众公司；自该事实发生之日起至披露后2日内，不得再行买卖该公众公司的股票。（一）通过全国股份转让系统的做市方式、竞价方式进行证券转让，投资者及其一致行动人拥有权益的股份达到公众公司已发行股份的10%；（二）通过协议方式，投资者及其一致行动人在公众公司中拥有权益的股份拟达到或者超过公众公司已发行股份的10%。投资者及其一致行动人拥有权益的股份达到公众公司已发行股份的10%后，其拥有权益的股份占该公众公司已发行股份的比例每增加或者减少5%（即其拥有权益的股份每达到5%的整数倍时），应当依照前款规定进行披露。自该事实发生之日起至披露后2日内，不得再行买卖该公众公司的股票。"

（2）《收购管理办法》第16条规定："通过全国股份转让系统的证券转让，投资者及其一致行动人拥有权益的股份变动导致其成为公众公司第一大股东或者实际控制人，或者通过投资关系、协议转让、行政划转或者变更、执行法院裁定、继承、赠与、其他安排等方式拥有权益的股份变动导致其成为或拟成为公众公司第一大股东或者实际控制人且拥有权益的股份超过公众公司已发行股份10%的，应当在该事实发生之日起2日内编制收购报告书，连同财务顾问专业意见和律师出具的法律意见书一并披露，报送全国股份转让系统，同时通知该公众公司。"

3. 收购股权的锁定期

《收购管理办法》第18条规定："按照本办法进行公众公司收购后，收购人成为公司第一大股东或者实际控制人的，收购人持有的被收购公司股份，在收购完成后12个月内不得转让。收购人在被收购公司中拥有权益的股份在同一实际控制人控制的不同主体之间进行转让不受前述12个月的限制。"

4. 过渡期规则

《收购管理办法》第17条规定："以协议方式进行公众公司收购的，自签订收购协议起至相关股份完成过户的期间为公众公司收购过渡期（以下简称过渡期）。

在过渡期内,收购人不得通过控股股东提议改选公众公司董事会,确有充分理由改选董事会的,来自收购人的董事不得超过董事会成员总数的1/3;被收购公司不得为收购人及其关联方提供担保;被收购公司不得发行股份募集资金。在过渡期内,被收购公司除继续从事正常的经营活动或者执行股东大会已经作出的决议外,被收购公司董事会提出拟处置公司资产、调整公司主要业务、担保、贷款等议案,可能对公司的资产、负债、权益或者经营成果造成重大影响的,应当提交股东大会审议通过。"

(二) 资产剥离及置入阶段的相关法规——《重大资产重组管理办法》

1. 重大资产重组的定义

《重大资产重组管理办法》第2条规定:"本办法所称的重大资产重组是指公众公司及其控股或者控制的公司在日常经营活动之外购买、出售资产或者通过其他方式进行资产交易,导致公众公司的业务、资产发生重大变化的资产交易行为。公众公司及其控股或者控制的公司购买、出售资产,达到下列标准之一的,构成重大资产重组:(一) 购买、出售的资产总额占公众公司最近一个会计年度经审计的合并财务会计报表期末资产总额的比例达到50%以上;(二) 购买、出售的资产净额占公众公司最近一个会计年度经审计的合并财务会计报表期末净资产额的比例达到50%以上,且购买、出售的资产总额占公众公司最近一个会计年度经审计的合并财务会计报表期末资产总额的比例达到30%以上。"

2. 重大资产重组的法定条件

《重大资产重组管理办法》第3条规定:"公众公司实施重大资产重组,应当符合下列要求:(一) 重大资产重组所涉及的资产定价公允,不存在损害公众公司和股东合法权益的情形;(二) 重大资产重组所涉及的资产权属清晰,资产过户或者转移不存在法律障碍,相关债权债务处理合法;所购买的资产,应当为权属清晰的经营性资产;(三) 实施重大资产重组后有利于提高公众公司资产质量和增强持续经营能力,不存在可能导致公众公司重组后主要资产为现金或者无具体经营业务的情形;(四) 实施重大资产重组后有利于公众公司形成或者保持健全有效的法人治理结构。"

3. 重大资产重组的内部决议

(1)《重大资产重组管理办法》第3条规定:"公众公司实施重大资产重组,应当符合下列要求:(一) 重大资产重组所涉及的资产定价公允,不存在损害公众公司和股东合法权益的情形;(二) 重大资产重组所涉及的资产权属清晰,资产过户或者转移不存在法律障碍,相关债权债务处理合法;所购买的资产,应当为权属清晰的经营性资产;(三) 实施重大资产重组后有利于提高公众公司资产质量和增强持续经营能力,不存在可能导致公众公司重组后主要资产为现金或者无具体经营业务的情形;(四) 实施重大资产重组后有利于公众公司形成或者保持健全有效的法人治理结构。"

(2)《重大资产重组管理办法》第 15 条规定:"股东大会就重大资产重组事项作出的决议,必须经出席会议的股东所持表决权的 2/3 以上通过。公众公司股东人数超过 200 人的,应当对出席会议的持股比例在 10% 以下的股东表决情况实施单独计票。公众公司应当在决议后及时披露表决情况。前款所称持股比例在 10% 以下的股东,不包括公众公司董事、监事、高级管理人员及其关联人以及持股比例在 10% 以上股东的关联人。公众公司重大资产重组事项与本公司股东或者其关联人存在关联关系的,股东大会就重大资产重组事项进行表决时,关联股东应当回避表决。"

4. 重大资产重组的支付方式及价格确定方式

《重大资产重组管理办法》第 17 条规定:"公众公司重大资产重组可以使用现金、股份、可转换债券、优先股等支付手段购买资产。使用股份、可转换债券、优先股等支付手段购买资产的,其支付手段的价格由交易双方自行协商确定,定价可以参考董事会召开前一定期间内公众公司股票的市场价格、同行业可比公司的市盈率或市净率等。董事会应当对定价方法和依据进行充分披露。"

5. 重大资产重组的审批

(1)《重大资产重组管理办法》第 18 条规定:"公众公司重大资产重组不涉及发行股份或者公众公司向特定对象发行股份购买资产后股东累计不超过 200 人的,经股东大会决议后,应当在 2 个工作日内将重大资产重组报告书、独立财务顾问报告、法律意见书以及重组涉及的审计报告、资产评估报告(或资产估值报告)等信息披露文件报送全国股份转让系统。全国股份转让系统应当对上述信息披露文件的完备性进行审查。"

(2)《重大资产重组管理办法》第 19 条规定:"公众公司向特定对象发行股份购买资产后股东累计超过 200 人的重大资产重组,经股东大会决议后,应当按照中国证监会的有关规定编制申请文件并申请核准。中国证监会受理申请文件后,依法进行审核,在 20 个工作日内作出核准、中止审核、终止审核、不予核准的决定。"

四、实务案例分析

(一) 控股权收购 + 资产剥离——江苏金宏泰科技股份有限公司

1. 事实部分

2015 年 7 月 22 日,江苏金宏泰科技股份有限公司(以下简称"金宏泰")(股票代码:831649)披露了包括收购报告书、董事会决议等一系列相关的法律文件,主要内容包括如下几方面:

(1) 公司原股东刘荣升、刘春芳(原持有公司 100% 股权)将其持有的公司 25% 无限售条件的股权转让给赖泳村,并授予赖泳村在未来 36 个月内受让剩余 75% 股权的权利;

(2) 提名公司新一届董事会、监事会成员及高级管理人员;
(3) 投资设立全资子公司。

2. 案例分析

从上述公告可以看出,金宏泰完成上述协议收购以后,其控股权发生了转移,实际控制人由原来的刘荣升、刘春芳变更为赖泳村。上述第一部分25%股权的转让对价为480万元,剩余75%的股权的转让对价为1420万元,因此,公司100%股权的转让对价为1900万元,此对价即金宏泰作为壳公司的转让价格。

公司在收购的同时进行了董事、监事及高级管理人员的改选,完成了公司经营管理层的更新。上述一系列事项都与借壳的步骤相吻合。

值得关注的是,新三板市场发展时间不长,许多企业挂牌后运营时间也不久,由于控股股东及实际控制人的股份自挂牌之日起在两年内分三批解禁(挂牌时、挂牌后满1年、挂牌后满两年分别解禁1/3),另外,控股股东及实际控制人如作为公司高管每年可转让股份不多于其持有公司股份的25%,且离职后半年内不得转让,因此,很多企业买卖的时候,大股东手中往往会有一部分未解禁的股票,这是和借壳上市的一个比较明显的差异。正因为这种差异,导致新三板借壳中的控股权收购往往无法一次性完成,这就给交易双方均制造了很多不确定的风险。作为法律顾问,在具体的交易安排设计过程中,应当设计有助于交易双方的公平、有序的条款。本案中值得借鉴的地方如下:

(1) 刘荣升、刘春芳分别辞去董事长及董事职务,同时选任新一届董事会、监事会成员,新的董事、监事的聘任自公司控股权变更完成之日起生效。这种附条件生效的经营管理层改选安排,体现了双方之间权利让渡的约束关系,有效防止了收购双方的风险。

(2) 刘荣升、刘春芳将75%尚未转让的股份质押给了收购人赖泳村,以保证其未来对剩余75%的股份的收购权的实现。

(3) 为保证在限售股解禁前收购方对公司形成有效控制,刘荣升、刘春芳向赖泳村出具委托行使股东权利的承诺函,作为交换对价,赖泳村需要向刘荣升、刘春芳先行支付剩余75%股权收购的预付款720万元。

另外,从金宏泰披露的相关法律文件来看,在新三板收购过程中,收购方与挂牌企业均聘请了法律顾问。作为收购方与挂牌企业的法律顾问,关注点与工作重点往往存在相似与差异,但其主要关注点均为收购方的主体资格,以及本次收购的具体程序、协议安排、资金来源、本次收购以后的计划、关联交易及同业竞争、收购人最近6个月买卖挂牌公司股票的情况等。在具体侧重点上,挂牌企业法律顾问的调查工作更为细致、全面,且其出具的法律意见书在形式上更为严谨。正因如此,挂牌企业的法律顾问在收费上相较收购方有一定的优势。

截至目前,金宏泰虽未进一步披露其资产置入及剥离的相关信息,但根据董事会决议的描述,"为了理顺公司控制权转移后产权关系,董事会同意成立一人有限公司,用于承接公司的现有资产、负债、人员及业务"。据此,上述安排应该是用于资产剥离前的相关准备。另外,收购报告书还显示赖泳村拟择机将优质资产置入公司。

截至目前,金宏泰尚未进一步披露相关进展。鉴于目前新三板借壳案例也很鲜见,本案例有待进一步关注研究。

(二) 控股权收购+定向增发置入资产——鼎讯互动(北京)科技股份有限公司

2015年2月13日,鼎讯互动(北京)科技股份有限公司(以下简称"鼎讯互动")(证券代码:430173)披露了该公司董事会决议、收购报告书等文件。文件显示:

公司原股东吴晓翔与曾飞、茅萧、刘淑艳签订股份转让协议,向茅萧、曾飞、刘淑艳三人收购公司股份合计155万股。本次收购完成前,吴晓翔持有公司34.90%的股份;本次收购完成后,吴晓翔持有公司50.4%的股份,为公司的控股股东及实际控制人,就任公司董事长。公司原实际控制人曾飞辞去公司董事长职务。另外,收购报告书显示:未来12个月内,收购人吴晓翔拟择机将其控制的部分企业置入鼎讯互动,改善鼎讯互动经营情况,提高鼎讯互动盈利能力。由此,公司完成了股权收购的第一步。

2015年4月30日,鼎讯互动披露了该公司的重大资产重组报告书、董事会决议等文件。文件显示:公司将发行股份2亿股,用于购买广东振业汽车集团有限公司、李蓬龙及肖娜霞合计持有的广东欧美城汽车文化有限公司(以下简称"广东欧美")100%的股权;重组完成后,广东欧美变更为公司之全资子公司。上述标的资产广东欧美2014年业绩亏损。增发完成后,公司的实际控制人仍为吴晓翔。可以推测,广东欧美就是公司新实际控制人吴晓翔拟置入公司的资产。

鼎讯互动的收购属于借壳中的收购部分而非全部股权,原股东仍保留部分股权的模式。而这种模式在本案中未受到限售股问题的影响,股权收购一次性完成,这一环的交易安排相对比较简单。但是,在这种模式下,公司股东没有将股权全部卖给收购方,公司经营管理层的变动与收购100%股权情形下变动的彻底程度可能有所不同,对未来公司经营管理权的分配与控制的利益博弈,是律师在交易安排中应当关注的一环。

与收购全部股权不同的是,在这种部分股权收购的情形下,是否构成借壳,笔者认为,应当根据具体的资产重组及公司主营业务的变化情况分析,不应一概而论。在本案例中,鼎讯互动通过发行股份购买资产的方式购买了广东欧美100%的股权。鼎讯互动原属于手游行业,而广东欧美则属于汽车销售行业。在这种情形下,公司主营业务发生了变化,可以视为借壳行为,相反,如果新置入的资产与原公司资产属于相同或类似行业,则更多情况下是将这种重组视为一种业务的整合,而不是一种完全意义上的借壳行为。

值得注意的是,鼎讯互动是在新三板借壳方面实践较为先行的一家公司,其主营业务的变更跨度也较大。在这种情形下,未来公司的经营发展的稳定性与盈利能力是具有一定的不确定性的,对挂牌企业和投资者来说,也存在较大的经营风险。从鼎讯互动的相关重大资产重组安排中,并未看到关于未来公司因主营业务变更可能导致的经营风险的相关规避措施,应该说,作为公众公司,这种安排是略欠妥当的。如能通过盈利预测报告及补偿或激励等安排来规避未来的经营风险,则更有利于新三板借壳在未来实务操作中的进一步规范。

五、结论

新三板借壳目前仍然是市场中实践不多的一个概念,审核机关对新三板借壳的态度目前较为模糊,认定标准和审核门槛也较为严格。多数挂牌公司的借壳实践目前正处于进行阶段,成功借壳的案例很鲜见,未来,政策层面及实务层面的趋势也值得进一步关注。

借壳涉及的主要步骤包括控股权收购、原资产剥离和新资产置入,具体方式包括股权转让、定向增发、发行股份购买资产等,涉及《非上市公众公司收购管理办法》《非上市公众公司重大资产重组管理办法》等部门规章。目前,相关的典型案例包括金宏泰、鼎讯互动,分别体现了收购挂牌公司全部股权及部分股权的两种借壳方式,在交易安排及风险点上也有所差异。作为不同类型项目的法律顾问,应当将工作侧重点作出区分。

新三板挂牌要点浅析

莫 雷* 邓航宇**

自 2014 年以来,随着新三板的全国扩容以及新的交易制度的实行,"新三板"成为目前资本市场的主要热点。

根据全国中小企业股份转让系统有限责任公司发布的数据,截至 2015 年 8 月,全国中小企业股份转让系统挂牌公司已突破 3 000 家。由于市场火热,申请新三板挂牌的企业数呈爆发式增长,亦使券商在筛选拟申请挂牌企业时更加严格。

目前申请新三板挂牌的主要条件有:(1) 依法设立且存续满两年。有限责任公司按原账面净资产值折股整体变更为股份有限公司的,存续时间可以从有限责任公司成立之日起计算。(2) 业务明确,具有持续经营能力。(3) 公司治理机制健全,合法规范经营。(4) 股权明晰,股票发行和转让行为合法合规。(5) 主办券商推荐并持续督导。(6) 全国股份转让系统公司要求的其他条件。

笔者认为,券商在选择拟挂牌企业时,审查的重点主要是企业是否业务明确、具有持续经营能力,以及公司治理机制健全。

一、清晰、准确的企业发展战略

从企业未来发展的角度来看,战略表现为一种计划,而从企业过去发展历程的角度来看,战略则表现为一种模式。如果从产业层次来看,战略表现为一种定位,而从企业层次来看,战略则表现为一种观念。此外,战略也表现为企业在竞争中采用的一种计谋。这是关于企业战略比较全面的看法,即著名的 5P 模型。什么是战略管理? 战略管理是指对企业战略的管理,包括战略制定、形成与战略实施两个部分。战略管理首先是一个"自上而下"的过程,这也就要求高级管理层具备相关的能力及素养。

具体地说,企业的发展战略应当包括:明确企业经营目标和发展方向,准确认识企业自身在行业中的位置;企业发展赶超的目标对象;对市场开发拓展的认识规划;对技术研发、营销、生产、质量、服务等具体运营层面的认识,等等,即企业战略是企业纲领性文件和指导企业规范运营的文本,是决定企业未来发展方向、走向、命运的关键,它体现了企业最高决策者的各种智慧和综合力量,是其对各种资源、

---

* 黑龙江金海律师事务所主任。
** 黑龙江友翔律师事务所。

配置、整合、利用、优化的能力，更是对企业发展思路、发展战略定位、计划、初衷的严峻检验、考验和考量。在战略制定过程中还必须考虑技术因素所带来的机会与威胁。技术的进步可以极大地影响企业的产品、服务、市场、供应商、竞争者和竞争地位。

目前，由于新三板挂牌的主体是中小企业，而这些企业对于风险的转嫁和规避能力较低，模糊的企业发展战略、经营理念和经营目标，会导致企业在发展过程中体现出极大的不确定性和盲从性，因而增加了企业的经营压力，还增加了企业的潜在风险，影响企业的成长和发展。发展战略的缺乏，还使很多中小企业过于看重眼前利益，忽视长远利益，从而错失了很多的发展机会。

二、相应的运作机制、组织结构和一支高效、稳定的管理团队

运作机制和组织架构是一个企业能否有效运转、高效运转、成功运转的重要因素乃至决定因素，好的组织架构能够上贯下通，执行力强、效率高，任务清晰、责权利明确，协调沟通顺畅。

组织架构是企业实施经营的基本要素，管理团队则是企业组织架构中重要的组成部分，也是实施企业战略的重要保障。为了企业发展战略更好的实施，对组织架构进行不断调试、调整、优化、完善是企业采取的必要手段和措施，也就是人们常说的"激励机制"和"赛马机制"相结合的原则。

为了适应企业发展战略和不断完善的组织架构，则需要选择最优秀的、最适应企业发展的稳定、高效的管理团队，这个管理团队应当包括但不限于优秀敬业的职业经理人、技术研发人员、生产管理及销售精英，并对整个管理团队进行绩效考核和目标管理，真正实行严格管理和目标管理相结合，优胜劣汰、奖勤罚懒，并辅之以适应企业发展和一致认同的企业文化，以此激活整个企业组织和管理团队的生命力和创造力。

实际上，中小企业受自身特点或能力的限制，很多不重视或无力进行管理团队的建设。但事实上，如果企业管理团队建设不好，其在方向性、战略性决策上会很容易出现问题。另外，没有一个完善、高效的管理团队，也会使得企业出现创新能力缺乏，经营管理效率低下，员工缺乏积极性，生产经营成本增加，市场竞争力下降等各种各样的问题。

只有企业认识到上述问题的重要性，并厘清了以上问题，企业就具备了清晰、准确的企业发展战略和完善、高效的运作机制、组织结构和管理团队。有了能够持续的发展原动力，有了盈利能力和渠道，企业就能在市场竞争中占有一席之地，且最大限度地吸引投资者的目光，增加投资者的信心，企业在申请"新三板"挂牌时，就具备了更强的竞争力。

三、企业申请"新三板"挂牌时应注意的问题

1. 寻找适合自己的券商

虽然目前券商众多,但由于经营理念、操作手段、服务方式的不同,通过前期咨询,依据企业挂牌的目的,选择合适的券商是成功申请挂牌的必要条件。选择与企业挂牌目的、想法比较相近的券商,并非大的券商就是好的,适合自己的才最好。

2. 中介机构的选择

券商确定后,律师事务所、会计师事务所的选择可以参考券商的建议。但也应对律师事务所、会计师事务所进行一些必要的了解与沟通,保证其能够提供最优质的服务。因为在申请"新三板"挂牌这个过程中,律师事务所等中介机构所起的作用是非常重要的,关系到企业申请挂牌前的基础是否牢靠。

目前"新三板"挂牌中的内核越来越严格,面对企业内部存在的各种问题,靠的就是券商和律师事务所等中介机构紧密配合,细致、谨慎地进行梳理,并提出完善的解决方案。

3. 挂牌方案的确定

企业在申请挂牌前,应对自己的挂牌需求、融资及资本运作形成一个初步想法,再通过挂牌谈判明确挂牌需求,并设计出清晰的挂牌方案。

4. 股份制改造

"新三板"挂牌主体要求为股份有限公司,我国的中小企业大多是以有限责任公司形式存续,股份制改造是有限责任公司"新三板"挂牌的必经之路。股份制改造是企业谋求在新三板挂牌整个过程中的重中之重。因为资本市场运作具有不可逆性,股份制改造关乎企业之大事,不可不察。在此阶段,券商和律师事务所等中介机构应对企业历史沿革进行梳理,对企业资产、经营目标、持续经营能力等分析判断,明确股权关系,厘清关联交易、同业竞争等关键性问题,针对问题提出改造方案,并逐一完善、解决。

上述问题是笔者对企业在拟申请新三板挂牌时应注意问题的几点思考。虽然目前申请"新三板"挂牌的企业众多,但我们也应当看到,"新三板"市场还存在诸多的问题和风险。是否选择"新三板"挂牌、通过"新三板"挂牌达到何种目标,还需企业谨慎的审视自身、明确思路,寻找适合企业自身实际需要的发展道路。

参考文献

［1］北京市道可特律师事务所、道可特投资管理(北京)有限公司编著:《直击新三板》,中信出版社2010年版。

［2］周红:《企业上市全程指引》,中信出版社2010年版。

[3] 张朝元、梁雨编著:《中小企业融资渠道》,机械工业出版社2009年版。

[4] 高正平编:《中小企业融资实务》,中国金融出版社2006年版。

[5] 张颖翰:《我国中小企业资产证券化融资研究》,载http://www.jjxj.com.cn,最后访问日期:2015年6月22日。

[6] 〔英〕欧阳(Ian M. Oades):《中小企业境外上市指南》,张青龙译,中信出版社2007年版。

[7] 赵曾海、田晓光、叶敏开主编:《奔向创业板》,首都经济贸易大学出版社2010年版。

"新三板"首例换股吸收合并重组退市案剖析

吴金凤[*]

根据上海君实生物医药科技股份有限公司(以下简称"君实生物")(证券代码:833330)披露的《上海君实生物医药科技股份有限公司公开转让说明书》(以下简称《公开转让说明书》)及上海众合医药科技股份有限公司(以下简称"众合医药")(证券代码:430598)《关于君实生物换股吸收合并众合医药方案的议案》等系列议案[①],君实生物将在满足全国中小企业股份转让系统(以下简称"全国股份转让系统")的挂牌条件后,以 1∶19.87 的换股比例吸收合并众合医药,以实现两个"新三板"挂牌企业的资源整合。换股吸收合并后,众合医药将依法解散。这就意味着,彼时,两家新三板挂牌公司将变为一家,新三板首例吸收合并重组退市案将由此诞生。

一、换股吸收合并方案概述

(一) 换股吸收合并的方式

1. 案例概述

君实生物将于全国股份转让系统挂牌后换股吸收合并众合医药。君实生物向众合医药全体股东发行人民币普通股股票,以取得该公司股东持有的众合医药全部股票;合并完成后,君实生物作为存续公司承继及承接众合医药的全部资产、负债、业务、人员、合同及其他一切权利与义务,众合医药终止挂牌并注销其法人资格;君实生物的股票(包括为本次换股吸收合并发行的人民币普通股股票)将申请在全国股份转让系统公开转让。

2. 吸收合并的估值及换股发行的对象、股份数量、价格、比例

吸收合并换股发行股票的对象为换股吸收合并实施股权登记日收市后在证券登记结算机构登记在册的众合医药全体股东。换股方法为上述全体股东所持的众合医药股票按比例全部转换为君实生物本次发行的人民币普通股股票。君实生物和众合医药全体股东或其委托代理人已经签署《承诺函》,同意换股合并君实生物与众合医药估值比为 2∶1。该估值比为制定本换股方案的基础。基于本次吸收合

---

[*] 北京国枫(成都)律师事务所。
[①] 相关公告、议案请参见全国中小企业股份转让系统,载 http://www.neeq.com.cn/announcement? code = 430598,最后访问日期:2015 年 4 月 20 日。

并确定的估值比例,君实生物因本次吸收合并而发行的人民币普通股股票数量为735万股,每股面值为人民币1元,将全部用于换股吸收合并众合医药。

关于估值问题,截至2014年12月31日,君实生物、众合医药的净资产分别为1.22亿元、1.93亿元,但估值却为2∶1,而全国中小企业股份转让系统有限责任公司(以下简称"股转公司")也未要求其调整估值,新三板对金融市场创新的开放态度体现无疑。在估值比例确定的前提下,换股数量已经确定,众合医药换股的换股价格及君实生物换股的发行价格仅具有参考意义。经双方管理层友好协商,参考众合医药2014年末每股净资产,确定众合医药本次换股价格为1.32元/股。在此基础上,确定君实生物换股发行价格为26.23元/股。本次换股吸收合并的换股比例为1∶19.87,即换股股东所持有的每19.87股众合医药普通股股票,可以换得1股君实生物本次发行的普通股股票。

(二) 换股吸收合并的实质条件及程序

1. 股东大会2/3以上多数表决通过

换股吸收合并方案等需分别获得君实生物和众合医药股东大会批准,即本次合并须经出席君实生物股东大会的非关联股东所持表决权的2/3以上表决通过;以及须经出席众合医药股东大会的非关联股东所持表决权的2/3以上表决通过。

2. 股转公司审查通过

根据众合医药于7月10日公布的董事会决议,君实生物挂牌新三板是换股吸收合并众合医药的前提条件之一,即,需君实生物关于在全国股份转让系统挂牌并公开转让的申请获得全国股份转让系统审查通过,换股合并方案方能生效。若不通过,可继续保留众合医药的挂牌地位。

3. 符合《非上市公众公司收购管理办法》的相关规定

君实生物董事会认为,本次吸收合并符合《非上市公众公司收购管理办法》第6条的规定,即收购主体适格,不存在利用收购活动损害被收购公司及其股东合法权益的情形;众合医药的控股股东符合上述《办法》第7条的规定,不存在滥用股东权利损害众合医药及众合医药其他股东合法权益的情形;众合医药董、监、高符合上述《办法》第8条的规定,未滥用职权对收购设置不适当的障碍,未利用公司资源向收购人提供任何形式的财务资助。[②]

4. 其他条件

本次换股吸收合并涉及的相关事项取得了全部有权监管机构的必要批准、核准、同意、备案(如需);不存在限制、禁止或取消本次吸收合并的法律,政府机构的禁令或命令或人民法院的判决、裁决、裁定。吸收合并完成日为君实生物就本次换股吸收合并完成相应的工商变更登记手续之日及众合医药完成工商注销登记手续之日,以两者中较晚之日为准。

---

② 参见《非上市公众公司收购管理办法》第6条、第7条、第8条的相关规定。

二、换股吸收合并重点关注问题

(一) 资产、资质的继承、承受问题

1. 换股合并方案的约定

本次吸收合并的有关资产、负债、业务等的承继与承接自《换股吸收合并协议》约定的交割日起,众合医药的全部资产、负债、业务、合同及其他一切权利与义务将由存续公司享有和承担。众合医药应在《换股吸收合并协议》生效日起12个月内办理完成相关资产、负债、业务、人员、合同及其一切权利和义务转移至存续公司名下的相关手续,包括但不限于移交、过户、登记、备案。如在《换股吸收合并协议》生效日起12个月内,未能办理完毕形式上的移交手续(如专利申请等过户手续,对外投资权益的变更手续以及车辆过户手续等),则该等资产的实质权利、权益、负债亦自交割日起归属于存续公司。

双方同意,双方将按照中国法律的相关规定向各自的债权人发出有关本次换股吸收合并事宜的通知和公告,并将依法按照各自债权人的要求清偿债务或提供充分有效的担保。双方所有未予偿还的债务、尚须履行的义务、责任在交割日后将由存续公司承担。双方同意,众合医药在交割日前已开展并仍须在交割日后继续开展的业务将由存续公司继续开展,众合医药在交割日前已签署并仍须在交割日后继续履行的有效协议的履约主体,将自交割日起由众合医药变更为存续公司。

经查阅相关披露材料,众合医药并没有土地、房产,省去了合并资产过户之累。

2. 关于医药资质的说明

根据众合医药的《公开转让说明书》,公司不涉及任何特殊业务许可及需获得特定资质的事项。此外,公司医疗固定设施未通过GMP认证,尚未取得《药品生产许可证》。本次换股吸收合并不存在众合医药向君实生物转让医药资质的问题,这也简化了本次换股吸收合并案。

3. 专利过户问题

根据专利查询,众合医药拥有"一种重组人源抗人肿瘤坏死因子单克隆抗体的纯化方法"以及"新型全人源抗体"两项专利。众合医药应在《换股吸收合并协议》生效日起12个月内,将该等专利名称由众合医药变更为君实生物的申请材料提交至国家知识产权局并办理过户手续。

4. 债权人通知问题

吸收合并属于公司重大重组,需要通知债权人,否则可能被要求提前偿还债务。因众合医药并未取得大额银行贷款,这倒不会成为实质问题。

(二) 关联交易问题

1. 本次换股吸收合并构成关联交易

众合医药的实际控制人为熊俊先生。截至2015年5月12日,熊俊先生及其父

亲熊凤祥先生合计直接持有君实生物25.60%的股份,为君实生物的实际控制人。即,众合医药、君实生物均为上海宝盈资产管理有限公司董事长熊俊控制的新药研发企业。根据相关法律法规及规范性文件的规定,本次吸收合并构成关联交易。

2. 新三板对关联交易的审核要求

根据目前股转公司审核披露的公开文件来看,新三板对关联交易并非绝对禁止,在符合一定条件的情形下是允许存在的。通常能够容忍的关联交易应当符合以下条件:

(1) 实体上交易价格和条件公允,不能存在转移利润的情形;
(2) 程序上严格遵循公司章程和相应制度的规定;
(3) 数量上不能影响到公司的独立性;
(4) 关联方占用公司资金必须进行清理;
(5) 及时进行真实、准确、完整的信息披露。

3. 本次关联交易表决程序

根据众合医药发布的公告,熊俊先生出任君实生物董事长,周华及张卓兵先生的配偶持有君实生物的股份,汤毅先生为君实生物股东苏州瑞源盛本生物医药管理合伙企业(有限合伙)执行合伙人委派代表。关联董事熊俊先生、汤毅先生、周华先生、张卓兵先生对董事会议案等相关议案应回避表决。

(三) 同业竞争问题

1. 换股合并双方的同业竞争问题

根据2014年1月众合医药的《公开转让说明书》:"除直接或间接持有众合医药股份外,公司实际控制人熊俊参股君实生物,君实生物为医药研发企业,目前与公司不存在同业竞争。随着各自业务的发展,上海君实未来可能与公司存在潜在的同业竞争。为避免与公司发生同业竞争行为,熊俊承诺不谋求君实生物的控制权。"

根据众合医药《公开转让说明书》披露,报告期初至2014年11月3日期间,杜雅励持有上海君实生物医药科技有限公司(以下简称"君实有限")32.34%的股权,陈博(英文名字Bo Chen,2013年4月获得美国国籍,以下均用其中文姓名"陈博")出任君实有限的执行董事兼总经理,且二人为夫妻关系。因此该期间君实有限的实际控制人为杜雅励和陈博。

2014年11月,杜雅励向冯辉、刘小玲、吴军、马静和王莉芳转让部分股权后,持股比例下降至13.77%;2014年12月增资后,被稀释到12.60%。众合医药并未披露君实生物本次股权转让的情况。2014年11月以后,熊凤祥、熊俊父子合计持股28.19%,成为"君实有限"的第一大股东、实际控制人,2014年12月增资后,被稀释到25.80%,仍为公司第一大股东和实际控制人。2015年5月,君实有限整体变更为股份公司,熊俊先生出任公司董事长。

公司实际控制人变更前后,均从事单克隆抗体药物的研发及产业化,主营业务没有发生变化。随着公司业务的快速发展，公司JS001项目已经于2014年提交药物临床研究申请并获得受理，公司主要项目处于临床前研究阶段向临床研究阶段过渡的关键时期，对资金实力和管理能力提出了要求。实际控制人变更后，公司进行了第二轮私募融资，资本实力得到了极大提升，同时公司进行了整体改制，优化了管理层团队的配置，管理能力与公司的业务发展阶段更加匹配。

截至君实生物《公开转让说明书》签署日，除君实生物外，公司第一大股东、实际控制人熊俊、熊凤祥父子还控制着众合医药。众合医药和君实生物均从事单抗新药的研发及销售，目前不存在实质竞争，随着业务的发展，两家公司可能会存在潜在的商业竞争。为解决与众合医药可能存在的潜在商业竞争问题，经双方股东大会审议通过，公司本次拟通过挂牌同时以换股方式吸收合并众合医药。除此之外，公司第一大股东、实际控制人熊凤祥、熊俊父子出具了《避免同业竞争承诺函》。

2. 新三板同业竞争审核尺度及解决思路

新三板挂牌审核原则上只关注控股股东、实际控制人的同业竞争问题，对于其他股东以及关联方的同业竞争问题并不会重点关注（市场上已有许多案例证明这一点）。如果同业竞争的发生有着特定历史的背景且目前整合很困难，控股股东和实际控制人的同业竞争的解决，在短期内无法实现或者成本较高，在充分信息披露的情况下可以尝试，但是需要详细说明目前整合存在障碍的原因。

关于同业竞争问题的解决思路，常见方式如下：

（1）收购合并；

（2）转让股权和业务；

（3）停业或注销；

（4）对经营业务作合理规划。

君实生物和众合医药换股吸收合并属于一次特殊的创新。

（四）其他关注事项

1. 现金选择权、滚存未分配利润及存在权利限制的股份处理问题

众合医药全体股东或其委托代理人已经签署《承诺函》，承诺同意换股吸收合并方案，并自愿放弃了交易中的现金选择权。如众合医药股东所持有的股票存在权利限制，则该等股票将在换股时全部被转换为君实生物本次发行的股份；在该等股票上设置的权利限制将在换股后的君实生物相应股份之上继续有效。本次吸收合并完成后，存续公司截至本次换股实施日的滚存未分配利润，由本次吸收合并完成后的存续公司君实生物新老股东按照持股比例共同享有。

2. 过渡期、换股实施日、吸收合并方案的决议有效期及锁定期问题

自《换股吸收合并协议》签署之日至换股吸收合并完成日的期间为过渡期，双方及其控股子公司的资产、业务、人员、运营等各方面保持稳定。本次换股实施日为换股股东将其所持众合医药的全部股票按换股比例转换为君实生物本次发行的人民币普通股股票之日，该日期将在君实生物申请全国股份转让系统挂牌获得审

查通过后,由君实生物与众合医药另行协商确定并公告。本次吸收合并的决议自股东大会审议通过之日起12个月内有效。根据本次吸收合并方案,君实生物的人民币普通股股票(包括为本次吸收合并发行的人民币普通股股票)将申请在全国股份转让系统挂牌公开转让,该等股票将根据《中华人民共和国公司法》《全国中小企业股份转让系统业务规则(试行)》等法律、法规的相关规定,确定限售期限。

3. 债权人保护

君实生物、众合医药将于本次吸收合并方案分别获得各自公司决议通过后,按照我国相关法律的要求履行债权人通知和公告程序,并将根据各自的债权人于法定期限内提出的要求,向各自的债权人提前清偿债务或提供担保。经查询众合医药的2014年年报,暂未发现公司存在银行借款,这倒为公司实施吸收合并提供了便利。

三、吸收合并税务重组问题

(一) 企业所得税

依据会计准则关于企业合并的规定,本次换股吸收合并属于同一控制下的企业合并。同一控制下企业吸收合并的税收政策,应当根据《财政部、国家税务总局关于企业重组业务企业所得税处理若干问题的通知》(财税[2009]第59号)和国家税务总局《企业重组业务企业所得税管理办法》(国家税务总局公告2010年第4号)的规定,区别一般性税务处理和特殊性税务处理两种情况。

1. 一般性税务处理规定

(1) 合并企业应按公允价值确定接受被合并企业各项资产和负债的计税基础。

(2) 被合并企业及其股东都应按清算进行所得税处理。

(3) 被合并企业的亏损不得在合并企业结转弥补。

2. 特殊性税务处理规定

企业合并同时符合下列条件的,适用特殊性税务处理规定:

(1) 具有合理的商业目的,且不以减少、免除或者推迟缴纳税款为主要目的。

(2) 企业重组后的连续12个月内不改变重组资产原来的实质性经营活动。

(3) 企业重组中取得股权支付的原主要股东,在重组后连续12个月内,不得转让所取得的股权。

(4) 企业股东在该企业合并发生时取得的股权支付金额不得低于其交易支付总额的85%,或者该合并为同一控制下且不需要支付对价的企业合并。

特殊性税务处理政策规定如下:

(1) 合并企业接受被合并企业资产和负债的计税基础,以被合并企业的原有计税基础确定。

（2）被合并企业合并前的相关所得税事项由合并企业承继。

（3）可由合并企业弥补的被合并企业亏损的限额＝被合并企业净资产公允价值×截至合并业务发生当年年末国家发行的最长期限的国债利率。本限额为在剩余结转年限内，每年可弥补限额。

（4）被合并企业股东取得合并企业股权的计税基础，以其原持有的被合并企业股权的计税基础确定。

（二）增值税

根据国家税务总局《关于纳税人资产重组有关增值税问题的公告》（国家税务总局公告 2011 年第 13 号）以及国家税务总局《关于调整增值税纳税申报有关事项的公告》（国家税务总局公告 2013 年第 66 号），纳税人在资产重组过程中，通过合并、分立、出售、置换等方式，将全部或者部分实物资产以及与其相关联的债权、负债和劳动力一并转让给其他单位和个人，不属于增值税的征税范围，其中涉及的货物转让，不征收增值税；其中货物的多次转让行为均不征收增值税。资产的出让方需将资产重组方案等文件资料报其主管税务机关。

（三）营业税

根据国家税务总局《关于纳税人资产重组有关营业税问题的公告》（国家税务总局公告 2011 年第 51 号）："纳税人在资产重组过程中，通过合并、分立、出售、置换等方式，将全部或者部分实物资产以及与其相关联的债权、债务和劳动力一并转让给其他单位和个人的行为，不属于营业税征收范围，其中涉及的不动产、土地使用权转让，不征收营业税。"[③]

四、结语

本次换股吸收合并的前提条件之一为君实生物在全国股转系统成功挂牌，换股目的似乎不涉"曲线挂牌"问题，除去资源整合外，还可能为了避免同业竞争。吸收合并是极其复杂的重组，但由于众合医药属于轻资产公司，反而并未突出其困难，否则，公司经营资质的转移、资产转移税务处理、被吸收合并企业的税务注销、吸收合并特殊税务处理等事情将极大增加重组的难度。换股吸收合并后，"两家"新三板挂牌企业将成为一家，彼时，众合医药，这家成立于 2008 年 7 月，挂牌于 2014 年 1 月，注册资本为 14607.104 万人民币的医药公司将只能以另一种形式"部分"地存在。

[③] 参见国家税务总局《关于纳税人资产重组有关营业税问题的公告》（国家税务总局公告 2011 年第 51 号）的相关规定。

新三板挂牌公司实物出资及股权转让案例分析

宋永霞[*]

公司在成长的过程中,股权转让与增资是公司逐步壮大的必经之路。很多的创业者在公司发展过程中,对公司的股权转让及增资操作比较随意,没有专业人士的参与,或者根本没有咨询专业人士的意见,完全按照自己认为可行的方式操作。对于想进行资本运作,真正让公司壮大的创业者来说,规范的股权转让与增资,可以给公司在未来免去很多潜在的法律风险与不必要的麻烦。

一、实物出资案例分析

1. 案情

安徽大富装饰股份有限公司(以下简称"大富装饰")(股票代码:832320)的前身合肥大富建筑装潢工程有限责任公司(以下简称"大富装潢")设立时的注册资本为500万元,其中实物出资共计499.60万元,货币出资0.40万元。安徽省审计师事务所出具了审验字(1996)第1—71号《验资报告》,对设立时的出资进行验证,实物出资未经评估,但该等实物已全部投入公司,并全部为公司所用。截至报告初期,出资实物账面金额为零。

根据公司设立时的股东安徽省农村电气化开发总公司装潢工程公司、合肥市肥东龙图建筑装饰有限责任公司出具的担保书,两公司对各自设立时用实物出资的部分出具有资金担保书,且出资的验资报告中列明有实物出资明细。

2. 法律分析

根据《中华人民共和国公司法(1993)》[以下简称《公司法(1993)》]第24条第1款规定:"股东可以用货币出资,也可以用实物、工业产权、非专利技术、土地使用权作价出资。对作为出资的实物、工业产权、非专利技术或者土地使用权,必须进行评估作价。核实财产,不得高估或者低估作价。土地使用权的评估作价,按照法律、行政法规的规定办理。"

大富装饰前身设立时的出资,未按《公司法(1993)》的规定,对实物出资进行评估,设立时的出资存在瑕疵。

3. 解决思路与法律风险评析

虽然公司设立时的出资不符合当时《公司法(1993)》的规定,在法律上存在瑕

---

[*] 四川瀚航律师事务所律师。

疵。本例中，大富装饰设立时的出资虽然是实物出资，未评估有瑕疵，但是：

（1）出资的实物资产名单列表已经审计师签字确认，且办理了验资；

（2）安徽省农村电气化开发总公司装潢工程公司、合肥市肥东龙图建筑装饰有限责任公司出具了出资验资担保书；

（3）该部分实物资产已经实际投入公司并摊销完毕。

从实际来看，本例中，相应实物出资实际为公司所用，并未给公司造成损失，且依法履行了相应验资程序。有限公司整体改制为股份公司时，系以有限公司截至2014年8月31日经审计的净资产51 766 241.75元以1：0.96974395的比例折合为公司股本5 020万股，股份公司注册资本金足额、充实，有限公司设立时的出资瑕疵不会对公司注册资本的充实性产生实质性影响。

4. 综述

本例中实物出资程序虽然有瑕疵，但是公司采取的上述措施，足以弥补有限公司设立时出资中存在的瑕疵，不会对公司注册资本的充实性产生实质性影响，不存在相应的法律风险，公司不存在虚假出资事项。不过本案例反映了公司设立过程中实物出资的普遍现象，不按相关法律法规的规定进行规范化运作；未将实物出资的资产载入公司账户，确认为公司的实有资产；未将相关资产登记于公司名下，使大量的实物出资流于形式；公司未实际取得实物出资的资产，或如本案例公司仅在乎对资产的实际掌控。但不管怎样，如公司出资时有瑕疵存在，而又无法补救时，不仅影响公司的上市，并可能给出资股东、其他股东、公司等带来其他相应的法律风险。

二、股权转让案例分析

1. 案情

山东领信信息科技股份有限公司（以下简称"领信股份"）（股票代码：831129）自设立至挂牌披露期间，共进行了3次股权转让，股份公司历次股权转让的价格均为每股1元，定价依据由双方协商确定，按照转让方出资时的股权价格为准。上述历次股权转让价款均已实际支付。同时，根据股份公司提供的相关财务报表，股份公司历次股权转让的价格与转让当时的公司净资产差额不大，价格公允。

股份公司自设立至今共进行过一次增资，注册资本由500万元增加至1 000万元。本次增资经股东大会审议通过，经山东舜天信诚会计师事务所有限公司莒县分所出具的鲁舜莒会验字［2011］第A136号《验资报告》审验，增资款已全部出资到位，并依法办理了工商变更登记。同时，股份公司不存在抽逃出资的情形。

根据股份公司出具的说明及股权转让方的声明，股份公司历次股权转让中，孙建东、赵延军、单玉贵三人的股权转出原因是将从公司离职；李胜玉股权转出的原因是个人购置房屋等急需资金。历次股权转让均为转让双方真实意愿，不存在代持情形，也不存在潜在争议或利益安排。

2011年12月20日,领信科技董事赵延军将其持有的股份公司的全部100万股股份转让给毕文绚,领信科技监事单玉贵将其持有的股份公司的全部50万股股份转让给毕文绚,领信科技监事孙建东将其持有的股份公司的全部75万股股份转让给李鹏。同日,领信科技股东大会审议同意进行上述股权转让。但根据公司当时的登记资料,赵延军为公司董事,单玉贵、孙建东为公司监事。

2. 法律分析

根据《中华人民共和国公司法(2005)》[以下简称《公司法(2005)》]第142条第2款规定:"公司董事、监事、高级管理人员应当向公司申报所持有的本公司的股份及其变动情况,在任职期间每年转让的股份不得超过其所持有本公司股份总数的百分之二十五;所持本公司股份自公司股票上市交易之日起一年内不得转让。上述人员离职后半年内,不得转让其所持有的本公司股份……"

领信科技在进行上述股权转让时,董事赵延军及监事单玉贵、孙建东的股份转让比例超过了《公司法(2005)》规定的25%的转让限制,上述股权转让超出法律规定的比例部分应认定为无效,受让方应依法将超过法律规定比例的部分股权返还转让方,转让方应将股权转让款返还受让方。

3. 解决思路与法律风险评析

相关股权转让的当事人的行为并不符合当时《公司法》的规定,在法律上存在瑕疵。但股权转让已经过去了多年,不可能进行简单的逆转。实践中,让股权转让的当事人双方对股权转让作出合理的说明,并作出不存在股权转让纠纷的承诺,再从时限上作具体风险分析与评估。

本例中,领信科技股权转让方孙建东、赵延军、单玉贵分别在2014年6月出具相关声明与承诺:"一、本人转让上述股权的原因为本人将离开公司,不再担任公司相关职务。二、本人转出的领信科技的股权系本人以自有资金取得,不存在代持、信托或其他股权受限情形,不存在任何潜在纠纷;三、本人的股权转让行为系本人的真实意思表示,不存在以欺诈、胁迫等导致股权转让行为无效的情形;四、本人已收到股权受让方支付的全部股权转让款,与股权受让方、领信科技之间不存在任何债权、债务或其他潜在纠纷。"

从时限上来看,本例中,2012年2月28日,赵延军不再担任股份公司董事,单玉贵、孙建东不再担任股份公司监事,至2012年8月28日,已满足法律规定的离职6个月后可以转让的条件,因此,导致上述股权转让无效的情形已经消除,上述股权转让双方并未要求对方返还股权或转让款,上述超比例转让部分股份可以认定为无效情形消除后发生的转让。相关股权转让方已经作出上述承诺,同时,股权受让方李鹏、毕文绚也出具《股东书面声明》,确认其所持股份不存在任何形式的转让受限情况,也不存在股权纠纷或其他潜在纠纷;所持公司股份不存在与其他人之间的股权纠纷、委托持股、信托持股等应披露而未披露的情形。

4. 综述

本例中股权转让为双方真实意愿体现,转让价格公允,不存在代持情形,也不存在潜在争议或利益安排,股份公司历次增资合法合规,不存在出资不实、抽逃出资情形。股份公司上述部分股权转让虽然违反了当时《公司法》的规定,曾存在可能发生股权争议纠纷的法律风险,但限售情形消除后,上述股权转让方对上述股权转让的真实性进行了确认,且股权转让双方均声明上述股权转让不存在潜在争议纠纷,相关法律风险情形已经消除。不过本案例反映了部分公司股东对限售股、限售期限等法律法规的漠视,而在现有的相关法律法规的框架下,如果公司股东不注意股票转让的窗口期、股票转让的限制性规定,稍有不慎,不仅可能使公司受到相应处罚,并有可能使公司被摘牌。

三、综述

根据《全国中小企业股份转让系统股票挂牌条件适用基本标准指引(试行)》的有关规定,股东的出资合法、合规,出资方式及比例应符合《公司法》的相关规定,以实物、知识产权、土地使用权等非货币财产出资的,应当评估作价,核实财产,明确权属,财产权转移手续办理完毕。在实践中,如公司设立时股东实物出资存在一定瑕疵,即使不影响公司资产完整及资本的充足性,也应通过后续规范使其达到《公司法(2005)》等对实物出资的规定。同时,公司应做到股权明晰,即公司的股权结构清晰,权属分明,真实确定,合法合规。股东特别是控股股东、实际控制人及其关联股东或实际支配的股东持有公司的股份不存在权属争议或潜在纠纷;公司股票发行和转让应合法合规,即公司的股票发行和转让要依法履行必要的内部决议、外部审批(如有)程序,股票转让须符合限售的规定。

浅析新三板流动性问题

张一琼[*]

党的十八届三中全会提出要健全多层次资本市场体系,以此作为完善现代金融市场体系的重要内容和我国经济转型升级的一项战略任务。目前,我国已初步形成了由主板(含中小板)、创业板、新三板和区域性股权市场构成的多层次资本市场体系。理论上该体系应该呈"正三角"形态分布,越往下融资企业越多,融资需求越旺盛。截至2015年8月24日,我国新三板挂牌企业3 295家,沪市、深市上市企业数量为2 800家,其中中小板上市企业数量767家,创业板上市企业数量为484家。2014年全年,主板(含中小板)融资7 692亿元,创业板融资500亿元,新三板融资132亿元,33家区域性股权市场合计融资464亿元(未包含股权质押融资)。2015年7月,上海证券交易所日均成交量为7 024.6亿元,深圳证券交易所日均成交量为5 227.1亿元,新三板日均成交量为6亿元,存在成交量较少,流动性不足的问题。

一、新三板简介

新三板市场,即全国中小企业股份转让系统(以下简称"全国股份转让系统"),是经国务院批准设立的第一家公司制证券交易场所,也是继上海证券交易所、深圳证券交易所之后第三家全国性证券交易场所。全国中小企业股份转让系统有限责任公司为其运营机构,于2012年9月20日在国家工商总局注册,2013年1月16日正式揭牌运营,注册资本为30亿元,注册地在北京,主要作为非上市股份公司股份公开转让和发行融资的市场平台,为企业提供股份交易、发行融资、并购重组等相关服务。

全国股份转让系统与交易所市场在法律地位上无区别,主要区别在于服务对象、交易制度和投资者准入三方面。在服务对象上,全国股份转让系统主要为创新型、创业型和成长型中小微企业提供资本市场服务;在交易制度上,采用协议转让、做市转让及竞价转让等灵活多样的方式;在投资者准入上,实行了较高的门槛准入制度,其中自然人投资者要求其名下前一交易日日终证券类资产市值500万元人民币以上,同时具有两年以上证券投资经验,或具有会计、金融、投资、财经等相关专业背景或培训经历。

---

[*] 北京康达(成都)律师事务所律师。

二、新三板股份转让方式

根据《全国中小企业股份转让系统业务规则(试行)》的规定,新三板股份转让方式包括协议方式、做市方式、竞价方式或其他中国证监会批准的转让方式。企业在挂牌时应选择一种转让方式,因目前竞价转让所需条件尚未制定完毕,当前新三板市场采取的转让方式只有做市转让方式和协议转让方式。

1. 做市方式

两家以上做市商作为中介机构,为一家挂牌企业做市。做市商持续向市场报出买入价、卖出价双向报价;投资者可以根据做市商的报价,通过限价委托与其进行交易;对于高于等于卖出做市申报的投资者买入申报,或低于等于买入做市申报的投资者卖出申报,股转系统自动将其与做市申报撮合成交。

从国际经验看,美国纳斯达克采用做市商制度。做市商制度是服务资本市场、服务挂牌企业的重要举措之一,尤其适合处于发展初期的中小微企业,对其稳健成长意义重大。一方面,通过多个做市商提供的竞争性报价及股票推介活动,激发普通投资者的投资兴趣,吸引更多投资者进入市场交易,增强市场的流动性;另一方面,做市商出于自身利益考虑,通过对挂牌企业的深入调查,利用其专业知识对股票进行准确的估值。

2014年8月,全国中小企业股转系统大力推进做市商制度后,截至2015年8月,采用做市转让方式的挂牌企业约占新三板所有挂牌企业的20%,采用协议转让方式的挂牌企业占比高达80%。

2. 协议转让方式

指投资者可以通过定价申报点选成交、互报成交确认申报成交等方式与其他投资者进行交易。买卖双方以协议约定的价格向系统申报,最终达成交易。对采取协议转让方式的,股转系统提供集合竞价转让安排。

根据《全国中小企业股份转让系统业务规则(试行)》,对股份转让不设涨跌幅限制,双方可以协商一致的价格进行交易,股份转让的申报价格最小变动单位为0.01元人民币,即买卖双方不以股份市值价格数额为基础,双方协议价格可以为每股0.01元。如2014年5月,九鼎投资发生的单日1元每股和800元每股的交易;2015年7月20日,齐鲁银行发生的单日0.01元每股和3.82元每股的交易。

三、新三板挂牌企业情况及目前面临的流动性问题根源

新三板被市场普遍寄予厚望为中国的纳斯达克,有私募企业负责人甚至认为新三板决定着中国未来经济的命运。2015年8月24日,新三板挂牌企业共计3295家,股份成交6.178656亿元;创业板挂牌企业484家,成交量530亿元。新三板在挂牌企业数总计超过沪深两市挂牌企业之和的情况下,成交量仅为创业板的

1/10。从新三板近3个月的数据看,成交量为零的企业有1 850家,其中1 837家企业为协议转让方式;部分股份转让企业转让价格低于定向增发价格,致新三板流动性进一步萎缩。

1. 新三板流动性不足的原因

新三板主要为中小微企业提供资本服务,其挂牌准入条件较低,投资者门槛较高,交易规则与交易模式与主板、创业板有显著不同,其流动性不足问题大致可由以下几个方面引起:

（1）新三板在多层次资本市场的定位决定了挂牌企业为中小微企业,该类企业通常处于初创期、种子期,规模较小,目前盈利能力不足,未来发展潜力、空间、盈利能力有很强的不确定性,且交易规则上不设涨跌幅限制,致风险较大,投资者投资时较审慎。

（2）投资者门槛较高致作为市场交易主体的投资者数量及资金数量基础严重不足,严重缺乏交易后劲。

（3）做市商数量不足80家,性质单一,且做市商普遍倾向于直接向挂牌企业购买有相当幅度价格优惠的股份,在二级市场购买股份的愿望不足。

（4）目前转让方式为协议转让及做市转让,企业在挂牌时选择一种转让方式,选择转让方式后,变更转让方式时需履行一定程序,这对投资者、做市商、挂牌企业自由选择交易对象和转让方式造成一定程度的限制。

（5）尚未落实体现市场竞争性的竞价方式,包括挂牌前的竞价估价和挂牌后转让方式上的竞价转让。

（6）转板机制未打通,符合一定条件的挂牌企业进入高层次资本市场的渠道受限,致交易活性和动力不足。

2. 新三板流动性增强的建议

增强新三板的流动性可逐步从以下几个方面着手:

（1）正确定位新三板在我国多层次资本市场的孵化器地位,有序引导新三板做市商、投资者建立投入少、高风险与高回报并存的投资理念,建立不盲目一味追求当前流动性、短期回报,着眼于挂牌企业的价值分析、未来发展潜力和盈利能力分析的风险投资理念。

（2）尽量少设或不设投资者门槛,使对新三板有正确定位的投资者都有权参与对新三板挂牌企业的投资,增大市场交易主体,增强交易后劲基础。

（3）扩大做市商数量,在做市商之间体现竞争性,增强做市商交易活力,最大程度体现企业股份价值。

（4）在交易规则允许的转让形式范围内,不限定挂牌企业的转让方式,探索制定相关兼容规则,使投资者、做市商自由选择交易对象及转让方式。

（5）尽快推出竞价方式,在优胜劣汰中体现市场竞争性,尽量降低操纵股份价格的行为,建立公平、规范的交易秩序。

（6）建立新三板与创业板、中小板、主板的转板机制和渠道，制定合理、高效的转板条件及规则，为符合上市条件的新三板企业打通绿色通道，使多层次资本市场上下畅通，增强资本市场活力。

（7）增强投资者对资本市场的投资信心，这是解决新三板流动性问题的基础，即投资者对经济发展、政策、法律的良好预期以及健全、规范、公开、市场化的证券市场、资本市场环境。

浅议如何发挥新三板市场的
蓄水池和孵化器作用

雍石泉[*]

我国多层次资本市场主要包括以上交所、深交所为代表的场内交易市场和以全国中小企业股份转让系统(俗称：新三板)、区域性股权交易系统为代表的场外交易市场。主板市场、中小板市场以及创业板市场相对而言已经比较成熟，而三板市场和四板市场无论是在政策上还是在制度上，一直以来都处于不太规范的状态。2013年，新三板扩容至全国，热度直至今日只增不减，企业越做越强，自然想去更好的资本平台，如何处理好新三板挂牌企业与其他资本市场平台的衔接问题，对整个中国资本市场的发展至关重要。多层次资本市场的科学构建，不仅仅是各个板块的独立良好运行，更需要实现各个市场之间的互相流转与衔接：主板、创业板市场上的挂牌公司由于经营业绩不良被降到三板市场或者四版市场，而三板市场上的某些挂牌公司经过成长积累，达到主板或中小板的要求后，可以转板到更高层次的资本市场。我们在实务工作中所接触到的新三板挂牌企业中，很多企业都有把公司规模做大而转板上市的强烈意愿，但现有的新三板转板制度还不够完整规范，这从某种角度来说制约了整个资本市场的发展。很多人常说新三板市场是我国资本市场的"蓄水池"和"孵化器"，但目前看来，新三板市场的蓄水池和孵化器作用尚未淋漓尽致地发挥出来。笔者认为，当前，在新三板与其他层次的资本市场的衔接工作中，必须进一步做好的工作包括两个层面：一是与上层证券交易所之间的对接；二是与区域性股权转让市场的对接。

一、绿色转板机制应当继续完善

2014年1月8日，北京安控科技股份有限公司公开发行股票并在创业板上市的申请获得证监会通过，成为新三板成立以来第一家通过IPO上市的挂牌公司。新三板企业在规模上与主板、创业板上的企业差距较大，但是其中有部分新三板企业发展迅速，具有强大的潜力，根据《国务院关于全国中小企业股份转让系统有关问题的决定》(国发〔2013〕49号)规定，这些发展迅速的新三板挂牌公司可以直接通过"绿色通道"实现IPO，但绿色转板的前提是挂牌公司要符合IPO条件。

---

[*] 国浩(成都)律师事务所律师。

1. 企业在主板上市的条件

(1) 股票经中国证监会核准已公开发行。

(2) 公司股本总额不少于5 000万元。

(3) 公开发行的股份达到公司股份总数的25%以上;公司股本总额超过人民币4亿元的,公开发行股份的比例为10%以上。

(4) 公司最近3年无重大违法行为,财务会计报告无虚假记录。

(5) 证券交易所要求的其他条件。

2. 企业在创业板上市的条件

(1) 发行人是依法设立且持续经营3年以上的股份有限公司。有限责任公司按原账面净资产值折股整体变更为股份有限公司的,持续经营时间可以从有限责任公司成立之日起计算。

(2) 最近两年连续盈利,最近两年净利润累计不少于1 000万元,或者最近1年盈利,最近1年营业收入不少于5 000万元。净利润以扣除非经常性损益前后孰低者为计算依据。

(3) 最近一期期末净资产不少于2 000万元,且不存在未弥补亏损。

(4) 发行后股本总额不少于3 000万元。符合上述条件的新三板挂牌企业可直接向证券交易所申请上市交易。

3. 绿色转板机制

鉴于目前一般企业IPO通道中庞大的排队企业数目,从场外市场绿色转板通道达到IPO目的,无疑会加速企业的上市时间,节省企业的上市成本。但绿色转板制度远不如想象的那么轻松。目前对待绿色转板有两种看法:

一种看法认为,在场外市场挂牌的公司达到相关要求时,可以不经审核,自动转板上市;另一种看法认为,审核还是必需的,只是在程序上对场外市场进入场内市场的企业进行简化。具体如何操作还有待相应的法律、法规出台,以规范实施。

目前,中国证监会正在积极筹建创业板转板机制的具体实施细则,主要是允许互联网和高新技术企业在新三板挂牌1年后直接到创业板上市的方案。笔者认为,该方案应当充分考虑投资者适当性制度、差异化的交易机制,应强化信息披露和风险揭示,理顺"尚未盈利"与"退出机制"的关系,但考虑到未盈利的互联网和科技创新企业风险较大,拟要求企业在全国中小企业股份转让系统挂牌1年,接受市场和社会的监督,提高规范运作水平之后,才能申请到创业板挂牌公开发行股票。

二、做好与区域性股权转让市场的对接工作

对已经在区域性股权转让市场挂牌的公司,也可以向新三板市场申请挂牌并公开转让。具体条件是:

(1) 区域性股权转让市场必须符合《国务院关于清理整顿各类交易场所切实

防范金融风险的决定》(国发[2011]38号)文的规定。

(2) 股份公司必须符合全国股份转让系统的挂牌条件。对于已经通过国务院清理整顿各类交易场所部际联席会议检查验收的区域性股权转让市场挂牌的公司,申请在新三板市场挂牌前需要暂停其股份转让(或摘牌),待取得新三板市场出具的同意挂牌函后,必须在办理股份初始登记前完成在区域性股权转让市场的摘牌手续。对于在国发[2013]49号文发布之前,已经在尚未通过国务院清理整顿各类交易场所部际联合会议检查验收的区域性股权转让市场挂牌的公司,须在申请挂牌前完成摘牌手续,由主办券商和律师核查其在区域性股权转让市场挂牌期间是否符合国发[2011]38号文的规定,并发表明确意见。对于在国发[2013]49号文发布之后,申请在尚未通过国务院清理整顿各类交易场所部际联席会议检查验收的区域性股权转让市场挂牌的公司,全国股份转让系统公司将在该区域性股权转让市场通过国务院清理整顿各类交易场所部际联席会议检查验收后受理其挂牌公开转让的申请。

三、对新三板挂牌企业进行层次分类

发挥新三板的蓄水池和孵化器作用还有一个重要的问题,就是新三板市场自身的建设。新三板市场挂牌标准为:

(1) 拟挂牌公司为非上市公众公司;

(2) 存续时间超过两年;

(3) 具有持续经营能力。

新三板挂牌企业没有盈利指标要求,没有现金流量指标要求,也没有净资产指标和股本要求。由此可见,一般的中小企业均可达到新三板上市标准。这种低标准是我国大力发展新三板市场的必然要求,通过量变来实现资本市场的快速建设,但不利影响也极为明显,新三板市场内的挂牌企业良莠不齐,鱼龙混杂,极大地制约了新三板市场的健康发展。

新三板市场为了促进高新技术企业的发展而成立,同样,以此为目的而成立的美国NASDAQ,是我国新三板市场需要学习的典型的场外交易市场之一。NASDAQ内部又分为NASDAQ全球精选市场、NASDAQ全球市场以及NASDAQ小型股市场,精选市场中的企业最为优秀,其次为全球市场,次之为小型股市场。这种分级别的市场分类吸引了更多的优秀企业在NASDAQ上市,大大促进了NASDAQ的发展。我国新三板市场完全可以结合自身特点对内部市场加以分级。可通过企业的规模、盈利能力等财务和非财务指标对内部挂牌企业进行分类,加强三板市场的竞争力,吸引更多暂时达不到IPO标准的企业来新三板市场挂牌。很多人把新三板市场比作"中国的NASDAQ",而新三板是否真正能变成中国的NASDAQ,更多的还需要继续在制度上进行改革,加强转板机制的建设,对市场内部企业进行严格分层,才能真正发挥新三板市场的蓄水池和孵化器功能,为我国中小企业和资本市

的发展提供帮助。

四、建立合理的优胜劣汰机制

一个健康的资本市场必然需要优胜劣汰的淘汰机制,证券市场将随着注册制的施行而放低准入门槛,新三板市场的挂牌节奏也自然会大大加快,一些不适合新三板市场的企业也就可能就此混入,因此要完善场外交易市场的清退制度,及时将不符合市场条件的企业清退。NASDAQ 的市场淘汰率约为 8%,英国 AIM 市场高达 12%,但高淘汰率下并不妨碍他们成为世界上最优秀的场外市场之一,新三板市场也应当尽快建立合理的清退制度,对不符合标准的企业强制退市,不仅仅是对投资者的保护,也是发展壮大新三板市场、提升场外市场质量的重要举措。但退市重点考核的标准应当是新三板市场最大的特点,即企业创新能力和远期的发展前景,而非过度强调盈利能力或是财务指标。对于我国多层次的资本市场而言,转板机制的完善固然重要,但市场之上的例如清退制度等其他建设工作也要一并跟进,转板机制才会有更强的实践意义。

论新三板对员工持股流转的限制

耿 韬*

[**案例**] 甲公司在挂牌上市前8个月内,实施员工持股计划,其中一部分由控股股东分批次将股份以协议方式转让给公司核心员工,协议约定核心员工与公司解除或终止劳动合同后,其所持股份由原股东予以回购或转让给公司指定的第三方。除此之外的普通员工则通过成为PE的普通合伙人形式间接持有该公司股份而享受员工持股计划。挂牌上市后不到3个月,核心员工因经济困难需变现股票,故依据《中华人民共和国劳动法》及《中华人民共和国劳动合同法》等规定单方提出与公司解除劳动合同关系,并拟以协议约定要求原控股股东履行回购义务,原股东则援引《全国中小企业股份转让系统业务规则(试行)》(以下简称《业务规则》)2.8之规定,认为其于公司在挂牌前12个月以内受让控股股东股票,该股票尚在限售期内,故拒绝核心员工的回购请求。该案最终未上法庭,而是以和解方式予以处理。

一、我国员工持股制度的历史演变

我国的员工持股制度是与国有企业的股份制改造同时诞生的。1984年7月第一家股份制企业北京天桥百货股份有限公司成立时,在公司的股本设置中设立了个人股。此后,一系列规范企业股份制改革的政策和法规的出台、《公司法》的实施,大大促进了我国职工持股的发展。然而,由于我国并没有西方国家推行职工持股制度的理论基础和实践积累,在立法价值取向上忽视了职工持股的激励机制和决策功能,致使各地在实际操作中出现了"内部股公众化"、职工股冲击金融市场等严重问题。1994年,国家体改委发出通知,"立即停止内部职工股的审批和发行",1998年,中国证监会又决定停发上市公司的内部职工股。从1992年5月15日国家体改委《股份有限公司规范意见》正式对定向募集公司和社会募集公司的内部职工持股作出规定,到1998年12月25日中国证监会终止上市公司内部职工股的实施,职工持股制度在我国的上市公司中只存续了短短6年半的时间,究其原因,不规范的职工股流转制度是其中的一个重要因素。直到2014年6月20日,中国证监会发布《关于上市公司实施员工持股计划试点的指导意见》(以下简称《指导意见》),该《指导意见》出台的目的是使上市公司员工与股东形成利益共同体,

---

* 四川运逵律师事务所。

提高上市公司的凝聚力和竞争力。2014年8月14日,中国证券登记结算有限责任公司发布《关于上市公司员工持股计划开户有关问题的通知》,明确了上市公司员工持股计划账户开设办理流程。2014年9月22日、2014年11月21日,上海证券交易所、深圳证券交易所分别发布员工持股计划相关信息披露业务指引,对上市公司实施员工持股计划信息披露予以明确。该《指导意见》一出台,A股市场散户狂点"赞",各大股吧一片赞扬之声。随后,海普瑞(002399.SZ)、特锐德(300001.SZ)、三安光电(600703.SH)、大北农(002385.SZ)、新海宜(002089.SZ)等上市公司相继发布员工持股计划草案,二级市场也给足了面子。第一财经日报《财商》统计显示,草案公布当日,上述公司股价单日上涨平均超过6%,甚至一度涨停。其中,特锐德员工持股计划草案公告后7个交易日,股价上涨超过40%。受主板市场影响,新三板市场员工持股计划也跃跃欲试,新三板挂牌公司联讯证券(830899)于2015年1月23日晚间公告了其第一期员工持股计划,而成为新三板市场中首个公告员工持股计划的挂牌公司。此后,新三板市场的挂牌公司所实施的员工持股计划可谓愈演愈烈。

二、员工持股流转制度的是与非

(一) 关于员工持股能否自由流转的争论

员工所持股份能否自由流转,各国立法分歧较大。美国原则上禁止员工转让其所持股份;英国、法国的立法基本上趋于一致,即允许员工在一定条件下转让其股份。[①] 国际上两种不同的立法模式,导致我国理论界对员工持股是否能够自由转让问题也产生争论。我国大多数地方性规定对员工股的转让作了禁止性或限制性规定,如《深圳市国有企业内部员工持股试点暂行规定》第3条规定,职工股不得转让、不得继承。同时第26条规定:只有当职工因调离、离退休、自动离职、停薪留职、被辞退或解聘、被开除或死亡等情形脱离公司时,其所持股份才能由职工持股会回购,转作预留股份。

1. 肯定说

赞成者认为,限制或禁止职工持股转让容易产生如下弊端:

(1)违背公司法的股东平等原则。股东平等原则,指公司就其各股东基于股东资格对公司享有权利承担义务均予以平等待遇,对职工股的转让权限制,无疑违反同股同权的原则,造成股东的不平等。

(2)易导致经营者把职工持股当做一种单纯的融资手段。

(3)意味着职工将"所有的鸡蛋放在了一个篮子里",一旦企业经营失败(破

---

① 立法规定职工在一定期限内不得转让其股份,期满得以自由转让;或在该期限内转让股份者将不享有或少享有税收优惠。

产),职工所失去的将不仅仅是劳动岗位,还有其全部财产。

因此,应当允许职工持股的自由流转。

2. 否定说

否定说则认为,允许职工股的自由转让会造成如下的后果:

(1) 职工转让股份,即丧失股东身份,职工持股制度将不复存在。

(2) 会导致管理上的混乱。如果是上市公司的职工股,由于职工股东与非职工股东之间存在严重的信息不对称,还会造成股市混乱。

(3) 致使职工只注重股份的转让收入而放松对企业发展的关心。

其实上述争论也是困扰法律工作者的主要问题——职工所持有的股份是否具有自由流动性?这种争论源自职工持股制度本身的属性——福利性,即当职工持股制度作为企业对员工的福利待遇时,必然与企业的员工身份休戚相关,通常情况下,只有该企业员工才能享受这种待遇,因此对非该企业员工的自然人、法人或其他组织机构必然不能取得这种福利待遇,所以我国各省市有关职工持股的暂行办法或试行条例中,大多对职工股作了禁止转让的规定。事与愿违的是,在市场经济高速发展的今天,持股职工的正常人力资源流动、因涉讼导致股份被执行或分割以及持股职工本身的经济原因等都有可能导致其所持股份的流动,职工持股的流动显然将面临诸多衍生问题,如股份受让方的选择、持股职工终止、解除劳动关系后的股份处理等问题。笔者认为,这些问题应由实务界与理论界共同关注。

3. 对职工持股制度价值目标的检讨

笔者认为,是否限制或禁止职工股的流转应回归到职工持股本身的制度价值角度分析。

(1) 从促进职工持股制度长期发展的角度出发,各国实行职工股的目的,不论是为了缓解劳资矛盾,或提高企业生产率,都要求持股职工具有的双重身份——既有企业职工身份又有企业股东身份——保持相对稳定。这种特定的目的性,使得职工股的转让就需要与一般公众股的自由转让有所不同,只有严格的限制职工股的转让,才能增加持股职工的劳动积极性,促进职工关心企业的发展,真正构建起职工与企业之间唇齿相依的关系。

(2) 从公平角度来看,职工获得股份相对于社会股东而言享受了优惠(如税收优惠、股价折扣优惠等),支付了较少的对价。这种优惠是基于职工身份而取得的,具有人身性。实际上的同股不同价已然违背公平,而且,企业增资发行职工股会使原股东的股东权益得到稀释[2],有必要对现有股东的股东权益给予一定的保护,对这种稀释进行一定的缓冲。因而,各国都对职工股股权的转让给予一定的限制,以平衡现有股东和企业的利益。限制职工股流转实质上并不构成对股权平等原则的背叛。

---

② 参见刘俊海:《股东诸权利如何行使与保护》,人民法院出版社1995年版。

（3）从信息是否对等的角度来看，职工股东相对于其他外部股东而言，较易掌握公司的真实情况，信息来源较便捷，当公司发展出现不利局面时，职工大量抛售股票，这对于其他外部股东而言绝对是一个不妙的信号，会严重影响股东对公司的信心。

（4）职工股也是基于职工的投资而取得，完全禁止职工股的转让，长期冻结职工股，将职工捆绑于企业，无疑是禁止了职工的财产性权利。

（二）小结

虽然我们承认股权转让自由原则，但我们不能对职工为追求片面的经济利益任意转让其股份而熟视无睹。这种情况在上市公司中最为突出，当募集公司一旦上市，一段时间后内部职工股也随即上市，几天内大部分内部职工股票即被抛售，股票持有人可以获得一笔不小的内外溢价差，大量的职工股被非企业职工持有，造成了职工持股的外部化，对于大多数实施职工持股计划的公司来讲，几乎无法忍受职工持股的短期化和外部化的行为。

基于以上原因，各国也多限制职工股的转让，区别仅在于程度不同，如英、法两国都规定了一个职工股较长的保留期，保留期内不许转让或如转让即不享有或少享税收优惠。职工股是一种特殊的股份，其与一般公众股的区别之一是其设置的目的不同，除了为职工谋取长期福利外，更重要的是希望能将企业的发展与职工的利益紧密联系在一起，从而起到长期激励作用。因职工特殊身份、职工持股本身的特性及特殊宗旨，职工股转让要受到一定的限制。但我们也不能从一个极端走到另一个极端，一概否认职工持股流动的可能性，使职工持股成为限制职工流动的"金手铐"。事实上，通过某种措施增加职工所持股份在变现方面的灵活性、流动性，将使职工持股更具吸引力。员工持股毕竟属于员工的一种投资，投入的是资本这一生产要素。作为一种投资，这项资本要求获得不低于社会平均资本收益率的投资收益。③ 更何况员工的这种投资只有在企业中持续的工作才能得到相应的回报，又不能在市场上自由买卖，产生所谓的"押出障碍"。④ 因此，员工通过员工持股获得的股权注定是残缺的，在这一点上，员工的持股风险要比其他投资者都大。如果再对其合理的流动进行限制或禁止，风险变大的出资员工迫不得已将寻求寻租、哄抬股价以短期套现等其他解决之道。

综上，对于员工股应是有条件的限制转让而不是禁止其转让。所谓条件应当是指，员工持股的流转应以保持员工持股制度的完整性为目的，即应由公司其他员工受让或者由公司回购后作为库藏股再行出让给公司其他员工，甚至可采取强制措施令持股人转出其股份，以保证员工持股制度的完整性。

---

③ 参见杨林村：《技术入股实务与法律研究》，人民法院出版社2002年版，第137页。
④ 参见孙月平：《推进技术股份化的对策建议》，载http：/lstd. xjtu. edu. cn/xinxi/show. php？id = 5499，最后访问日期：2001年8月6日。

参考文献

[1] 杨欢亮、王来武:《中国员工持股制度研究》,北京大学出版社 2005 年版。
[2] 李玉梅:《中国企业职工持股法律制度的构建》,群众出版社 2005 年版。
[3] 中国(海南)改革发展研究院主编:《职工持股与股份合作制——职工持股暨股份合作国际研讨会文集》,民主与建设出版社 1996 年版。
[4] 古小乐:《经理股票期权与职工持股计划之比较——兼论其法律问题与对策》,载《江西社会科学》2003 年第 8 期。
[5] 狄嬡:《职工持股流转若干法律问题》,载《合作经济与科技》2006 年第 10 期。

"新三板"挂牌条件简析

姜克强[*]

全国中小企业股份转让系统(以下简称全国股份转让系统)是经国务院批准,依据证券法设立的全国性证券交易场所,2012年9月正式注册成立,是继上海证券交易所、深圳证券交易所之后第三家全国性的证券交易场所,因为挂牌公司不同于原转让系统内的退市企业及原STAQ、NET系统挂牌公司,故被形象地称为"新三板",主要为创新型、创业型、成长型中小微企业发展服务。《国务院关于全国中小企业股份转让系统有关问题的决定》(国发〔2013〕49号,以下简称《国务院决定》)指出:"境内符合条件的股份公司均可通过主办券商申请在全国股份转让系统挂牌。"

根据《全国中小企业股份转让系统业务规则(试行)》(以下简称《业务规则》)第2.1条规定,股份公司只要符合下列条件即可申请挂牌:"(一)依法设立且存续满两年。有限责任公司按原账面净资产值折股整体变更为股份有限公司的,存续时间可以从有限责任公司成立之日起计算;(二)业务明确,具有持续经营能力;(三)公司治理机制健全,合法规范经营;(四)股权明晰,股票发行和转让行为合法合规;(五)主办券商推荐并持续督导;(六)全国股份转让系统公司要求的其他条件。"

虽然上述《业务规则》对挂牌条件仅仅只有6条基本规定,但结合本所律师办理挂牌业务的实务操作经验,以及相关法律法规和政策文件的规定,现将六条规定简析如下:

一、关于"依法设立且存续满两年"的简析

"依法设立且存续满两年"实际上是包含了两个条件,即公司须依法设立和公司存续时间必须满两年。

(一)公司须依法设立

依法设立,是指公司依据《中华人民共和国公司法》(以下简称《公司法》)等法律、法规及规章的规定向工商行政管理机关申请登记,并已合法取得《企业法人营业执照》。具体包括如下几个方面:

---

[*] 四川师维律师事务所律师。

1. 公司设立的主体、程序应当合法、合规

(1) 国有企业的设立需要提供相应的国有资产监督管理机构或国务院、地方政府授权的其他部门、机构关于国有股权设置的批复文件。

(2) 外商投资企业的设立须提供商务主管部门出具的设立批复文件。

(3)《公司法》修改(2006年1月1日)前设立的股份公司,须取得国务院授权部门或者省级人民政府的批准文件。由于《公司法》修改后取消了设立股份公司须取得国务院授权部门或者省级人民政府批准文件的规定,新设立股份公司无需提交国务院授权部门或者省级人民政府的批准文件。

2. 公司股东的出资合法、合规,出资方式及比例应符合《公司法》的相关规定

(1) 如股东以实物、知识产权、土地使用权等非货币财产出资的,应当评估作价,核实财产,明确权属,并依法办理财产权转移手续。

(2) 如以国有资产出资的,应遵守《中华人民共和国企业国有资产法》《企业国有资产监督管理暂行条例》等法律法规中有关国有资产评估的规定。

(3) 公司注册资本缴足,即公司股东须按章程规定的出资额及出资时间实缴出资款或办理财产权转移手续,不存在虚假出资或出资不实的情形。

(二) 公司存续时间必须满两年

这里的"两年"必须是两个完整的会计年度。比如某公司在2012年1月10日成立,但至2012年12月31日并非一个完整的会计年度,不能纳入两个完整的会计年度。而之后2013年1月1日至12月31日是一个完整的会计年度,2014年1月1日至12月31日也是一个完整的会计年度,在这两个连续的会计年度满了之后,该公司(即2015年1月1日以后)才能满足申报条件。

(三) 有限责任公司的整体变更

如果有限责任公司按原账面净资产值折股整体变更为股份有限公司,计算其存续时间时,可以从有限责任公司成立之日起开始计算。但在整体变更时不应改变该公司历史成本计价原则,不能根据资产评估结果进行账务调整,而应以改制基准日经审计的净资产额为依据折合为股份有限公司的股本。并且,申报财务报表最近一期截止日不得早于公司的改制基准日。

二、关于"业务明确,具有持续经营能力"的简析

这条规定同样包括了两个条件,即公司必须具备经营业务明确和具有持续经营能力两个条件。

(一) 公司必须经营业务明确

公司经营业务明确,是指公司能够明确、具体地阐述其经营的业务、产品或提供的服务,以及商业模式等主要经营信息,不应当存在模糊、混淆等情形。新三板

挂牌条件并未要求公司必须主营业务突出，因此公司可同时经营一种或多种业务，但每种业务应具有相应的关键资源要素（如需主管部门审批，应取得相应的资质、许可或特许经营权等），该要素组成应具有投入、处理和产出能力，能够与商业合同、收入或成本费用等相匹配。公司应避免与关联企业的同业竞争，这是红线，不能触碰，如存在同业竞争的情形，必须在申报前进行清理。

（二）公司应当具有持续经营能力

所谓持续经营能力，是指公司基于报告期内的生产经营状况，在可预见的将来，有能力按照既定目标持续经营下去。具体情形如下：

（1）公司业务在报告期内应有持续的营运记录，而不应当仅仅是偶发性的交易或事项。营运记录包括公司的现金流量、营业收入、交易客户、研发费用支出等事项。

（2）公司应按照《企业会计准则》的规定，编制并披露报告期内的财务报表，公司不存在《中国注册会计师审计准则第1324号——持续经营》中列举的影响其持续经营能力的相关事项，并由具有证券期货相关业务资格的会计师事务所出具标准无保留意见的审计报告。

（3）公司不存在公司章程规定的营业期限届满或出现其他解散事由等情形，也不存在法院已依法受理对公司的重整、和解或者公司的破产申请。

三、关于"公司治理机制健全，合法规范经营"的简析

该条规定包括两层意思，即公司的治理机制（或治理结构）须健全，公司须合法规范进行经营。

（一）公司治理机制健全

公司治理机制（或治理结构）健全，是指公司按《公司法》的规定建立股东大会、董事会、监事会和高级管理层（以下简称"三会一层"）组成的公司治理架构，制定了相应的公司治理制度，并能证明其可有效运行，能最大限度的保护股东的合法权益。

（1）公司必须依法建立"三会一层"的治理架构，并按照《公司法》《非上市公众公司监督管理办法》及《非上市公众公司监管指引第3号—章程必备条款》等法律、法规的规定，建立公司的治理制度。

（2）公司"三会一层"应按照公司治理制度对公司进行规范、高效的运作，不应当使这些制度形同虚设，而必须使之发挥既相互协作又相互制衡的作用。

（3）公司董事会应对报告期内公司治理机制执行情况进行监督检查，并按治理制度进行讨论、评估。

（二）公司合规经营

公司须合法合规经营，是指公司及其控股股东、实际控制人、董事、监事、高级

管理人员须依法开展经营活动,经营行为合法、合规,不存在重大违法、违规行为。

合法合规的经营行为涉及了三个方面的主体,即公司和公司的控股股东、实际控制人以及公司的现任董事、监事和高级管理人员。

(1) 公司的重大违法、违规行为是指公司在最近 24 个月内,因违犯国家法律、行政法规、规章的行为,受到刑事处罚或者适用重大违法、违规情形的行政处罚。

其中,行政处罚是指经济管理部门对涉及公司经营活动的违法、违规行为给予的行政处罚。重大违法、违规情形是指,凡被行政处罚的实施机关给予没收违法所得、没收非法财物以上行政处罚的行为,但处罚机关依法认定不属于的除外;被行政处罚的实施机关给予罚款的行为,除主办券商和律师能依法合理说明或处罚机关认定该行为不属于重大违法、违规行为的以外,都视为重大违法、违规情形。

当然,在最近 24 个月内公司不能存在涉嫌犯罪被司法机关立案侦查,尚未有明确结论意见的情形。

(2) 控股股东、实际控制人合法合规,最近 24 个月内不存在如下重大违法违规行为:第一,控股股东、实际控制人受到刑事处罚。第二,控股股东、实际控制人受到与公司规范经营相关的行政处罚,且情节严重;情节严重的界定参照前述规定。第三,控股股东、实际控制人涉嫌犯罪被司法机关立案侦查,尚未有明确结论意见。

(3) 现任董事、监事和高级管理人员应具备和遵守《公司法》规定的任职资格和义务,不应存在最近 24 个月内受到中国证监会行政处罚或者被采取证券市场禁入措施的情形。

(三) 对控股股东、实际控制人的要求

公司报告期内不应当存在股东包括控股股东、实际控制人及其关联方占用公司资金、资产或其他资源的情形。如存在前述情形,占用公司资金、资产或其他资源的控股股东、实际控制人及其关联方应在申请挂牌前归还公司,或通过合同、协议等方式进行规范。

(四) 财务独立、财务制度健全

公司必须设有独立的财务部门,进行独立的财务会计核算,相关会计政策也必须能如实反映公司的财务状况、经营成果和现金流量。

四、关于"股权明晰,股票发行和转让行为合法合规"的简析

该条包括公司的股权应当明晰,公司的股票发行和转让行为应当合法合规两层含义。

(一) 股权明析

公司股权明晰,是指公司的股权结构清晰,权属分明,真实确定,合法合规;股东特别是控股股东、实际控制人及其关联股东或实际支配的股东持有的公司股份

不存在权属争议或潜在纠纷。具体包括如下情形:

(1) 公司的股东不存在国家法律、法规、规章及规范性文件规定的不适宜担任股东的情形。常见的是《中华人民共和国公务员法》中的部分公务员不能担任公司股东的情形。如果存在公司股东不适宜担任股东的情形,应在发现后及时进行规范。

(2) 如果申请挂牌前公司存在国有股权转让的情形,应当遵守国家有关国资管理的规定,不应当有违规、违法转让的行为。

(3) 申请挂牌前外商投资企业的股权转让应遵守商务部门的规定。

(二) 股票发行和转让合法合规

公司股票发行和转让合法合规,是指公司的股票发行和转让应当按照《公司法》以及《中华人民共和国证券法》等法律法规的规定,履行必要内部决议、外部审批(如有)程序,股票转让须符合限制转让的相关规定。

(1) 公司股票发行和转让的行为合法合规,不应当存在下列情形:第一,最近36个月内未经法定机关核准,擅自公开或者变相公开发行过证券;第二,违法行为虽然发生在36个月前,目前仍处于持续状态,但《非上市公众公司监督管理办法》实施前形成的股东超200人的股份有限公司经中国证监会确认的除外。

(2) 公司有关股票限售的安排应符合《公司法》和《业务规则》的有关规定,不能超过限售比例和违反限售的时间规定。

(3) 在区域股权市场及其他交易市场进行权益转让的公司,申请股票在全国股份转让系统挂牌前的发行和转让等行为应合法合规,不应当存在违法违规、被给予行政处罚等情形。

五、关于"主办券商推荐并持续督导"的简析

公司须经主办券商推荐,方能申请挂牌。主办券商应当在完成尽职调查和内核程序后,对公司是否符合挂牌条件发表独立意见,如果公司符合挂牌条件,则出具推荐报告。

根据《业务规则》的规定,公司与主办券商应签署《推荐挂牌并持续督导协议》,并由主办券商按照《全国中小企业股份转让系统主办券商持续督导工作指引(试行)》的规定,对公司挂牌后履行信息披露、规范运作、信守承诺等义务进行持续督导。

六、关于"全国股份转让系统公司要求的其他条件"的简析

该条属于兜底条款。全国股份转让系统公司可以结合公司挂牌过程中出现的新情况、新问题等,或者在国家相关法律、法规及政策等有所调整时,按照本条款的规定对公司的挂牌条件进行调整,增加、减少或者修改挂牌的相应条件。

以上内容仅仅是对《业务规则》中股份公司申请挂牌应符合的6个基本条件进行的简析。如果公司申请挂牌，只符合这6个基本条件是远远不够的，还须进一步满足股份转让系统的其他要求。随着公司挂牌势头的高涨，全国股份转让系统公司对挂牌条件的审查将越来越严苛，因此，公司若要挂牌成功，除了要严格遵循6个基本条件外，还须随时关注相关法律法规的修改和有关政策的调整，及时满足股份转让系统的挂牌条件和挂牌要求。

第二部分

众 筹 业 务

众筹律师实务探讨

李琦文[*]

根据国际证监会组织对众筹融资的定义,众筹融资是指通过互联网平台,从大量的个人或组织处获得较少的资金来满足项目、企业或个人资金需求的活动。众筹融资对于拓宽中小微企业直接融资渠道、支持实体经济发展、完善多层次资本市场体系建设具有重要意义,受到社会各界的高度关注。但由于缺乏必要的管理规范,众筹融资活动在快速发展过程中也积累了一些不容忽视的问题和风险。本文根据现行法律、法规,结合未来法律的发展方向,对众筹律师事务进行探讨。

一、众筹模式分类

众筹存在不同的分类方式,按回馈方式可分为以下几类:

1. 回报模式

在项目完成后给予投资人一定形式的回馈品或纪念品。回馈品大多是项目完成后的产品。时常是基于投资人对项目产品的优惠券和预售优先权。

2. 捐赠模式

单纯的赠与行为,即创意者无需向投资者提供任何形式的回馈。投资人更多的是考虑创意项目带来的心理满足感。

3. 股权模式

此种模式与股权投资类似,即投资者投入资金后可以得到创意人新创公司的股份,或其他具有股权性质的衍生工具。股权模式又衍生了很多形式的融资,有的是创意人新创公司融资,而有的是实体店铺开分店融资,相对于其他的股权融资,平台上的电信、媒体和科技行业,大大降低了投资人的风险。

4. 债权模式

此种模式类似于创意者就未来创意项目向投资者借款,即双方为借贷关系。当项目完成或有阶段成果时,须向投资者返还所借款项(可加入利息)。

二、众筹平台的法律风险

众筹作为互联网金融的一种类型,与其他互联网金融模式相比,其法律风险最为突出和明显。从某种程度上讲,众筹的最大风险就是法律风险。其可能涉及的

---

[*] 北京公元博景泓律师事务所。

法律风险主要是非法集资类犯罪、擅自发行股票、公司、企业债券罪和行政违法。目前，股权众筹平台与债权众筹平台是存在最多的众筹形式，由于涉及的法律问题非常多，其运作模式中有些方式可能并不符合现行法律的规定而处于法律的模糊地带。

1. 股权众筹平台可能产生的法律风险

(1) 刑事法律风险

为规范金融市场秩序，最高人民法院发布了《关于审理非法集资刑事案件具体应用法律若干问题的解释》，其中第6条规定，未经国家有关主管部门批准，向社会不特定对象发行、以转让股权等方式变相发行股票或者公司、企业债券，或者向特定对象发行、变相发行股票或者公司、企业债券累计超过200人的，应当认定为《中华人民共和国刑法》（以下简称《刑法》）第179条规定的"擅自发行股票或者公司、企业债券"。由于批准股权众筹平台设立的相关法律法规尚未出台，向不特定多数对象或向特定对象发行股票超过200人，均可能涉嫌触犯《刑法》第179条规定的"擅自发行股票或者公司、企业债券罪"。

(2) 行政法律风险

向不特定多数对象发行股票，不仅可能违反《刑法》及相关司法解释的规定，亦违反了《中华人民共和国证券法》（以下简称《证券法》）的规定，这也正是"美微创投"被证监会叫停的原因。2012年10月5日，淘宝网出现了一家店铺，名为"美微会员卡在线直营店"。淘宝店店主是美微传媒的创始人朱江，原来在多家互联网公司担任高管。消费者可通过在淘宝店拍下相应金额会员卡，但这不是简单的会员卡，购买者除了能够享有"订阅电子杂志"的权益，还可以拥有美微传媒的原始股份100股。朱江于2012年10月5日开始在淘宝店里上架公司股权，4天之后，网友即凑了80万元。美微传媒的众筹式试水在网络上引起了巨大的争议，很多人认为有非法集资嫌疑，果然还未等交易全部完成，美微的淘宝店铺就于2013年2月5日被淘宝官方关闭，阿里对外宣称淘宝平台不准许公开募股。此后证监会也约谈了朱江，最后宣布该融资行为不合规，美微传媒不得不向所有购买凭证的投资者全额退款。按照《证券法》的规定，向不特定对象发行证券，或者向特定对象发行证券累计超过200人的，都属于公开发行，都需要经过证券监管部门的核准才可。

《中华人民共和国合伙企业法》（以下简称《合伙企业法》）与《中华人民共和国公司法》（以下简称《公司法》）也对有限合伙企业合伙人人数和有限责任公司股东人数作出了限制，包括《合伙企业法》第61条规定的有限合伙企业由2个以上50个以下合伙人设立；《公司法》第24条规定的有限责任公司由50个以下股东出资设立。违反上述法律规定，可能面临工商行政管理部门的处罚。

2015年7月18日，中国人民银行等十部委发布《关于促进互联网金融健康发展的指导意见》（银发〔2015〕221号），明确要求"未经国务院证券监督管理机构批准，任何单位和个人不得开展股权众筹融资活动"。

2015年8月7日，中国证监会新闻发言人邓舸在当日的例行新闻发布会上表示，为规范通过互联网开展股权融资的活动，证监会决定近期对通过互联网开展股权融资中介活动的机构平台进行专项检查，并于当日通过中国证监会网站发布了《关于对通过互联网开展股权融资活动的机构进行专项检查的通知》，明确此次检查对象包括但不限于私募股权众筹、股权众筹、众筹开展股权融资活动的平台，检查的重点内容包括融资是否进行了公开宣传、是否向特定对象发行证券、投资者对象是否超过200人、是否进行股权众筹募集资金。邓舸强调，未经国务院股权监督管理机构批准，任何单位和个人不得开展股权众筹活动，严禁任何机构和个人以股权众筹名义开展发行股份的活动。

（3）民事法律风险

融资方因项目风险较大或项目经营状况不佳等原因违约，导致投资者资金无法保障的，有可能导致以平台经营者为被告的大量民事诉讼。2015年5月，北京诺米多餐饮管理有限公司将运营"人人投"股权众筹平台的北京飞度网络科技有限公司诉至北京市海淀区人民法院，这起案件也成了首例关于股权众筹的司法案例。

2. 债权众筹平台可能产生的法律风险

（1）刑事法律风险

债权众筹平台的刑事法律风险主要体现在非法集资、集资诈骗犯罪。根据最高人民法院《关于审理非法集资刑事案件具体应用法律若干问题的解释》第1条的规定："违反国家金融管理法律规定，向社会公众（包括单位和个人）吸收资金的行为，同时具备下列四个条件的，除刑法另有规定的以外，应当认定为刑法第一百七十六条规定的'非法吸收公众存款或者变相吸收公众存款'：（一）未经有关部门依法批准或者借用合法经营的形式吸收资金；（二）通过媒体、推介会、传单、手机短信等途径向社会公开宣传；（三）承诺在一定期限内以货币、实物、股权等方式还本付息或者给付回报；（四）向社会公众即社会不特定对象吸收资金。"如果众筹平台在无明确投资项目的情况下，事先归集投资者资金，形成资金池，然后才进行招募项目，再对项目进行投资，则存在非法集资的嫌疑。2014年7月，深圳市罗湖区人民法院依法对"东方创投"网络投资平台法定代表人邓亮和运营总监李泽明作出判决：判决邓亮犯非法吸收公众存款罪，判处有期徒刑3年，并处罚金人民币30万元；判决李泽明犯非法吸收公众存款罪，判处有期徒刑两年，缓刑3年，并处罚金人民币5万元。因邓、李二人未上诉，判决已生效，涉案金额达1.2亿元的"东方创投"案作为国内债权众筹平台，以非法吸收公众存款罪落定。

此外，如果众筹平台在投资人、融资人不知情的情况下，私自将资金挪作他用，则有可能构成我国《刑法》第192条规定的"集资诈骗犯罪"。

（2）民事法律风险

由于没有相关法律对债权众筹作出规范性指导，导致众筹进行前平台无法通过中国人民银行征信系统了解借款人的信用信息，只能要求借款人通过网络主动提供身份证明、财产证明及借款用途等有限的信用信息,并利用自身的评级系统对借款人进行信用评级。当借款人伪造或隐瞒真实信息时,众筹平台难以对借款人的信用等级作出真实且正确的评价。此外,由于债权众筹处于发展初期,没有统一的信用评价体系,各个平台对信用评级的标准和侧重点不尽相同,这也在一定程度上给了信用不良的借款人以可乘之机,极有可能导致平台面临大量的诉讼。

三、众筹平台法律风险防范

1. 股权众筹平台法律风险防范

股权众筹是未来发展空间最大的众筹模式,也是法律风险最大的一类众筹。为防范可能发生的各类风险,股权众筹平台的下列行为应做到令行禁止:① 通过本机构互联网平台为自身或关联方融资;② 对众筹项目提供对外担保或进行股权代持;③ 提供股权或其他形式的有价证券的转让服务;④ 利用平台自身的优势获取投资机会或误导投资者;⑤ 向非实名注册用户宣传或推介融资项目;⑥ 从事证券承销、投资顾问、资产管理等证券经营机构业务,具有相关业务资格的证券经营机构除外;⑦ 兼营个体网络借贷(即债权众筹)或网络小额贷款业务;⑧ 采用恶意诋毁、贬损同行等不正当竞争手段。

从具体操作层面来讲,由于目前我国关于众筹的普遍性监管规则尚未出台,笔者结合《私募股权众筹融资管理办法(试行)(征求意见稿)》和国情,尝试就众筹融资的合法合规操作,提出以下建议:

(1) 明确众筹平台的信息中介角色

股权众筹平台应将自身界定为"通过互联网平台(互联网网站或其他类似电子媒介)为股权众筹投融资双方提供信息发布、需求对接、协助资金划转等相关服务的中介机构"。股权众筹平台的主要服务对象是中小微企业。众筹平台不对众筹项目提供担保,充分体现了风险自担的原则。

(2) 不设资金池,确保资金安全

任何一个项目的募资都需要一定的过程,在募资过程中,投资者的资金陆续进入平台。在这一过程中,平台必须绝对保证不挪用资金,提倡并鼓励平台启用第三方账户托管模式,确保资金的绝对安全。① 平台应明确资金的权属,在募资期结束前资金归投资者所有,募资完成并签署相关法律文件后资金归项目发起人所有。同时,平台应建立严密的账簿记录体系,确保投资者的每笔资金与所投项目一一对应。

(3) 建立适格投资人制度

适格投资人制度已经广泛用于期货、资管、信托等产品的销售领域中,虽然关于众筹的监管法规尚未出台,但设立适格投资人制度已是共识。然而尽管达成了

---

① 参见董冬冬、高义广:《众筹的前世今生与法律风险和对策》,载 http://blog.sina.com.cn/s/blog_548693bb0102uyii.html,最后访问日期:2015 年 7 月 10 日。

共识，但对适格投资人的条件却仍缺乏恰当、明确的定义。传统的定义往往侧重于一个固定的数值，如信托产品购买的门槛是 100 万元，但我们认为，应更侧重比例的限制，如单一投资人不论其年度收入，也不论其所投项目的数量，规定最高众筹投资额不得超过其年度收入的一定比例。比例的限制更适合众筹的"草根"气息，也更符合普惠金融的理念。

（4）建立适当的投资者保护规则

投资者保护主要体现在两个方面：一是投资架构的搭建；二是投后管理。合法的投资架构不但可以受到法律保护，也可以让投资者便捷地行使权利，确保投资利益不受损害。目前众筹平台已经逐步淘汰代持模式，更多采用有限合伙或直接增资入股的方式进行投资。

众筹平台对投资者保护的另一重点是投后管理，即如何确保项目正常运作或企业健康发展。投后管理的关键在于及时、准确的信息披露、异常事件的预警、重大事件的集体协商，等等。及时的信息披露，还可以撬动投资者的自身资源，如人脉、技术等，为推动项目进展集聚更多的力量。

2. 债权众筹平台风险防范

债权众筹平台，要充分把自己定位为中介平台，回归平台类中介的本质，为投资方与资金需求方提供准确的点对点服务，不得直接经手资金，不得以平台为资金需求方提供担保，不得以平台承诺回报，不得为平台本身募集资金，不得建立资金池。并且要严格审查融资方的信息，严防虚假融资信息的发布。从具体操作层面来讲，应把握好以下几点问题：

（1）明确民间借贷网络平台的法律性质

对于债权众筹平台的法律性质，实务界及学术界也存在着"准金融机构"与单纯"信贷服务中介"的争议。准金融机构并没有权威定义，也没有法律上的划分，一般来说，准金融机构是指与地方经济发展有密切关系，未纳入国家金融监管部门监管范围的，不具备国家金融监管部门发放的"金融许可证"，但从事金融业务的机构。[②] 网络借贷平台并不直接介入融资活动之中，不是借贷关系中的任何一方当事人，只是提供咨询、场所、促成买卖，因此，并不是严格意义上的金融机构，不接触客户资金，将其界定为为借贷双方提供服务的"信贷服务中介机构"更为合适，也更有利于其进一步规范与健康发展。

（2）建立完善的内部征信体系

① 建立并形成行业内部征信体系，并制定统一的信用评价标准，建立黑名单互换机制[③]；② 积极促进与外部征信系统的对接，实现信用信息在不同行业间的沟

[②] 参见何一峰、江翔宇：《准金融机构监管现状、问题及对策初探》，载《上海保险》2011 年第 6 期，第 9 页。

[③] 参见李爱君：《民间借贷网络平台法律制度的完善》，载《福州大学学报（哲学社会科学版）》2011 年第 6 期，第 111 页。

通;③ 制定信用惩罚机制,以激励客户在利益平衡中作出明智的选择,重视自身信用建设;④ 在征信过程中,注重客户隐私权的保护。

(3) 完善民间借贷网络平台内控机制

债权众筹平台业务种类的特殊性,决定了其必须建立严格的内控机制,根据不同的运营方式制定详细的操作规范、规章制度,规范从业人员的行为,提升从业人员的执业技能、法律意识和职业道德,以确保网络平台运营的稳定性、安全性。

(4) 实现资金的第三方存管

借贷双方通过众筹平台实现资金的往来,这一过程会产生大量的在途资金,对于沉淀资金的管理,可以借鉴证券行业客户交易结算资金第三方存管的制度。客户资金的第三方存管可以有效防止网络平台或个人非法挪用客户资金,确保资金的安全性,同时,也有利于实现破产隔离。对于控制金融行业风险、切实保护贷款人利益以及维护金融体系稳定具有重要作用。

此外,债权众筹平台也可与银行合作,脱离第三方支付,直接通过银行将借贷资金打入借贷双方的银行账户中,以减少第三方支付给高龄人群带来的不便,并降低因第三方的迟延支付所产生的预期违约率。

总之,平台要坚持"不吸收存款、不发放贷款、不做担保保证"的"三不原则",不经手客户资金,坚持平台的"中介"地位。

(5) 保护客户的隐私权

在债权众筹平台的运营过程中,借贷双方的交易行为必然会涉及双方的个人信息,且将信息在网站公开。因此,对公布于网站的电话号码、家庭情况、职业等自然人身份信息,网站可以通过会员身份认证等措施,只对通过严格身份验证的会员提供查询,而身份证号码等隐私性较强的信息则不宜提供,以免不法分子利用借款人的个人隐私进行诈骗等违法犯罪行为。

(6) 完善市场退出机制

债权众筹平台作为市场主体,不可避免地要遵循"优胜劣汰"的竞争机制。由于债权众筹平台的特殊性,其市场退出机制是否科学合理,关系到借贷双方的利益能否得到保护,甚至影响到金融市场的秩序。

如何保护贷款人的利益,在众筹平台的市场退出过程中至关重要。① 清算组织应当提前发出公告,提醒借贷双方平台存在的风险,并给予借款人一定的偿还贷款的时间,对于一定日期后,贷款人还未收回的贷款,网站应先行垫付;② 由于债券众筹平台存在沉淀资金,而沉淀资金的利息归属又不明确,可以建立贷款人风险基金,在网站退出市场时,利用此风险基金,保护贷款人的利益,补偿其损失。④

---

④ 参见黄震、何璇:《P2P 网络借贷平台的风险成因与监管对策》,载 http://blog.sina.com.cn/s/blog_5981938f0101kidm.html? tj = 1,最后访问日期:2015 年 7 月 22 日。

（7）与民间借贷登记服务中心合作

2012年3月29日,温州民间借贷登记服务有限公司(温州民间借贷登记服务中心)在温州工商局鹿城分局领取营业执照,顺利完成登记注册。温州民间借贷登记服务中心以公司化形式运营,经营范围涉及信息登记、信息咨询、信息发布、融资对接服务等。

债权众筹平台进驻民间借贷登记服务中心,借贷双方在中心进行登记,可以有效防范风险。在温州,若经民间登记服务中心进行登记的贷款出现纠纷,可以走金融法庭的程序,登记的信息将成为证据,有利于纠纷的快速解决,为借贷双方提供保障,也将更加有利于债权众筹平台的规范化、阳光化发展。

四、结语

众筹融资模式的诞生与发展有着深刻的经济、文化根源,是实体经济变革与金融服务变革共同的结果,也是"金融脱媒"的必然结果。众筹模式不但实现了资金从储蓄者向创业者、创意企业的低成本流动,也实现了投资人对创业的"精神追求",代表着未来的发展方向。中国关于众筹的法律尚属模糊,但监管层基本持有发展、鼓励的态度,相信随着众筹的快速发展,有关部门也会出台相应的法律、法规,建立监管制度并创新监管思路,为促进众筹的发展、保持经济的活力保驾护航。

参考文献

[1] 零壹财经:《众筹服务行业白皮书(2014)》,中国经济出版社2014年版。

[2] 马婷婷:《中国众筹模式有待进一步发展》,载《卓越理财》2013年第8期。

[3] 胡吉祥、吴颖萌:《众筹融资的发展及监管》,载《证券市场导报》2013年第12期。

[4] 黄健青、辛乔利:《"众筹"——新型网络融资模式的概念、特点及启示》,载《国际金融》2013年第9期。

[5] 魏来主编:《玩转众筹》,机械工业出版社2014年版。

我国股权众筹中的投资人利益保护探析

周红民* 张 远**

在互联网金融时代,股权众筹作为我国当前一种新兴的融资方式尤为引人关注。众筹是指个人或小微、初创企业为特定项目、产品或服务,无须借助传统中介机构,利用互联网平台从众多资助者、投资人直接筹集小额资金的融资方式。[①] 股权众筹是众筹的一种模式,指融资人通过众筹方式进行股权融资。互联网的兴起,的确是给传统行业带来了不少挑战,比如,传统的零售业被淘宝、京东等电商所颠覆;传统的出租车行业面临 uber 等互联网企业的搅局;同样金融业也难以避免来自互联网的竞争。法律是对各种社会关系的规制,而社会关系会受到科技发展的强烈影响,因此,法律必须对科技发展而产生的新的社会变化进行回应与调整。而面对朝气蓬勃的股权众筹等互联网金融,法律总体上显得滞后,反应迟缓。如此一来,一方面,它给股权众筹带来了广阔的发展空间,缺少明确规制的股权众筹凭着拓荒者一般的勇气与冒险野蛮地生长着;另一方面,股权众筹平台公司与投资人因缺少法律保护,也面临着各种巨大的风险。基于此,本文将以投资人利益保护为视角,展开一些探讨。

一、我国股权众筹运营模式的特点

由于我国具体国情的特殊性,我国股权众筹的运营模式有着自己独有的特色,现分析如下:

(一)目前我国股权众筹实际运营模式均为互联网非公开股权融资

根据目前《中华人民共和国证券法》(以下简称《证券法》)等相关法律的规定,向公众进行股权融资的唯一合法方式为上市公司公开发行股票。而根据《证券法》规定,公开发行证券主要包括向不特定投资人发行证券、向特定投资人发行证券累计超过 200 人等情况。最高人民法院《关于审理非法集资刑事案件具体应用法律若干问题的解释》第 6 条规定:"未经国家有关主管部门批准,向社会不特定对象发行、以转让股权等方式变相发行股票或者公司、企业债券,或者向特定对象发

---

* 中华全国律师协会公司法专业委员副主任,四川信言律师事务所主任。
** 四川信言律师事务所律师。
[①] 参见刘瑜恒:《美国股权众筹立法发展及其借鉴意义》,载《证券法苑》2015 年第 1 期,第 361—362 页。

行、变相发行股票或者公司、企业债券累计超过200人的,应当认定为刑法第一百七十九条规定的'擅自发行股票、公司、企业债券'。构成犯罪的,以擅自发行股票、公司、企业债券罪定罪处罚。"

为避免被认定为公开发行股票,目前我国股权众筹平台都是通过限制投资人资格、投资人人数等方式规避《证券法》关于公开发行证券的限制性规定的。因此,目前我国股权众筹的运营模式其实均为互联网私募股权融资,平台上的投资人主要是有投资风险承受能力的高净值人群,我国现有的股权众筹的运营模式在我国金融体系中并未达到人们所期待的"草根金融"的定位。

(二) 对投资人资格的高准入门槛

对投资人资格的较高要求其实是由前述我国股权众筹的实际运营模式所决定的。例如,大家投网站与京东私募股权平台均要求个人合格投资者需要符合下列条件之一:"(1) 最近三年个人年均收入不低于30万元人民币;(2) 金融资产不低于100万元人民币。"②而天使汇则要求自然人投资人必须符合以下条件:"(1) 投资人个人年收入在最近两年内每年收入超过100万元人民币或者夫妻双方合计收入在最近两年内每年收入超过200万元人民币,且能提供相关收入证明;(2) 投资人本人名下现金及其前一交易日日终证券类资产市值100万元人民币以上……(3) 投资人本人名下固定资产市值1 000万元人民币以上,其中不包括主要居所,且能提供相关财产证明。"③由此可以看出,目前我国的股权众筹的运营模式并未给普通投资人带来太多的投资机会,而是有钱人的游戏。

(三) 大量采用"领投+跟投"模式

领投人是指带领其他投资人对某一项目进行投资的人。通常要求领投人在项目所在的领域有相对丰富的经验、资源和影响力,有独立的判断能力,有较强的投资管理能力和投后管理能力。设置了领投人后的股权众筹流程有其特色,例如根据《京东私募股权平台投资人规则》第6条,具有领投人的投资流程如下:

6.1 "预热阶段":领投人选择自己感兴趣的项目,并与融资人深入沟通,确定领投意愿,并对项目进行尽职调查并出具尽调报告或领投理由。

6.2 "项目上线":帮助融资人完善商业计划书,确定估值、融资额、最低单笔投资额、投资人席位数和投资条款,通过东家向其他跟投人推荐项目,协助项目路演,协助确定投资意向书条款,帮助项目落实跟投。

6.3 "私募股权融资成功":私募股权融资成功后,领投人与跟投人将私

---

② 京东私募股权平台:《投资人规则》,载 http://help.jr.jd.com/show/helpcenter/311.html,最后访问日期:2015年8月30日;大家投网:《投资人规则》,载 http://www.dajiatou.com/index.php?m=member&c=index&a=register&type=1&siteid=1,最后访问日期:2015年8月30日。

③ 中国天使投资:《合格投资人规则》,载 http://help.angelcrunch.com/qualifiedinvest,最后访问日期:2015年8月30日。

募股权融资资金转入东家委托的第三方机构的资金账户或托管账户。投资人与融资人根据项目认购结果签订投资协议。待融资人办理工商变更手续并经东家审核通过并满足交割条件后,该第三方机构根据相关方指令将相应款项转入有限合伙企业,再由该有限合伙企业转入融资项目公司……

6.4 "投资后":领投人代表投资人跟踪融资项目进展情况、参与公司重大决策,尽最大努力为项目提供有价值的帮助。

6.5 "选择退出":领投人应代表投资人选择合适的时机以合理公允的市场价格退出,但退出前,要书面告知全体跟投人。④

可以看出,在有领投人的股权众筹模式中,领投人所发挥的作用是非常巨大的,贯穿了项目上线前、上线后、投资后、退出等所有流程。

(四) 大量采用投资人先成立有限合伙企业再向目标公司注资的模式

此种模式通常是与"领投+跟投"模式相匹配的。融资成功后,由领投人与跟投人先注册设立有限合伙企业,然后再以该有限合伙企业的名义向标的公司注入资金。领投人往往担任有限合伙企业的普通合伙人,跟投人则担任有限合伙人。股权众筹平台通常会协助成立有限合伙企业。

二、我国股权众筹运营模式下投资人的风险

投资人是资本市场的基础,投资人利益保护在股权众筹中是一个非常重要的课题。由于股权众筹在我国还是一个新生事物,我国法律对股权众筹中投资人利益的保护还显得非常滞后,因此,在我国股权众筹的实际运作中,投资人承担着较大的法律风险。

(一) 股权众筹的合法性问题

如前所述,根据目前我国证券法等相关规定,向公众进行股权融资的唯一合法方式为上市公司公开发行股票。我国《证券法》第10条规定:"公开发行证券,必须符合法律、行政法规规定的条件,并依法报经国务院证券监督管理机构或者国务院授权的部门核准;未经依法核准,任何单位和个人不得公开发行证券。有下列情形之一的,为公开发行:(一) 向不特定对象发行证券的;(二) 向特定对象发行证券累计超过二百人的;(三) 法律、行政法规规定的其他发行行为。非公开发行证券,不得采用广告、公开劝诱和变相公开方式。"为避免被视为公开发行股票,目前我国的股权众筹平台都通过限制投资人人数、投资金额、投资人资格等方式来规避证券法关于公开发行证券的限制性规定。而股权众筹的优势本在于利用互联网的开放

---

④ 京东私募股权平台:《投资人规则》,载 http://help.jr.jd.com/show/helpcenter/311.html,最后访问日期:2015年8月30日。

性与便捷性,绕开传统中介机构,以较低的发行成本向广大的普通投资人直接进行融资。目前我国的股权众筹平台为了规避被视为公开发行股票而对投资人设置的高准入门槛,却恰恰是剥夺了普通投资人的投资机会,使股权众筹完全成为了"有钱人的游戏"。从融资人的角度来讲,对投资人设置的高准入门槛使得平台上的合格投资人人数非常有限,导致融资难度增加了许多。而股权众筹本可以覆盖传统融资盲区,利用互联网汇集成百上千小额投资人,对种子期、初创期的企业提供宝贵的"第一桶金"。因此,我国现有的股权众筹运营模式并不能充分发挥股权众筹这一互联网时代新生事物的优势与潜力,但如果要充分发挥股权众筹的制度价值,却又面临违法的困境。

(二)合同欺诈风险

互联网在使得信息传递更加快速与便捷的同时,也夹杂了大量的虚假信息。在我国股权众筹运营模式中,大部分投资人特别是跟投人很可能从投资开始到结束都难以与融资人进行接触,对其缺少足够了解;并且投资人与融资人通常并不在同一个地区,投资人很难以实地走访的方式对投资项目进行考察,这无疑增加了投资人面临的欺诈风险。当然,股权众筹平台会对融资人提供的相关资料进行审核,但这些审核基本上仅限于形式审查,并且平台在其服务协议中也往往设置了审核的免责条款,即不对项目的真实性负责。此外,在平台的审核中,无论是对审核人员还是对审查过程都缺少监督和透明,使得某些达不到进入标准的项目在经过不正当交易后仍然能够进入平台。因此,虽然平台审查机制能够在一定程度上降低投资人的风险,但是欺诈的风险仍然是很大的。

(三)投资人投资后难以有效行使股东权利[⑤]

由于投资人特别是跟投人与融资人往往在不同的地区,并且双方存在严重的信息不对称,投资人在资金投入后,便很难约束融资人按募集资金时所宣称的意图来使用资金,也很难要求标的公司的经营管理层以投资人利益最大化行事。投资人很难真正行使股东权利,对标的公司的经营进行决策,对公司的资金使用进行监督。

三、我国股权众筹运营中的投资人利益保护

(一)确立股权众筹合法地位,并实行发行注册豁免

2012年,美国通过了《工商初创企业推动法》(*Jumpstart Business Startups Act*),简称"JOBS法案"。在JOBS法案中,众筹被定性为豁免注册的证券公开发行,但是发行人的发行金额和投资人的投资金额都受到限制。其中,发行金额限制方面,规

[⑤] 在投资人先成立有限合伙企业再向目标公司注资的运作模式中,投资人行使的是合伙人的权利。

定发行人在 12 个月内出售给所有投资人的总额应不超过 100 万美元。而在投资金额限制方面,则依投资人的经济实力而有所区别:如果投资人年收入或资产净值不超过 10 万美元,则该投资人 12 个月内在单一项目上的投资限额为 2 000 美元,或该投资人年收入或资产净值的 5%,取两项中的较大值;如果投资人年收入或资产净值达到或超过 10 万美元,则该投资人 12 个月内在单一项目上的投资限额为该投资人年收入或资产净值的 10%,最多不超过 10 万美元。⑥

笔者认为,JOBS 法案的这一规定是非常值得我国借鉴的。股权众筹的优势本在于利用互联网平台摆脱传统的中介机构,直接向互联网上的众多投资者进行股权融资,因此,为了使股权众筹能充分发挥作用,就应当对其公开发行提供更多的便利。目前我国股票发行制度正由核准制转为注册制,我国应当在修订证券法时借鉴 JOBS 法案,赋予股权众筹合法地位,并对股权众筹实行发行注册豁免制度。然后通过募集资金总额限制、投资人投资额限制、众筹平台监管制度、强制信息披露等相关配套制度来防控金融风险。如此一来,股权众筹的合法地位就有了明确的依据,对投资人的利益才能提供更好的保护。

2015 年 8 月 3 日,中国证监会发布《关于对通过互联网开展股权融资活动的机构进行专项检查的通知》(证监办发〔2015〕44 号)(以下简称《通知》)。在《通知》中,证监会对于"股权众筹"作出了明确界定,称股权众筹融资主要是指通过互联网形式进行公开小额股权融资的活动,具体而言,是指创新创业者或小微企业通过股权众筹融资中介机构互联网平台(互联网网站或其他类似的电子媒介)公开募集股本的活动;而一些市场机构开展的冠以"股权众筹"名义的活动,是通过互联网形式进行的非公开股权融资。随着《通知》的发布,"股权众筹"的定义将日益得到明确,仅指通过互联网公开发行的股权融资(从这个意义上讲,我国目前还不存在实际运营的股权众筹),而我国现有的"股权众筹"平台的运营模式将被称为互联网非公开股权融资。可以预见,随着对股权众筹这一互联网融资模式认识的不断深入,股权众筹必将在我国获得合法地位。相信在未来,有了明确法律依据的股权众筹会给我国的资本市场注入新的活力,投资者利益也会得到法律更充分的保护。

(二) 合同欺诈的防范

在我国股权众筹的运营模式中,股权众筹平台是一个居间人的角色。根据《中华人民共和国合同法》(以下简称《合同法》)第 425 条规定:"居间人应当就有关订立合同的事项向委托人如实报告。居间人故意隐瞒与订立合同有关的重要事实或者提供虚假情况,损害委托人利益的,不得要求支付报酬并应当承担损害赔偿责任。"因此,如果投资人有充分的证据来证明平台在审核融资人提供的相关资料时,

---

⑥ 参见钟维、王毅纯:《中国式股权众筹:法律规制与投资者保护》,载《西南政法大学学报》2015 年第 2 期,第 22 页。

故意隐瞒与订立合同有关的重要事实或者提供虚假情况,可以要求其承担赔偿责任。但在实际运作中,投资人要证明这一点是非常困难的。因此,笔者认为,应当加强对众筹平台的有效监管。在今后的股权众筹立法中应当要求众筹平台向证券监督管理机构和证券业自律组织登记注册并受其监管,原则上禁止与平台有关联关系的融资人在平台上进行融资,对违法失信的平台予以严厉处罚,并禁止其再次参与股权众筹的运营。通过对平台的严格监管,增加其违法成本,保障投资人的利益。

为了防范股权众筹中的合同欺诈风险,"领投+跟投"的模式也能发挥一定的作用。领投人在项目所在的领域有相对丰富的经验和判断能力,并且在项目上线前,会与融资人深入沟通,对项目进行尽职调查并出具尽调报告或领投理由,如果领投人是诚实公正的,就能在很大程度上对避免合同欺诈起到非常积极的作用。但风险仍然是存在的,如果领投人与融资人之间存在着利益关系或关联关系,则双方完全有可能串通起来损害跟投人的利益。笔者认为,如果出现领投人与融资人恶意串通,以欺诈方式损害跟投人利益的情况,可以通过侵权责任来追究领投人的民事责任。如果诈骗金额达到了刑事犯罪的标准,则融资人与领投人共同构成合同诈骗罪。

此外,还可考虑采用融资人向平台缴纳保证金或投资人向平台缴纳一定的风险防范金的方式,即每位融资人在平台注册时应当向平台缴纳一定数量的保证金,或每位投资人在向平台注册时应当向平台缴纳一定数量的风险防范金,并且如果投资人进一步注册为领投人时还可以考虑要求其再次缴纳领投人的保证金。如果融资人或领投人的行为最后被认定为是对跟投人的欺诈,则该保证金或风险防范金将用于对跟投人的赔偿。比如,大家投网推出的投资人"风险补偿基金"制度,就被用于补偿投资人的非正常投资亏损。该制度的主要内容包括:

(1) 风险补偿金来源:① 投资人缴纳的 100 元认筹诚意金;② 投资人单个或集体退出项目时收益的 2%。

(2) 补偿条件:创业者融资成功后 2 年内存在利用大家投进行诈骗的,投资人可获得风险补偿金,但风险补偿金的发放时间需以司法机关作出的生效判决为准;创业者无诈骗行为,而是企业正常经营不善、股东间民商事经济纠纷或其他不可抗拒因素所引发的投资人亏损,不予以补偿。

(3) 补偿标准:投资人当次投资本金的 50%。若后续通过各种途径追回投资本金超过 50%,超额部分应归还风险补偿金。[7]

笔者认为,该制度的思路是值得肯定的,但是如果投资人单个或集体退出项目时不愿意向平台支付收益的 2%,以及投资人后续通过各种途径追回投资本金超过

---

[7] 大家投用户帮助中心:《投资人风险补偿基金》,载 http://www.dajiatou.com/index.php? m = content&c = help,最后访问日期:2015 年 8 月 30 日。

50%后却不愿意返还超额部分时,平台是很难采用有效手段保证制度实施的。

(三) 对投资后股东权利的保护

为保障投资人在投资后能有效地行使权利,不少股权众筹平台在营运模式中都设置了领投人代表跟投人进行投后管理的制度。如《京东私募股权平台投资人规则》的相关规定:

> 第4.2条:领投人应采取诸如电话沟通、实地走访等方式代表所有投资人对项目进行投后管理。每个季度领投人应至少一次将其采集的投后管理信息在东家上向跟投人进行披露。领投人还应代表所有投资人出席股东会或董事会,以投资人的利益为优先,合理评估收益与风险,尽职勤勉的作出最优投资决策,尽最大努力维护投资人合法权益。
>
> 第4.1条:领投人负责为跟投人管理融资项目,跟投人应向领投人支付融资项目退出分成的百分之二十。
>
> ……
>
> 第5.2条:跟投人不参与公司的重大决策,不进行投资管理。领投人退出时,跟投人应以同等条件一起退出。
>
> 第5.3条:跟投人应声明并同意放弃其在融资项目中除已投资部分的股权收益权及知情权以外的其他股东权利。[⑧]

前文已提到,领投人制度通常是与先设立有限合伙企业再向目标公司注入资金的运作方式相配套的,领投人通常担任普通合伙人,而跟投人则担任有限合伙人。根据合伙企业法,在有限合伙企业中的有限合伙人通常是没有经营管理权的,经营管理权由普通合伙人来行使。因此,上述规则与先设立有限合伙企业再向目标公司注入资金的运作方式有很大关系。如果跟投人对经营管理并不太感兴趣,愿意把所有的经营管理权包括退出公司的选择权一并交给领投人,同时领投人又能做到诚实信用、严谨负责时,上述制度是可以有效运作的,能够在一定程度上保障跟投人在投资后的利益。

但这种模式也存在着一定的问题。例如,当跟投人希望行使投资人的经营决策权时,这一制度却排斥了其行使经营权的可能性。此外,如果当领投人打算退出时,跟投人却看好公司的前景而希望留下,但根据该制度安排,却仍然不得不退出,并且如果领投人与融资人存在着利益关系或关联关系,双方很可能恶意串通损害跟投人利益。因此,对领投人制度还应当进一步进行深化设计,考虑增加跟投人的经营管理权以及退出选择上的灵活性,并且对领投人与融资人恶意串通损害跟投人利益的行为进行严厉处罚。

[⑧] 京东私募股权平台:《投资人规则》,载 http://help.jr.jd.com/show/helpcenter/311.html,最后访问日期:2015年8月30日。

此外，在未设立领投人制度的情况下，笔者认为，还可以考虑由平台代表投资人行使股东的经营管理权，即投资人在投资后有权将股东权中的经营管理权委托平台行使，平台有义务接受其委托，并有权收取报酬；或者由平台牵头，协助各股东将经营管理权统一委托给其他专业机构或个人来行使。

最后，还应当通过强化信息披露的方式保障投资人投资后的相关权利。如《京东私募股权平台融资人信息披露规则》规定，融资人应当在每个会计年度结束后编制并在平台上披露经会计师事务所审计的年度报告，并在合并、分立、控股股东变化、董事长或总经理发生变动、重大资产重组、重大诉讼、主要银行账号被冻结等情况下，在平台上及时披露相关信息。融资人拒不履行信息披露义务的，平台有权敦促融资人履行该项义务并向投资人发布风险揭示公告。⑨

参考文献

[1] 刘瑜恒：《美国股权众筹立法发展及其借鉴意义》，载《证券法苑》2015年第1期。

[2] 钟维、王毅纯：《中国式股权众筹：法律规制与投资者保护》，载《西南政法大学学报》2015年第2期。

[3] 杨东、苏伦嘎：《股权众筹平台的运营模式及风险防范》，载《国家检察官学院学报》2014年第4期。

[4] 杨东、刘翔：《互联网金融视阈下我国股权众筹法律规制的完善》，载《贵州民族大学学报（哲学社会科学版）》2014年第2期。

---

⑨ 京东金融：《信息披露规则》，载 http://help.jr.jd.com/show/helpcenter/346.html，最后访问日期：2015年8月30日。

公募股权众筹"领投+跟投"模式下的法律架构研究

张晓宇* 李宁卿**

从 2013 年 3 月美微传媒淘宝公开售卖股权被紧急叫停,到 2014 年 12 月,中国证监会发布《私募股权众筹融资管理办法(试行)(征求意见稿)》,再到 2015 年 7 月,中央十部委联合发布《关于促进互联网金融健康发展的指导意见》,短短两年多的时间内,股权众筹从灰色地带一跃成为中国互联网金融领域的聚焦点。

"领投+跟投"配合"有限合伙"法律架构是目前国内私募股权众筹平台普遍采用的操作模式。随着京东(东家)、阿里(蚂蚁达客)、平安(前海众筹)成为首批公募股权众筹试点,该种操作模式在公募股权众筹背景下是否仍然适用值得研究。鉴于我国征信体系尚不完善以及投资者的非专业性,笔者认为,"领投+跟投"在公募股权众筹背景下仍然是符合中国国情的模式,但是否要继续配合"有限合伙"法律架构则有待商榷。

一、公募股权众筹下的领投人和跟投人关系

在传统的非互联网领域,决定企业组织形式的要素之一是发起人之间的关系。同样,在公募股权众筹"领投+跟投"模式下,搭建何种法律架构也必须考虑领投人和跟投人之间的关系。

股权众筹"领投+跟投"模式起源于美国股权众筹平台 Angelist,英文名字为"Syndicat"。简单来说,这种模式就是由专业投资人作为领投人寻找投资项目,普通投资人作为跟投人,与领投人组成联合投资体,共同向领投人发掘出来的项目投资。[①] 无论是公募股权众筹,还是私募股权众筹,"领投+跟投"模式下的领投人与线下 VC 基金普通合伙人的工作内容基本相同,包括项目分析、尽职调查、项目估值议价、投后管理、协调投资人关系等。但跟投人与领投人之间的关系却在公募股权众筹和私募股权众筹下有着很大不同,主要有:

---

* 江苏宁卿律师事务所律师。
** 江苏宁卿律师事务所律师。
① 参见杜国栋:《详解"领投+跟投"的股权众筹模式》,载 http://www.zczj.com/news/2015-06-19/content_2469.html,最后访问日期:2015 年 6 月 19 日。

1. 公募股权众筹下的大多数跟投人与领投人之间并无"委托理财"的理念纽带

私募股权众筹下的领投人其实是把线下 VC 基金的运作模式搬到了线上，领投人往往先找好潜在跟投人，然后再寻找项目，跟投人会跟随领投人投资多个项目，他们之间是以"委托理财"为理念纽带的较长期的联合体。而公募股权众筹下的领投人是先有投资项目，再有跟投人，大多数跟投人只跟随领投人投资一个项目。大多数跟投人自主作出投资决策，领投人只是在一定程度上给予跟投人"你的决策是正确的"这一心理暗示。

2. 公募股权众筹下的大多数跟投人与领投人之间、跟投人与跟投人之间缺乏紧密的人合关系

私募股权众筹下的领投人往往与跟投人是同一个圈子里的熟人，跟投人基于对领投人理性的高度信赖追随投资，跟投人彼此之间也很可能相互熟悉；而公募股权众筹下的大多数跟投人从未和领投人有过接触，甚至从未听说过领投人。领投人很大程度上仅仅起到了对项目"增信"的作用[②]，跟投人是基于感性的低度信赖追随领投人投资，是"权威心理"和"从众心理"作用的结果，大多数跟投人之间也是陌生人关系。

二、公募股权众筹"领投+跟投"模式下"有限合伙"法律架构的弊端

如上文所述，国内私募股权众筹"领投+跟投"模式普遍采用"有限合伙"架构，即由领投人与跟投人成立有限合伙企业，以该有限合伙企业的名义对外投资，成为被投资公司的股东，领投人担任普通合伙人，跟投人担任有限合伙人。这是由国内私募股权众筹实际是"私募线上化"的本质决定的。这种架构有三个好处：一是可以规避《公司法》关于有限责任公司股东不得超过 50 人的规定；二是可以避免股东过于分散给被投资公司治理带来的麻烦；三是方便领投人对项目的投后管理。然而，公募股权众筹背景下，由于领投人与跟投人之间的关系发生了变化，"有限合伙"的法律架构将水土不服。

1. 公募股权众筹与有限合伙存在天然悖论

（1）人数上的悖论。公募股权众筹的核心是"公"。这决定了公募股权众筹的投资者是不特定的大多数。从美国《工商初创企业推动法》（"JOBS 法案"）来看，与私募股权众筹只允许"合格投资者"参与投资不同，公募股权众筹不会设定投资者资产门槛，而仅仅是通过设定"投资人购买限额"和"融资方融资限额"将投资者风险强行控制在可承受范围之内。我国在立法上也很可能以此为借鉴。有限合伙则相反。根据我国《合伙企业法》第 61 条的规定，有限合伙企业合伙人不得超过 50 人。由于 50 人的人数限制，大多数参与公募股权众筹的中小投资者都将是"打酱油的"，不会被领投人选入 50 人跟投名单。

---

② 参见陆晖：《解析股权众筹的投资者风险》，载《知识经济》2015 年第 1 期，第 9 页。

(2) 性质上的悖论。在所有的企业组织形式中,合伙是最强调人合性的组织形式。它以合伙人彼此了解为基础,强调合伙人之间的紧密联系和高度信任。尽管较之于普通合伙,有限合伙兼具了资合性,但人合性依然是有限合伙的基础性格。公募股权众筹却与之相悖。公募股权众筹下,大多数跟投人与领投人、跟投人与跟投人之间不存在熟人关系,彼此缺乏紧密的人合性。

2. 有限合伙不符合公募股权众筹下跟投人的心理基础

如上文所述,公募股权众筹下的大多数跟投人与领投人之间并无"委托理财"的理念纽带。跟投人自主作出投资决策,领投人只是在一定程度上给予其"你的决策是正确的"这一心理暗示。因此,跟投人投资的心理基础是,"我就是公司股东,我享有股东权利"。然而在有限合伙架构下,跟投人并不是被投资公司的股东,有限合伙企业才是。从理论上讲,跟投人可以通过有限合伙企业行使股东权利,包括分红权、选举权、投票权、知情权等,但鉴于"有限合伙人不执行合伙事务"的法律规定,这些权利是否行使以及如何行使,被作为普通合伙人的领投人掌控,跟投人对此毫无掌控力。

3. 有限合伙阻碍公募股权众筹下跟投人的有效退出

既然公募股权众筹下的大多数投资人之间缺乏紧密的人合关系,跟投人当然希望自己能够对何时退出这场资本游戏拥有相当的话语权,不希望受到其他投资人的太多牵制。

然而,跟投人在有限合伙法律架构下并非被投资公司的股东,其要退出被投资公司有两种途径:一是等待领投人决定有限合伙企业何时实现整体退出;二是行使退伙权。根据我国现行的《合伙企业法》,除了法定退伙和除名退伙,有限合伙人要行使退伙权有五种情形:① 合伙协议约定的退伙事由出现;② 经全体合伙人一致同意;③ 发生合伙人难以继续参加合伙的事由;④ 其他合伙人严重违反合伙协议约定的义务;⑤ 合伙协议未约定合伙期限的,在不给合伙企业事务执行造成不利影响的情况下,可以退伙,但应当提前30日通知其他合伙人。

由于公募股权众筹大多数跟投人资本量少、经验不足,大多数公募股权众筹合伙协议都会约定合伙期限、避免约定退伙事由,减轻领投人义务,全体合伙人一致同意某个个体退出更是难上加难,因此大多数公募股权众筹跟投人将难以自主退伙,只能被动等待整体退出。

三、公募股权众筹"领投+跟投"模式下应采用"表决权信托"法律架构

1. 表决权信托的内涵

表决权信托是股权信托的一种。在表决权信托中,受托人所持有的表决权与委托人/受益人(即公司股东)所享有的对股息、红利、转让收益的所有权是分离的。委托人/受益人(即公司股东)根据与受托人之间的信托合同将股票转让给受托人,受托人则给委托人/受益人(即公司股东)签发表决权信托证。表决权信托持

有人可以凭证向受托人要求支付收益,且此种证书是可以转让的。③

"表决权信托"法律架构类似于委托代持。在委托代持法律关系中,受托人须按照委托人的意思表示行使股东权利,而在表决权信托法律关系中,受托人按照自己的意志行使股东权利,委托人/受益人(即公司股东)仅享有凭借表决权信托证要求支付股息、红利及股权转让收益的权利。

"表决权信托"法律架构又类似于契约型基金。但在公募股权众筹背景下,不宜以基金形式搭建法律架构。因为,基金的本质是资金池,一个资金池会对应多个投资项目;而公募股权众筹的投资人往往是在某一个特定项目中偶然相遇,他们之间的关系是极其松散的。同时,契约型基金目前在中国无独立法人地位,无法以基金为主体登记为被投资公司的股东。

2. 公募股权众筹"领投+跟投"模式下"表决权信托"法律架构的搭建

公募股权众筹"领投+跟投"模式下"表决权信托"法律架构的搭建围绕以下方面进行:首先,由领投人决定对某个投资项目领投;其次,跟投人决定跟投后,与领投人签订《表决权信托协议》并约定:① 在被投资公司筹资成功的情况下,跟投人在被投资公司的股权在筹资成功的同一时点自动无偿转让给领投人,领投人成为被投资公司的股东;② 领投人向跟投人签发表决权信托证,该信托证可以由跟投人根据其意志自由处分;③ 持证人凭表决权信托证可以向领投人主张股息、红利及股票转让收益;④ 领投人从股息、红利及股票转让收益中提取一定比例作为报酬;⑤ 信托期限截至跟投人的信托股份被全部转让且领投人已向跟投人支付股权转让收益之时;⑥ 领投人转让跟投人股份前需书面通知跟投人。

"表决权信托"法律架构具有与有限合伙同样的优点。它通过领投人持股规避《公司法》关于有限责任公司股东不得超过 50 人的规定,避免股东过于分散给被投资公司治理带来的麻烦,方便领投人对项目的投后管理。同时,它还具有"有限合伙"法律架构所不具备的优点:首先,它符合公募股权众筹下投资人关系松散、缺乏信任的基本特征;其次,它不受现行法律中关于有限合伙企业合伙人不得超过 50 人的限制;再次,它符合跟投人"我就是公司股东,我享有股东权利"的心理基础,尽管从表面上看,被投资公司的股东是领投人,但跟投人通过"依据表决权信托证主张收益权"以及"表决权信托证可自由处分"这两条通道,保障了获利和退出这两项最重要的股东权利。毕竟,公募股权众筹的投资人追逐的是财产利益而非对公司的实际控制。

当然,要在公募股权众筹下搭建"表决权信托"法律架构,还有许多立法层面的问题需要解决。比如,应当明确跟投人与领投人通过表决权信托协议进行的股权转让无须纳税;再比如,应当为表决权信托协议及该协议下的股份转让建立备案登记制度等,这些都需要在实践中进一步探索、研究。

---

③ 参见于强伟:《论股权信托》,中国政法大学 2006 年硕士学位论文,第 18 页。

浅议股权众筹法律现状

黄振辉*　马小鹭**

一、前言

　　市场不断繁荣发展,大小企业林立。现代企业发展需要不断的融资。在互联网大数据时代下,股权众筹作为一种新型的融资模式应运而生。众筹并非由中国土生土长,而是从美国引进的一个新概念,原英文为 crowdfunding,即大众筹集资金的意思。① 股权众筹是资金筹集方通过互联网平台发布筹资项目,以发放股权的方式筹集资金,投资人通过购进该公司股份的方式加入筹资项目,成为公司股东的一种融资模式。

　　股权众筹最具时代性的特征是通过互联网平台进行融资。2015 年,京东金融、平安集团、中信证券、蚂蚁金服等一批行业纷纷开始布局股权众筹平台。股权众筹业务开展较为便利,以大家投网站这一股权众筹平台为例,在大家投网站这一平台上,创业者,也就是资金的筹集方,根据平台要求提交商业计划书,明确融资项目,确定融资额度等,平台审核通过后,将该计划在平台公布。对融资项目感兴趣的投资人,可以根据自身的成熟度选择领投还是跟投。在规定的时间内,如果募集的资金达到融资额度,该项目融资就算是成功。融资成功的,平台收取融资额的 2% 作为回报。弦动别曲,叶落知秋,股权众筹这一融资方式更直接地面对投资人,操作简便,融资成本较低,既符合中小企业融资的需要,也可满足民间小额闲散资金所有者投资的需要,其发展存在现实必要性。

二、股权众筹的法律现状

　　互联网金融下的众筹模式具有门槛低、效率高、数额小、数量大等优势。股权众筹起源于 2009 年美国股权众筹网站 Kickstarter,2011 年进入中国。从作用上看,股权众筹极大地降低了融资成本,激发了"草根"的创业新热情,使中小企业融资难的问题得到缓解。② 目前,股权众筹主要存在以下几种模式:凭证式众筹、会籍式众筹、天使式众筹和运筹式众筹。

---

　　*　广东深宝律师事务所。
　　**　广东深宝律师事务所。
　　①　参见丁辰灵:《股权式众筹:创业融资变简单了》,载《沪港经济》2014 年第 1 期。
　　②　参见杨东、刘翔:《互联网金融视閾下我国股权众筹法律规制的完善》,载《贵州民族大学学报(哲学社会科学版)》2014 年第 2 期。

（一）股权众筹的立法状况及存在的问题

目前涉及股权众筹的相关法律规范主要有：《中华人民共和国证券法》《中华人民共和国公司法》《国务院关于进一步促进资本市场健康发展的若干意见》（国发[2014]17号）以及2014年12月18日中国证券业协会发布的《私募股权众筹融资管理办法（试行）（征求意见稿）》（以下简称"征求意见稿"）。征求意见稿对私募股权众筹平台的准入、平台的职责、融资者、投资者等进行了规定。

2015年7月8日，广东省工商行政管理局发布的关于《贯彻落实〈工商总局关于支持中国（广东）自由贸易试验区建设的若干意见〉的实施意见》（以下简称《实施意见》）第9条规定：鼓励广东自贸试验区资本市场创新发展。鼓励在广东自贸试验区设立创业投资公司、创业投资管理公司、股权投资公司、股权投资管理公司，支持股权众筹平台和众筹项目企业登记注册，推动建立工商登记部门与区域性股权市场的股权登记对接机制，支持股权质押融资。该《实施意见》仅是对股权众筹大方向的一个确认，对于如何具体实现互联网下的股权众筹并没有作出任何规定。

2015年7月18日，中国人民银行、工业和信息化部、公安部、财政部、国家工商总局、国务院法制办、中国银行业监督管理委员会、中国证券监督管理委员会、中国保险监督管理委员会、国家互联网信息办公室联合印发了《关于促进互联网金融健康发展的指导意见》（银发[2015]221号）（以下简称《指导意见》）。根据该《指导意见》，股权众筹融资主要是通过互联网形式进行的公开小额股权融资活动。《指导意见》的出台确定了股权众筹的合法地位，明确了股权众筹融资必须通过股权众筹融资中介机构平台（互联网网站或者其他类似的电子媒介）进行，并对股权众筹的融资方、融资规模、投资者条件和监管主体进行了限定：股权众筹融资中介机构可以在符合法律、法规规定的前提下，对业务模式进行创新探索，发挥股权众筹融资作为多层次资本市场有机组成部分的作用，更好地服务创新创业企业。股权众筹融资方应为小微企业，应通过股权众筹融资中介机构向投资人如实披露企业的商业模式、经营管理、财务、资金使用等关键信息，不得误导或欺诈投资者。投资者应当充分了解股权众筹融资活动风险，具备相应风险承受能力，进行小额投资。股权众筹融资业务由证监会负责监管。

根据此前财政部和国家税务总局联合印发的《关于小型微利企业所得税优惠政策有关问题的通知》及相关规定，小型微利企业是指年度应纳税所得额不超过30万元，从业人数不超过100人或资产总额不超过3 000万元的工业企业；或者年度应纳税所得额不超过30万元，从业人数不超过80人或资产不超过1 000万元的其他企业。

（二）股权众筹立法存在的问题

1. 股权众筹缺乏法律支撑

目前为止，股权众筹的合法地位仅在国家部委出台的意见中予以确认，并没有正式的法律规定。在实践中，其合法性可以得到确认，但缺少正式法律规定的支撑。

2. 股权众筹属于"私募"还是"公募"

征求意见稿第 2 条规定,私募股权众筹融资是指融资者通过股权众筹融资互联网平台以非公开发行方式进行的股权融资活动。而《指导意见》明确股权众筹是面向社会募集资金。股权众筹究竟是私募还是公募,存在极大争议。

3. 相关配套制度有待完善

《指导意见》构建了股权众筹融资的大框架,对相关配套的措施、制度并没有作出规定。小微企业通过平台融资发展壮大之后是否应退出这一融资活动,如何退出,同一融资项目可否进行多次融资,如何认定投资者具有风险承受能力,进行小额投资的限度是什么?这些疑问目前无法找到解决答案,而现实操作当中又不能不面对这些问题。

(三) 股权众筹涉及的法律风险

由于股权众筹没有正式的立法,相关配套制度并不完善,目前仍面临着一些法律风险。

1. 涉嫌非法集资

非法集资是指单位或个人未依照法定程序经有关部门批准,以股票、债权、彩票投资基金证券或者其他债券凭证的方式向社会公众筹集资金,并承诺在一定期限内以货币、实物以及其他方式向出资人还本付息或给予回报的行为。股权众筹是通过互联网平台进行的公开融资,必然涉及向社会公众筹集资金,而我国现行法律、法规以及政策并没有明确规定股权众筹需要经过相关部门的批准,仅规定了该业务由证监会进行监管,这种监管不代表股权众筹业务一定要经过核准或批准才可进行。因此,股权众筹仍可能涉嫌非法集资。

2. 触及公开发行证券的红线

《证券法》第 10 条规定:"公开发行证券,必须符合法律、行政法规规定的条件,并依法报经国务院证券监督管理机构或者国务院授权的部门核准;未经依法核准,任何单位和个人不得公开发行证券。有下列情形之一的,为公开发行:(一)向不特定对象发行证券的;(二)向特定对象发行证券累计超过二百人的;(三)法律、行政法规规定的其他发行行为。非公开发行证券,不得采用广告、公开劝诱和变相公开方式。"美微文化传媒淘宝卖股的融资项目正是因涉及公开募股而夭折。③

《指导意见》明确股权众筹是向社会筹集资金,因此,公开性得到了合法确认。

---

③ 2012 年 10 月 5 日,美微文化传媒开通了自己的淘宝店,并放上了第一个产品:美微传媒会员卡,每张会员卡家人民币 100 元,这个会员卡除了具备一些如订阅电子杂志等权益外,还配送美微传媒的原始股份 100 股。2013 年 1 月,美微文化传媒在淘宝上公开出售自己公司原始股,最初定价为 1 元 1 股,后溢价为每股 1.2 元,最低认购单位为 100 股,任何人只需要支付 120 元就可以购买 100 股美微文化传媒的股份。美微文化传媒上述淘宝卖股的行为最终被定性为公开募股行为而被证监会叫停。美微文化传媒为此退还了所有募股资金。

但是对股权众筹并没有明文规定需要经过核准,未经过核准是否构成违法,仍值得商榷。

3. 存在合同诈骗风险

互联网平台给予创业者和投资人极大的便利,同时,由于信息不对称,一般的投资者无法全面获得关于融资企业的信息,融资项目是否真实无法完全确定,融资成功后,资金是否切实用于融资项目也无法确认。而融资方融资成功后,所筹集的资金并不用于融资时确定的项目,则可能构成合同诈骗。

三、国外立法借鉴

(一) 美国通过法案豁免条款和专门施行细则促进股权众筹发展

美国于2012年4月5日出台了《初创期企业推动法案》(the Jumpstart Our Business Starups Act)(以下简称"JOBS法案"),进一步放松对私募资本市场的管制。该法案第三章对众筹进行了专门的规定,通过豁免条款缔造了一个新的"公民投资者"群体,为股权众筹的合法化奠定了基础。美国证券交易委员会也于2013年提出了股权众筹的施行细则,启动了为期90天的公众意见征询,并将制定股权众筹的最终管理方案。但是,该施行细则仅对法案概述的诸项限制规则作了进一步的明确,而股权众筹所涉及的投融资金上限、平台规范等具体规则并未有太大突破。根据美国JOBS法案以及SEC关于众筹的规定,股权众筹最高筹金上限为每年100万美元。另外,对单一投资者也设置了上限:年收入或净资产低于10万元者,可投资金额为2000美元或者投资者年收入或净资产的5%,两者可以择高而论;年收入或净资产高于10万美金的,可投资金额为10万美金或者年收入或净资产的10%,两者择低而定。在信息披露方面,对于众筹金额在10万到50万美金的,须提供财务报表;对于众筹金额超过50万元美金的,强制进行报表审计。

但是,基于美国双轨制的法律系统,股权众筹的合法化并没有在全美国实施。

(二) 英国将股权众筹纳入现有法律制度

英国将股权众筹纳入现有的金融监管法律体系,英国金融行为监管局以投资公司的相关规定为准则,对股权众筹进行特例审批。该局依据《金融服务和市场法》,在2013年授权Crowdcube进行合法的股权融资,使其成为全球第一个被合法认可的股权众筹平台。金融行为监管局公布了关于债权型众筹和投资型众筹(包括股权众筹)的《关于众筹平台和其他相似活动的规范行为征询意见书》,对从事股权众筹的投资者类型进行细分明确,分为成熟性投资者、高净值投资者、限制性投资者、成熟投资者、具有合法顾问的投资者。成熟性投资者是指该投资者在36个月之内与众筹平台签订协议,明确知道该投资类型存在的风险;在12个月与平台签订协议,能承受众筹投资的全部损失。另外,该意见还设定了兜底条款,赋予众筹平台审查投资者的权利。如果投资者均不符合上述类型的,平台可以自行审核投资者是否适格。英国的金融行为管理局对众筹平台进行严格监管,明令禁止众筹平台金融推荐服务,对投资者进行适格测试并告知风险。

四、我国股权众筹发展的思考

我国证券法律、法规对公司上市的要求很高,绝大多数中小企业根本无法达到上市要求,而传统的银行借贷等融资方式却已经不能满足现代企业的发展需求。股权众筹作为新的融资模式有其广阔的市场需求。为促使其发展,笔者认为需完善以下几点:

(一)从法律层面上承认股权众筹的合法性

从法律层面上确认股权众筹的合法性是股权众筹这一新的融资模式生存发展的基础。2014年11月,国务院总理李克强在其主持召开的国务院常务会议上提出了建立资本市场小额再融资快速机制的要求,并提出"开展股权众筹融资试点"。这个提议是股权众筹冬末的阳光。笔者认为,未来需要从国家法律层面上明确股权众筹的合法性,并对其实际运营的运营模式、投资者、融资企业等进行监管,确保这一新的融资模式健康发展,为企业带来真正的便利,解决企业发展中的资金难题,推动企业升级,推动经济发展。

(二)明确股权众筹的"公募"性

股权众筹融资是否公开发行,关系到整个制度的构建,明确股权众筹是"公募"还是"私募"关系重大。笔者认为,允许公开发行更符合社会需求。一方面,通过互联网平台进行融资,本身就是针对不特定的投资者,"私募"性很难保障;另一方面,公开发行,增强流通性也可以大大提高投资者的热情,有利于促进股权众筹的发展。但是,有学者担心公开发行,涉及社会公众,如出现风险时会大大损害社会公众的利益,不利于社会稳定。笔者认为,这方面的问题可以通过完善合格投资者制度来规避。这种公开并不是向所有社会成员公开,而是向知悉风险并有风险承担能力的不特定投资者公开。因此,笔者坚持股权众筹应是"公募"性的。

(三)完善股权众筹融资的立法和配套制度

在准入机制的构建中需要明确融资企业、融资平台及投资者的准入条件。对融资企业进行分类管理,鼓励有社会需求的绿色环保、新能源等产业的进入,淘汰过时的传统产业。另外,必须加强监管,防止非法集资、集资诈骗、合同诈骗等违法行为的发生。在运行过程中,我国可以参照美国的做法,对投资者每年的投资限额进行限制,以防止个人的投机行为。

1. 完善股权众筹多种方式的退出机制

股权众筹退出机制的缺失是其难以大范围普及的重要因素之一。国内一些学者也提出过收购兼并退出、下一轮融资时退出等退出机制。笔者认为，依据《指导意见》符合小微企业条件的企业均可通过众筹平台进行股权众筹。在退出机制方面，应当区分企业主动退出和强制退出两种：主动退出是当融资企业股东低于200人时，该企业可以申请退出众筹平台。在退出前，平台组织所有股东进行投票决定其是否退出，若反对其退出的股东超过全体股东的2/3，则该企业不得退出平台。此外，由于《指导意见》将可进行股权众筹融资的企业限定为小微企业，因此，当企业发展壮大不再满足小微企业的条件时，就应当强制其退出股权众筹平台。但企业的发展壮大并不是一蹴而就的，而是一个循序渐进的过程，因此，笔者认为，应给予企业一年的过渡期，即连续两年不符合小微企业条件的，就应强制其退出众筹平台，若符合上市条件的，转为上市；若因企业无力经营，符合破产清算条件的，应当强制其清算退出。

2. 完善合格投资者制度机制

建立完善的投资者准入制度。投资者除了应明晰股权众筹的风险之外，还应对风险具有一定的承受能力。征求意见稿规定投资者的条件要满足"金融资产不低于300万元人民币或最近3年个人年均收入不低于50万元人民币"。这一标准相对于一般大众而言过高，不利于股权众筹的发展。笔者建议，对风险承受能力应进行量化，结合投资方的收入水平（盈利水平）、纳税情况、同类投资在投资后6个月到1年内的亏损情况、资产状况等进行考量。另外，明确投资者在明晰风险的前提下可以适当增加附担保的投资进入机制，使投资方在不符合收入水平等一般要求时，可以通过提供担保进入众筹投资。

五、结语

《西游记之大圣归来》目前票房已破2亿元人民币。除口碑极好之外，通过众筹成为出品人的109名儿童也成为该电影成功的重大助力之一。电影众筹的成功案例已经潇洒地亮在我们眼前，股权众筹的春天还会远吗？

参考文献

[1] 彭冰：《中国证券法学》，高等教育出版社2007年版。

[2] 杨东、刘翔：《互联网金融视阈下我国股权众筹法律规制的完善》，载《贵州民族大学学报（哲学社会科学版）》2014年第2期。

[3] 丁辰灵：《股权式众筹：创业融资变简单了》，载《沪港经济》2014年第1期。

[4] 杨东、苏伦嘎：《股权众筹平台的运营模式及风险防范》，载《国家检察官学院学

报》2014年第7期。

[5] 李有星、范俊浩:《非法集资中的不特定对象标准探析——证券私募视角的全新解读》,载《浙江大学学报(人文社会科学版)》2011年第5期。

[6] 彭冰:《非法集资行为的界定——评最高人民法院关于非法集资的司法解释》,载《法学家》2011年第6期。

论投融资创新模式的风险与监管

黄振辉[*] 陈丽芬[**]

一、新型融资模式产生的经济背景与引起的争议——以股权众筹为例

近年来,中小企业的迅速发展,带动了国民经济的快速增长,并成为国民经济发展中不可或缺的重要组成部分。但中小企业在发展的同时,也面临着融资困难的窘境,这种窘境对企业获取竞争优势造成严重阻碍。在此经济背景下,催生了"新三板""股权众筹"等新型融资模式。新型融资方式的出现,在一定程度上缓解了中小企业融资难的紧张局面,为中小企业的发展带来了新的契机。

2014年被誉为"众筹元年",众多众筹平台上线。仅在2014年上半年,中国众筹领域共发生融资事件1423起,募集总额达到18791亿元,其中股权众筹事件430起,募集资金总额15633万元人民币。股权众筹的发展,推动了三类企业的发展:第一类是证券公司;第二类是股权众筹平台;第三类是为股权众筹等互联网金融提供征信类服务的企业。股权众筹模式作为一种创新性融资模式,推动了普惠金融的发展,极大地降低了初创企业的进入门槛,提高了中小型企业股权融资的成功率,使中小型企业可以用股权换取现金流,在一定程度上降低了中小企业信息不对称和交易费用,有效降低了中小企业的运营风险和融资成本。与此同时,也很好地满足了投资者的投资需求,拓展了其理财途径。

我国的股权众筹在一定程度上借鉴了国外的众筹模式,但在自我创新上并未凸显出明显的优势。今天的美国已逐步实施《乔布斯法案》关于众筹的相关法律,而我国却仍在《公司法》《证券法》《刑法》的框架下原地踏步,致使我国股权众筹所面临的风险和质疑不断加深。由于相关监管政策不明确,一些股权众筹平台逐渐淡化了自身众筹的标签。因此,发现风险、提出监管对策、规范股权众筹操作是未来监管层必须面对的挑战和解决的问题。

二、股权众筹的发展现状及引起的争议——以"滴滴打车"为例

相信许多人即便没使用过"滴滴打车",至少也耳闻过该打车软件。该软件使用覆盖面之广,足以证明它的成功。作为天使汇上万众筹项目之一的"滴滴打车",

---

[*] 广东深宝律师事务所。
[**] 广东深宝律师事务所。

于2012年上线,并且快速占据了国内打车应用软件市场的6成。天使汇帮助这一众筹平台迈出了重要一步,2012年,"滴滴打车"在天使汇平台上共实现1 500万元融资。

但是,由于我国至今尚未出台与股权众筹相适应的法律法规,股权众筹模式受到《公司法》《证券法》《刑法》的限制。由于《合同法》中明确规定了欺诈、恶意串通的合同无效,相关众筹平台多对领投人的资格作出了"至少一个项目退出的投资人才可取得领投资格"的规定,但对跟投人并未出台具体规定,众筹项目的信息披露也相当简单并未实现标准化。针对我国《证券法》第10条规定,向不特定对象发行证券,或者向特定对象发行证券累计超过二百人的情形,须经证监会等部门核准,以及禁止采取广告、公开劝诱和变相公开方式的规定,相关众筹平台也作出了相应的规避措施,如采取会员制、投资者均经过审核、不向公众募集、项目不得承诺固定回报、投资者人数严格限制等。另外,因多数众筹平台信息不对称,极易引发诈骗行为,因而我国《刑法》规定了"以非法占有"为目的的诈骗类犯罪等。从现有的措施中可以看到我国股权众筹平台存在如下风险:

1. 道德风险

目前,对于在股权众筹平台融资的初创企业的审核信息和信息披露要求都比较低。这虽然促进了企业融资和发展,但也意味着对投资者利益保护的欠缺。由于平台的收入是项目融资的5%,在强大的利益驱动下,众筹平台必然会使更多的筹资企业进入。与此同时,也不能排除平台与融资企业之间的内部交易,尤其是那些实行一次性到账,没有资金托管方的众筹平台。众筹平台对所筹资金应独立托管,避免筹资人先行提取,这样也才能避免众筹平台与投资人相互勾结跑路情况的发生。另一方面,由于监管和相关法律、法规的缺失,众筹平台作为第三人更多起到的是居间作用。领投人和筹资人之间可能存在恶意串通,对跟投人进行融资欺诈,签署相关欺诈协议,领投人带领众多跟投人向融资人提供融资,若融资人获取大量融资款后,便存在极大的逃匿可能或以投资失败等借口,让跟投人尝下"苦果"。由于项目信息未得到制度化、标准化披露,上述这类恶意现象很难有效避免。

2. 法律风险

股权众筹作为一种新型的融资项目,并不符合传统的证券融资法律法规,尤其是网络化的特点与其小额私募的性质相悖。所以,众筹融资项目的合法性是各国发展股权众筹所面临的共同问题。以我国为例,目前,我国"非法集资"的界限很不明确,当年引起强大舆论风波的"吴英案"也间接说明了这一点。"非法集资"主要针对人数上限和非法发行证券。就我国《证券法》第10条的明确规定而言,若针对不特定对象或公开发行,就必须经过严格且繁多的核准机制,而这个要求显然不适合仍在探索发展中的股权众筹。倘若募集方案经过网络发布仍有变相公募之嫌,如此股权众筹必然会因200人人数的上限限制,而导致本身投资限额有限,压缩了融资规模。目前,我国的股权众筹平台为避免这一人数监管限制,已将后续股权办理和流通手续转为线下,或者由投资人选择其他投资方式持有股份。这就使得委托方存在较大的触及犯罪的法律风险隐患。

毋庸置疑,众筹等新型融资模式在我国属于探索发展阶段,专业化程度仍处于较低水平。股权众筹是互联网金融较为高端的一种模式,也意味着需要更为专业化的投融资水平。但是,目前无论是领投人团队抑或是众筹平台本身都有待完善:

1. 领投人队伍专业化程度欠佳

股权众筹还处于发展初期,国内的专业人才较为匮乏。而我国多数股权众筹平台采取的"领投+跟投"模式,领投人的水平直接影响投融资的质量。

2. 股权众筹平台的服务体系不完善

目前,股权众筹平台无任何准入门槛和资格要求,其项目实施的科学性和专业性都值得怀疑;股权众筹平台的盈利模式相对模糊,主要依赖于交易手续,增值服务能力亦欠佳;股权众筹平台的权利义务模糊,对资金监管的能力有限,若筹资人恶意使用资金,股权众筹平台也没有强有力的权利来防止和处置这一问题;众筹平台缺乏信息反馈机制,信息的反馈影响投资方对下期投资的决定,也影响融资方对平台的评价与选择,这直接关系到股权众筹平台可持续性的发展。

三、境外股权众筹风险监管的可借鉴性——以美国为例

早在几年前,美国就已出台了《乔布斯法案》,为股权众筹扫除了法律障碍,并进一步促进了美国初创企业的发展。该法案明确了美国证券交易委员会的监管地位,改变了以往的强制注册和过多的信息披露规定。因为,若对众筹发行人强制要求披露过多的信息,将增加发行成本,加重中小型企业的负担,对投资者的作用也非常有限。同时,《乔布斯法案》对相关的筹资项目设立了投资上限:如果一个投资者的净资产或净收入达到10万美元以下,则可被允许投资2 000美元或年收入的5%;若投资者的净资产或者净收入达到10万美元以上,则可被允许投资年薪的10%。这样的规定,一方面,促进了资本的形成。另一方面,也有利于减少投资者的损失,保护投资者的利益平衡。

《乔布斯法案》监管的重点在于对实际运行中的众筹操作平台的监管。股权众筹平台是众筹过程中的重要参与者,平台产生的风险会同步影响到投融资各方,因此,该法案规定,众筹平台应当向美国证券委员会注册为经纪商或者登记为集资门户,提供美国证券委员会要求提供的风险揭露和投资者教育等资料;股权众筹平台应当对筹资人高管、股权超过20%的股东进行相关的背景调查和资料核实,从而减少道德风险中出现的合同欺诈;下放部分权利,实行平台责任制;对众筹平台分配部分对应的监管职责,对投资者和融资者分别分配履行不同的权利和义务,继而维护众筹平台的中立性。

四、我国新型融资模式争议的解决——以股权众筹为例

1. 制定出台股权众筹的专门性法案,明确监管主体,精确分配筹资过程中各方的权利义务

美国相关部门针对股权众筹的持续性发展所出台的《乔布斯法案》,被普遍认为是在为股权众筹保驾护航。而在我国,《公司法》《证券法》《刑法》等法律中的限制性或禁止性规定却让人寸步难行,因此,我国出台股权众筹的专门性法案已刻不容缓。

如何解决因新型融资模式引起的法律争议,美国《乔布斯法案》确实值得追踪研究。虽然中国证监会在2014年3月提出了相关的监管意见,认同了股权众筹的合法性,同时也明确了证监会在股权众筹中的监管主体地位,但难以从根源上规范股权众筹的运行。从国外针对股权众筹制定的措施来看,我国在制定相关对策时可取适应我国国情的对策,进行部分借鉴参考,以建立属于我国的完备的法律体系。首先,要解决众筹平台的运行规范、信息披露和投资者保护问题;其次,也要学习《乔布斯法案》的一些做法,合理降低创业公司的融资门槛,采取"宽进严管"原则,让股权众筹真正达到促进中小企业发展的目的。

2. 完善信用体系,设立合理的信息披露准则

由于我国信用体系不完善,导致投融资方欺诈违约行为屡见不鲜。因此,强有力的信息披露,一方面,可以规范融资方的行为;另一方面,也可以对投资者进行风险告知。但若对众筹平台过分要求信息披露必然会增加筹资成本,所以必须设立合理的信息披露标准,例如,对不同额度的融资项目设立不同门槛的信息披露准则,加强信息审核力度,以确保披露信息对投资者真实可行。相反,对于恶意虚假披露的行为,也要揭发严处。

3. 从投融资各方出发,提高众筹的专业化程度

(1) 加强投资者教育,引进合格性测试

要加强对投资者的教育,深化投资者对股权众筹的了解,尤其是要加强投资者的风险意识。要提升领投人的专业水平,对领投人进行投入前合格性测试,确保领投人对股权众筹的正确认识以及对行业发展的前瞻性。同时,对于跟投人则相对放宽一定的标准,确保投资的广泛性

(2) 完善股权众筹平台的服务体系

目前,我国的股权众筹平台属于创新项目,倘若过于严格监管,势必会限制其创新性的发展,因此,可免除平台在证监会注册制度,实行备案制,对平台的业务经营范围进行明确规定,保持平台信息查询的透明度。股权众筹虽在投资理念与风控上与证券交易有区别,但可借鉴证券交易费用,引入合理的佣金、手续费和监管费,并通过引入增值服务,增加规范性的收入。

本文开篇亦提及关于众筹平台的权利和义务的分配,主要是对投资者的资质

进行审查,了解投资者的收入状况、信用水平以及应对风险的能力,并对投资者进行合理性的风险提示,将投资信息和投资结果快速反馈给投资者,众筹平台有义务了解审核筹资单位资信状况和行业发展前景,并将这些信息传达给投资者。在权利方面,主要是明确证监会对投融资各方的监管范围,对恶意使用资金现象进行有力的遏制与追责。

归根结底,要促进新型融资模式不断创新,就要从制度上"开放式"地规范新型融资模式的可操作性,最终以利好中国市场经济的健康可持续发展!

参考文献

[1] 徐迪:《我国股权众筹的发展及风险揭示》,载《赤峰学院学报》,2014年第20期。

[2] 吴志国、宋鹏程、赵京:《资本市场监管:平衡的艺术》,载《金融纵横》2014年第3期。

[3] 成琳、吕宁斯:《中国股权众筹平台的规范化路径》,载《金融法苑》2014年第2期。

[4] 张希荣、孟庆江等:《我国股权众筹现状与发展障碍》,载《上海证券报》2014年12月30日。

浅析我国股权众筹的困境与完善

黄振辉*　赖汉兴**

一、我国股权众筹在发展过程中遇到的困境

2015年1月21日，北京诺米多餐饮管理有限公司(以下简称"诺米多公司")与运营"人人投"平台的北京飞度网络科技有限公司(以下简称"飞度公司")签署《委托融资服务协议》，后双方发生纠纷，诺米多公司作为原告，于4月14日将飞度公司诉至北京市海淀区人民法院，近日，北京市海淀区人民法院受理国内首例股权众筹合同纠纷案，作为互联网+金融的重要板块，股权众筹亦遭遇诉讼。

股权众筹是指，公司出让一定比例的股份，面向普通投资者，投资者通过出资入股公司，获得未来收益。这种基于互联网渠道而进行融资的模式被称作股权众筹。股权众筹以其创新性吸引到众多融资者和投资者的参与，但股权众筹在我国发展的不成熟，相关制度的不完善，阻碍着其发展。我国股权众筹在发展过程中遇到如下困境：

(一) 涉嫌公开发行证券或"非法集资"的风险

根据《中华人民共和国证券法》(以下简称《证券法》)第10条规定："公开发行证券，必须符合法律、行政法规规定的条件，并依法报经国务院证券监督管理机构或者国务院授权的部门核准；未经依法核准，任何单位和个人不得公开发行证券。有下列情形之一的，为公开发行：(一)向不特定对象发行证券的；(二)向特定对象发行证券累计超过二百人的；(三)法律、行政法规规定的其他发行行为。非公开发行证券，不得采用广告、公开劝诱和变相公开方式。"《中华人民共和国刑法》(以下简称《刑法》)和最高人民法院《关于审理非法集资刑事案件具体应用法律若干问题的解释》规定的"擅自发行股票、公司、企业债券罪"的构成要件包括：

(1) 未经国家有关主管部门批准；

(2) 向社会不特定对象发行、以转让股权等方式变相发行股票或者公司、企业债券，或者向特定对象发行、变相发行股票或者公司、企业债券累计超过200人，即"公开发行"；

(3) 数额巨大、后果严重或者有其他严重情节的。

因此，股权众筹需要注意两个红线不能碰：一是向不特定的公众发行股份；二

---

*　广东深宝律师事务所。
**　广东深宝律师事务所。

是向超过 200 个特定的人发行股份。关于向不特定公众发行股份,《证券法》规定不能采用广告、公开劝诱和变相公开的方式。应该说,这个法律颁布的时候,网络等新媒体还没有那么发达,而现在微博、微信等已经充分发达,现在通过互联网等平台发布众筹计划属不属于采用广告或者以变相公开的方式发布就成了一个问题了。众筹方式的本质就是"众",面向的范围比较广;它又是一个新生事物,以互联网等作为聚集人气的手段,因此,如果法律对这些都进行强制性的规制,无疑会扼杀这个新兴的具有活力的创业模式。

另外关于 200 人的人数限制。此前,央行副行长刘士余就强调,国内众筹平台的发展一定要注意 200 人的人数限制。但在实践中,股权众筹的投资人往往组成有限合伙的形式对外投资。这里的 200 人是仅仅看表面的还是实际中的人数,不容易把握。股权众筹倘若真的走入"禁区",按照我国"先刑后民"的诉讼程序,投资人的合法财产利益便会受到极大的威胁,甚至可能血本无归。

(二) 股权众筹存在投资合同欺诈的风险

股权众筹实际上就是投资者与融资者之间签订的投资合同(属于无名合同),众筹平台作为第三人更多的是起着居间作用。我国的股权众筹多采用"领投 + 跟投"的投资方式,由富有成熟投资经验的专业投资人作为领投人,普通投资人针对领投人所选中的项目跟进投资。该机制旨在通过专业的投资人把更多没有专业能力但有资金和投资意愿的人拉动起来。但这样一来,在政策与监管缺失的情形下,这种推荐引导的投资方式往往会试图抓住投资者的投资心理,容易增加领投人与融资人之间的恶意串通,对跟投人产生合同欺诈的风险。如领投人与融资人之间存在某种利益关系,领投人带领众多跟投人向融资人提供融资,若该领投人名气很大或者跟投者人数众多,便会产生"羊群效应",造成许多投资人在不明投资风险的情形下盲目跟风。当融资人获取大量融资款后,便存在极大的逃匿可能,或以投资失败等借口让跟投人尝下"苦果"。

这种投资合同欺诈的风险,往往是由领投人与跟投人之间、跟投人与融资人之间的信息不对称以及融资人资金运作缺乏相应监督制约机制所造成的,加上"羊群效应"的作用,会使这种风险成倍增加,很可能会最终酿成惨重后果。同时,对单个投资者而言,存在因为小额投资纠纷不得不走上民事甚至是刑事法庭的可能,纠纷解决的成本过高。

(三) 股权众筹平台的权利义务模糊

一般来说,股权众筹平台的作用在于发现投资者与融资者的需求并对其进行合理的匹配,提供服务以促成交易并提取相应的费用作为盈利,属于一般的居间合同。但具体来说,它又不完全属于居间合同。从股权众筹平台与投融资双方的服务协议可以看出,股权众筹平台除了居间功能之外,还附有管理监督交易的职能。

同时,股权众筹平台要求投融资双方所订立的格式合同中规定的权利义务也存在不对等。因此，目前股权众筹平台与用户之间的关系需要进一步理清，并在双方之间设定合理的权利义务关系，为今后可能出现的法律纠纷的解决提供可靠的依据，这也是对用户合法权益进行保护、维护服务双方平等地位的必然要求。

二、完善我国股权众筹制度的建议

为了让中小企业在证券法的制度框架内更容易地吸引投资者的资金，刺激中小企业、快速成长企业的发展，以促进就业率的提高和经济的稳定增长，就完善我国的股权众筹制度提出如下建议：

（一）推进股权众筹融资的合法化

为了允许中小企业在金融市场上进行股权众筹融资，需确立股权众筹的合法地位。我国股权众筹的发展存在着触及证券公开发行"红线"的风险，即便尚未踏入"禁区"，股权众筹也需花费大量成本规避法律风险，在很大程度上，这成了股权众筹发展的阻碍。为了践行《证券法》的立法宗旨，宜对有关证券公开发行的条款作出适当修改，承认股权众筹的合法地位，同时增加相应的有关投资者、融资者、众筹平台的条款，明确其权利义务，规范其市场行为，以保证投资者权益得到有效保护，实现金融市场秩序的稳定。同时，在放低准入门槛的基础上加强监管，实现"宽进严管"，推进我国的金融监管模式由分类监管向行为监管与行政监管相结合转变。

（二）加强对股权众筹投资者的保护

股权众筹的发起是基于创办企业或开发项目，而该企业或项目通常还停留在观念上，并未付诸实施。因此，为了减少投资的非理性和"羊群效应"给投资者和市场带来的损失，应当根据一定的标准（如收入水平、交易记录）对股权众筹投资者进行分类，并按照不同的类别设定投资者的投资权限，达到控制投资者损失、保护投资者利益、稳定金融市场的目的。当然，标准划分与类别设定既要考虑到投资者的实际能力，又要考虑融资者的融资需求。标准不宜太严，否则对双方而言，都失去了投融资的意义；标准也不宜太宽，否则会失去保护投资者的作用。

（三）强化股权众筹平台管理

在股权众筹融资过程中，众筹平台作为中介机构，不仅起到了匹配投融资需求的居间作用，同时也掌握了投融资过程中的重要信息。作为市场的重要参与者和筹资人与出资人的联结中介，众筹平台是法律风险防范的重要环节，因此，众筹平台理应承担更多的责任。换言之，众筹融资的法律监管重点在于对中介平台的监管。我国的众筹平台运营模式师承美国模式，发展现状与发展势头也与美国有很大的相似性。因此，我国可以从自身情况出发，适当借鉴美国众筹平台管理的一些先进经验，建立包括以市场准入监管为核心的事前监管、针对众筹平台日常经营的事中监管,以及针对众筹平台违规运营的事后监管在内的三个层次的全过程、全方位的监管机制,以建立统一的、诚信的、高效的数据平台。

总之,众筹模式提供了一种新型的融资方式,其借助互联网众筹平台将筹资人与出资人连接在一起,代表了互联网金融的一种新的发展趋势。认识众筹模式的法律风险并有效加以防范不仅有助于保护广大出资人的合法权益和解决中小微企业的融资困境,也将推动互联网金融的长足进步,推动社会经济的健康发展。

参考文献

[1] 杨东、刘翔:《互联网金融视阈下我国股权众筹法律规制的完善》,载《贵州民族大学学报(哲学社会科学版)》2014年第2期。

[2] 肖本华:《美国众筹融资模式的发展及其对我国的启示》,载《南方金融》2013年第1期。

[3] 张雅:《股权众筹法律制度国际比较与中国路径》,载《西南金融》2014年第11期。

股权众筹的法律风险及思考

——兼议中国"股权众筹第一案"的司法影响

孙 蓉[*] 张凤羽[**]

一、股权众筹及在我国的发展

众筹（Crowdfunding）是公众、组织以及企业，包括初创企业通过在线门户（即众筹平台）筹集资本，为其活动进行融资或者再融资的一种方式。[①] 众筹在国内外发展至今，通常细分为四种类型：捐赠众筹（Donate-based Crowdfunding）、预付款或奖励众筹（Pre-payment/Reward Crowdfunding）、债权众筹（Lending-based Crowdfunding）和股权众筹（Equity-based Crowdfunding）。

2011 年，中国第一家众筹网站"点名时间"上线，宣告众筹在中国的开展。其后至今，众多的众筹网站风起云涌地在互联网上线。尤其是 2014 年，多家互联网商业巨头进入众筹领域，比如，阿里的"蚂蚁达客"、京东的"东家"、平安的"前海众筹"等纷纷上线，以致 2014 年被业内称为"互联网众筹元年"。根据融 360 金融搜索平台发布的《中国互联网众筹 2014 年度报告》显示，2014 年，中国众筹募资总额累计达到 9 亿元人民币以上，其中四季度超过了 4.5 亿元。2015 年 7 月 16 日，网贷之家联合盈灿咨询发布了《2015 中国众筹行业半年报》。报告称，2015 年上半年，我国众筹平台总数量已经达到 211 家，成功募集 46.66 亿元人民币。其中股权众筹的平台数达到 98 家，占比最重。

所谓股权众筹，是指公司出让一定比例的股份面向普通民众，普通民众通过出资入股公司，获得未来收益。这种基于互联网渠道而进行融资的模式被称作股权众筹。股权众筹运营当中，主要参与主体包括融资人、投资人和股权众筹平台三个组成部分。股权众筹平台即从事股权众筹业务的网站，是连接发行人和投资者的中介。[②] 由于股权众筹面向不确定的对象，涉及平台、融资人、多名投资人等复杂多元的构成以及行业监管政策尚不完善、信用评级机制空缺的因素，股权众筹面临的风险问题不容回避。

---

[*] 四川君合律师事务所律师，高级合伙人。
[**] 四川君合律师事务所律师。
[①] See Financial Conduct Authority, CP13/13: The FCA's regulatory approach to crowdfunding (and similar activities). http://www.fca.org.uk/news/cp13-13-regulatory-approach-to-crowdfunding, last visit on October 9, 2015.
[②] 参见樊云慧：《股权众筹平台监管的国际比较》，载《法学》2015 年第 4 期。

二、股权众筹的基本运作流程

股权众筹一般运作流程大致如下：

（1）创业企业或项目的发起人作为融资人，向众筹平台提交项目策划或商业计划书，并设定拟筹资金额、可让渡的股权比例及筹款的截止日期。

（2）众筹平台对融资人提交的项目策划或商业计划书进行审核，审核的范围具体包括但不限于真实性、完整性、可执行性以及价值。

（3）众筹平台审核通过后，在网络上发布相应的项目信息和融资信息。

（4）对该创业企业或项目感兴趣的个人或团队，可以在目标期限内承诺或实际交付一定数量资金，成为投资人。

（5）目标期限截止，筹资成功的，投资人与融资人签订相关协议；筹资不成功的，资金退回给各投资人。

三、股权众筹可能涉及的法律风险

由于目前国家层面以及各地方政府层面都没有制定股权众筹的法律、法规及规范性文件，作为一种新兴的互联网金融业态，涉及的法律风险是股权众筹过程中的合法性以及投资人的利益保护问题。

（一）对创业者即融资人而言，股权众筹有可能涉及的非法集资犯罪

非法集资犯罪，现行法律是指未经批准，以发行股票、债券、彩票、基金证券或其他债权凭证的方式向社会公众筹集资金，并承诺在一定期限内给以货币、实物、还本付息。对于通过股权众筹模式融资的创业者来说，必须将合法的众筹行为与非法集资犯罪严格区别开来。这里首先要明确一个公开的问题，股权众筹是否属于面向社会公众。现在互联网的宣传功能已经完全超越传统媒体，在股权众筹平台上发布招股说明书，或者在自己平台上发布招股说明书，是否属于面向特定公众的不公开发行？对于利用新型网络平台发布招股说明书属于面向社会公众公开这一点没有异议，它与非法集资行为有着本质的区别。非法集资行为的本质是干扰国家金融管理秩序，行为人非法吸收公众资金，用于货币经营（如发放贷款）。而股权众筹募集的资金，是投向一个实体项目或公司，不是进行资本的经营。判断属于股权众筹还是非法集资，还有一个实质要件标准，即是否承诺给予固定的回报。非法集资通常都以还本付息作诱饵，且承诺的利息往往高于银行的利息。而股权众筹则通过网络平台汇集一批共同理念者，一起创业，它给予的回报不是固定的分红，而是股东权利。在投资的同时，享受股东的权利并承担作为投资人的风险。

（二）股权众筹投资人的利益保护

股权众筹投资人大部分并非专业人员，缺乏经验，而且金额一般相对较小，相对于股权众筹发起人以及主投人而言，往往处于更为劣势的地位，其股东权益更容易受到侵害。因此，股权众筹应当优先考虑保护股权众筹投资人的权益。

目前，国内比较流行的股权众筹模式是由领投人对某个项目进行领投，再由普通投资人进行跟投。实践中，往往由领投人和跟投人共同设立有限合伙企业，由有限合伙企业作为投资方入股股权众筹企业。领投人往往会成为有限合伙企业的普通合伙人（General Partner），代表作为有限合伙人（Limited Partner）的跟投人在其后参与股权众筹企业的经营管理，出席董事会，获得一定的利益分成。这里的领投人往往都是业内较为著名的天使投资人。但是如果领投人参与的众筹项目过多，必然精力难以兼顾。解决问题的核心需要股权众筹企业完善公司治理，规范经营，加强信息披露，确保众筹股东的知情权与监督权。股权众筹企业在设计股权众筹方案时，应当将众筹股东的退出机制予以充分考虑，而且应当在股权众筹方案中予以披露。

众筹股东的退出主要通过回购和转让两种方式。采用回购方式的，股权众筹企业自身不能进行回购，只能由公司的创始人或实际控制人或原有股东进行回购；采用股权转让方式的，原则上应当遵循公司法的相关规定，同时最好在股权众筹时就约定好退出的条件以及股权回购或转让的价格计算。

如果投资人直接持有公司股权则相对简单，但由于实践中大多采用有限合伙企业，投资人如要转让或退出，就会涉及有限合伙份额的转让的转让。关于这一点，也最好能在前面的有限合伙协议书以及股权众筹协议中予以明确约定。

（三）集资诈骗的法律风险

集资诈骗是指以非法占有为目的，违反国家有关金融法律、法规规定，使用诈骗方法进行非法融资，干扰国家正常金融秩序，侵犯公私财产所有权，数额较大的行为。创业者在发布招募信息时，企业往往尚处于初建时期或项目准备期，如果创业者在资金募集时，向广大投资者作出虚假的广告信息，以根本不存在或者明显与市场未来不符的融资项目招募资金，则有可能构成集资诈骗犯罪。如果融资成功后，创业者未按照承诺使用资金，挪作他用，也有可能构成此类犯罪。

四、股权众筹应当特别注意的几个问题

（一）股权众筹平台不得直接收取股权众筹资金，股权众筹资金必须由托管银行或第三方支付机构收取

股权众筹平台应当定位于只为投融资双方提供促成股权众筹居间服务的互联网金融服务平台，应当起到居间的作用。股权众筹平台不得直接收取众筹资金款，也不得接受股权众筹发起人的委托代收众筹资金。股权众筹资金必须由托管银行或第三方支付机构收取。股权众筹完成后，应当经股权众筹平台书面确认，由托管银行或第三方支付机构将股权众筹资金直接支付给股权众筹发起人即融资人。股

权众筹未能在约定期限内完成的,股权众筹平台应当书面通知托管银行或第三方支付机构,将股权众筹资金直接返还给股权众筹人,即通过原支付途径返还给交款人。

(二)股权众筹平台不得为股权众筹发起人即融资人提供任何担保

股权众筹平台应当独立于股权众筹发起人即融资人,除向股权众筹发起人即融资人正常收取平台佣金外,不得与股权众筹发起人即融资人有其他经济往来,以利于保持独立的居间地位。股权众筹平台更不得为股权众筹发起人即融资人向股权众筹人提供任何形式的担保。

(三)股权众筹项目不应存在由其他第三方为股权众筹人提供任何担保

股权众筹的根本性目的是为了解决小微企业或项目创意人的创意项目融资难的问题,引入低成本资金,促进小微企业的快速发展,增加赢利,从而使股权众筹人的股权得到较好的回报。股权众筹是一种股权金额相对较小、风险较大并面向一般小微企业的普惠金融。股权本身具有风险大的特点,普通的公司股权也不存在由其他第三方提供担保的情形,如果引入其他第三方为股权众筹人提供担保,则违背了股权众筹的根本性目的,势必增加通过股权众筹进行融资的小微企业的财务负担,从而也摊薄了股权众筹人的股权收益,违背了它们参与股权众筹的初衷。担保一般是指一般债的担保,而股权不同于一般债权,引入第三方为股权众筹人也违背了股权的基本原则。因此,股权众筹项目不应当存在由其他第三方为股权众筹人提供的任何形式的担保。

五、股权众筹合法化的立法思考

加强行业监管立法,尽快将股权众筹合法化。股权众筹属于互联网金融,发展速度必将越来越快,暴露的问题也会越来越多,必须加强立法监管。如果放任市场自行调节,有可能产生不可预测的公众事件。对于股权类融资平台,建议立法机关对以下几个方面予以明确:

(一)明确股权众筹平台的权利义务关系

众筹平台不仅会起到匹配投融资需求的居间作用,同时也会掌握投融资过程中的重要信息。因此,众筹平台理应承担更多的责任。

1. 权利的享有须有法律依据

股权众筹平台的获得报酬、特定条件下终止或变更合同等相关权利在我国《合同法》《证券法》等法律中都有体现,但其不能为自己设定没有法律依据的权利。

2. 法律应明确规定众筹平台应尽的法定义务

如保护投资者个人信息义务、事前信息审核与事后项目监督义务、风险提示与教育义务等。

3. 法律应平衡双方的权利义务,清理不合理的服务条款

我国《合同法》第 39—41 条对格式合同作出了明确规定,并倾向保护接受方的利益。但实践中,由于签约双方地位的实质不平等,导致权利义务不对等的格式条款屡见不鲜。这种疑似"霸王"条款普遍存在的现象,反映出在股权众筹融资过程中存在众筹平台忽视自身义务和投融资方漠视自身权利的问题,需要有关部门及时出台相关法律法规,对各方的权利义务进行明确并予以正确引导与规范。

(二) 股权类众筹平台实行强行备案制

鉴于股权众筹涉及公众者人数众多,影响行业广泛,资金流动量较大,建议主管部门由国家证券监督委员会担任。所有的股权类众筹平台,统一由证监会备案。没有备案的众筹类平台,不得从事股权众筹业务。

(三) 股权类众筹实行融资上限制度

2012 年 4 月 5 日,美国《创业企业融资法案》(Jumpstart Our Business Startups Act)(以下简称《JOBS 法案》)正式生效。众所周知,美国 1933 年的《证券法》和 1934 年的《证券交易法》,堪称世界各国证券市场监管立法中的典范。而《JOBS 法案》正是针对 1933 年《证券法》和 1934 年《证券交易法》中的部分条款的修订。旨在为中小企业特别是初创企业的融资提供便利,扩大融资途径,创造更多的交易机会,因此备受各方关注。《JOBS 法案》特别制定了"众筹豁免规定(Crowdfunding Exemption)",即通过限定集资总额等方法,在设置一定程度监管的前提之下,认可股权众筹的合法性。同时,为了防范基于互联网平台所发生的欺诈等违法行为,还专门制定了相关的法规。③ 美国限定此类股权融资,单一项目的融资总额不得超过 100 万美元。我国在相关立法方面,可以借鉴美国《JOBS 法案》实行一定的限制,根据我国国情限定一个合理的限度,以使股权众筹得以健康良性的发展。

(四) 建立第三方资金托管制度

用户资金清算由第三方支付或托管银行的清算系统完成。在整个交易过程中实现清算与结算分离。信息流与资金流分流,使平台仅仅成为一个中介,不直接接触客户资金,从而保证客户资金的有效投放。

(五) 建立充分的信息平台披露制度,并制定相应的披露标准

要能够让公众充分了解从事股权众筹平台的经营者信息,使他们能够依此对股权众筹平台的经营者有一个全面的了解和判断,防止股权众筹平台经营者利用平台从事非法集资行为。同时,必须严格要求融资人进行信息披露,全面、

---

③ 参见胡薇:《股权众筹监管的国际经验借鉴与对策》,载《金融与经济》2015 年第 2 期。

详尽、真实地披露融资人的自身情况及项目的情况。美国在《JOBS法案》中规定,发行人如果没有按照规定对主要事实如实陈述,或疏忽披露,都将依法承担损害赔偿责任。

(六)建立黑名单制度,加快推进信用管理体系建设

完善社会征信体系,实现信息共享。对于在股权众筹平台存在欺诈以及虚假信息披露的融资人,众筹平台有义务将其相关信息通报征信部门,将其列入诚信黑名单。黑名单加入到社会征信系统,使其不得再进入同类平台进行筹资,增加违约、违法者的违法成本。其不诚信的信息,对其从事其他行业也将产生不良影响,从而最大限度地降低不法事件的发生。

(七)"股权众筹第一案"的司法影响

2015年1月,北京诺米多餐饮管理有限责任公司委托北京飞度网络科技有限公司通过其旗下的"人人投"股权众筹平台融资88万元,用于开设快餐合伙店。双方协议,如融资成功,诺米多公司将支付融资金额5%的服务费用。签订协议后,诺米多公司为飞度公司在第三方支付平台上支付了17.6万元的先行融资款项。当88万元的股权融资(含诺米多公司的17.6万元)全部完成后,飞度公司提出,诺米多公司提供的项目信息与真实情况不符,快餐合伙店使用的房产没有房产证,房租过高,且存在违建。为了维护投资人利益,飞度公司于2015年4月解除了与诺米多公司的协议,并将投资人投资本息全数退还。但诺米多公司对此不予认同。飞度公司将诺米多公司诉至北京市海淀区人民法院,要求其支付委托融资费、违约金、经济损失等。诺米多公司反诉飞度公司的融资行为涉嫌违法,要求飞度公司返回先行融资并赔偿。因为是发生在股权众筹领域的第一起诉讼,本案被媒体称为"股权众筹第一案"。

2015年9月15日,法院判决诺米多公司给付飞度公司委托融资费2.5万元,违约金1.5万元;飞度公司返还诺米多公司出资款17.6万元。承办法官释明,我国目前还未出台专门针对众筹融资的行政法规和部门规章,但是结合央行、证监会等十部委于2015年7月出台的《关于促进互联网金融健康发展的指导意见》等规范性文件精神,从鼓励创新角度,法院认为股权众筹平台的身份合法,案件所涉及的众筹融资交易合法。

引起普遍关注的"股权众筹第一案"的宣判,可以说司法意义深远。其认可了股权众筹平台的合法性和众筹融资交易的合法性,为众筹行业的健康发展留下了空间。

六、结论

股权众筹是面向小微企业以及有创意的个人项目诞生的一种新兴的融资方式、融资渠道。股权众筹与传统的融资方式相比,具有参与主体广泛、融资手续便

利简洁、满足小微企业及创意项目个人的直接融资需求的特点。作为一种新兴的互联网金融业态,股权众筹行为也应当同样受到法律制度的规范与约束。通过对股权众筹所涉及的法律问题进行系统的理论分析与探讨,我们可以认为,目前股权众筹在我国还没有能够成为一个真正的法律概念,将来能否成为一个法律概念,值得关注。

投融资模式创新引发的争议

——以众筹融资与非法集资的界限为视角

曹友志*

以 P2P 网络借贷和股权众筹为代表的众筹融资,已经成为国内互联网金融发展的热点,两者都可能构成"非法集资"行为,对此,实践者分别采取了不同的发展路径以规避相应风险,由此产生新的金融风险。既有的金融监管政策应当采取何种应对措施,以适应当前经济发展的需要,满足合理的中小企业融资需求,本文将进行集中探讨。

一、众筹融资及其在我国的发展

(一) 众筹融资的界定

根据国际证监会组织(IOSCO)研究报告的定义,众筹是对通过互联网平台,运用从大量的个人或组织处获得的少量的资金来满足某个项目、企业或个人资金需求的活动的总称。① 我国学者一般将众筹划分为捐赠式众筹、产品式众筹、债务式众筹、股权式众筹四种。后两种即国际证监会组织所称的金融回报式众筹:P2P 网络借贷和股权众筹。

P2P 借贷(Peer to Peer Lending)是指个体与个体或企业之间通过网络平台进行直接借贷活动。个人为出借人,个人或非金融企业则为借款人。这种直接通过网络平台完成的借贷活动,无须通过提供存贷款业务的银行机构,也无须借助程序繁琐的债券发行模式,资金供给、需求信息的沟通和匹配、信用评级以及投资咨询、交易完成等都通过 P2P 网络平台完成。

股权众筹与 P2P 网贷一样是借助互联网平台的融资模式。通过互联网平台,数量众多的个体对经营企业进行投资,获得股权。一个典型的股权众筹模式应当包括筹资人、出资人、众筹平台三个有机部分。筹资人往往是一个具体项目的发起人,多为缺乏资金却不乏创意的小微企业或初创企业,希冀通过众筹解决资金问题。它们由于规模小,缺少可以抵押的资产,难以从商业银行那里获得融资。出资人往往是活跃在互联网上的广大公众,通过对自己感兴趣的项目进行小额投资,获

---

* 二级律师,江苏江成律师事务所合伙人会议主席。
① Eleanor Kirby and Shane Worner,Crowd-funding:An Infant Industry Growing Fast,February 2014,http://www.iosco.org/research/? subSection = staff_working_papers,最后访问日期:2015 年 8 月 9 日。

取股权回报,而众筹平台则在筹资者和投资者之间起到搭建桥梁的中介机构作用,除了发布项目信息之外,还承担了监督项目发起人和维护出资人利益的功能。

根据国际证监会组织的研究报告,这两种融资方式主要的好处在于:通过对中小企业和其他用户在实际经济中的信贷流动,促进了经济增长,填补了银行等传统金融机构所遗漏的信贷空白,提高了资本投资回报率,降低了融资成本,提供了一种新的投资组合的方式。

(二) 众筹融资在我国的发展

众筹融资在我国的迅猛发展,得益于我国经济发展新常态下对投融资模式创新的鼓励,普惠和大众化的互联网金融的兴起,也对长期以来处于金融抑制状态的民间资本浮出水面起到推波助澜的作用。

2007 年,我国第一家 P2P 网络借贷平台"拍拍贷"成立。2011 年以来,我国 P2P 网络借贷行业以年均 500% 的速度爆发式增长。2013 年,全年成交额超过 2 000 亿元人民币。截至 2014 年 6 月末,我国 P2P 平台数量已达 911 家。② 据 2015 年 7 月 8 日网贷之家联合盈灿咨询发布的《2015 年中国网络借贷行业半年报》,截至 2015 年 6 月底,中国 P2P 网贷正常运营平台数量上升至 2 028 家,相对 2014 年年底增加了 28.76%。在网贷成交量方面,截至 2015 年上半年,中国 P2P 网贷行业的累计成交量已经超过了 6 835 亿元。2015 年上半年网贷行业成交量以月均 10.08% 的速度增加,上半年累计成交量达到了 3 006.19 亿元。按照目前的增长态势,预计 2015 年下半年 P2P 网贷行业成交量将突破 5 000 亿元,全年成交量将突破 8 000 亿元。③

股权众筹与风险投资和天使投资相类似,可以解决初创以及小微企业普遍存在的融资难题。我国自 2011 年陆续出现了类似美国典型股权众筹平台 Kickstarter 的众筹平台。根据 2015 年 7 月 16 日网贷之家联合盈灿咨询发布的《2015 年中国众筹行业半年报》,2015 年上半年,我国股权众筹平台数量已达 98 家,工信部旗下具有众筹功能的"创客中国"拿到了第一张股权众筹牌照,齐鲁股交中心首推众筹服务平台新增"众创板",阿里、京东、腾讯、平安、万达等国内知名大企业络绎不绝地涉足众筹,股权众筹已然进入全面发展阶段。在众筹金额上,包括股权众筹、奖励众筹、混合众筹、公益众筹在内的全国众筹平台,在 2015 年,上半年总筹资金额达 46.66 亿元。④ 可见,无论是在平台数量还是在筹资金额上,股权众筹的发展都远远逊于 P2P 网络借贷。

---

② 参见刘绘、沈庆劼:《P2P 网络借贷监管的国际经验及对我国的借鉴》,载《河北经贸大学学报》2015 年第 2 期,第 56 页。

③ 参见《2015 年中国网络借贷行业半年报》,载 http://www.wangdaizhijia.com/news/baogao/20950-all.html,最后访问日期:2015 年 8 月 9 日。

④ 参见《2015 年中国众筹行业半年报》,载 http://field.10jqka.com.cn/20150717/c574946807.shtml,最后访问日期:2015 年 8 月 9 日。

二、众筹融资与非法集资的界限

P2P 网络借贷和股权众筹借贷这两种融资方式,具有借助互联网平台向公众筹集资金的共同特性,都面临纳入"非法集资"监管范畴的风险。对此,金融行为的实践者及监管者分别作出了不同的回应。

(一)众筹融资具备非法集资的基本特性

通过网络平台向社会公众筹集资金,无论是采取还本付息还是股权回报的方式,本质都是向社会公众集资,而一切未经许可、违反集资监管要求的向社会公众集资的行为,我国通常称为非法集资行为。根据1999 年中国人民银行发布的《关于取缔非法金融机构和非法金融业务活动中有关问题的通知》第1 条的规定,非法集资是指单位或者个人未依照法定程序经有关部门批准,以发行股票、债券、彩票、投资基金证券或者其他债权凭证的方式向社会公众筹集资金,并承诺在一定期限内以货币、实物以及其他方式向出资人还本付息或给予回报的行为。在我国司法实践中,这一术语之下包含了非法吸收或者变相吸收公众存款、擅自公开发行证券等行为,在刑法上则分别有《刑法》第 176 条规定的非法吸收公众存款罪,第 179 条规定的擅自发行股票、公司、企业债券罪,以及第 192 条规定的集资诈骗罪对非法集资类犯罪行为加以惩处。对于涉非法集资犯罪行为的认定以及定罪的标准,最高人民法院 2010 年 11 月发布的《关于审理非法集资刑事案件具体应用法律若干问题的解释》(以下简称《非法集资司法解释》)进行了规定。其中第 1 条规定,认定构成"非法吸收公众存款或者变相吸收公众存款"须同时满足以下四个条件:(1) 未经有关部门依法批准或者借用合法经营的形式吸收资金;(2) 通过媒体、推介会、传单、手机短信等途径向社会公开宣传;(3) 承诺在一定期限内以货币、实物、股权等方式还本付息或者给付回报;(4) 向社会公众即社会不特定对象吸收资金。

针对民间借贷的泛滥和互联网金融的泛滥和无序,最高人民法院、最高人民检察院、公安部于 2014 年 3 月 25 日发布了《关于办理非法集资刑事案件适用法律若干问题的意见》(以下简称《意见》),《意见》明确指出,向社会公众非法吸收的资金属于违法所得。以吸收的资金向集资参与人支付的利息、分红等回报,以及向帮助吸收资金人员支付的代理费、好处费、返点费等费用,应当依法追缴。

通过互联网进行的借贷和股权众筹融资,本质上是向公众吸收资金的行为,通过互联网进行的模式很难逃离公开宣传的认定,其回报形式直接体现为债权和股权,两者很容易就触及"非法集资"的红线。更由于我国刑事司法实践中,非法集资类的追诉标准相对较低,《非法集资司法解释》第 3 条规定了构成非法吸收或者变相吸收公众存款的追诉标准:(1) 个人非法吸收或者变相吸收公众存款,数额在 20 万元以上的,单位非法吸收或者变相吸收公众存款,数额在 100 万元以上的;

(2)个人非法吸收或者变相吸收公众存款对象30人以上的,单位非法吸收或者变相吸收公众存款对象150人以上的;(3)个人非法吸收或者变相吸收公众存款,给存款人造成直接经济损失数额在10万元以上的,单位非法吸收或者变相吸收公众存款,给存款人造成直接经济损失数额在50万元以上的;(4)造成恶劣社会影响或者其他严重后果的。由此,众筹融资行为的实践者面临极大的刑事责任风险。

(二) P2P 借贷与非法集资

P2P 作为一种依托互联网技术的新型融资模式,本质上为借款人向社会公众集资的行为。我国自 2007 年引进这一模式以来,直至 2015 年 7 月 18 日中国人民银行联合银监会等十部委发布《关于促进互联网金融健康发展的指导意见》(以下简称《指导意见》)才有了初步的监管意见出台。"监管真空"导致 P2P 网络借贷畸形繁荣发展,更演变出各种非典型的模式。有学者将我国 P2P 网贷模式总结为如下四种基本模式:纯平台模式;保证本金(利息)模式;信贷资产证券化模式;债权转让模式。这些模式几乎都有可能构成"非法集资"。纯平台模式中,具有融资需求的中小企业或个人作为借款人直接通过网贷平台面向社会公众借款,承诺本息回报,这本就构成非法集资,但由于小额借款(尤其是个人与个人之间的借款)本身就具有民事借款合同法律行为的合法性基础,而无须金融监管力量的介入。如果众筹的业务模式能坚持单笔金额小、人数少,就应该用私人秩序、行业自律加上司法规范制约,即面对金融创新行为,互联网金融监管应体现适当的风险容忍度。⑤保证本金(利息)模式又可分为平台之外的担保机构担保与平台自己担保两种,前者可谓是金融脱媒模式与传统担保模式的结合;后者则落入无证经营担保业务的窠臼。信贷资产证券化模式通过将金融机构担保产品证券化进行销售或者将小额贷款公司大量的信贷资产打包成理财产品利用互联网 P2P 平台实现销售,其实质是一种监管套利行为,即"市场主体利用制度之间的差异和不协调来转变外部制度约束或进行因制度障碍而不能直接进行的经济活动,以此获得成本的节约或竞争利得"。⑥ 这种监管套利行为中,P2P 网络借贷平台实质上处于投资类金融中介的法律地位,融资者容易落入"擅自公开发行证券"类非法集资范畴。债权转让模式中,网贷平台实质扮演了金融机构的角色,可能构成"非法吸收公众存款或变相吸收公众存款"类非法集资行为。

2014 年 11 月 25 日,在由银监会牵头的九部委处置非法集资部际联席会议上,网络借贷与民间借贷、农业专业合作社、私募股权领域非法集资等一同被列为须高度关注的六大风险领域。央行对"以开展 P2P 网络借贷业务为名实施的非法集资行为"作出如下界定:

---

⑤ 参见张晓朴:《互联网金融监管的原则——探索新金融监管范式》,载《金融监管研究》2014 年第 2 期,第 10 页。

⑥ 董红苗:《制度套利:金融套利的又一种形式》,载《浙江金融》2003 年第 11 期,第 34—36 页。

第一类为理财—资金池模式。即部分P2P网络借贷平台通过将借款需求设计成理财产品出售给放贷人,或者先归集资金,再寻找借款对象等方式,使放贷人资金进入平台的中间账户,产生资金池。这类行为相当于P2P平台自身开展借贷金融业务,向不特定的人公开借款,然后再向他人贷款,赚取高额利差,显然属于非法吸收公众存款的违法犯罪行为。

第二类为不合格借款人导致的非法集资风险行为。表现为部分P2P网络借贷平台经营者未尽到借款人身份真实性核查义务,未能及时发现甚至默许借款人在平台上以多个虚假借款人的名义发布大量虚假借款信息(又称借款标),向不特定多数人募集资金。这类行为相当于融资方借用P2P平台在开展非法集资行为,而P2P平台不进行审查或者知道、应当知道而不制止,在此情况下,P2P平台相当于协助虚假融资方完成了非法集资行为。

最后一类为典型的"庞氏骗局"。个别P2P网络借贷平台经营者,发布虚假的高利借款标募集资金,并采用在前期借新贷还旧贷的庞氏骗局模式或短期内募集大量资金后卷款潜逃。据统计,2013年,有70多家P2P平台涉嫌诈骗或者跑路;仅2014年上半年,就已有50家平台被爆因涉嫌诈骗、自融或提现困难等问题而倒闭。2014年6月份,北京接连出现网金宝和融信宝P2P网贷平台跑路事件,打破了北京等大城市P2P网贷平台不会跑路的"神话"。这类P2P平台吸收资金后非法使用的行为,属于典型的集资诈骗犯罪行为。可见,实践中,P2P网贷行为很容易触碰"非法集资"的红线。

(三)股权众筹与"非法集资"

股权类众筹最可能涉及的犯罪是非法集资犯罪中的擅自发行股票犯罪,主要表现为未经证券监管部门批准公开发行,即面向不特定人或向特定对象超过200人募集资金。《中华人民共和国证券法》(以下简称《证券法》)规定的公开发行证券包括了向"不特定对象发行证券"以及"向特定对象发行证券累计超过200人"两种情形,而公开发行须经证监会核准,由证券公司承销。由于上述证券发行监管制度的桎梏,股权众筹要实现"众筹"的本质功能,很容易突破《证券法》中非公开发行200人上限的规定,引发公开发行的核准、信息披露等繁琐的程序性要求,满足这些程序性要求将耗费诸多时间、人力、资金成本,使得众筹失去其便捷、经济之优势。事实上,进行股权众筹的多为初创及小微企业,它们很难满足公开发行的条件,几乎不可能获得公开发行核准。

为避免"非法集资"法律风险,大家投、天使汇、人人投等国内股权众筹平台对股权众筹模式作了调整。众筹网络平台将众筹活动分为线上部分和线下部分。线上部分仅对项目进行广告宣传,可视为证券发行的要约邀请,尚不构成证券发行,只有通过线下的沟通和交流才能进一步限制募股对象,确定项目的最终投资人。线上与线下分离的方式力图将融资行为纳入私募范畴,避免触发《证券法》关于公开发行证券核准和信息披露的义务。⑦ 此外,通常通过投资人整体设立有限合伙企业,采取"领投+跟投"的模式,以合伙与代持两种方式实现投资人的入股投资。合伙模式中,通过设立有限合伙企业直接入股,其中领投人为普通合伙人,跟投人则为有限合伙人;后者通过签订代持协议由领投人代持股份。"领投+跟投"的模式避免了突破公司法对股东人数的限制,同时也防止构成"向特定对象发行证券累计超过200人"的公开发行,但过于复杂的"领投+跟投"的交易结构设计,增加了包括代理成本在内的交易成本。代持模式是否构成公开发行中的"累计超过200人"尚存疑问。上述《意见》第3条关于"社会公众"的认定问题中已明确规定,在向亲友或者单位内部人员吸收资金的过程中,明知亲友或者单位内部人员向不特定对象吸收资金而予以放任的,不属于《非法集资司法解释》第1条第2款规定的"针对特定对象吸收资金"的行为,应当认定为向社会公众吸收资金。而且,代持模式将股权众筹纳入私募范畴,操作模式和程序相对复杂,成本偏高,偏离了众筹"大众融资、小额集资"的本质。

股权众筹的监管层面亦难突破既有制度的桎梏。2014年12月18日,证券业协会公布了《私募股权众筹融资管理办法(试行)(征求意见稿)》(以下简称《征求意见稿》),将股权众筹定义为"私募股权",此举受到了广泛抨击。如有学者提出:"股权众筹的核心是公开、小额,中国证券业协会公开征求意见的《办法》,将股权众筹限定为私募方式,是对众筹本性的违反,私募众筹因此是一个自相矛盾的词汇"。⑧ 迄今为止,股权众筹正式监管条例仍旧未能出台。诸多学者提出构建小额发行豁免制度,以使我国股权众筹模式恢复其公众参与、积少成多的融资模式。⑨ 而于2015年4月20日第十二届全国人民代表大会常务委员会第十四次会议上,全国人大财经委员会推出了《证券法》修订草案,在正式提出股票发行注册制改革的同时,允许互联网等众筹方式公开发行亦被草案所提议。股权众筹是否能够纳入小额发行豁免的范畴,我们拭目以待。

三、经济发展新常态下如何监管众筹市场

当前我国经济发展进入新常态,经济增速放缓,政府层面大力支持金融创新,加上互联网技术的发展和普及,以众筹融资为代表的互联网金融风生水起,如何进行监管,是监管当局面临的重大课题。

---

⑦ 参见李晓波:《股权众筹入法——监管与豁免之平衡》,载《安徽警官职业学院学报》2015年第2期,第59页。

⑧ 彭冰:《私募众筹?一个自相矛盾的词汇——对〈私募股权众筹融资管理办法(征求意见稿)〉的批评》,载 http://if.pedaily.cn/news/201507/20150706161295372_2.shtml,最后访问日期:2015年8月10日。

⑨ 参见董安生:《论股权众筹合法化的前置性规则构建》,载《中国物价》2015年第2期,第50页。

（一）更新金融监管理念，缩小众筹融资与非法集资的交集

此番互联网金融的兴起引发了各种争议，如互联网金融是否将颠覆传统的金融结构，各类众筹融资的法律性质，金融监管机构对创新融资模式的监管如何分工，需要修订哪些法律规定，等等，不一而足。

一方面，在借贷众筹和股权众筹这两种金融创新模式中，集中体现为既有的法律规定会把大多数的创新融资模式划入"非法集资"范畴。P2P网贷四种基本模式都存在被认定为非法集资的风险，可见现有的金融监管体系难以适应新的金融结构下所产生的合理的融资需求。股权众筹则采取了"削足适履"的方式加以应对，但因此存在发展不足的问题。另一方面，现有的金融监管体系又未能及时应对新的金融风险：网贷平台未经许可从事资产性担保业务或者销售理财产品，其实质是监管套利行为，而且未受监管的担保经营行为已经构成无证经营行为；特别是债权转让模式，已经脱离了债权众筹的直接融资行为性质，在事实上构成"影子银行"，却没有受到相应的监管。

长期以来，我国中小企业的融资需求呈现出"抑制"状态，互联网金融的发展一定程度上冲击了这种压抑的现状，释放了融资压力。P2P网贷平台的发展，使大量的银行存款转到网贷平台上，形成对银行存款业务的冲击；股权众筹模式通过曲折的方式绕过了证券发行的监管；去中介化的众筹融资，消除了证券市场监管者通过证券公司保荐、承销业务所起到的监管作用。对此，金融监管当局宜采取适度宽容的态度，以免将大多数基于合理的融资需求所产生的众筹行为纳入"非法筹资"范畴。同时，由于我国刑法中涉及非法集资类的犯罪行为追诉标准较低，各类众筹很容易面临"非法集资"的风险，因而建议适当提高追诉标准，将合理的融资诉求纳入合法范畴。

（二）适度监管，促进众筹市场健康发展

金融体系中的融资制度可划分为间接融资制度和直接融资制度。本文所关注的借贷众筹与股权众筹，其固有含义均属于直接融资行为，均应采取直接融资市场调控方式加以规范，即要求融资者进行充分的信息披露，投资者自行判断风险；监管者通过确立一系列保证信息充分披露的法律制度，实现投资者权益保障。基于互联网平台的众筹市场中，投资者充分获得信息的成本极低，因而有利于吸引广大社会公众的小额投资，所以众筹市场只需要适度的监管和引导，任何过分严苛的监管措施都会适得其反，构成众筹市场成长的障碍。

（三）借贷众筹的监管举措

1. 侧重对网贷平台的监管

对于原本意义上的借贷众筹，本应作为直接融资行为纳入债券发行的金融监管中，但因种种原因，我国互联网金融之下的借贷众筹大多表现为间接融资行为，而我国现行法律又将违反规定的借贷融资行为纳入"非法吸收公众存款或变相吸

收公众存款",以间接融资类非法集资范畴加以监控,而不是将其纳入"擅自发行债券"的范畴。基于此,对于P2P网贷众筹的监管,应当主要侧重对网贷平台的监管。

《指导意见》已经明确了P2P网络借贷平台的信息中介性质,为投资方和融资方提供信息交互、撮合、资信评估等中介服务,不得提供增信服务,不得非法集资,并鼓励银行为P2P提供资金托管,这都为借贷众筹的健康发展起到了积极引导作用。这意味着借贷众筹平台应当尽到一定程度的审核义务,并向借贷双方当事人进行充分的信息披露和风险提示。对于出借人而言,不应过分追求高利率的借贷回报,应当综合考虑利息收入和资金风险,作出理性的投资选择。显然,目前由平台提供本息担保的服务模式,不符合《指导意见》中平台不得提供增信服务的要求,需要通过去担保化,建立风险备付金的模式来保障投资人的权益。对于网贷平台的调控还应要求:(1)遵循P2P业务本质,不能建立资金池,防范平台跑路事件;(2)坚持实名制原则,保证清晰的资金流向,保障投资人利益并防范洗钱风险;(3)P2P平台要有行业门槛,有注册资本、组织结构、高管人员资质、内部风险控制等方面的要求,等等。

2. 小额、多数的限制措施

借贷众筹中的个体借贷行为可以纳入普通民事借贷合同的调整范畴。但基于网络的个体借贷缺乏传统借贷双方现场面对面的磋商机制,也可以对借款方施以适度的信息披露要求,并通过对借款方施以单次以及一段时期内的最高融资额限制,对出借方施以相应的最高投资额限制,将众筹严格限制在小额、多数的范围内。小额、多数的原则应适用于个体之间借贷和个体对企业借贷。因为虽然互联网平台具有信息充分流通的特点,但作为出借方的公众,既缺乏投资的专业分析能力,又欠缺风险承受能力,因此,在限制借款方的借款金额的同时,对出借方的单次以及总投资额度加以限制,可以起到一定的风险防范作用,此外,在我国公司法存在一人有限责任公司制度,取消对公司最低注册资本制度要求情况下,严格区分个体借贷与个体对企业借贷似乎意义不大。

(四) 股权众筹的监管举措

1. "便利投资"与"投资者保护"并重的监管原则

股权众筹的精髓在于面向普通大众筹资,客观上有"便利投资"的需求。一方面,面向大众的融资模式必然影响不特定投资者利益,但如划归证券公开发行范畴,势必阻碍其发展;另一方面,股权众筹面临的都是专业程度低且风险承受能力低的广大公众投资者,而作为股权众筹融资方的企业一般是初创企业,投资者面临的投资风险高,对投资保护的需求也更加强烈。因此,这种"便利投资"和"投资者保护"的双重需求,对我国目前的监管体系提出了挑战。

我国目前资本市场上投资者保护规则体系以对发行人、上市公司、中介机构施以强制性信息披露义务以及法定责任为主。现行监管体系并不能应对新兴众筹市场的需求。以发行人的信息披露为核心、投资者自担风险的监管理念,应当在强调信息披露的基础上向前更进一步,转变到对众筹发行人的发行规模和投资者的投资限制加以严格规定的监管思路上来。如此,既可因豁免了现行公开发行制度对发行人主体资格和条件加以的严格要求,而满足了"便利投资"的需求,又通过发行规模和投资限制避免风险,实现"保护投资者"的目的。

2. 构建小额发行豁免制度

小额发行豁免的监管模式为 2012 年美国《创业企业扶助法案》(简称"JOBS 法案")所确立;在发行规模方面,规定融资者每年通过众筹平台募集的资金金额不得超过 100 万美元;在投资金额方面,法案根据投资者的年收入或净资产进行分类并规定了不同类别的投资数额上限,且无论年收入或净资产多高,其投资金额均不能超过 10 万美元;在中介机构方面,要求股权众筹融资的中介机构必须在美国证监会登记注册为法定经纪人或融资门户(Funding Portal,JOBS 法案新设立的众筹专业机构),必须向投资者揭示风险并做好投资者教育,必须按规定履行信息披露义务等。

因此,笔者建议,在《证券法》修订中,增加证券发行小额豁免制度,对小额的证券发行实施注册豁免、宽松监管。小额发行豁免制度的核心在于设定发行人单次融资额和一定时期内总融资额的限制,并针对不同能力(主要基于年收入和净资产额)的投资者设定单次投资额和一定时期内总投资额的限制。满足小额发行条件的,可以公开招募,使股权众筹回归其小额、大众融资本质,起到促进小微、创业企业融资活动,降低金融市场融资成本的作用,推动我国"大众创业、万众创新"政策目标的实现。

3. 加强股权众筹平台的监管措施

我国在法律层面上并未出台股权众筹制度,但众多众筹平台却已纷纷涌现,粗放的众筹平台运作机制为将来众筹的健康发展带来许多不确定的风险。参考其他国家经验,我国法律应当加强对众筹平台的监管措施。对传统的证券公司从事众筹业务的,由于已有完善的监管制度体系,可以结合众筹的特点加以修改、补充;对专门的非证券公司类的众筹平台可采取以下措施:(1) 应在法律层面上明确其法律性质,设定准入门槛;(2) 要求其在中国证券业协会登记备案后方可运行;(3) 在协会层面上制定若干细则,对其基础设施、人员资格、交易规范、交易记录保存、内部控制、利益冲突、信息披露、投资者保护、发行人审慎调查等各方面作出规定,要求其履行一定程度的包括核实发行人真实身份、项目内容、资金用途等在内的尽职调查义务,让众筹平台在未来众筹市场上发挥其作为发行人募集资金平台及保护投资人平台的双重作用。

4. 股权众筹的投资者保护措施

股权众筹市场仍需强调投资者保护原则,除了通过限定投融资双方的投融资额度防范投资风险之外,还可以通过以下措施实现投资者保护:(1) 借鉴国外股权众筹融资平台的经验,设定冷静期。国外大多规定7天的冷静期,即总体投资金额达到筹资者要求后的7天内,投资者享有无理由解除合约的权利。这与我国2014年实施的《消费者权益保护法》所规定的消费者7天无理由退货权一样,是为了防止投资者因为冲动投资所带来的不利后果。(2)要求发行人募集成功后履行持续性信息披露义务,主要是财务信息的披露。针对不同融资规模可采取"信息披露等级制度",这种差异化的信息披露管理仅要求筹集资金规模超过一定数额的融资项目进行完备的信息披露,从而可减少中小微企业融资成本。(3)可以考虑允许众筹企业在区域性股权交易市场挂牌,一方面,解决信息披露和流通性问题;另一方面,通过赋予区域性股权交易所"监管权",独立批准发行,豁免既有证券公开发行强制性信息披露制度的复杂要求,实现区域性股权交易所的自我监管。

社会经济发展推动了金融结构的变迁,金融结构的变迁又引发了新的金融风险,对金融监管提出了新的变革要求。当金融监管体系固步不前,会对新的金融工具的发展形成障碍,客观上也会增加金融监管成本、降低金融监管效率。我国众筹市场的发展,一定程度上形成了对既有金融体系的冲击,金融监管层应当适时更新监管理念,采取合理的金融监管措施,以应对当前经济新常态下投融资模式创新所带来的金融结构的变化。

股权众筹的模式比较及风险防范

陆　婷[*]

伴随着互联网金融的蓬勃发展,不少初创企业和小微企业纷纷探索并践行新的筹融资路径,而众筹模式的出现,因其为创业者的筹资提供了及时便捷的解决方案而备受关注。自美微创投项目首次将股权众筹带入国内,短短几年内,股权众筹的模式在各地纷纷涌现。金融模式的创新总是领先于法律的更新,由于在股权众筹领域国内目前尚缺乏明确的法律、法规及监管规则,尤其是实际操作过程中众筹模式的多样性,导致实际操作层面无论是投资人还是融资平台均面临较大风险。2014 年年底,中国证券业协会网站公布了《私募股权众筹融资管理办法(试行)(征求意见稿)》,其中对股权众筹监管的一系列问题进行了初步界定,包括股权众筹非公开发行的性质、股权众筹平台的定位、投资者的界定和保护、融资者的义务等[①],然而,该办法目前尚未生效,且仍缺乏效力较强的上位法作出规制。本文拟从股权众筹的概念及分类切入,对不同模式的主要法律风险进行分析,进而提出相应的风险防范建议。

一、股权众筹的概念及兴起

众筹(Crowdfunding)即大众筹资,是指募资者通过平台(一般通过互联网)集合众多个人投资者小额投资,以支持其创业经营或其他社会事业的新型融资模式。[②] 众筹模式起源于 2009 年美国的网站 Kickstarter,该网站是一个中立和中介性质的平台,只要达到平台对项目创新性的要求,任何人均可通过该平台发布项目融资信息,只要普通大众投资者在项目平台设定的时间内投入的资金达到项目发起人设立的金额下限,项目即融资成功,而 Kickstarter 收取融资金额的 5% 作为佣金。[③] 美国在众筹模式的建设上先行一步,随后各国开始探索各自的众筹之路,例如英国 Seeders Limited 的众筹平台发展迅速,并获得了英国金融服务监管局(FSA)的批准,从事众筹的募集活动。此外,一些欧洲国家依靠相对自由的市场环境,也

---

[*] 北京大成(南京)律师事务所合伙人。
[①] 参见中国证券业协会:《私募股权众筹融资管理办法(试行)(征求意见稿)》,载 http://www.sac.net.cn/tzgg/201412/t20141218_113326.html,最后访问日期:2015 年 7 月 8 日。
[②] 参见人民银行西安分行课题组:《众筹融资的发展与规范问题研究》,载《金融时报》,2013 年 12 月 16 日,第 10 版。
[③] 参见邓建鹏:《互联网金融时代众筹模式的法律风险分析》,载《江苏行政学院学报》2014 年第 3 期,第 115 页。

开始显现出众筹的巨大能量。④

反观国内,2011年,中国首个众筹网"点名时间"在北京上线,发展至今,目前国内已有十几家众筹类网站。根据对投资者回报方式的不同,业内一般将众筹分为捐赠、实物、股权及债权四种主要模式。而股权众筹类网站中,比较有代表性的如天使汇及大家投。根据天使汇的网站介绍,该平台上线后已经为396个项目完成超过40亿元的融资,成功案例包括法律管家、薇蜜、NBASTAT体育分析、多拍等。⑤

在当前国内中小微企业普遍融资难、融资贵的情况下,股权众筹由于其具有融资手续便利简洁、没有繁杂的投资要求、点对点直接交易,减少了融资人的交易成本等优点,因此为企业融资难问题提供了重要的解决渠道。

二、股权众筹的主要融资模式

根据目前的行业现状,股权众筹平台和组织大致形成了三种融资模式:会籍制、凭证式和天使式。

1. 会籍制众筹

会籍制众筹一般是由不超过200人的投资人组成,每人认购一份股份而成为被投资对象的股东。该模式下的典型代表是3W Coffee。2012年,3W咖啡通过微博招募原始股东,每人10股,每股6 000元。3W创立之初就承诺股东回报,但是淡化金钱回报,而是强调建立互联网创业和投资圈子给股东带来的人脉价值、投资机会、交流价值和社交价值。3W虽然是一个公司化运营的组织,但并不是公司,不具备独立法人的人格,"它更像一个俱乐部性质的民间组织,所谓的投资款更类似于会费,而不是股东的出资"。⑥ 对于成员而言,他们享有这个圈子事务的表决权、管理权等成员权利,这些权利并非股权,却又比股权权利的表现形式更广。在该模式下,某个社交圈组成的众筹在法律上如何定性、成员的权利义务如何界定、回报方式是否受到法律保护,等等,都未有法律进行规制。

2. 凭证式众筹

凭证式众筹主要是指通过互联网销售凭证与股权的捆绑来募资,出资人付出资金取得相关的凭证,且该凭证又直接与创业项目的股权相挂钩。⑦ 该模式下的典型代表是美微传媒。2013年1月,美微传媒通过淘宝的"美微会员卡在线直营

---

④ 参见李玫、刘汗青:《论互联网金融下对股权众筹模式的监管》,载《中国矿业大学学报(社会科学版)》2015年第1期,第24页。

⑤ 参见天使汇网站"成功项目公开"栏目,载http://help.angelcrunch.com/complete,最后访问日期:2015年7月15日。

⑥ 文静:《论股权众筹的法律性质及其运用的风险防范》,载《经济师》2015年第2期。

⑦ 参见李玫、刘汗青:《论互联网金融下对股权众筹模式的监管》,载《中国矿业大学学报(社会科学版)》2015年第1期,第26页。

店"出售会员卡,消费者花 120 元可以购买会员卡,享有订阅电子杂志的权利,并获得 100 股该公司的原始股份。短短 1 个月,美微一共筹集到 387 万元,公开转让原始股共 161 笔,涉及 153 人。美微售卖的会员卡在某种意义上具有出资证明凭证的功能,消费者通过购买会员卡获得公司的股票。然而该模式由于未报国务院证券监督管理机构或者国务院授权部门的核准,符合向不特定对象公开发售股票的特征,很快被证监会叫停。但无论如何,美微传媒的模式开启了国内股权众筹的先河,引起大家对其是金融创新还是变相非法集资的争论,股权众筹平台也在各方的争论中继续发展。

3. 天使式众筹

与前两种模式不同,天使式众筹更接近天使投资或 VC 的模式,投资人通过互联网平台寻找合适的投资项目,付出资金直接或间接地成为该项目公司的股东,同时投资人往往提出明确的财务回报要求。例如,某创业企业需融资 100 万元并出让部分股权,通过互联网平台发布项目相关信息后,由个别投资者(往往是项目发起人)做领投人,其他投资者跟投,凑满融资额度后,全部投资人按各自的出资比例持有该创业企业出让的股权。投资人通过线下办理有限合伙企业的成立、投资协议的签订、工商变更等手续,最终完成该项目的融资计划。确切来说,天使式众筹应当是股权众筹的典型代表,本文的法律风险分析及防范方案,也主要围绕这一模式展开。

三、股权众筹的法律风险分析及防范措施

由于互联网线上的筹资过程并不符合传统的证券融资的法律、法规,因此股权众筹在我国面临的最大风险就是合法性问题,该问题不仅涉及投资人的利益保护,还关系到股权众筹平台公司运营的合法存续,下文将主要从平台公司的角度对股权众筹的法律风险及防范措施进行分析阐述。

1. "非法集资"的风险

股权众筹的运作模式往往是项目发起人通过互联网平台向一定数量的投资人筹集资金,因此从形式上看具有集资的天然属性,如操作不当,极有可能触发"非法集资"的红线。非法集资是指违反金融管理法律规定,采取公开或变相公开的方式,向社会公众(包括单位和个人)吸收资金或者变相吸收资金,并承诺在一定期限内以货币、实物、股权等方式还本付息或者给付回报的行为。2011 年 1 月 4 日施行的最高人民法院《关于审理非法集资刑事案件具体应用法律若干问题的解释》第 1 条对非法集资情形作出如下规定:"(一)未经有关部门依法批准或者借用合法经营的形式吸收资金;(二)通过媒体、推介会、传单、手机短信等途径向社会公开宣传;(三)承诺在一定期限内以货币、实物、股权等方式还本付息或者给付回报;(四)向社会公众即社会不特定对象吸收资金。"且上述"非法性、公开性、利诱性、公众性"的特征应当同时具备。因此,在股权众筹的运营过程中,如要实现对

"非法集资"风险的规避,应当主要围绕此四个要件展开。

对于股权众筹平台而言,"非法性"及"公开性"是很难回避的,现实中鲜有众筹平台设立初始即获得相关部门的批准,并且大多数众筹平台是通过互联网进行宣传及筹资,具有"公开性"的天然属性。因此,众筹平台应特别注意避开"利诱性"及"公众性"的特征。实践中,不少众筹平台通过"预期收益率"的表述来避免"承诺固定回报"这一要件⑧;并且,众筹平台可以通过设立投资人认证制度,给投资人设定一定的资质和数量限制,或就众筹项目建立会员圈,然后通过圈内筹资,以规避"不特定对象"的要件。

2. "非法发行证券"的风险

《中华人民共和国证券法》(以下简称《证券法》)有关证券发行的规定中明确,证券公开发行应当符合法律、行政法规规定的条件,并依法报经国务院证券监督管理机构或者国务院授权的部门核准。第10条第2款进一步界定了何为公开发行,即"向不特定对象发行证券的;向特定对象发行证券累计超过二百人的;法律、行政法规规定的其他发行行为"。

公开发行对公司有一定的要求,如要求公司具有持续盈利能力、财务状况良好、有完备的组织结构、组织形态一般为股份有限公司、财务会计文件无虚假记载,等等,而多数众筹项目在众筹项目计划发布时公司尚未注册,基本上都不具备公开发行的条件,因此通常选择不公开发行。即使采取不公开发行方式,众筹平台从规避风险的角度也应当注意:投资人是否限定在一定的范围内;发行数额不应随时增加。此外,关于不超过200人的数量限制是否打通计算,实践中未有定论,为符合形式要求,众筹平台在实践中有许多变通方式,进行股权代持或共同设立有限合伙是实践操作中较为常见的,然而采取此类模式还可能产生新的法律风险,例如,股权代持的方式可能使委托人和受托人都面临道德风险和法律风险,尤其是受托人(项目发起人)在双方合意过程中承诺的收益,如表达不慎,有可能被定型为变相的非法集资。⑨

3. 运营中存在的其他风险

除上述主要法律风险之外,众筹模式还存在其他一些风险,这些风险既可能涉及众筹平台,也可能涉及众筹项目发起人。

首先,最具有代表性的是资金安全性风险,因此,建立完善的资金管理制度对于降低运营风险至关重要。众筹平台运营时,投资人的资金往往通过汇入平台所

---

⑧ 有学者认为,针对承诺固定回报要件,实践中有两种理解:一种观点是不能以股权作为回报,另一种是可以给予股权,但不能对股权承诺固定回报。如果是后一种观点,使用"预期收益率"的措辞可勉强过关;如果是前一种观点,可以采取线上转入线下设立有限合伙的方式,或者将若干出资人的股权通过某一特定人代持。参见计兮网站:"互联网金融",载 http://goingconcern.cn/article/6005,最后访问日期:2015年7月16日。

⑨ 参见文静:《论股权众筹的法律性质及其运用的风险防范》,载《经济师》2015年第2期,第107页。

设的账户而形成资金池,由于众筹平台本身并未获得批准从事吸纳资金的资质,因此一旦运营出现问题或道德风险,有可能被追究相应的刑事责任。因此,必须加强对众筹平台资金流的管理,筹集到的资金应当强制性由第三方银行账户托管,以避免平台对资金池中的资金进行擅自转移或使用。

其次,众筹平台应建立相应的投后管理制度。实践中,不少众筹平台要求项目发起人在融资成功后定期提交项目进展报告,内容包括资金的使用、产品的开发进度、公司重大事务或核心人员的变更情况,部分平台还定期举办线下交流活动。加强投后管理,不仅使投资人有效获得募资项目信息的持续公开,而且外部监督也会促使项目公司的经营者更加勤勉尽责。

此外,众筹平台还应注意完善信息披露制度和谨慎审核制度。众筹平台应确保每位投资人审阅了相关信息,积极确认投资人已经了解可能损失全部投资的风险并能承担该损失。众筹平台应采取适当方式,对所收集的投资者信息予以保密。众筹平台应对项目发起人的背景进行相应核查,在"领投+跟投"模式中对领投人的尽职调查进行监督,防止领投人与项目方恶意串通损害跟投人的利益。⑩

参考文献

[1]〔美〕斯蒂芬·德森纳:《众筹:互联网融资权威指南》,陈艳译,中国人民大学出版社2015年版。

[2] 郭勤贵:《股权众筹:创业融资模式颠覆与重构》,机械工业出版社2015年版。

[3] 杨东、黄超达、刘思宇:《赢在众筹:实战·技巧·风险》,中国经济出版社2015年版。

[4] 魏东:《非法集资犯罪司法审判与刑法解释》,法律出版社2013年版。

---

⑩ 参见钟维、王毅纯:《中国式股权众筹:法律规制与投资者保护》,载《西南政法大学学报》2015年第2期,第20页。

众筹模式下的法律风险预防

吴洪钢[*]

一、前言

2006年,迈克尔·萨利文第一次使用了 Crowdfunding 一词,其发起的融资平台将众筹带入人们的视线,虽然该项目最终以失败告终,但是"Crowdfunding"的概念和模式开始流传开来。2009年4月,美国 Kickstarter 网站诞生,在很短时间内为一些项目募集资金,使得 Crowdfunding 这种新型模式开始受到业界的高度关注。2012年4月5日,美国总统奥巴马签署了《创业企业扶助法》(*JOBS Act*)(以下简称《JOBS 法案》)。

2011年,Crowdfunding 开始进入中国,国内学者将其翻译为"众筹",一时互联网上兴起了激烈讨论。

2013年,北京美微文化传播有限公司(以下简称"美微")在淘宝网上销售公司原始股,是国内第一个股权众筹的案例。通过众筹,该公司获得1 194个众筹股东,占到美微股份的25%,整体融资500万元。

2014年,贷帮网袋鼠物流项目,是国内出现的第一个有担保的股权众筹的案例。项目仅上线16天,79位投资者就完成了60万元的投资额度。该项目由第三方机构提供了为期1年的担保。在1年内,如果该项目失败,担保机构将全额赔付投资人的投资额度。

2014年5月份,我国明确了由证监会对于众筹进行监管,并出台了《私募股权众筹融资管理办法(试行)(征求意见稿)》(以下简称《征求意见稿》)。

虽然众筹模式在中国尚处于起步阶段,也没有形成类似于 Kickstarter 的具有较大影响力的标志性网站,但相信随着国内资本市场的日益开放,投资者愈加成熟,众筹网站、众筹项目将以其显著的创新特点,成为互联网金融发展的重要方向之一[①],但随之而来的法律风险也将成为不可忽视的问题。

二、众筹模式流程

众筹网站通常采用的融资模式是:项目创建者为项目筹资设定一个目标金额与筹资期限,对于筹资项目,众筹网站一般采取"All or Nothing"机制,即对筹资期

---

[*] 江苏众勖律师事务所主任。

[①] 参见黄建青、辛乔利:《"众筹"——新型网络融资模式的概念、特点及启示》,载《国际金融》2013年第9期。

限内完成融资目标收取一定比例费用,而未完成者则分文不取。② 因此,众筹网站通常有以下融资流程:设计项目→审核项目→创建项目→宣传项目→项目筹资→回报实现。相比较传统的 IPO 项目和近来兴起的新三板项目,众筹模式具有以下特点:

（1）众筹模式利用互联网平台进行筹资信息的传播,互联网高效、便捷的信息传播特点,使筹资者和投资者的交互体验更为便捷。

（2）互联网用户群的庞大,导致了众筹模式下潜在投资者数量远大于传统 IPO 项目和新三板项目,降低了筹资风险。

（3）众筹模式下,便于普通群众直接参与金融市场的活动,缓解中小微企业资金紧缺和民间资本投资无门的矛盾,此为众筹的根本目的和特点。

（4）众筹模式下不需要借助银行或承销商等中介机构,符合"金融脱媒"的未来趋势,大大地降低了传统金融市场实现融资的成本。

根据上述众筹模式流程可知,整个融资过程需要由三个主体——筹资者、众筹平台和投资者共同协作完成。筹资者以投资收益为对价,利用互联网平台向不特定的投资者筹集资金。目前可以明确的是,由证监会对众筹进行监管。而筹资者主体资格、融资行为的合法性以及投资者保护等问题已成为互联网金融时代下法律需要回应的问题。

三、众筹的法律基础

笔者认为,较之传统金融市场,众筹融资的目的是为了缓解中小微企业资金紧缺和民间资本投资无门的双重压力,同时"众筹融资"和"非法集资犯罪"又仅一线之隔,因此如何更好地进行"众筹",众筹的法律基础是什么？就成为"众筹模式"首先要解决的一个问题。

根据《JOBS 法案》的规定,众筹被定性为豁免注册的证券发行。但就国内而言,虽然暂无法律对众筹进行详尽的规定,但是笔者认为,讨论众筹的合法性,必须建立在一定的条件之上。目前主要从"保护投资者"的角度出发,存在三种观点,第一种观点主张,对投资者准入设立一定的门槛标准,以确保单个投资者在投资失败时具备一定的经济承受能力。第二种观点主张,设定投资额上限,这样既不会因为单个投资者投入过多而带来过多风险,也可以防止发起方获得更多而引发道德风险。第三种观点主张,对投资者实行分类保护,对于非获许投资者即不成熟的投资者设定单个投资者投资额,而对于获许投资者即成熟的投资者则不设限定。③ 对

---

② 参见黄建青、辛乔利:《"众筹"——新型网络融资模式的概念、特点及启示》,载《国际金融》2013 年第 9 期。

③ 参见钟维、王毅纯:《中国式股权众筹:法律规制与投资者保护》,载《西南政法大学学报》2015 年第 2 期。

于第一种观点,其主张体现在《征求意见稿》的第 14 条,对投资者的投资能力、单个投资项目的投资金额、投资项目所进行的限定规定。对于第二种观点,则体现在《JOBS 法案》中关于投资者投资额的限制,诸如"如果投资者年收入或资产净值不超过 10 万美元,则该投资者 12 个月内在单一项目上的投资限额为 2 000 美元⋯⋯"对于第三种观点,也是国内目前采用较多的一种众筹模式——"领航模式",即由成熟的投资者引领不成熟的投资者,诸如天使投资人对某个项目进行领投,再由普通投资者进行跟投,"京东金融"即为此模式下的平台。

但是笔者认为,上述从"保护投资人"角度出发限定"众筹合法性"的前提条件,不符合"众筹模式"的目的,即缓解中小微企业资金紧缺和民间资本投资无门的双重压力。若非从此目的出发,"众筹"和传统的金融融资项目又有何区别。正因为如此,《JOBS 法案》才放宽了准入原则、改革注册豁免机制。但是单纯地从"筹资者融资"的角度出发,又会导致投资者权益不能得到保护,从而走向"非法集资犯罪"。因此,平衡"资本形成"和"投资者保护"才是"众筹"存在的合法性前提,也更符合"众筹"的根本性特点。基于此法律基础,笔者将进一步探讨"筹资者""众筹平台"及"投资者"的相关法律问题。

四、筹资者的准入原则

筹资者是通过许诺投资收益为对价利用互联网平台向不特定人募集资金的人。对于众筹的筹资者而言,都为初创企业(EGC),而我国《征求意见稿》将其范围限定在中小微企业。故从"资本形成"角度而言,应当放宽对其在注册资本规模、存续时间方面的限制;从资本形成与投资者保护之平衡出发,应对有关筹资者进行相关信息披露和注册资本实缴的限制。

(1) 2014 年《中华人民共和国公司法》(以下简称《公司法》)进行修订实施后,放开了对注册资本实缴的规定,但是对众筹的筹资者而言,应完成注册资本的实缴,同时须进行相关的审计,并在进入众筹平台时提供最新的审计报告。

(2) 应建立众筹的强制信息披露制度,即筹资者应于准入前和准入后定期或临时进行相应的信息披露,特别是针对重大事项。此为避免信息不对称导致的欺诈等问题。借助于互联网,众筹模式虽然降低了融资的成本,提高了融资的效率,但是也增加了投资者对于信息证实的成本。故而建立强制信息披露制度,对于保护投资者的知情权十分重要。如《JOBS 法案》中规定,筹资者应进行下列信息的披露:① 名称、组织形式、地址及网址;② 董事、高管以及持股 20% 以上的股东基本情况;③ 经营情况的描述以及参与的商业计划;④ 过去 12 个月的财务状况,发行额度在 10 万美元以内的,需提供纳税证明以及主要高管背书证明的财务报告,发行额度在 10 万 ~ 50 万美元的财务报告需经独立的公共会计师审核,发行额度在 50 万美元以上的,需提供最近审计的财务报告;⑤ 募集资金的目的和用途;⑥ 募集资金的数额及截止日期;⑦ 发行股份的价格或计算方法以及撤销投资的方式;

⑧ 所有权及资本结构的描述。④

（3）众筹的筹资者应有较规范的公司治理制度和结构,此目的在于对众筹项目的实行时间能做出更进一步的考量。

（4）对于众筹项目的设计,应引入分阶段收益考量机制,以方便众筹资金的投入以及众筹平台、投资者对于投资项目的把控。分阶段收益考量机制,是指在众筹项目设计的时候,应划分为各个"分阶段",并根据每个阶段说明收益预期,以及设计某阶段收益未达到预期的处理方案,诸如停止下阶段资产的投入等。

五、众筹平台管理制度

根据《征求意见稿》第5条的规定,众筹平台,是指通过互联网平台(互联网网站或其他类似电子媒介)为股权众筹投融资双方提供信息发布、需求对接、协助资金划转等相关服务的中介机构。《征求意见稿》要求众筹平台应当在证券业协会备案登记,并申请成为证券业协会的会员,同时其第7条对众筹平台应具备的条件进行了规定。

笔者认为,众筹平台是众筹交易的关键环节,强化平台的管理,是风险控制的要求,是"资本形成"和"投资者保护"之平衡的要求。对于筹资者而言,我们要求建立强制的信息披露制度,同样,对于众筹平台,则必须对其进行有效的监管以及保持交易过程中作为第三方的中立性。

众筹是一个需要一定时间才能完成的过程。在筹资过程中,通常由投资者先把资金注入众筹平台所设立的账户,待筹资成功后,再由平台把资金划给募集者。甚至有的平台在筹资成功时只先行划付一半的启动资金给募集者,待项目实施过半时再给另一半资金。⑤目前国内很多众筹平台采用分期划拨的方式,实现对众筹融资款的监管。

笔者认为,众筹平台对众筹进行有效监管,首先要明确监管的内容,即综合考虑"资本形成"和"投资者保护"之平衡的要求,应在众筹项目设计之初,就要求筹资者对众筹项目建立分阶段收益考量机制。通常,众筹项目虽然需要一定的时间才能完成,但是考虑到初创企业本身的问题(如设立时间较短、资本较少、持续时间存在风险等),众筹融资的时间不会太长。故而在众筹项目的设计阶段,应引入分阶段收益考量机制,即对众筹项目进行时间阶段的划分,并说明每一个阶段的预期收益情况。而众筹平台的投资者根据分阶段收益报告,决定下一阶段的融资款项是否要继续支付给筹资人。其次,要对每个项目每次的融资金额进行上限规定,以

---

④ 参见袁康:《互联网时代公众小额集资的构造与监管——以美国 JOBS 法案为借鉴》,载《证券市场导报》2013年第6期。

⑤ 参见钟维、王毅纯:《中国式股权众筹:法律规制与投资者保护》,载《西南政法大学学报》2015年第2期。

保证投资者对投资失败的风险承担能力。

六、投资者保护制度

众筹的投资者是众筹过程中资金的提供者，基于对筹资者许诺的投资收益的预期，将资金有偿提供给筹资者，并于将来取得投资收益。相比传统的金融项目，众筹又被称为"草根金融"，这决定了投资者大多数为资金实力较弱的普通群众。这些投资者的风险承受能力较弱、对于投资知识和风险预期的把控较弱，是众筹投资者自身投资能力缺陷的体现。《征求意见稿》中对于投资者的资质范围进行了传统意义上的投资者适当性的限制，而与众筹模式"草根金融"的初衷背道而驰。因此，考虑到"众筹"的初衷及出于"资本形成"和"投资者保护"之平衡的目的，需要对投资者的投资金额进行合理的限制以实现投资风险最小化，而非对投资者的适当性进行限制。美国的《JOBS法案》给了我们很好的启示，其于法案中根据投资者自有资产的情况设置了相应的投资金额的上线，诸如"如果投资者年收入或资产净值不超过10万美元，则该投资者12个月内在单一项目上的投资限额为2 000美元……"

同时，按照投资回报的形式，众筹大致可以划分为捐赠式、预售式、债券式和股权式等四种基本类型。其中股权式众筹，就是指募资者通过互联网众筹平台发布其创业企业或项目信息以吸引投资者进行投资，并以企业或项目股权作为投资者回报的融资模式。⑥ 因此，就股权式众筹而言，其将股权作为投资者的回报，但是根据《公司法》的规定，股权发生变动的，应以股权登记作为对抗第三人的条件。又因为时间较短、人数众多、单个投资者金额较少，因而股权式众筹，其一般不会进行工商登记的变更，对于投资者而言，如何体现其股东身份？笔者认为，可以在筹资者准入的条件中设置，若筹资者进行股权式众筹，应将其"众筹股权"进行工商备案，以便对此份"众筹股权"进行"冻结"，从而对抗第三人和保证投资者的权益。

七、结语

尽管目前我国有关众筹监管的法律法规还未出台，但还是有些小规模的众筹在市场上不断地进行尝试。众筹模式是市场旺盛需求的体现，也是初创企业在常规资本市场上融资受限的补充出路，因此，对于众筹"堵不如疏"，应从"资本形成"和"投资者保护"之平衡出发，对筹资者、投资者、众筹平台进行相应的监管，使众筹成为传统金融市场的有益补充，成为中小微企业发展的孵化器。

---

⑥ 参见钟维、王毅纯：《中国式股权众筹：法律规制与投资者保护》，载《西南政法大学学报》2015年第2期。

股权众筹、新三板投融资法律风险

陈志宽[*]

2015年以来,全国中小企业股份转让系统——也就是人们常说的新三板,突然火了。截至2015年7月,新三板挂牌企业数量正式突破3 000家,已经超过主板上市公司规模,7月新增挂牌企业共415家,环比上涨178.52%,呈现出迅猛的增长态势。虽然新三板的融资功能得到快速提升,但仅约20%的挂牌公司获得融资,80%左右的挂牌公司没有得到资本市场的股权融资支持,新三板融资功能有待进一步提升。

究其原因,新三板存在资金流动性不足、市场定价门槛低、投资者人数较少、融资成功率低等诸多问题,且直接融资渠道狭窄是重要原因之一,目前新三板市场挂牌公司只能通过定向发行普通股和优先股以获取股权融资。

因此,新三板发展股权众筹的方式,将为挂牌公司拓展新的融资渠道。通过股权众筹,挂牌公司借助一个开放、稳定、基于互联网投融资的信息公开服务平台,向投资者发布融资需求,全方位展示企业特点,能够让更多的创业者有效直接面对投资者,能够让更多的投资者了解企业并参与到投资创业中来,降低了沟通成本和时间成本,促进投融资对接,大大提高融资效率,从而有助于提升新三板的资金利用率以及融资功能。

股权众筹和新三板的结合,将资本流通的各个环节打通,形成有效资本运作的闭环系统。股权众筹和新三板应该说是除了A股牛市之外,在2015年最重要的两个资本市场。股权众筹及新三板投融资存在哪些法律风险,各方应如何防范风险呢?

一、股权众筹主要法律风险及防范

股权众筹法律风险主要体现在两个方面:一是运营的合法性问题,这中间涉及最多的就是非法吸收公众存款和非法发行证券;二是出资人的利益保护问题。

(一) 运营的合法性

股权众筹运行合法性,主要是指众筹平台运营中时常伴有非法吸收公众存款和非法发行证券的风险,而很多从业人员包括相关法律人士对此也是认识不一。

---

[*] 四川志宽律师事务所律师。

1. 非法吸收公众存款的风险

众所周知,在目前金融管制的大背景下,民间融资渠道不畅,而银行贷款手续繁杂,程序繁多,审批项目还不一定批下来,因此,非法吸收公众存款以各种形态频繁滋生,引发了较为严重的社会经济秩序问题。股权众筹模式推出后,降低了投资者的风险,但仍有投资者践踏非法集资的红线,使得至今股权众筹仍是蹒跚前行。

2010年12月,最高人民法院《关于审理非法集资刑事案件具体应用法律若干问题的解释》第1条规定:"违反国家金融管理法律规定,向社会公众(包括单位和个人)吸收资金的行为,同时具备下列四个条件的,除刑法另有规定的以外,应当认定为刑法第一百七十六条规定的'非法吸收公众存款或者变相吸收公众存款':(一)未经有关部门依法批准或者借用合法经营的形式吸收资金;(二)通过媒体、推介会、传单、手机短信等途径向社会公开宣传;(三)承诺在一定期限内以货币、实物、股权等方式还本付息或者给付回报;(四)向社会公众即社会不特定对象吸收资金。未向社会公开宣传,在亲友或者单位内部针对特定对象吸收资金的,不属于非法吸收或者变相吸收公众存款。"该司法解释同时要求在认定非法吸收公众存款行为时,上述四个要件必须同时具备,缺一不可。因此,股权众筹运营过程中对非法吸收公众存款的风险规避,应当主要围绕这四个要件展开:

(1)就前两个要件而言,基本上是无法规避的。股权众筹运营伊始,就是不经批准以非法运行走向合法形式。股权众筹的最大特征就是通过互联网筹资,而当下互联网这一途径,一般都会被认为属于向社会公开宣传。所以,这两个要件是没有办法规避的。

(2)针对承诺固定回报要件,实践中有两种理解:一种观点是不能以股权作为回报;另一种观点则是可以给予股权,但不能对股权承诺固定回报。如果是后一种观点还好办,效仿私募股权基金募集资金时的做法,使用"预期收益率"的措辞可勉强过关;如果是前一种观点,相应要复杂一些,可以采取"线上"转"线下",采取有限合伙的方式,或者将若干出资人的股权由某一特定人代持。

(3)针对向社会不特定对象吸收资金这一要件,由于股权众筹本来就是面向不特定对象的,因此这一点必须要做出处理。实践中有的众筹平台运营商设立投资人认证制度,给予投资人一定的门槛和数量限制,借此把不特定对象变成特定对象,典型如大家投;也有的平台创立企业或项目建立会员圈,然后在会员圈内筹资,借以规避不特定对象的禁止性规定。

2. 非法发行证券的风险

《中华人民共和国证券法》(以下简称《证券法》)于1998年12月制定,历经3次修改。首先必须提到的是,迄今为止,证券法并未对"证券"给出明确的定义,对于有限责任公司的股权和股份有限公司的股份究竟是否属于证券法规定的"证券",业界仍有一定的争议,但此前有美微传媒被证监会叫停,显然主管部门更倾向于认定股权属于证券范畴。根据2005年《证券法》第10条规定:"公开发行证券,必须符合法律、行政法规规定的条件,并依法报经国务院证券监督管理机构或者国务院授权的部门核准;未经依法核准,任何单位和个人不得公开发行证券。有下列情形之一的,为公开发行:(一) 向不特定对象发行证券的;(二) 向特定对象发行证券累计超过二百人的;(三) 法律、行政法规规定的其他发行行为。非公开发行证券,不得采用广告、公开劝诱和变相公开方式。"

据此有三个问题值得关注:

(1) 什么是必须符合法律、行政法规规定的条件?公开发行一般对公司有一定的要求,如要求公司的组织形态一般是股份有限公司,必须具备健全且运行良好的组织机构,具有持续的盈利能力、财务状况良好,最近 3 年内财务会计文件无虚假记载,无其他重大违法行为,以及满足国务院或者国务院证券监督管理机构规定的其他条件。

股权众筹项目显然通常都不具备这些条件,绝大多数众筹项目在众筹计划发布时公司都尚未注册成立,更别提还具备好的财务记录了,显然不具备公开发行证券的条件,因此只能选择不公开发行了。

(2) 非公开发行的范围和外延。应该说这个规定发布的时候,网络等新媒体还没有那么发达,而现在微博、微信等已经相当发达。现在通过互联网等平台发布众筹计划属不属于采用广告或变相公开的方式发布就成为一个问题了。众筹这种方式的本质就是众,就是说它面向的范围会比较广,它又是一个新生事物,以互联网等作为聚集人气的手段,如果法律对这些都进行强制性的规制,无疑会扼杀这个新兴的具备活力的创业模式。

是否符合面向特定对象的不公开发行,实践中判断时大致采用两个标准:一是投资人是否限定在一定范围内;二是发行数额是否有上限、是否可以随时增加。针对前一标准,投资人限定范围大小,是否构成特定对象不好判断,但后一标准相对比较好把握,比如众筹计划募集的资金和股份是不是有限制的,是不是有一个特定的数额,如果没有限制随时都可以增加可能就存在问题。

(3) 如何确定向特定对象发行累计超过 200 人的外延?不超过 200 人,是数量上的禁止性规定,这个在实践中比较容易把控。但有一点是,对这 200 人的认定,是打通计算,还是仅看表面?如果是打通计算,也就说股权众筹最多只能向 200 人筹资;如果是仅看表面,众筹平台在实践中就会有许多变通方式。

(二) 出资人的利益保护

在股权众筹模式中,出资人的利益分别涉及以下几个方面:

1. 信任度

由于当下国内法律、法规及政策限制,股权众筹运营过程中,出资人或采用有限合伙企业模式或采用股份代持模式,进行相应的风险规避。但问题是在众筹平台上,出资人基本互相都不认识,有限合伙模式中起主导作用的是领投人,股份代持模式中代持人至关重要,数量众多的出资人如何建立对领投人或代持人的信任度很是关键。

鉴于目前参与众筹的许多国内投资者并不具备专业的投资能力,也无法对项目的风险进行准确的评估,同时为解决信任度问题,股权众筹平台从国外借鉴的一个最通用模式即合投机制,由投资人对某个项目进行领投,再由普通投资者进行跟投,领投人代表跟投人对项目进行投后管理,出席董事会,获得一定的利益分成。这里的领投人,往往都是业内较为著名的投资人。但该措施或许只能管得了一时,长期却很难发挥作用,这是因为众筹平台上项目过多,难以找到很多知名投资人,不知名的投资人又很难获得出资人信任;此外,投资人往往会成为有限合伙企业的GP,一旦其参与众筹项目过多,精力难以兼顾。解决此问题的核心还是出资人尽快成长起来。另一种方式是股权众筹模式中采用股份代持的,代持人通常是创业企业或项目的法人,其自身与创业企业的利益息息相关,出资人应当注意所签代持协议内容的完整性。

2. 安全性

目前,从国内外众筹平台运行的状况看,尽管筹资人和出资人之间属于公司和股东的关系,但在筹资人与出资人之间,出资人显然处于信息弱势的地位,其权益极易受到损害。

众筹平台一般会承诺在筹资人筹资失败后,确保资金返还给出资人,这一承诺是建立在第三方银行托管或者"投付宝"等类似产品基础上的。但众筹平台一般都不会规定筹资人筹资成功后又无法兑现对出资人承诺时,对出资人是否返还出资及资金占有成本。当筹资人筹资成功而却无法兑现对出资人承诺的回报时,既没有对筹资人的惩罚机制,也没有对出资人权益的救济机制,众筹平台对出资人也没有任何退款机制。这是新型产业链下铸成的法律空白。

严格来说,既然是股权投资,就不应该要求有固定回报,否则又变成了"明股实债"。但筹资人至少应当在项目融资相关资料中向出资人揭示预期收益。一旦预期收益不能实现,实践中又会形成一定的风险纠纷。

3. 知情权和监督权

出资人作为投资股东,在投资后有权利获得公司正确使用所筹资金的信息,也有权利获得公司运营状况的相关财务信息,这是股东权利的基本内涵。虽然行业内规定众筹平台有对资金运用监管的义务,但因参与主体的分散性、空间的广泛性以及众筹平台自身条件的限制,在现实条件下难以完成对整个资金链运作的监管,即使明知筹资人未按承诺用途运用资金,也无法对其进行有效制止和风险防范。这对出资人是极其不公平的。

该环节有点类似私募股权投资的投后管理阶段,出资人作为股东,了解所投公司的运营状况是其基本权利。行业内虽对众筹平台有类似规定,但实践中缺乏可操作性,只能冀望于不久出台的法规中对众筹平台的强制性要求,以及对不履行义务的重度处罚。同时,对于公司或众筹平台发布或传递给出资人的相关信息,如果能明确要求有专业律师的认证更好。

4. 股权的转让或退出

众筹股东的退出机制主要有回购和转让两种方式,如采用回购方式的,原则上公司自身不能回购,最好由公司的创始人或实际控制人回购;采用股权转让方式的,原则上应当遵循《公司法》的相关规定。出资人直接持有公司股权的,则相对简单,但实践中大多采用有限合伙企业或股份代持模式,出资人如要转让或退出,就涉及有限合伙份额的转让和代持份额的转让。关于这一点,最好能在投资前的有限合伙协议书或股份代持协议中作以明确约定。

在解决了由谁来接盘后,具体的受让价格又是一个难题。由于公司尚未上市没有一个合理的定价,也很难有同行业的参考标准,所以建议在出资入股时就在协议里约定清楚,比如,有的众筹项目在入股协议里约定发生这种情况时,由所有股东给出一个评估价,取其中的平均值作为转让价;也有的约定以原始的出资价作为转让价。

(三) 股权众筹的法律监管

中国证券业协会 2014 年 12 月 18 日公布了《私募股权众筹融资管理办法(试行)》(以下简称《管理办法》),并向社会公开征求意见,但目前尚未正式实施。

《管理办法》明确规定,股权众筹应当采取非公开发行方式,并通过一系列自律管理要求以满足《证券法》对非公开发行的相关规定:

(1) 投资者必须为特定对象,即经股权众筹平台核实的符合《管理办法》中规定条件的实名注册用户;

(2) 投资者累计不得超过 200 人;

(3) 股权众筹平台只能向实名注册用户推荐项目信息,股权众筹平台和融资者均不得进行公开宣传、推介或劝诱。

新型产业的产生并快速发展及其常态化,都需要健全的法律机制保障,需要法律的前瞻性导向,而符合上述要求的法律规范的监管才具有权威性。

二、新三板的法律风险

(一) 投资者风险

新三板的企业规模相对较小,平均在千万级别,抗风险能力和经营能力不是很稳定,因此,投资者投资新三板有一定的风险;且因为新三板挂牌企业数量多,挂牌速度快,难免鱼龙混杂,参差不齐(当然,券商会把好第一关,因为券商对挂牌企业终生督导),因此,对投资者而言,主要是项目风险。当然,国家的政策很明确,直接投资新三板的,不论个人还是机构,需要在 500 万元以上,这是个门槛,也是个安全阀。普通投资者如何投资呢,根据相关内部会议纪要,实际上是建议普通投资者间接购买。例如购买相应的基金份额、信托产品等,借助专业机构的研究能力来化解自身风险。

此外,在新三板市场而存在着流动性风险。流动性风险是指新三板目前股票的交易制度主要为做市场交易制度和协议交易制度。其交易量没有主板那么高,不过可喜的是,最近新三板的股票流动性越来越好了。

(二) 挂牌企业风险

首先,企业原有的偷逃税习惯,在新三板挂牌后需要认真对待,予以规范化。其次,企业每年要交十几万元的各种费用(当然,这些费用的支出肯定是有回报的)。最后,企业要谨慎作出决策,规范关联交易,减少同业竞争。这些都可以称为企业风险,也可以称为企业的规范成本。总之,企业有得必有失。

(三) 机构风险

对机构而言,例如券商,需持续督导,也就是说,企业挂牌后,券商等机构和企业的利益就捆绑在一起了,是分不开的。企业一旦有违法违规的行为,券商就要承担连带责任。从这个角度而言,对券商有压力。但是对投资者而言,有个大机构背书未尝不是一件好事。

三、新三板与股权众筹的对接

(一) 新三板对接股权众筹的缘由

(1) 新三板自然人投资者所需直面的 500 万元级门槛太过高冷。尽管在各类投资机构的踊跃介入下,只要自然人投资者投资于单支私募基金的金额不低于 100 万元,即符合《私募投资基金监督管理暂行办法》第 12 条关于合格投资者的规定,从而大幅降低了自然人投资者的新三板准入门槛,但与股权众筹平台 10 万元起投的诱惑相比,简直不值一提。

(2) 新三板企业作为非上市公众公司,股东人数不受 200 人的限制,这也为众多股权众筹平台纷纷参与其中提供了便利。

总之,股权众筹与新三板的融合,意味着个人投资者拥有更多接近新三板的机会和渠道,个人资本因而能够最大限度地投入到创业和创新领域,与新三板企业同获创业激情和收益机会。

(二) 新三板中股权众筹的三种模式

新三板中,股权众筹存在三种模式,第一种是基金管理公司发行新三板领投基金,并在股权众筹平台募集资金,再以有限合伙的形式参与新三板项目,包括对拟挂牌新三板企业定增(股改前后和挂牌前的定增),以及对新三板挂牌公司的定增和股权转让等项目。第二种是由股权众筹平台发行专门投资新三板的基金产品,并将募集资金投入到企业挂牌新三板前后的上述项目中去。第三种是直接在股权众筹平台投资拟挂牌新三板企业转让的部分股权,或新三板挂牌公司的定增项目。

笔者认为,上述第一种模式合规而第二种模式违规,理由如下:
1. 直接设立新三板投资基金与股权众筹平台的定位不符

中国证券业协会关于《私募股权众筹融资管理办法(试行)(征求意见稿)》将股权众筹平台界定为:"通过互联网平台(互联网网站或其他类似电子媒介)为股权众筹投融资双方提供信息发布、需求对接、协助资金划转等相关服务的中介机构。"中介就要客观中立,不被相关利益裹挟,如果自身涉足项目之中,面对投资收益诱惑,难免会在宣传推介、投后管理、退出选择等方面偏离股权众筹平台应有的视角,甚至引发股权众筹平台与投资方或融资方之间的利益纠纷,这无疑是监管层最不愿接受的潜在风险。所以,股权众筹平台还是自觉选择远离是非为好。

2. 股权众筹平台不具备基金发行和管理资质

此次被约谈的几家股权众筹平台均以平台名义直接发起新三板"领投"基金,而未寻求专业投资机构合作。监管部门认为,股权众筹平台自行发布基金并不合规,从鼓励创新的角度不予处罚,但要求自行下线项目。根据《中华人民共和国证券投资基金法》《私募投资基金监督管理暂行办法》《私募投资基金管理人登记和基金备案办法(试行)》的有关规定,在中国证券投资基金业协会完成基金管理人登记和基金备案程序,是发行并管理私募股权投资基金的先决要件。但由于股权众筹平台并非专业基金管理机构,绝大多数并不具备基金发行和管理资质,因而无权发行和管理新三板"领投"基金。

3. 存在损害投资者利益的潜在风险

全国中小企业股份转让系统有限责任公司发布的《关于加强参与全国股转系统业务的私募投资基金备案管理的监管问答函》明确提出,在企业申请挂牌环节和挂牌公司发行融资、重大资产重组等环节中,主办券商和律师应当核查现有股东、认购对象或交易对手中是否存在私募投资基金管理人或私募投资基金,以及是否按照有关规定履行登记备案程序,并分别发表意见。这意味着,未经登记的基金管理人或未经备案的基金,将被监管层要求清理,否则申报项目就无法审核通过。在这种情形下,最终损害的还是广大投资者的利益。

此外,《私募股权众筹融资管理办法(试行)(征求意见稿)》第9条明确规定,股权众筹平台不得提供股权或其他形式的有价证券的转让服务。这是为了防止股权众筹平台变相成为股权交易场所以及投资退出通道。而在前述三种模式中,均有不同阶段的股权转让项目存在,这些项目无疑存在违反禁止性规定的潜在风险。

笔者认为,如何对待新三板和股权众筹的产业衔接,是现阶段法律规范的一个盲区。如何防范它们之间存在的法律风险问题,这个概念的内涵和外延是一个大的区域,也是新型产业下法律规范的解决机制。中小企业如何在金融市场大的冲击下生存下来,新三板和股权众筹机制让筹资者见到了一丝曙光。

股权众筹融资监管相关问题的思考与建议

彭　晶[*]

随着互联网金融产业高速发展,人人皆可投资、人人获益的众筹模式应运而生。其中,能够有效解决小微企业融资难、低门槛、高效率、低成本、风险共担的股权众筹逐渐成为创业者和投资者更为青睐的众筹模式之一。然而,相对于实践的创新,监管和法律的滞后,股权众筹法律红线不明,导致众筹平台、创业者和投资者对法律风险无法准确预估,影响股权众筹的健康发展。

中国证券业协会于2014年12月18日公布了《私募股权众筹融资管理办法(试行)(征求意见稿)》;2015年7月18日,中国人民银行、工业和信息化部、公安部、财政部、工商总局、法制办、银监会、证监会、保监会、国家互联网信息办公室发布了《关于促进互联网金融健康发展的指导意见》(以下简称《指导意见》);2015年8月6日,最高人民法院公布《关于审理民间借贷案件适用法律若干问题的规定》,上述政策性文件及司法解释为股权众筹融资监管相关规定的正式出台奠定了基础。

《指导意见》第2条对互联网金融的多种形式首次进行明确了界定。股权众筹融资主要是指通过互联网形式进行公开小额股权融资的活动。股权众筹融资必须通过股权众筹融资中介机构平台(互联网网站或其他类似的电子媒介)进行。股权众筹融资中介机构可以在符合法律法规规定的前提下,对业务模式进行创新探索,发挥股权众筹融资作为多层次资本市场有机组成部分的作用,更好地服务于创新创业企业。作为股权众筹融资方的小微企业,应通过股权众筹融资中介机构向投资人如实披露企业的商业模式、经营管理、财务、资金使用等关键信息,不得误导或欺诈投资者。投资者应当充分了解股权众筹融资活动风险,具备相应的风险承受能力,进行小额投资。股权众筹融资业务由证监会负责监管。

基于《指导意见》对股权众筹融资的界定,笔者就股权众筹融资监管相关法律问题探讨如下:

(1)根据《指导意见》,股权众筹具有公募性质,由证监会出台监管办法,而《私募股权众筹融资管理办法(试行)(征求意见稿)》所规定的则为"互联网非公开股权融资",根据中国证券业协会的管理办法进行自律管理。

股权众筹具有公开性,不受投资者累计不超过200人的限制,此前,参照《私募股权众筹融资管理办法(试行)(征求意见稿)》开展的所谓"股权众筹"活动,实际

---

[*] 北京康达(成都)律师事务所律师。

上已经被剔除出股权众筹平台的范畴,属于中国证券业协会《场外证券业务备案管理办法》第2条第10项所规定的"互联网非公开股权融资"。

(2) 股权众筹投资者的准入投资额不宜过高,否则有违股权众筹的小额、大众之本质,而之前《私募股权众筹融资管理办法(试行)(征求意见稿)》所规定的100万元的准入门槛,受到普遍的诟病。根据目前国内股权众筹平台的实践,投资者准入门槛从百元到万元不等,因此,建议股权众筹对投资者的准入投资额以千元或万元为限。

(3) 应结合《公司法》的规定,完善股权众筹中的投资人股权流转与退出规则。根据《公司法》的相关规定,股东入股后,只能通过减资和股权转让的方式退出。目前,股权众筹投资人往往通过股权代持和成立有限合伙的方式持有融资公司股份,但在现有法律框架下,投资人的利益容易受到损害,且无法发挥股权众筹的优势。因此,建议放宽或完全放开为小微企业进行股权众筹的小额投资人的数量限制,并制定较为灵活的流转和退出机制,以利于投资人法律地位的明确和权利的保护。

(4) 应对股权众筹融资融资的小微企业的范围和条件作出明确要求。首先,应当明确界定可以进行股权众筹融资的小微企业的范围;其次,应对小微企业发起人的原始投资额度作出要求;再次,应对小微企业的信用记录条件作出规定。

(5) 应设置比较完善的股权众筹融资信息披露和风险提示机制,防止欺诈,加强对投资者的保护。信息披露和风险提示机制应当是股权众筹融资监管的重点。目前各互联网平台缺乏监管和指引,在项目申报和审核中没有进行尽职调查和估值指导,加之非专业投资者的识别能力欠缺,极易引发网络欺诈。

因此,建议股权众筹的融资者以及其他信息披露义务人及时全面履行信息披露义务,同时,还应当配以中介机构的尽职调查报告和财务报告,以确保信息披露的真实性和估值的合理性,防范融资人诈骗。

(6) 应对股权众筹融资中介机构即融资平台提出较为严格的要求,并且明确融资平台业务的法律红线。股权众筹融资的公募性质,不同于私募股权众筹平台的备案制,监管机构应当对股权众筹融资平台提出更高的专业性要求,并实行审批制。股权众筹融资平台必须取得监管机构核发的相应牌照后,方可从事该项业务。

众筹已成为互联网金融的最重要特点和内核本质,以上仅为笔者对股权众筹融资监管相关法律问题的一些思考,抛砖引玉,希望引起更多的深入探讨,使股权众筹融资在合理的监管体制下,得以健康正常的发展。

股权众筹的风险与规范机制

吴和平[*]　张亚琼[**]

一、引言

　　2013年2月,北京美微文化传播公司(以下简称"美微公司")在淘宝网开店,以销售会员卡附赠股权的方式转让其"原始股"。作为创业公司的美微公司以"任何人只要花120元,就能买到100份股票,成为公司股东"的所谓创新举动,立马引起了业内的广泛关注并引发了两派争论。据统计,在当年2月份前后的十余天内,美微公司共筹集款项387万元,其中,通过淘宝网公开转让的原始股共161笔,涉及153人,累计征得18万余元。然而,事情的结果是美微公司被证监会通报:北京美微文化传播公司此行为属于"新型非法证券活动",美微公司必须退还通过淘宝网平台获得的转让款。但未给予相应惩处。此次通报被市场认为是证监会的首次定调:"利用淘宝网、微博等互联网平台擅自向公众转让股权、成立私募股权投资基金等从事一种新型的非法证券活动,投资者应提高对网络证券活动的风险防范意识。"至此,虽然国内首例互联网转让股权案例以触碰监管警戒线失败告终,但同时,关于股权众筹在国内发展的诸多问题和阻碍亦浮出水面,引起了更多人对股权众筹的思考与探索。

　　众筹,翻译自国外crowdfunding一词,即大众筹资或群众筹资,香港译作群众集资,台湾译作群众募资。众筹顾名思义,就是利用众人的力量,集中大家的资金、能力和渠道,为小企业、艺术家或个人进行某项活动等提供必要的资金援助。[①] 其具有低门槛、多样性、依靠大众力量、注重创意的特征,并具备发起人、支持者、平台三个要素。

　　目前,国内有四种最主流的众筹类型:

　　(1) 债权众筹(Lending-based Crowdfunding)。投资者对项目或公司进行投资,获得其一定比例的债权,未来获取利息收益并收回本金。

　　(2) 股权众筹(Equity-based Crowdfunding)。投资者对项目或公司进行投资,获得其一定比例的股权。

　　(3) 回报众筹(Reward-based Crowdfunding)。投资者对项目或公司进行投资,获得产品或服务。

---

[*]　湖北华隽律师事务所管理合伙人。
[**]　湖北华隽律师事务所专职律师。
[①]　参见宋奕青:《众筹,创新还是非法?》,载《中国经济信息》2013年第12期。

(4) 捐赠众筹(Donate-based Crowdfunding)。投资者对项目或公司进行无偿捐赠。

股权众筹(证监会重新定义之前的普遍叫法)的主要功能就是解决初创企业、中小微企业的融资问题,它是多层次资本市场的重要组成部分。广义的股权众筹是指通过中介机构撮合融资企业和投资者的权益性融资方式。狭义的股权众筹是指初创企业通过众筹网络平台将所需融资项目情况、融资需求及出让股份公布在众筹平台上,由注册的合格投资者认购股份,支持创业项目的发展,投资者获得一定的股权作为回报。股权众筹作为一种初创企业的新兴互联网融资工具,在欧美已初具规模,对活跃经济、繁荣市场的作用日益明显。在我国,股权众筹发展的环境并不成熟,但在巨大的民间投融资需求和国际示范效应下,我国股权众筹开始探路。

对于创业者,股权众筹绝对是利好消息,只要你的创意够新奇,你的产品够吸引人,你的团队够优秀,你就能融到资金,大大降低了创业者的融资门槛。然而问题也出现了,国内众筹起步也不过是近两年的事情,社会的诚信体系、信用基础非常薄弱,这就造成信息不对称、融资后监管困难等问题。

二、股权众筹的必要性及现实意义

长期以来,我国一直存在着中小微企业融资难、融资贵和民间资本投资渠道不畅两个问题,这看似是两个问题,其实为一对矛盾,共同反映的是经济高速发展背景下的金融压抑。股权众筹作为一种新兴的融资模式,代表着互联网金融的发展方向与必然趋势,对拓宽中小微企业直接融资渠道、支持实体经济发展具有重要意义。

1. 创新需求与创业资金的"不平衡"

对于初创企业而言,尽管有好的创意和想法,但缺乏足够的资金和足够通畅的融资渠道,导致无法进一步发展壮大。创业创新型企业在无法获得银行贷款、政府资助时,众筹融资平台的出现,使得融资更灵活、更有效,大大降低了创业初期资金募集的门槛。同时,互联网技术的介入也使得投融资信息公开、透明,提高了创业者和投资人的对接效率。众筹平台的服务功能和社交属性在投融资活动中也能起到良好的促进作用。

2. 小微金融发展的需要

从中国现有金融结构来说,也存在一些问题,很多空白的"区域"没有被现有的金融体系覆盖到,中小企业融资难、融资贵的困境一直存在着,小微企业、个体业主的融资需求无法得到满足;中小投资者的投资渠道过于匮乏、产品过于单一,尤其缺少安全性、流动性强的固定收益类产品;而传统金融机构的运营存在着交易成本高、资产负债错配现象普遍等问题。众筹平台能有效解决创业者和投资者之间因信息不对称而产生的融资难、投资难的问题,为创业者获得创业发展所需的资金,为投资人找到一个新的投资渠道。众筹融资平台的出现,符合国家对小微金融发展的要求,无论对互联网金融创新,还是对实体经济发展,都将发挥重要作用。

3. 打破渠道限制

传统线下股权融资渠道有限,创业者主要通过财务顾问或者亲友推荐,间接与投资人接触,只有少数部分创业者直接与投资人对接,但是选择有限。而股权众筹却能够打破渠道限制:

(1) 打破一对一线性推广的界限,借助互联网和移动端的平台力量,汇聚大量投资人,好的项目可以在投资人群中产生病毒式推广的效果。

(2) 打破唯有专业结构才能参与的股权投资的界限,释放广大高净值人群不曾挖掘的股权投资潜力,满足创业企业的融资需求。

三、国外股权众筹发展现状

股权众筹在美国、英国、澳大利亚等市场经济较为发达的国家是较为普遍的一种投融资行为。意大利先拔头筹,在 2012 年 12 月就通过了"Decre to Crescita Bis"(或称"Growth Act 2.0"),成为世界上第一个将股权众筹正式合法化的国家。美国的《JOBS 法案》为股权众筹确立了基本的监管框架,但具体实施办法还有待 SEC 出台最终的监管规则。澳大利亚也未将面向公众的股权众筹完全合法化,但澳大利亚《公司法》6D 章节确立的小规模发行制度却非常具有启发性。

1. 意大利

2012 年 12 月,意大利议会通过了"Decre to Crescita Bis"(或称"Growth Act 2.0"),成为世界上第一个将股权众筹正式合法化的国家。随后,2013 年 3 月,意大利证券监管机构 Commissione Nazionale per le Società e la Borsa(CONSOB),相当于美国证监会(Securities and ExchangeCommission),受意大利经济部的委托,发布了众筹监管规则供公众评议,评议期截止到 2013 年 4 月 30 日。再后,CONSOB 的五位委员(相当于美国证监会的五位委员)签署了该规则,该规则于 2013 年 7 月 20 日开始生效实施。

2014 年 4 月,一家初创的软件公司 Diaman Tech Srl,通过在线平台 Unicaseed 的 3 个月的努力,募集了 157 780 欧元,超出了之前设定的 147 000 预期目标,完成了意大利新法案通过后的第一例众筹募集。此次众筹的资金来自 65 个投资者,其中 6 位投资者购买的份额超过公司总股本的 20%。

2. 美国

2012 年 4 月,美国总统奥巴马签署通过了著名的《创业企业扶助法》(Jumpstart Our Business Starups, JOBS Act),该法案旨在简化创业企业发行股票的程序,帮助创业企业发展。其中 JOBS 法案的第三部分就是关于众筹的规则。法案规定,符合下列条件的发行人的发行,可以豁免注册:

(1) 每年募集的资金总额不得超过100万美元。

(2) 个人投资者12个月内在所有众筹融资平台上投资的资金不得超过如下额度:对于年收入10万美元或以上的人而言,不得超过年收入或净资产的10%;对于年收入低于10万美元的人而言,不得超过2 000美元,或者年收入或净资产的5%(取其中大者)。

(3) 发行人不得直接进行销售和推销,必须通过经注册的经纪交易商或者经注册的"融资门户网站"进行。Angelist为美国一家著名的股权众筹平台,该平台截至2013年年底,共有10万家企业挂牌,促成了1 000多家创业企业成功融资。

3. 澳大利亚

澳大利亚《公司法》6D章节规定了适用于初创公司(start-up)的小规模发行制度(small scale fundraisings)。该制度遵循所谓"20/2/12"规则,如果一个项目在12个月内,向不超过20名投资人融资,融资金额低于200万澳元,则豁免向ASIC注册披露文件。非公众公司也可以无需转换为公众公司,无需在ASIC注册披露文件,而实现募集。但是考虑到众筹通常是向海量投资者募集,因此往往很难达到豁免要求。不过,澳大利亚的小规模发行制度仍然为初创公司解决募集资金问题提供了一个很好的渠道。澳大利亚小规模发行协会(Australian Small Scale Offerings Board, ASSOB)已经发展成澳大利亚最大的服务于创业公司的小规模资金募集机构。

国外的股权众筹发展的比较早和完善,值得我国学习与研究。

四、我国股权众筹政策演变与股权众筹的主要风险

2015年被称为"股权众筹元年"。这不仅仅是因为平安、阿里巴巴、京东等业界巨头相继进入这一行业,政府显而易见的扶持态度也为股权众筹行业提供了发展动力——国务院总理李克强提出,"要进行股权众筹融资试点"。因此,股权众筹被冠以大众创业、万众创新的孪生姐妹的美誉。政府借此平台可打通民间资本向创业者输血的渠道,拉动经济发展,减轻国有金融体系的负重。

(一) 我国股权众筹政策的演变

(1) 2014年11月的一次国务院常务会议上,李克强总理要求建立资本市场小额再融资快速机制,首次提出"开展股权众筹融资试点"。

(2) 2014年12月18日,中国证券业协会公布了《私募股权众筹融资管理办法(试行)(征求意见稿)》。办法对适用范围、股权众筹的准入、禁止行为等作了具体的规定。

(3) 2015年3月5日,中国证监会主席肖钢在接受采访时明确指出,目前《中华人民共和国证券法》(以下简称《证券法》)正在修改的草案给公募股权众筹留出了余地,为下一步创新创造留出了空间。

(4) 2015年3月12日,国务院办公厅在发出的《关于发展众创空间推进大众创新创业的指导意见》中特别提到,国务院将开展互联网股权众筹融资试点,增强众筹对大众创新创业的服务能力。

(5) 2015年3月14日,十二届全国人大第三次会议《政府工作报告》,将开展股权众筹融资试点写入其中。

(6) 2015年4月20日,《中华人民共和国证券法》修订草案提交,加速了我国众筹行业的健康发展,标志着国内股权众筹行业法律地位即将明确与合法化。

(7) 2015年7月18日,人民银行等十部委联合发布了《关于促进互联网金融健康发展的指导意见》(银发〔2015〕221号,以下简称《指导意见》)。股权众筹作为互联网金融的重要组成部分,《指导意见》对其作出了明文规定,确定了"公开、小额、大众"的性质。

(8) 2015年7月29日,中国证券业协会网站正式发布了《场外证券业务备案管理办法》,自9月1日起施行,私募股权众筹业务也被纳入并实施备案管理。多位股权众筹平台人士表示,这可以理解为私募股权众筹备案制率先落地。

(9) 2015年8月10日,中国证券业协会根据中国证监会《关于对通过互联网开展股权融资活动的机构进行专项检查的通知》(证监办发〔2015〕44号)精神,将《场外证券业务备案管理办法》第2条第10项"私募股权众筹"修改为"互联网非公开股权融资"。

(二) 股权众筹主要风险

长期以来,股权众筹在《证券法》和《中华人民共和国公司法》(以下简称《公司法》)《中华人民共和国刑法》的规制下,发展空间被极大的压缩并且时常游走于法律的灰色地带,不利于股权众筹的长期发展。尽管通过上述股权众筹政策近期的演变过程,可以看出我国对股权众筹持肯定态度。但是,对于这个处于金融监管之外的新事物所存在的固有的各种风险必须要有清醒的认识。

1. 股权众筹的法律风险

股权众筹的法律风险,即股权众筹运行合法性问题,主要是指众筹平台运营中时常伴有非法吸收公众存款和非法发行证券的风险。股权众筹的法律风险主要包括:

(1) 非法吸收公众存款的风险。众所周知,在目前金融管制的大背景下,民间融资渠道不畅,非法吸收公众存款以各种形态频繁发生,引发了较为严重的社会问题。股权众筹模式推出后,因非法集资红线的存在,至今仍是低调蹒跚前行。2010年12月,最高人民法院《关于审理非法集资刑事案件具体应用法律若干问题的解释》第1条规定:"违反国家金融管理法律规定,向社会公众(包括单位和个人)吸收资金的行为,同时具备下列四个条件的,除刑法另有规定的以外,应当认定为刑法第一百七十六条规定的'非法吸收公众存款或者变相吸收公众存款':(一) 未经有关部门依法批准或者借用合法经营的形式吸收资金;(二) 通过媒体、推介会、传单、手机短信等途径向社会公开宣传;(三)承诺在一定期限内以货币、实物、股权等方式还本付息或者给付回报;(四)向社会公众即社会不特定对象吸收资金。未向社会公开宣传,在亲友或者单位内部针对特定对象吸收资金的,不属于非法吸收或者变相吸收公众存款。"

据此,在认定非法吸收公众存款行为时,上述四个要件必须同时具备,缺一不可。

在股权众筹运营过程中,前两个要件基本上是无法规避的。股权众筹运营伊始,就是未经批准的。股权众筹的最大特征就是通过互联网进行筹资,而当下互联网这一途径,一般都会被认为属于向社会公开宣传。所以,这个要件也是没有办法规避的。而针对承诺固定回报,实践中,一种观点是,不能以股权作为回报;另一种观点则是可以给予股权,但不能对股权承诺固定回报。如果是后一种观点,可效仿私募股权基金募集资金时的做法,使用"预期收益率"的措辞可勉强过关;如果是前一种观点,可以线上转入线下采取有限合伙的方式。针对向社会不特定对象吸收资金这一要件,本来股权众筹就是面向不特定对象的,实践中有的众筹平台设立投资人认证制度,给予投资人一定的门槛和数量限制,借此把不特定对象变成特定对象;也有的平台先为创业企业或项目建立会员圈,然后在会员圈内筹资,借以规避不特定对象的禁止性规定。

(2)非法发行证券的风险。我国《证券法》第10条规定:"公开发行证券,必须符合法律、行政法规规定的条件,并依法报经国务院证券监督管理机构或者国务院授权的部门核准;未经依法核准,任何单位和个人不得公开发行证券。有下列情形之一的,为公开发行:(一)向不特定对象发行证券的;(二)向特定对象发行证券累计超过二百人的;(三)法律、行政法规规定的其他发行行为。非公开发行证券,不得采用广告、公开劝诱和变相公开方式。"

2010年12月出台的最高人民法院《关于审理非法集资刑事案件具体应用法律若干问题的解释》第6条规定:"未经国家有关主管部门批准,向社会不特定对象发行、以转让股权等方式变相发行股票或者公司、企业债券,或者向特定对象发行、变相发行股票或者公司、企业债券累计超过200人的,应当认定为刑法第一百七十九条规定的'擅自发行股票、公司、企业债券罪'。"尽管证券法及相关司法解释并未对"证券"给出明确的定义,究竟有限责任的股权和股份有限公司的股份是否属于证券法规定的"证券",业界仍有一定的争议,但前文提到的美微传媒被证监会叫停,显然主管部门已将股权认定为属于证券范畴。

为此,在界定非法发行证券时,需要关注以下三点:

① 什么是必须符合法律、行政法规的公开发行证券的条件。公开发行一般对公司有一定的要求,如要求公司的组织形态一般是股份有限公司,必须具备健全且运行良好的组织机构,具有持续盈利能力、财务状况良好,最近3年内财务会计文件无虚假记载,无其他重大违法行为,以及满足国务院或者国务院证券监督管理

机构规定的其他条件。而股权众筹项目显然通常都不具备这些条件,绝大多数众筹项目在众筹计划发布时公司都尚未注册成立,更别提还具备好的财务记录了。显然这些公司不具备公开发行证券的条件,因此只能选择不公开发行了。

② 何谓非公开发行。应该说这个规定发布的时候网络等新媒体还没有那么发达,而现在微博、微信等已经充分发达,现在通过互联网等平台发布众筹计划属不属于采用广告或变相公开的方式发布就成为一个问题了。众筹这种方式它的本质就是众,就是说它面向的范围会比较广,它又是一个新生事物,以互联网等作为聚集人气的手段,如果法律对这些都进行强制性的规制,无疑会扼杀这个新兴的具备活力的创业模式。

③ 如何理解向特定对象发行累计超过200人。实践中,对是否符合面向特定对象的不公开发行,一是判断投资人是否限定在一定的范围内;二是判断发行数额是否有上限,是否可以随时增加。不超过200人是数量上的禁止性规定,这个在实践中比较容易把控。但有一点是,对这200人的认定,是打通计算还是仅看表面?如果是打通计算,也就说股权众筹最多只能向200人筹资;如果是仅看表面,众筹平台在实践中就会有许多变通方式。

2. 欺诈风险

股权众筹实际上就是投资者与创业者之间签订的投资合同(属于无名合同),众筹平台作为第三人更多的是起着居间作用。股权众筹一方面是满足创业者融资的需求,另一方面是丰富社会的融资渠道。但是由于进行股权众筹的企业一般是初创型企业,因此并没有沪深股权交易所或者新三板交易所等传统交易所对于企业较为严格的审核,风险相对较高。这里面的风险之一就是欺诈风险。由于当下国内法律、法规及政策限制,股权众筹运营过程中,出资人或采用有限合伙企业模式或采用股份代持模式,进行相应的风险规避。但问题是在众筹平台上,出资人基本互相都不认识,有限合伙模式中起主导作用的是领投人,股份代持模式中代持人至关重要,数量众多的出资人如何建立对领投人或代持人的信任度很是关键。同时,相当大一部分的项目只是通过互联网介绍公司的情况,这里可能包括商业计划书和视频,就不排除有欺诈的可能。当然,目前大部分的股权众筹平台都采取"领投+跟投"的模式,领投人一般是由有一定投资经验的专业投资者利用自己的专业眼光和经验对项目或公司进行筛选,跟投人则基于对领投人的信任跟进投资,从而降低由于缺乏专业知识和经验所带来的风险。这个模式在一定程度上解决了欺诈和失败概率的问题,但是又会诞生一个新问题,就是如果领投人和创业者存在某种经济利益关系,双方私下达成某种协议,领投人带领众多跟投人向创业者提供融资,若该领投人名气很大或跟投的人数众多,便会产生"羊群效应",造成许多投资人在不明投资风险的情形下盲目跟风,当创业者获取大量融资款后便存在极大的逃匿可能或以投资失败等借口让跟投人尝下"苦果",因此,投资者遭遇欺诈的风险也相应提升,这种风险主要来自股权众筹的发起人和众筹平台两方面,例如创业者通过发起虚假众筹项目骗取投资人的资金;众筹平台创建虚假网站引诱投资者进行投资,这都是实践中经常发生的众筹欺诈形式。

3. 失败概率风险

股权众筹从某一方面可以理解成风险投资和天使投资的互联网化现象,让非专业投资者也能参与到过去不能接触的风险投资和天使投资领域。但是股权众筹的出现并不会提高众筹项目的成功概率,因此失败的概率仍然很高。股权众筹作为一种新兴的融资模式,被广泛地运用于科技、音乐、文化、游戏等领域,这些领域具有无限的发展空间,同时也承受着巨大的失败风险。因此,很多时候即使发起人严格践行诚实信用原则,规范履行信息披露义务,众筹项目失败的风险仍然很大,据相关数据统计,股权众筹项目失败的概率高达50%。

4. 资金风险

股权众筹实际上是筹资人、投资人与股权众筹平台三方参与的过程。因此,相较于简单的双方交易,其资金的流动与管理通常存在着更大的风险。由于股权筹资的过程一般是一个需要特定时间予以完成的过程,因此,资金往往需要在指定的"地点"进行汇集,达到一定数额后便进行预期的流转,相比于大多数点对点式的资金流转而言,股权筹资过程中形成"资金池"的可能性是比较高的。目前,从国内外众筹平台运行的状况看,尽管筹资人和出资人之间属于公司和股东的关系,但在筹资人与出资人之间,出资人显然处于信息弱势的地位,其权益极易受到损害。众筹平台一般会承诺在筹资人筹资失败后,确保资金返还给出资人,这一承诺是建立在第三方银行托管或者"投付宝"等类似产品的基础上的。但众筹平台一般都不会规定筹资人筹资成功但无法兑现对出资人承诺时,对出资人是否返还出资。当筹资人筹资成功却无法兑现对出资人承诺的回报时,既没有对筹资人的惩罚机制,也没有对出资人权益的救济机制,众筹平台对出资人也没有任何退款机制。严格来说,既然是股权投资,就不应该要求有固定回报,否则又变成了"明股实债"。但筹资人至少应当在项目融资相关资料中向出资人揭示预期收益。而一旦预期收益不能实现,实践中又会形成一定的纠纷。

五、我国股权众筹的新形势、新动向

按照中国银行等十部委发布的《关于促进互联网金融健康发展的指导意见》(以下简称《指导意见》)第9条对股权众筹给出的官方定义,股权众筹融资主要是指通过互联网形式进行公开小额股权融资的活动,股权众筹融资方应为小微企业,投资者只能进行小额投资。按照《指导意见》,真正的股权众筹应该具有"公开、小额和大众"三个特点,被称为公募股权众筹。但目前市场上没有一家公司拿到了公募股权众筹的牌照,甚至还没有一家真正符合《指导意见》所说的股权众筹模式的公司。中国证券业协会于2015年8月10日发布《关于调整〈场外证券业务备案管理办法〉个别条款的通知》(以下简称《通知》)指出:"根据中国证监会《关于对通过互联网开展股权融资活动的机构进行专项检查的通知》(〔2015〕44号)的精神,现将《场外证券业务备案管理办法》第二条第(十)项'私募股权众筹'修改为'互联网非公开股权融资'。"至此,"私募股权众筹"的概念已不复存在,"公募"性质的股权众筹是"股权众筹"的唯一正源。鉴于股权众筹的性质已经确定,此前,部分参照《私募股权众筹融资管理办法(试行)(征求意见稿)》开展所谓"股权众筹"活动的,尤其是以"领投+跟投"模式进行投融资活动的平台,实际上已经被剔除出股权众筹平台的范畴,属于"互联网非公开股权融资"。同时,此次证监会下发的专项检查通知中,已经明确互联网非公开股权融资须按照私募基金的管理办法来管理,并采取相对宽松的事后备案制,参照《公司法》《中华人民共和国证券投资基金法》开展业务。因此,《通知》发布后,平台"改名潮"将开始出现,许多平台在官网和介绍中通篇不再可见到股权众筹字眼,取而代之的将是"社群平台""众创平台""股权融资平台"等表述。平台转型后,业务仍然能够继续开展,只是不能再冠以股权众筹的名义。

因此,被明确划定"公开、小额、大众"边界的股权众筹将采取严格的牌照准入制,同时,股权众筹的监管规范参照的是《证券法》。修订后的《证券法》尚未出台,细则更是无从谈起。这对于希望获取牌照来做股权众筹的平台方面来说,无疑是严峻的挑战。

六、对我国股权众筹完善、发展的举措建议

资本市场的既有智慧启示我们,任何一个金融产品的创新与成长,均需根植于本土法律环境和监管制度。股权众筹在国内的发展面临着立法供给不足、监管体制缺位等困境,通过观察和借鉴国外股权众筹的成熟经验,客观地审视中国股权众筹的发展路径,笔者对我国股权众筹发展提出以下几点法律思考。

1. 强化筹资人的信息披露义务

众筹投资者的投资额度一般较小,并且该类项目大部分来自初创型企业或团队。我国对这些企业或团队并没有像在上海和深圳证券交易所上市的企业那样规定有非常严格的审核标准和信息披露机制。在筹资人与出资人之间,出资人处于信息弱势地位,因此,需要筹资人在固定时间段内,在筹资平台向公众公布资金使用情况以及对突发情况进行汇报,方便出资人及时准确地把握投资资金运转状况。一方面,可以增强投资人对这一模式的信任,促进众筹模式的进一步发展;另一方面,也可以有效监督筹资人的资金运行,保障投资人的知情权,减少众筹平台的监管成本,加强众筹平台信用机制的构建,大幅度地降低欺诈的风险。

2. 建立股权众筹合格投资者制度

任何投资都会有风险,风险和投资是一对形影不离的双胞胎。因此,作为股权众筹平台,首先需要做的一件事情就是向投资者充分地披露股权众筹的风险,设定能够参与股权众筹的门槛。股权众筹发展较为成熟的国家对股权众筹的投资者有

严格的准入机制，如美国一些股权众筹网站要求注册的投资者必须按照美国证券法进行"认证投资者"资格审核。为减少对投资者造成损害的可能性，英国《关于网络众筹和通过其他方式发行不易变现证券的监管规则》对投资者也设置了较为严格的准入标准，即投资者必须是高资产投资人（年收入超过10万英镑或净资产超过25万英镑且不含常住房产、养老保险金）；或者是经过FCA授权的机构认证的成熟投资者，以保证投资者能够足够了解该项投资的风险。为此，我国对于投资者的审核可以从几个方面进行：

（1）投资者的收入水平或者现持有的资产能够达到中产或者以上水平，并且参与股权众筹的资金只能占其收入或资产的一部分，以确保投资失败不会影响投资者的最低生活保障。

（2）对投资者的风险识别能力进行审核，并主要通过投资者过往的投资案例或者所从事的职业进行。

3. 赋予相关机构相应的监管职责

众筹平台的发展因其自身的局限以及国内信用环境和监管环境的限制，需要对众筹平台的发展进行审慎监管。在此方面可以借鉴美国的相关做法。2012年3月，美国众议院通过了众筹立法。根据众议院的这项法规，任何人都能通过美国证券交易委员会（SEC）认证的众筹平台进行投资，每年法规将允许筹集高达100万美元的投资金额。该法规还规定，个人投资者可以拿出收入的10%进行投资。企业家们通过SEC注册的众筹平台，每年可筹得最高达100万美元的资金。同时，该法规对公民投资金额也作出了规定，投资者必须基于收入的一定比例进行投资。而众筹机构也必须为投资者个人信息提供保护，众筹将从根本上成为合法投资行为。

结合我国的具体国情，可以考虑将对众筹融资的监督权赋予银监会，由其设置行业的准入机制，以及出台相应的制度，引导众筹平台合法有序发展。

4. 适当的项目审核机制

虽然作为股权众筹平台的并非是项目或者企业的投资方，但是为了减少欺诈风险和打造平台的品牌，平台方有责任和动力对申请进行股权众筹的项目进行适当的审核。因为众筹模式在我国尚属一种新型的筹资模式，其运行过程处于法律规定的模糊地带，因此，为防范风险，股权众筹的项目视需要可纳入政府相关监管部门的指导或进行项目备案，这将大大降低平台在法律模糊地带摸索的风险。

5. 领投人权利与义务的有机结合

目前较为流行的"领投＋跟投"模式可能是目前最适合于股权众筹的模式，但是要充分发挥该模式的作用需要将该机制做得更加深入和细化，尤其是对于领投人的权利与义务方面。领投人通过领投项目而获得一定的股权或收益激励，但同时需要有约束机制，除了需要对项目进行详尽的尽职调查外，还需要定期汇报所投项目的进展，及时与其他投资者进行沟通与交流，以有效维护跟投人的合法权益。

6. 强化众筹平台的管理义务

在筹资人筹资成功而无法兑现对出资人的承诺之时,尚无法律对出资人进行救济。因筹资人无法一一与为数众多的出资人签署合同。因此,建议在众筹平台开设专项救济账户,筹资人将筹得的一部分资金转入众筹平台开设的专项救济账户,当筹资人无法兑现筹资所做承诺之时,由众筹平台将救济账户资金用于弥补出资人损失之用。另外,在资金管理方面,由于筹款、扣除管理费、向项目发起方划款都涉及资金流转,众筹平台有义务对资金进行安全、有序的管理,这也是防范其自身法律风险的重要手段。对于众筹平台自身而言,最安全的办法莫过于不直接经手资金,而是通过第三方独立运作完成。

七、小结

由于历史的原因,我国金融业尚处于较低的发展水平,但新生的互联网业发展迅速,金融与互联网结合所催生的互联网金融也许会成为金融业发展的大趋势。股权众筹模式提供了一种新型的融资方式,其借助互联网众筹平台将筹资人与出资人连接在一起,代表了互联网金融的一种新的发展趋势。其独有的特点为解决中小企业和初创企业的融资难、融资贵的困境打开了一扇门,有助于解决企业融资困境,也将推动互联网金融的长足进步。互联网赋予了我们将一切理想转化为现实的可能,国家层面对股权众筹的认可及支持是呼之欲出,股权众筹挑战着我们每个人的创新力和想象力,"全民天使"时代至少已经开始向我们走来。毕竟,股权众筹还是一个新生的事物,在不久的将来必会爆发出强大的生命力,呈现出阳光灿烂的春天。

第三部分

PPP及其他新型投融资业务

社会资本参与 PPP 项目的风险防控

吴正林[*]

PPP 是 Public-Private-Partnership 的缩写,我国官方翻译为"政府与社会资本合作"。PPP 模式指公共部门与私人部门之间为了提供公共服务的需要,签订正式协议,确立长期合作关系,双方共享收益、共担风险。作为完善市场体系的一环,在公共服务领域开放准入,将公共工程的建设运营由仅靠政府支撑的模式转变为依靠政府和社会投资者共建,PPP 模式表现出了诸多的优势,不仅有利于节约国家财政、提升公共服务的质量,还有利于畅通社会资本投资渠道。由于 PPP 项目大多持续周期长,工程规模大,参与主体多,加之国家法律不完备,因此,社会资本在 PPP 项目运行过程中往往面临诸多风险。

广义的 PPP 模式可分为外包、特许经营以及私有化三大类,本文将侧重分析社会资本在特许经营类 PPP 模式中的风险防控。

一、现行法律规范中的社会资本风险防控

对于 PPP 项目实施,《中华人民共和国合同法》(以下简称《合同法》)、《中华人民共和国招标投标法》(以下简称《招标投标法》)、《中华人民共和国政府采购法》(以下简称《政府采购法》)、《中华人民共和国会计法》《中华人民共和国税收征收管理法》《中华人民共和国商业银行法》《中华人民共和国价格法》等都有相关规定。这些法律大多规制 PPP 项目的某一环节,如《合同法》规范 PPP 协议,《中华人民共和国公司法》(以下简称《公司法》)规范项目公司,《中华人民共和国价格法》规范公共产品定价。建设部曾于 2004 年颁布实施《市政公用事业特许经营管理办法》,对市政公用事业特许经营中的土地使用、产权、价格管理、投融资、经营期限、市场准入等进行了一定程度的规范,但总体来讲,较为笼统和原则,指导性及可操作性都不强。随着 PPP 项目的推进及政府推广,2014 年,国务院发布了《关于创新重点领域投融资机制鼓励社会投资的指导意见》(国发〔2014〕60 号),财政部发布了《关于印发〈政府和社会资本合作模式操作指南(试行)〉的通知》(财金〔2014〕113 号),国家发改委发布了《关于开展政府和社会资本合作的指导意见》(发改投资〔2014〕2724 号),财政部、国家发改委也分别发布了"指南",来全面指导 PPP 项目合同的签订及实施。2015 年 5 月,国家发改委、财政部、住房和城乡建设

---

[*] 安徽徽商律师事务所主任。

部、交通运输部、水利部、中国人民银行等六部委联合发布了《基础设施和公用事业特许经营管理办法》(以下简称《管理办法》),自6月1日起施行。该《管理办法》作为部门规章,被业界称为PPP"基本法",具有较强的法律效力,成为PPP项目实施过程中政府规范自己的行为准则以及社会资本维护合法利益的尚方宝剑,是目前规范PPP项目效力最高的法律文件。《管理办法》在防范社会资本风险方面具有如下创新:

1. 明确了特许经营的内涵与实施方式,让社会资本有章可循

《管理办法》规定了特许经营的实施主体、授权对象、经营范围、经营方式、经营期限、政府承诺禁止、补偿方式等内容,是一部特许经营的程序法。其中明确规定了兼具适度调整空间的特许经营期限,充分考虑了基础设施和公用事业项目的行业特点、生命周期和回收期等因素,对社会资本是一种保护。

2. 差异化信贷支持,拓宽了社会资本的融资渠道

《管理办法》第23条规定,鼓励金融机构为特许经营项目提供财务顾问、融资顾问、银团贷款等金融服务。政策性、开发性金融机构可以给予特许经营项目差异化信贷支持,对符合条件的项目,贷款期限最长可达30年。探索利用特许经营项目预期收益质押贷款,支持利用相关收益作为还款来源。

《管理办法》第24条规定,国家鼓励通过设立产业基金等形式入股提供特许经营项目资本金,鼓励进行结构化融资,发行项目收益票据和资产支持票据等,鼓励采用成立私募基金,引入战略投资者,发行企业债券、项目收益债券、公司债券、非金融企业债务融资工具等方式拓宽投融资渠道。

3. 建立审批"绿色通道",方便社会资本的快速进入

《管理办法》第22条规定,有关部门在进行特许经营协议手续审核时,应当简化审核内容,优化办理流程,缩短办理时限,对于本部门出具书面审查意见已经明确的事项,不再重复审查。该规定与国家发改委和国家开发银行在2015年3月10日联合发布的《关于推进开发性金融支持政府和社会资本合作有关工作的通知》表达了相同的观点,其"建立绿色通道,加快PPP项目贷款审批"的规定,为项目实施扫除了障碍,有利于规范政府的行政行为以及保障项目的顺利推进。

4. 建立信用记录制度,有利于建立公平竞争的市场环境

《管理办法》第56条规定了建立不良行为信用记录制度,将特许经营者及其从业人员的严重违法失信行为纳入全国统一的信用信息共享交换平台,依法予以曝光,并会同有关部门实施联合惩戒。

5. 明确争议解决机制,便于社会资本依法维权

《管理办法》第51条规定,特许经营者认为行政机关作出的具体行政行为侵犯其合法权益的,有陈述、申辩的权利,并有权依法提起行政复议或者行政诉讼。该规定与新修订的《中华人民共和国行政诉讼法》(以下简称《行政诉讼法》)是一致的。根据新《行政诉讼法》第12条第(11)项规定,行政机关不依法履行、未按照约

定履行或者违法变更、解除政府特许经营协议、土地房屋征收补偿协议等协议的,属于行政诉讼的受案范围。该规定解决了一直以来的民事诉讼和行政诉讼相互扯皮的争议,可以保证投资者在受到政府侵权时能够得到及时有效的法律救济。

二、现行法律背景下 PPP 项目中社会资本的主要风险

《管理办法》的出台,解决了特许经营类 PPP 模式中很多悬而未决的问题。但是,社会资本从进入 PPP 项目、组建项目公司、与政府及市场主体签订和履行各种协议、项目公司的运作乃至社会资本的退出,几乎每个环节都存在着难以预测的风险。目前的主要风险有:

(一)项目进入方式的风险

社会资本进入 PPP 项目的方式,亦即取得特许经营权的方式问题,一直存在争议。主要的争议是,PPP 项目要不要采用招标投标方式？如果不采用招标投标方式,授予的特许经营权是否有效？

《管理办法》规定,应当通过招标、竞争性谈判等竞争方式选择特许经营者。特许经营项目建设运营标准和监管要求明确、有关领域市场竞争比较充分的,应当通过招标方式选择特许经营者。但何为"竞争比较充分",对此,并没有明确的界定,各地的规定也各不相同,如深圳和贵州都规定应采取招标、拍卖等公平竞争的方式,也可以采取符合国家规定的其他方式确定特许经营者。实际上,何种情况下应当招标,何种情况下可以采用其他方式,国家一直没有明确的标准。

除了《管理办法》,目前的《招标投标法》在第 3 条第 1 款规定了必须招标的工程建设项目;在第 3 款规定了法律或者国务院对必须进行招标的其他项目的范围有规定的,依照其规定;第 66 条规定了可以不进行招标的特殊情况。国务院公布的《收费公路管理条例》(自 2004 年 11 月 1 日起施行)第 11 条规定:"经营性公路建设项目应当向社会公布,采用招投投标方式选择投资者。"第 19 条规定:"依照本条例的规定转让收费公路权益的,应当向社会公布,采用招标投标的方式,公平、公正、公开地选择经营管理者,并依法订立转让协议。"由该法规的内容来看,经营性公路建设项目以及转让收费公路权益的,应当采用招标投标的方式选择经营管理者。《中华人民共和国招标投标法实施条例》第 9 条规定,除《招标投标法》第 66 条规定的可以不进行招标的特殊情况外,可以不进行招标的情形还包括,"已通过招标方式选定的特许经营项目投资人依法能够自行建设、生产或者提供"的,即如果特许经营权投资人是通过招标方式选定的,而该投资人能够自行建设、生产或者提供建设项目,可以不再进行招标投标,直接交由投资人建设、生产或者提供。而 PPP 项目并非简单的建设项目,所以并不能适用《招标投标法》来确定是否招投标。而目前又没有明确的法律或行政法规规定 PPP 项目的社会资本选择是否必须招投标。

此外,授予特许经营权属于《中华人民共和国行政许可法》(以下简称《行政许可法》)第 12 条规定的"可以设定行政许可"的范围中的"有限自然资源开发利用、公共资源配置以及直接关系公共利益的特定行业的市场准入等,需要赋予特定权利的事项",因此,应当遵守《行政许可法》第 52 条、第 53 条的规定,即"行政机关应当通过招标、拍卖等公平竞争的方式作出决定。但是,法律、行政法规另有规定的,依照其规定"。政府采购应当采取《政府采购法》第 26 条规定的方式,具体包括:公开招标、邀请招标、竞争性谈判、单一来源采购、询价、国务院政府采购监督管理部门认定的其他采购方式。PPP 模式有使用者付费、使用者付费加一定政府补贴以及政府付费三种付费方式,因此,即使是政府付费方式,依照上述《行政许可法》和《政府采购法》的规定,招标投标也只是首选方式,而并非唯一方式。

可见,社会资本成为 PPP 项目投资人的方式以及授予特许经营权的方式,需要具体问题具体分析。如果有法律法规的具体规定,如收费公路的投资以及经营权转让,必须按法律法规的规定采用招标投标方式。如果没有法律法规的具体规定,采用公平、公开、公正的方式选择投资人并授予特许经营权是基本原则,但招标投标方式并非可采用的唯一方式。就此而言,以招投标以外的方式获取特许经营权进入 PPP 项目还是存在一定风险的。

(二) 如期完成项目融资的风险

由于融资结构不合理、金融市场不健全等因素,可能导致项目公司不能在规定期限内完成项目融资。一般来说,PPP 项目在招标阶段选定中标者之后,政府与中标者先草签特许权协议,中标者要凭草签的特许权协议在规定的融资期限内完成融资,特许权协议才可正式生效。如果在给定的融资期内中标者未能完成融资,将会被取消资格并没收投标保证金。[1] 实践中已发生此类案例,如在湖南某电厂的项目中,社会资本因未能完成项目融资而被取消投标保函。[2]

当前 PPP 项目的融资方式主要是商业贷款。过度依赖以商业银行为主导的间接融资,利率过高,周期过短,难以适应大多数 PPP 项目收益低、周期长的特点。尽管《管理办法》第 24 条规定,国家鼓励通过设立产业基金等形式入股提供特许经营项目资本金;鼓励进行结构化融资,发行项目收益票据和资产支持票据等;鼓励采用成立私募基金,引入战略投资者,发行企业债券、项目收益债券、公司债券、非金融企业债务融资工具等方式拓宽投融资渠道,但实践中能否奏效还有待实践的检验。

国际上 PPP 项目经常采用项目融资方式,但中国目前尚未建立项目融资的金融

---

[1] 参见亓霞、柯永建、王守清:《基于案例的中国 PPP 项目的主要风险因素分析》,载《中国软科学》2009 年第 5 期。

[2] 参见沈际勇、王守清、强茂山:《中国 BOT/PPP 项目的政治风险和主权风险:案例分析》,载《华商·投资与融资》2005 年第 1 期。

服务体系,难以实现以项目未来收入和资产为质押的银行贷款。虽然银监会发布了《项目融资业务指引》,但实践中以项目未来收益和资产为担保的项目融资方式非常少见。有人统计,中国目前已有 5 000 多个 PPP 项目,真正采用项目融资方式的不超过 10 个。而且项目公司是否拥有项目设施的所有权,也影响着项目的融资。实践中部分 PPP 项目公司不拥有资产所有权,项目无法用资产来为贷款设定抵押或质押担保,造成难以融资。在国外,PPP 项目也可以通过产业基金来融资。因为 PPP 项目投资额大、回报稳定、现金流好、经营期长,最适合建立产业投资基金。但目前中国没有产业基金法,如何操作才不违法也是令人困扰的问题。政策的限制难以在短期内突破,在一定程度上限制了投资人的融资渠道,也限制了 PPP 的发展。

(三) 土地使用权取得风险以及相关费用承担风险

PPP 项目公司能否获得 PPP 项目的土地使用权,如何获得? 这是 PPP 项目实践中最不确定的问题之一。根据《中华人民共和国土地管理法》第 54 条,城市基础设施用地和公益事业用地,经县级以上人民政府依法批准可以以划拨方式取得。可见 PPP 项目中的大部分用地可以采取划拨方式。但实践中并非如此。2001 年 10 月 22 日,国土资源部发布《划拨用地目录》规定,对国家重点扶持的能源、交通、水利等基础设施用地项目可以划拨方式提供土地使用权;对以营利为目的的非国家重点扶持的能源、交通、水利等基础设施用地项目,应以有偿方式提供土地使用权。PPP 项目究竟是否属于以营利为目的,是否可采用划拨方式取得土地使用权? 要根据具体的项目来具体分析,各地的操作和认识也不统一。当前的实践中,很多项目公司基本没有获得项目所占有土地的使用权,进而影响项目公司对项目资产的所有权,严重影响项目公司的融资。

还有一个风险就是土地的费用承担风险。财政部《PPP 项目合同指南(试行)》(以下简称《指南》)规定,由政府方负责取得土地权利以及完成相关土地征用和平整工作,也可以要求项目公司支付一定的相关费用。具体是哪些费用、数额多少,需综合评估。③ 根据该规定,即使项目合同约定土地使用权取得的义务由政府负担,但也不妨碍最后可能要求项目公司支付一定的费用,即负责取得土地使用权与支付相关费用不是同一主体,而且该费用的数额存在很大的不确定性。对于社会资本来说,数额的不确定性以及主体的错位无疑会给项目实施带来风险。

(四) 政府承诺以及项目唯一性风险

为了确保 PPP 项目的实施,PPP 项目合同通常会包含政府的承诺内容。《管理办法》第 10 条也指出,项目实施方案应当包括政府承诺和保障,用以明确约定政府在 PPP 项目实施过程中的主要义务,如负责或协助获取项目相关土地权利、办理有关政府审批手续等。但财政部在《指南》中规定:"政府承诺需要同时具备以下两

---

③ 参见财政部:《PPP 项目合同指南》,第 30 页。

个前提:一是如果没有该政府承诺,会导致项目的效率降低、成本增加甚至无法实施;二是政府有能力控制和承担该义务。"

原则上政府承诺了义务,未能实现就构成违约,按照项目合同及法律法规,政府要承担责任,但根据上述规定,并非政府的任何承诺都构成具有法律意义上的合同义务,尤其是对于那些明显超出其自身控制范围的甚至不合法的"承诺"。

在采用使用者付费机制的项目中,项目公司需要通过从项目最终用户处收费以回收投资并获取收益,因此,必须确保有足够的最终用户会使用该项目设施并支付费用。鉴此,在这类PPP项目合同中,通常会规定政府方有义务防止不必要的竞争性项目,即通常所说的唯一性条款。以高速公路项目为例,唯一性条款是该PPP模式中的重要条款,因为高速公路的收益直接取决于过往车辆的通行量,而且高速公路项目先期投资成本大、回收周期长,如果该项目附近有性能和技术条件与本项目类似,但免费或收费较低的可替代路线,将会严重影响项目公司的成本回收及合理收益的获得。因此,为保证项目建成通车后项目公司有稳定的收入,项目公司在前期需要认真研究路网规划,对是否有可代替的路线以及如果存在这些路线将会对项目收益产生怎样的影响进行详细评估。在合同谈判阶段则要求政府作出相关承诺,即承诺项目期限内不在项目附近兴建任何竞争性的道路,并控制公路支线叉道口的连接,使项目公司保持较高的回报率,以避免过度竞争引起项目公司经营收益的下降。如杭州湾跨海大桥项目开工未满两年,在相隔仅50公里左右的绍兴市上虞沽渚的绍兴杭州湾大桥已在加紧准备中,其中一个原因可能是因为当地政府对桥的高资金回报率不满,致使项目面临唯一性风险和收益不足风险。鑫远闽江四桥也有类似的遭遇,福州市政府曾承诺,保证在9年之内从南面进出福州市的车辆全部通过收费站,如果因特殊情况不能保证收费,政府出资偿还外商的投资,同时保证每年18%的补偿。但是2004年5月16日,福州市二环路三期正式通车,大批车辆绕过闽江四桥收费站,公司收入急剧下降,投资收回无望,而政府又不予兑现回购经营权的承诺,只得走上仲裁庭。福建泉州刺桐大桥项目和京通高速公路的情况也与此类似,都出现了项目唯一性风险,并导致了市场收益不足。

(五) 股权变动受限的风险

对社会资本而言,其希望通过转让项目公司股权的方式,吸引新的投资者或者实现退出。保障其自由转让股权的权利,有利于增加资本灵活性和融资吸引力,进而有利于社会资本更便利地实现资金价值。因此,社会资本当然不希望其自由转让股份的权利受到限制。而对于政府而言,限制项目公司自身或其母公司的股权结构变更的目的主要是为了避免不合适的主体被引入到项目的实施过程中,因为那将有可能直接导致项目无法按照既定目的或标准实施。

为了平衡双方利益,财政部《指南》规定,对股权变动设置锁定期限制,并进而规定一旦发生违反股权变更限制的情形,将直接认定为项目公司的违约行为,对于情节严重的,政府将有权因该违约而提前终止项目合同。

除锁定期外,在一些 PPP 项目合同中还可能会约定对受让方的要求和限制,例如,约定受让方须具备相应的履约能力及资格,并继承转让方相应的权利义务等。在一些特定的项目中,政府有可能不希望特定的主体参与到 PPP 项目中,因此可能直接在合同中约定禁止将项目公司的股权转让给特定主体。这类对于股权受让方的特殊限制通常不以锁定期为限,即使在锁定期后,仍然需要政府的事前批准才能实施。

(六) 项目收益风险

比如,在垃圾焚烧项目中,垃圾产量现状、垃圾成分和热值等指标都是影响社会资本报价和项目自身收益的重要边界条件。如果缺少上述指标的引导和约束,社会资本的报价就缺少基础,项目的收益不确定性就会大大增加。

而生产经营中原材料和动力等价格上涨、利率上调等因素,会导致服务价格不能覆盖运营成本或满足投资收益需要。由于目前大多数行业尚未建立价格调整机制和补偿机制,因此价格风险比较突出,比如,自来水行业的调价程序十分复杂,政府根本无法保证调价及时到位,所以该等行业的价格风险就非常大。近几年就出现了哈尔滨水价听证会"怒砸矿泉水瓶"、济南市和福州市水价听证代表身份质疑等事件。目前在全国还没有提高水价的重点城市中,大多数居民用户对提价持反对意见。所以在 PPP 项目中如果社会资本指望在项目实施过程中提高公共服务价格,风险是巨大的。

(七) 法律变更风险

法律变更风险是指由于采纳、颁布、修订、重新诠释法律法规而导致项目的合法性、市场需求、产品或服务收费、合同协议的有效性等元素发生变化,从而对项目的正常建设和运营带来损害,甚至直接导致项目的中止、失败的风险。[④]

财政部《指南》将法律变更分为签订协议政府方可控的变更和不可控的变更。对于前者认定为政治不可抗力,由该政府方承担责任,补偿范围除包含项目公司投入资本外,还包括利润损失。故而,此种情形对于社会资本可认为不构成风险。但是这是建立在对《指南》效力认可的基础上的论证,该《指南》目前的效力层级是十分值得怀疑的。而对后者来说,却完全有可能构成社会资本方之风险,因为财政部《指南》将其认定为自然不可抗力,按照自然不可抗力的机制进行处理,原则上由双方共担风险。

三、社会资本参与 PPP 项目时应当建立健全的风险防控机制

为了 PPP 项目的顺利实施,实现预期的投资收益,社会资本应当结合项目具体情况建立完备的风险防控机制。

[④] 参见亓霞、柯永建、王守清:《基于案例的中国 PPP 项目的主要风险因素分析》,载《中国软科学》2009 年第 5 期。

(一) 建立全方位的风险防控体系

1. 要注重前期规划

前期的准备越充分,考虑的越全面合理,对整个项目的把握就会越准确,越能在整体上准确判断整个项目的风险大小,以及自己可承受风险的范围,能在项目实施过程中在某一环节发生问题的情况下,妥善调整,使整个项目最终能顺利实施。

2. 要合理把握投资规模的问题

项目建设投资规模的确定很关键,一定要结合人口、各项基础设施存量及城市发展潜力,综合考量,合理确定规模,降低项目投资风险。在 PPP 项目中,政府需要对项目进行物有所值论证,而社会资本同样需要在进入前对项目进行详尽的投资回报和投资收益风险的论证。

3. 要坚持诚信原则

社会资本不能抱有投机心理,试图利用政府部门缺乏专业知识的弱点签订不平等的合同。显失公平的合同在以后的执行过程中很容易造成政府出现信用风险。另外更不可利用极少数官员的腐败,采用贿赂手段牟取暴利,当这些领导换届或受到法律制裁之后,项目也会面临失败的风险。民营企业应维持与政府的良好健康关系,保持项目与企业的良好形象,获得公众的认可,或者采用与政府公司合作、寻求担保或投保等方法来应对政治风险。

4. 要真正实现风险共担

社会资本与政府要合理分担风险。社会资本要尽量将自身利益和政府利益捆在一起,同时还必须将当地居民的影响力考虑在内。不要认为企业和政府签订完项目合作合同就高枕无忧了,因为一旦项目引起社会民众的不满,就会造成社会的不和谐。而这种情况一旦发生,一般首先受到损失的就是社会资本方。⑤

(二) 结合风险点建立健全相应的风险防控机制

1. 通过立法解决风险

有些风险需要通过立法来解决,如项目进入方式风险、土地使用权取得风险等。推广 PPP 不能仅停留在微观层面的"操作方式升级",更应是宏观层面的"体制机制变革",应着眼于长远而全面的顶层设计。只有理念、法律法规、机构和运作能力四驱并进,才能为 PPP 的发展提供制度保障和成果预期,保障社会资本的合理预期收益和正当权益。我们建议立法应尽快跟上,对这些风险尽快予以明确,避免实践中可能出现的协议无效问题,使社会资本方有法可依,增加投资人的投资积极性,繁荣 PPP 项目市场。在土地使用权取得风险上,如果国家层面不鼓励利用土地的增值进行融资,是否可以学习国外的做法,以 1 元钱将土地使用权出让给 PPP 项

---

⑤ 参见 2015 年安徽省政府:《安徽省城市基础设施领域 PPP 工作手册》,第 62 页。

目公司,保证项目公司对项目资产的所有权。在未来项目转让时,再以1元钱收回土地使用权。

2. 通过协议解决风险

为了防控风险,社会资本方应当仔细推敲PPP项目运作中的每一个细节。为了防控土地费用的承担风险,社会资本方应当在协议中不仅约定取得土地使用权的义务主体,还应尽量事先协商费用的承担主体以及约定土地费用的数额。倘无法事先完全确定数额的,可约定一个暂定额,如实际费用超过该暂定额,对于超出的部分双方可以约定由政府方承担或双方分担,以尽可能地降低该费用风险。

为了防控政府承诺和项目唯一性的风险,应当在协议中严格政府方的责任和义务。在政府方违约的时候要勇于维权,不迁就,不畏难。原则上政府承诺了义务,未能实现就构成违约,按照项目合同及法律法规,政府方要承担责任。但根据财政部《指南》之规定,并非政府的任何承诺都构成具有法律上意义的合同义务,尤其是对于那些明显超出其自身控制范围的甚至不合法的"承诺",需要社会资本方或项目公司谨慎操作,合理判断,控制风险。在采用使用者付费机制的项目中,由于项目公司的成本回收和收益取得与项目的实际需求量直接挂钩,为降低项目的需求风险,确保项目能够顺利获得融资支持和稳定回报,项目公司应当要求在PPP项目合同中设立唯一性条款,明确唯一性的具体要求,要求政府承诺在一定期限内不在项目附近新建竞争性项目,以规避此种可能严重影响收益的风险,保证项目利润。特别是要约定违反唯一性原则后赔偿责任的计算方法,以利于在维权的时候有明确的计算依据。同时应设定合理的退出机制。

为了防控股权变动受限的风险,社会资本方应当预先评估自己是否需要转移股权,倘若准备之后转移股权或有转移之可能,应当提前在合同磋商订立时与政府方磋商锁定期等限制条件,明确锁定期内双方的权利义务,以防范事后可能发生违约行为,承担违约责任的风险。特别是要防控由于转移股权而遭受政府方提前解除项目合同的风险。

为了防控收益风险,要尽可能在合同中明确市场的界限。市场内的问题由企业和用户通过市场来解决,市场外的问题通过非市场途径解决。市场化中,社会资本除了承担必要的社会责任,最主要追求的目标还是通过提供公共服务得到合理回报。合理的回报应该是合法的、公开的、透明的,这种回报机制包括调价和出现一般补偿事件时的公开、透明、可执行的补偿机制。社会资本要争取完善项目实施过程中的价格调整机制和补偿机制,使企业的收益和政府的补偿规范化、透明化,这样既可以降低项目风险,又可以避免一事一议,提高工作效率。

为了防控法律变更的风险,社会投资方在参与到某个PPP项目前,一方面,应当预判相关的政策法规的变动可能性,咨询专业法律人士的意见,最好聘请专业法律机构出具项目涉及法律变动风险的意见;另一方面,应当在项目合作协议当中明确约定由于法律变动导致项目失败或损失的风险分配机制,尤其是对于政府方可控的法规变动,应约定由政府方承担责任,约定政府承担责任的范围,如约定赔偿已投入的资本损失和应当获得的预期利润等,将自己的风险降到最低。

最为重要的是,在PPP项目的风险防控问题上,社会资本应聘请有经验的律师提供全过程的法律服务,充分发挥律师在项目谈判、合同草拟、合同审查以及法律纠纷处理中的专业作用。

河北威县智慧灌溉与水权交易 PPP 模式及 PPP 项目公司的定位探索

张智远* 韩军刚**

一、PPP 模式及 PPP 项目公司介绍

(一) PPP 模式

PPP(public-private-partnership)被称为"公私合营伙伴":由私营部门同政府部门之间达成长期合同,提供公共资产和服务,由私营部门承担主要风险并管理责任,私营部门根据绩效情况得到酬劳。①

开展政府和社会资本合作,有利于创新投融资机制,拓宽社会资本投资渠道,增强经济增长内生动力;有利于推动各类资本相互融合、优势互补,促进投资主体多元化,发展混合所有制经济;有利于理顺政府与市场的关系,加快政府职能转变,充分发挥市场配置资源的决定性作用。而在全生命周期、合作周期,执行上述任务的载体和保障就是 PPP 项目公司。

(二) PPP 项目公司

PPP 项目公司是依法设立的自主运营、自负盈亏的具有独立法人资格的经营实体。项目公司可以由社会资本(可以是一家企业,也可以是多家企业组成的联合体)出资设立,也可以由政府和社会资本共同出资设立,但政府在项目公司中的持股比例应当低于 50%,且不具有实际控制力及管理权。根据项目公司股东国籍的不同,项目公司可能是内资企业,也可能是外商投资企业。

PPP 项目公司是执行政府与社会资本合作的载体,是以特许经营权和收费权为特征的独立法人,通过社会资本治理的高效性来弥补政府资本的效率性不足,通过政府资本来监管社会资本的逐利性边界,从而使双方相互发挥最大优势,在项目生命周期内形成良好的合作伙伴关系。

---

* 北京大成(石家庄)律师事务所 PPP 研发中心。
** 北京大成(石家庄)律师事务所 PPP 研发中心。
① 世界银行组织对 PPP 的定义。

二、河北威县智慧灌溉与水权交易 PPP 模式

(一) 项目背景

河北威县地处华北平原南部,是传统的农业用水大县,由于处于国家严重控制的节水压采的"黑龙港流域"[②],因而也是水源严重不足的县。国家财政每年拨款对黑龙港流域农田实施喷灌、滴灌等设施灌溉改造,用以完成国家节水压采、保护子孙水的任务。由于以往采取"政府买工程模式",不同程度出现了一些"重建轻管"现象,并由于传统漫灌习惯,加之农用水大部分尚未进行收费,导致部分农户对灌溉设施弃而不用。为此,财政部、水利部、国家发改委专门发文探索创新小型农田水利设施的"建管护机制",而威县 PPP 项目就是在这一背景下应运而生的。

(二) 项目概况

项目总投资 6.52 亿元,其中社会资本投资 60% 左右,国家"拨改投"资金占 40% 左右,设立 PPP 项目公司,由公司承担对威县 17.61 万亩耕地实施高效灌溉节水工程建设运营。项目全生命周期 20 年。通过公司投资,在基本灌溉设施基础上建设"智慧农业"大数据网络,对农田范围内的 880 口农用机井增建计量监测设施,建立县、乡(镇)、村三级水权交易信息管理平台,实现用水量监控、统计、分析、灌溉预报、水权交易等功能,提高节水灌溉信息化技术水平。在传统农艺节水、设施节水基础上,PPP 模式还创新性地实现了"机制节水"。通过节水、节电、精准施肥,降低农业生产成本,促进农业增产增收。

该项目是实施地下水超采综合治理、水权交易及农业水价综合改革的河北省重点示范性 PPP 项目,拟采用 BOOTOT(建设—拥有—运营—转让—运营—移交)模式。

(三) 项目 PPP 模式

威县智慧灌溉与水权交易 PPP 项目创新式地采用了"建管服一体化"PPP 模式,该模式尝试提出了"拨改投"的资金使用方式,就是把政府的财政拨款转变为投资。在农田水利建设中,中央和地方的财权与事权不对等,加大农田水利建设投入主要依靠中央,而中央转移支付中,专项转移支付多,一般转移支付少,下达到县里的资金都是专项,作为县级部门很难整合资金、优化配置。通过"拨改投"可以整合资金,由 PPP 项目公司来统筹安排。创立"建管服一体化"PPP 模式的关键是要实现"拨改投",还需要政府各部门的协商支持和相关政策的出台。"建管服一体化"PPP 模式建立后,实现从工程设计、施工、运行、管理等环节的一条龙服务,真正

---

② 黑龙港流域包括衡水、邢台、邯郸、沧州、保定、石家庄 6 市的 50 县(市、区),面积为 3.4 万平方公里,人口约为 1850 万左右,分别占全省的 18.5%、26.4%。该地区地处暖温带,光、热资源丰富,是国家重要的农业种植区,是华北地区最为缺水的区域之一。

做到节水灌溉工程建得成、管得好、用得起、长受益。

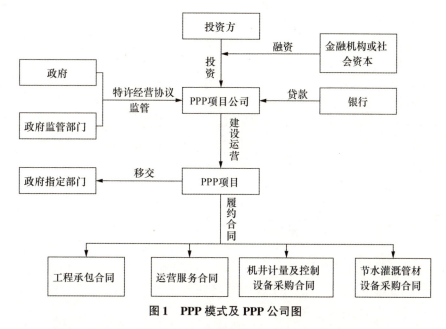

图1 PPP模式及PPP公司图

（1）通过招标程序，引入合格社会投资者，组建特许经营PPP项目公司。

（2）特许公司负责本项目高效节水灌溉计量、水权交易项目的灌溉计量及控制设备和高效节水灌溉管材设施除政府补贴（拨改投）之外的全部投资。

（3）政府授予PPP项目公司高效节水灌溉计量与水权交易项目的特许经营权。

（4）除初始建设投资外，PPP项目公司在特许经营期内还负责本项目所有设备的运营投资，包括设备的维修维护、更新换代，保障所有设备在特许经营期内正常运转。

（5）特许经营期内，PPP项目公司负责项目运营，按照政府规定的水费政策，通过水费征收获取运营收入及其他有偿增值服务收入，并接受政府主管部门的监管。

（6）在国家相关补贴（拨改投）的基础上，在特许经营期内，政府对PPP项目公司提供相应的节水补贴，以满足PPP项目公司投资回收和回报的要求。

（7）PPP项目公司与相关企业签订相关合同，完成项目的建设承包、运营服务承包、项目所需设备的采购等。

（8）特许期满，全部项目资产无偿移交给政府指定部门，或继续延长特许经营期。

三、威县 PPP 项目公司定位

通过招标引入合格社会投资者,与威县政府(授权县水务局为政府出资主体)共同组建特许经营公司(即 PPP 项目公司)。除初始建设投资外,PPP 项目公司在特许经营期内还负责本项目所有设备的运营维护投资,包括设备的维修维护、更新换代,保障所有设备在特许经营期内正常运转。

项目公司当期目标是通过 PPP 模式建立"公司运营、三级调控"长效节水机制,实现国家节水压采指标,惠及设施农业农户。远期目标是在规模化达到一定程度后(100 万亩),公司转化成为互联网+农业服务云平台,建成一个涵盖精准设施灌溉平台、农业数据采集平台、生产要素服务平台、农业惠农金融平台的载体。

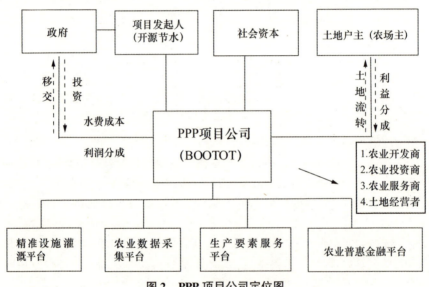

图 2　PPP 项目公司定位图

四、对 PPP 模式及 PPP 项目公司的思考

在众多行业中,水利工程引入民间资本一直是一个难题,而农田水利建设引入民间资本更是难上加难。现实中,生产、灌溉用水只能依靠国家财政补贴。目前,农田水利建设资金分散在国家发改委、财政部、农业综合开发办、扶贫办、国土资源局等多个部门管理。部门之间缺乏协调机制,易导致资金在项目选择和投向上各自为政,影响了资金效益的最大化,且工程补助标准和建设标准也各自不同。而在工程建成之后,运行维护难的局面也普遍存在,严重阻碍了工程效益的持久发挥。解决农田水利的建设和管理难题,不仅需要从资金上支持,更需要从模式上创新。

引入发起方同政府机构共同成立 PPP 项目公司的方式,由政府授予其特许经营权并接受水行政主管部门监管,实施地下水超采综合治理试点项目和农业水价综合改革试点项目建设管理一体化,政府只需进行部分投资或补贴,剩余资金和后期运营资金全部由特许经营公司负责,既减轻了政府当期投资压力,又实现了项目长期可持续运行。笔者团队在对该PPP项目服务中,根据调研了解的实际情况,不断调整思路,既考虑法律上有关PPP模式及项目公司的规定,又较多地考虑了PPP项目公司的特有功能,设定了较公司章程层级更高的项目合同、特许经营合同等合同束,为今后公司规范运营奠定基础。当然,由于项目模式的创新性较强,缺乏成熟的经验,有关完善法律、公司治理方面的好的做法仍在整理中。

P2P 业务的法律风险管理及趋势展望

张晓丽*

一、P2P 的本质特点与历史沿革

（一）P2P 业务的起源

P2P 是 peer to peer lending 的缩写，P2P 中的 P 是同辈、同等的人、同伴、伙伴的意思。它区别于银行贷款中地位不平等的传统模式，是非专业平等主体之间的一种民间借贷。它是将小额度的资金聚集起来以信息网络交易为渠道借贷给有资金使用需求的主体的一种借贷模式。P 的本质是对等主体之间的资金融通，并不是仅限于自然人之间。P2P 的本质参与主体包括两方：资金出借方和借款方，相当于熟人之间的临时借贷行为。

小额贷款业务最早由孟加拉国的经济学家尤努斯教授在 1976 年开创。他把 27 美元借给了 42 位贫困的村民，以支付他们用以制作竹凳的微薄成本，并免受高利贷者的盘剥，而就此开创了小额贷款之路。后来，英国的 Zopa 网络借贷平台是基于互联网技术的快速发展而应运而生的新模式。网络的技术化与高效化使传统的借贷模式省去了中间银行，Zopa 曾宣称的，"摒弃银行，每个人都有更好的交易"，P2P 网络借贷最终发展的结果是把银行从借贷业务链中挤出去。这种利用互联网的现代化小额信贷业务，起源于英国，随后发展到美国、德国和其他国家，其模式为：网络信贷公司提供平台，由借贷双方自由竞价，撮合成交。小额借贷逐渐由单一的线下模式，转变为线下线上并行，随之产生了现代化的 P2P 网络借贷平台。从而令更多人群享受到了 P2P 小额信贷服务。通过这种借贷方式缓解了人们因不同年龄、不同行业收入差距而导致的消费力失衡的状况。

（二）P2P 业务在我国的历史发展

2007 年，国内第一家 P2P 网络借贷平台"拍拍贷"在上海创立。在 P2P 网络借贷平台发展初期，创业人员很多以互联网行业人员为主要群体，他们缺乏民间借贷经验和相关金融操控经验。法律规制亦不完善。因此他们借鉴拍拍贷模式以信用借款为主，平台对借款人提供的个人资料进行审核后就给予授信额度。但由于我国的公民信用体系并不健全的固有特点，网贷平台之间缺乏信息联系和沟通，随之出现了一名借款人在多家网络借款平台同时进行信用借贷，最终因逾期成为各个

---

* 天津四方君汇律师事务所。

平台坏账的问题。

2008年的金融危机,使金融体系遭遇风险,实体经济信贷需求萎缩,金融机构慎贷心理剧增,金融监管力度空前地加强,各项监管指标水涨船高,中小企业等高风险领域获得金融机构的支持也随之开始减少。P2P网贷借助网络的优势,将大量潜在的金融需求激发出来。2012年至2013年,P2P平台逐步积累民间借贷经验和相关法律风险防控意识,采取线上融资线下放贷的模式,对借款人实地进行有关资金用途、还款来源以及抵押物担保等方面的综合考察,有效降低了借款风险。红岭创投、人人贷等平台相继在这一阶段出现。

2013年至2014年,由于国内银行收缩信贷,大量难以从银行贷款的企业或者在民间有高额高利贷借款的主体大量涌入P2P业务。这些主体以低廉的价格购买网贷系统模板即开始上线圈钱。这一时期,国内P2P网络借贷平台从200多家增至600家左右,截至2013年年底,月成交金额在110亿元左右,有效投资人达9—13万人。这些平台通过网络融资后偿还银行贷款、民间高利贷或者投资自营项目。由于自融高息,加剧了平台本身的风险,2013年10月份,这些网络借贷平台集中爆发了提现危机。追求高息的投资人集中进行提现,使这些自融平台出现了挤兑危机。

2014年以来,我国鼓励互联网金融创新,在政策上对P2P网络借贷平台给予了大力支持,很多金融企业尝试进入互联网金融领域,组建自己的P2P网络借贷平台。2015年7月18日,中国人民银行、工业和信息化部、公安部、财政部、国家工商总局、国务院法制办、国家互联网信息办公室等十部门联合出台了《关于促进互联网金融健康发展的指导意见》;2015年8月6日,最高人民法院出台了《关于审理民间借贷案件适用法律若干问题的规定》。上述规范性文件及司法解释对P2P业务均有相关的描述和指引。P2P业务进入了规范监管为主的政策调整期。

二、P2P业务在我国的发展模式

国外的P2P网贷平台只提供真实详尽的信息,借贷双方借助完善健全的信息信用系统,根据自己的借贷意愿进行交易,并自行承担违约风险。P2P平台只发挥信息中介的作用,构建完全的信息中介,推动网贷业务的发展。而我国的P2P业务在此基础上产生了变化,国内征信系统等金融信息基础设施和机制并未达到健全完善的程度,国内不成熟的信用市场,使得采取隐性担保的平台缺乏吸引力和公信力。目前国内的P2P业务运营主要采取以下模式:

(一)纯线上中介模式

此种模式的P2P平台,并不参与借贷双方的借贷关系,亦不提供任何形式的担保,借贷双方自担风险。这种模式下,坚持了传统的P2P模式,即"信息中介"。其特点是借款人和投资人都是从网络等非线下渠道获取的,多是信用借款,借款额小,对借款人的信用评估、审核也都是通过网络进行的。

P2P 平台的作用仅限于撮合借款人和出借人,出借人根据需求和意愿在 P2P 平台上自主选择贷款对象,平台本身不参与交易,不对投资者提供任何形式的本息担保,也不会通过第三方融资担保机构或抵押担保方式为投资者提供保障。平台只负责信用审核、展示及招标,以收取账户管理费和服务费为该业务的主要收益。

(二) 纯线下债权转让模式

此种类型的特点是,P2P 平台为借款人和投资人之间的中介,即一种专业放款人。为了提高放贷速度,专业放款人先以自有资金放贷,然后再把债权转让给投资者,使用回笼的资金重新放贷。债权转让模式多见于线下 P2P 借贷平台,因此也称为纯线下模式。

(三) 线上线下结合模式

此种类型的特点是,P2P 借贷平台负责网贷网站的维护和投资人的业务开拓。而线下由一些小贷公司或担保公司负责寻找借款人,在进行初步审核后推荐给 P2P 借贷平台;平台进行审核后把借款人的相关信息上传到网贷网站,接受线上投资人的投标,小贷公司或担保公司负责给该笔借款提供担保并承担连带保证责任。此种模式又多以两种形式出现:

(1) 有些 P2P 平台从线上获取资金,线下用传统方式获取和审批项目;同时,通过风险保障金或者第三方提供担保,以较高收益和本金保障计划吸引线上投资者。需要强调的是,实践中的担保,往往并不限于第三方的担保,还会涉及平台自有资金担保、计提风险准备金等担保方式。

(2) 另一些 P2P 平台从线上获得资金,从线下获取债权,再转让给线上投资人,并对债权进行担保。投资人的资金和借款人的借款并不对应,投资人的资金统一流入资金池进行期限以及金额上的错配,采用短期资金投资长期债权,以小额资金组合投资大额债权的操作方式出现,并通过滚动发行理财计划获得后续资金,偿还到期的债务。这样的运行模式和"影子银行"具有很大的相似度,从一定程度上也容易涉嫌集资诈骗、非法吸收公众存款等刑事责任。

三、P2P 业务存在的主要问题及法律风险

通过对上述 P2P 业务历史沿革以及其在我国的基本模式总结,可见我国的 P2P 业务相对于国外仍然较为落后,信息信用体系仍需构建、法律法规监管仍有待进一步完善。目前,其主要问题和法律风险主要体现在以下几个方面:

(一) 征信系统不完善

国外 P2P 业务与完善、开放、健全的征信系统密切相关。而我国的征信系统与国外相比,在内容、体系、开放度等方面仍存在较大差距,并成为 P2P 网络借贷长足

发展的核心障碍。这一短板也直接影响并制约着对P2P业务至关重要的信用评估、网贷定价和风险管理环节。我国征信体系主要以中国人民银行基于各家银行提供的信用数据构建而成，其对于非银行金融服务机构还难以做到完全开放。较为低端的征信体系促使P2P业务平台把更多的时间、精力和资源投入线下环节，调动大量的人工审核以弥补征信体系的短板，从而既降低了工作效率，也增加了融资成本。

与此同时，现有征信系统提供的整体信息既不透明，也相对简单、粗略、缺乏公信力，难以形成规范、统一的体系。来自不同行业、不同领域的数据标准存在着明显的差异，阻碍了数据的开放和共享，不便于对数据信息进行规范化的整合以形成完善的风控模型。

(二) 借款人易发生违约风险

P2P业务中的借款人通常难以提供抵押担保，不具备较强的偿债能力。在作为纯粹信息中介的P2P平台，借款人在无担保情况下的借款，存在很高的违约风险，在风险评估环节，借款人提供的身份证明、财产证明、缴费记录等个人信息的可信度也是值得怀疑的，很难准确地衡量借款人的偿债能力和信用级别。

P2P网络借贷业务不同于一般的金融借贷，对款项的具体用途缺乏足够的监管。P2P平台运作的基本业务对借款用途所做的限制相对较小，大部分借款用途都框定在"个人投资""资金周转"等比较简单笼统的范围。实践中，P2P平台也很难像普通商业银行那样对借款的用途进行监管，由此也会产生较大的违约风险。

(三) 贷款人产生的法律风险

通常情况下，贷款人利用其闲置资金投资网络借贷业务，而P2P平台对贷款人的准入门槛设置较低，借贷关系的确定完全出于借贷双方的意思自治，P2P平台很难对资金的来源是否合法进行审查和判断。现有P2P平台也很难仿效金融机构成立专门的反洗钱机构，因此，对贷款资金来源的正当性、合法性把控力度低下，很容易使P2P平台成为洗钱的场所。

(四) P2P平台产生的法律风险

如前所述，国内P2P平台目前仍处于发展的初期，相应的征信系统和法律规制仍有待完善。在这样的整体环境下，P2P平台本身的业务机制和操作模式出现各种法律风险亦是难以避免的。

1. P2P平台的道德风险

P2P平台的地位应该是公正、独立、专业的第三方服务机构，不应偏向借贷双方任何一方。如果平台为借款人提供担保，立场则偏向借款人。平台与借款人的责任捆绑，因平台地位不独立，借贷风险无法评价，而容易出现道德风险。

P2P网贷的发展融合了互联网的优势。它提倡快、散、小额的方式，但也放大了风险。由于调查成本、信息披露等问题，出借人无法独立完整判断借款人的风险,只能基于平台的推荐。但是,作为居间人的P2P平台的专业能力和风险承受能力如何判断,是困扰投资者的重要问题。于是,众多的投资者不再关注借款人的风险,而是关注P2P平台的担保能力。在P2P平台提供担保的业务模式下,一旦借款人出现违约,由于平台本身缺乏健全的风控体系,庞大的垫付压力会压垮平台,促使其出现资金链断裂、挤兑乃至倒闭的情况。实践中,很多P2P平台向投资者承诺借款本金保障,同时也会建立一种"资金池"的模式,让贷款人将资金打入平台资金池,然后进行期限以及金额上的错配,采用短期资金投资长期的债权,以小额资金组合投资大额债权。在此种情况下,P2P平台自有资金与资金池资金能否有效分离,资金管理是否独立,资金调配使用能否得到可靠的监管,资金池内资金能否保证不被挪用,都是值得关注的焦点。

2. P2P平台的刑事法律风险

实践中,部分P2P平台将自身的账户与借贷双方转账的账户混为一谈,使得平台可以截留、挪用平台内的资金。另外,即便是那些通过第三方支付平台账户为借贷双方提供资金托管的模式,虽然资金由第三方临时托管,但在资金借贷的时间差中,资金极易受到P2P平台的控制。此种模式比较贴近《中华人民共和国刑法》(以下简称《刑法》)规定的"非法吸收公众存款罪"。

《刑法》第176条以及最高人民法院《关于审理非法集资刑事案件具体应用法律若干问题的解释》规定了非法吸收公众存款罪的构成要件,即未经批准或借用合法形式吸收资金、公开宣传、承诺还本付息、向不特定对象吸收资金。所以,如果P2P平台在业务操作中的行为脱离了中介性质,符合上述要件的表现形式,其相关负责人可能涉嫌构成非法吸收公众存款罪。

3. P2P平台的信息安全风险

P2P网贷业务的运作基于对借贷双方征信信息的整合,网络渠道高效、便捷的同时,也极易引发信息泄露的风险。P2P平台通常要求借贷双方提供详尽的个人信息、财产信息,甚至是熟人、朋友等社交网络信息,以此构建完善的信用评价和风控模型。而在实践中,不少平台缺乏信息安全意识和信息维护资金投入,往往从第三方公司直接购买网站,或者由第三方进行P2P网站的维护,使得搜集整理的信息库数据和风控模型处于暴露状态。对借贷双方提供的大量实名认证和留存在平台系统中的个人资料,一旦管理不善或者出现网站技术故障,就会遭到泄露、贩卖,对借贷双方个人隐私或对投资者造成冲击,在信息不对称的情况下出现挤兑风险。

四、P2P法律风险的管理和防控

(一) 明确P2P平台的法律定位

以往的P2P平台往往存在着法律性质模糊、定位不明的弊端。就其性质而言,一直处于信息中介与信用中介并存的状态。P2P平台应当明确为居间人角色,不能丧失公正、独立的地位,不能直接担保,不能自融资金,亦不能直接掌控借贷资金。

2015年7月18日,中国人民银行等部门联合出台了《关于促进互联网金融健康发展的指导意见》,明确对P2P进行了法律定位,即个体网络借贷是指个体和个体之间通过互联网平台实现的直接借贷。在个体网络借贷平台上发生的直接借贷行为属于民间借贷范畴,受《中华人民共和国合同法》《中华人民共和国民法通则》等法律法规以及最高人民法院相关司法解释规范。个体网络借贷要坚持平台功能,为投资方和融资方提供信息交互、撮合、资信评估等中介服务。个体网络借贷机构要明确信息中介性质,主要为借贷双方的直接借贷提供信息服务,不得提供增信服务,不得非法集资。由此可知,国家已将P2P网络贷款的法律性质界定为民间借贷,P2P平台被定性为信息中介性质,排除了信用中介的性质。

2015年8月6日,最高人民法院发布的《关于审理民间借贷案件适用法律若干问题的规定》第22条明确规定,借贷双方通过P2P网贷平台形成借贷关系,网络贷款平台的提供者仅提供媒介服务,不承担担保责任。如果P2P网贷平台的提供者提供网页、广告或者其他媒介明示或者有其他证据证明其为借贷提供担保,根据出借人的请求,人民法院可以判决P2P网贷平台的提供者承担担保责任。此举在当前P2P网络借贷平台法律规范缺失的情况下,从法律规制的角度为更好地保护当事人的合法权益,进一步促进我国P2P业务的良好发展奠定了基础。

与此同时,我们仍需注意,现有的法律、法规对于P2P业务的规制仍是基础性和原则性的。对于准入门槛、模式操作、信息披露、行业自制、退出机制等具体操作领域的健全完善仍有很大的立法空间值得关注。

(二) 加大P2P平台信息披露

信息的开放、透明是借贷双方建立稳定可靠的借贷关系的基础。在现实中,P2P平台不能充分披露信息仍是此种业务风险频发的重要原因之一。特别是对出借人来说非常重要的坏账率、逾期率等信息,由平台自愿披露缺乏公信力,可靠度亦难有保障。P2P平台不愿意公开借款人信息可能有多种原因,但是,出借人对投资项目享有法定的知情权,应予保护,否则,投资仍然是盲目的,无法保持投资人的理性和黏性。

(三) 完善征信体系,加强前期审核和风险评估

结合信息网络技术的飞速发展,P2P平台可以不断充实完善征信系统,建立丰富的数据管理模式,从多领域、多角度全面收集整合信息,包括个人基本信息、银行账户信息、银行流水信息、证券投资信息、保险信息、商业信用数据、消费交易数据和公共事业缴费数据、社交网络数据等内容,从而有机统一地构成多元化的征信系统。借助丰富的信息,P2P平台可以不断完善信用评价体系,建立完善的风控模型,进而有效准确地评估各方面的法律风险。

通过完善的征信体系，P2P平台可以分析借款人的偿还能力、经济收益能力，针对不同的情况采用不同的授信额度，制定有针对性的服务方案。实践中即有很多平台已经充分利用了完善的征信体系和风控模型推进业务的发展。以阿里的网贷风控体系为例，阿里通过其电商平台统计累积了丰富的支付数据、销售数据、第三方支付流水数据，构建了完善的风控模型进行信用评级，借助准确完善的信用评级，针对不同的商家采取有针对性的授信额度进行贷款，有效降低了风险。

（四）完善贷后管理，加强预警制度和后续处理措施

建立完善的资金流向持续跟踪制度，监督贷款资金的使用用途和违约风险以便及早预警。同时，借鉴国外的违约风险防控机制，布置风险处置措施；与专业的第三方机构合作，寻求违约情况下第三方承接出借人债权的可行性；设立预备基金，在出现借款人违约的情况下，由预备基金偿付投资人的本息。

（五）引入独立第三方资金托管

P2P平台是为借贷双方建立借款关系提供服务的信息中介，但是简单的操作模式，仍容易使平台对私自挪用资金存在较大的可能性。这就要求P2P平台与银行或第三方机构合作，设立专门独立的资金托管账户。平台自身的账户必须与托管账户相分离。出借人将款项汇入托管账户，银行或第三方机构对该笔资金进行流向监督，制约借贷双方和平台自身对资金的擅自提现或转账挪用。

（六）提高P2P从业人员的服务能力

信息数据分析与整合是P2P从业人员的至关重要的工作，数据分析过程中的计算方法和风控模型的设计构建都需要高素质的从业人员完成。面对多元化信息数据构成的复杂逻辑关系，P2P从业人员的专业素养必须大幅提升，才能客观评估借贷双方的征信数据，制订完善的借贷方案，进而避免可能出现的法律风险。实践中，此类身兼技术业务、金融信贷与法律风险防控意识的人才仍然十分稀缺，这将使P2P业务面对较大的人才缺口。

（七）构建交易信息备份留存制度，积累处罚依据

P2P业务最常见的风险即借款人的违约风险，因此应当将各方参与主体特别是借款人纳入全国诚信系统，通过惩戒的方式减少违约概率。在业务操作过程中，应当注意留存交易信息，积累处罚依据。在P2P网贷系统的后台，实行实名制。将违约借款人归入统一的"违约名单"，在不同的征信系统实现上述信息的共享，既能通过信息网络实现监管又能为相关的法律纠纷提供可靠的证据备份。

（八）建立P2P平台市场退出机制

P2P平台作为互联网时代的新兴事物，亦不能免除交易过程中产生的各种风险。借鉴英、美等发达国家的经验，P2P平台均应设立完善的市场退出机制，以在市场优胜劣汰的环境下，切实保障民间借贷市场健康发展。P2P平台应当提前制定破产后借贷资产的管理模式,对尚未履行完毕的借贷合同、借贷款项的处置方式,并将市场退出机制公示或向监管部门备案。

(九) 加强行业自律监管

虽然在国家已经出台的相关法规政策中,已经界定了P2P平台的法律定位和基本理念,但是仍然缺乏微观具体的操作指引。而P2P业务发展迅速,经营模式不断更新,监管法规和政策的出台,不可避免地具有滞后性。为此,必须不断加强P2P业务的行业自律,制定行业规则,建立行业准入门槛,规范经营。在行业内实现信息共享、用户违约名单共享。建立行业内的风险指标数据和风险预警机制,并随时与政府监管形成良性互动,以促进行业的健康发展。

(十) 完善互联网业务配套法规的立法

P2P业务植根于互联网技术的迅猛发展,带来的诸多新兴事物和理念必然会介入传统的法律关系。针对信息时代的经济现象,国家应当加快立法步骤,针对互联网交易以及电子合同、电子签章出台更为具体完善的法律法规,为P2P业务等互联网金融构建完善的配套法律保障。

五、P2P业务的未来展望

(一) P2P与大数据

21世纪是互联网技术的时代,传统的征信数据已经难以满足日新月异的经济发展模式。对于P2P业务,信用评估是核心,而大数据是高效、全面、客观的信用评估的可靠保障。传统的信用考察只考察借款人的经济实力、还款意愿,其方式简单粗放,而大数据时代将对个体的信息进行全面的分析、整合,包括个人的个人信息、财产信息、社交信息、生活方式、网络行为等信息将形成差异化的评估,并极大地促进P2P业务的发展。

(二) P2P行业发展趋势

未来,P2P业务的市场占有规模将继续扩大,同时,行业相关的法律监管规制也将日趋完善,投资者、平台、借款人在交易过程中的投资、服务及议价行为也将回归理性。随着相关法律、法规的出台,P2P平台将逐步实现去担保化,回归大数据风险评估防控之下的信息中介模式。

(三) P2P与传统商业银行

英国的P2P平台曾经宣称,摒弃银行,每个人都有更好的交易。但是P2P业务在国内能否取代传统的商业银行仍值得怀疑。互联网金融对商业银行的冲击力度最终取决于国家出台何种法律政策。考虑国家政策方向,国家对互联网金融的定位,也极有可能支持传统金融行业向互联网金融发展,成为行业主导力量。

(四) P2P 与实体经济

P2P 业务迅猛发展的另一重要原因,是实践中融资成本的不断提升为个体在经济活动中带来了压力。很多 P2P 平台在创立之初亦宣称服务于实体经济,但实践中,P2P 业务对社会投资者投资实体经济的引导性较弱,很多投资人仍然倾向于收益较高的项目,具有很大的投机性和逐利性。应当注意的是,互联网金融和传统金融必须依托于实体经济、服务于实体经济,他们都离不开实体经济的内在实质性的支持。如果经济的基本面难以健康发展,金融层面是否还能具备长远可持续的发展是值得深思的。

六、结论

P2P 业务在我国的发展,一方面,源于现有融资体制和融资环境的客观需求;另一方面,又得益于现代互联网技术在国内的长足发展。但是由于国内的经济发展水平和征信系统的滞后,P2P 业务仍然在很大程度上受制于交易主体信息的匮乏和失真。由此,P2P 在国外信息中介的基础上发展出了多种形式的变化,这些变化一方面,使 P2P 业务在解决融资困境的同时,呈现出多样化的特点;另一方面,却加大了业务交易和借贷关系中的法律风险。

面对这样的困境,P2P 业务在国内如欲获得可持续的健康发展,必须回归传统的信息中介模式,仅为借贷双方提供撮合交易的机会,回归真正独立第三方的主体地位。与此同时,不断完善国内征信系统,保证个人信息的真实、详尽、准确。以互联网大数据为依托,为 P2P 业务搭建一个客观完善的风险评估体系,加强法律规制和行业自律相结合,方是促进这一业务良性运转的长远之计。

VIE 架构的拆解回归之路

孙 平[*]

最近资本市场的热搜词非"拆"或"私有化"莫属,国家为推行注册制的改革,拟对《中华人民共和国证券法》进行全面修订并提上日程,上海证券交易所亦为与注册制同步而推出战略新兴板,为创新型中小企业提供平台,并在准入门槛上比主板降低了很多标准。2015 年二三季度交互之际,A 股股市虽遭遇了牛市后暴跌的过程,但依然未影响部分中概股私有化及回归本土资本市场的进程。目前新三板平台给许多中小微企业提供了一个不可多得的融资平台,做市商的机制给大多数三板企业带来丰厚的利润,且新三板的转板机制也让更多的企业看到了希望,形成了巨大的金融产业链。根据路透社数据,在纽交所和纳斯达克上市的 200 多家中概股中,有 95 家采用 VIE 结构。[①] 2015 年 2 月 27 日,获得中国证监会核准首次公开发行股票的北京暴风科技股份有限公司(以下简称"暴风科技",300431.SZ)亦是通过拆除 VIE 架构回归 A 股的互联网公司,其创造的 30 多个涨停的神话,亦吸引了更多的中概股以及拟去境外上市的中国公司的回归。

一、什么是 VIE 架构?

VIE 架构是指可变利益实体(Variable Interest Entities;VIEs),即"VIE 结构",系依据美国财务会计标准委员会(FASB)制定的 FIN46 条款建立的财务概念,指境内的企业创始人在境外设立特殊目的公司作为上市实体(一般选择在开曼群岛、英属维京群岛设立,主要基于避税的目的),利用该上市实体在境内投资设立一家外商独资企业(WOFE),并由该外商独资企业通过协议的方式控制境内的运营实体(包括但不限于合法经营的公司、企业等),使境外上市实体实际享有境内运营实体经营所产生的利益,而该境内运营实体则为境外上市实体的可变利益实体。

新浪、阿里巴巴均系采用 VIE 结构,得以完成在海外证券市场的上市。美国证券交易委员会接受 VIE 结构的设置,因此,追求上市目的的中国公司通过 VIE 结构在美国上市没有障碍,VIE 结构仍然是中国互联网企业或其他限制性领域企业进入境外资本市场的主要途径。

---

[*] 北京市中咨律师事务所律师。
[①] 参见向晶晶:《史上最全 VIE 拆分上新三板历程》,载东方财富网,最后访问日期:2015 年 5 月 5 日。

二、回归的内外因素

中概股的国外估值低迷、国内外估值差异、政策因素是驱动中概股私有化引发退市潮以及设有 VIE 架构的未上市的中国公司回归的几大主要诱因。

(一) 国外估值低迷

根据中概股近些年来在国外资本市场的具体情况来看,很多中概股业绩持续偏高,但是估值却很低,究其原因主要有以下几个方面:

1. 做空

国外允许做空机制的存在,尤其在美国,大部分做空机构瞄准在美上市的中国公司,通过编撰唱空报告,做空这些公司的股票,使得大部分中概股受到质疑并陷入诚信危机甚至于引发诉讼和退市,比如中国手游、聚美优品、绿诺科技。② 正是这种恶性循环,引发了投资者对公司的关注度和信任度直接降低,缺乏吸引力导致成交量降低,从而使得市值更低。

2. 投资关注点不同

国内投资者关注公司的销售利润、业绩增长情况,但很多海外投资者关注更多的是公司的经营战略、发展潜力、行业基本情况,很明显国内外投资者在理念、认知、监管、信息的获得等方面均存在差异。如在美上市的医药企业同样不被看好,股票在美国证券交易市场持续低迷,因为西方的医药体系与国内不同,导致国外的投资人无法正确了解中国药企的具体情况,而导致股票流动性差,融资难度大,且市值无法得到提升,最后直至退市,如同济堂、天狮生物。

(二) 国内估值显著高于国外估值

目前,国内资本市场对中概股的估值与国外市场存在巨大的差异,究其原因,系此类中概股公司能在国外上市,也系经历"过五关斩六将"的艰难上市过程,公司整体资质并不差。另外,中国的投资者对本国企业品牌、产品服务等更为了解,使得这类公司更容易得到本国投资者的青睐,从而可以获得更多的融资渠道,并获得较高的估值收益。海通证券分析师荀玉根表示,目前 TMT(数字新媒体产业)行业的中概股相比 A 股的可比公司,均存在价值低估的现象,如国内网络游戏行业平均市盈率 171 倍,市值收入比平均为 38.9,而海外中概股市盈率约 20 倍,市值收入

---

② 大连绿诺环境工程科技有限公司(全文简称"绿诺科技")成立于 2003 年,是专业从事废水处理、烟气脱硫脱硝、节能和资源循环利用等新产品的开发、制造、设备成套和工程安装的高新技术企业。2007 年 10 月 11 日,绿诺科技在美国 OTCBB 市场上市交易。2010 年 11 月 10 日,Muddy Waters 组织发布研究报告,质疑绿诺科技伪造客户关系、夸大收入、管理层挪用募集资金等,导致绿诺科技发生股价下跌、评级降低、并引发集体诉讼等一系列连锁反应。2010 年 11 月 17 日,绿诺科技被停牌,2010 年 12 月 3 日,纳斯达克向绿诺科技发出退市通知。2010 年 12 月 9 日,绿诺科技被清理至粉单市场交易。

比仅为 4.7。③ 由此可见,中外对中概股的估值差异相差甚远。

(三) 政策因素

党的十八届三中全会指出,经济体制改革是全面深化改革的重点,并为推进股票发行注册制改革,加快实现监管转型,推进新股市场化发行机制。2015 年 1 月 19 日,商务部就《中华人民共和国外国投资法(草案征求意见稿)》(以下简称《外国投资法草案》或《草案》)公开征求意见,该《草案》将 VIE 架构的投资方式列入了监管的范畴,拟为 VIE 模式提供法律支持;2015 年 6 月 19 日,工业和信息化部颁布了《关于放开在线数据处理与交易处理业务(经营类电子商务)外资股比限制的通告》(以下简称《通告》),拟在中国(上海)自由贸易试验区开展试点的基础上,在全国放开在线数据处理与交易处理业务(经营类电子商务)的外资股比限制,外资持股比例可至 100%,这意味着从事电子商务类的企业(如京东、聚美优品、唯品会)可以不用拆除 VIE 架构直接回归,《通告》的颁布,为优质的创新型、成长型企业回归中国 A 股提供可靠的路径,并扫除了部分障碍。目前中国政府正致力于研究解决特殊股权结构类创业企业在国内上市的制度性障碍,即将推出的注册制改革也为中概股回归资本市场发展进一步扫平障碍。

除上述三大主要诱因外,中概股和 VIE 架构的非上市公司的回归主要还受到公司发展战略、架构重新设计、监管要求、部分成功回归并上市公司的榜样力量、中国资本市场环境等要素的影响,这些因素使越来越多的海外中国公司将加入回归国内资本市场的大潮。

三、拆解 VIE 架构面临的主要问题

目前,VIE 架构主要是通过协议(如:独家购买权合同、经营和管理协议、独家咨询或技术服务协议、股权质押协议等协议)控制境内公司,以获得境内公司的控股权、利润等,而非直接的股权控制。协议的存在意味着潜在风险的存在。另外,还因为 WOFE 的存在并不能满足主板、创业板上市以及新三板挂牌的主体资格条件。因此,拆除 VIE 架构并进行重组是目前大多数 VIE 架构的中概股以及 VIE 架构的非上市公司回归中国资本市场的主要途径。但拆除 VIE 架构则面临许多无法回避的问题,具体有以下几个方面:

(一) 成本高

拆除 VIE 架构的首要事项就是对相关协议的解除,该等协议的解除则有可能造成解除方向另一方承担违约责任甚或支付大笔补偿金等。部分中概股的回归,在拆除 VIE 架构前需要进行私有化,从而需要支付大量的收购成本且难以控制。

---

③ 参见王彭:《估值差异成诱因 中概股返乡"淘金"》,载 http://finance.sina.com.cn/stock/t/20150629/051822538851.shtml,最后访问日期:2015 年 6 月 29 日。

拆除 VIE 架构后的借壳重组同样需要大量的成本并有可能承担税收优惠返还的义务。另外，无论是私有化、拆除 VIE 架构，还是借壳重组，均需要中介机构的支持，包括财务顾问、税务师、律师团队等中介机构的介入，相关中介机构的费用也系一笔不可小觑的开支。

(二) 时间进度长

中概股在回归的前期进行私有化亦需占用较长时间：首先收购方需要委任相应的中介机构，并向目标公司宣布相应的收购意向，由目标公司设立特别委员会委任中介机构；收购方与特别委员会就要约收购或者其他协议进行商谈磋商并制定相关购买要约，上述过程的完成需要较长的时间。除此之外，还需要董事会等决策机关的审批、召开新闻发布会、公开要约收购直至收购交割完成、退市，这大概需要 3—6 个月的时间，如果在此期间出现诉讼，私有化的相关时间可能还会延长。此外，相关 VIE 架构所涉协议的解除同样需要大量的时间去谈判、构建重组架构等，所以拆除 VIE 架构的时间成本，也应该是企业考虑的重要问题。

(三) 风险大

(1) 拆除 VIE 绝对不是心血来潮，应当考虑在恰当的时机，选择有利的时点，以及对公司有利的角度进行拆除。然而 VIE 架构的拆解对中概股来说面临的首要问题是寻找人民币基金或由人民币基金联合的财团接盘而使美元全部退出，如果没有愿意接盘的人民币基金，则 VIE 架构的拆除从开始就意味着失败了。

(2) 一方面，因为私有化收购的不是全部；另一方面，因为私有化的价格无法达到投资者的预期，则可能面临遭受投资者诉讼的情况，一旦涉及诉讼，则会阻碍私有化的进度甚至导致计划破产。

(3) 在私有化进程中，有可能遇到被国外做空机构质疑、故意砸低股价，面临着股票被做空的风险。

(4) 拆除 VIE 架构时，面临 VIE 架构协议的解除，合同相对方是否愿意解除，解除是否满足相对方的预期也系需要考虑的重要问题，因处理不当同样会面临着诉讼的风险。

四、暴风科技案例启示

百姓网仅通过一个月的时间就拆除了 VIE 架构，获得了高额的融资，并拟在新三板挂牌，而暴风影音作为首家拆除 VIE 架构并成功上市的公司，其在 A 股市场上疯狂涨停、拉高市值，吸引了众多公司艳羡的目光；目前，大部分设有 VIE 架构的互联网公司也已转变原计划的海外上市战略，转战到国内 A 股或新三板，甚至于部分中概股（如世纪佳缘、360、当当网）已宣布私有化，准备回归国内资本市场。不同的 VIE 架构拆解所需的时间也必不相同，拆除 VIE 架构一般经过对海外投资者股权的赎回、VIE架构所涉协议的解除、股权结构的调整、海外主体的注销等相关程序。笔者将以暴风科技 VIE 架构为例,论述其 VIE 架构拆解的过程及面临的法律问题。

(一) 暴风科技的 VIE 架构

根据《北京市环球律师事务所关于北京暴风科技股份有限公司首次公开发行人民币普通股(A 股)股票并上市的律师工作报告》,暴风科技的 VIE 架构如下图所示:

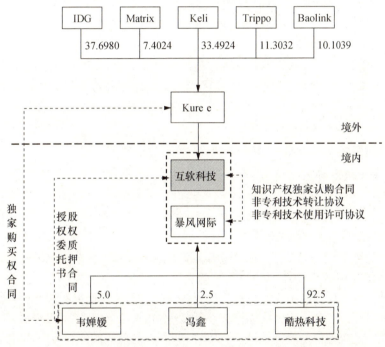

上述结构图显示:Kuree、互软科技与暴风网际建立协议控制模式,由互软科技与暴风网际签订《独家技术咨询和服务协议》,互软科技向暴风网际提供技术咨询服务并向暴风网际收取不低于3 000万元的咨询服务费,同时为保证费用的支付,暴风网际的股东冯鑫、韦婵媛、酷热科技与互软科技签订《股权质押合同》,由冯鑫、韦婵媛、酷热科技将其持有的暴风网际的全部股权质押给互软科技,为咨询服务费的支付提供质押担保;Kuree 与暴风网际及其股东冯鑫、韦婵媛、酷热科技签署《独家购买权合同》,约定 Kuree 或其指定人有权随时向冯鑫、韦婵媛、酷热科技购买其持有的暴风网际全部或部分股权,除 Kuree 和其指定人外,任何其他第三人均不得享有股权购买权;互软科技与暴风网际签署了《非专利技术转让协议》及《非专利技术使用许可协议》,由暴风网际将 5 项非专利技术转让给互软科技,互软科技再将该 5 项非专利技术许可给暴风网际使用;互软

科技与暴风网际签署《域名及网站版权独家认购合同》,约定互软科技对暴风网际持有的域名与网站版权拥有独家购买权;为了保障以上协议的实施不存在障碍,冯鑫、韦婵媛、酷热科技分别出具了《授权委托书》,不可撤销地将其在暴风网际的全部股东权利授予互软科技行使。

(二) 暴风科技 VIE 架构的拆除

2010 年 12 月,冯鑫先生、Kuree、互软科技、暴风网际及其他有关方签署了《终止协议书》,据以终止了 Kuree、互软科技与暴风网际之间的协议控制安排。当月,Kuree 与 IDG 及 Matrix 签订《股份回购协议》,由 Kuree 回购 IDG 及 Matrix 持有的 Kuree 全部股份,境外机构投资者 IDG 和 Matrix 不再持有 Kuree 的任何股份。

2011 年,Kuree 将其持有的互软科技的 100% 的股权转让给了金石投资和和谐成长,股权转让后,Kuree 不再持有互软科技的任何股权,互软科技从外商独资企业变更为内资企业,根据《重组协议》的约定,金石投资又将其持有的互软科技的 62.4560% 的股权转让给境内企业及自然人共计 10 家投资者。

Kuree 和互软科技正在注销中。

(三) 暴风科技 VIE 架构拆除所触及的法律问题分析

1. 境外投资外汇登记

《国家外汇管理局关于境内居民通过境外特殊目的公司融资及返程投资外汇管理有关问题的通知》(汇发[2005]75 号)(以下简称 75 号文)第 2 条规定:"二、境内居民设立或控制境外特殊目的公司之前,应持以下材料向所在地外汇分局、外汇管理部(以下简称'外汇局')申请办理境外投资外汇登记手续。"暴风科技 VIE 架构建立过程中,冯鑫等人作为中国居民,向国家外汇管理局办理了外汇登记手续,履行了相应的法定程序。笔者认为,对符合 75 号文规定而未办理外汇登记情形的,应当在企业上市申报材料前补办相关外汇登记手续,同时提交虽未办理外汇登记,但在境外权益形成过程中不存在违反外汇管理法规的行为的证明。另外,需提请注意的是,监管部门对境外特殊目的公司增资的资金来源是否履行相应的外汇登记程序也特别关注。针对境外特殊目的公司的增资,如系以股权激励为目的而发生,则不涉及外汇登记程序。

2. 税收返还

2008 年 1 月 1 日前,《中华人民共和国外商投资企业和外国企业所得税法》(以下简称《外商投资和外国企业所得税法》)为外商投资企业享有税收优惠的主要法律依据。根据《外商投资和外国企业所得税法》第 8 条的规定:"对生产性外商投资企业,经营期在十年以上的,从开始获利的年度起,第一年和第二年免征企业所得税,第三年至第五年减半征收企业所得税,但是属于石油、天然气、稀有金属、贵重金属等资源开采项目的,由国务院另行规定。外商投资企业实际经营期不满十年的,应当补缴已免征、减征的企业所得税税款。"而对 2008 年 1 月 1 日实施的《中华人民共和国企业所得税法》实施前已搭建起的 VIE 架构,因而可能根据《外商投资和外国企业所得税法》享受"两免三减半"的税收优惠。但拆除在此过渡期间搭建的 VIE 架构导致该外商独资企业变更为内资企业的,则面临着税收优惠返还的问题。针对此种情况,建议按照规定执行税收返还的要求,以便企业在上市过程中避免因税收存在重大处罚而使得公司上市存在障碍。

另提请注意的是,国务院于 2009 年 6 月 22 日颁布的《关于外国投资者并购境内企业的规定》第 9 条第 3 款规定:"境内公司、企业或自然人以其在境外合法设立或控制的公司名义并购与其有关联关系的境内公司,所设立的外商投资企业不享受外商投资企业待遇,但该境外公司认购境内公司增资,或者该境外公司向并购后所设企业增资,增资额占所设企业注册资本比例达到 25% 以上的除外。"依照此条规定,完成 VIE 架构设置的外商投资企业不享受外商投资企业的待遇(境外公司通过增资使得增资额占公司注册资本 25% 以上的除外)。

3. 消除同业竞争、规范关联交易

VIE 架构的搭建主要通过协议方式进行,且更多地表现为与关联方之间签订的各项协议,包括但不限于相关技术咨询服务协议、技术使用许可协议等,从而涉及关联交易且企业的生产经营对可变利益实体有可能产生重大依赖性,同时,部分关联企业之间有可能存在业务的一致性,因此,基于上市之要求,应当及早清理与拟上市主体存在同业竞争、重大依赖的关联企业。

4. 实际控制人变更

国内 A 股主板上市,对公司实际控制人要求 3 年内(创业板要求为 2 年)不得变更,对公司董事、监事、高级管理人员要求不得有重大变化,因此 VIE 架构拆除后能否保持实际控制人一致,这也是摆在拟上市公司眼前的一个难题,这就要求在 VIE 架构搭建的初期为回归国内资本市场上市留有余地。通过暴风科技案例分析可以看到,在控制协议存续期间,冯鑫既是暴风科技的实际控制人,同时又是作为控制协议之当事方的 Kuree 及其境内全资子公司 WFOE 互软科技的实际控制人。因此,暴风网际的实际控制人始终都是冯鑫,相关控制权并未发生变更。笔者认为,暴风科技的该种处理方式也不失为一种可行的方式,但是相关控制权是否变更确实需要大量的事实去验证,如若没有事实依据予以支持,则建议在实际控制人满 3 年未变更时,再决定申报 IPO。

5. 业绩的连续性和主营业务的稳定性

暴风科技的 VIE 协议虽然已经签署,但公司及其他协议主体均确认相关协议并未实际执行,外商独资企业互软科技与暴风网际并不存在协议控制的关系,暴风网际也未向互软科技转移过利润。且暴风网际为独立的主体,一直独立运营,且能够满足国内 A 股上市的业绩连续性和主营业务稳定性的要求。暴风科技 VIE 架构的拆除,保留了暴风网际主体的存在并作为境内上市的主体,可见当初 VIE 架构搭建的高明之处。

综上,笔者认为,VIE架构的拆除及相关主体的回归必然注定是风雨兼程,创业者们应当稳定心态,选择适合回归国内资本市场的最好时机,综合财力、风险、政策的变化、前景等因素做出统筹安排,是选择新三板还是A股上市,应当量体裁衣,选择适合公司发展的方向,并随时迎接资本市场所带来的各种挑战。

论"互联网+"时代非公开股权融资法律风险

邓露茸*

互联网股权众筹正在成为"互联网+"时代股权投融资的一种新形式为大众所关注。为规范市场,中国证监会于2015年8月3日发布了《关于促进互联网金融健康发展的指导意见》,将通过互联网形式进行公开小额股权融资的活动定义为股权众筹融资,其性质为公募。2015年9月1日开始实施的《场外证券业务备案管理办法》,将私募股权众筹正式更名为互联网非公开股权融资。① 至此,根据募资方式的不同,互联网股权众筹正式分为公募(股权众筹融资)和私募(互联网非公开股权融资),分别由证监会和证券业协会对其进行监管。

目前市场上出现的互联网股权融资的模式主要有三种,凭证式、会籍式与合投式。凭证式股权众筹主要是将股权与凭证进行捆绑,在互联网上进行募资,该凭证直接与融资企业的股权挂钩。依据目前上述法律法规对股权众筹的划分,凭证式股权众筹为公募式众筹,需要经过证监会的批准。

会籍式股权众筹与合投式股权众筹属于互联网非公开股权融资。

会籍式股权众筹的投资人为风险承受能力较强且有丰富投资经验的圈内人士,众筹平台对出资人的财务状况、资历、身份、甚至品格等有一定的审查。② 该种模式下投资人人数有限、人员相对固定、投资人身份特定,投资人广泛性的特点并不明显。

合投式即为"领投+跟投"模式,在该种模式下,领投人为具有丰富投资经验的专业人士,而跟投人门槛较低。合投式股权融资体现了募集资金的互联网特性与专业性,实现了大众投资,会成为未来互联网非公开股权融资发展的方向。本文将合投式的互联网非公开股权融资作为研究对象,分析其运作过程中的法律风险并提出相关对策。

---

* 天津观典律师事务所。
① 中国人民银行等十部门2015年7月18日发布《关于促进互联网金融健康发展的指导意见》规定,股权众筹融资主要是指通过互联网形式进行公开小额股权融资的活动。中国证券业协会于2015年8月11日修改的《场外证券业务备案管理办法》第2条第10项将"私募股权众筹"修改为"互联网非公开股权融资"。互联网非公开股权融资是在互联网发布的非公募性质的融资,与股权众筹融资概念相对。
② 参见刘俊棋:《众筹融资的国际经验与中国实践》,载《南京财经大学学报》2014年第4期。

一、合投式互联网非公开股权融资的基本模式分析

(一) 基本操作程序

合投式一般分为项目发起阶段、项目融资阶段及项目投后管理阶段。

在项目发起阶段,项目发起人在融资平台发起项目,平台对项目发起人及发起项目进行审核,通过审核的项目可以在平台上进行融资。

项目融资阶段,由平台审核通过的专业人士担任领投人,领投人和项目发起人进行磋商,对项目进行尽职调查、路演、估值等系列活动,选定项目并向跟投人介绍项目情况。跟投人根据领投人的介绍及自己对项目的了解,决定是否跟投。募资成功后,通常有两种对融资公司的入股方式,一种方式为领投人和跟投人成立有限合伙企业,领投人担任普通合伙人,由有限合伙企业入股融资企业[3];另一种方式为领投人与跟投人签订代持协议,由领投人代持跟投人股权成为融资公司的股东。

在投后管理阶段,领投人作为合伙企业的普通合伙人或者跟投人的代持人,代表投资人参与对融资企业进行管理,并合理安排投资人退出等事宜。

合投式互联网非公开股权融资的退出一般存在以下几种模式:

(1) 股权转让退出。该种方式是最为常见的一种退出方式,有限合伙企业通过将其持有的融资公司股权转让给第三方,实现从融资公司的退出。

(2) 清算退出。清算退出是针对投资失败项目的一种退出方式。风险投资是一种高风险的投资行为。对于投资人来说,一旦所投资的风险企业经营失败,就不得不采用此种方式退出。[4]

(3) 挂牌上市。通过将融资公司或用于持股的有限合伙企业在资本市场挂牌,增加股权的流动性,实现退出。如京北众筹和北京股权交易中心、上海股权委托交易中心达成战略合作协议,积极尝试在资本市场实现股权的退出。

(二) 参与主体

合投式互联网非公开股权融资的参与主体包括融资平台、融资项目发起人、领投人和跟投人。

1. 融资平台

平台作为中介机构,在融资项目的资金募集阶段及投后管理阶段起着融资服务的作用。

平台在项目发起中,要对发起人、投资人资质、发起项目进行审核,并对平台用

---

[3] 参见路演吧:《投资规范》,载 http://lyb.qinminwang.cn/,最后访问日期:2015年9月22日。
[4] 参见大家投:《投资人退出机制》,载 http://www.dajiatou.com/help-17.html,最后访问日期:2015年8月22日。

户进行风险提示,包括信用风险、市场风险、政策风险、管理风险等内容的提示。

在项目融资阶段,平台负责办理跟投人与领投人签订有限合伙协议等成立有限合伙企业有关事宜,并协助投资人将资金转入融资企业账户。

在投后管理阶段,平台为融资企业提供多种资源,协助领投人协调资源、扶持企业发展,提供完善的投后服务。⑤

2. 发起人

项目发起人应当提供真实信息,履行与平台签订的融资服务协议、信息披露义务等。项目融资完成后,发起人应当依据项目融资用途使用项目融资,并合理经营融资企业,保证投资人作为融资企业的间接投资人的合法权利,特别是保证投资人的合理退出权利。

3. 合格投资人

(1) 跟投人。一般合格的个人跟投人需要符合下列条件之一,最近3年个人年均收入不低于30万元人民币或金融资产⑥不低于100万元人民币。单位投资人需要符合投资单个融资项目的最低金额不低于10万元人民币。⑦ 申请合格投资人认证的投资者应当提供真实的注册信息和完整的财产、收入证明等,保证投资资金来源合法。

(2) 领投人。一般由有丰富投资经验的投资人作为项目的领投人。股权融资平台都对项目的领投人的资质进行了更加严格的规定,要求领投人在某个领域具有丰富的经验、独立的判断力、丰富的行业资源和影响力、很强的风险承受能力,一年领投项目不超过5个,有充分的时间可以帮助项目成长,至少有1个项目退出,能够专业的协助项目完善BP、确定估值、投资条款和融资额,协助项目路演,完成跟投融资等。⑧

领投人在整个融资阶段及投后管理阶段发挥着重大的作用。在项目融资阶段,对项目进行尽职调查,出具调查报告,同时要帮助发起人完善商业计划书,确定项目估值、融资额、投资者席位数及投资条款,推荐项目,落实跟投。投资人完成投资后,领投人与跟投人成立有限合伙企业,协助有限合伙企业入股融资公司或者由领投人代持跟投人股份入股融资公司。

项目融资后,领投人应代表投资人利益对融资公司进行管理,设计退出机制,帮助跟投人完成退出。

---

⑤ 京东成立投后管理团队,为融资企业提供一站式投后管理服务,通过京东创业生态圈对接到多种资源,包括京东商城、京东保险以及资深投后顾问咨询等服务。

⑥ 金融资产包括银行存款、股票、债券、基金份额、资产管理计划、银行理财产品、信托计划、保险产品、期货权益等。

⑦ 参见京东私募股权:《投资人规则》,载 http://help.jr.jd.com/show/helpcenter/311.html,最后访问日期:2015年8月24日。

⑧ 参见天使汇:《天使众筹领投人规则》,载 http://help.angelcrunch.com/leadinvest,最后访问日期:2013年11月11日。

在项目投资阶段及投后管理阶段,领投人接受跟投人委托,应当始终代表投资人利益进行项目操作及对融资公司的管理。

合投式互联网非公开股权融资,其本身存在操作流程及法律关系复杂,参与主体众多且投资人的投资经验、风险分析能力参差不齐等原因,导致该种模式下的私募股权众筹存在较多的法律风险。

二、合投式互联网非公开股权融资的法律风险分析

(一) 项目融资阶段

1. 融资平台利用格式条款限制投资人权利

融资平台作为合投式互联网非公开股权融资的融资中介,为私募股权融资提供服务与支持。融资平台格式条款的出现,便于规范投资人与项目发起人行为,提升了私募股权众筹融资的效率。

但格式条款的固定化,使投资人丧失了选择的机会,同时也无法体现私募股权众筹项目的个性化。而有些格式条款,则明显限制了投资人权利,违背了《中华人民共和国合同法》(以下简称《合同法》)中当事人平等自愿的原则,例如,京东《用户服务协议》规定:在合同有效期内,京东平台有权随时修改本协议条款和条件,并只需公示于其网站,而无需征得用户的事先同意。除非得到京东平台的书面授权,任何人将不得修改本协议。⑨ 该《协议》利用格式条款限制了投融资人作为合同主体应有的权利。

2. 信用体系不完善

依托互联网开展的非公开股权融资,由于交易平台的虚拟性及投资人众多的特点导致信息不对称。项目融资的顺利完成很大程度上依赖主体的诚信,但目前融资平台与征信系统并不关联,互联网非公开股权融资的参与人的信用状况难以得到充分的披露。

(二) 投后管理阶段

目前,股权众筹平台业务的竞争已经集中在了投后管理阶段,如何实现融资公司的顺利运作并实现对投资人的保护,成为合投式互联网非公开股权融资的核心问题。

1. 股权代持的法律风险

股权代持方式一般为,领投人与项目发起人或者是融资公司的其他股东签署协议,由其代持股份;跟投人作为实际出资人,其权利的行使与维护需要遵循最高人民法院《关于适用〈中华人民共和国公司法〉若干问题的规定(三)》中对实际出

---

⑨ 参见京东私募股权:《用户服务协议》,载 http://help.jr.jd.com/show/helpcenter/315.html,最后访问日期:2015年8月22日。

资人与名义股东的相关规定。

但因互联网的形式，打破了以往股东基于了解而成立有限责任公司的模式，公司实际出资人之间并不一定认识，在实际出资人想行使请求公司变更股东、签发出资证明书等权利时，导致获得公司其他股东半数以上同意存在阻碍，使得实际出资人的权利很难实现。

同时，股权代持是基于委托人和受托人之间信任而建立的，领投人作为名义股东应当为跟投人的利益行为，如果领投人违背诚实信用原则，将使跟投人的权益遭受损害。在领投人作为名义股东将跟投人的股权转让给善意第三人的情形下，跟投人只能要求领投人赔偿损失而不能恢复自己的股权。

2. 有限合伙企业入股融资公司的法律风险

互联网非公开股权融资投资人入股融资公司的另一方式为，设立有限合伙企业并入股融资公司。领投人成为普通合伙人，参与企业管理，并参与企业入股公司的管理。各股权众筹平台都对领投人的权利和义务作出了规定，如《天使众筹领投人规则》《大家投领投人规则》《京东众筹投资人规则》等，允许领投人对项目进行尽职调查、项目推介，同时可以在平台宣传自己所投项目。虽然各平台都对领投人提出了比普通投资人更加严格的要求，但是，如果拥有丰富投资经验和管理经验的领投人违背诚信原则，与项目发起人串通，通过关联交易转移利润或者以其他方式损害跟投人的权益，则很难被发现或者跟投人难以维权。

跟投人通过有限合伙企业与融资公司存在间接联系。作为有限合伙企业的有限合伙人，享有在合伙企业的相关分红权等权益，同时，作为融资公司的间接投资人，跟投人应当对融资公司的重要事项，包括股东名册、公司章程等享有知情权。但跟投人并不是融资公司的股东，上述权利并不能获得《中华人民共和国公司法》对于股东权利相关规定的保护。

以上股东权利的保护与行使，只能基于跟投人与代持人或跟投人与普通合伙人之间的协议进行保护，其权利保障力度较弱。

3. 退出的法律风险

目前众多的私募股权众筹项目，关于投资人成功退出的案例并不是很多。

投资人退出中最重要的问题是确定退出的时间和价格。除通过目标公司挂牌上市能够较为公允的确定股权价值，其他股权众筹项目一般在协议中对股权估值进行约定，这就导致了投资人可能在退出中丧失出资对应股权的部分价值。如果采用由领投人决定退出时机的方式，则退出时间和价格完全依赖领投人的经验判断及个人偏好，跟投人在退出问题上并无发言权，有可能不能最大限度地保护跟投人的利益。

三、合投式互联网非公开股权融资的法律风险防范

(一) 规范融资平台,保护跟投人权益

1. 明确融资平台的相关权利与义务

融资平台提供的《用户注册服务协议》等相关文件应当严格依照《合同法》对格式条款的相关规定进行规制,保护投资人的相关权利。禁止平台利用格式条款损害投资人的合法权益。目前,天使汇在服务条款中规定,服务协议项下的条款和条件构成双方完整和有约束力的义务,协议双方就本协议未尽事宜协商一致签署的补充协议或确认函,与本协议具有同等法律效力。[⑩] 该协议赋予了投资人与融资平台协商的权利,保护了投资人的合法权利。笔者认为,融资平台在今后的发展中,其提供的格式条款既要考虑到"互联网+"非公开股权融资的便捷性与规范性,同时也要尽量尊重投资人与融资人的合法权利,且适应私募股权众筹融资的特性,允许投资人与融资平台根据一些项目的具体情况进行一些特别约定,赋予协议双方平等的协商权利。

2. 完善信用体系建设

信用体系是互联网金融的基石,私募股权众筹的发展,更需要完善的互联网金融信用体系。一方面,可以利用大数据分析、云计算技术等技术手段完善现有信用评价和风险控制体系;另一方面,则要探索建立全国性的互联网金融信用信息平台,整合权威数据资源和会员信用信息,提高失信成本。[⑪] 同时,支持具备资质的信用中介机构组织开展互联网企业信用评级,实现融资平台的企业信用评级共享,增强市场信息透明度;鼓励会计、审计、法律、咨询等中介服务机构为融资平台提供相关专业服务。[⑫]

(二) 完善投后管理,保护投资人权益

1. 约定领投人义务,维护跟投人权益

(1) 限制领投人与融资公司的关联交易。由于领投人自身有丰富的管理经验和广泛的资源,融资完成后,领投人往往会参与融资公司的经营管理,或为融资公司生产经营提供一些支持,为避免领投人通过自己的关联企业和融资公司实施一些交易转移利润而侵害跟投人的利益,可以约定领投人在与融资公司进行关联交易时应当事先披露,并不得损害跟投人的利益,否则,领投人需承担赔偿责任。

---

⑩ 参见天使汇:《服务协议》,载http://help.angelcrunch.com/service,最后访问日期:2015年8月25日。

⑪ 参见龚映清、蓝海平:《美国SEC众筹新规及其监管启示》,载《证券市场导报》2014年第9期。

⑫ 参见中国人民银行 工业和信息化部 公安部 财政部 工商总局 法制办 银监会 证监会 保监会 国家互联网信息办公室:《关于促进互联网金融健康发展的指导意见》,载http://www.pbc.gov.cn/goutongjiaoliu/113456/113469/2813898/index.html,最后访问日期:2015年7月18日。

（2）加强领投人信息披露的义务。私募股权众筹融资的跟投人具有地域广泛性的特点，同时基于领投人为有丰富投资经验的专业人士，所以，为避免领投人利用自己的投资经验，损害跟投人的利益，应建立健全信息披露制度。领投人在融资公司涉及以下内容时，应及时向跟投人进行披露：第一，变更有限公司与融资公司的投资协议；第二，融资公司经营方针和经营范围的重大变化、控股股东或实际控制人发生变更；第三，融资公司的合并、分立、解散及破产；第四，融资公司发生重大亏损、重大资产重组、重大关联交易或其他重大事项；第五，融资公司董事长或总经理发生变动等。

2. 完善跟投人退出机制

现有互联网非公开股权融资的退出机制较为单一，多为由领投人根据融资公司经营的情况决定何时退出，跟投人没有太多的发言权，领投人的判断甚至诉求将直接影响跟投人的权益。完善跟投人退出机制，可以通过一些特别约定，既充分发挥领投人的专业优势，又能更好地保护跟投人的投资权益，如领投人和跟投人可以在合伙协议或代持协议中约定意向退出价格或退出条件、领投人对退出有最终决定权，但如果约定的意向价格成就而领投人决定不退出，跟投人可以要求领投人收购其股权或合伙份额。

互联网非公开股权融资将互联网融入风险投资，其健康发展将成为大众创业的一条途径。本文期望通过分析互联网非公开股权融资的法律风险并提出防范措施，能够促进互联网非公开股权融资建立更加透明、合法、合规的健康发展机制。

互联网股权融资走向的法律分析

唐有良*　冯俨祯**

以 2015 年 8 月 3 日中国证监会办公厅下发的《关于对通过互联网开展股权融资活动的机构进行专项检查的通知》(证监办发〔2015〕44 号)为分水岭,之前众多冠以"众筹"之名的互联网股权融资平台,除"东家"等个别的以外,都将改为互联网非公开股权融资,中国证券业协会已专门发文,把原《场外证券业务备案管理办法》第 2 条第 10 项中的"私募股权众筹"修改为"互联网非公开股权融资"。这是否意味着中国的互联网股权融资发生了改变呢?笔者的意见是,第一,问题并没有这么严重,证监会的上述举措,只能是更有利于互联网股权融资的规范,而不会因此妨碍其发展。第二,监管政策的明晰在现实中产生的导向性作用的后果之一,将是互联网非公开股权融资成为主流。

一、国家互联网金融政策的宗旨与出发点

我国的一系列政策表述说明,国家对互联网金融始终是从创新驱动发展战略、多层次资本市场、深化体制改革的高度,采用多种措施,以扶持、保障其发展,就其风险而言,只能是依法规范,而不可能因噎废食,限制互联网金融的发展。李克强总理早在 2014 年 11 月 19 日主持召开的国务院常务会议上,就提出了要进一步采取有力措施,缓解企业融资成本高的问题,要求"建立资本市场小额再融资快速机制,开展股权众筹融资试点";2015 年 3 月 2 日,国务院办公厅《关于发展众创空间推进大众创新创业的指导意见》(国办发〔2015〕9 号)提出,要完善创业投融资机制,发挥多层次资本市场作用,为创新型企业提供综合金融服务;要开展互联网股权众筹融资试点,增强众筹对大众创新创业的服务能力。2015 年 3 月 13 日,中共中央、国务院《关于深化体制机制改革加快实施创新驱动发展战略的若干意见》提出,"开展股权众筹融资试点,积极探索和规范发展服务创新的互联网金融"。2015 年 6 月 11 日,国务院《关于大力推进大众创业万众创新若干政策措施的意见》(国发〔2015〕32 号)提出,"丰富创业融资新模式。支持互联网金融发展,引导和鼓励众筹融资平台规范发展,开展公开、小额股权众筹融资试点,加强风险控制和规范管理"。2015 年 7 月 18 日,中国人民银行、工业和信息化部、公安部、财政部、工商

---

* 中华全国律师协会公司法专业委员会委员、河南博云天律师事务所首席合伙人、主任。
** 河南省律师协会公司法业务委员会委员,河南博云天律师事务所高级合伙人。

总局、法制办、银监会、证监会、保监会、国家互联网信息办公室发布的《关于促进互联网金融健康发展的指导意见》提出:"股权众筹融资中介机构可以在符合法律法规规定前提下,对业务模式进行创新探索,发挥股权众筹融资作为多层次资本市场有机组成部分的作用,更好地服务创新创业企业。"人民银行金融研究所互联网金融研究小组从股权众筹在我国多层次资本市场发展中的定位出发,提出了股权众筹发展的"54321"方案。"5"指股权众筹定位于中国的五板或新五板,作为多层次市场的一个延伸;"4"指不拘泥于传统金融投资的公募和私募两个类型,而是在此基础上再分层,构建"公募、小公募、大私募和私募"多层次发行机制;"3"指股权众筹可根据融资企业的不同发展阶段分为"种子层、天使层和成长层"三个层次;"2"指两条底线,即众筹平台不能搞资金池,也不可作担保;"1"指一条红线,即不能穿透目前《公司法》和《证券法》规定的 200 人的法律红线。在此情况下,股权众筹融资试点在《证券法》修改完成之前,便已率先出台。显然,国家的态度是规范、促进互联网股权融资的健康发展,而不是限制乃至否定,对此,我们没有必要对国家的互联网金融政策走向存在怀疑。

二、作为普惠制金融的一部分将得到大力发展

互联网金融通过金融脱媒,依据移动互联网、大数据、云计算,直接面向小微投资者和金融消费者,实现支付清算、资金融通、风险防范等金融本质的回归,并且具有快速、便捷、高效、低成本的优势和场外、涉众、混同的特征,以直接金融为核心的竞争型金融业态,优化了金融的资金融通和降低交易成本的功能,并能打破金融垄断,实现消费者福利。以广大小微融资者和中小投资者为中心,具有低信息利用成本和低交易成本优势的互联网金融,因其竞争型直接融资业态,缔造了一个非互联网金融交易极少能达到的、公开而透明的市场价格形成过程,也优化了债券、证券、资产证券化、货币市场和支付体系的价格发现功能。

三、未来将在规范管理、防范风险下进一步发展

毋庸置疑,当前的互联网金融确实存在诸多乱象,2013 年 P2P 融资炙手可热,但在 2013 年年底到 2014 年就出现了大规模的倒闭、跑路和资金周转困难等问题。2014 年,股权众筹快速发展,但欺诈问题也随之出现。私人和具有地方政府背景的担保公司在互联网金融业态中的作用不容小觑,但 2014 年下半年,四川和河南等地已出现担保公司的集体跑路潮。以上种种互联网金融领域喜忧参半的景象,引发了产、政、学、研等各界的关注。投融资者通过互联网平台进行的涉众性债权和股权融资,一方面,因合同法、证券法和证券投资基金法等立法的诸多限制,而受到不合理规制;另一方面,大量游离于民间借贷网络化和私募股权众筹形式之外的互联网金融交易,也处于立法空白与监管漏洞之中。迄今为止,以美国 2012 年《创业

企业扶助法案》,即《JOBS法案》为先导,英国、意大利和法国相继出台了有关众筹的相关法律,德国关于众筹的立法在征求意见过程中。我国的证券法也正在相应的修订过程中。随着监管政策的进一步明晰,互联网众筹将不再是无所顾忌的野蛮发展,而逐渐进一步加强风险防范,实现规范管理。

四、互联网非公开股权融资将是未来发展的主流

各国证券法面向社会公众融资都有着较为严格的管制,股权融资同样不例外,只有符合公司法和证券法规定的股权融资,才具有合法性。如果涉众人数超过法定的有限责任公司股东人数上限,或超过非上市股份有限公司股东人数上限,则构成公开发行证券,必须经过证监会核准。但是,一方面,众筹融资的企业基本上都无法满足严苛的公开发行条件;另一方面,其也无法承担证监会高昂的核准成本。目前大多数互联网平台所采用的互联网非公开股权融资,实际上就是脱离证监会核准的私募发行,由于其低廉、便利的特点,将成为众多小微企业的"救星"。

根据现行《中华人民共和国证券法》规定,公募是指向不特定对象发行证券的行为,或者向累计超过200人以上的特定对象发行证券的行为。公募的最大优势在于发行人能够最大范围地筹集到较多资金,但是公募发行须经监管当局核准注册,核准程序繁琐,发行条件严苛,成本高、周期长,这是融资企业特别是小微企业难以承受的。私募是指向累计200人以下的特定对象发行证券的行为,私募须依法登记备案。私募的最大特点在于投资者特定(投资者适当性),即投资者须是达到规定资产规模或者收入水平,并且具备相应的风险识别能力和风险承担能力,其投资金额不低于规定限额的"合格投资者"。

五、互联网非公开股权融资(私募)的法律风险之关键在于合格投资人管理

正如京东金融副总裁姚乃胜所认为:"私募的合格投资人一般是千万起步,信托是百万,而在股权众筹领域,在某种意义上,10万元就能成为VC、PE的LP。"目前,大多数人认为,可以从两个维度控制互联网股权融资的风险:限定投资人的资质和门槛;限定每个人的投资金额,以扩大投资人的范围。有必要对合格投资者进行分层,建立比传统私募更宽松,体现"金字塔型"的合格投资人结构,从而降低现有合格投资者的准入门槛,扩大合格投资者范围,让更多有资金实力和风险承受能力的投资者参与进来,适应投资者差异性的投资风格和风险偏好。这既是客观的需要,在某种程度上也是对投资者的一种保护。应当允许年收入不低于30万元、金融资产不少于100万元、具有2年以上证券、期货投资经验的自然人参与互联网非公开股权融资。只有合格投资者比传统私募投资者更广更多,真正体现普惠金融的意图,才能给该行业发展带来生机与活力。

当前投融资纠纷化解模式探析

苏翔志*

一、投融资公司的产生和发展背景

任何一个公司的产生和发展都需要两方面的因素：一是市场需求；二是法律和政策允许。作为当下热门的投融资公司也不例外。中国著名律师吕良彪先生几年前说过一句话："相对过剩的资金追逐相对稀缺的有价值项目；相对过剩的企业追逐相对不足的资金供给。"①这就是投融资公司产生的市场土壤，也是我们当时的国情——"中国人不差钱"。作为宏观调控的政策，自2005年到2010年，国家层面出台了关于允许民间资本进入国家重点领域的规定，其中最为鼓励民间资本的就是俗称"新36条"的国务院于2010年5月13日发布的《关于鼓励和引导民间投资健康发展的若干意见》。

有了市场需求，有了政策允许，剩下的就是需要找一个经营模式切入。网络金融P2P模式的兴起，为投资经营投融资公司提供了蓝本，投融资公司如雨后春笋般出现在短短的几年时间，无论是从量还是从规模上，都得到了空前的发展。但随着投融资公司的飞速发展，投融资公司挤兑潮的发生，使大量的投融资纠纷急剧爆发。

二、投融资纠纷产生的原因

1. 投融资纠纷产生的表面原因

表面看来，投融资纠纷产生的原因，是实际使用出借人或投资人资金的某个单位或个人，因为各种原因不能按期支付利息或到期本金，造成各出借人或投资人集体到投融资公司挤兑。

2. 投融资纠纷产生的深层次原因

（1）投融资公司不具有金融牌照，没有一个具体的监管部门，好像工商、金融办、公安局等相关部门都可以管，也都可以不管。不管就会放任自流。

（2）过去几年里，某些行业暴利鼓励了借款人信心，暴利时代的结束也让借款

---

* 四川信和信律师事务所副主任、四川省律师协会公司法委员会委员、广安市律师协会民商委员会副主任。

① 吕良彪：《赢在投资——投融资风险控制与争端解决的艺术》（博文），载http://blog.sina.com.cn/s/blog_493412cc01017iqz.html，最后访问日期：2015年5月5日。

人没了还款的信心和资本。

(3) 国家产业结构调整滞后,没有一个实体产业能代替也不可能代替以前某行业的百分之几百的利润。因为一个正常国家的一个正常实体产业平均纯利润约在 20% 左右,不可能达百分之几百,暴利时代只能是昙花一现。

(4) 国家宏观政策对投融资公司宏观监控滞后,国务院办公厅的 107 号文件——《关于加强影子银行监管有关问题的通知》,也是 2014 年年初才出台,且仅具有有限的监控手段,更未能落到实处。

三、当前投融资纠纷化解模式探析

根据现有的法律和政策,如今的投融资公司所从事的投融资业务,其经营模式大致可分为两种:一种是纯粹的居间服务,也就是类似于 P2P 经营模式;一种是建立有资金池的影子银行模式。两种经营模式导致化解其纠纷的模式也不同。

1. 纯民间借贷下的民事清偿模式

纯粹的居间服务下的民间借贷投融资纠纷,其实就是一个借款合同纠纷。投融资公司在借款合同签订过程中充当居间人,其收取的居间服务费是合法的;投资人或出借人与借款人之间的借款不能偿还的风险,由投资人或出借人自行承担,与投融资公司无关,但投融资公司提供了担保的除外。这种模式下的清偿,可能存在"赢了官司输了钱"的结局。

2. 建立有资金池的非法集资刑事清收模式

投融资公司通过其投融资平台建立资金池,低息吸进高息放出的行为,有可能涉嫌非法集资,具体可分为有融资项目的非法吸收公众存款和无融资项目的集资诈骗。

(1) 对于有项目的非法集资,可能涉嫌非法吸收公众存款罪。因为根据最高人民检察院与公安部联合发布的《关于经济犯罪案件追诉标准的规定》[2],非法吸收公众存款或者变相吸收公众存款,扰乱金融秩序,涉嫌下列情形之一的,应予追诉:① 个人非法吸收或者变相吸收公众存款,数额在 20 万元以上的,单位非法吸收或者变相吸收公众存款,数额在 100 万元以上的;② 个人非法吸收或者变相吸收公众存款 30 户以上的,单位非法吸收或者变相吸收公众存款 150 户以上的;③ 个人非法吸收或者变相吸收公众存款,给存款人造成直接经济损失数额在 10 万元以上的,单位非法吸收或者变相吸收公众存款,给存款人造成直接经济损失数额 50 万元以上的。

(2) 对于无项目的非法集资,有可能涉嫌集资诈骗罪。因为根据最高人民检察院与公安部联合发布的《关于经济犯罪案件追诉标准的规定》,个人集资诈骗,数额在 10 万元以上的,或者单位集资诈骗,数额在 50 万元以上的,应当依法予以

---

② 参见李立众:《刑法一本通:中华人民共和国刑法总成》(第十版),法律出版社 2013 年版。

刑事追诉。由于集资诈骗罪的主观恶性及社会危害性较大,对于数额特别巨大并且给国家和人民利益造成特别重大损失的集资诈骗罪,最高可判处死刑。

通过公安机关的刑事立案侦查,以控制人身自由促使投融资公司的股东或老板,拿出钱来偿还投资人或出借人,这是一种行之有效的以刑事立案推动民事清偿模式,但往往有清偿不能或不全的可能。

3. 市场配置下时间换空间的清偿模式

市场是配置社会资源的最有效手段,作为管理部门的政府,只能通过"无形的手"来调节资本流向,重塑市场信心,而不能简单地"按下葫芦起了瓢"地否定新兴市场。党的十八届四中全会也明确提出了要让市场在资源配置上起决定性作用。同时,2014年年初,国务院办公厅的107号文件——《国务院办公厅关于加强影子银行监管有关问题的通知》要求,对于无金融牌照且暂无监管部门的第三方理财公司,也属于影子银行范围,应当由人民银行行使监管权力。也就是说,国家对于具有市场需求的投融资公司的存在,是持肯定态度的。

如今在投融资公司制度层面的设计,缺乏第一个吃螃蟹的人。首先将现有负债率尚在可控范围内的投融资公司进行整合,包括人员整合、债权债务整合,让整合后的公司与债权人进行谈判,争取还款宽限时间。由整合后的公司股东或投资人拿出自有资金,存入政府指定的监管银行(类似于商业银行的存款准备金),通过银行的授信进行再贷款,分期偿还投资人的投资,以时间换取空间,让有限的资金由时间融解债务。但对于那种负债率已超出金融行业可控范围之外的和收钱后跑人的投融资公司,应严格适用刑事强制清收模式,绝不手软。

四、结语

综上,笔者认为,当前投融资纠纷的化解,不仅要通过刑事手段高压打击那些非法集资行为,而且还要通过宏观的制度设计,通过市场配置资源,重塑市场信心,民间资本才会有序且可控流动,人民群众才会安居乐业,国家才会长治久安。

通道投资项目的权益维护

王永刚[*]

一、背景

在经济新常态下,国家对产业结构的调整会影响到相关行业的投融资活动。随着传统投资方式和投资渠道渐趋成熟和规范,监管层对金融投资业务的监管更为严格。金融许可牌照(银行、信托、基金、保险、证券、融资租赁等金融业务许可证)的发放日益收紧,使得一些无牌公司的债权投资业务受限,不得不借道持牌公司的通道进行,甚至一些持牌公司为追求高额利润,也借用其他持牌公司通道。相关主体的投资业务尽管采取上述变通方式得以维系,但相关风险业已显现。本文结合一件利用信托、资管计划、委托贷款等多通道的投资业务,从其中一名投资人A小额贷款公司的角度探讨和剖析其中的风险和应对措施,以期对开展此类业务的投资人有所帮助。

二、案例

(一) 基本情况

投资人:A小额贷款公司、B城市商业银行
通道公司:S信托公司、Y证券公司、Z银行
融资人:W房地产有限公司

A小额贷款公司和B城市商业银行以自有资金共同委托S信托公司发起设立集合资金信托计划,其中A小额贷款公司认购6 000万元的劣后级份额,B城市商业银行认购1亿元的优先级份额。信托计划设立后,信托管理人S信托公司将信托财产委托Y证券公司设立资产管理计划,资管计划的管理人Y证券公司运营该资产,以委托贷款的形式通过Z银行放贷给W房地产有限公司,W房地产有限公司以土地使用权和在建工程向Z银行提供抵押担保。

该投资项目借用了三层通道,最终把资金放贷给了W房地产公司,从合法性角度分析,整个投资方案符合监管规定,但各通道公司均在受托文件中排除了自己的债权维护实体义务。

---

[*] 北京市地平线律师事务所。

(二) 项目现状

信托计划于 2015 年 4 月到期，但由于房地产市场低迷，W 房地产有限公司债务缠身，无力还款，仅向 Z 银行支付了少部分利息，本金和大部分利息未付。A 小额贷款公司为保护自身投资权益和止损，曾商请各通道公司以其名义启动债权追偿程序，但各通道公司均消极应对。此外，A 小额贷款公司也曾要求 S 信托公司原状分配信托财产（债权），但遭到了拒绝，理由为 A 小额贷款公司持有的为劣后级受偿份额，A 小额贷款公司急需一个投资权益维护和止损的方法。

三、法律关系分析

A 小额贷款公司以自有资金和 B 城市商业银行共同购买（设立）信托计划，该投入的自有资金为信托财产。根据信托文件，A 小额贷款公司作为委托人和受益人，享有信托利益，即其与信托受托人 S 信托公司形成信托合同关系，对 S 信托公司享有信托权利，包括信托收益和信托财产分配的请求权。除上述直接的权利义务关系之外，A 小额贷款公司与资管计划的管理人 Y 证券公司、受托贷款银行 Z 银行，以及最终债务人 W 房地产有限公司没有任何的直接交易关系，也就对该三单位不具备诉讼法意义上的诉讼利益，目前 A 小额贷款公司尚不能直接起诉最终债务人 W 房地产有限公司。该债权实现有无可能呢？以下对债权回归的必要性和途径进行分析：

（1）该投资项目是利用多层通道的非直投业务。鉴于各通道单位不享有项目实体利益，尽管各层的投资文件没有限定各通道机构诉讼追偿，但由于诉讼的不确定性和较大的诉讼风险，他们没有启动诉讼的动力，A 小额贷款公司也没有要求他们启动诉讼追偿的合同依据。

（2）虽然各层法律关系中，没有诉讼追偿的合同依据，甚至个别合同排除了诉讼追偿方式，但各通道单位有法律上的义务向上一层委托或信托人分配权利或交还资产。如通道单位拒不履行该义务，A 小额贷款公司可逐层向通道单位追索。在各通道单位收费有限而责任可能被放大的压力下，他们配合解决各层委托或信托关系的可能性是很大的。在足够的压力下，他们可以做而且是必须做的，就是按照各层通道文件的约定，逐层递次地向 A 小额贷款公司分配权利或交还资产。

（3）经一系列谈判或追索的最终成果，就是由 Z 银行起，递次向 A 小额贷款公司原状分配对最终债务人 W 房地产有限公司的包括从债权在内的到期债权，且要保证该债权本身的合法有效性、及债权转移程序的连续性。这一债权拉直及回归过程不需要一开始就诉讼解决，但需要各方一并参与，以减少债权确权的时间。

总之，无论是 A 小额贷款公司自己维权，还是再转让给他人维权，该项目的交易结构及交易文件，都要求所确定的债权资产要先回到首层信托关系中委托人和受益人的 A 小额贷款公司及 B 城市的商业银行手里,任何接手自非 A 小额贷款公司及 B 城市商业银行的该项目的最终债权,都存在程序上的权利瑕疵,将直接影响到债权转让的有效性,并进而严重影响受偿进度和最终受偿效果。待 A 小额贷款公司拉直法律关系直接持有对债务人的债权后,可再考虑债权转让并由受让人追偿的事宜。

目前,A 小额贷款公司已按照上述方案启动了债权回归的协商谈判工作。

四、本案及类似案件面临的法律问题

(一)债权原状分配和优先权

在上述拉直债权法律关系的过程中,最为关键的一步是信托财产分配至信托委托人的这一环节。由于存在优先级信托委托人,各方对于如何分配债权会存在极大的争议。由于经通道单位诉讼执行回收货币资产再进行分配的可能性较小,而且信托到期需要清算,因此,更为可行的方式是对信托财产进行现状分配。在本案中,现状分配就是对债权资产的分配。

按照银监会《集合资金信托计划管理办法》的规定,集合资金信托计划(以下简称信托计划),是指由信托公司担任受托人,按照委托人意愿,为受益人的利益,将两个以上(含两个)委托人交付的资金进行集中管理、运用或处分的资金信托业务活动。信托计划终止时,信托财产可以进行现状分配。因此,即便信托合同未规定现状分配方式,信托公司仍可依据《集合资金信托计划管理办法》对信托财产进行现状分配。

在本案中,B 城市商业银行持有优先级信托财产,其必然主张全部信托利益的优先受偿。而该案中的债权实际价值无法准确计算,因此对于债权资产的分配必然存在极大的争议,但 A 小额贷款公司主张现状分配有一定的合理性及法律依据:

(1)由于拟分配的债权资产无法进行准确定价,因此,无需也不能以债权实现可能性和评估价值折价分配。

(2)到期债权的额度可以覆盖优先级和劣后级受益人各自持有信托份额对应的投资本金和预期收益,至于优先级受益人 B 城市商业银行的债权是否足额受偿,无法在债权分配时予以考量。原状分配后,信托项下的优先分配约定既已满足,各自取得对最终债务人的债权份额的行权就由各受益人自行决定,其对自有债权的追偿和受偿没有优先和劣后之分。

(3)到期债权具有可分割性。不同于不可分物,债权可以按份共有,也可以按照份额拆分成独立的几份,由不同的债权人分别享有和行使。

(二)债权回归后的清收

A 小额贷款公司通过信托原状分配,取得对最终债务人 W 房地产有限公司的到期债权之后,即可自行对 W 房地产有限公司提起借贷合同之诉或进行债务重组自行回收，也可转让给其他专业处置不良资产的机构进行转让回收。

诉讼清收中要特别关注如下几个关键问题：

1. 案由

由于初始债权形成于借贷，无论经过多少手的转让，债权的借贷属性不变，案由应确定为借贷合同纠纷。

2. 诉讼保全

鉴于该项目债权附随有担保债权，特别是土地抵押和股权质押，如果已经按照担保成立要件的规定办理了各项抵质押登记，债权可在资产价值范围内优先受偿，如未发现债务人其他财产，则诉讼保全对实体方面的作用不是很大；但如果其他债权人针对抵质押物有多个潜在诉讼，从执行便利的角度考虑，还是有一定作用的，如本案进行诉讼保全且最先进入执行程序的话，就能保证本案执行法院主持分配，从而阻却将本案执行移送其他法院、免予本债权受偿受制于其他法院、其他案件的执行程序，降低债权不能受偿或受偿不足的风险。

3. 诉讼配合

如果信托财产原状分配彻底，包括债权文件、他项权权利凭证等均分割清楚，独立存在，债权人（A 小额贷款公司、B 城市商业银行）均有各自独立的行权凭证，则可以单独诉讼；如果债权（含担保债权）原状分配的形式体现为各债权人（A 小额贷款公司、B 城市商业银行）按份共有，则应当为必要的共同诉讼。

五、通道投资业务设计中应注意的事项

通道投资业务虽然可以保证投资模式的合法性要求，但投资目的无法实现时不利于投资人权益的维护和止损。就本案而言，处理本案投资项目清收事宜大致可分三个阶段：第一阶段也是关键阶段，为理顺债权关系阶段；第二阶段为债权分割（涉及信托财产的优先劣后关系）阶段；第三阶段为诉讼执行清收阶段。每一阶段中都包含大量的协商、谈判、文书制作、权利凭证变更、交接等具体工作，再加之当事者众多且利益诉求各异，可以确定的是，项目整个清收过程不会一蹴而就、一帆风顺，A 小额贷款公司应有长期作战的心理准备。当然，根据案件进展走向，结合债务人、担保人及案外利益相关人的偿还或代偿意愿和能力，也可以通过和解、调解结案，这也是由 A 小额贷款公司基于项目回收预期、项目价值再发现和深度挖掘的实际需要决定的，此不赘述。

本案提示我们，在开展通道投资业务尤其是多通道投资业务时需要特别注意以下几点：

（1）投资方案中须设置权利回归机制，包括债权关系强制披露和债权强制转让。

（2）交易文件中须明确约定通道机构的债权深度维护义务和追偿责任。

（3）投资人之间的权利边界一定要清晰明了，尽量减少共同债权的形成，防止

行权受限或被掣肘。

　　总之,通道投资模式虽然规避了合规性风险,但由于参与主体众多,法律关系错综复杂,投资人权利的落点不易掌握,投资人尤需注意在投资文件中设置切实可行的行权保障机制。

　　囿于能力所限,以上粗浅分析,权当引玉之砖,欢迎各位同仁斧正。

生技医药企业投资并购趋势与法律应对

夏 巍[*]

引言

2010年，国务院出台《关于加快培育和发展战略性新兴产业的决定》的通知，将生技医药行业列入国家战略性新兴产业，将其提升到国家支柱产业的高度。

2010年10月，工信部、卫生部、国家药监局三部委联合发布了《关于加快医药行业结构调整的指导意见》，将生技医药行业的"创新"和"整合"列为行业发展的关键词。政策的强势引领，直接引爆了对中国生技医药企业的投资并购风潮。

一、生技医药企业投资并购趋势

1. 全球生技医药企业的投资并购趋势

根据PMLIVE的预测，2014年，全球医药企业的并购趋势将延续2013年的繁荣景象，并逐渐呈现出以下趋势：

(1) 强强联手，特别是大型技术研发公司（包括研究所等非政府组织）和大型制药公司之间的合作。这可从新阿特维斯（Actavis）公司的系列收购案中，略见一斑。

2012年，华生制药（Watson Pharmacyclics）和阿特维斯集团（Actavis Group）出资56亿美元成立了新的阿特维斯（Actavis）公司。随后，通过新公司的平台，分别以85亿美元收购爱尔兰制药商华纳奇尔科特（Warner Chilcott）、以250亿美元收购森林实验室。通过该系列收购案，预计到2015年，Actavis公司将贡献150亿美元的年收入、40亿美元的自由现金流和10亿美元的协同效应和节约成本，效益十分可观。

(2) 通过分散投资、跨领域投资、退出非核心业务领域等方式，实现战略性、结构性的调整和优化。其中，对肿瘤、糖尿病、新型抗生素领域的强势介入和回归趋势，表现得尤为明显。

(3) 在并购标的选择上，更加关注具有产业融合背景的标的。随着技术的发展和创新，产业之间的界限越发模糊，产业融合催生出新的商业模式和服务产品。例如，移动医疗产业的出现，正是产业融合的产物。它的出现，无疑会对现有的生技医药医疗产业格局产生重大的影响。

---

[*] 四川师维律师事务所律师。

(4) 为应对专利断崖,出现了新的并购策略和模式。

2. 国内生技医药企业投资并购趋势

根据 2013 年中国创投的统计数据显示,无论在投资案例数,还是投资金额方面,生技医药行业的投资分别占创投总投资案例数和总投资金额的 12.5% 和 13.3%,在各投资热点中位居第二。

根据清科研究中心发布的《2014 年 PE 投资策略报告》分析,2014 年的 PE 投资,在投资策略上,更倾向全产业链布局,投资时点明显前移;在投资方式上,并购方式成为关注焦点;在投资方向上,生技医药行业将成为最大热点。

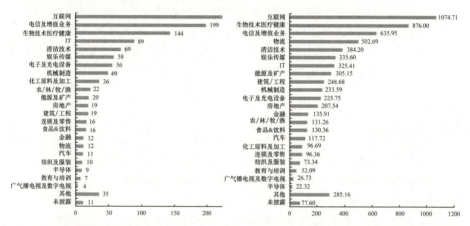

需要注意的是,国内的生技医药企业的投资并购,除了呈现出与全球趋势一致的特征外,还呈现出一些独有特点:

(1) 受国家政策调控影响极大。生技医药企业的投资并购活动是一项复杂的商业行为。不仅要受生技医药行业的相关法律、法规和规范性文件的规范,还会受到与资本市场相关的法律、法规和规范性文件的调整。

因此,国家对医改政策调整、对医药流通秩序的整顿规范、对医药行业的行政监管体系及政策的调整和变化、对社保基金监管体制和政策的变革,以及对公司法、证券法、国有资产管理办法、投资基金管理法、上市公司管理规范等法律、法规和规范文件的变化,都会对生技医药企业的投资和并购的操作,产生重大的影响和改变。

(2) 与外资的竞争加剧。近年来,全球医药行业巨头纷纷通过并购重组来整合实力,实现多元化发展战略。辉瑞、葛兰素史克(GSK)、赛诺菲、华生、默沙东、礼来、强生等医药大鳄,一方面,在全球范围内大手笔进行投资并购;另一方面,携资金、经验、资源之优势,与国内相关企业形成竞争,加快了国内的投资并购步伐。

二、生技医药企业投资并购趋势下的风险及法律应对

1. 政策风险及应对

如前文所述,生技医药企业的投资并购风险,来自国家对医药行业和资本市场的相关政策调整。这种政策调整的不确定性,对投资并购方及目标企业而言,是无法克服的。可以做的唯有加强企业自身对宏观政策层面的关注和研究,以期提高对政策变化的预见性和应对能力。而常年聘请法律、政策、行业顾问,作为企业的智囊,可以在某种程度上降低或化解政策调整的不确定性造成的投资并购风险。

2. 投资并购的估值风险及应对

无论投资还是并购,都会涉及估值问题。公司估值一般具有以下特点:是动态而非静态的;是受多种因素影响的;是难以建立有效数学模型精准定量计算且难以令双方共同认可的。公司估值的这些特点,决定了准确估值的困难程度和风险。其中,信息不对称是引发估值风险的最主要原因之一。而解决因信息不对称引发的估值风险的最佳举措,首推尽职调查和对赌。

(1)关于尽职调查。尽职调查是投资并购中必不可少的环节。尽职调查的目的之一就是要通过各种调查手段、渠道,持续挖掘、发现企业存在哪些可能影响投资并购目的实现的问题、因素和风险等。任何法律、商务、财务、税务等问题的发现,都可能影响估值,进而影响交易价格,甚至影响交易能否完成。针对生技医药企业的特殊性,相应的尽职调查应当特别关注以下问题:第一,关注投资并购的目的。目的不同,尽职调查的重点也不同。第二,关注投资并购中,对生技医药企业的不同资质要求,应审查其是否具备相关主体资格,同时,还应对生技医药企业的特殊行政审批文件进行审查。第三,关注生技医药企业投资并购过程中的专利等知识产权问题,例如,专利断崖的解决方案。

(2)关于对赌。对于生技医药企业的投资而言,对赌是消除投资中因信息不对称而引发的估值风险的制衡利器。

投资方和融资方之间存在着天然的信息不对称性,无论投资人做了多么完善、细致的尽职调查,都无法根本改变。"对赌协议"是一个可行的解决方案,即以公司未来某个时点的已实现的业绩作为估值,调整融资对价,实现股权投资价格向公允价值的回归。

3. 选择投资并购方式的风险及应对

生技医药企业投资并购的形式,根据投资并购的目的不同,也呈现出多元化趋势,如为完善产品组合的投资并购、为产业链整合的投资并购、为资源整合实施的投资并购。多种投资并购的诉求,会导致方式的创新。

值得一提的是,思科和红杉资本的协同并购模式。该模式也可以为生技医药企业所借鉴。思科的发展史,几乎可以视为高科技行业的并购史。而全球最大的VC红杉资本正是这部并购史的导演和推手。

为了应对足以导致思科商业帝国毁于一旦的颠覆性技术的出现,思科预见性地通过地毯式地扫描发现且并购这些新技术公司。但思科自己不适合扮演VC角色,它寻找到红杉资本与其协作,共同实施和完成该战略,即思科利用自己的优势在全球范围内寻找新技术公司,并由红杉资本对目标企业进行孵化和培育。孵化成功后,或溢价出售给思科或以换股方式实现、上市变现。可谓各得其所。

显然,这一并购模式所对应的交易结构,在层次上会更加丰富和复杂。复杂的交易结构和较长的交易链条,会增加并购的风险。如何应对风险?一方面,应当加强对交易结构中商务部分的前期可行性论证和后期优化;另一方面,应当加强对交易结构中法律部分的合法性研究,加强与交易结构相对应的文本的法律结构研究和设计,加强对条款的精细化工作等,以期从法律层面增加对因并购方式带来的风险的控制程度。

4. 并购整合风险和投后管理风险

(1) 并购整合风险及应对。对并购而言,并购双方面临的最大问题是双方存在企业文化、人力资源、业务资源等各方面的整合。只有整合顺利推进和有效完成,才能化解双方之间的矛盾与冲突,理顺关系,实现并购目的。

并购整合的风险是必须控制的,而对整合风险的控制,是律师必须参与也应当参与的工作。整合的风险控制过程,就是律师从企业的整体构架、规章制度、文化传统、管理流程等方面研究、体会并寻找合适的方案进行改造和衔接,最后达到融合的目的。在这个过程中,不仅要求律师对法律的深刻理解和运用上的把握,更重要的是对企业管理和资本运作的洞见,以及将两者有机衔接。这既是对律师的要求,也是律师工作的内容。

(2) 投后管理的风险及应对。如果是对生技医药企业的战略性投资,一般会处于小股东地位。如何避免其投资后的弱势地位,控制投后风险,实现投资目的呢?第一,可通过"对赌协议"实现事先控制。通过"对赌协议"的约定,将公司发展业绩与其投资目标绑定,利用投资时的强势弥补投资后的弱势,保障其投资目的和利益的实现。第二,加强投后管理控制风险。律师参与投后管理,加强对公司章程和制度的管理、重大合同管理、对外担保、对外投资等管理,以控制投后风险。

三、结束语

伴随着中国人口结构的老龄化趋势加剧、中国医疗体制改革的不断深化、科学技术的不断创新、市场需求的强劲增长、政策的逐步明晰等因素的影响,我们有理由相信,在未来的若干年里,生技医药企业的投资、并购仍然是大概率事件。生技医药企业投资并购中呈现出的趋势和风险,既是对法律人提出的挑战,也是难得的机会。

公司融资引发的风险分析

汤 拯[*]

政府的职能从指导性走向服务性,市场主体在经济活动中也完全面临一个新的环境,即面向全面的市场经济,充分地参与市场竞争。对于一个公司来说,要在竞争中立住脚、获得发展,就必须提高自己的竞争力。公司的竞争力来自何方?公司的品牌、公司的硬件投资、公司的软件投资、资本的充足……这些因素的综合情况体现了一个公司的竞争力。但在目前经济运行环境下,公司增加硬件设施(包括厂房、设备等的增设或更新),进行新技术的开发、购买,人才的培训或引进,都需要大量的资金投入。企业法人的本质就是通过经营资本创造新的财富,也就是政治经济学中所说的"资本—流通—资本",生产设备等生产资料要用资本购入、生产所需要的原材料也要资本购入、劳动力也需要资本购入……通过企业运营后,产生新的产品或服务,并在出售后获取剩余价值,达到资本的增加,因而,企业是以盈利为目的的法人组织,资本对企业法人具有非常重大的意义,公司不得不想方设法进行融资,并创新了不少的融资渠道和方式。

作为上层建筑之一的法律,在立法上具有稳定性和滞后性,对市场活动具有强有力的规范作用。市场经济的特点又是具有自由性、灵活性、效率性等。两者必然作为一对矛盾存在,需要正确面对。在激烈竞争中,公司主体要面临瞬息万变的市场,又要接受法律的规范,依法经营,这就难免出现融资过程中的创新与交易风险及争议。这些问题处理好了,公司获得较快的发展,在竞争中不断地做大做强。然而,不少企业在融资过程中,因各种风险、争议把控不当,将公司引向经营困难,甚至企业倒闭。公司在融资中有哪些风险和争议存在,应当怎么面对和处理才能将压力变为动力,让公司在融资活动中得到发展和壮大呢?具体分析如下:

一、目前公司融资中出现的几个现象

第一个企业是一个 4S 店(以下简称 A 公司)。最初 4S 店是一个个体汽修店,由夫妻二人创业。由于自己的敬业和技术的精湛,有了些资本积累。于是在汽修规划区内向农民租地扩大了汽修厂。后又与某一汽车厂家联办了 4S1 店,生意较好。为了提高公司的知名度和竞争力,公司决定融资扩大公司的经营。于是向金融机构借贷,再度投入公司厂房、设备等硬件设施。硬件上来后,又达到了几个品

---

[*] 四川同兴律师事务所律师。

牌汽车厂家的合作条件。4S行业是一个利润相对较好、市场前景也好的行业。公司又决定立即兴办4S2、4S3店。但问题出现了，由于前面的硬件投资已经在金融机构负债巨大，在资产反抵押担保的情况下，需要大量资金投入商品车的进购，才能通过车辆销售获取业绩和4S店资格的维持。于是就向朋友借款经营。先期利息成本还正常，但随着还款期限的陆续到期，被迫加高利率，借新债还旧债。这就产生了恶性循环。最后因大量的巨额利息负担，造成资金链断裂。东窗事发后，公司老总跑路了。政府介入后，公司法定代表人因涉嫌非法吸收公共存款罪被采取强制措施。由于本企业是朝阳产业，本身还有造血功能，债权人不希望企业倒闭，联合对公司负责人申请取保候审，恢复公司经营，与公司达成免息延期偿债协议，以确保本金的安全。

第二个企业（下称B公司）。在山西煤业中获得了大量的资本积累后，正向锂电池等高新技术行业发展。在按方案大规模投资后，修了一个比政府大楼还气派的大楼，带有700多平方米的广场。该公司在成都成立了子公司，又在某市建立了子公司的子公司。最后，因山西方面某些原因造成整个集团自身资金短缺，社会融资本息无力清偿，投资负责人涉嫌经济犯罪被采取强制措施，某市的公司在筹建过程中所获得的土地用于融资担保，所骗取的施工单位垫资保证金、工程款等不能清偿，上百名民工向政府申请主张欠发的工资……

第三个企业（下称C公司）是一家公墓经营公司。该公司到四周各州县游说老年人，鼓吹公墓风水如何好，用大巴将众人免费接送到公墓墓地观摩考察，通过介绍提成等方式发展投资者数量，后又对前往者许诺年固定回报率20%以上，炒作公墓赚钱。前两年，用新投资者的钱支付先投入者，还勉强支付回报率，后来公墓经营负责人自称到澳门赌博输了，本息难还，闹起大乱，政府一查，定性为公司负责人构成集资诈骗，采取了强制措施。

二、上述三案例中的法律问题

1. 三公司所涉法律问题

在A公司案中，融资借款对象是金融机构、小贷公司、亲朋好友，没有一个陌生人，由于老板的跑路引起债权人恐慌，政府为了平息民愤，对公司老板定了个非法吸收公共存款罪，后在债权人冷静下来后，对老板实行了取保候审。个人债权人与公司达成较长期限免息还款协议，金融机构同意还息展期，只有部分小贷公司不发表意见等待刑事案件的终结。从此案中我们可以看出，A公司的借款行为均是对特定对象的借款，不应当构成非法吸收公共存款犯罪。司法机关是否是为了保证企业财产不因受害人冲动损害而采取了刑事程序中的查封，是否为了保证公司负责人的安全而采取了强制措施，是否公司为了免息而自愿接受了刑事程序……我们都不便过深探究。但法律手段的正当性、合法性值得商榷。同时，我们也看到了此案在融资方面存在的几个突出问题：企业盲目扩大投资；银行为了保证资金回收不轻易作无担保贷款;民间融资利息过高让企业承担不起;企业因本息难还而经营困难。

在 B 公司案中,B 公司依靠不正当势力获得暴利,转行投资高新技术产业,对其是否为了洗钱而转行,我们不作主观臆测,但当利益后台倒了以后,其公司资产已被冻结,造成了其他子公司投资资金的短缺,引发了融资本息不能清偿。特别是在用部分投资以分期付款等方式获得了优惠价格的土地等资源后,又用于融资担保获得新资金,最后通过拍卖土地等由担保债权人优先受偿,欠下国家债务和合作伙伴们的垫资等。这种融资体现出以分期、部分投资换取期待利益,再融资不还,抵偿后获取差额利益,损害合作伙伴的合法利益。其表面上是合法的经济活动,其本质就是一系列的洗钱、合同诈骗行为。

C 公司的行为从头到尾就是一种类似传销方式的集资诈骗行为,纯属违法犯罪行为,不是公司正常的民事经济活动。

2. 融资的"创新"和本质是什么?

实际上,我国目前企业的融资方式大致有:并购、上市、信贷、债券、信托、创业投资等。由于目前我国的金融机构经营是严格受国家管理的,不像国外那么自由,还处于相对垄断经营状态。国家法律从立法上保障着金融秩序。融资市场以需方市场为主,贷款方即银行对放款条件、担保条件要求较高,正规低利率的贷款途径对于公司来说难度较大,公司发行债券的途径则更难。对于规模还不够上市条件的公司,信托融资的难度更大。公司融资的途径一般仅限于并购、私下借款等途径上。并购一般不增加资金量,通过并购融资的也很少。公司要在融资上有所创新,应当如何做呢?

从一些失败公司的融资历程看,融资中所谓的"创新"不外乎是私下借款,最常见的是借东墙补西墙,利率逐渐升高,最后利息负担超过公司的赢利能力,使公司陷于困境,公司在没有其他办法后就非法吸收、集资诈骗、合同诈骗等,最终走上企业犯罪、倒闭的不归路。

而那些成功企业的融资历程是:适当权衡自己的硬件能力、软件实力,在明白自己公司产能的情况下,规划出公司扩张的规模,量力而行。首选向金融机构、合法机构融资,这样的途径利率较低;等企业发展起来后再扩大融资,而绝不好高骛远,过于超前消费。他们更有一个从不逾越的红线,就是不非法融资!这是一个度的体现,也是融资成功与否的关键。哪怕这样的企业走到经营不下去的境地,清算终结企业,也不会引发严重后果,至少不至于走上犯罪道路,不会造成社会的严重混乱。

三、对公司融资风险防范的建议

从这些融资失败的案例中,我们应当吸取经验教训,关注在如下几个方面:

1. 应当完善融资制度和法律

由于市场经济的放开,我国的市场经济也在与国际接轨。国外的民间资金与金融机构资金并驱进入我国的融资市场。因此,我们应当建立和发展使民间资本进入的融资市场,形成一定的准入制度,在法律的规范下,为企业融资提供新的途径,让高利贷失去市场。这就需要有相关的制度和法律的配套出台,在法律上给予完善,以适应市场经济的需要和民间资本规范进入企业融资市场的需要。尽量克服法律的滞后性对市场需求产生的影响,不能因生产关系阻碍生产力的发展,使上层建筑为经济基础服务。

2. 加强对公司融资的事前监管

企业追求利润时,由于企业负责人的素质良莠不齐,难免出现急功近利、盲目扩张经营的情况。当事情发展到出现了高利贷、非法吸资、集资诈骗等后果时,我们的监管就是"马后炮"了,社会损害后果都造成了。因此,应当从法律、制度上形成事前监管,取代事后监管。让公司融资的行为在事前、事中、事后都要受到法律和制度上的实际监管,将不利后果扼杀在摇篮中。

3. 公司融资要有自控力,科学发展

作为公司来说,应当对自己的扩张行为进行科学的论证,量力而行。要把控好公司的投资规模,杜绝盲目扩张、好高骛远。其实,好把握的尺度就是,融资还款时的本息,在借贷时间内本公司正常经营情况下的创收收入能否清偿。坚持不非法融资。只有这样,才能保障公司可持续发展,也只有树立这样的科学发展观,提高公司融资的自控力,才可能做大做强,在激烈竞争中获得成功。

四、综述

在公司融资问题上,我国应当积极从制度上和法律上允许和规范民间资本进入融资市场,为经济建设服务。在法律和制度上要对公司融资行为建立事前、事中、事后的监管,让非法融资被扼杀在摇篮中。公司也应当树立科学的发展观,不要盲目扩张经营,量力而行地经营,坚决杜绝非法融资。只在这样,我们的市场主体才能得到更快、更好的发展,市场经济才会更加健康地发展。

关于私募投资基金的认定

赵燕颖[*]

一、私募投资基金认定的必要性

2015年1月23日,中国证券监督管理委员会(以下简称"中国证监会")发出《关于与发行监管工作相关的私募投资基金备案问题的解答》,从发行监管角度,要求保荐机构和发行人律师对私募投资基金参与证券投资的四种方式进行核查并发表意见:

(1)企业首次公开发行前私募投资基金投资入股或受让股权;

(2)首次公开发行股票(以下简称"首发")企业发行新股时,私募投资基金作为网下投资者参与新股询价申购;

(3)上市公司非公开发行股权类证券(包括普通股、优先股、可转债等)时,私募投资基金由发行人董事会事先确定为投资者;

(4)上市公司非公开发行证券时,私募投资基金作为网下认购对象参与证券发行。

2015年3月6日,中国证监会发出《关于与并购重组行政许可审核相关的私募投资基金备案的问题与解答》,在并购重组行政许可申请中,要求独立财务顾问、财务顾问、律师事务所等中介机构对私募投资基金参与的五种方式进行核查并发表意见:

(1)上市公司发行股份购买资产申请中,作为发行对象;

(2)上市公司合并、分立申请中,作为非上市公司(吸并方或非吸并方)的股东;

(3)配套融资申请中,作为锁价发行对象;

(4)配套融资申请中,作为询价发行对象;

(5)要约豁免义务申请中,作为申请人。

2015年3月20日,全国中小企业股份转让系统有限责任公司(以下简称"股转公司")发出《关于加强参与全国股转系统业务的私募投资基金备案管理的监管问答函》,要求主办券商和律师在不同环节提出核查要求;在企业申请挂牌环节,需要对申请挂牌公司或申请挂牌公司股东是否属于私募投资基金管理人或私募投资基金进行核查并发表意见;在挂牌公司发行融资环节,对挂牌公司股票认购对象和

---

[*] 北京中银(成都)律师事务所律师。

挂牌公司现有股东中是否存在私募投资基金管理人或私募投资基金进行核查并发表意见;在重大资产重组环节,对核查交易对手方和挂牌公司现有股东中是否存在私募投资基金管理人或私募投资基金,进行核查并发表意见。

基于前述三份问答函的陆续实施,将从事公司证券业务的律师对私募投资基金的确认,提到了具体操作层面。

二、私募投资基金的法律依据

我国关于私募投资基金的相关规定主要源于以下法律法规及规范性文件:即《中华人民共和国证券投资基金法》(以下简称《证券投资基金法》)《私募投资基金监督管理暂行办法》《私募投资基金管理人登记和基金备案办法(试行)》。

《证券投资基金法》于2003年10月28日第十届全国人民代表大会常务委员会第五次会议通过,由第十一届全国人民代表大会常务委员会第三十次会议于2012年12月28日修订通过,2013年6月1日公布并施行。之后,陆续出台了《中央编办关于私募股权基金管理职责分工的通知》(中央编办发[2013]22号)、《中央编办综合司关于创业投资基金管理职责问题意见的函》(编综函字[2014]61号)和《国务院关于进一步促进资本市场健康发展的若干意见》(国发[2014]17号)等操作性管理规则。

为落实《证券投资基金法》(2012修订),中国证监会于2014年6月30日第51次主席办公会议审议通过了《私募投资基金监督管理暂行办法》(以下简称《私募投资基金监管办法》),并于2014年8月21日公布并施行。2014年2月7日,中国证券投资基金业协会出台了《私募投资基金管理人登记和基金备案办法(试行)》(以下简称《登记备案办法》),就私募投资基金管理人登记及私募基金备案,进行明确规定。

前述三部法律法规及政策性文件与其他操作性管理规则形成了私募投资基金由主管机构中国证监会监督、中国证券投资基金业协会行业自律管理的体系。

三、私募投资基金的定义

(一) 现有法律法规及规范性文件定义模糊

笔者对前述法律法规及规范性文件中对私募投资基金的定义进行了比较与分析,发现私募投资基金的外延模糊不清。

《证券投资基金法》第32条规定:"对非公开募集基金的基金管理人进行规范的具体办法,由国务院金融监督管理机构依照本章的原则制定。"因此,私募投资基金的定义,由中国证券会依据《证券投资基金法》的原则制定。

《私募投资基金监管办法》第2条规定:"本办法所称私募投资基金(以下简称私募基金),是指在中华人民共和国境内,以非公开方式向投资者募集资金设立的投资基金。私募基金财产的投资包括买卖股票、股权、债券、期货、期权、基金份额及投资合同约定的其他投资标的。非公开募集资金，以进行投资活动为目的设立的公司或者合伙企业，资产由基金管理人或者普通合伙人管理的，其登记备案、资金募集和投资运作适用本办法。证券公司、基金管理公司、期货公司及其子公司从事私募基金适用本办法，其他法律法规和中国证监会有关规定对上述机构从事私募基金业务另有规定的，适用其规定。"

《登记备案办法》第2条规定："本办法所称私募投资基金（以下简称私募基金），系指以非公开方式向合格投资者募集资金设立的投资基金，包括资产由基金管理人或者普通合伙人管理的以投资活动为目的设立的公司或者合伙企业。"

从上述定义可知，广义来讲，但凡经营范围包括"投资"表述的公司或合伙企业，都可能被认定为私募投资基金。对于公司类的私募投资基金，由于《中华人民共和国公司法》及《公司管理登记条例》未将"投资"作为经营范围列入许可类，因此，很难与其他包含"投资"经营范围的普通公司相区别。而合伙企业类的私募投资基金，由于对普通合伙人没有强制性的规定，也很难与包含"投资"经营范围的有限合伙区别。在实务操作中，通常只能依据具体情况，对公司或合伙企业进行分析，进而判断是否为私募投资基金。这无形中加大了中介机构，特别是律师的压力。

（二）官方解释中列举不全面

在中国证券投资基金业协会关于私募基金《登记备案相关问题解答》第2条私募投资基金管理人登记及基金备案的范围中，对私募投资基金管理人进行了列举，包括私募证券投资基金、私募股权投资基金、创业投资基金等管理人应当向基金业协会履行私募投资基金管理人登记手续，所管理的私募基金应当履行基金备案手续。即投资基金协会更倾向于由基金管理人管理的基金备案。但实际上，有大量的公司类私募投资基金，没有基金管理人，却在进行私募投资；也有大量的有限合伙类私募投资基金，其普通合伙人并非是符合条件的基金管理人。

四、实务操作中的常见类型

（一）关于公司员工设立的持股公司或有限合伙

公司员工设立的持股公司或有限合伙，是公司与公司员工共同发展的一种重要方式。不少拟上市公司或挂板公司，在股改前后，会设立员工持有公司或有限合伙，持有拟上市或挂牌的股权。这类持股公司或有限合伙，从设立目的、运作模式、资金投资方向等情况判断，如其主要目的是实现发行人员工对发行人的间接持股，而非进行其他投资活动，普通合伙人通常为企业员工，负责企业日常运营，对外代表合伙企业，并未专门指定企业资产由专业的基金管理人或者普通合伙人管理，也不存在支付基金管理费情况。这类公司或有限合伙，不是以非公开方式向投资者募集资金设立的投资基金,不属于《私募投资基金监管办法》和《登记备案办法》认定的私募投资基金,无须办理私募投资基金管理人登记和基金备案手续。

(二) 关于持股并管理各子公司的投资公司

部分企业在发展过程中,因企业主营方向多元化或产业链由几家公司构成,常形成集团持股公司,无实际经营业务,主要承担持股及管理功能。这类公司从设立目的、运作模式、资金投资方向等情况判断,主要是公司原股东,通过投资公司实现对控股或参股的多家企业的间接持股,而非进行其他投资活动,并未专门指定企业资产由专业的基金管理人或者普通合伙人管理,也不存在支付基金管理费情况。因此,这类公司不是以非公开方式向投资者募集资金设立的投资基金,不属于《私募投资基金监管办法》和《登记备案办法》认定的私募投资基金,无须办理私募投资基金管理人登记和基金备案手续。

(三) 关于包含投资经营范围的公司

大量在经营范围中包含了"投资"类别的公司,公司有自身主营业务,并未专门指定企业资产由专业的基金管理人或者普通合伙人管理,也不存在支付基金管理费情况。"投资"作为经营范围,仅使公司对外投资时,无需再行审批程序。这类公司不是以非公开方式向投资者募集资金设立的投资基金,不属于《私募投资基金监管办法》和《登记备案办法》认定的私募投资基金,无须办理私募投资基金管理人登记和基金备案手续。

(四) 实务操作的特例

当然,在实务操作中,本文作者曾遇到过普通合伙人为自然人,并不具有基金管理人的资格,仍向投资基金协会备案为私募投资基金,也有私募基金管理人设立的全资子公司,进行股权投资,未被认定为私募投资基金。

经口头及电话咨询中国证券投资基金业协会备案窗口工作人员,工作人员陈述道,通常只要公司或合伙企业愿意备案为私募投资基金,条件可以放得比较松;对于备案为私募投资基金管理人的,需要提供材料,证明符合《登记备案办法》中对基金管理人的条件。工作人员还谈到,私募投资基金及基金管理人在实施协会行业自律管理的初期,由于备案公司或合伙企业量较小,有领导认为,有必要扩大备案公司或合伙企业的数量。因此,可以判断,在中国证监会两问答及股转公司的问答函出台后,私募投资基金及基金管理人的备案量会大量增加。

五、结论

本文作者认为,投资类公司或合伙企业是否属于《私募投资基金监管办法》和《登记备案办法》认定的私募投资基金,虽然部分私募投资基金特征明显,但对更多公司或合伙企业来说,需要从具体情况进行判断。而这类判断,有赖于律师或证券从业人员依法有理有据地进行分析并做出判断,使中国证监会的审核专员或股转公司审核员通过前述分析,能够判断公司或合伙企业的性质。

竞争性行业混合所有制公司结构设计初探

黄兴旺[*]

一、混合所有制经济与竞争性行业

混合所有制公司在实践中早已存在,党的十八届三中全会提出要积极发展混合所有制经济后,旧话题一下成了新热点。全会《关于全面深化改革若干重大问题的决定》指出:"国有资本、集体资本、非公有资本等交叉持股、相互融合的混合所有制经济,是基本经济制度的重要实现形式,有利于国有资本放大功能、保值增值、提高竞争力,有利于各种所有制资本取长补短、相互促进、共同发展。允许更多国有经济和其他所有制经济发展成为混合所有制经济。"混合所有制企业特指国有企业和非国有主体,比如个人、民营企业、外资企业共同组成的企业。

竞争性行业是指由市场机制调节供给与需求的产业。按照西方经济学理论,竞争性行业的基本特征是:没有一个生产者能够影响该行业产品的市场价格;每个生产者都以谋求利益最大化为经营目标;每个生产者进入或退出该行业是完全自由的。[①] 竞争性行业是相对垄断行业而言的,从法律意义上讲,凡是不需要某些行政部门特许设立、特许经营的行业就是竞争性行业。垄断性、半垄断性行业如何开展混合所有制改革,现在争议、分歧都比较大,如何展开有赖于中央细化的政策指引,而竞争性行业混合所有制改革已在各地广泛开展。竞争性行业开展混合所有制改革,其核心在于公司股权结构设计、董事会结构设计、经营管理层结构制度设计以及保证股东会、董事会、经营管理团队各负其责、有序运作,共同致力于公司、股东利益最大化目标的实现。

国企长期以来机制僵化、效益低下、市场竞争能力不强,还存在严重的腐败问题,经过数轮改革(每届政府上台都要搞一轮国企改革,有人笑称国企改革一直在路上),都没有得到彻底改观,核心原因在于长期没有解决所有者缺位问题。只要国企没有实现产权多元化,就不能解决所有者缺位问题。混合所有制是国企深化产权改革的重大突破,国资选择和民资混搭,引入的民营资本就是真正的所有者到位,民营资本的追求效益、追求效率、为自己代言的天性,会对国有资本的代理人起到良好的监督、推动作用。民资无论在股东(大)会上还是其推荐的董事在董事会

---

[*] 北京国枫凯文(成都)律师事务所主任,四川省上市公司协会中介机构专业委员会副主任,四川省上市公司协会独立董事专业委员会委员,同时担任5家上市公司独立董事。

[①] 参见国家计委宏观经济研究院课题组:《竞争性行业市场化与政府职能转变》,载《管理世界》1998年第8期,第102页。

上都会畅所欲言,对重要事项进行充分讨论甚至激烈争论,不会因追求会议和谐而捆住决策质量的手脚,也不会迁就国企高管追求营业收入而投资产能过剩项目。每一个不同所有权主体的股东、董事也认识到他们说的话是有用的,他的底气来自于实实在在的股权。只有每一个股东、董事能说三道四,通过的决议才不会不三不四。在单纯国企中,董事要发表与董事长不同的意见、看法、观点,不仅需要水平,更需要勇气。这样,国资引进民资这一监督人后,国资委的行政监督部分转化为民资的市场化监督,也能促进国企的去行政化改革。

民资选择和国资混搭,能拓宽民资投资渠道,间接破除一直被诟病的限制民资的投资门槛,当然,部分流动资金压力较大的民企也可利用国资的实力补充一下资本。

二、竞争性行业混合所有制改革的障碍

虽然党的十八届三中全会后各地均在开展混合所有制改革实验,但一些疑虑阻碍着民资向国资抛绣球或不敢接受国资主动抛来的绣球。

1. 产权能否得到平等保护

现在的混合所有制改革是否是新一轮的"公私合营"？前几年部分省份行政主导煤炭行业整合,指定国有企业强行收购民营煤矿,严重损害民营资本利益,让民营企业家心有余悸。部分民营企业家担心,混合所有制改革是否会演变成建国初期的公私合营,最终私有资产被公有化。

2. 国资是否需要控股

在国有企业改革的实践中,长期有这样一种观念存在于各方头脑中:国有企业要占控股地位,若不能绝对控股,也应是相对第一大股东,能合并报表;相应的,在董事会成员构成中,国有企业推荐的董事人员要占多数。民企认为,搞混合所有制,无法控股的民企将很难拥有话语权,可能沦为国企的"提款机"。2014年"两会"期间,全国工商联的一份提案也显示,在国有资本"一股独大"的股份制企业中,民间资本没有控制权和发言权,难以发挥民间资本反应快、决策灵活等优势,民间资本参与的积极性不高。

3. 部分国企的傲慢

部分国有企业负责人以官员自居,不时表现出国企的傲慢,言谈举止间无不显露出高于民营企业一等。部分民营企业家认为,懒得伺候国企领导,从而对国企敬而远之。

4. 国家对国资的管理

国资管理部门要管人、管事、管资产,部分民企认为,和国资混在一起会影响公司运营效率、产生机制僵化问题,比如公司股份制改革就要等国资主管部门批复国有股权管理方案,国有股权转让需要经济行为的请示、评估、进场挂牌交易并备案,国资管理部门要管领导人薪酬、企业工资总额、干部任命,等等,导致机制扭曲,影

响人才引进和市场竞争力。

除了上述民资的诸多疑虑,国资对混合制改革最大的疑虑就是国有资产流失。

上述种种已严重影响混合所有制改革的推进,让不少民营资本对参与混合所有制改革心存疑虑。笔者认为,在垄断性、半垄断性行业混合所有制改革如何具体推进尚有较大争议。在需要时间论证的情况下,对竞争性行业的混合所有制改革,中央层面至少国务院国资委应该出台一个指引性、细则性的文件,澄清社会上的一些疑虑,比如,完全可以允许竞争性行业不需要国资控股,由民营资本控股;要允许企业实行市场化薪酬制度和用人机制;国资委只能行使股东权利,不能行使资产处置、经济行为的备案、审批权;取消竞争性行业混合所有制公司国企推荐的董事的行政级别;混合所有制改革必须程序公开透明。只有明确了规则、打消了民资、国资的顾虑,民资才会主动对国资抛绣球,也会争抢国资抛来的绣球,国资也会消除混改导致国有资产流失的担忧。

三、竞争性行业混合所有制公司结构设计建议

混合所有制公司的配方研制就是如何设计良好的股权结构、董事会结构及经营管理团队激励与约束机制。

(一) 股权结构设计

为了保证公司治理民主,防范大股东"一股独大",股权结构设计一定要适当分散,避免单个股东持股超过50%。少数一方也要有一定的持股比例,成为不可忽视的关键少数,最好不低于1/3,以实现制衡。因为公司法规定很多重要事项要2/3多数通过,少数股东一方若持有的股权不低于1/3,只要少数股东不同意,股东会也不能对重要事项作出决议。党的十八大以前的混合所有制企业民资之所以没有话语权,很大程度上是因为民资所占股权比例太低。

(二) 董事会结构设计

良好的公司治理是混合所有制企业的基石。董事会作为公司治理的核心,其结构如何设计、如何运作,是解决民营资本与国有资本决策权担忧问题的关键。只有决策高效、制衡有效的公司治理,才能保证不同所有制股东有效参与企业决策、权利得到平等地维护。

(1) 不同的所有权主体要就董事候选人的名额分配和推荐达成一致,除非股权比例很集中,任何一名股东都不能有推荐过半数董事候选人的权利,以免任一名股东控制董事会过半数;

(2) 为避免国资背景董事和民资背景董事意见分歧过大,陷入僵局,也为了确保董事会的能力资源配置能够满足战略决策的要求,混合所有制公司应该降低内部董事比例,参考上市公司独立董事制度适当引进部分外部董事或者增设董事会观察员、董事会顾问等职位,这些外部董事、董事会观察员、董事会顾问应有大型企

业管理经验或者有法律、财务专业知识和实践经验。

笔者提供法律服务的几家混合所有制改革公司,都是民资股东和国资股东各推荐董事人选。其中某汽车租赁有限公司的董事会构成比较有特色,该公司董事会由7名董事组成,其中5名是股东董事、1名是外部董事、总经理作为职工代表成为董事。在公司成立1个月以后的一次临时董事会上,就公司以开拓长租客户为主还是长租客户和临租客户同时开拓、齐头并进的战略选择出现了激烈的争论,而后达成一致意见是,先利用党政事业机关公车改革的契机,重点发展长租客户。在这次董事会会议上,聘请的外部董事表现出了较高的经营战略眼光、水平,为董事会达成一致意见起到了良好的引导和弥合作用。这种战略的选择决定了后期一系列人员招聘、营销等策略的选择。某锻造公司在引进国资股东之前,其董事会成员均为公司高管人员,董事成员和高管团队高度重合,且董事背景、资历、经验趋同,都只熟悉制造业,而对资本运作缺乏基本认识,导致董事会议事、决策视野不宽、格局不大。2013年年底,与国资混合后,国资公司推荐的董事有丰富的资本市场经验,引导公司策划融资、收购、上市。2014年在全行业不景气的情况下,该锻造公司取得了良好业绩,准备2015年下半年正式提交上市申报材料。

(三) 经营管理团队激励与约束机制设计

混合所有制公司要取得商业上的成功必须依赖积极进取的经营管理团队。公司要对经营管理团队进行充分的激励和有效的约束,这就必须打破现有国有企业高管人员身份的禁锢,要实行职业经理人制度、年薪制、股权激励制度、员工持股制度等。国有企业推荐过来的高管须与原国有企业解除劳动关系并与新公司签订劳动合同,采用完全市场化的薪酬制度。

(四) 明确股东(大)会、董事会、经营管理层的决策权限及议事规则

两会一层的权力分配要根据公司经营业务性质、董事会成员和股东会成员(含股东代表)是否重合、注册资本规模、股东人数等多种因素综合考虑设计。若股东会成员基本上都是董事会成员,则除了法定由股东会行使的职权外,其他决策权都可以放在董事会,以提高决策效率。免得同一群人开了董事会后再浪费时间就同一事项开股东(大)会。若好几名股东不是董事会成员,则要按照决策事项所涉及的金额大小划分董事会和股东(大)会决策权限,以充分听取小股东的意见并让小股东充分行使表决权。董事会决策权限,比如对外投资、担保、重要资产处置一般不超过公司净资产的30%,超过30%的,应由董事会审议通过后提交股东(大)会审议。

(五) 股东投资协议的设计

章程是公司成立、工商登记的必要文件。大多数人认为,章程是对股东权利保护的重要法律文件,有章程的保护就可以了。股东投资协议不是工商登记的必要材料,因此很多公司成立前股东之间没有签署投资协议。但是股东签署投资协议对一些重要事项做出约定很有必要。

1. 弥补公司章程保护的不足

笔者接触到一些公司的股东争议,有的以大欺小,有的以小讹大,或多或少与股东没有签署投资协议,没有将商议的一些重要事项规定在投资协议中有关。因为公司章程并不能确保小股东的利益。即使章程把股东之间在公司成立之前达成的对某些事项的一致意见作了规定,但2/3以上表决权的股东可以修改公司章程,从而损害小股东的利益。若签署了共同投资协议,对每一名股东都有约束力,只要有一名股东反对,其他股东就不能修改投资协议的约定,就能充分保护小股东的利益。

2. 防范国资公司主要负责人变更对混合所有制公司可能带来的不利影响

现在的竞争性行业混合所有制改革的一个显著特点是国资公司的主要负责人和民营企业的实际控制人比较熟悉,有良好的感情基础,关系好,公司运行中出现的一些分歧、争议,容易沟通。一旦国资公司主要负责人退休或调换岗位,新的负责人与民营企业的实际控制人很可能没有感情基础,若没有投资协议的严密约定,产生争议、分歧时不易协调、不容易达成一致,从而会影响公司的战略决策,给公司的后续发展带来隐患。2005年,一家民企参与某国企的辅业改制,该民企的法定代表人曾任该国企的核心中层干部,为该国企一把手的直接部下,但正因有感情基础、信任关系,而忽视了投资协议的完善、严密、合法,签订的部分承债协议没有效力,在国企以委托加工合同收入抵偿债务等诱导下,半推半就地接受了国资部门批准的国企作为小股东全面承债的方案。而随着原一把手的调离,委托加工合同无从落实,该民企老板至今还为是否应该偿还债务与国企扯皮,错失了战略投资者的引进、银行贷款,改制企业在连年的扯皮中错失了很多发展机会。

股东协议要对股东参与投资公司的前提条件予以明确规定,比如,对主营业务的确定,对大股东、实际控制人、发起人的要求,等等,以免大股东或几名股东联合起来改变公司主营业务或改变某些单个股东作出投资决策的前提条件。

由于董事会在公司决策中起到核心作用,董事的提名权和当选权至关重要。为了保证公司成立时股东协商一致的对董事席位的分配权落到实处,各位股东应当在共同投资协议中明确规定,董事会候选人提名的分配,并规定其他股东应在股东会上对该股东提名的董事候选人投赞成票。若该候选人不符合《中华人民共和国公司法》(以下简称《公司法》)规定的法定条件,提名股东应更换候选人提名。21世纪初,西部某上市公司新进的第一大股东是民资,但其持股只有20%,第二、三、四大股东都是国资企业,在民企与当地国资管理部门闹矛盾后,在一次选举董事的股东大会上,三家国资股东联合对民企提名的董事候选人投了反对票,导致第一大股东在董事会里没有一名董事,最后只得惨淡退出上市公司。但若签了股东协议,其他股东对该民资股东提名的董事候选人若不投赞成票,就违反了合同义务,要承担违约责任。

股东协议要对股东(大)会、董事会的决策权限和程序,对关联交易的界定、决策权限和关联股东、董事的回避作出规定,当然,这些可以充分参考上市公司的一些规定来制定条款。股东协议还可预设一些其他条件,比如,股东根据《公司法》第75条的规定要求公司履行回购义务时,股权回购价格如何确定;也可规定大股东受让小股东股权的触发条件和受让价格。

参考文献

［1］张文魁:《中国混合所有制企业的兴起及其公司治理研究》,经济科学出版社2010年版。

［2］本书编写组:《党的十八届三中全会〈决定〉学习辅导百问》,学习出版社、党建读物出版社2013年版。

［3］傅子恒:《我国国有企业改革中的若干热点问题》,载《中国市场》2012年第16期。

［4］马永斌:《公司治理与股权激励》,清华大学出版社2010年版。

［5］朱勇国:《中国上市公司高管股权激励研究》,首都经济贸易大学出版社2012年版。

［6］刘李胜、刘铮:《上市公司激励约束机制——设计、比较与选择》,经济科学出版社2012年版。

［7］廖理:《股权分置改革与中国资本市场》,商务印书馆2012年版。

［8］俞红海:《股权集中下的控股股东侵占与公司治理研究》,南京大学出版社2012年版。

第四部分

非诉公司业务热点问题

浅论母子公司交叉持股的法律规制

陶云秀*

前言

随着公司法律和实务的发展，基于各种目的和原因而发生的母子公司之间的交叉持股现象日益增多。母子公司之间的交叉持股使得双方的注册资本"虚化"，内部人控制现象严重，各种违背股东和公司的法定诚信义务并侵害其他股东（包括上市公司的普通持股人）权益的现象也层出不穷。母子公司交叉持股空洞化公司的注册资本，减少了公司作为债务人的责任财产，损害了债权人和公司其他股东的利益，应立法予以规制。

一、交叉持股的定义和形态

本文所称的交叉持股，是指根据《中华人民共和国公司法》（以下简称《公司法》）及相关法律、法规的规定，有限责任公司和股份有限公司之间互相进行投资，互相向对方投资成为对方的股东而持有对方的股权。由于我国相关法律、法规还规定了其他类型的企业法人，比如《中华人民共和国合伙企业法》规定的合伙企业，《中华人民共和国个人独资企业法》规定的个人独资企业，《中华人民共和国全民所有制企业法》规定的全民所有制企业等，均不在本文讨论的范围之内。

交叉持股的具体形态可分为简单型、直线型、放射型、环形等几种基本形式。

根据交叉持股公司之间是否具有母子公司关系，交叉持股可以分为垂直式（纵向）和水平式（横向）两种，前者是指在母公司持有子公司股份的同时，子公司也持有母公司的股份，但数额不足以改变母子公司的关系；后者是指两个或以上的公司之间交叉持有股份，但这些公司之间并未形成母子公司关系。

根据交叉持股的具体状况，可将其分为五种基本形态：

（1）单纯型，即 AB，是指单纯地在 A、B 公司间，相互持有对方公司的股份，这是交叉持股中最为基本的形态。

（2）直线型，即 ABC，是指 A 公司持有 B 公司的股份，B 公司又持有 C 公司的股份，这是最为典型的垂直持股，形成母子公司、子孙公司的关系。

（3）环状型，是指 A、B 公司之间、B、C 公司之间、C、A 公司之间各有交叉持股情形存在，彼此间形成一封闭环状系统。

---

* 四川致高守民律师事务所律师。

(4) 网状型,即所有参与交叉持股的企业,全部都与其他企业产生交叉持股关系,例如,若有10家企业参加某一交叉持股制度,则公司A与其他9家企业各有交叉持股关系的存在;同样的,B公司也与包含A公司在内的其他9家企业各产生交叉持股关系。

(5) 放射型,是指以一家主力企业为中心,由其分别与其他企业形成交叉持股关系,但其他企业间则无交叉持股情形的存在,例如,A公司与B公司、A公司与C公司、A公司与D公司有交叉持股关系,但B公司、C公司、D公司间则未有交叉持股。

(6) 放射型的变形,是指在整体交叉持股结构中,有一个核心主力企业,以该核心企业为中心,其他企业为关联,形成一个放射状的相互持股关系。但与前项类型不同,B公司、C公司、D公司、E公司之间虽不完全相互持股,但间或亦有交叉持股情形存在。

二、母子公司之间交叉持股形态研究

上述几种类型中,第一种是最基本的形式,其他几种都是由第一种演化而来。现实中,公司交叉持股的形态可能并不是上述基本形式的一种,但可能是上述几种基本形式的复合形态。应当说,不同类型的交叉持股,其所需考虑的因素是不同的,例如,纵向交叉持股中的单纯型、直线型和放射型,因其属于具有控制、从属关系的母子公司间的交叉持股形态,因此,子公司持有的母公司股份,应该视为母公司本身持有的股份,在法理上应受到与自己股份同等或类似的规范。前述放射型或其变形的交叉持股,多属此类交叉持股形态;后者的横向交叉持股,则为不具控制、从属关系的企业间发生的交叉持股,其结果虽有可能危害资本真实等理念,但明显不同于自己的股份取得,此一类型的交叉持股主要有环状型及网状型等交叉持股形态。

由于上述交叉持股形态和类型较多,形成原因也各异,本文只分析和讨论第一种形态,即母子公司之间单纯型交叉持股的相关法律问题。

三、母子公司之间交叉持股形成的原因和危害分析

(一) 母子公司交叉持股形成的原因和类型

梳理母子公司之间交叉持股的形成原因,我们可以将其分成两种类型,一种是主动型母子公司交叉持股,一种是被动型母子公司交叉持股。

主动型母子公司交叉持股,是指基于母子公司的法人意思表示和主动的民事法律行为而形成的交叉持股。该交叉持股状态是母子公司主动的行为导致的,也就是说,该交叉持股是母子公司及其实际控制人均主动追求的法律状态。

被动型母子公司交叉持股,是指由于非母子公司的法人意思表示和主动的民

事法律行为而导致的一种交叉持股的法律状态。也就是说,母子公司之间原本不是交叉持股的,而是由于合同协议的履行或者司法裁判的执行而导致的交叉持股状态。这种交叉持股状态并不是母子公司主动追求的结果。

(二) 母子公司交叉持股的危害分析

从上述两种母子公司之间交叉持股形成的原因来看,母子交叉持股的形成,一种是母子公司均主动追求的结果;一种是第三种原因导致的结果。从动机上来看,主动型交叉持股是母子公司主动追求的,母子公司对此法律状态持追求态度,因此这种交叉持股一旦形成,多数会在一定期限内因一定的原因而处于持续状态。而被动型交叉持股的行为并非母子公司追求和积极行动所导致的,所以本文不讨论其动机,我们只分析主动型母子公司交叉持股的危害。

1. 虚增或抽逃母子公司双方或一方的注册资本

关于虚增注册资本,这应该是母子公司之间交叉持股的最常规动机。现举例说明如下:

甲、乙公司的大股东均为 A,因乙公司为建筑施工类企业,在申请建筑施工企业资质时,建设行政主管部门对其注册资本金有特别要求。为满足该要求,乙公司的股东 A 决定通过交叉持股的方式来增加注册资本。甲公司对乙公司增加注册资本 2 000 万元,乙公司对甲公司增加注册资本 1 500 万元。这样,乙公司的注册资本从形式上看增加了 2 000 万元,但是实际上,因为乙公司通过母子公司交叉持股,又向其母公司甲公司增加了注册资本 1 500 万元,则乙公司实际上增加的注册资本只有 500 万元。

2. 不当争夺公司控制权

以交叉持股的方式争夺公司控制权,是公司的实际控制人所采取的众多方法中的一种。争夺公司控制权是一个法律和财务的中性词语,并无道德色彩,但是以不当或者违法的方式争夺公司控制权就属于法律和上市公司规则应当规制的范畴。在我国目前法律规则缺失的情况下,以交叉持股方式争夺公司控制权被多家上市公司采纳,造成了内部人控制、监管缺失、股权操纵等诸多乱象。以下为相关上市公司交叉持股案例:

(1) 典型案例。方正证券(股票代码:601901)。据方正证券招股书显示,其第二大股东为利德科技。利德科技成立于1999年,注册资本为3亿元,主业是实业投资和投资咨询。截至2010年12月31日,该公司净资产约2.6亿元,当年亏损约1 295万元。就是这样一家亏损严重的公司,出资1.43亿元,作为方正证券第二大股东,拥有方正证券8.646%的股份。利德科技的股东有三家:成都市华鼎文化发展有限公司(以下简称"成都华鼎")持股55.67%;上海钰越投资有限公司持股30.33%(以下简称"上海钰越");上海方融贸易发展有限公司(以下简称"上海方融")持股14.00%。

据工商资料显示,上海钰越的股权结构为:成都华鼎持股33.53%;海泰克贸易发展有限公司持股34.89%(海泰克正是参股中国高科5.7%的公司,中国高科的大客户);利德科技持股31.58%。上海方融的股东结构为:利德科技持股18%,上海钰越持股82%。利德科技的三家股东通过相互之间的交叉持股,达到了虚增注册资本金、增强公司控制权、隐藏真实的公司实际控制人、规避监管等多项目的。从法律规制的角度讲,这样的股权安排极大地损害了公众利益,不应当允许在上市公司中存在。

(2) 其他案例。随着我国上市公司数量的增加,以进行市值管理、恶意收购抵御、公司控制权保护等为旗号而形成的交叉持股,已经成为上市公司采取的一个普遍手法。根据赵翠所著的《我国上市公司交叉持股的现状及启示》一书中的一个比较完整的上市公司交叉持股表,我国共有180多家上市公司交叉持股,市值达数千亿元。如此数量惊人的交叉持股现状,其对我国股市公信力的损害,对股民利益的损害无法估量。

3. 操纵上市公司股价,诱发内幕交易、关联交易

用交叉持股控制多个子公司和关联公司以操纵公司的控制权、股价等,是上市公司交叉持股的另外一个目的。

台湾台凤公司为了用子公司炒作母公司股票的需要,专门成立了凤华、凤翔和凤都3家子公司,并且借给3家子公司共计18.16亿元新台币,以供其买入母公司的股票。1998年3月,3家公司抛售台凤公司股票共获利18.43亿台币,投资回报率超过100%。同年5月,为了达到证券集中交易锁单的目的,凤华、凤翔又陆续买进台凤公司股票,至1998年7月,凤华公司持有近200万股台凤公司的股票,市值达到38.16亿新台币;凤翔公司近100万股台凤公司的股票,市值达到14.37亿新台币。台凤公司利用子公司买卖股票以持续不断拉升其股价,待炒作到高位时出货以获取利益,然后再以获取的利益继续炒作,周而复始以获取不当利益。据我国台湾地区检察机关统计,在基本面无实质变化的情况下,台凤公司股价在短短3个月内由66元被炒到257元的高价,涨幅达389%。

4. 其他非常规目的

四、交叉持股的法律规制

(一) 交叉持股法律规制现状

在现行《公司法》颁布之前,我国的一些规范性文件曾经涉及对交叉持股的规定。1992年2月,深圳市人民政府发布的《深圳市股份有限公司暂行规定》中规定:一个公司拥有另一企业10%以上的股份,后者不能购买前者的股份;一个公司拥有另一个企业50%以上的股份,则前者是母公司,后者是子公司,严禁子公司认购母公司的股份;一企业获得了一公司股份总额10%以上的股份时,前者必须在10日内通知后者。1992年5月,国家体改委发布的《股份有限公司规范意见》中规定,一个公司拥有另一个企业10%以上股份,则后者不能购买前者的股份。1992年7月通过的《海南经济特区股份有限公司暂行规定》第40条规定:一个公司取得

另一公司10%以上的股份时,必须通知对方。如未予通知,其在另一公司的超额持股,暂停行使表决权。公司相互持股超过前款比例的,后于另一公司通知对方的公司,视为未予通知,其在另一公司超额持股,暂停行使表决权,并必须在6个月内予以处理。

但是在1993年《公司法》颁布后,这些部门规章和地方政府规章统统失效,而《公司法》只是对于公司对外投资总额进行了限制,在一定程度上间接起到了限制交叉持股的效果,但2005年《公司法》修订时这一规定也被删除,导致目前我国法律层面的规范文件对交叉持股问题规制处于空白状态。

在部门规章层面,2012年10月16日,中国证券监督管理委员会发布的《证券公司设立子公司试行规定》第10条规定,子公司不得直接或者间接持有其控股股东、受同一证券公司控股的其他子公司的股权或股份,或者以其他方式向其控股股东、受同一证券公司控股的其他子公司投资。但由于仅仅涉及证券公司,对于其他亟须规范的投资公司、其他公司和上市公司没有涉及。

(二)母子公司交叉持股法律规制建议

考察中国上市和非上市公司中的母子公司交叉持股现状,结合国外类似情况的立法例,我们提出如下立法建议:

1. 严格禁止主动型母子公司交叉持股

从各国立法例可以看出,英美法系国家多对交叉持股持宽容的立法态度,在公司法上不对交叉持股做特别的限制性规定,但是,这样的立法宽容是基于该类国家在公司实体法或者判例法上更加严格的公司和股东诚信制度建立的基础之上的。例如,公司法上著名的"揭开公司面纱"的法人人格否认制度、股东债权次于普通债权的深石原则和上市公司严格甚至苛刻的信息披露义务,都是英美法系国家在看似宽容的公司法框架下极其严格的立法制度。没有这些严格的制度,有限责任公司股东的诚信责任无法立足。从我国的立法和司法实践来看,公司的法人人格否认制度虽有立法,但司法实践中适用非常罕见和困难,债权人想依靠该法律规定获得利益,几乎很难得到法院的支持,公司股东债权靠后的深石原则等,更是尚未在立法层面得到确认(深石原则虽有最高法院的司法判例给予支持,但立法层面甚至司法解释层面都未获确认)。

为此,根据目前我国司法现状,我们建议,以司法解释的形式明确禁止主动型的母子公司交叉持股,并对母子公司交叉持股采取"实质主义",即只要母子公司之间存在实质上是母子公司关系即可,不需要一定是"形式上"(即不一定需要在工商局登记),只要债权人有证据证明母子公司之间存在实质上的交叉持股现象,则母子公司相互之间就有义务证明其不违反法律的禁止性规定,否则即可认定为母子公司之间相互抽逃出资,应当在交叉持股所对应的出资额之内对债权人承担法律责任。

上述立法建议的依据在于我国《公司法》第20条规定,公司股东应当遵守法律、行政法规和公司章程,依法行使股东权利,不得滥用股东权利损害公司或者其他股东的利益;不得滥用公司法人独立地位和股东有限责任损害公司债权人的利益。《公司法》第35条规定,公司成立后,股东不得抽逃出资。根据《公司法》的相关规定,可以由最高人民法院以《公司法》司法解释的形式,将母子公司之间的主动型交叉持股行为归类为抽逃出资,并进而加以限制,即:公司不得直接或间接持有其所投资的公司的股权。违反本条规定的,债权人主张公司或公司股东对公司债务承担法律责任的,应予支持。

2. 限制被动型母子公司交叉持股

母子公司交叉持股还有可能是被动原因造成的,例如,因为司法裁判的执行而导致的母子公司交叉持股,这种情形的产生不是母子公司之间主动所为。但该情形的存在,仍然是减少了公司的责任财产,并可能导致公司控制股东对公司的不当控制。

在被动型母子公司交叉持股的情形下,我们建议,以最高人民法院司法解释的形式确认下列被动型母子公司交叉持股的解决规则:公司因其他原因导致持有所投资公司的股份的,应当自事件发生之日起2年内通知所持股的公司,并自事件发生之日起3年内,以合法形式注销或转让该股份。违反本条规定的,债权人主张公司或公司股东对公司债务承担法律责任的,应予支持。

我国上市公司现行收购防御实践研究

田 海*

导论

(一) 选题背景及研究意义

公司收购与反收购之间的斗争,已经成为世界主要市场经济国家极为普遍的经济现象,各种利益冲突充斥于这一场场斗争之中,矛盾常常变得异常尖锐。与并购相关的法律制度,几乎从这类斗争第一次出现开始,就一直备受冲击、考验,其间为了适应新的市场变化,唯有不断地完善、改进。收购与反收购的斗争与法律密切相关,这一斗争甚至从某种程度上讲就是利用法律为武器的斗争,法制化的水平决定了这一类斗争的结果、水平和影响。

上市公司的股权特征为公司收购提供了便利条件,大众持股的分散化、流动化前提更是敌意收购出现的必要土壤。因而在大量上市公司出现的年代,收购与反收购斗争逐渐成为现代公司管理、股权制度的重要课题,反收购措施的研究创新在实践中有着极为重要的意义。

在20世纪80年代出现的并购浪潮中,公司反收购机制在各方利益的不断冲突及平衡中得到了极大的发展,并在西方各发达国家之中相继建立起了较为完整有序的上市公司收购及反收购的法律机制。这一整套法律机制的建立及完善,既有国家出于反垄断、公共利益甚至经济安全的考虑,采取司法手段积极介入并规范的收购及反收购行为,也有目标公司利益群体被动应对恶意收购而被迫采取的各类反收购策略及措施。不论收购及反收购主体有何不同,其最重要的任务都是利益的调整、分配。在这个过程中,反收购措施引起了极大的关注,其所应当立足的法理基础受到了质疑,行为本身更是激起了从社会一般投资者、公司经营管理层,直至学术理论界的广泛而激烈的讨论。

反收购措施,亦被称为公司收购防御。在这一名称下,该类行为更容易被认为是具有正当防卫的合理性。收购防御措施是针对来自市场且具有敌意的收购行为的,这种敌意往往是站在公司管理层的角度而言。收购防御措施既可用于事前预防,对潜在的敌对收购产生威慑作用,也可以作用于敌意收购行为中,对敌意收购产生实际的阻碍甚至是回击效果。但是对于收购过程中的积极收购防御行为的实际效果,即收购防御正当性的问题,有相当学者持否定态度,他们认为,收购防御

---

* 四川运逵律师事务所律师。

的某些行为在缺乏法理支持的前提下，破坏了市场的正常经济行为，阻碍了收购行为下公司价值及股东利益的提升。在这种质疑下，收购防御措施开始以事前条款化的方式固定于公司章程之中，成为针对一切收购行为的防御条款。这一类对象不特定的被动收购防御措施，日益成为收购防御的主流。

然而，不论何种收购防御措施，其最为根本的目标始终没有发生任何变化，收购行为相关各方的利益调节、分配问题始终是决定收购及反收购斗争走向的最基本因素。收购方与目标方的利益冲突、目标公司股东及管理层的利益冲突、目标公司各类股东利益团体的冲突，这三对最基本的矛盾，决定着收购防御立法的具体设置及价值观上的最终取舍，在各国虽各有偏重，但始终不会放弃利益调节的努力而完全抛弃任意一方利益。

我国证券市场从1989年第一次试点运行开始，建立已经超过20年。较大的收购与反收购案例已经出现了十数起，其中较早的宝安、延中的收购事件就已经产生了巨大的社会影响，成为理论界及包括公司并购、证券交易在内的实务界广为研究、讨论的案例。之后的大港油田收购爱使股份、通百惠并购胜利股份，以及港股市场上的哈啤对SAB公司的反收购案。中国公司在美国股市上也出现了反收购案例：从2005年开始至2007年，在纳斯达克股市，中国两大IT网络公司新浪、盛大网络，上演了一场持续两年之久的经典收购、反收购案例。

在中国，收购防御措施经历了一个漫长而艰难的发展过程，但即使至今，我国的收购防御法律体系依然不能达到市场经济国家的最基本要求。证券市场及公司制度实践的落后现状是不可忽视的重要原因，然而立法滞后却成为拖后反收购实践的最根本原因。总的来说，中国的证券市场及公司治理环境都发生了重大的变化，如股权分置改革、现行《中华人民共和国公司法》（以下简称《公司法》）《中华人民共和国证券法》（以下简称《证券法》）的实施，都进一步加强了资本市场的流动性特征，收购措施的现代化也得以通过法律的规范确定下来。恶意收购大量出现的土壤已经具备，相较之，作为防守策略的反收购措施实施环境并无大的改善，即使上市公司纷纷修改公司章程添加收购防御条款，也没有真正得到现有中国法的明确认可，其在实践中的效果让人非常怀疑。

应该认识到，收购与反收购并非完全是相互斗争的制度设置，它们也同属于并购制度，是并购制度的重要组成部分。一方面，全面抑制收购措施的发展成熟，最终只会导致整个并购制度的畸形发展，从而毁坏并购制度在现代市场经济下资源调配、优胜劣汰的重要作用，使之完全成为投机获利的工具。而单方面完整的法律规范也不能真正在并购市场实现法治化的效果，当公司恶意收购行为大量出现，必然需要有效的、合法的反收购手段对那些优秀的、高效益的目标公司进行支援，从全球市场看，反收购法律的完善，更是对国家经济安全的必要保障。另一方面，当前中国经济发展迅速，重大的跨国并购事件时有耳闻，由于本土缺少反收购实践，因而中国企业在跨国并购中如何适应他国规范，尽量规避因法律冲突而带来的并购成本上升,也成为研究反收购措施的题中之意。

(二) 收购防御理论研究现状

即使当代的反收购措施在国外经济生活中的实践已经相当充分,但国外理论界在收购防御合理性、正当性问题上依然没有达成一致,对待收购防御的两种态度都获得了来自管理学、经济学、法学等多角度、多层次的理论支持。

在支持收购防御这一方面,首先,李普顿(Lipton)提出了"业务判断标准"[1],即敌意收购虽能通过收购要约提供给目标公司股东较高的股价收益,但是该短期利益与目标公司发展的长期利益不相符合。在该理论下,他又指出了公司管理者信义义务的重要性。其次,在斯坦因(Stein)的"管理层短视理论"[2]中则认为,来自收购者的压力,常常迫使公司管理层把现有公司资源投入短期项目,从而影响公司长期发展,而收购防御措施则能为其免于收购方威胁提供必要的保护伞,从而避免管理层短视,损害公司股东长远利益。在克虏伯(Kroeber)提出的"股东利益假说"[3]理论中,管理层因反收购措施的慎重选择被看作是股东利益的保卫者。

与此相对应,提出反对反收购制度的一方的理论依然相当充分。吉尔森的结构理论[4]首先提出"经济人"现象在公司治理结构中的重要表现,就是管理层的利己行为,反收购措施更是这种利己主义可能释放危险的途径之一,这种措施可能破坏股东及管理层的平衡结构。另外,一套广为流传的"经营管理层自保假说"[5],更是将管理层因反收购措施而获得的极大权力推到了风口浪尖,指责其耗用公司资源,损害股东利益,更指出,具有反收购措施的公司常常会降低收购者积极性,从而影响股东潜在及应有的利益。

对于反收购理论的支持,常常建立在公司长远利益及管理层信义义务的完全履行基础上的。而与之相反,反对的声音更为关注管理层利益与股东利益的冲突。笔者认为,恶意收购往往来自对公司当前发展状况或未来发展前景十分看好的收购方,经营管理层在此阶段前的经营努力不应当被忽视,仅因反收购措施的实施,而猜想管理层为了自保个人利益而损害公司或股东利益,往往与现实有很大出入。公司的长期经营而非利益短见,才应当是公司经营管理的常态目标,不排除个别为攫取短期利益而存在的公司,但其当然可以自愿放弃反收购措施的设置而达到目标。因而,笔者坚定支持由公司大部分股东决定,在其公司章程中自愿设置反收购条款,而不应在法律上强制性地作否定规范。

---

[1] Lipton, Takeover Bids in the Target's boardroom, The Business Law, 1979, (35), p.10.
[2] Stein, J.C., Takeover Threats and Managerial Myopirial, J.P.E. 1988, (96), pp.61-80.
[3] Kroeber, C.R., Golden Parachutes, Shark Repellents, and Hostile Takeover, American Economic Review, 1986, (76), pp.155-167.
[4] Ronald J. Gilson, A Structural Approach to Corporations, http://www.jstor.org/pss/1228401, 2009-10-8.
[5] Manne, H.G, Merger and the Market for Corporate Control, J.P.E, 1965, (73), pp.110-120.

在收购防御理论更为具体的问题上,各国的理论、实践皆有丰富的成果。国内近些年来不断引进、研究这些基础各异的基础理论及设置各不相同的法律制度,如在收购防御实施的决策机关问题上就存在着英、美两种截然不同的机制:股东大会决策制和董事会决策制,两种机制都有相应的理论支撑,国内学者在这个问题上的研究也比较充分⑥,后文亦将作出具体阐述。

关于国内对收购防御实践的批评及理论建议方面,学者王建文等针对现行应用的反收购条款内容简单、种类单一、尤其在具体运用上缺乏长时间实践认为,需要"明确界定收购防御条款"。⑦ 学者钟洪明则指出,行政监管机关在反收购条款的监管上权力过大、职责不清,需要留给公司治理以更多的制度空间,为制度创新及改进创造机会。⑧ 学者傅穹、陈林在反收购规则设置方面,更进一步地提出了"董事会中立"⑨的制度设计构想,力图兼顾收购过程中的各方利益,体现公平对待的基本精神。学者吴晓峰指出,董事会信息披露制度及管理层信义义务监督制度的缺失,造成了我国建设反收购制度的先天不足⑩,这一类保障小股东知情权等多项权利的基本法律制度是建立收购防御法律体制的重要土壤。

(三) 论文结构及主要内容

国内关于收购防御的法律理论研究开始已久,在引进及介绍收购防御措施及其基本原则方面已有较为详尽的文献可供学习参考,因此本文未将写作重点放在重复的理论阐述及制度建议方面,而是尽可能地收集当前中国已有的反收购实践信息及收购防御措施实际现状,极力描述实务界在此问题上的已有及新近的发展。

我国目前在"收购防御"这一领域,不论从立法进展还是从经济实践等诸多方面来看,都是落后于市场经济国家平均水平的。现在已有的理论研究已经超越现实的经济生活,本人资历尚浅、经验不足,在相关问题的研究上,深度必然不够,不足以达到解决问题的高度。因此,仅就个人所见,描述实务现状及困境,提出当前在该领域的某一些重要问题,并尝试描述问题产生的原因,就自然成为了笔者这次写作论文的主要目的。

另外,笔者在查阅相关论文及国外资料的过程中,逐渐发现中国法律界学者在研究收购与反收购问题时,往往将制度改进的焦点过多地集中于法制建设角度,要求立法支持反收购行为或是立法明确禁止某些反收购措施的观点都不鲜见,然而往往忽略了应该由谁去监管现行法律缝隙中的这些反收购行为,是美国模式的法院监管还是英国模式的自律组织监管? 反收购行为及其具体措施往往是跟着市场

---

⑥ 参见陈忠谦:《上市公司收购》,法律出版社 2007 年版,第 92 页。
⑦ 王建文、范健:《论我国反收购条款的规制限度》,载《河北法学》2007 年第 7 期,第 98 页。
⑧ 参见钟洪明:《上市公司反收购中的章程应用及法律规制》,载《证券市场导报》2007 年第 5 期,第 18 页。
⑨ 参见傅穹、陈林:《上市公司收购与反收购的规则变迁》,载《当代法学》2009 年第 3 期,第 96 页。
⑩ 参见吴晓峰:《公司并购中少数股东利益保护制度研究》,法律出版社 2008 年第 1 版,第 2 页。

发展而不断演变、创新的,仅仅想通过追求法制健全来限制这些不断变化着的市场行为,不正像夸父逐日吗?建立起一个健康的、满足市场要求的监管制度,监管机构则以公正、效率的办法解决并购纠纷,其重要性不亚于法制健全。出于这样的考虑,笔者另起一章,浅析了国外主要的收购防御监管制度,并提出了自己关于在中国建立收购防御监管制度的建议,虽然这些建议还不能算作成熟的制度设计。

基于以上的写作思路及论文价值取向,笔者多次修改论文架构,并最终将论文定位于以下三大问题,并依照本文的论据、论点的阐述思路和各部分相互间的逻辑关系确定以下框架:

在第一个问题里,本文简要介绍了"收购防御"包含的背景、含义及其理解、研究状况等基础内容。其间,主要以现有的研究材料为基础,对"收购防御"的法理基础、发展现状及未来趋势做了一个简单的介绍,为后续的论文写作提供基础资料方面的支撑。

在第二个问题里,本文首先详列了笔者收集到的、我国已有的收购防御案例及正在运行的收购防御措施。这一部分将通过实证研究、案例研究的办法,与学界已有的理论研究相接轨,回避空泛的纯理论阐述可能引起的弊端,形成可信可靠的事实材料及研究结论。其次,汇总国内关于收购防御的相关法律法规,介绍包括《公司法》《证券法》在内的法律对收购防御措施的规范,并就《上市公司收购管理办法》中与收购防御密切相关的条款进行详细解读,分析我国在上市公司收购防御法律规范上的发展进程。

在第三个问题里,本文将关注重点放到了收购防御的监管模式上,介绍并比较分析了美国的法院监管模式和英国的自律组织监管模式,最后在中国现有的上市公司并购行为监管体系的基础上,就收购防御监管模式提出了一些合理化的建议。

一、收购防御概念界定及价值取向

(一) 收购、反收购、收购防御相关概念的界定

1. 收购的基本概念

(1) 上市公司的收购

反收购行为因收购行为出现或可能出现而存在,任何反收购措施都是针对收购行为特点而设计、创造的,不论是对"反收购"的理论研究还是实务操作,其基础必然是"收购"行为本身。

大多数学者均认可,一般的公司收购均是以取得实际控制权为目的开展的,其形式多为股权收购或资产收购。而上市公司收购行为,因其特殊性,在概念界定上显得更为复杂。如学者陈忠谦提出,上市公司收购的目的是为了"获得或强化对某一公司的控制权",其收购途径除最为主要的"证券交易所股权转让活动"外,还可能存在"其他合法途径",其收购标的则仅仅是"上市公司股份",收购结果应当是

持有股份达一定程度,且"获得或者可能获得该公司的实际控制权"。[11]

2006年,中国证监会发布的《上市公司收购管理办法》(以下简称《管理办法》)则并没有提出一个官方的"上市公司收购"的概念,仅在《管理办法》第5条指出,收购人的收购途径为"取得股份""投资关系、协议、其他安排"及"同时采取上述方式和途径",这里用三种表述方式对收购目的或收购结果进行了描述,即"成为……控股股东""成为……实际控制人""取得上市公司控制权"。关于收购主体,《管理办法》明确地将"投资者"及与其"一致行动的他人"一同纳入收购人范畴。从世界范围看,各国官方在解释上市公司收购时,其内涵与外延均不同程度地存在偏差,英国与美国的法律条文甚至未对"上市公司收购"的概念加以界定。[12]

(2) 上市公司收购的分类

《管理办法》是我国现行的在上市公司收购领域的专业法律规范,从其具体规定来看,在我国,上市公司收购主要有以下四种办法,即上市公司收购的四种分类:

第一,爬行收购。"爬行收购"是最为基本的上市公司收购办法,是指收购人在公开的证券市场对目标公司股份通过集中竞价的办法进行收购。当多个一致行动人共同施行"爬行收购"时,具有极强的隐蔽性。《管理办法》中虽未明确提出"爬行收购"概念,但是出台的相关政策已限制"爬行收购"隐蔽性可能造成的损害后果,如《管理办法》"权益披露"章节中,提出了收购人(包括投资者及其所有一致行动人)应当在拥有目标公司股份超过5%时,向监管机构及证券交易所"提交权益变动报告",并通知目标公司、公告市场大众投资者,并且依照《管理办法》相关规定,在一定期限内限制其继续收购目标公司股票的行为。

第二,要约收购。"要约收购"是指收购人通过公告的形式,告知目标公司持有同种类股份的所有股东其收购条件,在其收购期限内,以要约确定的收购条件收购确定数量的股票的交易行为。因为存在"是否收购目标公司的全部股份"的区别,要约收购又分为全面要约收购及部分要约收购。

由于当上市公司股份集中达到一定程度时,可能对公司股东权益、公司长远发展、经营管理都产生极为重大的影响,因而要约收购在各国证券法律的股份交易管理中都占有极为重要的地位,以我国的《管理办法》为例,当爬行收购、协议收购、间接收购中的收购人已完成了目标公司的30%股份的收购后,再继续收购就必须采取要约收购的形式。

第三,协议收购。协议收购是指收购人通过与目标公司特定股东的协商谈判,就目标公司股份交易达成协议,并完成交易,取得上市公司股份的收购方式。

第四,间接收购。《管理办法》为了严格规范上市公司收购主体,保障证券市场稳定,特别划分了"间接收购"这一特殊的上市公司收购形式,旨在强调实际收购

---

[11] 陈忠谦:《上市公司收购》,法律出版社2007年版,第8页。
[12] 参见何美欢:《公众公司及其股权证券》,北京大学出版社1999年版,第700页。

人与收购行为人不相一致时,实际收购人应当纳入《管理办法》的规范之中的立法原则。"间接收购"是指当实际收购人虽然不因收购行为而成为目标公司股东,但通过投资关系、协议以及其他交易安排,实际取得目标公司股份及控制权的收购交易。

不论上市公司收购行为如何变化,其实质在于通过收购行为取得目标公司控制权,而获得控制权的必然方法是取得目标公司一定数量的股份,基于该份额的股份行使股东权利,参与公司经营管理。

2. 反收购、收购防御的基本概念

反收购与收购相对应,指的是针对收购方的收购行为,为避免控制权转移,由目标公司一方采取的防御行为,因而又被称为收购防御。大多数时候,反收购是针对恶意收购,而在章程中设置的防御条款或是收购过程中采取的防御措施。本文更多地采用了"收购防御"一词,主要是考虑到该类行为的目的是追求对目标公司控制权的继续掌握,而非对收购方的反击。

较早的敌意收购行为产生于20世纪中期的美国,而收购防御的出现则较为滞后,尤其是其具体法律规范(如《威廉姆斯法案》)的颁布及欧美法判例的出现更是在20世纪70年代左右。[13] 在这之前,恶意收购交易中,目标公司及其股东的权益保护并没有得到足够多的重视。证券市场的发展繁荣以及在欧美国家发生的多次并购浪潮,使得收购与反收购不论是在理论上还是实践中,都经历了高速的发展,单一的收购防御措施得以发展、变革、更新,大量各式名称的新收购防御措施不断被创造出来。

不论收购防御在新的时代经历了如何高速的发展,因其法律特征反映着同类概念的本质,而具有一致性。笔者认为,"收购防御"需要关注的法律特征至少有以下两点:

(1) 收购防御主体

关于收购防御的主体,不同学者的结论并不同一,如关景欣认为,它是以"公司管理层"为主采取的收购防御行为[14];范健等学者亦支持这种看法,指出上市公司收购防御行为是"目标公司的管理层……采取的各种措施"[15],但也有学者坚持认为,收购防御是"目标公司……采取的抵抗行为"。[16]

收购防御主体,应当是指能够采取收购防御措施的决策人,可能存在着管理层及代表目标公司意志的股东大会等情况,同时也不能忽略目标公司任意单个股东的反收购主体资格,因其为公司股份的直接持有人,也是收购人进行上市公司要约

---

[13] 参见〔美〕美国法律研究院:《公司治理原则:分析与建议》(上卷),楼建波等译,法律出版社2006年版,第261页。
[14] 参见关景欣:《公司并购重组操作实务》,法律出版社2007年版,第75页。
[15] 范健、王建文:《证券法》,法律出版社2007年版,第300页。
[16] 颜健、陈银华:《恶意反收购研究》,载《法制与社会》2006年第12期,第115页。

收购、爬行收购的相对人。总的来说,收购防御主体存在着复杂性及多样性特征。

(2) 收购防御客体

如前所述,收购是以取得目标公司控制权为目的的,而收购防御也是围绕着"保护公司控制权"展开的。股东对公司的管理权,仅有在控股后才能对公司经营管理起到实际的影响、控制效果,而收购方正是以此标准进行上市公司收购活动的,目标公司或其管理层要抵抗收购方收购成功的唯一办法,也是牢牢把握目标公司的控制权,避免公司控制权发生转移。"目标公司控制权"成为收购及反收购争夺的唯一对象,是收购防御的唯一客体。

除收购防御主体、客体两点因素以外,仍有学者提出收购防御的"利益性"及"措施选择性"也应为其重要特征。但笔者认为,法律关系的本质就是利益的调节,尽管收购、反收购过程中利益关系链条复杂繁多,但是其需要协调的众多利益需求及可能导致的利益冲突并非收购防御本质内容。至于收购防御措施选择性也更不能算是其本质特征,收购防御措施的实践发展迅猛、更新较快,措施选择、搭配上有着极大的技巧性和复杂性,但是收购防御不同措施不论经历何种变异、发展,其本质依然是争夺"目标公司的控制权"。

综合以上观点,笔者认为:收购防御,是指目标公司为抵御收购方通过收购行为取得目标公司实际控制权而采取各种措施的行为。

(二) 收购防御的价值取向

收购防御的价值判断及其立法、政策的价值取向问题一直是这个制度下争论最为激烈的问题。关于收购防御是否产生正面价值,即其是否对公司发展、价值提升产生正面效力,是否有利于增加公司股东利益的问题,是影响各国收购防御价值取向的最关键问题,也是各国立法机关、政策制定机关及司法机关对收购防御价值判断的最基本问题。

1. 收购防御价值的理论发展

公司控制权市场在全球范围的多次并购浪潮中逐渐建立并发展,其中,美国拥有全球最大的资本市场,而收购活动与资本运作密切相关,在该国超过半个世纪的公司并购史中,公司控制权市场在其特殊的经济环境、法律环境中茁壮成长,逐步建成了全球最为成熟的该类市场。在经济形势、并购环境的不断变化中,美国的收购防御与收购价值问题经历了最为激烈的争论,并且至今尚未结束。

较早前,美国关于规范收购行为的相关法律并不完善,恶意收购行为往往依靠"具有结构强制性的收购要约"的形式驱使目标公司接受并不合理的收购价格,对目标公司股东利益造成极大的损害,低效的控制权转移也破坏了目标公司价值。为抵抗明显不合理的"结构强制性"的恶意收购行为,早期收购防御措施被陆续创造出来,其在增进股东利益、保护公司价值方面起到了重要的正面作用。

然而,随着收购立法的不断推进更新,恶意收购行为得到了极大的限制,现代社会基本的要约收购原则性条款得以确立。收购要约持续时间、公平对待目标公司股东等强制性规定,基本解除了结构强制性收购要约的存在基础,包括"两阶段要约收购"在内的特殊恶意收购措施,更是遭到了美国各州反收购立法的迎头痛击,包括"公平价格条款"在内的州立法,使得结构强制性的恶意收购销声匿迹[17],收购防御最早的价值基础也因此而消失。在法制较完备的现代市场经济中,从抵御结构强制性收购要约的角度论争收购防御正当性的观点已经不合时宜。

此后,美国学者提出了新的理论证明收购防御在保护股东权益方面的正面效果。他们指出,管理层比股东更了解公司的内在价值及收购防御措施可能对股东利益产生的影响,因而管理层的收购防御措施,往往能够让股东得到的利益比接受收购要约时得到的更多。著名的"毒药丸"的创造者马丁·李普顿通过对数十起敌意收购案的研究,证明了管理层在敌意收购中保护股东权益的实际正面作用相当明显,他的这一研究报告在美国司法界影响巨大,先后有多起收购防御案件的判决依据,均来自这一份研究报告的结论。

然而对收购防御持反对意见的学者,很快就对李普顿的研究报告提出了质疑,指出其论文中案例选择常常并未考虑行业、市场的发展变化等因素,更有新的研究报告在更广的范围内采集收购防御措施对抗恶意收购效果的数据。新的报告指出,成功反收购的目标公司股东普遍在收益回报方面受到了负面影响。以此为依据,收购防御的反对者们认为,目标公司管理层并不能准确把握反收购是否能够增加股东收益。[18]

有的学者又认为,收购防御措施给目标公司提供了与收购方之间进行议价的筹码,即有意收购目标公司的友好收购方会考虑到目标公司具有收购防御措施,因而更倾向于通过更优惠的价格完成友好收购,从而避免收购失败后不得不采取成本更高昂的恶意收购。在特拉华州衡平法院的一个案例中,法官指出,该案例采用的收购防御措施,其作用是平衡"股东自由接受收购要约的权利"和"目标公司管理层议价的权利",州法院明确表达了对管理层采用收购防御措施增强议价能力以增强股东利益的支持。然而反对这一假说的学者很快通过实证研究的检验将其证伪。很快,这一反对的声音得到了理论及实务界的重要支持——在安然事件之后,美国公司法理论及各级法院判例都开始倾向于限制公司管理层支持收购。

收购防御价值问题在美国的曲折反复,实际上也反映了世界各国在这一问题上的矛盾重重的心理态度。如欧洲国家在公司控制权市场的谨慎态度:一方面,他们憧憬通过公司控制权市场的开放,约束公司管理层,提升公司经营管理能力,从而促进经济发展;另一方面,他们亦担心过多的敌意收购可能产生破坏公司正常经营及长远发展的结果。因而欧洲国家相继建立了区别极大的敌意收购及收购防御

---

[17] 参见伏军:《美国州反收购立法合法性问题分析》,载《金融法苑》2003年第6期。

[18] See Lucian Ayre Bebchuk, John C. Coates IV & Guhan Subramanian, The Powerful Antitakeover Force of Staggered Boards: Theory, Evidence, and Policy, 54 STAN. L. REV. 887(2002).

的法律，以致力于平衡其中所涉及的利益关系。

从当前各国关于收购防御及敌意收购立法的整体情况及发展趋势来看，对收购防御的谨慎态度及严格管理应当是主流思想，敌意收购方在更多的时候被认为是对公司治理结构及股东权益保护具有正面影响力的监督者。

2. 我国收购防御的价值取向选择

在考虑我国收购防御法律法规所应采取的价值取向问题时，应当注意收购防御价值问题是个非常复杂的问题，其复杂性并不在于其庞杂的理论体系，而更多的是实践的复杂性引起的不确定性。

首先，应当考虑到，至今已经被发明创造出来的收购防御措施数量较多，而不同的收购防御措施在同一次反收购过程中所表现出来的效果则不尽相同，即使是同一种收购防御措施在公司的不同发展时期，针对不同的收购方或不同的交易条件，也可能发生截然不同的效果。

其次，参考收购防御措施在欧、亚、美的不同境况可以肯定，社会环境、法制环境、经济金融水平、商业文化可能都会对收购防御措施产生较大的影响。一些被证明有过正面效果的防御措施，在他国使用时，则可能会产生负面效应。

最后，考虑到收购及反收购可能涉及的多个利益层面，其利益冲突及平衡机制的复杂性常常作用于收购防御效果之上，收购防御影响的考察常常因为公司短期利益的确定性与长期发展收益的不确定性、公司账面价值的确定性与公司潜在价值的不确定性等多方面的现实矛盾变得扑朔迷离。因此，任何企图对收购防御做出价值定性的努力，笔者认为都是徒劳的，至少在当前的市场经济发展阶段并不现实，因而在对收购防御进行法律规制时，应当是谨慎、辩证的，需要考虑周全、区别对待。

但总的来说，收购防御的价值取向在不同的社会环境、法制环境、经济金融水平、商业文化背景下，也是具有共通之处的。这种共通之处来源于当前市场经济法制下，各国的公司制度、并购制度的共同法理基础，而公司控制权市场全球化进程的加快，更进一步加深了各国收购防御法律法规在本质上的联系。

再从中国当前的实际情况来看。我国对待"公司并购"一直持有比较积极的态度，普遍认为市场经济应当实行优胜劣汰及资源优化配置，而在完全的市场经济条件下的并购行为，能够对公司的治理结构、经营管理，乃至股东利益保护起到外部监督的作用，促进公司管理效率及经济效益的提升，通过并购或其监督作用，增加目标公司价值，并为金融市场稳定、发展创造契机。[19] 更有学者结合当前国情指出，并购重组的重要作用在于"盘活存量资产，引入增量资产"，能进一步提升我国企业在协同性及规模性上的实力，将有增长潜力的企业打造为行业龙头，参与新的经济格局下的国际竞争，以实现增强整个国家的经济实力和国际竞争力的目的。

---

[19] 参见杨华：《上市公司并购重组和价值创造》，中国金融出版社2007年版，第2页。

"公司并购"在中国当前社会、经济环境下被赋予了多重使命,公司收购防御法律规制的价值取向问题,则应当服从于中国最基本的国情,服务于国民经济的战略性结构调整。

而"收购防御"在我国公司、证券市场以及国家经济安全等方面,存在着可以确认的很多正面效应。

首先,从公司长期发展看来,控制权的频繁转手往往导致公司管理层不关注公司长远发展所能创造的价值,而更为关心眼前利益。有效的、正面的收购防御,能够有效抑制因恶意收购导致的不效率的控制权转移,也可以避免目标公司因防御能力薄弱而受收购与反收购之战争频繁之苦,使得管理层能够较为稳定地推进公司的长期发展计划。

其次,我国证券市场发展过程中,曾涌现大量"恶意收购",如科龙、德隆系等典型案例,这一类恶意收购方,在成功收购多家上市公司后,往往会采取各种办法转移目标公司资产,严重危害证券市场的健康发展,损害了中小股东权益。随着市场的不断发展,原来以协议收购形式私下进行的少量恶意收购,可能升级为在公开市场上的收购行为且日益频繁。为应对这一类危害极大、影响极坏的恶意收购,应当在立法时考虑赋予目标公司适度的自卫能力。

建立对收购的适度防御,其最重要的价值意义还是在于保护国家经济安全及独立。例如日本在收购防御法制建设初期,尚无完整的实体法及程序法支撑,但是当国内行业龙头遭受来自美国的并购基金敌意收购时,日本从地方法院至最高法院均完全支持该目标企业采取的最为激烈的反收购措施,然而针对日本国内公司间的并购,政府则以公开、强硬的态度强调"慎用防御措施"。随着近年来中国经济举世瞩目的发展,在高速的经济发展下,一大批优秀的企业也随之脱颖而出,越来越多的跨国并购案也瞄准了优秀的中国公司。最近的徐工科技收购案、双汇集团收购案、苏泊尔收购案等,都是针对中国某一类产业中的龙头企业的并购行动,尽管这一类收购并不是敌意收购行为,但是却不断给政府管理者及中国企业敲响防御跨国敌意收购的警钟。收购防御法律规范在赋予目标企业收购防御能力的同时,也为国家保留优秀企业以及维护经济安全、独立提供了第一道安全屏障,同时也有学者指出,收购防御具有抑制垄断的作用,在反垄断上也可以缓解政府压力。与反垄断调查或是跨境并购审查机制相比,通过立法赋予上市公司收购防御的主动权,更符合市场经济的基本要求,更容易实现与国际公司控制权市场的接轨。

综上,考虑到我国当前控制权市场尚处于起步阶段,国家政策倾向于鼓励、支持公司并购行为,然而不可忽视收购防御在现阶段中国市场经济建设,尤其是金融市场建设中的重要意义。因而笔者认为,在收购防御法律规制的价值取向问题上,应当采取"适度从严限制"的态度。

二、我国上市公司收购防御及其法律规制

（一）我国上市公司收购防御实践

1. 上市公司收购防御实践的历史考察

国内学者普遍将我国上市公司的并购及收购防御实践划分为两个阶段，其划分界限是证券市场的股权分置改革。改革之前，即视为上市公司制度及证券市场建设的早期，股权分置制度及收购政策的制约，自由的上市公司控制权转移不可能大规模地实现，敌意收购在整个证券市场也并不常见。但是，实际的敌意收购行动却从中国证券市场诞生之初就确实存在，如1993年的"宝延风波"，作为中国最早的敌意收购及收购防御案例备受关注，引起了实务界、理论界的广泛讨论。其后，收购与反收购之战在中国证券市场就长期小规模地存在着，虽然这一类事件影响范围有限，但是反映了证券市场、并购市场的基本发展趋势，实际也是中国公司控制权市场的开端起始。总结股权分置改革前阶段的收购防御所呈现出的特征，有如下几点：

（1）股权分置结构对敌意收购的强制约效果

"股权分置"人为地将上市公司股票区分为流通股及非流通股，不同种类股票的股东在公司经营管理权及收益权等基本权利上享有平等的地位，而非流通股不能通过公开的股票市场进行交易。该制度设置之初的目的是保障国有上市公司的绝对控股权不被稀释，同时也是稳定建立中国证券市场之初，避免因全流通导致市场过载的措施。然而国有上市公司公开流通的股份常常只占其全部股份的极少部分（通常不到1/3），而其余的非流通股常常为一方或少数股东持有，划分为国家股、国有法人股或社会法人股等。在股权分置制度下的国有上市公司，股权结构如铁板一块，几乎没有实施敌意收购的缝隙可钻。有报告指出，在股权分置期间，上海地区上市公司的第一大股东平均持股比例高达41%。[20] 在这种条件下，收购方仅凭公开市场上的爬行收购，是绝不可能取得公司控制权的。观察在股权分置阶段已经出现过的上市公司并购行为即可发现，中国上市公司并购常常以非流通股股东与收购方的协议收购的形式，完成上市公司的股权交易及控制权转移。对于此阶段上市的具有股权分置结构的上市公司，敌意收购并不存在发生控制权转移的风险，收购防御并无实际需求。

（2）该阶段少数几家全流通上市公司常常遭到敌意收购

通常，遭到敌意收购的上市公司常常具备两个"目标特点"：一是流通股比例高；二是第一大股东持股比例较低，只有具备以上条件，才可能让收购方通过敌意

---

[20] 参见中国证监会上海监管局课题组：《后股权分置时期上市公司监管对策研究》（上海证券交易所合作研究计划课题报告），2006年12月。

收购手段收购流通股,并达到取得上市公司控制权的目的。如申华控股及爱使股份,其大股东持股比例远低于平均水平,基本保持在10%左右,这一在国内证券市场上较为特殊的股权结构给其带来了极大的敌意收购威胁,以上两家上市公司遭遇了多次举牌事件,期间各自的公司控制权共发生了4次转移。针对这一类具有明显的股权结构特点的上市公司的敌意收购行为,通常采用的形式是爬行收购,要约收购这一国外广泛采用的恶意收购手段,因在国内受到法律的强制性规范而遭到敌意收购方弃用,当时的《管理办法》要求要约收购仅能以全面收购的方式进行,因而在实践中仅有公司持有超过30%股份的大股东才会发起要约收购,从要约收购的实践效果来看,并不具有敌意收购的基本条件。

针对敌意收购方的爬行收购行为,暴露于敌意收购目标范围内的各上市公司纷纷制定防御措施,为敌意收购制造各种障碍,如同样具有"目标特点"的上市公司兴业房产,就曾在章程中制定"由6家发起人股东各自推荐1名董事,共同组成成员数为7人的公司董事会"等。

(3)上市公司通过章程条款设置管理层选任障碍,以达到防御目的

恶意收购方常常就条款合法性问题提出质疑,这一质疑在实务界、理论界也引起了一些共鸣,收购防御措施的合法性成为研究的重要课题。如在敌意收购方裕兴电脑对上市公司方正科技的收购战中,方正科技以公司章程规定的董事、监事候选人产生办法对抗裕兴电脑提出的管理层更换提案。方正科技公司章程规定:新的董事会候选人由原董事会审查确认;股东会对于董事会候选人仅有发表建议及意见的权利。又如,在华建电子对济百的收购战中,济百董事会通过决议反对华建电子重组,其所依据的理由仅仅是"认为华建电子不具有重组实力",而在此之前华建电子已经通过协议收购了济南国资局持有的济百近30%的股份。在收购防御中,与以上相类似的情况并不少见,在收购防御法律规范缺乏的这一阶段,关于收购防御措施合法性的界定,常常在实务界显得非常混乱,某些因收购防御而进行的法律诉讼常常因缺乏法律依据而进展缓慢,在济百收购案等类似案例中,收购防御决策权问题,董事会、监事会人选限制问题等一一被作为新问题提出来。

2. 上市公司章程中的"收购防御条款"考察

股权分置改革后,中国证券市场进一步与世界主要证券市场趋同,上市公司的股权结构、市场结构更多地呈现出现代化特征。在这样一个改革后的环境中,敌意收购发生的可能性越来越大。为了应对新环境下的反收购需要,大量收购防御措施被引进国内上市公司。由于我国证券市场处于成长阶段,收购与反收购的技术性远比不上国外成熟市场,在国内使用较为普遍的收购防御措施主要是通过修改公司章程,设置收购防御条款,增加收购障碍。

笔者将所收集的我国上市公司章程中的有关收购防御条款资料进行了分类、汇总,并简要分析评述如下:

(1) 限制收购方股份持有比例的收购防御条款

第一，一些上市公司通过章程规定：增持上市公司股份的行为除履行必要的法律程序外，还需经本公司董事会及股东大会审批。通过章程条款提出了比现有法律更为严格的规范，加强上市公司收购方面的限制。

如，五洲明珠公司章程指出，当股东持有、与其一致行动人共同持有或间接持有超过10%比例的公司股份份额，就应当履行信息披露程序，说明其持股信息及增持计划。该披露信息需经临时股东大会审议，股东大会有权拒绝其后续增持计划，且在增持计划被拒绝后，该股东不能取得提名董事、监事候选人的权利。对于收购方违反章程规定的程序成为公司实际控制人的（持有超过10%比例的股份），五洲明珠章程更进一步约定，应当强制性地发生要约收购责任，其他股东有权要求收购方收购其持有的公司股份。

又如，南玻A在公司章程中，赋予股东大会审议收购方增持股份计划的权利。与五洲明珠的章程条款思路一致，南玻A要求收购方在实际持有公司股份比例达到10%时，应当向股东大会提交增持计划，并需经出席股东大会代表所持表决权80%以上的股东通过。章程还继续为这一条款提供了"保险箱"，即上述条款需经出席会议股东代表的至少80%以上表决权的同意才可修改。

以上公司章程极为严格地限制了敌意收购人通过任意收购措施夺取公司控制权的行为，且五洲明珠通过降低要约收购触发条件的方式，使得敌意收购人进一步取得公司股份的成本十分巨大。不论是五洲明珠还是南玻A，其条款设置的共同点都是将持股比例达到10%的股东作为限制对象，而并非"一视同仁"地对待所有的股东增持问题。考虑到原股东持股份额在章程修订前已经达到了超过10%的份额，则该类条款的实际限制对象为新增持股份的股东，其目的是维护已有的股权结构不受外来收购者的威胁，并确认了在出售的情况下作为取得议价优势的重要方法。这一类章程条款最大的受益方是公司股权结构中已经取得了较大份额的股东，新股东则因该条款受到了与《证券法》相悖的、且不公正的待遇。小股东在公司股东大会投票程序中难以组织起有效的表决权规模，因而其意见的表达、利益的维护都受到制约，不得不与原大股东"捆绑"。

笔者对这一类公司章程条款的合法性尚存疑虑，首先，这一类公司章程条款比《证券法》对上市公司收购方面的规定更加严格，看似公司自治，实际上则会因为条件过于苛刻而与股东权益保护的初衷背道而驰。其次，《证券法》的规定具有公法上的强制性，仅经公司章程就加以否定，则违背法理。

第二，上市公司中也有通过设置"股东优先受让权"条款限制股权转让的。如海南椰岛在其章程中约定，任一持股前5名的大股东，在需要转让达一定比例的股份时，应当书面告知其他4名大股东，其他4名股东取得优先受让的权利，可优先购买该股东转让的股份，唯有在这4名股东书面放弃权利或未答复的情况下，该转让股权的股东才能够寻找其他收购方或通过公开市场转让。

《公司法》在规定有限责任公司股东股权转让的条款中,有要求在股东进行转让股份时,其他股东有优先购买的权利,而对于股份有限公司或上市公司的股权转让,法律上则不存在类似规定。尽管有的学者对公司章程中约定的严于法律规定的条款的效力持支持态度,但从上市公司的股权交易方式来说,优先购买权即与证券市场的最基本交易方式相冲突,从公司法法理基础来看,有限责任公司具有"人合"特征,而股份有限公司则为明显的"资合"特征,在股份有限公司和上市公司中采取约定的办法锁定股东,必然与股份有限公司经营管理基础存在冲突。笔者对这一类章程规定的效力存在质疑,但是如果"五大股东另行协议"确定该条款内容,而非写入章程,则应该认为是有效且正当的收购防御措施。

第三,大名鼎鼎的"毒药丸"计划在国内也有上市公司采用。如北海国发在其章程中明确指出,当公司控制权即将转移,则董事会有权实施定向增发或行使股票期权。这一条款具有明显的"毒药丸"轮廓,有学者对其在国内法制环境中是否具有合法性提出了质疑。除开"毒药丸"计划,股份回购作为防御措施在中国上市公司章程中也有出现。如大众公用章程中有条款规定,如收购方及其一致行动人持有公司超过10%的股份,公司管理层可以立即回购股份并转让,除披露义务外,该项行为无需股东大会授权许可。该条款存在着违反《公司法》关于公司股份回购相关规定的嫌疑。

"毒药丸"措施面临的最大争议,来自收购防御决策权力归属的问题,即收购防御的决策模式选择。在欧美公司控制权市场发达的国家,收购防御决策模式被归为两种类型,一是以美国为代表的"董事会决策"模式;二是以英国为代表的"股东选择"模式。

我国目前尚无明文规定收购防御决策权力的归属问题,但从我国已有的与公司治理机构相关的法律中不难分析出,我国在收购防御决策模式问题上的倾向。《公司法》第4条、第99条及相关条文规定的股东权利,包括了收益权及决策权,其中尤以重大决策的参与权利与收购防御问题最为相关,而股东大会则作为股东行使决策权的机构,是整个公司的最高权力机构和意思机构,具有最高的决策权力,董事会应当无条件服从股东大会决议,而股东大会则具有否决董事会决议及公司管理层行为的权利。因此,在我国,收购防御决策权应当归属于股东大会。相应的,我国上市公司在公司章程中约定"毒药丸"的实施权力归属于董事会,则存在着违法之虞。

（2）以股东表决权为基础的收购防御条款

第一,上市公司赛格三星在其章程中规定,股东大会所有事项的表决,均要求有股东大会2/3以上表决权通过。特变电工则将公司章程的修改列入股东大会超级多数表决的保护之中,要求必须经过出席股东大会股东所持的4/5以上表决权通过,方可修改公司章程。亿城股份章程中,针对公司的合并、分立等行为及可能导致控制权转移的行为,要求全体股东3/4以上表决权同意。

超级多数表决条款的作用在于避免敌意收购方进入股东会后通过其控股地位转移、变卖公司资产或取得完全的公司控制权，同时这些条款的设置也使得控制权的转移存在障碍，减弱了目标公司对敌意收购方的吸引力。而有关"超级多数表决权"条款的合法性问题，虽然在《公司法》中难寻相关规定，但证监会颁布实施的《上市公司章程指引》则对该行为的合法性作出了确认：公司章程中就特别事项表决程序设定超级多数条款是得到认可的。公司章程可以约定，某些特别事项需要经过股东大会中股东所持有股份超过2/3以上表决权的同意可形成股东大会决议。但是对于像美国那样赋予董事会决定超级多数条款生效条件的章程条款，则并不在根据相关规定精神确定的合法条款范围之类。

第二，大众公用公司在其公司章程中赋予了持有公司股份超过20%的大股东以特别权力，即股东大会表决时，对特殊决议的一票否决。大众公用公司章程中的该条规定，灵感应当来自美国较为流行的两级证券模式或否决权股份。这种章程规定在国内较为少见，其实际效力尚未经过司法实践验证，但存在着与《公司法》同股同权原则相违背的嫌疑。

与大众公用公司赋权于大股东的思路相反，在兰州黄河公司的章程中，持股份额前5名的股东在遭遇收购事件时，其行使的表决权则遭到了约束。公司章程明确要求，在遭遇收购事件时，持股份额前5名的股东必须意思表示及行动一致，否则需要以自己持有的1/4股份对其他股东的损失进行赔偿。

《公司法》赋予了有限责任公司通过章程确定股东可以不依照出资比例分配表决权，但是在股份有限公司的股东表决权问题上，《公司法》却给出了相反的意见，《公司法》第104条规定，股东在股东大会表决时"一股一权"。虽然有的学者坚持认为，此款规定应当解释为"同股同权、同股一股一权"，但是笔者并没有发现《公司法》有关划分不同种类股份的规定，在实践中虽然某一种类的"优先股"并未完全绝迹，但是其法律地位依然尴尬。在现有法律环境下，在公司章程中设立具有超级表决权的"金股"，甚至在上市公司中划分两级证券，都是不现实的。

而由于有关股东联合抵制敌意收购的章程规定与股份有限公司股东对股份的自由处置权利相悖，因此，不论大股东私下协议效力如何，但作为公司章程，该类条款面向于可能成为兰州黄河五大股东之一的任一不特定对象，强制性剥夺其自由处置股份的权利有违法律相关规定。另外，从实践操作来看，在遭遇收购事件时，如果大股东之间产生分歧，且分歧两方势均力敌，则难以判断某一方为意思表示及行动不一致的一方。

第三，对于公司中某些身份特殊的股东，有些上市公司也采取了限制其表决权的措施，避免其在是否采取反收购措施的表决中起到不利于其他股东利益的作用。如标准股份章程中规定，在对证券发行事项进行表决时，与公司有同业竞争关系的股东不具有表决权，且该类股东所拥有的股份不计入表决时的出席股东的股份基数。

标准股份修订此章程条款时，正面临着来自同行业竞争者的收购，因此该条款内容有相当的针对性。但是，不论背景情况如何，该条款效力依然存在争议。笔者认为，股东身份不应当成为其投票权的限制性理由，即使在个别公司中因为特殊背景也不应当。并购活动一般都发生在同行业之间，"大吃小、快吃慢"是市场竞争优胜劣汰法则，如果允许通过公司章程屏蔽所有来自同行业的优秀竞争者的收购，则不仅违反了《公司法》关于"一股一权"的规定，也与市场规律相违背。

（3）控制董事会的收购防御条款

第一，相当多的上市公司就董事候选人提名进行的限制，使这类章程条款成为中国上市公司采用的最为普遍的收购防御措施之一。这类条款较为典型的有：必须连续持有公司股份一定时间的股东才具有董事候选人的提名资格，且其持有的股份必须达到一定的份额；提出更换董事会、监事会成员议案的股东，必须满足持股时间及持股份额的双重条件，等等。

第二，除限制敌意收购人在股东大会通过提案更换股东或提名候选人以外，有些公司更进一步间接否定了股东提名董事候选人的权利。如，上市公司津劝业在其章程中规定，董事、监事的候选人名单的提名人必须是上届的董事会、监事会或本届的董事长、监事会主席，该名单再由以上人员或机关以提案形式提请股东大会表决。又如，在海立股份的章程中，则增加了董事会及监事会对董事、监事资格进行审查的环节，确立了董事及监事候选人由董事会及监事会进行确认的规则；再如，上市公司锦州港通过章程设置，在公司董事选举程序中新增了"董事资格审查委员会"，形成了董事会提名委员会审查被推荐董事候选人资格，并形成审查报告，董事会审议报告后确定董事候选人名单，再交股东大会选举产生。

第三，上市公司黔轮胎A及标准股份将对董事候选人的限制条件通过章程固定下来，或是要求"董事候选人必须具有公司主要产业或产品配套行业超过5年的从业经验，并且担任高级管理职务"，或是要求"公司的董事、独立董事不得担任与公司具有同业竞争关系的公司或其附属企业的职务"。

第四，在中国上市公司中，收购防御的经典措施——"分级分期董事会条款"，也得到了较为广泛的采用，如美的电器、锦州港、新大洲等上市公司均在其章程中明确，每年更换的董事会成员不得超过董事会总人数的1/3。

有的公司通过章程条款设置，明确阻止敌意收购后股东大会的"董事撤换"决议。如安信信托就在其章程中约定，在董事任期期间，股权如发生转移，董事除非因个人原因不再满足章程规定的任职资格，股东大会不得解除其职务。伊利股份章程规定，董事聘任合同不因章程修改而变更，除非董事自愿协商一致。

第五，有些上市公司在章程中赋予公司董事长以"超级权力"，避免董事会人选因为敌意收购而产生重大变化，对原股东、管理层的利益造成损害。天士力通过公司章程赋予了董事长检查监督股东大会、董事会决议执行情况，并在"情势发生重大变更"的情况下，具有决定暂停执行决议的权力。

我国上市公司比较重视在董事提名、任职时间、任职资格等问题上设置收购防御条款，如分级分期董事会制度就是比较突出的典型。关于分级分期董事会问题，《公司法》并无限制，在《公司法》第109条的规定中能找到的实施该收购防御措施的有力依据是：董事任期不得超过3年，但是未规定下限，董事任期不同并不违反法律规定。但是针对分级分期董事会制度的反制措施也是相当明显的：当收购方进入目标企业后，即可启动相应的章程修改程序，修改分级分期董事会规定。

关于解除董事职务的章程规定，则得到了来自于《上市公司章程指引》的明文支持：股东大会不得无故解除任期未到的董事。配合"超级多数条款"的设置，该类收购防御措施组合是国内有效、合法的收购防御措施之一。

关于董事任职资格问题，法律未作任何规定，应当认为是公司自治的范畴。但是上市公司的自治应当是在合法合理，尊重股东权利，维护股东利益，符合商业惯例及公序良俗的基础上的自治，不论从股东利益、公司利益出发，甚至是从收购方利益出发来看，规定上市公司股东具有相当的从业经验，是符合各方利益需求的，而标准股份为抵抗同行业企业的收购，而规定董事任职不得具有同业竞争职务，则有待商榷。

董事候选人提名的权利，应当是股东的重要权利之一，《公司法》明文规定了公司股东提名候选人的权利，即第103条关于股东提案权的规定。通过公司章程剥夺股东提案权，把持公司董事候选人提名及选举权利，实际上是大股东为了维护其个人利益而损害包括小股东、公司等多方利益的行为。在这个问题上应当严格按照《公司法》强制规定执行，不应赋予公司通过章程变更该程序的权利。

前面章节中已经阐述了公司股东大会的最高权力机构的地位，而董事会应当服从并执行股东大会决议，这是《公司法》的强制性规范，也是我国《公司法》在治理结构方面的基本精神，不因章程的规定而有任何变更。在解读《上市公司章程指引》第112条时，应当确定董事长在行使"其他职权"时应当符合公司利益及法律规定，且在天士力章程中的"情势重大变更"，应当认为是如重大自然灾害等情况下的。

（4）其他收购防御条款

第一，较多的上市公司已将"金降落伞计划"纳入了公司章程之中。这一条款意在加强公司管理层稳定性，降低恶意收购及潜在的恶意收购对管理层的影响，让管理层更多地关注公司价值和股东利益的长远增长。一些公司的章程规定，解除董事职务即应进行补偿，准通常由董事会确定该标准。中海发展的章程规定仅"当公司被收购时"，董事、监事才能取得事先经股东大会批准的经济补偿。大众交通将中层管理人一并纳入"金降落伞计划"的范围内，该条款规定：当持有10%以上份额股份的收购方继续收购公司股份时，他们不论是主动辞职还是被动离职，均能得到来自该收购方股东的一次性遣散费。

新疆众和与特变电工等两家上市公司的"金降落伞计划"条款明显地展示出

其收购防御功能,它们均规定"当发生公司被收购接管的情形时",公司的高管除非自愿,否则不能在任期届满前遭到解职,而且即使是自愿辞职,他们依然能够取得一笔丰厚的经济补偿。尤其是在特变电工的章程中,所约定的经济补偿达到了一年年薪总和的1000倍以上。

笔者认为"金降落伞计划"毫无疑问应当划入公司自治范畴。但是特变电工的"金降落伞"则明显与商业惯例不相符合,该章程条款要求过分荒唐,如果该条款具有合法性,则与禁止收购方更换董事无异。

第二,新疆众和在其章程中规定了一个"收购防御授权"条款,规定在公司遭遇恶意收购时,除收购方以外的持有公司超过30%股份的股东有权书面授权董事会采取收购防御措施,授权书中将载明授权范围,甚至可以概括性授权。董事会应当执行该项授权书中的要求,立即实施收购防御措施,并及时披露相关信息。

3. 上市公司收购案中的收购防御措施考察

随着我国公司控制权市场的日渐成熟,上市公司之间的敌意收购与收购防御随时可能发生。越来越多的公司将收购防御条款写入了公司章程,正是对这个新时代特征的机体反应。当笔者对公司收购防御条款进行考察的时候,就认为那些已经发生了的收购防御,不论其措施到底如何,均已有实践支撑,其意义不亚于一条条尚未经历实践考验的收购防御条款。

(1) 杭州百大收购防御案与"白衣骑士"

2006年,在全流通背景下的浙江银泰百货有限公司(以下简称"浙江银泰")对杭州百货大楼股份集团公司(以下简称"杭州百大")的收购案中,浙江银泰及其一致行动人通过公开市场对杭州百大展开了爬行收购,而杭州百大的管理层及大股东均极力抵制这次敌意收购。为了保护公司控制权不落入敌意收购方之手,杭州百大将自己所持有的部分股份转让给了第三方杭州西子联合公司(以下简称"杭州西子")。其后,杭州西子又连续收购了杭州百大多个股东的其他股份,最终超越浙江银泰所持股份额,成为杭州百大第一大股东,杭州百大对浙江银泰的收购防御,至此也宣告成功。

本案例中的杭州百大所采取的收购防御措施,即"白衣骑士":通过寻找善意的第三方收购人与敌意收购方竞争,以达到抵抗敌意收购的目的。这种防御措施在国内并不鲜见,在广发证券反收购中,广发证券员工持股公司与善意第三方共同组成绝对控股地位,以抵抗中信证券的敌意收购,这也是"白衣骑士"防御措施适用的经典案例。

(2) 伊利股权激励计划与"毒药丸"

伊利股份原来的第一大股东呼和浩特投资有限责任公司所持有的公司股份份额在经历股改之后仅占全部股份的10.85%。在这样的股权结构下,伊利股份成为敌意收购方的理想攻击对象,公司面临敌意收购的可能性迅速上升。为了增强公司对敌意收购的抵抗能力,伊利股份推出了一套股权激励计划,授予了公司总裁等

33人共计5 000万份股票期权,该股权激励计划除了正常的行权程序外,增加了一条应对敌意收购的特殊行权程序,即当公司遭受收购行动,即收购方(包含一致行动人、间接收购各方)控制伊利股份超过16%的股份份额或发生要约收购时,激励对象即可启动该特殊行权程序,在短短几日行使全部期权,首次行权比例可高达90%。

在这种特殊的股权激励计划下,公司管理层取得的股票期权就是实质上的反收购"毒药丸",在短时期内迅速增加公司股票数量,摊薄收购方股份所占份额。而公司管理层在取得大量股票后,与股东成为一致行动人,共同防御收购方的敌意收购行为。

(3)交叉持股的收购防御机制

股权分置改革之后,为了应对国有股股权比例在上市公司中降低的情况,在政府的倡议下,各级国有控股公司之间开始建立其交叉持股的股权结构。这种相互持有股份的股权结构安排,一方面,巩固了国有股在上市公司中的控制权地位,稳定了股权结构;另一方面,也被认为有利于降低交易成本、实现规模效应。而从收购防御角度看来,交叉持股的股权结构将至少两家公司结为"命运共同体",在面对敌意收购的情况下,交叉持股企业往往会基于持股关系、契约关系上的互信,成立攻守同盟。2004年,广发证券遭到中信证券敌意收购时,其交叉持股股东辽宁成大就坚定持有广发证券,协助其收购防御,并最终取得了成功。

当前,《公司法》并未对交叉持股问题作出任何禁止性规定,然而交叉持股行为却毫无疑问会导致资本虚增、破坏公司治理结构等与公司法基本原则相悖的现实问题产生。在上市公司中,持股比例过重的交叉持股关系尤其会影响证券市场稳定。有的学者指出,交叉持股关系虽不至于遭到禁止,但是必须严格限制"具有控制关系的公司进行交叉持股",即有从属关系的母公司与子公司之间的交叉持股关系应当严格限制。因为这类交叉持股往往导致回购股份的实际后果,与《公司法》基本原则不相一致,同时,母公司与子公司交叉持股也会导致在虚增资本的基础上建立起不合理的股权结构,破坏公司治理结构。

从2005年起,我国证券市场已经发生了多次收购与反收购的案例。在收购主体方面,多为民营企业针对国有上市公司的敌意收购,也有中小板企业试图收购同行业主板上市公司的情况发生,甚至国有企业之间的敌意收购也开始发生,如2006年,宝钢集团对邯钢的敌意收购。在收购方式方面,爬行收购、举牌收购依然是主流方式,但是有报道提到,中捷股份曾策划要约收购同行业主板上市公司标准股份。

在对待敌意收购的方式上,目标公司往往采取多方面的收购防御措施,行政干预屡见不鲜,市场化手段与非市场化手段并存。有些收购方在采取敌意收购行为之前,曾尝试协议收购地方政府所持有的目标公司股份,在协议收购未果后,收购方即绕过地方政府,采取敌意收购措施,地方政府对此则抱有明显的反收购态度,利用行政权力,采取非市场、非法律化措施抵制敌意收购行为。

(二) 我国上市公司收购防御法律规范现状

我国有关收购防御的立法是在规范收购行为的立法过程中产生的,"收购是反收购的逻辑起点"。我国并没有单独的收购防御立法,相关的法律条款也很少见,收购防御原则、收购防御具体措施往往是收购防御实践者、学者在多部法律、法规及部门规章融会贯通的基础上的法律智慧结晶。

1. 收购防御在《证券法》与《公司法》中的依据

笔者认为,中国证监会于2006年审议通过的《上市公司收购管理办法》,标志着立法机构、监管部门开始正视"收购防御"的立法、规范问题,但总的来说,"收购防御"的立法依然停留在原则性的规定上,层次并不高,实践意义相对较弱。

有的学者认为,2008年通过的《反垄断法》、2009年修订的《关于外国投资者并购境内企业的规定》、2008年通过的《国务院关于经营者集中申报标准的规定》同样是我国收购防御立法的一部分。笔者对此持反对意见。笔者认为,收购防御相关法律应当是规范收购方及目标公司收购与收购防御行为的法律、法规及部门规章等,其保护的法益、调节的利益关系应当是收购方利益、目标公司利益、目标公司管理层利益及目标公司股东利益。而《反垄断法》则主要关注国家利益、社会利益,其规范的是收购方与被收购方的并购行为,而非收购防御行为,其反对收购的措施为国家实施的强制性措施,并不因被收购公司(目标公司)内、外的利益关系变化而变化。

经修订并于2006年正式实施的《证券法》,也仅将其规范内容停留在了"反收购的逻辑起点"上,该部法律于第四章规定了对上市公司的收购行为,却并无对收购防御的直接规范。

《证券法》第86条、第88条被认为是我国上市公司进行收购防御的重要依据。《证券法》第86条规范了爬行收购的信息披露制度,与世界各国对待爬行收购的基本原则"公开加缓慢"相适应,目标公司依据此条规范,至少得到了两样对采取收购防御来说极为重要的东西:一是被收购的信息;二是采取收购防御所必要的反应时间。

以前述上市公司五洲明珠公司的章程为例,五洲明珠要求持股达10%的收购方履行增持计划披露义务,就是以《证券法》第86条相关规定为基础的,没有法定的强制性公开义务,爬行收购的隐蔽性可能对公司股权结构形成突如其来的攻击威胁。

在《证券法》第88条的规定下,敌意收购方在持有目标公司的股份份额达到30%时不得不采取要约收购。不论部分要约收购还是全面要约收购,其本身就是对结构强制性收购行为的一种防御措施,旨在保护中、小股东与大股东利益的平等,与《证券法》第92条相对应。这一强制性规定也是目标公司展开收购防御的依据之一。因为收购的目的在于夺取目标公司的控制权,收购与收购防御最重要的战场应当是目标公司内部的权力机关及管理机关,即股东大会、董事会和监事会等。《公司法》是我国最为重要和主要的公司治理结构的规范性法律,包括了收购与反收购最重要战场上的原则性、系统性"斗争规则"。

《公司法》与其他收购防御所依据的法律、法规的最大不同在于,《公司法》实际上是一把收购方与收购防御方皆可加以利用的利刃。如《公司法》第22条第2款规定,股东有权请求法院对违法、违规、违章的股东大会和董事会决议进行撤销。这一条规定所提供的权利,即为陷入反收购陷阱的敌意收购方提供了要求撤销不合法收购防御措施的司法途径,也为目标公司原控股股东提供了利用公司章程有利条款排挤敌意收购方的法律依据,甚至还是中小股东反抗董事会损害其利益的不正当反收购决策的司法救济依据。

本文在论述"收购防御的价值取向"问题时,曾反复提到公司管理层的信义义务问题,这是支持收购防御正当性的最基本理论基础。唯有建立在管理层的信义义务基础之上的收购防御措施,才可能是对公司价值增长、股东利益最大化有利的。《公司法》第148条明确规定了董事、监事、高级管理人员的忠实、勤勉义务。这一条是对公司管理层在收购防御过程中的价值选择的原则性规定,也是公司股东保护自身利益,反对滥用收购防御措施的重要依据。

以上《公司法》条款是典型地作用于收购及反收购的原则性层面的规定,其作用更多地用于规范收购防御的价值思维。而从技术性的层面来看,《公司法》为收购防御提供了坚实的盾牌,使公司能够建立起一整套的防御体系。如根据《公司法》与《上市公司章程指引》的共同规定,公司章程中就特别事项的表决程序设定超级多数条款是得到认可的,公司章程可以约定,某些特别事项需要经过股东大会中股东所持股份超过2/3以上表决权的同意方可形成股东大会决议。《公司法》第107条也肯定了作为收购防御手段之一的"征集股东投票权"的可行性。尽管在《公司法》的相关规定中,很多收购防御不能找到明确的法律依据,但由于不与《公司法》所确立的基本原则相冲突,一些收购防御措施应当是合法可行的,如董事任职资格的积极性规定等。

2. 收购防御在《管理办法》中的依据

尽管几乎所有学者都认为《管理办法》中关于收购防御的规范过于笼统、模糊,更多是原则性的条款,内容不够具体。但是,《管理办法》仍然是目前唯一对收购防御有直接规范作用的成文法规,具有比较重要的研究意义。

(1) 公司管理层在收购防御中的义务

《管理办法》第8条明文确认了管理层在上市公司收购与反收购活动中的忠实、勤勉义务,规定了包括董事、监事、高级管理人员在内的管理层应当公平对待所有收购人。该条第2款还规定了采取公司收购防御措施必须是基于维护公司及股东利益的目的,在无正当理由的情况下,既不能滥用收购防御措施设置收购障碍,也不得损害公司利益资助收购人的收购行为。

(2) 要约收购期间董事会义务

《管理办法》第 33 条对要约收购期间的董事会采取"焦土战术"的收购防御措施作出了禁止性规定。根据我国法律的相关规定，可推算出一般要约收购期限约为 2—3 个月时间，在第 33 条的规定下，此要约期间内，目标公司董事会不能采取会对现在公司资产、负债、权益或者经营成果造成重大影响的行为。笔者认为，《管理办法》第 33 条并非意在禁止有效且正当的收购防御措施。从国外的实践经验看来，敌意收购往往是针对目标公司某一块极具价值的业务或是极为丰富的现金储备，如果能够通过资产处置、对外投资等方式，在不损害公司价值及股东利益的原则上，降低目标公司对敌意收购者的吸引力，则应当是值得鼓励的。

《管理办法》第 33 条也为这类正当收购防御措施留下了程序上的出口，即该类重大资产处置行为，"除继续正常经营活动和执行要约收购前的股东大会决议外，应当经由股东大会批准"。其实，除第 33 条的强制性规定外，按照《股票上市规则》相关规定，上市公司的重大资产处置行为必须经股东大会决议通过，且必须再报证监会核准。

(3) 目标公司管理层的决策能力

关于管理层是否接受收购以及是否采取收购防御措施的决策能力的问题，在国外已经经历了长达数十年的讨论研究了。从马丁·李普顿的第一份该类研究报告问世至今，支持与反对的声音已经经历了多个回合的斗争。这一问题在我国制定《管理办法》时得到了比较充分的考虑，《管理办法》第 32 条的规定旨在使目标公司股东获得完整的、可信的收购信息、决策依据，打破管理层在决策信息上的垄断，从而抑制管理层滥用收购防御措施，同时又引入了证监会作为监管机构，监督目标公司管理层履行忠实、勤勉义务。

由于《管理办法》第 32 条的程序性规定明确，它又具有制止目标公司管理层盲目行动的实际效果，因此，目标公司在遭到收购时，管理层应当依照第 32 条规定，立即对收购方基本情况、收购意图等进行调查，结合目标公司的经营管理情况，分析收购要约条件，最后形成管理层的基本意见、态度，并向股东建议是否接受要约。

(4) 对目标公司收购防御滥用的监管

《管理办法》第 80 条第 1 款再次强调了目标公司管理层的忠实、勤勉义务并规定了相应的行政措施作为惩戒办法。第 80 条第 2 款则相对于整个上市公司收购防御体系显得更为重要。如本部分第一个问题中所列举的大量上市公司章程条款，其中不乏与《公司法》立法基本精神相违背、与《公司法》具体条款相冲突的规定。通过本款规定，证监会已经成为对这类违法章程规定的监督机关。这对接下来的上市公司章程规范将具有积极的意义。

在《管理办法》的起草说明中，证监会也明确指出，当前倾向于鼓励上市公司收购活动，培育公司控制权市场，针对部分公司控股股东、管理层为了自身利益，违法设置收购障碍。"这一类行为损害了中、小股东及投资者权益，破坏了市场的正常秩序,应当予以制止。"这表明当前我国在对待收购及收购防御的价值取舍上,更偏向于鼓励收购活动,因而也就必然在收购防御价值取向上采取"适度从严限制"的态度。这一态度不仅决定了从立法上我国暂不会学习美国"将收购防御措施的决策权交予董事会",同时也决定了我国在收购与反收购监管模式的问题上,更加可能选择具有"鼓励收购、抑制收购防御滥用"的监管模式。

三、上市公司收购防御的监管模式

上市公司收购及收购防御所涉及的利益主体不仅种类多,而且数量非常庞大(尤其是目标公司股东及其利益相关方)。任意一次收购和收购防御都不可能同时满足全部利益相关方的所有要求。在这一过程中,往往存在着目标公司与其管理层、目标公司管理层及其股东、目标公司股东之间等几组尤为尖锐的利益冲突,纠纷往往不可避免。不论是基于何方的利益要求或是为了平衡各方的利益,收购与收购防御的监管制度都成为必要。在这一制度下需要讨论的问题包括:监管主体、监管对象以及监管内容。

(一)两种主要的收购防御监管模式

主流的收购防御监管模式有两种:一种是以英国为代表的"自律组织监管模式";一种是以美国为代表的"法院监管模式"。

1. 自律组织监管模式

英国的"自律组织监管模式"在我国香港地区以及爱尔兰、澳大利亚、新西兰等国家得到适用。以上各个国家或地区都相继成立了"收购专家顾问组"等自律组织。该类自律组织主要由该国家、地区的银行、投资机构及证券从业人员或监管人员代表组成,而它们进行"收购及收购防御指导"的依据,是该类自律组织制定并修订的相关收购及收购防御的规则。

以英国为例,其自律组织"并购专家顾问组"负责制定、修改及执行《城市收购规则》的工作。主要由英国央行、证券交易所和机构投资者的代表组成,顾问组在解决收购及收购防御引发的争议方面,具有灵活、便于从事的特点,其不需遵循已有的法院判例、不需受到司法程序的约束,在其收集、整理的信息基础上,对争议事件作出"指导"决定。如果收购方或目标公司对并购专家顾问组的决定不服,能够向并购专家顾问组的听证委员会提出申诉,由该听证委员会作出最终指导决定。除开选择这一程序,不服"指导决定"的一方,还可以通过司法途径,选择启动由法院主导的司法审查程序。然而在司法审查程序作出最终裁判之前,并购专家顾问组的决定已具有确定性且应当得到实施。

行业协会类的自律组织在欧洲经济发展史中具有重要的地位,并购专家顾问组这一类组织在公司控制权市场中承担了应当由行政、司法等部门主导的纠纷调解义务。该类组织的影响力来自于企业经营及行业内生存时,对于自身声誉的高度依赖,并购专家顾问组看似"软性"的指导性决定,往往会让被指导企业因面临整个行业的压力而不可抗拒。

《城市收购规则》是英国"自律组织监管模式"的核心内容。其所体现的立法精神、原则及具体条款,决定了英国在"收购防御"问题上的立场。经过研究发现,选择"自律组织监管模式"的国家与地区,在对待"收购防御"问题上,往往所持态度更为强硬。英国即通过《城市收购规则》旗帜鲜明地在收购防御问题上执行"股东中心主义",一方面,制止收购方的强制性、压迫性的收购行为;另一方面,也严格限制着管理层在采取收购防御措施方面的权力。

2. 法院监管模式

"法院监管模式"是伴随着收购防御中的"董事会中心主义"而一同存在的。在美国的法院监管模式下,公司管理层在抵抗敌意收购时就被赋予了更多的权力,其权力的底限仅仅是管理层的信义义务,在这条底限之上,公司董事常常能够不经股东大会授权而采取多种的收购防御措施。

在该监管模式下,收购方一旦认为遭到了目标公司管理层不合理的收购防御措施抵制后,即可向州衡平法院起诉,基于目标公司董事违背忠实、勤勉义务的理由,请求法院裁决目标公司收购防御行为无效,要求停止违法的收购防御措施。在大量司法实践中,美国的收购方一旦提起了该类诉讼,目标公司中认为自己利益受到损失的股东也会进行诉讼,并与收购方的诉讼案一并审理。

有的学者认为,机构投资者的实力决定着监管模式在较早形成时期的走向问题。在收购与收购防御体系建立的初期,美国缺乏具有强大影响力的机构投资者,大量权力在立法过程中被赋予"遭到敌意收购方掠夺的美国知名企业"的管理层。《威廉姆斯法案》被认为是确定美国监管模式走向的关键法案,在该法案中,对"收购程序公正"及"信息披露完整"的监督权力被赋予了证券与交易委员会,而对于收购及收购防御中的实体性问题的审查与救济则"遗漏"给了司法机关。

3. 两种主流监管模式的对比

(1) 效率不同

在监管模式的效率方面,"法院监管模式"饱受批评:法院在审理收购与收购防御纠纷诉讼时,常常要持续几周时间,这一时间还不包含目标公司管理层、股东采取的策略诉讼时间。目标公司管理层在遭遇敌意收购时,往往为了争取时间或采取拖延战术,而针对收购方提起诉讼,指控收购方在收购过程中存在"欺诈等违法商业行为",一些极端案例中,目标公司甚至会说服司法部采取时间长达数月的反垄断调查等措施。[21] 一般的并购活动在美国需要约5个月时间才能完成,而敌意收购所需时间则绝对远高于这个数字。

---

[21] See David Millstone & Guhan Subramanian, Oracle v. PeopleSoft: A Case Study, 7(Sept. 2005), available at www.SSRN.com.

与之相对应,英国的《城市收购规则》则通过清晰的流程安排及时间规定,尽量减少收购所需时间。在收购时间压缩的基础上,收购防御也遭到了严格的限制,《城市收购规则》禁止公司管理层未经股东大会许可而采取任何的策略性诉讼阻碍收购进程。通过已有的判例,英国法院明确态度,即当事人对并购专家顾问组提出的指导决定不服并申请启动司法审查程序的,诉讼裁决的效果也仅作用于"将来的事项",而不会影响并购专家顾问组已有的意见与决定。

并购专家顾问组并非法定设立机构,其行动上具有特殊的简化处理方式,往往能够在几小时内对被质询的问题给出专业意见,也能够在较短的数日内回应收购方或是目标公司任意一方的抗议,并制定有效而专业的处理决定。美国法院尽管不乏迅速裁判的案例,但是其法定程序具有不可变更、简化的特质,永远不能追赶上灵活、敏感的市场化行为。

(2) 成本不同

在监管模式成本方面的对比,具有显而易见的结果。在"法院监管模式"下,大量收购与收购防御纠纷都走上了诉讼的道路,仅从效率角度来看,收购过程的中断就会给收购方带来较大的财务负担,加之诉讼过程中产生的各类费用,仅律师费一项就数额巨大。

"自律组织监管模式"较之前者的巨额开销以及收购行为动辄上亿的资金流动,其费用成本几乎为零。首先,表现为极少发生的"收购与收购防御纠纷诉讼"上;其次,并购专家顾问组令人尊敬地不收取任何咨询、指导费用,甚至有资料提到,并购专家顾问组在较多的情况下,仅仅通过一通电话,即可发出指导决定。

(3) 指导的作用不同

笔者认为,《城市收购规则》是英国的"自律组织监管模式"的核心内容,该规则的制定、修改有一套灵活的程序,而非像国家立法机关立法,需要复杂的法定程序,并购专家顾问组的规则委员会通过研究、讨论公司控制权市场的实际情况及发展趋势,通过修改《城市收购规则》对收购活动及防御收购问题进行规范化的指引。

"法院监管模式"下,对收购及收购防御起着指引作用的则是法院已经作出的判例。法院为了让市场更容易地判断行为的合法性、正当性,往往在判决中添加具有指导意义的内容。有的学者认为,法院在收购及收购防御的问题上,反应是事后的、救济的,而非事前的、预防的,在这一点上,与以《城市收购规则》为核心的"自律组织监管模式"相比,有着指导落后于实践的弊病。

(二) 我国收购与收购防御的监管模式选择

关于采取何种监管模式,并不只是中国的问题,实际上,即使是在美国,这个问题依然是处于争论之中的。应该看到,以上两种监管模式实际上是以"法院"或"自律组织"为主导的模式,在美国的"法院监管模式"下,证监会的表现依然活跃;在英国的"自律组织监管模式"下,法院依然具有司法救济、司法审查的作用。在我国,不论采取以上哪种模式,都不应是一味地生搬硬套。

1. 强化收购防御的主要监管者：证监会

在我国现有的法律框架下考虑建设上市公司收购与收购防御监管模式时，不可能排除在证券市场监管体制中发挥着重要作用的中国证监会。

上市公司的收购与收购防御都是在证券市场上进行的，证监会依据《证券法》第 7 条取得授权，对证券市场实行"统一监督管理"，而在《证券法》第 101 条中，更是授权证监会制定上市公司收购的具体办法。中国证监会在 2002 年颁行了第一部《上市公司收购管理办法》，并于 2006 年对其进行了全面修订，发布了其配套规则、准则。中国证监会已经逐步建立起我国上市公司的收购及收购防御监管体系。

如上一部分所述，《管理办法》中的多个条款，将对上市公司采取的收购防御措施的相应监管权力赋予证监会，且其主动调查、主动管理的监管模式，有利于在当前国情下，规范证券市场、上市公司的收购及收购防御行为，保护中小股东的利益。

首先，在我国《公司法》《证券法》体系下，实际上，已将上市公司的能够依照法律明文规定采取一些收购防御措施的决策权，交给了公司的股东大会。证监会具有监管上市公司在采取收购防御措施的过程中是否遵从了股东意志的权力，即股东是否在收购防御问题上具有真实的决策权。

其次，依据《证券法》《管理办法》等相关规定，证监会能够取得关于收购及收购防御行为相对详细的信息、报告资料，对于其判断上市公司管理层是否尽到信义义务，是否误导股东谋取个人不正当利益具有得天独厚的优势，且其在保障信息透明方面具有法律赋予的监管全能，能够有效保护股东知情权不受侵害。

最后，《证券法》《管理办法》等相关规定赋予证监会一整套的监管措施，除责令改正、进行监管谈话、出具警示函等监管措施外，还有权力责令暂停或停止收购，也能够因董事未尽到忠实、勤勉义务而提出"相关董事为不适当人选"的意见。

在当前的法律规定下，证监会在监管过程中发挥的作用还局限于收购及收购防御的信息披露监管、程序审查等方面。但《管理办法》第 80 条为证监会扩大其在收购防御监管中的影响留下了空间，在未来的上市公司收购防御监管中，证监会应以此条为基础，对目标公司管理层的收购防御措施作出审查。

2. 建立收购防御的咨询机构：上市公司并购重组审核委员会

中国证监会于 2007 年发布《上市公司并购重组审核委员会工作规程》规定，在发行审核委员会中设立上市公司并购重组审核委员会。该委员会负责对重组申请人提交的申请文件进行审核，并通过工作会议以投票的方式进行表决，并提出审核意见。

并购重组审核委员会成员，包括来自证监会的人员 5 名，其余分别为投资银行从业人员、注册会计师、注册资产评估师、律师各 4 名，另有专家学者和证券交易所代表各 2 名。并购重组审核委员会在人员构成方面体现了专业化特点，这与《管理办法》第 7 章中所确立的财务顾问制度精神相契合。

随着收购及收购防御行为的专业化、市场化趋势发展,仅仅凭借政府部门从纯行政角度进行考虑的监管,将使监管效果大打折扣,专业的分析、多角度的考量,成为监管活动的重要基础。外部监管或是专业化监管将有利于简化审核程序、灵活应对市场发展趋势,提升市场效率及监管效率。参考英国的自律组织监管模式,我们可以看到专业化的监管组织在指引、规范收购及收购防御行为中所起到的巨大作用和其高效率的监管效果。中国的并购重组审核委员会是否能够借鉴这一套功能,成为与证监会相辅相成的监管机构?笔者认为,提升并购重组审核委员会的监管能力,优化上市公司收购及反收购监管效率,在现有制度下是存在契机的。

首先,上市公司并购重组委员会委员均来自公司控制权市场相关专业领域,对市场有相当的认识和了解,对于市场的发展趋势有专业的看法,因而能够从多角度形成专业意见,指导市场的收购及收购防御行为。

其次,并购重组审核委员会能够在形成指导决定后,通过与证监会的密切配合,让该类指导决定具有执行力。与委员会表决通过的并购重组申请审核意见相类似,证监会接纳意见,并依照法定条件及程序对收购方及目标公司管理层等行使监管权力。

并购重组审核委员会在适当借鉴学习英国并购专家顾问组监管职能的基础上,至少应当在收购防御监管中发挥以下功能:

首先,由证监会接受上市公司收购及收购防御方提出的申诉,并交由上市公司并购重组审核委员会审查,由委员会提出审查意见,并形成指导决定。由证监会根据该指导决定,依照法定条件和程序,对收购方及目标公司管理层等行使监管权力。例如,对于目标公司通过章程设置不符合《公司法》基本原则的条款,增加收购障碍的,收购方可以向证监会提出抗议及申诉,证监会将申诉转交并购重组审核委员审查,并购重组审核委员会通过审查会议进行表决,形成指导决定或审查意见,证监会充分考虑、了解并购重组审核委员会的决定、意见后,通过法定条件及程序行使监管权力,即依照《上市公司收购管理办法》第80条之规定,责令目标公司改正公司章程中违反《公司法》基本原则的条款。

其次,并购重组审核委员会安排定期会议,讨论公司控制权市场最新发展趋势,就收购及收购防御发展趋势进行讨论,对新的收购行为、收购防御措施的合法性、正当性问题进行讨论,对新的收购领域的政策法规进行讨论,就法院已经作出判决的收购及收购防御案例进行讨论,以上讨论均需形成委员会在此问题上的统一意见,该意见通过证监会网站公开,通过此方法,达到对公司控制权市场发展的指引作用。

最后,并购重组审核委员会协助证监会制定、修订《上市公司收购管理办法》《上市公司收购防御规则》等收购及收购防御的部门法规,可以采取对证监会拟定的修改稿、征求意见稿提出咨询意见的办法进行。

3. 完善收购防御纠纷的司法审查机制:法院

将司法救济、司法审查作为保护收购及收购防御纠纷中各方正当利益的最后屏障。法院在收购防御监管中应当起到终局但并非必要的裁判者作用,法院的司法裁决程序应当让位于效率更高的证监会监管制度,这种让位并不是制止司法审查程序进入收购防御领域,而是通过巧妙的制度设计,鼓励收购方及目标公司利益各方在发生纠纷时,优先选择寻求向证监会及其委员会进行申诉以获得帮助,如学习英国在该方面取得的经验,司法审查程序不得阻碍证监会已经作出的监管决定发生效力,即使法院通过判决纠正了证监会监管决定,也仅于判决后生效,判决前并不对已有的监管决定造成任何阻碍或中断的效果。

在我国,法院能够依照《公司法》及《中华人民共和国行政诉讼法》(以下简称《行政诉讼法》)的相关规定,对收购防御行为进行司法审查,其介入依据有:

第一,依据《公司法》第22条第2款的规定,股东能够就股东大会、董事会决议内容违法、违规或程序违法、违规提起诉讼,请求人民法院就决议作出无效或可撤销裁决。例如,公司管理层违反《上市公司收购防御规则》第33条之规定,未经股东大会决议,擅自处置公司重大资产时,股东能够以个人名义提起诉讼,请求判决该处置行为无效。

有的学者担心,在该条设置下,股东之外的收购方无提起诉讼以纠正目标公司董事会、股东会决议及程序的权利。但笔者认为,一是当董事会或股东大会通过收购防御措施对收购方造成了实质性阻碍的时候,收购往往已经进展到相当程度,收购方必然已经持有了大量的目标公司股票,甚至可能在目标公司中占有了较大份额。二是在该条设置下,也能够鼓励收购方通过证监会及其委员会的监管线路解决问题,而非动辄提起诉讼,拖慢收购效率,放大收购成本。

第二,依据《公司法》第150条、第152条、第153条之规定,在收购防御过程中,公司管理层如果违反法律、法规或章程之规定,给公司或者股东个人造成损失的,均能提起诉讼,寻求司法救济。

第三,依据《公司法》第20条第2款相关规定,公司股东滥用其权利,损害公司及其他股东利益的,应当依法承担赔偿责任。在这一条款下,公司大股东不得滥用其控股地位,实施不正当的收购防御措施,损害其他股东利益及公司价值。

第四,根据《行政诉讼法》相关规定,收购方或目标公司及其股东、管理层对证监会作出的具体行为不服时,可以提起行政诉讼。

如前所述,收购防御纠纷的司法审查应当是纠纷各方"最终的选择"。在进行司法审查前,应当充分地引导收购及收购防御各方通过高效、专业的证监会及上市公司并购重组委员会监管路线解决纠纷。具体来说,可以对收购防御纠纷的司法审查作如下要求:

第一,让证监会及上市公司并购重组委员会代表以陪审员或专家顾问的身份参加到收购及收购防御纠纷诉讼中来,为诉讼的裁决、调解提供专业意见和技术指导。法院也应当在不违背法律及其基本原则的基础上,在判决中更多地采用和阐述来自于证监会及并购重组审核委员会的案例意见或个案建议。而这样的制度设计就会让参与收购防御纠纷的各方在提起诉讼前,优先考虑通过证监会监管路线解决问题,因为与效率较低的司法审查相比,从证监会及并购重组审核委员会那里能够高效获得专业而权威的咨询意见。

第二,证券市场活跃度极强、影响范围极广,证监会在收购及收购防御问题上的决定往往会对整个证券市场产生较大的影响,其决定不仅需要迅速而且必须准确、稳定。证券市场不能够承受不稳定的监管决定造成的反复破坏,也不倾向于因为求稳定而牺牲效率,采取耗时多月的诉讼,因此,笔者认为,司法审查程序不得阻碍证监会已经作出的监管决定发生效力,即不能为当事人拖延收购活动提供策略诉讼的手段。

结语

我国学者在收购防御领域的相关文献并不少,尤其在收购防御价值取向、决策模式等极具技术性的方面有着丰厚的研究成果,然而这依然没有改变我国收购防御实践水平落后于世界主要市场经济国家的现实。

笔者因此决定将论文重点放在实务研究而非空谈理论,也由此发现了在完善的理论研究背后,我国的上市公司收购防御实践却显得非常混乱:大量与《公司法》法律条款相违背的上市公司章程规定依然存在,收购防御案例往往有非常明显的行政背景,许多非市场、非法律的行为充斥在收购防御之中,等等。以现在的法律体系而言,中国在收购防御价值取向问题上已经作出了选择,这一选择是建立在维护中小股东利益及保护市场发展的基础上的,下一步的工作则是遵循这一价值取向,利用已有法律、法规去纠正违法行为,规范收购行为。

笔者认为,中国公司控制权市场在经历了20年的行政扶持、粗放发展阶段后,应该步入专业化、效率化和法治化的全新发展阶段。在进入这一阶段之前,应该吸取欧美国家的教训和经验,规范市场、保护市场、激活市场,要用高效、专业的手段对公司控制权市场实行监管。

当然,纠正现在上市公司收购防御方面的各种问题,完善公司控制权市场的法治化,绝非仅仅通过监管模式的改革就能实现,仅完善收购及收购防御法律、法规一项浩繁而复杂的工作就需要发挥极大的智慧,笔者希望能够通过本文为这一项艰难但却光荣的事业提出一点个人建议。

参考文献

著作类:

[1] 张文显:《法哲学范畴研究》,中国政法大学出版社2001年版。

[2] 张文显主编:《法理学》,高等教育出版社2004年版。

［3］赵新华:《票据法论》,吉林大学出版社 1998 年版。
［4］徐卫东主编:《商法基本问题研究》,法律出版社 2002 年版。
［5］张舫:《公司收购法律制度研究》,法律出版社 1998 年版。
［6］卓泽渊:《法的价值论》,法律出版社 1999 年版。
［7］何美欢:《公众公司及其股权证券》(上)(中)(下),北京大学出版社 1999 年版。
［8］刘恒:《外资并购行为与政府规制》,法律出版社 2000 年版。
［9］冯果:《现代公司资本制度比较研究》,武汉大学出版社 2000 年版。
［10］陈丽洁:《公司合并法律问题研究》,法律出版社 2001 年版。
［11］汤欣:《公司治理与上市公司收购》,中国人民大学出版社 2001 年版。
［12］殷召良:《公司控制权法律问题研究》,法律出版社 2001 年版。
［13］吴晓求:《公司并购原理》,中国人民大学出版社 2002 年版。
［14］郑琰:《中国上市公司收购监管》,北京大学出版社 2004 年版。
［15］中国收购兼并研究中心:《中国并购评论》,清华大学出版社 2004 年版。
［16］王保树主编:《公司收购:法律与实践》,社会科学文献出版社 2005 年版。
［17］甘培忠:《公司控制权的正当行使》,法律出版社 2006 年版。
［18］陈忠谦:《上市公司收购》,法律出版社 2007 年版。
［19］吴晓锋:《公司并购中少数股东利益保护制度研究》,法律出版社 2008 年版。

论文类:
［1］唐有瑜、樊川:《美国企业的反收购策略》,载《经营管理者》1999 年第 3 期。
［2］吴心竹:《反收购的法律方案设计——以盛大收购新浪案为例》,载《金融法苑》2005 年第 4 期。
［3］魏艳茹:《论目标公司反收购制度的立法模式》,载《学习与探索》2005 年第 3 期。
［4］朱谦:《论公开要约收购与中小股东利益保护》,载《法学》2003 年第 8 期。
［5］莫初明:《规则与裁判:反收购中董事忠实义务的法律判断》,载《广西政法管理干部学院学报》2006 年第 1 期。
［6］曹守晔:《以诉讼视角看公司法修订》,载《人民法院报》2005 年第 11 期。
［7］吴国基:《健全上市公司反收购法律》,载《证券日报》2005 年第 11 期。
［8］汤欣、朱芸阳:《欧盟新公司法指令规范下的反收购措施——以"建立公平竞争市场"原则为中心》,载《清华法律评论》2006 年第 2 期。
［9］李晓菁、郑瑞琨:《上市公司反收购及法律风险防范》,载《法人杂志》2006 年第 4 期。
［10］张熊俊:《反收购决策权法律制度研究》,载《研究生法学》2006 年第 4 期。
［11］张付成:《反收购行为立法规制的价值争论》,载《黄河科技大学学报》2006 年第 5 期。
［12］岳敬飞:《反收购策略不得损害全体股东利益》,载《上海证券报》2006 年第 6 期。
［13］陈治:《公司控制权市场的理论评介与重构》,载《改革与战略》2006 年第 12 期。
［14］刘晓琨:《浅析上市公司收购信息披露制度》,载《社科纵横》2006 年第 7 期。
［15］蔡国华、李林军、王艳:《备战反收购——全流通下的反收购策略》,载《首席财务官》2006 年第 10 期。

[16] 楚天舒、徐洪涛:《从反收购看未来我国公司并购面临的挑战》,载《中国金融》2006年第20期。

[17] 陈涛、马金平:《对反收购中目标公司管理层行为的规制》,载《西南政法大学学报》2007年第2期。

[18] 秦喜杰:《并购与反并购的法律约束及目标企业反并购策略选择》,载《现代财经(天津财经大学学报)》2007年第2期。

[19] 李晓宁:《浅议我国上市公司并购的法律规制》,载《产业与科技论坛》2007年第3期。

[20] 钟洪明:《上市公司反收购中的章程应用及法律规制》,载《证券市场导报》2007年第5期。

[21] 陈建清:《上市公司反收购法律制度刍议》,载《福建论坛(人文社会科学版)》2007年第6期。

[22] 王建文、范健:《论我国反收购条款的规制限度》,载《河北法学》2007年第7期。

[23] 崔嘉欣:《关于我国上市公司反收购立法的思考》,载《法制与社会》2007年第8期。

[24] 张国平:《外资并购中的反收购问题评析》,载《南京社会科学》2008年第1期。

公司增资扩股的法律实务操作
——为企业投融资保驾护航

张嘉良[*]

一、案例情况

(一) 律师工作任务

为投资公司进入目标公司设计合理方案,保障投资公司权益,保持目标公司经营的可持续性和稳定性。因本次交易各方签订了保密协议,故本案例中隐去了各方的真实姓名。

(二) 背景

目标公司 QM 公司为科技公司,主要生产汽车智能软件,与一汽集团一直保有较为稳定的合作关系。目标公司于 2012 年实施股权激励制度,对 21 名公司高管及技术人员采用了直接分配实股的方式进行了股权激励,上述人员合计持有公司 30.33% 的股权。

目标公司股东及管理层拟定于 2015 年年初变更公司形式为股份有限公司,挂牌全国中小企业股份转让系统(即"新三板"),在股份制改造前,目标公司拟增加战略合作伙伴,引入投资者,扩大公司规模。

(三) 尽职调查

1. 主营业务

目标公司主营业务为:计算机软硬件、办公自动化设备、电子产品开发、设计、销售、售后服务、技术咨询及技术服务等。

2. 历史沿革

(1) QM 公司于 2010 年成立,成立初注册资本为 100 万元,股东为 B 公司。

(2) 2012 年 9 月 11 日,B 公司作出决定,以未分配利润和货币形式新增 QM 公司注册资本 900 万元,增资完成后,QM 公司注册资本由 100 万元增加至 1 000 万元。就本次增资,QM 公司修改了公司章程,并领取了工商局于 2012 年 9 月 18 日换发的《企业法人营业执照》。第一次增资完成后,QM 公司的股权结构见表 1:

---

[*] 吉林良智律师事务所。

表1

股东	认缴出资(万元)	实缴出资(万元)	持股比率
B公司	1 000	1 000	100%

(3) 第一次股权转让。2012年10月12日,B公司以持有的QM公司股权作为出资,认缴C公司新增注册资本,为此出具出资人决议,决定将QM公司的股东由B变更为C公司。QM公司据此修改了公司章程,并按照《股权出资登记管理办法》(国家工商行政管理总局第39号令)和长春市工商局的要求,办理了工商变更登记。QM公司股东由B公司变更为C公司。第一次股权转让完成后,QM公司的股权结构见表2:

表2

股东	认缴出资(万元)	实缴出资(万元)	持股比率
C公司	1 000	1 000	100%

(4) 第二次增资。2012年12月25日,C公司出具出资人决议,决定QM公司新增注册资本500万元,由公司21名员工以货币形式认缴450万元、李某以货币形式认缴50万元,增资完成后,QM公司注册资本由1 000万元增加至1 500万元。就本次增资,QM公司修改了公司章程,并领取了长春市工商局于2012年12月28日换发的《企业法人营业执照》。第二次增资完成后,QM公司的股权结构见表3:

表3

股东	认缴出资(万元)	实缴出资(万元)	出资比率
C公司	1 000	1 000	66.67%
21名公司员工	450	450	30.33%
李某	50	50	3%

3. 资产状况

目标公司拥有如下主要资产:

(1) 软件产品登记证12项;

(2) 房屋产权证2项。

4. 治理机构

目前目标公司治理机构健全,如图1:

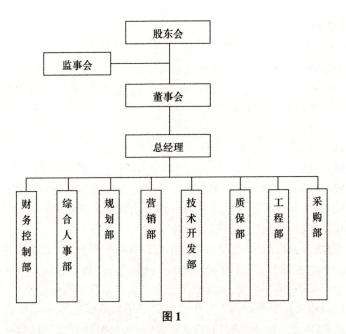

图1

5. 劳资关系

目标公司共有员工123人，公司已按照《中华人民共和国劳动法》《中华人民共和国劳动合同法》和目标公司的《公司章程》的有关规定，分别与员工签订了《劳动合同书》。公司员工均在公司领取工资，公司员工的劳动、人事、工资报酬以及社会保险均独立管理。

6. 诉讼、仲裁及行政处罚情况

根据目标公司提供的有关材料、声明并经本所律师核查，目标公司目前无未结的重大诉讼、仲裁或行政案件，亦不存在可预见的重大诉讼、仲裁及行政处罚案件。

7. 律师对目标公司提出的建议

（1）E公司为C公司的参股股东。E股东为国资委下设公司，须取得国资委的审批，以防止出现国有资产流失的情况，使客户卷入不必要的风险之中。

（2）目标公司股权激励制度存在一定问题：一是激励员工直接持有公司股权，且比例较高，易出现公司僵局；二是激励制度实施后，保持了长期稳定的持股状态，使股权激励制度丧失了其应有的激励效果。建议对目标公司的股权激励制度进行修改，设立持股平台，明确权利义务及准入、退出机制。

（3）如目标公司2015年年初无法实现在全国中小企业股份转让系统挂牌，股东各方须约定对赌条款。

(四) 交易方案

1. 整体交易思路

(1) 确定增资扩股方案,报送国资委审批。

(2) 设立有限合伙企业作为持股平台,收购21名员工股权,完善股权激励制度,增加准入、退出机制的规定。

(3) 签订合同。

(4) 进入资金。

2. 实施流程

(1) 收购项目在战略上、法律上的可行性。为目标公司设定净资产利润目标及挂牌期限,论证并设置受法律保护的对赌条款以保证投资公司权益,因此,收购项目不能违反法律、行政法规的强制性规定。

(2) 拟收购的股权比例。初步确定拟收购目标公司8.3%的股权,由C公司继续持有66.7%的控股权,在公司章程中加入投资公司一票否决权。一方面,保持目标公司的原有状态;另一方面,保证投资公司作为中小股东的权益。

(3) 确定增资扩股的收购方案。目标公司增加注册资本500万元,股权价格为X元/股,由D合伙企业收购21名员工的股权,同时放弃优先认购权,C公司认缴334万元,投资公司认购166万元,其他股东放弃优先认购权,目标公司增资后的注册资本为2 000万元。增资后,C公司持股比例仍为66.7%,投资公司持股比例为8.3%,D合伙企业持股比例为22.5%,李某持股比例变更为2.5%。此方案一方面,可以实现将投资公司增加的资金直接投入到目标公司的经营活动中;另一方面,可以实现合理避税。

(4) 决策层决议流程安排。将确定的增资扩股议案与股权转让议案提交目标公司股东会审议;C公司将目标公司增资扩股议案与股权转让议案提交股东会审议;E公司将目标公司增资扩股议案与股权转让议案提交国资委审议;审议通过后,由工商局办理变更手续,完成此次收购。

(五) 交易结果(见表4)

表4

时间	事项
2013年4月29日	由激励员工作为合伙人,设立合伙企业D。
2013年6月4日	召开目标公司董事会,审议增资扩股议案、股权转让议案;提请股东C公司作出决议;D合伙企业召开合伙人大会,通过增资扩股议案、股权转让议案。
2013年6月5日	C公司董事会同意目标公司增资扩股议案及股权转让议案事项,交由C公司股东会审议;发出股东会通知。

（续表）

时间	事项	
2013年6月17日	E公司发出召开临时董事会通知。	董事会将C公司提交的目标公司增资扩股议案、股权转让议案上报至国资委。
2013年6月30日	E公司董事会同意C公司关于目标增资扩股议案、股权转让议案的决议。	提交国资委审批。
2013年7月9日	E公司股东国资委作出同意目标公司增资扩股议案、股权转让议案的决议，出具出资人决议。	
2013年7月9—30日	D合伙企业与21名激励员工签订股权转让协议。	
2013年7月31日	C公司、D合伙企业、李某、投资公司签署《增资协议》。	
2013年8月3日	缴纳出资款。	
	中介机构验资并出具验资报告。	
	工商局变更登记手续。	
2013年8月6日	目标公司召开新股东会选举、更换董事、监事，修改公司章程等事项；召开董事会选举董事长，聘任总经理；召开监事会选举监事主席。	
2013年8月7日	完成工商变更登记手续，目标公司增资工作全部完成。	

二、案例评析与项目难点设计

（一）增资协议对赌条款分析及设计

我国私募股权投资市场不断发展，投融资双方运用对赌条款的案例亦在相应增加，其中有对赌成功的案例，如蒙牛乳业、雨润食品等，但也存在失败的案例，如太子奶集团、碧桂园等。对赌协议，这种包含对赌条款的私募股权投资协议，其内核实为一种企业估值与融投资方持股比例或然性的一种约定安排，常见的约定为：如果企业未来的利润达到某一业绩指标，由融资方选择行使某种对其有利的权利；如未达到该业绩指标，则投资方行使估值调整的权利，以补偿其因企业价值被高估而遭受的损失。对赌协议的合法性问题，对本次投资至关重要。

1. 合同法领域法律障碍的排除

对赌协议作为非典型合同的一种，可参照《中华人民共和国合同法》（以下简称《合同法》）第124条的原则性规定，即"本法分则或者其他法律没有明文规定的合同，适用本法总则的规定，并可以参照本法分则或者其他法律最类似的规定"。由于对赌协议本身属于合同行为，而合同的有效要件包括：当事人具有相应的行为能力、意思表示真实、不违反法律或者社会公共利益。一般来讲,对赌协议并不会损害国家和社会公共利益,现行法律架构中未有禁止此类协议的强制性规范存在。因此,应当否定对赌协议合法性的法律障碍。

2.《中华人民共和国公司法》(以下简称《公司法》)领域法律障碍的排除

根据《公司法》的相关规定,有限责任公司增资应经代表 2/3 以上表决权的股东通过,股份有限公司增资应经出席股东大会的股东所持表决权的 2/3 以上通过。投资方缴纳出资之后,即取得被投资企业的股东身份,而对赌协议的最终履行结果,也就体现为股东之间的股权转让。《公司法》第 72 条第 1 款规定,"有限责任公司的股东之间可以相互转让其全部或者部分股权",并不存在需要经其他股东同意或行使有限购买权的问题。因此,有限责任公司股东之间按照对赌协议的约定实现股权转让是没有任何法律障碍的。

基于对法律规定及法理的上述分析,可得出对赌协议实际上是期权的一种形式,在投资活动中,如果融资方和投资者之间签署对赌协议,且遵守《公司法》和《合同法》的规定即应视为合法。如果投资者与目标公司本身之间约定补偿条款,使投资者可以取得相对固定的收益,则该收益会脱离目标公司的经营业绩,直接或间接地损害公司利益和公司债权人利益,应认定无效。但目标公司股东对投资者的补偿承诺不违反法律、法规的禁止性规定,是有效的。在合同约定的补偿条件成立的情况下,根据合同当事人意思自治、诚实信用的原则,引资者应信守承诺,投资者应当得到约定的补偿。据此,本律师事务所对该项目中的对赌条款设计如下:

(1) 在第 7 条第 4 项补偿条款中约定:2014 年 4 月,如目标公司净利润未达到人民币 2 000 万元,投资公司有权要求目标公司其他股东予以补偿,其他各股东对此补偿承担连带责任。补偿金额 = (1 - 2014 年净利润/2 000 万元) × 本次投资金额。

(2) 在第 7 条第 5 项股权回购中约定:至 2015 年 4 月,如由于 QM 公司的原因致使挂牌无法完成,则投资公司有权在任一时刻要求 C 公司、D 合伙企业及李某回购投资公司所持股权,此三股东对股权回购承担连带责任。届时,对于投资公司持有之 QM 公司的全部股权,C 公司、D 合伙企业及李某应自收到投资公司书面通知之日起 180 日内向投资公司进行回购,一次性支付全部价款。具体回购方式如下:若自 2014 年 1 月 1 日起,QM 公司的净资产年化收益率超过 10%,则回购金额为投资公司所持 QM 公司股权对应的所有者权益账面价值;若自 2015 年 1 月 1 日起,QM 公司的净资产年化收益率低于 10%,则回购金额为(投资公司的原始投资金额 - 补偿金额) × (1 + 10% × 投资天数/360)。

(3) 在第 7 条第 5 项加入投资公司一票否决权的约定,同时修改公司章程。

(二) 股权激励制度的修正及退出机制的规定

目标公司在实施股权激励过程中,欠缺必要的准备工作及激励安排,造成股权激励的流动性极差,无准入机制亦无退出机制,使股权激励制度应有的效果难以发挥。因此,本所律师基于对目标公司的了解,对目标公司股权激励制度进行了整合和修正,即以 21 名激励员工为合伙人设立有限合伙企业作为持股平台,一方面,对于员工的反感情绪的消除有着一定的积极作用;另一方面,用合伙协议约束各个合伙人的权利义务可以达到制约的作用。合伙企业作为激励员工的持股平台,有着先天的优势。合伙企业强调人合性及契约精神,《合伙企业法》存在大量的"合伙协议另有约定的除外"的条文,通过在合伙协议上设置一定的准入机制及退出机制,可实现激励人员的正向流动。目标公司在实施此方案过程中,确实存在着一定的障碍,存在拒绝转让公司股权的股东,目标公司为此付出了一定的代价,但就目标公司未来发展来看,以此代价消除了未来的大隐患,应为必要之举。本所律师对合伙协议增加了以下特殊约定:

(1) 准入机制条款。

具备以下条件之一的人员,履行《合伙协议》及本补充协议约定的相应程序,方可作为本合伙企业的合伙人,丧失以下条件之一者,即自动丧失本合伙企业的合伙人资格,办理相关退伙手续,但另有约定的除外:

第一章

第一条 在 QM 公司担任董事(独立董事除外)、监事、高级管理人员职务的员工;

(1) QM 公司研发、销售、管理等部门中的骨干员工;

(2) QM 公司董事会认定的其他人员。

(2) 合伙企业事务执行。

第三章

第一条 除法律、法规另有强制性规定外,本合伙企业的下列事项由执行事务合伙人决定或同意:

1. 执行本合伙企业的投资业务,管理和维持本合伙企业的资产;

2. 代表本合伙企业对外签署文件;

3. 决定转让或处分本合伙企业持有的 QM 公司股权;

4. 采取为维持本合伙企业合法存续、实现合伙目的、维护或争取本合伙企业合法权益、以合伙企业身份开展经营活动所必需的一切行动。

第二条 执行事务合伙人执行合伙企业事务发生的费用,由本合伙企业承担,并从提取的管理费中支出。

第三条 合伙企业与其他方签署或向其他方签发的任何文件由执行事务合伙人签字并加盖合伙企业公章后,对合伙企业具有法律约束力。

第四条 本合伙企业的经营行为限于认购、持有、处分 QM 公司的股权,并获取相应的投资收益,但本协议另有约定的除外。

第五条 本合伙企业不得以任何名义、任何形式为任何单位或个人提供担保。

(3) 合伙人行为的限制。

第四章

第一条 合伙人不得自营或者同他人合作经营与本合伙企业及 QM 公司

相竞争的业务。除经执行事务合伙人同意外,合伙人不得同本合伙企业进行交易。合伙人不得从事损害本合伙企业利益的活动。

第二条 合伙人不得将其在本合伙企业中的财产份额出质。

(4) 新普通合伙人的入伙、程序以及相关责任。

经合伙人会议决议通过,符合本协议规定的入伙资格的人员可以作为新普通合伙人入伙。新普通合伙人应与原合伙人订立书面合伙协议。自入伙之日起,新普通合伙人与原普通合伙人承担同等责任;新普通合伙人对入伙前合伙企业的债务承担无限连带责任。在符合本协议规定条件的情况下,经合伙人会议决议通过,普通合伙人可以退伙,但应当提前30日通知其他合伙人且不能导致有限合伙企业变更为普通合伙企业。新普通合伙人应遵循相关要求并签署相关文件,履行出资义务。

(5) 有限合伙人的入伙、程序以及相关责任。

经执行事务合伙人同意,符合本协议规定的入伙资格的人员可以作为新有限合伙人入伙。新有限合伙人应与原合伙人或普通合伙人订立书面合伙协议。新有限合伙人与原有限合伙人享有同等权利,承担同等责任。在符合本协议规定条件的情况下,有限合伙人可以退伙。新有限合伙人应遵循相关要求并签署相关文件,履行出资义务。

(6) 退伙。

第七章

第一条 一般规定

合伙人在QM公司出现任何离职情况(包括但不限于:合伙人与QM公司的劳动合同期限届满且双方不再续约的、合伙人向QM公司提出辞职或自行离职、QM公司根据相关法律法规及公司制度规定提前解除与合伙人的劳动合同的)时必须退伙,并按协议约定配合办理退伙事宜。

第二条 例外情形

1. 作为合伙人的自然人死亡或被依法宣告死亡的,对该合伙人在合伙企业中的财产份额享有合法继承权的继承人,如符合本协议约定的入伙条件且为唯一继承人时,从继承开始之日起,取得该合伙企业的合伙人资格,其中:普通合伙人的继承人为无民事行为能力人或者限制民事行为能力人的,需经其他合伙人一致同意,方可以依法成为有限合伙人;其他合伙人未能一致同意的,本合伙企业应当将被继承合伙人的财产份额退还该继承人;如符合本协议约定条件的继承人不愿意成为合伙人的,本合伙企业应当向合伙人的继承人退还被继承合伙人的财产份额。

2. 普通合伙人被依法认定为无民事行为能力或限制民事行为能力人的,经其他合伙人一致同意,可依法转换为有限合伙人。如前述转换会导致合伙企业没有普通合伙人的,其他合伙人应在转换前一致选举产生新的普通合伙人;其他合伙人未能一致同意的,该无民事行为能力或限制民事行为能力的合伙人退伙。作为有限合伙人的自然人在合伙企业存续期间丧失民事行为能力的,其他合伙人不得因此要求其退伙。

(7) 退还财产份额的计算办法。

第八章

第一条 合伙人退伙时,应当按照退伙时的合伙企业财产状况与退伙合伙人进行结算,退还其财产份额;退伙人对给合伙企业造成的损失负有赔偿责任的,相应扣减其应当赔偿的数额;退伙时有未了结的合伙企业事务的,待该事务了结后进行结算,具体为:

1. 退伙时,合伙企业按全部资产减去负债后的账面净资产为合伙企业总财产额。应退还的退伙人在合伙企业中的财产份额 = 合伙企业净资产 × 退伙人在合伙企业中的份额(比例) - 退伙人个人对合伙企业的负债(如税费、管理费用、赔偿费用等)。

2. 退伙时合伙企业资产价值按如下方法计算:

合伙企业所持的 QM 公司股权按 QM 公司账面净资产值确定价值,合伙企业拥有的其他财产按最近一期经审计的账面值确定价值(如有)。

第二条 合伙人在 QM 公司正常离、退休时,其可继续持有本合伙企业的财产份额;如该合伙人提出出售其持有的全部或部分财产份额,自该要求提出之日起三年内未能与符合本协议约定的入伙条件人员完成转让的,执行事务合伙人可将该合伙人间接持有的 QM 公司股权择机出售,并将获得价款扣除相应税费后支付给该合伙人,相关方相互配合办理合伙企业的变更手续。执行事务合伙人择机出售 QM 公司股权时如存在法律、法规、规范性文件或以合伙企业名义出具的承诺所规定的限售条件时,出售时间应顺延至限售条件消除后。

第三条 如出现本协议第九条第二款约定的退还财产份额情形时,在应当退还财产份额之日起三年内无符合入伙条件人员承接该财产份额的,执行事务合伙人可将该合伙人间接持有的 QM 公司股权择机出售,并将获得价款扣除相应税费后支付给该合伙人或继承人,相关方相互配合办理合伙企业的变更手续。执行事务合伙人择机出售 QM 公司股权时如存在法律、法规、规范性文件或以合伙企业名义出具的承诺所规定的限售条件时,出售时间应顺延至限售条件消除后。

(8) 退伙财产份额的处置。

本合伙企业出现应当返还退伙财产份额情形时,如 QM 公司提名了符合入伙条件的其他人,则该人可优先按退伙财产份额计算办法确定的价格收购该财产份额,但收购其他情形下形成的退伙财产份额价格,由相关方自行商定。

关于协同推进商事登记改革、最大限度释放改革红利的思考

郭春宏[*]

一、商事登记改革已经产生了非常积极的意义

根据东莞市工商局的统计,2014年以来,受注册资本认缴制、先照后证、住所信息申报制等利好政策推动,该市市场主体登记门槛大幅降低,社会创业热情充分激发,企业增长尤为显著。截至2014年10月底,全市新登记各类企业36 920户,同比增长40.49%。新登记企业注册资本550.8亿元,增长211.65%,新登记企业数量及注册资本两项指标双双创下历史新高。此外,广东不少地区新注册登记企业的增幅也已高达40%~50%。

二、商事登记改革实施过程中存在的部分隐忧

目前进行的商事登记制度改革虽然激发了创业活力,促进了社会经济的发展,但是在这繁荣的背后,也存在着不少隐忧。

1. 社会上对商事登记改革存在部分误读

(1) 废除注册资本最低限额制度后,社会上有了"不花钱开公司"等误读,出现了盲目投资设立与自身经济实力不相符的公司。

(2) 有些投资者误以为一人公司的股东法律风险最低,甚至认为一人公司是可以高枕无忧的公司组织形式。

(3) 取消法定的验资程序和要求后,有人误以为"股东在公司成立后可以无所顾忌地虚假出资与抽逃出资",甚至认为投资可以零首付、零责任。

(4) 在注册资本实缴制改为认缴制以后,有些投资者误以为可以随意认缴天价注册资本,甚至认为只要承诺在公司成立百年后再实缴天价注册资本,在有生之年则没有实缴出资的义务。

(5) 取消年检制度后,公司可以肆无忌惮地在年报中造假。

2. 老问题仍然存在

公司实务中"公司千差万别,章程却千人一面,因而导致经常发生公司章程的失灵现象"等老问题依然存在,并没有随着商事登记改革而解决。

---

[*] 广东莞信律师事务所合伙人、律师,税务师。

3. 工商部门的负担大增

（1）门槛降低导致跟风创业的人数增加，工商部门审核压力激增。跟风是一种行为习惯，是非理性的行为。对于注册资本认缴制，一些人简单理解为不要钱就可以开办公司，好像国家出台了这种红利政策，不去享受就吃了亏。

（2）新政出现的法律真空期，导致工作衔接不上，监管指导的工作压力激增。比如，对企业实施认缴制以后，工商部门对于未按照章程约定出资的行为如何监管，如何更加科学合理地设置抽查条件，如何更加有效地发挥信用公示的作用，充满困惑。

以上问题如不及时、妥善地解决处理，随后产生的各类争议、纠纷将会成倍增加，使工商部门执法压力剧增。

三、对策与建议

1. 进行法制宣传，对创业者和投资者进行法律培训，与业内精英、专家多交流

（1）有针对性地进行公司法宣传、培训并提供法律咨询，以消除投资、创业者对商事登记制度改革配套政策的误读并降低其法律风险。

（2）各地律协可以邀请省、市工商局的业务精英、专家给律师做专题讲座，使普通律师更好地把握国家陆续出台的商事登记改革的法律和政策；同时，工商部门、法院和律协应共同举行专题研讨，对相关问题的业务处理达成共识。

这样一来，将使律师给当事人提供的法律咨询和业务操作符合商事登记改革的政策，与工商部门、法院大体一致，从而能最大限度地消除社会对商事登记改革配套政策的误读并降低创业者的法律风险。

2. 持续引导和推进市场主体自治自律

公司法是投资兴业、治企理财的根本大法。我国现行《中华人民共和国公司法》（以下简称《公司法》）是基于对公司自治的尊重，取消了国家对市场主体自治自律事项的强制干预，废除了注册资本最低限额制度、取消了法定验资，将注册资本实缴制改为认缴制，取消了年检制，改为了年报制。与此同时，《公司法》还保留了其他制度引导，促进市场主体自治自律。

（1）工商部门在尊重公司自治的基础上，可以引导或允许股东们根据其实际情况制定个性化的公司章程，使公司章程成为名副其实的公司治理的总章程。因为千人一面式的公司章程，不仅不具有可操作性，而且章程本应具有的良治久安的功能基本丧失殆尽，导致公司纠纷不断以及纠纷发生时无章可循，影响公司的正常发展，甚至出现公司僵局，导致公司解散。

（2）工商部门要以强化市场主体自律经营为目标，联合行业协会、企业联盟开办，以强化企业自我管理、行业自律、企业社会责任为主要内容的主题教育、专题论坛，教育引导企业自我管理、自觉履行社会责任，推动市场主体的自律经营。

3. 利用社会资源延伸工商行政管理触角,拓展工商服务渠道,深化工商监管效能

市场秩序影响发展环境,发展环境影响社会秩序。良好的市场秩序不是政府一家治理出来的,而是政府、企业、社会组织和公民良性互动、协同共治的结果。工商登记制度改革后,以工商部门参与社会管理创新为契机,实现工商行政管理社会化显得更加迫切,可以利用社会资源延伸工商行政管理触角,拓展工商服务渠道,深化工商监管效能,听取公众消费诉求,反映市场经营现状,实现辖区市场秩序和风险管理的社会化综合治理,进一步提升市场监管效能。

(1) 成立公益性的工商律师服务团。由省、市工商局、司法局和律协联合成立公益性的工商律师服务团。律师团的主要职责是为各级工商部门和创业者提供公益法律服务,包括:为初次创业者提供法律援助,根据工商部门的要求参与调处重大公司纠纷,指导和帮助相关商会自我管理、行业自律,协助工商部门开展普法宣传教育,为投资、创业者提供法律咨询和法律援助等。

(2) 公开招标购买商事登记改革专项公共法律服务。由省、市财政提供专项资金,由省、市工商局通过公开招标购买商事登记改革专项公共法律服务,服务内容包括但不限于以下项目(见下表):

项次	大项	小项	服务内容
1	法律宣传	大堂值班	安排律师到工商部门服务大堂值班,为创业者提供免费法律咨询。
		网络咨询	在工商部门网站开设律师在线咨询专栏,为创业者提供在线法律咨询。
		案例分析	在工商部门网站开设案例分析专栏,由律师撰写经典案例,供市场参与主体参考。
		法律讲座	定期由律师到各镇区举办《公司法》讲座,对创业者和投资者进行普法教育。
2	登记程序	调查核实	对需要核实的申请文件、材料,受工商部门或申请人委托进行调查并出具调查报告。
		提供参考意见	就某些可能涉嫌违法将依法吊销营业执照或撤销登记的案件及其他重大疑难案件出具法律意见。
3	企业信息公示程序	见证抽查摇号	由律师见证工商部门工作人员通过随机摇号确定抽查的企业,可以使抽查程序公开透明,彰显公平公正。
		受托抽查	接受工商部门的委托,开展抽查工作。
4	特殊案件处理	处罚审查	为工商部门作出处罚提供法律依据或进行法律论证。
		信访处理	接待信访,并就信访涉及的问题向工商部门出具法律意见,提出解决问题的方案。

（3）在推进商事登记改革过程中引进律师能收到以下成效：

第一，最大限度地消除创业者对商事登记改革配套政策的误读并降低其法律风险。律师利用其专业特长，通过网站咨询、大堂宣传和法制讲座等多元化方式进行普法宣传，及时、充分地向创业者和投资者阐释相关公司法规，消除不必要的误会误解。

第二，确保工商部门依法行政，使其程序公开透明，彰显公平公正。律师利用其专业特长和作为独立的第三方的优势参与某些程序，可以确保工商部门依法行政，使其程序公开透明，避免出现工商部门既当裁判员，又当运动员的尴尬局面。

第三，可以减轻工商部门的负担。律师利用其专业特长进行法律宣传，协助工商部门审查材料，代理工商部门参加行政复议及行政诉讼，受托开展企业信息公示抽查相关工作，可以大大减轻工商部门的负担。

以上粗浅建议，抛砖引玉，希望对进一步推进商事登记制度的改革有所助益。

略论商改背景下的"公司秘书"服务

郭春宏*

一、公司秘书制度在我国的现状

公司秘书(company secretary、the secretary)是源于英美法系的一种法律制度。《英国公司法》规定,每家公司必须有一名秘书,公司秘书由董事会任免。公司秘书是负责程序性事务的高级管理人员,其基本职责主要包括:保管公司文件和印章以及向监管部门递送有关报告和文件。此外,公司章程和董事会决议,还可授予公司秘书其他职权。

1949年以后,我国首批董事会秘书出现于1993年,这并非当时国内法律所要求的,而是适应国企赴香港地区上市融资的需要。因为《香港公司条例》明确规定公司须设立公司秘书。为符合香港的监管要求,首批到香港上市的国企,成为第一个"吃螃蟹"者。

1993年《深圳经济特区股份有限公司条例》首先确立了董事会秘书,1994年《到境外上市公司章程必备条款》、1996年《上海证券交易所上市公司董事会秘书管理办法(试行)》、1997年《上市公司章程指引》、1999年《境外上市公司董事会秘书工作指引》、2002年《上市公司治理准则》先后对董事会秘书进行了规定。2005年修订的《中华人民共和国公司法》(以下简称《公司法》)第123条规定:"上市公司设董事会秘书,负责公司股东大会和董事会会议的筹备、文件保管以及公司股东资料的管理,办理信息披露事务等事宜。"《公司法》第216条第(一)项规定:"高级管理人员,是指公司的经理、副经理、财务负责人,上市公司董事会秘书和公司章程规定的其他人员。"至此,我国《公司法》在上市公司中确立了董事会秘书制度,但没有规定有限责任公司和非上市股份有限公司须设立董事会秘书。

对照我国《公司法》关于董事会秘书的规定和域外公司法关于公司秘书的规定,我国董事会秘书制度系对公司秘书制度的移植,其法律地位和职责基本相同。不过,我国对公司秘书制度的移植存在诸多不完善之处,主要有:

(1)适用范围有限。《英国公司法》规定,每家公司必须设立公司秘书,而我国董事会秘书仅适用于上市公司,对于有限责任公司和未上市的股份有限公司则未做规定。

(2)定位有偏差。公司秘书制度的精髓在于:公司秘书负责公司程序性事务,

---

* 广东莞信律师事务所合伙人、律师,税务师。

类似于公司自身设立的"公证员",向董事会负责,维护公司运作中的程序正义。而我国董事会秘书主要局限于以信息披露为核心的证券事务,监管者意图使董事会秘书向公众和监管者负责,而不是向董事会负责。

(3) 职、责不匹配。有关监管部门出台的规范性文件所规定的董事会秘书的职、责不合理,不匹配。比如,有的规范性文件规定,董事会秘书应保证公司信息披露的及时、准确、合法、真实和完整;组织完成监管机构布置的任务;制定保密措施;在董事会决议违反法律法规、公司章程及本所有关规定时,把情况记录在会议纪要上,并将会议纪要立即提交上市公司全体董事和监事等。这些职责与其地位有冲突,很难做到。②

(4) 任职资格过窄。域外公司法多规定自然人、法人和合伙商号均可作为公司秘书。③ 而我国现行关于董事会秘书规定的一个显著特点是,董事会秘书必须是自然人,法人和合伙组织均不得担任董事会秘书。法人和合伙组织因而难以提供真正意义上的"公司秘书"服务。

二、商改背景下引进"公司秘书"服务的路径及其意义

如上所述,根据《香港公司条例》规定,自然人、法人团体和合伙商号均可担任公司秘书。这就意味着香港的法人和合伙商号可以提供"公司秘书"服务。此外,在香港,中小企业可以把其住所设在律师事务所及会计师事务所或秘书公司。这样一来,律师事务所及会计师事务所或秘书公司不仅可以为中小企业提供一般"公司秘书"服务,还可以提供注册地址、代理公司登记、代理记账和报税等内容广泛的"公司秘书"服务,有利于企业家专注生产、研发和营销等擅长的业务。

而我国现行《公司法》规定,董事会秘书须为自然人,法人和合伙均不得担任董事会秘书,作为公司设立条件之一的"住所",须是公司使用中的主要办事机构所在地。④ 实践中,工商部门以此为由不接受中小企业将其住所设在律师事务所、会计师事务所及秘书公司。现行法律关于董事会秘书和住所的规定,导致律师事务所、会计师事务所及秘书公司无法打包提供以注册地址、收递法律文书为落脚点的一站式"公司秘书"服务,只能个别提供被肢解的零星"公司秘书"服务,难以形成规模效益。

面对上述两大法律障碍,一站式"公司秘书"服务,路在何方?

国务院于 2014 年 2 月 7 日发布的《注册资本登记制度改革方案》中的关于"简化住所(经营场所)登记手续"的规定,似乎隐藏着"华山一路"。根据该规定,有关

---

② 参见王保树、崔勤之:《中国公司法原理》(最新修订第三版),社会科学文献出版社 2006 年版,第 198 页。

③ 参见 2014 年《香港公司管理条例》第 474 条。

④ 参见 2014 年《公司登记管理条例》第 12 条、第 24 条。

市场主体住所(经营场所)的条件,各省、自治区、直辖市人民政府可以根据法律法规的规定和本地区管理的实际需要,按照既方便市场准入,又有效保障经济社会秩序的原则,自行或者授权下级人民政府作出具体规定。据此,地方政府可以降低商事主体的住所门槛,允许多个商事主体以一个商事主体的住所地址为自己的住所登记。真是柳暗花明又一村。

2014年4月1日,东莞启动了创新的集群注册登记模式,突破了企业必须依据所使用的固定经营场所登记的障碍,允许多家电子商务企业,无须固定经营场所,可以将住所地址登记为托管公司的住所。2014年9月22日,国务院新闻办组织中外记者来东莞采访企业集群注册改革情况,在该次媒体见面会上,向中外媒体介绍了东莞集群注册登记模式。试点一年后,东莞市工商局起草了《东莞市企业集群注册登记管理试行办法》,向全市推广集群注册登记模式,其最大亮点是允许中小企业以会计师事务所或托管公司的住所地址作为自己的住所登记。也就是说,会计师事务所及托管公司可以提供类似香港注册地址服务的住所托管服务,从而打通了一站式"公司秘书"服务的关键一环。至此,东莞市的中小企业接受一站式"公司秘书"服务,就不存在实际障碍了。

值得肯定的是,东莞上述创新是在法治轨道上进行的。企业集群注册登记,本质上是商事登记机关对商事主体住所委托管理(以下简称住所托管)的认可,符合国务院《注册资本登记制度改革方案》中关于"简化住所(经营场所)登记手续"的规定。根据该规定,《广东省商事登记制度改革方案》授权地级以上市人民政府可对市场主体住所的条件作出具体规定。因此,东莞市创新的集群注册登记模式,符合法治和商事登记制度改革的精神。

在"大众创业、万众创新"的"众创"时代背景下,东莞市创新的集群注册登记模式突破了制约一站式"公司秘书"服务的法律障碍,具有非常重要的意义:

(1) 有利于降低创业成本,推动自主创业。中小微型企业采用一站式"公司秘书"服务,既可以降低创业企业住所门槛,又可免除经营场所的租金、聘请秘书行政人员的工资和相应的办公开支等固定开支,降低其经营成本。

(2) 有利于提升中小企业管理水平。中小微企业采用一站式的包括住所托管、代理收递法律及商业文书、报税等专业服务在内的"公司秘书"服务,可以提高企业的管理水平,确保企业内部管理的规范化,促进中小微企业的健康发展。

(3) 有利于促进中介服务创新发展。集群注册登记模式突破了制约一站式"公司秘书"服务的法律障碍,有利于促进包括律师法律服务在内的中介服务模式及内容创新发展。

三、公司秘书的权利、义务与责任

提供公司秘书服务的律师事务所、会计师事务所及一般秘书公司(以下统称为秘书公司),与接受公司秘书服务的企业之间的关系,属于委托合同关系。作为受托人的秘书公司,其权利、义务由双方委托合同规定。由于公司秘书服务涉及委托公司利益相关方,委托公司与秘书公司之间的权利义务,除了具有一般委托合同的共性外,还具有一定的特殊性:

1. 秘书公司的任意解除权应受到一定限制

《中华人民共和国合同法》(以下简称《合同法》)第410条规定:"委托人或者受托人可以随时解除委托合同。"据此,我国《合同法》承认了委托合同当事人任意一方均享有任意解除权。在一方行使任意解除权的情况下,委托合同应当终止。

秘书公司与委托公司之间的委托合同属于有偿的商事合同。秘书公司为具备相关资质的服务企业,一旦允许作为受托人的秘书公司任意解除合同,则委托公司将难以及时寻找到其他秘书公司替代,进而影响委托公司与其利益相关方的权利义务,不利于消费者权益的保护,有悖商事合同的本旨及诚信原则。因此,笔者认为,不宜允许秘书公司行使任意解除权。在《合同法》第410条未修改或最高人民法院尚未出台相关司法解释限制委托合同当事人任意解除权的情况下,委托公司可以在双方《委托合同》中约定秘书公司或双方放弃任意解除权。因为法律赋予当事人以随时解除权,意在保护其利益。如果当事人自愿放弃该权利或使其受限制,原则上应予以允许。[5]

2. 关于秘书公司向第三方承担法律责任的问题

一般情况下,秘书公司无须就其履行合同、提供公司秘书服务的行为向第三方承担法律责任。因为在受托人根据委托人的要求而完成委托任务之后,委托行为所导致的法律效果,应当归由委托人承受。[6]

秘书公司在履行合同过程中,委托人公司跑路或其自身存在的违法行为,按照责任自负原则,应由委托公司自担其责,与秘书公司无涉。因为秘书公司与委托公司之间是委托合同关系,并非连带保证责任关系。

秘书公司在提供公司秘书服务过程中,如有违法行为,则应依法承担相应的法律责任。

---

[5] 龙翼飞主编:《新编合同法》,中国人民大学出版社1999年版,第429页。
[6] 王利明:《合同法分则研究》(上卷),中国人民大学出版社2012年版,第633页。

浅析有限责任公司虚拟股激励的法律筹划问题

——以一起软件公司虚拟股激励案例为分析模板

周海洋[*]

近年来,随着企业经营理念的不断创新和法律制度的不断完善,股权激励模式在我国得到了广泛推行和迅猛发展。目前,主流的股权激励大多应用于国内上市公司或全国中小企业股份转让系统(以下简称"股转系统")(俗称"新三板")挂牌公司,但越来越多的中小型企业(特别是高科技企业)在发展过程中也意识到股权激励在减轻薪酬成本压力、吸引并留住人才等方面的功效,并极力试图找到并推行一套适合自身发展的股权激励模式。其中,虚拟股激励便是这些企业的备选模式之一。

作为一种"另类"股权,虚拟股并没有专门的法律定义。一般而言,虚拟股(Phantom Stocks)是指公司授予激励对象一种虚拟的股票,激励对象可以据此享受一定数量的分红权和股价升值收益,但没有所有权和表决权,不能转让和出售,在离开企业时自动失效。相较于实体股,虚拟股使被激励对象获取股权利益具有了一定的局限性,即虚拟股不能像实股一样体现在企业的工商登记资料中,但从法律层面看,由于其权利的来源合法(源自协议),故受法律保护,只要有适宜其生长的土壤环境,并被合理、有效、创造性地应用,仍然可以受到公司和被激励对象的欢迎。风靡全球的"华为"虚拟股模式,成为众多科技型企业效仿的对象,即在相当程度上证明了虚拟股激励模式的意义和价值。

鉴于目前虚拟股激励模式更多地被非上市公司,特别是其中的中小型科技企业青睐,故本文将以有限责任公司的虚拟股权激励问题作为研究对象[①],并以笔者主办的一起虚拟股激励案例为分析模板,对虚拟股权激励中的法律筹划问题进行粗略分析。

---

[*] 四川蓉城律师事务所。

[①] 部分A股上市公司和新三板挂牌公司也有推行虚拟股激励方案的,但数量极少。A股上市公司上海贝岭、银河科技于1999年推出过虚拟股权激励计划。新三板挂牌企业精信源(831091)于2015年5月6日发布了一份虚拟股权激励方案,方案显示,此次激励计划的有效期限为3年,激励对象无偿享有公司给予的一定比例的分红权,计划有效期满后,公司可根据实际情况决定是否继续授予激励对象该等比例的分红权。授予对象范围包括公司高管、中层管理人员、业务骨干以及对公司有卓越贡献的新老员工等。

一、适宜性评估：法律筹划的首要前提

目前中国的法律政策对于上市公司或非上市股份公司（主要是国有企业）的股权激励有诸多的法律规制，但对于有限责任公司的股权激励则没有明确的法律规范。因此，针对有限责任公司虚拟股激励，一般情况下不会存在法律可行性障碍。相反，在"法不明文禁止即允许"的法律原则下，律师还有更多的机会去实现商业创意和法律创意的完美契合。

但是，我们根据前述虚拟股的特征描述可知，并不是所有的企业都适合采用虚拟股激励模式，虚拟股激励模式往往适合人力成本较高、技术性人才比例较高且流动性较强、财务管理规范透明、人力资源管理水平较高的高科技企业，尤其适合资金短缺的初创期中小型科技企业。② 当然，只要具备基本的适宜性环境，再匹配上足够的法律创意，虚拟股激励模式也可以运用到其他类型的企业管理实践中。

对虚拟股激励的适宜性评估一旦得到正向确认，律师就应当在前期尽职调查的基础上构建自己的整体激励方案思路，并与公司决策层（控制人）、人力资源、财务部门会商探讨，然后主导或协助完成激励方案的总体设计。由于每家企业的具体情况各异，方案设计应充分体现"个性化"风格，切忌简单照搬其他公司的做法，甚至套用网络模块文件。

二、案例分析：一种法律创新的参考模式

(一) 案例背景简介

成都某软件技术有限公司，于2013年5月成立，注册资本200万元（已实缴），系国家高新技术企业。公司共有两名自然人股东王某和李某（两人系夫妻关系），其中王某（男）持股70%，担任公司执行董事和总经理；李某（女）持股30%，担任公司监事。公司员工近60名，学历均为大学以上，且以应届毕业生或1—3年工作经验者为主，员工平均收入水平中等（7 000元）。公司所处的行业竞争激烈，但公司的发展势头非常不错，在业界小有名气。由于尚处项目初创阶段，现金压力较大。公司目前无外部资金投资，但有不少战略投资者与公司进行接洽，公司也在积极筹划"新三板"挂牌事宜。公司财务管理和人力资源管理水平一般，规范化水平有待提升。公司控股人希望能借鉴"华为"模式，通过虚拟股方式激励和约束公司的核心人员，让员工和公司利益共进退，以推动公司持续、快速、健康发展。

---

② 据笔者统计，从2000年国家开始出台允许国有高新技术企业试行股权激励的政策以来，关于非上市公司股权激励的法规、政策基本都是围绕高新技术企业制定的，这在某种程度上也说明，股权（包括虚拟股）激励从一开始就更适合高科技企业。

(二) 方案筹划

由于律师系公司的常年法律顾问,对公司的具体情况比较了解,在与公司总经理(控股股东)王某充分沟通、商议几轮后,为其量身制订了一套"非典型性"的虚拟股权激励方案。该方案主要包括八部分内容:方案宗旨和概念界定等总则内容;虚拟股来源;虚拟股的取得方式;虚拟股的管理;虚拟股激励对象的确定;虚拟股的权利及相关限制;虚拟股的行权、解释权的归属;生效实施期限等附则。笔者下文选取了方案中的8处较有特色的法律创意设计进行介绍、分析。

1. 股权折算

参照股份公司的"股份"对有限责任公司的"股权"进行折算。公司根据200万元的注册资本金,折算出2 000万股的虚拟股份,并让虚拟股份的数额与股权的比例保持一定的权益量比关系。同时,在参考公司当时净资产因素后对每股作价0.1元。激励方案实施周期内,公司每年将参照经审计后的净资产对虚拟股重新定价并公示。需特别指出的是,由于大部分高科技企业(特别是互联网企业)经审计的净资产通常和企业的市场、行业估值相差甚远,所以虚拟股作价时一般仅参照审计数据。

2. 虚拟股激励的源头

通过股东的现有(存量)股权让渡建立"股权池",作为虚拟股激励的源头。股东李某将所持公司20%股权对应的400万虚拟股作为员工股权激励的来源,即股权池。该股权池的所有虚拟股份在授予员工前均属于李某所有。该股权池同时还承担"资金池"的责任,凡是有偿转让(如员工主动申购)虚拟股所获得的资金将进入指定账户,用于特定情况下回购员工所持虚拟股之需。此外,资金池的资金(如有)经一定程序可以用于公司日常的经营开支,以弥补日常经营的现金需求问题。

3. 虚拟股的种类

根据虚拟股持有人将来是否可以行权(即将虚拟股转成实股),将虚拟股分为含期权的虚拟股和不含期权的虚拟股两类。针对不同的主体和情形,授予不同类型的虚拟股,两种类型的虚拟股在一定条件下可以转换。这种虚实并行的方案设计,既有利于公司控股股东为后期引入战略投资者预留足够的股权空间,同时也非常有利于稳定核心员工、增强团队凝聚力。此外,方案关于行权的条件较高,行权的价格非常优惠,要求控股股东代持行权后的实股股权。

4. 虚拟股的取得方式

方案规定了虚拟股的三种不同取得方式,以满足公司不同的价值诉求。首先,员工可以根据方案规定的申购条件和程序主动申购,当期申购价为0.1元(对员工较为划算)。主动申购的虚拟股不含期权,后期可享受增值收益;其次,员工可以通过激励方式无偿取得,激励取得的虚拟股以含期权的虚拟股为主;最后,员工以年终奖、绩效奖、利润分红等形式取得虚拟股,员工每年的部分年终奖、绩效奖将以虚拟股的形式发放。每股虚拟股的价格根据当年的公司估值予以确定,然后根据相应的奖金或分红金额折算出对应数量的虚拟股进行发放。

5. 虚拟股的流动性

方案对于部分虚拟股赋予了一定的流动性，以体现其价值转化功能，并对不同类型虚拟股的流动性实行区别限制。如不含期权的虚拟股经过一定期限后，可以在公司内部股东（即虚拟股股东）之间转让；含期权的虚拟股持有人经过股东会同意，可以在享有期权的虚拟股股东之间进行转让；对不享有期权的虚拟股东转让的，视为自动放弃行权，虚拟股的受让方无行权资格，但享有分红的权利。虚拟股的内部转让价格，由当事方自行协商确定（除方案另有规定外）。

6. 创设虚拟股强制回购制度

方案在公平基础上，充分发挥了虚拟股的约束作用，既设置了公司对于虚拟股的强制回收或回购权制度，也规定了在一定条件下员工有权要求公司回购的制度。如公司对于通过激励方式取得虚拟股的员工，在违纪、离职等情况下可以强制回收虚拟股；对于有偿取得的员工在一定条件下可以原价（不计算增值部分）回购。同时，员工通过主动申购、奖金、绩效等有偿方式取得的虚拟股，一定条件下可以要求公司回购。如通过绩效奖金授予虚拟股1年后，绩效考核年终平均分在80分以上（包括本数）的员工可以要求公司回购全部或部分所授虚拟股，公司将以折算虚拟股时的绩效奖金本金（加同期银行存款利息）的形式予以回购。

7. 配套制度

为解决公司员工对公司日后财务制度透明度、真实性的担忧，专门制定了一套严格的财务监管制度（保密制度）予以配套。为化解员工对于公司绩效考核及虚拟股激励对象提名的公平性的担忧，方案对公司的治理结构进行了针对性的改造，专门设置了有半数以上员工代表参与的绩效考核与薪酬管理委员会。绩效考核与薪酬管理委员会应根据公司的组织结构、岗位设置、岗位重要性和人才变化情况，制订岗位绩效方案，选拔虚拟股激励对象。同时规定公司发起人股东、总经理、董事、监事、部门经理（负责人）享有虚拟股受益人的提名权。绩效考核与薪酬管理委员会根据本制度规定的条件及实际情况确定候选人名单，交由股东会最终决定。股东会原则上应尊重绩效考核与薪酬管理委员会的意见，对候选人名单不做删减。

8. 对外融资下的虚拟股处置预案

考虑到公司近两年有引入外部战略投资者和新三板挂牌的战略规划，方案作了相应的预案。如规定公司因引入外部投资者、新三板挂牌等事宜导致公司股权结构发生变化，致使激励方案必须修改或停止执行的，全体员工必须配合。

对于存在"不同意共同稀释股份、不按照约定条件虚拟股转实股、不配合解除代持协议"等不配合情形的虚拟股（或已行权后的实股）股东，公司可以强制回购持有股份或确认虚拟股自动失效，并预留一定时间的法律障碍清除期，设置了相应预案,避免出现股权不清晰或股权重大权属纠纷等实质影响新三板挂牌的问题。③

三、私人定制:法律筹划的最后归宿

不难发现,上文案例中的设计方案呈现出鲜明的"大杂烩"风格,似乎包罗了众多的股权激励模式,但似乎又不属于任何一种狭义的股权激励模式,背后的原因就在于律师敢于在法律框架下进行诸多的创新设计。因此笔者认为,此类"非典型性"案例,的确只能给拟进行虚拟股激励的公司提供一种参考模式,绝不能成为直接援引的模板。④ 因为每一家企业所处的行业前景和特点、推行股权激励的出发点和价值追求、员工对虚拟股的接受程度、激励对象的收入结构和收入水平、员工对公司发展前景的信心和忠诚指数、公司的财务规范程度、绩效考核制度的完备程度等均不同,律师应根据企业的具体情况为其"私人定制"一套适合的虚拟股激励方案。

综上可见,由于股权激励方案的设计、推行,需要较强的专业支撑,律师往往会在股权激励操作中起到主导作用。而作为公司法律服务的重要组成部分,股权激励法律服务的附加值一般较高,可以成为律师公司类业务的拓展方向。

参考文献

[1] 王文书:《企业股权激励实务操作指引》,中国民主法制出版社 2011 年版。
[2] 单海洋:《非上市公司股权激励一本通》,北京大学出版社 2014 年版。
[3] 中华全国律师协会:《中华全国律师协会律师业务操作指引》,北京大学出版社 2013 年版。

---

③ 虽然新三板挂牌并未像 IPO 禁止或限制虚拟股激励、股权代持等情形,但是由于此类情形容易导致股权纠纷,所以,新三板挂牌前一般会按照股转系统的要求进行清理、整改,达到"股权清晰、无权属争议"之要求。

④ 比如该公司的股东结构就不具有代表性(夫妻关系易沟通、原股东利益高度一致)。如果股权结构复杂,解决股权池和资金池的筹建问题就可能另寻他途。如用增资方式解决股权来源、用新增利润作为购买新增股权的资金来源;又如,该公司对虚拟股的定价不是直接依据审计的净资产数据确定的,容易在后期定价过程中引发内部争议等。

浅析公司董事、监事和高级管理人员之法律风险

廖明松[*]

一、公司董事、监事和高级管理人员在公司中的法律地位

一般说来，公司的决策、管理人员根据在公司中的地位可以区分为董事、监事、高级管理人员和一般管理人员。高级管理人员是指公司的经理、副经理、财务负责人、上市公司董事会秘书和公司章程规定的其他人员。而一般管理人员是指受高级管理人员领导，具体负责实施管理工作的普通职位员工。

按照《中华人民共和国公司法》（以下简称《公司法》）的规定，无论是股份有限公司还是有限责任公司，最高的权力机构都是公司的股东大会或者股东会，这是由全体出资人——股东所组成的为维护出资人利益的权力机构。董事会或者执行董事作为由股东提名选举的最高权力机构的执行机构，由多名经股东大会或股东会选举的董事组成董事会，负责召集股东大会和股东会、执行股东大会或股东会决议。公司根据经营管理的需要，由董事会聘请公司总经理，负责组织公司的日常生产经营管理，并对董事会负责。公司董事会聘请的总经理可以提名聘请公司的副经理和财务负责人员，最终由公司的董事会决定。作为公司监督机构的监事会或者监事，由股东中选举产生或者由职工代表中选举产生，负责对公司中的生产经营管理行为依法进行监督，并对股东大会或股东会负责。

从上述法律规定来看，公司的董事、监事以及经理、财务负责人、副经理等高级管理人员的产生，均需要依照法律规定的程序进行，并依照法律的规定分工、合作和监督，共同为公司的出资人股东的合法利益服务。一方面，公司的出资人股东完全可以脱离公司的具体生产经营、管理事务；另一方面，以股东的身份也无法直接介入公司的日常生产经营管理事务，所有权同经营权在公司法人模式下是完全分离的。故公司董事、监事和高级管理人员对公司的正常生产经营活动、出资人股东资产的保值、增值，可以起到至关重要的作用。

---

[*] 四川思沃律师事务所执行主任，成都仲裁委员会仲裁员，四川省立法研究会会员，成都市优秀律师，四川省律师协会公司法专业委员会委员。

二、公司董事、监事和高级管理人员经营管理之法律风险

(一) 违反法律之民事责任

公司董事、总经理、监事、财务负责人等高级管理人员在公司中的法律地位同样存在区别,在公司的经营管理中所起到的作用和赋予的权力、职责也各不相同,其产生的法律后果也会存在不同。下面就公司的董事、总经理、高级管理人员等在公司经营管理过程中由于违法或不当履行职责可能产生的法律风险作如下简要分析:

1. 民事赔偿责任

根据《公司法》第147条第1款的规定,董事、监事、高级管理人员应当遵守法律、行政法规和公司章程,对公司负有忠实义务和勤勉义务。相对来说,忠实义务和勤勉义务在考核或认定上,存在无法具体量化的问题,但《公司法》将该道德性规范要求作为董事、监事、高级管理人员的法律义务性要求,又进一步强调董事、监事、高级管理人员不得利用职权收受贿赂或者其他非法收入,不得侵占公司的财产。

《公司法》第149条规定:"董事、监事、高级管理人员执行公司职务时违反法律、行政法规或者公司章程的规定,给公司造成损失的,应当承担赔偿责任。"根据该规定,公司的高级管理人员由于自己的违法行为给公司造成损失时,应当承担赔偿责任。

根据《公司法》第148条的规定,董事、高级管理人员不得有下列行为:

(1) 挪用公司资金;

(2) 将公司资金以其个人名义或者以其他个人名义开立账户存储;

(3) 违反公司章程的规定,未经股东会、股东大会或者董事会同意,将公司资金借贷给他人或者以公司财产为他人提供担保;

(4) 违反公司章程的规定或者未经股东会、股东大会同意,与本公司订立合同或者进行交易;

(5) 未经股东会或者股东大会同意,利用职务便利为自己或者他人谋取属于公司的商业机会,自营或者为他人经营与所任职公司同类的业务;

(6) 接受他人与公司交易的佣金归为己有;

(7) 擅自披露公司秘密;

(8) 违反对公司忠实义务的其他行为。

董事、高级管理人员违反前款规定所得的收入应当归公司所有。

可见,如果公司的高级管理人员在违反上述规定时若获取了利益,该利益应当归属于公司所有。

2. 民事赔偿的诉讼风险

《公司法》第151条规定,董事、高级管理人员有本法第150条规定的情形的,

有限责任公司的股东、股份有限公司连续180日以上单独或者合计持有公司1%以上股份的股东,可以书面请求监事会或者不设监事会的有限责任公司的监事向人民法院提起诉讼;监事有本法第150条规定的情形的,前述股东可以书面请求董事会或者不设董事会的有限责任公司的执行董事向人民法院提起诉讼。根据这一规定,股东可以书面请求公司监事或监事会行使对侵犯公司利益的董事、高级管理人员行使追索赔偿的诉讼权利;同样,对于监事的监督,股东可以请求董事会或执行董事行使追索赔偿的诉讼权利。

当出现公司管理僵局的情形时,监事会或监事、董事会或执行董事收到股东书面请求后拒绝提起诉讼,或者自收到请求之日起30日内未提起诉讼,或者情况紧急、不立即提起诉讼将会使公司利益受到难以弥补的损害的,股东有权为了公司的利益以自己的名义直接向人民法院提起诉讼。该规定在于充分保护股东、维护公司整体利益,避免公司在董事、监事、高级管理人员管理和控制下,实际出资人出现权利或利益受损而无法得到救济的情形。

同时,《公司法》第152条规定:"董事、高级管理人员违反法律、行政法规或者公司章程的规定,损害股东利益的,股东可以向人民法院提起诉讼。"根据该规定,对于董事、高级管理人员在履行公司职务过程中损害股东利益的,股东有权直接采取诉讼方式进行维权。

另依照最高人民法院《关于适用〈中华人民共和国公司法〉若干问题的规定(三)》(法释〔2011〕3号)第14条的规定,股东抽逃出资,公司或者其他股东请求其向公司返还出资本息,协助抽逃出资的其他股东、董事、高级管理人员或者实际控制人对此承担连带责任的,人民法院应予支持。根据此规定,董事、高级管理人员如果存在协助股东抽逃出资行为,董事、高级管理人员应对该股东抽逃出资的行为承担连带返还本金及利息的法律责任。

当公司债权人请求抽逃出资的股东在抽逃出资本息范围内对公司债务不能清偿的部分承担补充赔偿责任情形时,协助抽逃出资的其他股东、董事、高级管理人员或者实际控制人,也要对此承担连带补充赔偿责任。

依照最高人民法院《关于适用〈中华人民共和国公司法〉若干问题的规定(三)》(法释〔2011〕3号)第28条的规定,在股东进行股权转让时,股权转让后尚未向公司登记机关办理变更登记,原股东又实施对未变更登记的股权进行对外转让、质押等,如果该行为造成受让股权的股东损失,受让股权的股东请求原股东承担损失赔偿责任时,对于承担履行公司股东股权变更职责和义务的董事、高级管理人员,因未及时办理股权变更登记有过错的,董事、高级管理人员或者实际控制人应当承担相应赔偿责任;受让股东对于未及时办理股权变更登记也存有过错的,可以适当减轻董事、高级管理人员或者实际控制人的相应赔偿责任。

(二) 违反法律之行政责任

(1)依照《公司法》第202条的规定:"公司在依法向有关主管部门提供的财务

会计报告等材料上作虚假记载或者隐瞒重要事实的，由有关主管部门对直接负责的主管人员和其他直接责任人员处以三万元以上三十万元以下的罚款。"作为负责公司财务的负责人和作为主管的高级管理人员等，如果向工商机关、税务部门等提供虚假的会计报告等，不但公司面临行政处罚，高管自己也要面临3万元至30万元的行政罚款。

（2）根据《公司法》第204条第2款的规定："公司在进行清算时，隐匿财产，对资产负债表或者财产清单作虚假记载或者在未清偿债务前分配公司财产的，由公司登记机关责令改正，对公司处以隐匿财产或者未清偿债务前分配公司财产金额百分之五以上百分之十以下的罚款；对直接负责的主管人员和其他直接责任人员处以一万元以上十万元以下的罚款。"公司因经营困难或者出现公司章程规定的清算情形时，如果发生公司隐匿财产、制作虚假负债表或财产清单、提前分配公司财产，直接参与的负责主管人员和其他直接责任人员，将被工商行政管理机关处以1万元以上10万元以下的行政处罚。

（三）违反法律之刑事责任

作为公司的董事、监事、高级管理人员，在公司的经营管理过程中，如果其行为已符合《中华人民共和国刑法》（以下简称《刑法》）所规定罪名的犯罪构成，其行为就构成犯罪，将受到《刑法》的严厉惩处。由于涉及的面较为广，笔者仅就可能触犯的刑事罪名作一个罗列，限于篇幅，无法将这些罪名作一一分析和说明。

一般说来，我国现行《刑法》自1979年制定以来，已经过全国人大常委会九次修正案的修订和解释。这些修正案和解释都是针对社会经济的发展出现的新问题、新矛盾而制定的，让法律更加能够为中国特色的社会主义市场经济保驾护航。刑法往往是对社会经济生活中危害最大的行为进行制裁和约束，是国家机器采取最严厉强制措施的依据。现就与本文相关的刑事罪名作一简要列举：

（1）贪污罪，挪用公款罪，行贿罪，受贿罪，单位受贿罪，单位行贿罪，对单位行贿罪，私分国有资产罪（以上犯罪主体为国家工作人员）；职务侵占罪，挪用资金罪，公司企业人员受贿罪，对公司企业人员行贿罪（犯罪主体为公司、企业工作人员、其他单位人员）；

（2）生产销售伪劣商品罪，生产、销售不符合食品安全标准的食品罪；

（3）欺诈发行股票债券罪，提供虚假会计报告罪，妨害清算罪，隐匿、故意毁坏会计凭证、会计账簿、财务会计报告罪，非法经营同类营业罪（犯罪主体为国家工作人员），为亲友非法牟利罪（犯罪主体为国家工作人员），签订、履行合同失职被骗罪（犯罪主体为国家工作人员），国有公司、企业、事业单位人员失职罪，国有公司、企业、事业单位人员滥用职权罪，徇私舞弊低价折股、出售国有资产罪；

（4）伪造、变造、转让金融机构经营许可证、批准文件罪，高利转贷罪，非法吸收公众存款罪，伪造、变造金融票证罪，伪造变造国家有价证券罪，伪造、变造股票、公司、企业债券罪，擅自发行股票、公司、企业债券罪，内幕交易、泄露内幕信息罪，编造并传播证券、期货交易虚假信息罪，诱骗投资者买卖证券、期货合约罪，操纵证券、期货交易价格罪，逃汇罪，骗购外汇罪，洗钱罪，集资诈骗罪，贷款诈骗罪，票据诈骗罪，金融凭证诈骗罪，信用证诈骗罪，信用卡诈骗罪；

（5）偷税罪，抗税罪，逃避追缴欠税罪，骗取出口退税款罪，虚开增值税专用发票、用于骗取出口退税、抵扣税款发票罪，伪造、出售伪造的增值税专用发票罪，非法出售增值税专用发票罪，非法购买增值税专用发票、购买伪造的增值税专用发票罪，非法制造、出售非法制造的用于骗取出口退税、抵扣税款发票罪，非法制造、出售非法制造的发票罪，非法出售发票罪；

（6）假冒注册商标罪，销售假冒注册商标的商品罪，假冒专利罪，侵犯著作权罪，侵犯商业秘密罪；

（7）损害商业信誉、商品信誉罪，虚假广告罪，串通投标罪，合同诈骗罪，非法经营罪，强迫交易罪，非法转让、倒卖土地使用权罪，提供虚假证明文件罪，逃避商检罪；

（8）重大环境污染事故罪，非法处置进口的固体废物罪，擅自进口固体废物罪，非法占用农用地罪，非法采矿罪，破坏性采矿罪；

（9）重大劳动安全事故罪，工程重大安全事故罪，消防责任事故罪。

上述笔者所罗列的9个分类共计84个罪名，仅仅是作为公司企业董事、监事以及高级管理人员可能在履行工作职责的过程中会涉及的主要刑事责任问题，并没有涵盖全部。

三、对法律风险的控制建议

（一）转变观念是前提，充分理解"公司"模式经营的理念

正如笔者在前言中所提到的那样，公司的经营模式是将公司资产的所有权同经营权相分离，而且在公司内部机构设置上存在"权力制衡"，公司的资产所有人掌控公司"最高权力机构"股东大会或股东会，其推举出来的常设执行机构董事会或执行董事，代表股东大会或股东会行使经营管理权力。董事会聘任的总经理、经理、财务负责人等高级管理人员，分别在各自的分工范围内行使对公司、企业的经营管理职责。由股东大会或者股东会选举的监事会、监事，行使对董事、总经理、财务负责人的监督权力，当然监事在行使监督权力的同时，还承担着义务。

通常，作为"一股独大"的控股股东，担任公司的董事、总经理职务时，容易犯"一股独大"的观念错误，忽略中小股东的存在和利益，往往在公司的经营决策过程中，忽略公司管理的法定程序，其行为不受公司章程、管理制度、法律的约束，认为自己的出发点都是为了公司的利益；还有的中小股东或者监事本身对大股东的制约或监督力度不够，容易形成"一言堂"，公司制约机构和管理制度形同虚设。因此，作为实际控制、参与公司经营管理的董事、总经理、监事、财务负责人等，应当转

变观念,充分理解现代企业管理制度中"公司"的权力"制衡"理念,约束自己的行为。

(二) 严格按照公司章程、规章制度、法律、法规的规定履行法定程序

在司法实践中我们发现,有许多公司的董事、高级管理人员在履行职务、决策的过程中,其出发点都很好,但往往忽略履行处理公司各项事务所必需的法定程序,比如资金的调拨、划扣等,由于手续不全,程序不完善,在发生问题以后往往是具体负责的主管人员承担法律责任。其实,这些决策或者事务的处理,在完善程序和必需的法定手续以后再实施,虽然看似有些繁琐和效率低下,其实不然,因为有些手续和程序在产生问题以后是难以弥补和完善的,而在事发当时,这些手续和程序往往并非难题。严格遵守管理制度和依法办事是董事、监事、高级管理人员规避法律风险的重要手段。

(三) 完善公司的监督管理体系和各项规章制度

切实加强对公司各个岗位、职务的监督管理,做到事前、事中、事后的监督。及时监督、提醒可以避免很多问题的产生。完善各项规章制度是按规章制度办事的前提,规章制度自身的缺陷,将对公司的各项管理造成误导。管理制度本身的制定和设计必须合法、合理。合法可以保障管理制度的有效性,合理可以保障规章制度的可执行性和可操作性。

(四) 加强培训和教育

由于法律知识的欠缺,许多董事、监事、高级管理人员根本没有意识到有些职务行为可能已经违法甚至已经构成犯罪,所谓的"无知者无畏",在很多情形下就发生了不该发生的错误。因此,加强对上述人员的法律知识、公司章程、管理制度的培训和学习,是增强上述人员法律意识、规程意识、依法意识的必要手段。在司法实践中,公司违法犯罪的经典案例、他人经验教训的学习,是对上述人员的"警钟长鸣",可以从别人的经验和教训中得到启发和教育。在公司管理过程中,防范董事、监事、高级管理人员面临的法律风险,是对公司根本利益的最终保障。

网络游戏运营之法律风险初探

周海洋[*]

一、网络游戏运营之现状简述

近年来,随着中国互联网及移动网络的快速发展和应用的成熟,以网络游戏为代表的网络文化产品迎来了空前的发展机遇。在我国民族网络游戏出版工程等一系列产业政策引导下,国内网游原创力量不断发展壮大,自主开发的网络游戏早已成为市场发展的主导力量。

目前,在网络游戏类型的划分中,大型客户端游戏在整个中国网游市场中占据了较大比重的份额。但随着智能手机、平板电脑等智能移动终端的不断普及和3G、4G、城市 WiFi 等移动网络服务的日渐成熟,人们在饭店等餐、乘坐公交、地铁等的碎片化娱乐需求也在不断增长,如今在街头巷尾,处处可见沉浸在移动网游娱乐中的青年男女。

从国内网络游戏产业链上看,产业链的主要环节包括产品开发、产品运营、产品推广和产品支付四个部分。而随着该产业链的重要环节——网游开发与运营能力的不断提升,在国内互联网用户持续增加的背景下,网游市场规模也呈现出了持续快速增长的态势。

在这个孕育巨大商机和利益的网游产业发展过程中,不论是游戏开发、运营或是推广、支付等各个经营环节,还是游戏研发者、代理商、游戏终端提供者、宽带网络接入服务商以及游戏玩家等各个市场的参与主体,都会引发众多的法律问题和法律纠纷。但本文将关注的焦点是网游运营公司所面临的主要法律风险问题,且着重探讨其中的知识产权法律风险,以唤起网游运营公司的一些法律意识。

二、网络游戏运营之合同法律风险

(一) 网游运营公司的法律责任

网游运营公司与游戏用户之间产生的是一种兼具服务合同和保管合同等特征的特殊合同法律关系。首先,运营公司与玩家之间是一种合同法律关系。在此基础上,双方在合同履行过程中又呈现出多种合同关系和法律责任,并衍生出知识产权等法律关系及法律责任。因此,其对用户所承担的法律责任应包括:

---

[*] 北京尚衡(成都)律师事务所合伙人。

1. 运营网络安全保障责任

此责任要求网游运营公司为处在运营中的网络游戏的流畅运行、游戏玩家的游戏行为提供包括各种 ID 或密码保护措施在内的、必需的网络安全保障。

2. 虚拟财产的电子数据存档和备份责任

游戏玩家对游戏中的虚拟财产(包括:游戏 ID 账号、虚拟货币、虚拟装备、虚拟动植物以及虚拟角色等)享有使用权和处分权(在此暂且不讨论所有权问题)。在游戏运营过程中,只要玩家没有对该虚拟财产有放弃或抛弃行为,游戏运营公司就应负有保护、保存、保管虚拟财产的电子数据档案的义务。一旦玩家输入 ID 认证开始游戏,游戏运营公司就应当将该虚拟财产按原状交付给玩家。

3. 对虚拟财产交易平台内公平合法交易的保证责任

游戏运营公司在交易平台内应当具备检验交易虚拟财产的合法性和真实性的能力,排除外挂的可能,并保护交易安全和诚实信用。

4. 对游戏玩家注册信息的保密责任

在法律上,玩家的注册资料属于个人隐私类信息,鉴于对隐私权的保护与尊重,游戏运营公司负有不得向任何第三人披露游戏玩家的注册信息的责任。

(二) 网游合同是典型的格式合同

它是由网游运营公司单方面预先就合同内容进行拟订,与游戏玩家之间重复签订、重复使用,游戏玩家在注册时,只能作出接受或不接受选择的电子格式条款合同。以下是法律对格式合同的限制:

(1) 网络游戏格式合同中有减轻或免除游戏运营公司责任、加重玩家责任、排除玩家主要权利的,此格式条款无效。

(2) 网络游戏运营公司与玩家对合同条款的理解发生争议,应作出不利于网络游戏运营公司一方的解释。例如,合同中网络"游戏运营公司保留对本协议的最终解释权"之类的规定。

(3) 以格式条款、通知、声明、电子告示等方式作出对玩家不公平、不合理规定的,该内容无效。例如,在合同中含有"某网络游戏公司取消或停止用户的资格或加以限制,用户不得要求补偿或赔偿"的条款。

(4) 损害用户合法权益的格式条款无效。

(三) 网游合同纠纷的主要类型

1. 虚拟财产失窃纠纷

玩家游戏账号、装备等虚拟财产的被盗情况时常发生,这便会引发玩家与网游运营公司之间的法律纠纷。通常情况下,虚拟财产被盗后,玩家会要求网游运营公司协助提供证据、查看主服务器上的相关记录。只要运营公司尽到了自己合理的注意义务并无相应过错,则无须对玩家虚拟财产的失窃负赔偿或补偿责任。

2. 游戏运营终止纠纷

一般来讲,一款网络游戏都有一定的生命周期,少则几个月多则几年时间。不论哪种原因,游戏一旦停止运营,都会使玩家的虚拟财产丧失存在的依据和使用价值,因此往往引起玩家与运营公司之间的纠纷。网游运营公司在决定是否终止运营一款网络游戏时,应当注意保护玩家的利益,如在停运前提前公告或通知玩家,并向玩家提供合理的免费游戏时间,对玩家所购的未消费的游戏充值卡或点卡采取退款或折价补偿,或对新运营的游戏玩家提供一定的免费游戏时间等。

3. 运营系统缺陷纠纷

网游运营公司有义务为玩家提供安全、稳定、高质量的游戏系统环境,有责任利用技术保存玩家的游戏数据和信息。但在实践中,往往由于游戏系统漏洞或进行系统升级、合并等原因导致游戏装备或数据丢失,运营公司应当通过技术回档等方法或手段,赔偿、补偿玩家因此遭受的损失。

4. 外挂使用纠纷

外挂实质上是一种模拟键盘和鼠标运动的作弊程序,主要修改客户端内存中的数据。网游运营公司对玩家非法使用外挂行使游戏账号查封、删除虚拟财产和数据或隔离措施的处罚权利时,应当注意以下几个问题:

(1) 网游运营公司与玩家在网游合同中,应界定"非法外挂使用"的情形,且明确约定使用非法外挂的合同责任、处罚方式(如封号、删除游戏装备、隔离)、不同情形下的隔离时间(如三日、一周或一月等)、处罚程序规则(如警告通知、玩家申辩权利)等问题;

(2) 网游运营公司在行使上述权利之前应告知玩家,并证明该玩家违法使用了外挂;

(3) 封号、删除或隔离措施应主要针对使用非法外挂的部分,并应尽可能不影响玩家合法取得的部分;

(4) 网游运营公司不得篡改其服务器储存的原始数据,并保证能充分反映使用外挂的异常情况,以便在产生纠纷时能够提供数据鉴定的证据;

(5) 网游运营公司应对玩家的虚拟财产及使用外挂情况进行调查、评估后,作出相适应的处罚,若造成错封、错删或错误隔离,则须恢复或赔偿、补偿玩家相应的损失。

三、网络游戏运营之知识产权法律风险

(一) 私服侵权问题

未经版权所有人许可或授权,非法获得服务器端口安装程序而私自架设服务器运营网络游戏的行为,主要涉及游戏运营公司与私人服务器(以下简称"私服")设立者、使用者之间的法律问题。私服实质是网络盗版行为,本质上属于侵犯计算机软件版权人的修改权、信息网络传播权、获得报酬权等,其经济上的损害结果为窃取、分流了游戏运营公司的部分利润。新闻出版总署等五部委也明确认定私服

为违法行为,其损害合法出版、破坏版权人的网游作品的技术保护措施,谋取非法利益并侵害网游运营公司的权益,应依法予以严厉打击。

(二)来源于网游技术开发团队的版权法律问题

(1)一款网络游戏不是代码的简单拼合,文字、图案、音乐、角色等游戏元素是游戏不可或缺的组成部分,且均可能分别构成文字作品、美术作品以及音乐作品,而受著作权法保护。若游戏制作技术团队或美术人员模仿、抄袭上述游戏元素,其运营公司则有承担侵权的法律风险。

(2)网游运营公司在游戏正式上架运营前,须谨慎审查游戏内容。因游戏制作技术团队或美术人员专业知识不足或过失使用了他人拥有版权的作品或侵犯了其他知识产权引起纠纷,将导致运营公司承担侵权连带责任。

(3)凡是涉及使用他人作品的文字、美术、音乐等内容的,网游开发、运营公司应当先行获得其版权人的书面授权许可,以免因侵害他人的作品改编权而承担损失赔偿责任。

(4)对于原创游戏,网游开发商应当与游戏制作技术团队或美术人员签订明晰的游戏软件版权归属协议,防止依赖电子邮件或电话短信等法律效力不确定的电子数据证据来证实协议内容。运营公司应谨慎审查该协议,以防止受其法律上的牵连。

(三)网游运营中的其他知识产权侵权法律风险管控

(1)网游开发者或运营公司应当将原创游戏及时向版权管理部门认定的软件登记机构办理登记,用以防止他人盗版或获取非法利益,保留后续维权保护的有利证据。

(2)网游开发者或运营公司应尽可能地将原创游戏中的核心或重要的文字、标志申请为注册商标,增强网络游戏主要元素或核心元素的法律保护。

(3)网游开发者与运营公司要注意及时协助配合,做好源代码侵权证据保全措施,防止员工跳槽后盗用软件源代码等侵犯商业秘密行为的发生。

(4)网游开发者和运营公司须严格审查被授权许可作品版权的权属问题。演绎作品应当获得原版权人的许可;合作作品应当获得合作作者各方的许可,许可合同要注意约定版权权属的权利保证条款等。

(5)未经网游软件版权人的授权许可,他人开发该款游戏攻略而使用其游戏画面的,拥有版权的运营公司可以他人商业性使用游戏画面出版游戏攻略,影响官方攻略的市场销售,损害版权人合法权益构成侵权为由,寻求法律保护。

(6)采取多种途径和方法制止侵权。当发现侵权行为后及时取证,除向涉嫌侵权游戏开发者主张权利外,还应重点向提供运营渠道的企业施加压力。往往运营渠道商(如:苹果商店、Google play、360等)对版权问题比游戏开发者更在意和重视侵权风险和连带责任,这样做相比通过法律诉讼,既经济又省时,还能有效地解决侵权问题。

四、网络游戏运营之行政监管规范与法律风险

《网络游戏管理暂行办法》是我国第一部专门针对网游行业进行行政管理和规范的部门规章，对中国网游产业健康有序发展，对网游企业的合法经营、有效监管产生了重要影响。大多违反该《办法》相应条款规定者，都将面临轻者责令改正、没收违法所得直至罚款，重者停业整顿、吊销许可证直至追究刑事责任的法律风险。这里仅就涉及网游运营公司部分的重要管理规定作一归纳：

（一）对网游经营市场主体实行网络文化经营许可证管理制度

（1）从事上网运营、虚拟货币发行和虚拟货币交易服务的三类网游运营公司必须取得《网络文化经营许可证》，且该《许可证》只有3年有效期，期满需提前续办。

（2）网络游戏运营公司不得授权无网游运营资质的单位运营网络游戏。

（二）网络游戏不得含有法律法规禁止的内容

包括宣传淫秽、色情、赌博或教唆犯罪的，宣传邪教、迷信等内容的。

（三）进口游戏审查制与国产游戏备案制并存

（1）进口网游内容须经文化部门审查批准才能上网运营，运营后内容需要进行实质性变更的，须申报变更审查批准后方可继续运营。

（2）国产网游只需上网运营后30日内向文化部门备案，内容发生实质性变更的，自变更之日起30日内进行变更备案。

（四）完善网游虚拟货币发行及交易管理措施

（1）发行的虚拟货币不得用于支付、购买实物或兑换其他运营公司的产品和服务，不得以恶意占用用户预付资金为目的。

（2）运营公司保存的虚拟货币购买记录从用户最后一次接受服务之日起，不得少于180日。

（3）虚拟货币发行的种类、价格、总量等情况须报注册地省级文化部门备案。

（五）加强网络游戏未成年人保护制度

（1）运营的游戏中不得含有诱发未成年人模仿违法犯罪行为的内容，不得有恐怖、残酷等妨害未成年人身心健康的内容。

（2）采取技术措施禁止未成年人接触不适宜的游戏或游戏功能，限制未成年人的游戏时间，预防其沉迷网络。

（3）不得向未成年人提供网游虚拟货币交易服务。

(六) 建立网游用户权益保护制度

(1) 网游运营公司应要求用户使用有效身份证进行实名注册,保存其注册信息。

(2) 终止运营网游或游戏运营权发生转移的,应当提前60日公告,并妥善处理用户尚未使用的虚拟货币和尚未失效的游戏服务。

(3) 网游运营公司与用户签订的协议应包括《网络游戏服务格式化协议必备条款》的全部内容,并且不得有与其相抵触的其他条款。

(4) 禁止设置未经网游用户同意的强制对战。

以上探讨仅仅是笔者对网络游戏运营法律问题的一些粗浅认识,旨在从协助企业发现运营中的法律风险和提出防范措施的视角,思考和研究网游运营行业的政策制度和法律管控,以期促进此行业的经营企业提高法律风险管理水平,并与各位同仁共同学习、交流。

参考文献

[1] 道客巴巴:《2014年网络移动游戏行业研究分析报告》,载http://www.doc88.com/p-6713743704032.html,最后访问日期:2015年7月16日。

[2] 1折网:《网络游戏运营的几个法律问题》,载http://www.1zw.com/jingyan-10-22883.html,最后访问日期:2015年7月17日。

[3] 赵福军:《网络游戏服务合同中的相关法律问题》,载http://blog.donews.com/zhfuju/archive/2004/09/15/99888.aspx,最后访问日期:2015年7月19日。

[4] 郭敬敬:《法律专家谈游戏抄袭:什么样的内容才算侵权?》,载http://play.163.com/15/0119/16/AGBACIGV00314OSE.html,最后访问日期:2015年7月19日。

[5] 中央政府门户网站:《〈网络游戏管理暂行办法〉解读》,载http://www.gov.cn/zwhd/2010-06/22/content_1633984.htm,最后访问日期:2015年7月20日。

浅谈企业法律风险的量化评价

卫德佳*

引言

随着中国加入 WTO 和全球经济一体化进程的不断深入,在激烈的市场竞争环境中,企业无时无刻不在面对来自外部环境和内部环境的不确定性,即风险。为了避免各种损失,在竞争中立于不败之地,国内企业纷纷建立适合自身生产经营活动的法律风险防控体系。然而,由于目前国家和企业对法律风险的量化评价,均只采用法律风险影响程度和发生可能性两个维度,在一定程度上影响了法律风险评价的准确度和科学性。由于各个企业所处的内外部法律环境不同,同一风险对不同企业造成的损失不可能完全相同,为此,将法律风险损失率这项指标纳入企业法律风险的量化评价中,更能获得科学、合理的量化评价结果。

一、企业法律风险概述

所谓法律风险,是指预期与未来实际结果发生差异而导致企业必须承担法律风险责任并因此造成损害的可能性,它融通于各种企业风险当中,就其本质来说,法律风险是指违反法律、法规或合同、或侵权、或怠于行使权利等造成经济损失的客观危险。国家标准化委员会 2012 年 2 月发布的企业法律风险管理国家标准——《企业法律风险管理指南》(GB/T 27914-2011)将企业法律风险定义为:"基于法律规定、监管要求或合同约定,由于企业外部环境及其变化,或企业及其利益相关者的作为或不作为,对企业目标产生的影响。"具体来说,主要包括企业的经营性损失和无形资产、商誉损失以及其他的损失。随着中国的法治化进程,法律对企业的调整已涉及生产经营活动的各个方面,这势必要求企业实施任何行为都必须遵守法律规定,如果企业的生产经营活动违反了法律的规定或合同约定,从而损害了国家、集体或个人的利益,就必须承担相应的法律责任。

(一) 企业法律风险的特征

1. 发生原因的法定性或约定性

企业法律风险的发生,往往是其违反法律规定或者合同约定的结果,因而其发生原因具有法定性或约定性。

---

* 四川容德律师事务所。

2. 发生领域的广泛性

从横向看,法律风险广泛存在于企业的各种生产经营活动中,如企业的经营管理决策、市场交易、公司治理等各项活动均伴随有法律风险发生的可能性;从纵向看,从企业的设立到企业的运营,直至到企业终止的各个阶段也同样存在着法律风险。总之,法律风险存在于企业生产经营的各个环节和各项业务活动之中,贯穿企业从设立到终止的始终。

3. 发生形式的关联性

国务院国有资产监督管理委员会于2006年6月发布的《中央企业全面风险管理指引》,将企业风险分为战略风险、财务风险、市场风险、运营风险、法律风险五类,企业风险中的法律风险始终伴随着企业的一切活动,同时战略风险、财务风险、市场风险、运营风险等风险归根结底最终也必然体现为法律风险。例如,三鹿乳业集团生产的三鹿奶粉,因为添加三聚氰胺出现产品质量问题而造成的运营风险,最终转化为法律风险,造成三鹿乳业集团的轰然倒塌。

4. 发生结果的强制性和可预见性

法律责任具有强制性,企业的经营行为一旦违法或违约,无一例外都必须按照法律规定承担相应的民事、行政和刑事责任。但是,由于法律风险是由法律规定原因产生的法定后果,因此是可以预见的,是能够通过各种手段进行防控的。企业法律风险管理要求对风险进行事先预防,正是基于这一特征而言。

(二) 企业法律风险管理体系

企业法律风险管理体系是指企业为了合理、有效地管理企业法律风险而建立的,由一系列制度、流程、活动构成的有机整体。它以一定的组织机构、职能、制度、流程、活动,以及员工法律意识、企业法律文化等形式表现出来。企业法律风险防控必须是在多种、多方面因素的共同作用下才可得以实现,各因素之间是相辅相成的关系。法律风险管理体系完全建成后,它应当是一个复杂、全面、立体、动态的且符合企业生产经营运行需求的系统。

按照国家标准化委员会《企业法律风险管理指南》的规定,企业法律风险管理过程由法律风险环境信息、法律风险评估、法律风险应对、监督和检查等活动组成。其中,法律风险评估是法律风险管理过程中最重要的环节,包括法律风险识别、法律风险分析和法律风险评价等三个步骤:

1. 法律风险识别

法律风险识别是法律风险管理的首个阶段和基础环节,搞好法律风险识别工作是整个法律风险管理体系建设的关键。

法律风险识别首要要查找企业各项经营活动、业务流程中存在的法律风险,然后对查找出的法律风险进行描述、分类,对其原因、影响范围、潜在的后果等进行分析归纳,最终生成企业的法律风险清单。

2. 法律风险分析

法律风险分析,是指对识别出的法律风险进行定性、定量分析,查找法律风险源或导致风险事件的具体原因、法律风险事件发生的可能性及后果、影响后果和可能性的因素,为法律风险的评价和应对提供支撑。

《企业法律风险管理指南》指出了在对企业进行法律风险分析时,可从法律风险发生可能性和法律风险影响程度进行分析,明确了法律风险量化评价的维度,可为企业的法律风险分析提供理论指导和标准。

3. 法律风险评价

法律风险评价,是指在将法律风险分析结果与企业的法律风险准则进行比较,在各种风险的分析结果之间进行比较的基础上,确定法律风险等级,以帮助企业作出法律风险应对的决策。

《企业法律风险管理指南》仅指出了企业进行法律风险评价可供考虑的因素,并没有给出具体的可供操作的法律风险评价方法。实际上,企业依照该指南较为准确地确定企业法律风险的等级,是不现实的和难以实际操作的。要准确确定企业法律风险的等级,使其具有可操作性和结果的可适用性,必须对企业法律风险进行量化评价。

二、传统的法律风险量化评价维度

法律风险量化评价,是运用数学模型对企业法律风险进行数学上的计算,并得出反映法律风险严重程度的数值,从而实现对企业法律风险的精确比较、综合分析,获得较为准确的法律风险等级结果。只有对企业所有识别出来的法律风险进行量化测评分析,将法律性质不同、领域分布不同、存在部门不同的法律风险,运用同样的标准和维度进行量化分析,使得各种法律风险之间具有可比性,才能准确地确定其风险等级,在法律风险的防控中实现管理的轻重缓急,避免法律风险管理的眉毛胡子一把抓,真正让企业法律工作找到预防和控制的切入点。因此,准确的法律风险量化评价是企业制定科学合理的风险管理原则,制定有效的法律风险防控措施,将法律风险管理有效纳入企业生产经营管理的前提和基础。而要得到合理的、符合企业生产经营实际的法律风险量化评价结果,则依赖科学、合理和完善的法律风险量化评价指标体系。

目前,我国对企业法律风险量化评价的研究以及运用实践已经开展,并且取得了一定的成就。但就法律风险量化评价指标体系而言,还需要作大量深入而具体的研究。就现有的研究成果来看,在风险量化评价的维度上,法律风险的影响程度和发生可能性这两个维度,已得到普遍认同。

法律风险影响程度,是指法律风险事件会对企业经营管理和业务发展可能产生影响的大小。对法律风险影响程度的量化分析,通常从财产损失、非财产损失和影响范围的大小三个维度进行,每个维度又可以进一步细化,最终得出该风险的影响程度。

法律风险发生的可能性,是指在企业现有的管理水平下,法律风险事件发生概率的大小或者发生的频繁程度。对法律风险发生可能性的量化分析,可以从内部制度的完善与执行情况、企业员工法律素质、风险相对方综合情况和工作频次等维度进行具体分析。

在法律风险的计算方式上,大多数企业在很多情况下只是简单采用类似下列的公式进行计算:法律风险水平=法律风险影响程度×法律风险可能性。然而,在企业的经营管理活动中,法律风险对企业的损害程度还会受到其他诸多因素的影响;相同的法律风险对法律风险环境不同的企业造成的实际损害也各不相同。因此,仅仅依靠法律风险影响程度和发生可能性这两个维度对法律风险进行量化,存在着较大的局限性。

三、法律风险损失率

企业各自所处的法律环境不同和经营理念的差异,决定了不同企业在面对同一法律风险时的不同反应,进而也决定着同一法律风险给企业带来的后果也各不相同。在计算企业的法律风险水平时,增加法律风险损失率这一量化维度,有利于提高企业法律风险量化工作的科学性和准确性,加强企业法律风险管理工作的针对性和有效性。

(一)法律风险损失率的内涵

法律风险损失率,是指法律风险后果的实际损失与法律规定的理论损失之比。其更能准确地反映某一法律规定的法律后果可能产生的实际损失。法律风险损失率的公式为:

$$V_{3i} = \frac{第\ i\ 项实际损失}{第\ i\ 项理论损失} \times 100\% \text{①}$$

其数值是类似法律风险事件发生时的平均值,数值区间为 1%~100%。

(二)考虑风险损失率的必要性

为了更加全面地证明考虑风险损失率维度能提高风险等级综合评分的准确度,本文以西南石油大学法学院对中国石化西北油田分公司的"法律风险管理体系建设研究"项目中的调研数据为基础,并结合国家和行业相关标准进行论证。

为了响应国资委提出的把"建立健全企业法律风险防范机制"作为中央企业法制工作的总体目标和核心的号召,中国石油化工集团公司建立了以企业总法律顾问制度为重点,以贯穿于企业生产经营的各个环节的规章制度为主要内容的法律风险防控体系。但中石化下属企业在2011年之前并未建立覆盖全部经营业务

---

① V_{3i} 表示某一法律风险 i 的损失率维度

和管理活动的全面法律风险管理体系。中国石化西北油田分公司高度重视法律风险管理工作，经过充分论证和开题评审，于 2011 年 5 月对《法律风险管理体系建设研究》正式立项，与西南石油大学组织有关专家和科研团队共同组成项目组，在中石化系统内部率先开始了企业全面法律风险管理体系的研究和建设工作。项目组以分公司内控体系、生产经营管理体系为载体，深入识别、分析、评价分布于分公司勘探、开发、生产、经营、管理、建设、发展、稳定等各项业务和管理工作的法律风险，提出防控的法律建议和方案，最终建立了符合企业生产经营管理实际、覆盖分公司全部生产经营业务和管理活动的法律风险防控体系，切实解决了之前在法律风险管理活动中存在的缺乏主动性、系统性、目标性和经济性的"四大难题"，真正实现了法律事务工作从事务型向管理型、从事后补救向事前预防和事中控制的"两个根本转变"，进而提高了分公司法律风险防控能力，进一步提高了企业管理水平，增强分公司的核心竞争力，促进了分公司的稳步发展。

比较《企业法律风险管理指南》(GB/T 27914-2011) (以下简称"国标") 和《中国石化法律风险防控体系建设指导意见》(以下简称"行标")，笔者发现，该项目中在控制法律风险方面最突出的就是应用了"法律风险损失率"这个评价维度。为了证明损失率的应用给法律风险量化评价带来的优越性，笔者将对项目中现有的 967 个观测点进行比较研究，采用聚类分析方法，对剔除了"损失率"参数的结果进行计算，并与原来的结果进行比较，其具体结果如下：

我们将两者的主要参数放入下表比较(见表 1)：

表 1　是否考虑损失率的主要结果比较

参数	参考损失率(%)	不参考损失率(%)
最优分类个数	5	5
风险评分最小值	0.13	1.28
风险评分最大值	66.86	82.86
均值	13.31	23.71
标准差	13.17	16.70
离散系数	0.99	0.70

将两种方法的分类区间和每个类所包含的观测点统计入表(见表 2)：

表 2　是否考虑损失率的分类情况统计(区间含下不含上)

类序	参考损失率(%)		不参考损失率(%)		预警显示颜色
	区间	观测点数	区间	观测点数	
第一类	0.0—9.0	485	0.0—12.9	315	无
第二类	9.0—23.8	285	12.9—30.0	327	蓝
第三类	23.8—39.6	133	30.0—48.0	239	黄
第四类	39.6—53.0	43	48.0—66.0	78	橙
第五类	53.0 以上	8	66.0 以上	8	红

经过比较,可以发现:

1. 损失率分类方法在原则问题上具有一致性

损失率的种类都分为 5 类,都是第一类和第二类占有绝大多数,第四类和第五类较少,其中第五类——风险得分最高,与最值得企业关注的一类完全相同。

2. 参考损失率的维度更贴近实际

按照传统的法律风险量化评价方法,在只考虑法律风险严重程度和发生可能性维度的情况下,若某一法律风险 i 的严重程度维度为 V_{1i},发生可能性维度为 V_{2i},则风险等级综合评分的标准 G_i 的计算公式应为:

$$G_i = V_{1i} \times V_{2i}, i = 1,2,3\cdots \quad \text{(公式一)}②$$

在考虑损失率维度的情况下,若某一法律风险 i 的严重程度维度为 V_{1i},发生可能性维度为 V_{2i},损失率维度则为风险等级综合评分的标准 H_i 的计算公式应为:$H_i = V_{1i} \times V_{2i} \times V_{3i}, i = 1,2,3\cdots$,则风险等级综合评分的标准 H_i 的计算公式应为:

$$H_i = V_{1i} \times V_{2i} \times V_{3i}, i = 1,2,3\cdots \quad \text{(公式二)}③$$

对比上述两组公式,我们可以看出,实际上,公式一表示的每一法律风险都是按照最高额进行计算的,可以把它认为是在公式二中损失率维度 V_{3i} 取 100% 的情形。然而,在企业现实的生产经营过程中,每一项法律风险所带来的损害大多达不到预计的最高度,风险所造成的损失也不总是法律规定的理论最高额,而损失率维度 V_{3i} 恰好精确地描述了法律实践发生时的实际损失比例,弥补了公式一的弊端。

3. 参考损失率维度有更好的分辨率

从表面上看,考虑损失率维度后的风险评分最小值为 0.13,最大值为 66.86,极差为 66.73;不考虑损失率维度的风险评分最小值为 1.28,最大值为 82.86,极差为 81.66;似乎后者结果更好。事实上:

$$\text{考虑损失率最值比} = \frac{66.86}{0.13} \approx 514,$$

$$\text{不考虑损失率最值比} = \frac{82.86}{1.28} \approx 65$$

也就是说,二者的差距有 8 倍之多。

为了更准确地描述这个问题,我们计算如下:

考虑损失率时,风险评分的平均值为:

$$\overline{H} = \frac{1}{967}\sum_{i=1}^{967} H_i = 13.31,④$$

---

② G_i 表示某一法律风险 i 的风险等级综合评分的标准(不考虑损失率维度);V_{1i} 表示某一法律风险 i 的严重程度维度;V_{2i} 表示某一法律风险 i 的发生可能性维度。

③ H_i 表示某一法律风险 i 的风险等级综合评分的标准(考虑损失率维度);V_{1i} 表示某一法律风险 i 的严重程度维度;V_{2i} 表示某一法律风险 i 的发生可能性维度;V_{3i} 表示某一法律风险 i 的损失率维度。

④ $\overline{H}$ 表示风险评分的平均值(考虑损失率维度);H_i 表示某一法律风险 i 的风险等级综合评分标准(考虑损失率维度)。

标准差为：
$$S_H = \sqrt{\frac{1}{967}\sum_{i=1}^{967}(H_i - \overline{H})^2} = 13.17 ⑤$$

不考虑损失率时，风险评分的平均值为：
$$\overline{G} = \frac{1}{967}\sum_{i=1}^{967} G_i = 23.71, ⑥$$

标准差为：
$$S_G = \sqrt{\frac{1}{967}\sum_{i=1}^{967}(G_i - \overline{G})^2} = 16.70 ⑦$$

由于具有不相同的均值，我们不方便在此下结论。但通过计算离散系数得到：
$$\sigma_H = \frac{S_H}{\overline{H}} = \frac{13.17}{13.31} = 0.99 ⑧$$
$$\sigma_G = \frac{S_G}{\overline{G}} = \frac{16.70}{23.71} = 0.70, ⑨$$

于是：
$$\sigma_H > \sigma_G,$$

考虑损失率的风险评分离散程度更高，更利于我们的分组。从结果看，"红""橙"两色预警等级分别为8个、43个；不考虑损失率风险评分的"红""橙"两色预警等级分别为8个、78个；区分度不强导致的较高预警等级数量的增加，会使企业处理时难度增加。

针对"法律风险损失率"这一概念的运用，该项目的专家《验收报告》是这样评价的："项目组创新性地提出了法律风险的评价方法，采用法律风险发生的可能性、法律后果的严重程度以及损失率对法律风险进行量化评价，提高了法律风险评价结果的准确性和科学性，也使企业的法律风险管理体系更具针对性和可操作性。"

(三) 影响风险损失率的因素

任何一个企业都由若干内部机构和员工构成，其生存和发展也离不开社会等外部环境，而这些内外环境的变化，都会或多或少地影响企业法律风险的防控指标

---

⑤ S_H 表示风险评分的标准差(考虑损失率维度)；$\overline{H}$ 表示风险评分的平均值(考虑损失率维度)；H_i 表示某一法律风险 i 的风险等级综合评分标准(考虑损失率维度)。

⑥ $\overline{G}$ 表示风险评分的平均值(不考虑损失率维度)；G_i 表示某一法律风险 i 的风险等级综合评分标准(不考虑损失率维度)。

⑦ S_G 表示风险评分的标准差(不考虑损失率维度)；G_i 表示某一法律风险 i 的风险等级综合评分标准(不考虑损失率维度)；$\overline{G}$ 表示风险评分的平均值(不考虑损失率维度)。

⑧ σ_H 表示风险评分的离散系数(考虑损失率维度)；S_H 表示风险评分的标准差(考虑损失率维度)；$\overline{H}$ 表示风险评分的平均值(考虑损失率维度)。

⑨ σ_G 表示风险评分的离散系数(不考虑损失率维度)；S_G 表示风险评分的标准差(不考虑损失率维度)；$\overline{G}$ 表示风险评分的平均值(不考虑损失率维度)。

及法律风险的量化评价参数,进而影响企业法律风险防控的范围和有关风险准则的制定。

1. 外部法律风险环境信息

外部法律风险环境信息是指企业外部与企业法律风险防控相关的政治、经济、文化、社会、技术、法律等各种相关信息,主要包括:

(1) 本行业的业务模式及特点;
(2) 国内外与本企业相关的政治、经济、文化、社会、技术以及自然环境;
(3) 国内外与本企业相关的立法、司法、执法和守法情况及其变化;
(4) 与本企业相关的监管体制、机构、政策以及执行等情况;
(5) 与本企业相关的市场竞争情况;
(6) 本企业在产业价值链中的定位及与其他主体之间的关系;
(7) 企业主要的利益相关者及其对法律、合同、道德操守等的遵从情况;
(8) 与企业法律风险及管理相关的其他信息。

值得注意的是,对于跨区域经营的企业,在进行外部法律风险环境调查时,要特别关注不同地区间可能存在的环境差异。[4]

2. 内部法律风险环境

内部法律风险信息是指企业内部与企业法律风险及其管理相关的各种信息,主要包括:

(1) 企业的战略目标;
(2) 企业的质量结构;
(3) 企业盈利模式和业务模式;
(4) 企业的主要经营管理流程和业务模式;
(5) 企业在法律风险防控方面的使命、愿景、价值理念;
(6) 企业法律风险防控工作的目标、职责、相关制度和资源配置情况;
(7) 企业法律工作及法律风险防控现状;
(8) 利益相关者的法律遵从情况和约束方式;
(9) 本企业签订的重大合同及其管理情况;
(10) 本企业发生的重大法律纠纷案件或法律风险事件的情况;
(11) 本企业相关的法律规范库和法律风险库;
(12) 本企业知识产权管理情况;
(13) 企业法律风险防控的信息化水平;
(14) 与法律风险及其管理相关的其他信息。

通过分析,我们不难看出,虽然法律规定了企业在违规违约时的法律责任,但由于企业具有不同的个性,因此,在对企业法律风险等级进行综合评价时,仅仅考虑其理论上的损失是远远不够的。鉴于此,笔者将在下文从企业自身条件和法律环境出发,进一步论述法律风险损失率这一维度在企业法律风险量化评价中的重要性。

四、法律风险损失率在实践中的运用

不可否认,国家标准中提出的法律风险发生的可能性和影响程度,对企业的法律风险量化评价提供了依据,但总体上看,在准确性上还有所欠缺。企业要想对法律风险进行有效、准确的量化评价,法律风险损失率在实践中则具有较大的运用空间和不可忽视的作用。

(一) 典型案例评析

2003年1月23日,思科系统有限公司在美国德克萨斯州东区联邦法庭正式对中国华为公司及华为美国分公司软件和专利侵权提起诉讼。思科诉称华为盗用了其操作系统源代码、用户操作界面、用户手册、技术文档以及五项与思科路由协议有关的专利技术,且诉称华为的软件中存有仅在思科软件中才存在的固有缺陷。据此,思科向华为提出了巨额赔偿。面对思科的指控,华为作出了一系列积极应对,首先发表了自己没有侵犯知识产权行为的声明,紧接着在美国停止出售并召回被指控的产品,并抓住思科利用"私有协议"搞垄断这一突破口对思科进行反击。在双方多次举证和听证后,法院于6月7日驳回了思科申请下令禁售华为产品等请求,拒绝思科提出的禁止华为使用思科操作软件类似的命令性程序,但同时要求华为停止使用有争议的路由器软件源代码、操作界面及在线帮助文件等;2003年10月2日,双方在律师对源代码进行比对后达成初步和解协议。这便是曾经轰动一时的"中美IT知识产权第一案"。

在对上述案例进行分析后,我们可以看出,站在华为公司的立场上,如果在该事件发生前只考虑侵犯知识产权这一法律风险的发生可能性和影响程度这两个因子,就该案件被起诉侵犯知识产权这一行为,机械地按照我国法律、美国法律或我国加入的国际条约,而忽略企业自身对风险的反应等条件的估计,则可能夸大风险对企业造成的损失。以本案为例,实际上在事件发生后,华为并没有坐以待毙,而是采取了一系列积极的应对措施,比如发表声明、撤回商品、利用其他有利条件对思科进行反击以及比对代码等,这些都在一定程度上减少了企业的损失。

再言之,根据国际基准每10亿美元收入所对应的企业顾问数量来衡量,中国企业法律风险管理的投入严重不足,远远低于世界平均水平。华为作为中国本土企业,对知识产权的管理和保护意识与发达国家相比仍存在差距,而思科在知识产权领域的高灵敏性以及自身对知识产权管理制度的不完善,也会对企业最终的实际结果产生影响。另外,除了华为自身对法律风险的应对能力外,其他外部因素也可能影响该风险给企业带来的损失。例如,华为作为中国生产销售通信设备的龙头企业,在中国通信市场上具有举足轻重的重要地位,因此,我国为了维护国内通信市场的稳定,也会在一定程度上对其给予帮助。

以上分析表明,除了风险发生可能性和损失率外,仍有很多因素影响着对法律风险的量化,而计算法律风险损失率就能将上述诸多因素纳入量化范围,更能精确法律风险的量化结果。综上所述,我们可以得出如下结论:如果简单地遵循传统的法律风险发生可能性和影响程度这两项指标对某一风险进行量化评价,即单纯生硬地照搬侵犯知识产权的相关法律条款,而不考虑其他可能影响风险的因子,并不能有效地准确判断其风险的大小;然而在加入了风险损失这一量化指标后,则能在原基础上进一步提高企业对风险量化评价的准确性,从而有利于企业对风险的防范与控制。

(二)计算法律风险损失率应考虑的因素

1. 理论损失

法律风险的理论损失是指某一法律风险按照合同约定或法律规定应该产生的损失。根据字面理解,法律风险的理论损失是既定的,只要正确地识别出某一法律风险,直接套用相关法律或约定,则可计算出该法律风险的理论损失。

2. 实际损失

法律风险的实际损失是指某一法律风险发生后可能给企业带来的事实上的损失。具体来说,在对法律风险的实际损失进行估算时,应注意以下几个方面:

(1)企业自身应对法律风险的能力。企业自身应对法律风险的能力对法律风险的实际损失有着极其重要的影响。影响企业应对法律风险能力的内容主要包括员工素质、领导者的组织决断能力以及企业的法律风险防控制度建设等。员工素质的高低和领导者的能力,直接影响着风险发生的可能性以及风险发生后对风险的应变能力。任何企业都是由无数的员工组成的,高素质的员工对风险具有敏锐的警惕性,能在风险发生后的第一时间发现并采取措施,减少危害的发生;优秀的领导者在风险发生后能沉着应对,在最短时间采取最有效的方法最大限度地降低损失。企业完善的法律风险防控制度,必然包含对各种可能发生风险的应对方案,当风险发生后,企业可以按照预定方案迅速反映,使风险的范围不再蔓延。

(2)企业的市场主体地位。主要包括该企业在产业价值链中的定位及与其他主体之间的关系。若该企业属于本行业中的龙头,则其行业影响度大,涉及相关利益主体多,一旦发生法律风险,势必牵涉众多利益者,产生一系列的连锁反应,其影响程度可能远远大于单纯按照相关规章制度预计的损失。然而,从另一个角度看,由于该类企业在行业中具有举足轻重的作用,当发生法律风险时,该企业雄厚的基础和丰富的人脉资源,则可以使企业在向他人求助时能更多地获得帮助者的信任和支持,使企业渡过难关。另外,若该企业涉及国计民生,则国家可能从稳定国民经济的角度出发,对其给予一定程度的帮助和扶持。因此,企业在市场中的地位,极易造成某一法律风险对企业造成的实际损失与理论损失不一致。

(3)利益相关者的法律意识。利益相关者法律意识的高低也会影响企业某一法律风险的实际损失。比如,若两个企业间的合作涉及知识产权,一方企业具有较高的法律意识,拥有完善的知识产权管理体系,则在很大程度上能降低侵犯知识产权这一类法律风险所带来的危害。

（4）国内外相关政治、经济和法律监管制度。自中国入世以来，我国企业与世界经济的融合度越来越高，其面临的竞争环境也越来越复杂，跨国企业要想"走出去"，并在激烈的竞争中获胜，必须对国内外的政治经济制度以及法律监管熟悉，针对同一风险根据不同的环境采取不同的应对措施。如若不了解相关制度和监管手段，在风险发生后不能及时作出正确的应对，则很可能造成损失的扩大，加重企业的负担。因此，熟悉国内外与本行业有关的各项制度，才能对法律风险进行有效的防范和控制，才能更好地驾驭和运营风险，降低风险给企业带来的实际损失。

五、结论

企业法律风险的量化评价是企业法律风险管理的关键环节。本文以中石化西北油田分公司的调研数据为基础，运用一系列公式进行计算与对比，从数学的角度证明了在对法律风险进行量化评价时，加入法律风险损失率这一量化维度，能够更有效地对风险进行准确评价；而华为与思科之间的知识产权纠纷案则充分说明，企业各自所面临的不同内外部环境对企业法律风险损失率具有重要影响，进而从实践的角度，更进一步证明了法律风险损失率对提高企业法律风险评价结果的准确性和科学性，增强企业的法律风险管理体系的针对性和可操作性具有不可忽视的重要作用。为此，笔者建议，国家标准化委员会应及时对2012年2月发布的企业法律风险管理国家标准——《企业法律风险管理指南》（GB/T 27914-2011）进行修订，在"5.3.3 法律风险分析"中的"5.3.3.3 法律风险影响程度分析"后增加"5.3.3.4 法律风险损失率"，对进行法律风险损失率分析时应考虑的因素作出明确的规定，以增强企业法律风险管理国家标准的科学性和指导作用。

参考文献

[1] 王冀川：《石化企业法律风险和防范体系建立探索》，载《科技创业月刊》2011年第1期，第132页。

[2] 马明：《油田企业法律风险的防范和控制探析》，载《西南石油大学学报（社会科学版）》2014年第4期，第9—14页。

[3] 江山：《中国企业法律风险典型案例简析》，载《法人杂志》2005年第4期，第48—49页。

[4] 张明：《浅谈企业法律风险的防范与控制》，载《甘肃科技》2009年第13期，第100—102页。

[5] 夏露：《管理学视野下企业法律风险防控研究》，载《经济与法制》2008年第5期，第235—237页。

相互保险组织制度及律师业务创新

李占英*

2015年2月,中国保监会颁布《相互保险组织监管试行办法》,相互保险成为当年的热门话题;6月4日,李克强总理在国务院常务会议上表示,鼓励发展相互保险业务;6月16日,国务院下发《关于大力推进大众创业万众创新若干政策措施的意见》(国发[2015]32号),更是明确提出了支持保险资金参与创新,发展相互保险等新业务。

一、什么是相互保险组织

根据《相互保险组织监管试行办法》第2条的规定,相互保险是指具有同质风险保障需求的单位或者个人,通过订立合同成为会员,并缴纳保费形成互助基金,由该基金对合同约定的事故发生所造成的损失承担赔偿责任,或者当被保险人死亡、伤残、疾病或者达到合同约定的年龄、期限等条件时,承担给付保险金责任的保险活动。

相互保险组织是指在平等自愿、民主管理的基础上,由全体会员持有并以互助合作方式为会员提供保险服务的组织,包括一般相互保险组织以及专业性、区域性相互保险组织等组织形式。

二、相互保险与股份制保险公司相比的优势

相比股份制保险公司,相互保险组织最大的特点是设立在相互保障的基础上,而非追求利润最大化,由此衍生出相互保险的一些独特经营优势:

1. 利益一致

相互保险公司由于没有外部股东,投保人同时是被保险人、保险人和公司成员,因此不存在投保人与保险人的利益冲突,既避免了投保人不履行如实告知义务的道德风险,也可避免保险人的不当经营。此外,公司内部成员之间一般相互了解,而且利益相关,能够很好地克服信息不对称的问题,产生道德风险的可能性也相对较低。

2. 成本费用低

相互保险公司采取的是"自己投保自己承保"方式,经营盈余或者亏损全由公

---

* 北京市秦华律师事务所律师。

司成员自行承担,因此,公司内部有足够的动力进行费用成本管理,降低运营成本;同时,相互保险公司不以盈利为目的,展业压力小,公司成员之间互相了解也能提高定损的精确性。

3. 经营压力小

相互保险公司往往基于某一人群面临的共同保险需求而设立,没有盈利的目标。由于没有股东盈利压力,其资产和盈余都用于被保险人的福利和保障,是可以发展有利于被保险人长期利益的险种。

三、相互保险在国际和国内的发展

从本质上讲,保险是人们联合起来互助互济、抵御风险的险种。保险并不追求经营者的高额利润,利差是客户预期之外的衍生品。但现代保险公司投资人则视利润为公司的首要目的,因此,在一百多年前,追求保险本质属性的相互保险组织出现后,相比股份制保险公司,立即取得了压倒性的胜利,曾一度在日本占据近80%、在美国占据超过60%的保费市场份额。于是股份制保险公司面对竞争,不得不放弃一部分利益(保单分红),才使得市场趋于平衡。与此同时,相互保险公司的在融资和激励问题上的劣势开始暴露,保费市场份额出现回潮,全球份额占比从40%以上下降为现在的27%。据国际相互合作保险组织联盟统计,2013年,全球相互保险保费收入达1.23万亿美元,占全球保险市场的26.7%,覆盖人群8.25亿人,相互保险组织总资产超过7.8万亿美元。

我国现有2万亿元的保险市场,但投资型产品大行其道,保障型业务很少,受百姓欢迎的产品少得可怜。这种情况的根源在于,保险公司股东投资的根本初衷并不是以保障产品赚钱,而是把保险公司作为一个融资工具,所以保费低、险种好的互相保险组织必然有广阔的市场前景。对照目前全球相互保险的27%的市场份额,若2024年分别能达到相应国家目前的相互保险市场份额,则中国相互保险市场规模预计将达到7 600亿元。实际上,相互保险在中国已有样本:2004年11月,经国务院特批,我国第一家相互制保险公司——黑龙江阳光农业相互保险公司成立。除了阳光农业保险,我国目前还存在3个带有官方性质的相互制保险组织:农业部主管的中国渔业互保协会、交通部主管的中国船东互保协会,以及中华全国总工会创办的中国职工保险互助会。非官方带有相互保险性质的组织 e 互助和抗癌公司,则徘徊在合法与非法的边缘地带。

四、相互保险组织的法律问题

1. 相互保险组织的性质有待明确

(1)《相互保险组织监管试行办法》并没有明确相互保险组织的性质,但其具有独立法人性质的特征。从《相互保险组织监管试行办法》第15条会员的权利、第

16条会员的义务、第21条组织章程内容、第22条董(理)事会和监事会职权看,相互保险组织性质与独立的法人类公司相一致,符合《中华人民共和国公司法》(以下简称《公司法》)的规定。同时《相互保险组织试行办法》第7条要求一般相互保险组织发起会员不少于500人,第8条要求专业性、区域性相互保险组织不少于100人,而《公司法》规定,发起设立的股份有限公司股东为2—200人,募集设立的股份有限公司股东为200人以上,所以一般性相互保险组织类似募集设立的股份有限公司形式,而专业性、区域性相互保险组织类似发起设立的股份有限公司。

(2)相互保险组织在出资上有别于独立法人组织。根据《相互保险组织监管试行办法》第10条的规定,相互保险组织初始运营资金应予以偿还,而初始运营资金应以实缴货币资金形式注入,即相互保险组织初始运营资本是相互保险组织的资本金,而根据《公司法》,资本金是不可抽回的。资本金予以偿还颠覆了《公司法》的公司资本制度,所以相互保险组织是有别于《公司法》意义上的独立法人组织。

(3)相互保险组织不是也不适合于合伙制企业。合伙制企业中的合伙人需要对合伙债务承担无限连带责任。姑且不论《相互保险组织监管试行办法》没有规定会员对组织债务承担连带责任,单就相互保险组织发展来看,如果出险时要求会员承担无限连带责任,则不利于相互保险组织的发展,而作为独立的企业法人,出险赔偿数额只需以公司资产为限,可以避免会员承担过大的风险。

2. 相互保险组织的组织形式需要创新和各部门的协调

无疑,相互保险组织是一个有利于社会的保险形式,但其要蓬勃发展需要创新,不能拘泥于现有的法律组织形式:

(1)现有的组织形式,无法满足相互保险组织的公司的治理结构形式和资本金予以偿还的独特需要,这就需要相关有立法权的部门进行大胆创新,进行试点;

(2)相互保险组织必然是由保监会监管,但因为其发起人超过200人,根据我国现有法律需要证监会批准,因此,需要与证监会协调,以法律的形式明确各部门的审批权限和审批程序;

(3)相互保险组织牌照审批与工商部门登记之间的协调,尤其是在工商部门登记的企业性质需要明确。

五、律师业务机遇

律师除了向相互保险组织提供一般的法律顾问服务外,相互保险组织作为一个新出现的特殊行业,律师还可以提供如下服务:

1. 为相互保险组织的筹建、运营提供法律服务

有消息称,相互保险的监管细则会在近期出台,这就意味着第一家相互保险组织牌照有望近期获批,目前已有多家组织向保监会报送材料。《相互保险组织监管试行办法》为初期实施阶段,其中有些法律问题不是很清晰,甚至还涉及各法律之

间的衔接和对法律更深层次的理解,所以此阶段更需要律师从专业角度出发,为其筹建设立提供法律服务,同时与主管部门沟通,帮助当事人提供符合主管部门要求的法律文件,以便能顺利取得牌照。

2. 参与相互保险组织的公司治理

《相互保险组织监管试行办法》中涉及的相互保险组织治理的规定较少,这就为律师参与设计相互保险组织的内部治理预留了空间。律师应当为相互保险组织的公司治理,如管理团队设置和产生方式、会员代表的权利及参与民主管理的权利、组织决策机制、纠纷内部解决机制、盈余分配设计方案,同时还应根据相互保险组织的不同类别,为公司的险种设计、保费收取、专业外包服务公司等方面提供建议。

3. 律师行业专业性相互保险组织

与向股份制保险公司购买责任险相比,相互保险组织成本费用低,所以一定区域范围内的律师事务所可以设立专业性相互保险组织,分担律师执业风险。由于各律师事务所规模不同、案件性质不同,如何收取保费、选出管理团队,考验着大家的智慧。

基于中国保险市场的现状,相互保险公司无疑会迎来一次大发展的机遇,也必然给律师业务带来一个全新领域。

参考文献

[1] 丁萌:《相互保险能给现阶段的中国保险市场带来什么?》,载《中国保险报》,2015年7月31日。

[2] 赵绰翔、郑苏晋:《相互保险是一种新型保险吗?》,载《清华金融评论》,2015年7月21日。

[3] 《瞄准21万家中介机构 保险中介协会拟设相互保险》,载圈中人保险网,最后访问日期:2015年6月25日。

[4] 《欧洲互助合作保险市场份额报告》,载保险黑板报微博,最后访问日期:2015年4月29日。

[5] 《相互保险公司十论》,载 http://article.haoxiana.com/153663.html,最后访问日期:2015年10月12日。

[6] 《国内首篇"相互保险"专题报告:行在当代的原始互助》,载 http://insurance.hexun.com/2015-09-09/178957607.html,最后访问日期:2015年10月12日。

第五部分

股权转让纠纷

关于法定解除权在股权转让合同纠纷案件中的限制和否定问题的探讨

——从一则案例看《中华人民共和国合同法》第94条第3项规定的法定解除权在股权转让合同纠纷案件中的适用

徐小兵*

一、基本案情及审理情况

（一）基本案情

2011年5月7日，恽某与甲公司签订《框架协议》约定：

（1）恽某将其在乙公司47.5%的股权、在丙公司8.3125%的股权、在丁公司24.73%的股权转让给甲公司，转让价格为人民币1亿元，应缴税金由甲公司承担。

（2）乙公司负责将戊公司100%的股权转让给恽某，恽某无需向乙公司支付价款。

（3）恽某将其在乙公司及乙公司关联公司应得所有权益打包7500万元转让给甲公司，股权转让完成后，恽某对上述公司不再存在任何权益。

（4）协议签订时同步办理股权转让手续，协议签订之日起3日内先支付2000万元，余款待所有公司工商变更手续办妥一次性支付。

乙公司、丙公司、丁公司股东变更登记分别于2011年5月23日、2011年6月2日、2011年6月7日完成。2011年5月10日，甲公司向恽某支付股权转让款2000万元，尚有1.55亿元的股权转让款未支付。

（二）一审诉请、答辩与判决

1. 一审诉请

2011年10月13日，恽某诉至法院，请求判决：

（1）依法解除《框架协议》。

（2）甲公司返还乙公司47.5%的股权、返还投资应得所有权益7500万元。

（3）甲公司赔偿损失，赔偿额以1.55亿元为基数，自2011年5月9日起按银行同期贷款利率计算。

---

* 江苏天茂律师事务所律师、管理合伙人，江苏省律师协会公司法业务委员会副主任。

(4) 一审案件受理费由甲公司承担。

2. 一审答辩

甲公司主要答辩意见：

(1)《框架协议》依法成立、合法有效。

(2) 恽某签订《框架协议》后要求对股权价格进行重新评估，违背诚实信用原则，要求赔偿损失无事实和法律依据。

(3) 恽某要求返还投资应得所有收益7 500万元没有事实依据，该7 500万元应得所有权益没有转让给甲公司。

3. 一审判决

2013年7月11日，一审法院判决：驳回恽某全部诉讼请求。主要判决理由为，恽某要求解除《框架协议》，缺乏法律依据：

(1)《框架协议》依法成立、合法有效。

(2) 恽某要求根据《中华人民共和国合同法》（以下简称《合同法》）第94条规定行使合同解除权，其权利请求基础为法定解除权。股权转让协议对于转让方而言，是要求受让方按协议约定支付全部的股权转让款，故在股权转让协议签订时，已达到缔结合同的预期目的和效果。对于出让方来说，股权变更至受让方名下，其履行义务已经完结，此后只存在受让方履行支付股权转让款的义务问题。

(3) 由于甲公司认可《框架协议》的效力，并要求双方按照《框架协议》内容履行，恽某为实现《框架协议》项下的合同目的，可依法享有相应的救济途径。

(4) 鉴于本案中转让的标的物囊括了多个公司股权及打包的应得所有权益，且甲公司受让股权后，已经实际经营两年，恽某主张返还股权及应得所有权益，易改变目前乙公司及关联公司既定经营现状，不利于商事流转秩序稳定及市场交易安全。综上，对于股权转让合同，受让人没有支付股权转让款，并不能当然发生对于更改合同的法定解除权，故本案不存在适用法定解除权条件。

(三) 二审诉请、答辩与判决

1. 二审诉请及理由

恽某不服一审判决提起上诉，请求如下：

(1) 判决撤销原审民事判决。

(2) 改判解除恽某、甲公司于2011年5月7日签订的《框架协议》。

(3) 判决甲公司将乙公司47.5%的股权、丙公司8.3125%的股权、丁公司24.73%的股权和投资权益7 500万元返还恽某。

(4) 判决甲公司向恽某赔偿损失，损失计算方法为以1.55亿元为基数，自2011年5月9日起按同期银行贷款基准利率计算至甲公司实际返还上述股权和投资权益之日止。

(5) 判决甲公司负担本案一审、二审全部诉讼费用。

恽某提起上诉依据的主要事实与理由为：

(1) 恽某诉请判决解除恽某、甲公司于 2011 年 5 月 7 日签订的《框架协议》有事实和法律依据。2011 年 5 月 9 日恽某与甲公司签署关于乙公司、丙公司、丁公司股权转让的协议,已完成己方办理股权变更工商登记的手续,根据《框架协议》第 9 条、《股权转让协议》第 2 条约定,甲公司应于 2011 年 5 月 9 日一次性支付股权转让款余款 1.55 亿元,但甲公司至今未履行该付款义务,构成迟延履行主要债务,根据《合同法》第 94 条①第 3 项、《江苏省高级人民法院关于适用〈合同法〉若干问题的讨论纪要(一)》第 20 条②的规定,恽某有权行使法定解除权。

(2) 原审判决认为恽某诉请解除《框架协议》缺乏法律依据的理由不成立,分述如下。①《框架协议》依法成立、合法有效,显然不能作为恽某诉请解除《框架协议》缺乏法律依据的理由。② 恽某的合同目的是获得股权转让款,而非原审判决所认为的获得股权转让款的请求权,在甲公司迟延履行债务致使其不能获得股权转让款时,恽某有权选择向甲公司主张股权转让款或者行使法定解除权。③ 关于甲公司迟延履行债务答辩意见不能成立的陈述,显然不能构成恽某诉请解除《框架协议》缺乏法律依据的理由。④ 原审判决认为,"甲公司受让股权后已经经营两年,返还股权及投资权益易改变乙公司及关联公司既定的经营现状,不利于商事流转秩序的稳定及市场交易的安全",认定事实错误、证据不足。

(3) 根据《合同法》第 97 条③的规定,合同解除后,恽某有权主张甲公司返还乙公司 47.5%、丙公司 8.3125%、丁公司 24.73% 的股权和投资权益 7 500 万元。

(4) 根据《合同法》第 97 条的规定,恽某同时有权要求甲公司赔偿损失。

2. 二审答辩

甲公司二审辩称:

(1) 本案所涉及的《框架协议》合法有效,不存在可解除的情形。《框架协议》是协议各方反复磋商的结果,是合法有效的;甲公司没有违约行为;恽某认为甲公司缺乏履行付款义务的诚意,也无履行付款义务的能力的理由缺乏事实依据。

(2)《框架协议》解除后果严重。① 乙公司在甲公司成为股东后,股东内部结构发生重大变化。② 乙公司关联公司人事调整基本完成,经营方略、方向已经改变,如果本案《框架协议》被解除,必然影响到他人的利益,对公司以外的债权人也将产生重大影响。综上,请求驳回上诉,维持原判。

---

① 《合同法》第 94 条规定:"有下列情形之一的,当事人可以解除合同:(一) 因不可抗力致使不能实现合同目的;(二) 在履行期限届满之前,当事人一方明确表示或者以自己的行为表明不履行主要债务;(三) 当事人一方迟延履行主要债务,经催告后在合理期限内仍未履行;(四) 当事人一方迟延履行债务或者有其他违约行为致使不能实现合同目的;(五) 法律规定的其他情形。"

② 《江苏省高级人民法院关于适用〈中华人民共和国合同法〉若干问题的讨论纪要(一)》第 20 条规定:"当事人在提起诉讼前未通知对方解除合同,起诉时要求解除合同,对方当事人以诉讼前未通知为由进行抗辩的,人民法院不予支持。"

③ 《合同法》第 97 条规定:"合同解除后,尚未履行的,终止履行;已经履行的,根据履行情况和合同性质,当事人可以要求恢复原状、采取其他补救措施,并有权要求赔偿损失。"

3. 二审判决

2014年1月17日,江苏省高级人民法院二审判决:

(1) 撤销原审民事判决。

(2) 解除2011年5月7日《框架协议》及恽某与甲公司于2011年5月9日签订的转让乙公司、丙公司、丁公司股权的《股权转让协议》。

(3) 甲公司于本判决生效后10日内将乙公司47.5%的股权、丙公司8.3125%的股权、丁公司24.73%的股权返还给恽某。

(4) 甲公司于本判决生效后10日内向恽某支付利息损失(以1.55亿元为基数,自2011年6月8日起按中国人民银行颁布的同期同类贷款基准利率计算至本判决确定的给付之日止)。

(5) 恽某于本判决生效后10日内向甲公司返还2000万元。

(6) 驳回恽某的其他诉讼请求。

二审判决的主要理由为:

(1) 恽某请求解除案涉《框架协议》具有事实和法律依据,依法应予以支持。《框架协议》签订后,截至2011年6月7日,恽某已将其所持有的乙公司及关联公司的股权转让至甲公司名下,已经完成合同主要义务。但甲公司一直未能履行1.55亿元股权转让款付款义务,恽某催告后至今已历时两年以上,已构成根本违约。根据《合同法》第94条第3项、第4项的规定,恽某有权行使合同的法定解除权。

(2) 《框架协议》解除后,甲公司应向恽某返还案涉乙公司及相应关联公司相应的股权。① 股权转让合同解除后,案涉股权应当返还。合同解除后,甲公司继续拥有股权已缺乏合同依据,应将股权返还恽某。本案中,系甲公司根本违约导致合同解除,即使返还股权对公司经营带来负面影响,其责任也不应归咎于恽某。② 本案所涉股权返还在事实上和法律上亦不存在障碍,股权能够返还。

(3) 恽某主张利息损失于法有据,本院予以支持。

二、案件评析

笔者作为上诉人恽某的代理人,参加了江苏省高级人民法院对该案的二审审理。该案中,一审法院、二审法院基于相同事实作出了相反的判决。而这种相反判决结果在本案中存在的原因在于,对《合同法》第94条第3项规定的法定解除权在股权转让合同解除纠纷案件中所作的限制和否定的标准和尺度不同。

(一) 司法实践中的不同观点

1. 以一审法院判决为代表的观点

这种观点倾向于严格限制和否定《合同法》第94条第3项规定的法定解除权在股权转让合同解除纠纷案件中的适用,主张在限制和否定出让方行使法定解除权后,通过债权债务关系解决股权转让纠纷,即由出让方向受让方主张股权转让款。

此种观点认为,行使前述法定解除权除应考虑满足迟延履行主要债务、经催告后在合理期限内仍未履行的法定条件,还应当附加考虑公司股东稳定性、人合性以及公司和第三人交易的安全性等条件,具体来说,在争议股权已经变更登记到受让人名下且受让人已经实际参与公司经营管理的情况下,主张不予判决解除股权转让合同。

2. 以二审法院判决为代表的观点

这种观点倾向于不应轻易限制和否定《合同法》第 94 条第 3 项规定的法定解除权在股权转让合同解除纠纷案件中的适用,更不能将此种限制和否定任意扩大,只在极少数案件中适当考虑对前述法定解除权进行限制和否定。

(二) 笔者同意第二种观点

1. 判决限制和否定出让方的法定解除权欠缺法律依据

《合同法》第 94 条第 3 项规定的解除权,是法律赋予当事人的法定权利,对其进行限制和否定,应当有明确的法律依据,在股权转让合同解除纠纷案件中,附加股权是否变更登记、受让人是否参与公司经营管理等解除条件没有法律依据。

(1) 转让股权是否已经实际变更登记至受让人名下,不应成为是否判决解除股权转让合同的决定性因素。2005 年修订的《中华人民共和国公司法》(以下简称《公司法》)第 73 条④对在强制执行程序中转让股权的程序作了明确规定,由此可见,当股东作为被执行人时,其名下的股权是可以被强制执行的。由此类推,在股权转让合同中适用前述法定解除权判决合同解除并不违反法律的本意,即使股权已经登记在受让人名下,但从法律规定精神和实际操作经验来看,股权回转登记并无障碍。

(2) 受让人是否已经实际参与公司经营管理,不应成为是否判决解除股权转让合同的决定性因素。受让方是否实际参与公司的经营管理,主要是影响到合同解除后公司盈亏如何处理的问题,根据刘俊海教授的观点,要公平合理地处理受让方在实际经营管理公司期间出现的盈亏问题,关键在于将受让方置于公司经营者的法律地位予以考察。受让方作为公司经营者诚信经营的,即使给公司造成了损失,受让方也不对此承担损害赔偿责任;即使给公司带来了赢利,受让方也无权享有。受让方作为公司经营者违背诚信义务的,导致公司利益受损,受让方应对此承担赔偿责任;即使公司出现了赢利,受让方仍应对于其失信行为对公司遭受的损害承担赔偿责任。

2. 判决限制和否定出让方的法定解除权,侵害了出让方的权益

那种认为应限制和否定出让方行使前述法定解除权,进而通过主张以股权转

---

④ 《公司法》第 73 条规定:"人民法院依照法律规定的强制执行程序转让股东的股权时,应当通知公司及全体股东,其他股东在同等条件下有优先购买权。其他股东自人民法院通知之日起满二十日不行使优先购买权的,视为放弃优先购买权。"

让款方式解决股权转让纠纷的观点,是对出让方基本权利的严重侵害。

(1) 此种观点剥夺了出让方自主选择继续履行合同或是解除合同救济途径的权利,是没有法律依据的。

(2) 这类案件的起因,即是受让方不支付或者不能支付股权转让款,如果出让方选择要求受让方继续履行股权转让合同,向出让方支付股权转让款,其权利实现的现实可能性较低。

(3) 轻易限制和排除出让方前述法定解除权,违背公平原则,不利于法律教育作用的发挥。该类纠纷系因受让方根本违约引起,如果判决驳回出让方解除合同的诉讼请求,即会出现作为守约方的出让方承担不利后果,作为违约方的受让方获利的非理性局面,对出让方而言显然不公,更不能通过对违法行为实施制裁,从而实现法律的教育作用。

3. 判决解除股权转让合同并不当然影响交易安全

(1) 股权转让合同纠纷作为商事纠纷,从商事案件审判的指导理论和实践经验来看,审判机关本来对合同的解除就比较慎重,因而没有必要单独针对股权转让合同再另行设定更加苛刻的标准和尺度。

(2) 认为判决解除股权转让合同必将影响公司既定的经营现状,不利于商事流转持续的稳定及市场交易的安全的观点没有事实根据。鉴于公司一经设立即取得独立法人资格,其财产权、管理权并不依附于股东,判决解除股权转让合同、返还股权仅是股东发生了变化,并不当然影响公司经营决策的连贯性,即使有影响,也不能在没有任何凭据的情况下想当然地认为这种影响一定是消极的、负面的。

(3) 受让人不按照约定支付股权转让款的行为是严重违背诚信的行为,在诚实信用原则与鼓励交易原则发生冲突时,应当优先考虑适用诚实信用原则。

4. 判决限制和否定出让方的法定解除权容易导致司法标准的混乱

在法律没有统一规定的情况下,轻易限制和否定股权出让方行使前述法定解除权,容易导致司法尺度和标准混乱,不利于法律预测作用的发挥。对股东稳定性和内部人合性以及第三人和公司交易安全性等条件的认定,具有较强的主观随意性,导致对该类型的案件处理具有结果不确定性,使得当事人无法对行为的后果进行预测,不利于法律作用的发挥。

三、建议

鉴于目前司法实践中对该类型案件处理的标准和尺度不统一,建议在最高人民法院《关于适用〈中华人民共和国公司法〉若干问题的规定(四)》中就股权出让方行使《合同法》第94条第3项规定的法定解除权适用问题作出明确规定:股权转让后虽在公司登记机关办理了股权变更登记,且不论受让方是否已经实际参与公司经营管理,受让方未支付股权转让价款构成违约,出让方起诉请求解除股权转让合同的,除非法律、行政法规有不得解除的相反规定,人民法院应予以支持。

应当对《公司法》第32条第3款的"第三人"作限制性解释

——从一起公司债权人诉公司登记股东的清偿责任纠纷案谈起

吴 冬* 朱 亮**

《中华人民共和国公司法》(以下简称《公司法》)第32条第3款规定:"公司应当将股东的姓名或者名称向公司登记机关登记;登记事项发生变更的,应当办理变更登记。未经登记或者变更登记的,不得对抗第三人。"《公司法》中股权的登记通常被认为是一种准物权的登记,而《中华人民共和国物权法》(以下简称《物权法》)第24条规定:"船舶、航空器和机动车等物权的设立、变更、转让和消灭,未经登记,不得对抗善意第三人。"可见,我国《公司法》和《物权法》在登记对抗制度和对"第三人"的保护的制度的设计上有所不同。现行《公司法》及最高人民法院司法解释,均未对"第三人"作出法律定义,也没有对"第三人"的范围进行任何限制,导致了司法实践中对于第三人的界定非常混乱,司法机关在许多案件中是将除当事人以外的任意第三人都纳入到了"第三人"的保护范围,而在有些案件中,司法机关又将公司债权人排除在"第三人"之外,对"第三人"进行了限制性解释,同案不同判的问题日益突出。

本文以一起正在经历二审的公司债权人诉公司登记股东的清偿责任纠纷为案例,对我国《公司法》第32条第3款中"不得对抗第三人"中的"第三人"的范围和未经变更登记的股东的身份问题进行分析和讨论。

一、案情审理概述

1. 案情简介

为开发某项目的需要,A、B和C三家公司于1995年4月共同出资设立Z公司。1996年上半年,经A、B和C公司股东会决议,A、B、C三公司与N银行签署了《股权转让协议》,约定A、B、C三公司将Z公司的全部股权转让给N银行。N银行在付清股权转让款并接管Z公司后,于同年8月委派其员工刘某出任Z公司法定

---

* 上海市汇业律师事务所合伙人。
** 上海市汇业律师事务所合伙人。

代表人,负责Z公司的经营管理,至此,A、B、C三公司完全退出了Z公司,既不再担任Z公司股东,也不再涉及Z公司的任何经营业务。但是,N银行由于受自身行业规定的限制,一直未能办理Z公司的股东变更登记,致使Z公司的股东至今仍登记为A、B、C三公司。

2011年9月,H研究院因排除妨害纠纷案与Z公司发生诉讼,2012年4月,法院判决Z公司赔偿H研究院房屋租金损失。Z公司因2005年年底已被吊销营业执照,且N银行委派的法定代表人刘某也因涉嫌贪污被检察院公诉,导致Z公司相关账册被法院查扣,一直未能进行清算,也未能偿还H研究院的损失。2015年1月,H研究院以A、B公司和N银行怠于履行股东清算责任为由,起诉A、B公司和N银行对Z公司债务承担连带赔偿责任。2015年4月,一审法院判决A、B公司和N银行对在诉讼时效期间给H研究院造成的租金损失承担连带赔偿责任。

2. 法院审理概述

一审法院认为,Z公司经工商登记的股东为A、B和C公司,N银行是Z公司的实际控股股东,故H研究院向A、B公司和N银行主张权利并无不当。并且一审法院援引最高人民法院《关于适用〈中华人民共和国公司法〉若干问题的规定(二)》(以下简称《公司法司法解释二》)第18条,认定应由A、B公司和N银行举证Z公司的财产在被吊销营业执照前就已经全部合法灭失。在A、B公司和N银行未能举证证明的情况下,A、B和N银行应对H研究院在诉讼时效期间的租金损失共同承担赔偿责任。目前本案正在二审审理中。

二、律师代理意见

在A、B公司虽仍登记在册,但实际上在多年前已经将Z公司股权全部转让给N银行的情况下,就A、B公司是否还应当承担"股东对于公司的清算责任和对公司债权人的连带赔偿责任"这一案件争议焦点,作为A、B公司代理人的律师,提出如下代理意见:

(1) A、B公司早于1996年就与N银行签署了股权转让协议,将Z公司全部股权转让给了N银行,N银行支付了股权转让款,并委派了刘某出任Z公司的法定代表人,全权负责Z公司的经营管理。据此,A、B公司自1996年股权转让完成后就已经不再是Z公司的股东,而只是Z公司的原股东,其既不享有股东权益,也不负有股东义务,更不应当承担股东责任。根据《公司法》第32条第3款的规定,工商登记是股权转让的登记对抗要件而不是登记生效要件,故股权协议签署且双方均支付对价后即表示股权转让完成,工商登记未作变更不能作为证明A、B公司依旧是Z公司股东的证据。根据最高人民法院《关于适用〈中华人民共和国公司法〉若干问题的规定(三)》[以下简称《公司法司法解释(三)》]第27条规定:"股权转让后尚未向公司登记机关办理变更登记,原股东将仍登记于其名下的股权转让、质押或者以其他方式处分,受让股东以其对于股权享有实际权利为由,请求认定处分股权行为无效的,人民法院可以参照物权法第一百零六条的规定处理。"可见,转让的股权所对应的股东不可能同时有两个(共有除外),只要股权转让完成,受让方 N 银行就成为 Z 公司真正的股东(其地位既非是实际出资人、也非实际控制人),转让方 A、B 公司不再是股东,而是"原股东"。原股东与现股东的概念和《公司法司法解释(三)》所涉及的名义股东和隐名股东的概念是两组不同且相对立的概念,如果 A、B 公司和 N 银行当初签署的是隐名投资协议,可以认为 A、B 公司是有甘愿承担名义股东可能被要求承担的股东责任的意思表示的,但是作为 Z 公司的原股东,在 1996 年股权转让后至今未曾享有过 Z 公司名义股东的任何权利,当然不能要求其承担任何"股东责任"。

(2) H 研究院不属于《公司法》第 32 条第 3 款保护的"第三人"。《公司法》第 32 条第 3 款规定的"不得对抗第三人",是为了保护平等民事主体之间交易相对人基于相信工商登记而进行的交易,是为了保护该类交易的安全。也就是说,该条规定的"第三人"并不能想当然理解为除当事人以外的任何第三人,该第三人并不包括公司债权人、股东债权人。对此,海南省高级人民法院在海南华莱实业投资有限公司与洋浦新汇通实业发展有限公司确权纠纷再审案[(2012)琼民再终字第 3 号]的判决就是持此观点。本案中,H 研究院仅仅是 Z 公司的债权人,并未以 A、B 公司名下登记的股权为标的与 A、B 公司建立交易关系,并且其在起诉时早就知悉 Z 公司现股东是 N 银行,也不属于不知悉真实的股权权属状态的"善意第三人",没有适用商事外观主义的基础,因此,其要求 Z 公司原股东 A、B 公司承担股东责任,没有任何的法理基础。

(3) 根据 Z 公司的工商登记信息,Z 公司工商登记的股东除了 A、B 公司外,还有一家 C 公司,因此,我们认为,C 公司是本案必须共同进行诉讼的当事人,但是一审法院并没有通知其参加诉讼。根据《中华人民共和国民事诉讼法》(以下简称《民事诉讼法》)第 132 条的规定,必须共同进行诉讼的当事人没有参加诉讼的,人民法院应当通知其参加诉讼。本案的最终判决对 A、B 和 C 公司都有直接的利害关系,并对这三公司的民事权益有直接的影响(承担赔偿责任的主体越多,则每个被告需要分摊的赔偿金额就越少)并且通知 C 公司参加诉讼,也有利于法院查清本案中所涉及的股权转让和公司清算相关事实,一审法院没有追加 C 公司为本案共同被告,显然违反了《民事诉讼法》的程序规定。

三、立法缺陷与司法实践中的问题

现有《公司法》对"第三人"和股权转让后未进行工商变更登记的股东地位存在的立法缺陷,导致司法实践中存在如下问题:

(一) 历次立法变迁均对于"第三人"缺乏定义与明确的范围界定

长期以来,我国立法对于"第三人"的范围缺乏明确界定。在 1993 年的《公法》及1999年和2004年全国人大常委会通过的对《公司法》的两次修正案中,均未提及"登记对抗制度"和"第三人"的概念。2005年《公司法》首次提出了登记对抗制度,规定了"未经登记或者变更登记的,不得对抗第三人",但在全国人大常委会2005年多次审议的《中华人民共和国公司法修订草案》(以下简称《公司法修订草案》)及全国人大常委会对《公司法修订草案》的说明和报告中,均没有提及对该"第三人"应当作何解释,在2005年全国人大有关《公司法修订草案》的说明和报告,仅对规制股份有限公司的关联交易行为,防止上市公司的控股股东、董事、监事、高级管理人员和其他实际控制公司的人利用关联交易"掏空"公司,侵害公司、公司中小股东和银行等债权人利益的行为,作出了"应当回避表决的董事未回避表决的,上市公司有权自作出决议之日起3个月内向人民法院提出撤销有关合同、交易,但对方为善意第三人的除外"的立法建议①,而最终这一建议也没有在2005年《公司法》中得到体现。2005年之后,由最高人民法院出台了《公司法》系列司法解释(一)(二)(三),《公司法》在2014年也由全国人大常委会再次修订,并且最高人民法院还正在制定《公司法》司法解释(四),目前还在向社会征求意见中,但是依旧没有对"第三人"进行明确的界定和说明。长期的立法及司法解释的空白,导致了司法实践中对于相关案件处理不一。

(二) 对未进行工商变更登记股东地位的不同认定

我国《公司法》在第三章"有限责任公司的股权转让"第73条特意规定了转让股权后,公司应当注销原股东的出资证明书,向新股东签发出资证明书,并相应修改公司章程和股东名册中有关股东及其出资额的记载。据此,我国《公司法》对股权转让的程序作出了非常详细和清晰的规定,但其中并没有明确将工商变更登记作为股权变更的必经步骤之一。同时,在《公司法》第32条第3款中规定:"公司应当将股东的姓名或者名称向公司登记机关登记;登记事项发生变更的,应当办理变更登记。未经登记或者变更登记的,不得对抗第三人。"由此可见,《公司法》并不以工商变更登记作为取得股东资格(股权转让完成)的要件。也即,工商变更登记只是股权转让完成且新的受让股东获得股东资格和地位后公司履行的备案程序而已,对此,不仅在司法实践中有众多工商变更登记行政诉讼判决的确认,《公司法司法解释(三)》第27条也秉持了该观点,该条规定:"股权转让后尚未向公司登记机关办理变更登记,原股东将仍登记于其名下的股权转让、质押或者以其他方式处分,受让股东以其对于股权享有实际权利为由,请求认定处分股权行为无效的,人民法院可以参照物权法第一百零六条的规定处理。"据此可知,即使未进行工商变更登记,股权转让完成后,转让方就已经不再是公司的法定股东,否则法律不会规定参照《物权法》中的"无权处分"和"善意第三人"的规则,这也间接证明了"转让

---

① 参见曹康泰:《关于〈中华人民共和国公司法(修订草案)〉的说明——2005年2月25日在第十届全国人民代表大会常务委员会第十四次会议上》,载中国人大网,最后访问日期:2015年5月20日。

的股权所对应的股东不可能有两个,只要股权转让完成,从法律上而言,在本案中,受让方 N 银行就已经成为 Z 公司真正的股东,转让方 A、B 公司不再是股东,其身份只能是"原股东"。

但是司法实践中,特别是公司债权人诉股东对其债权承担清算或连带清偿责任的案件中,司法机关对于未经变更登记的原股东与新股东是否都具有股东身份,是否应当承担法定的"股东责任",在认定上就比较混乱了。由于《公司法》第 183 条规定有限责任公司的清算组由股东组成;《公司法司法解释(二)》第 18 条规定:"有限责任公司的股东、股份有限公司的董事和控股股东未在法定期限内成立清算组开始清算,导致公司财产贬值、流失、毁损或者灭失,债权人主张其在造成损失范围内对公司债务承担赔偿责任的,人民法院应依法予以支持。"而《公司法》和相关司法解释均未明确表述上述条文中提及的"股东"不包括已经将股权转让但未办理工商变更登记的"原股东",这导致了司法机关对于已完成股权转让但未办理股东工商变更登记的各方当事人法律身份的认定各不相同,在司法实务当中,不少法院往往简单化操作,在处理公司债权人诉公司股东清算或赔偿责任案时就是根据《公司法》第 32 条第 3 款,认为原股东只要未进行工商变更登记,就必须对债权人承担股东责任,显然法院是将未做工商登记的转让股东(原股东)与受让股东(现股东)这一组概念和由名义股东与隐名股东构成的另一组概念混为一谈了。拿本案来说,法院判决 A、B 公司系 Z 公司经工商登记的股东,N 银行系 Z 公司的实际控股股东。而在另一法院的公司债权人诉公司股东承担赔偿责任的案件中,法院认定 A、B 公司是工商登记的股东,负有法定的股东义务,N 银行系实际控制人,两法院都判决原股东承担法律责任。可见,法院在审理股东资格认定及股东责任承担的案件时所持的双重标准:在股东资格认定、权属纠纷案的审理时法院并不以工商登记为标准,但在股东责任承担的案件审理上,又机械地并严格地以工商登记为准。根据最高人民法院《关于适用〈中华人民共和国公司法〉若干问题的规定(四)(征求意见稿)》第 23 条对利润分配的规定,最高人民法院认为已完成股权转让但未变更登记的原股东已经不享有股东权利,但许多基层法院的判决却要求原股东承担股东责任,这显然违背了股东权利义务对等原则。

(三) 法院在认定未变更登记的公司"原股东"承担法律责任时,未考虑其是否有主观过错,而有违公平原则

法院在审理公司债权人诉公司登记股东的清偿赔偿责任纠纷时,完全机械地适用了《公司法》第 32 条第 3 款的规定,不问主观过错,只要未进行工商变更登记,就判定未作变更登记的股东承担对债权人的清算或赔偿责任。在本案中,A、B 公司对于长期无法进行 Z 公司的股东工商变更登记并不具有主观过错。在股权转让协议签署之时,恰恰是我国 1995 年《中华人民共和国商业银行法》(以下简称《商业银行法》)刚刚颁布,工商登记部门在并不熟悉《商业银行法》第 43 条规定的:

"商业银行在中华人民共和国境内不得从事信托投资和证券经营业务,不得向非自用不动产投资或者向非银行金融机构和企业投资,但国家另有规定的除外。"即禁止银行投资实业的规定下,对大量银行受让公司股权的行为都进行了工商变更登记。而在Z公司于1996年拟进行工商变更时,工商登记部门严格落实《商业银行法》的规定,导致N银行无法作为非金融机构的股东进行工商登记。笔者认为,未完成工商变更登记应区分变更登记对象或其股东是否具有主观过错以及过错程度,不能绝对地将未登记的责任强加于变更登记对象或其股东之上。由此可见,Z公司股东未进行工商变更登记,并不是A、B公司的主观过错所导致,而是由于我国立法变迁的规定造成,不应要求市场主体承担因无法控制的因素(如法律变化)造成的法律风险。A、B公司作为Z公司的原股东,早已不涉及Z公司的任何营运,仅仅因为未进行公司变更登记就要求股权转让方的A、B公司与受让方N银行共同承担Z公司债务的连带清偿责任,这样给没有主观过错的当事人施以过于严苛的法律责任,有违法律公平原则。

四、立法建议及法理思考

(一) 借鉴德、日公司法、商法典规定,将"第三人"明确界定为"善意第三人"

我国《公司法》应借鉴其他国家公司登记对抗制度中对于"第三人"的界定。《德国商法典》第15条第1款规定:"应登入上述登记簿的法律事实,只要尚未登记和公告,就不得被应对此种事实进行登记的人利用来对抗第三人,但此种事实已为第三人知悉的除外。"[①]《意大利民法典》第2193条规定:"于法律规定将其登记的各事实,在其未被登记场合,但义务人证明第三人已知其事实时,不在此限。"[②]《日本公司法典》第908条第1款也作出了"不得以此对抗善意第三人"的限制[③],即要求第三人是不知悉事实的善意第三人。并且我国《物权法》第24条也规定了仅善意第三人可以主张登记的公示公信力。我国法学界的主流观点也认为,《公司法》中的"第三人"应理解为"善意第三人"。刘俊海教授在《股权纠纷中如何确认股东资格》一文中提出,公司登记机关的登记资料是可以对抗非善意的第三人[④]的;民商法博士冯翔也持同样观点。因此,笔者认为,我国《公司法》亦应限制登记对抗制度保护的"第三人"的范围,即仅保护基于登记的公示公信力为一定行为的"善意第三人"。在本案中,H研究院在向一审法院起诉时,即在其诉状中明确援引了Z公司另一债权人就同一案由诉A、B公司和N银行的判决,据此可知,H研究院在

---

① 参见〔德〕C.W.卡纳利斯:《德国商法》,杨继译,法律出版社2006年版,第80页。
② 参见《意大利民法典》,陈国柱译,中国人民大学出版社2010年版,第379页。
③ 参见〔日〕松波仁一郎:《日本商法论》,秦瑞玠、郑钊译,中国政法大学出版社2005年版,第3页。
④ 参见刘俊海:《股权纠纷中如何确认股东资格》,载计网,最后访问日期:2015年7月22日。

当时是知悉Z公司的实际股东是N银行以及A、B公司已非Z公司股东的事实的。因此，H研究院已经没有资格再寻求商事外观主义的保护，要求A、B公司对Z公司的债权承担连带赔偿责任。

(二) 明确界定《公司法》项下的第三人

《公司法》项下的第三人应当是基于信赖"登记股东"即"实际股东"，并就该股东所持"股权"进行商事交易的对象或主体，公司债权人不属于《公司法》第32条定义的"第三人"。

设立登记对抗制度的立法本意是为了保护基于相信工商登记中股权登记事项而与之进行交易的相对人的信赖利益。这里的"之"，并不是指公司，而是该股权登记的"股东"，并且交易事项也应限定于与股权有关的标的物，如股权处置、股权质押等。根据商法上的外观主义，行为相对人对交易中的某种重要事项的外部表现形式为信赖时，该信赖受到法律保护[5]，故"不得对抗第三人"中的"第三人"，应当是出于对公示信息真实性的信任，并且根据这种信任有所作为或不作为的第三人。即对第三人的保护应当限制在有直接交易关系的相对人的范围内，不应理解为对除当事人以外的任何第三人都不得对抗，类似于《民事诉讼法》中的"第三人"显然不能理解为就是本案以外的任何他人一样。由于公司债权人并没有基于对工商登记股权的信赖而与登记股东进行该股权的交易，因此，笔者赞同海南省高级人民法院在"海南华莱实业投资有限公司与洋浦新汇通实业发展有限公司确权纠纷再审案"中的观点。海南高级人民法院在判决书中是这样表述的："《公司法》第三十三条规定了股东名册记载和公司登记机关登记两种备案形式，其备案内容和作用也有不同。其中，股东名册记载的股东可以主张行使股东权利；公司登记机关登记的内容主要为'股东的姓名或者名称及其出资额'，而且未经登记或者变更登记的，不得对抗第三人。其目的是保护交易安全即《公司法》第七十二条规定的股权转让、《物权法》第二百二十三条规定的股权质押等行使处分权的交易，以保护平等民事主体之间交易的相对人即第三人的权益。海发行清算组是华莱公司的借贷债权人，与华莱公司没有就其名下的投资股权成立交易关系，该投资股权也并非其与华莱公司之间债权纠纷生效法律文书指定交付的特定物。海发行清算组对《公司法》第三十三条规定的第三人，是指除当事人以外的任何第三人、当然包括股东的债权人的理解，是错误的。"

另外，现代公司制度决定了股东在公司有限责任制度下有其独立性，股东的独立性使得股东与公司的债权人并无直接的法律关系，公司股东的变更自然一般也不会影响到债权人对公司享有的商业利益，很少有因公司股权变动导致公司的商事合同变更或解除的，中国法律和法院也不支持这种原因的变更或解除。正基于此，在日常的商业交易中，债权人与公司进行交易，主要考虑的是公司自身的资本、

---

[5] 参见全先银：《商法上的外观主义》，人民法院出版社2007年版，第10页。

信用和经营状况,极少关注股东的情况。因为根据公司的有限责任原则和合同相对性原则,公司的交易相对人一般情况下,只能向公司主张权利,公司也需以其全部的资产承担责任,股东是谁,股东的资本、信用及经营状况并非是交易相对人决定是否与公司建立交易关系的关键因素。并且根据最高人民法院对《公司法》第32条立法本意的解释,该条规定的"未经登记或者变更登记的,不得对抗第三人"是对处理股东资格的确认与股权权属纠纷时的司法裁判标准。⑥ 可见,《公司法》第32条第3款的立法本意,并非作为公司债权人对未变更登记的股东要求承担清算赔偿责任的法律依据。在本案中,H研究院与Z公司的债权债务关系的产生,并不是基于H研究院相信登记股东A、B公司为Z公司实际股东,并且,H研究院在债权确定之时,是知悉Z公司实际股东是N银行的,N银行也不存在下落不明、吊销注销或无力清偿的情形,因此,在法院已判决N银行承担赔偿责任足以保障H研究院的权益,则此种情况下再要求原股东A、B公司与股权受让人N银行共同承担赔偿责任,既无法律依据也无法理依据。

(三) 该第三人与未作工商变更登记的股东应有法律上的对抗关系

物权法中的登记对抗理论对于理解《公司法》第32条第3款有相当的参考价值。在物权法中的登记对抗理论中,日本法学界对《日本民法典》第177条中规定的未经登记的物权变动不能对抗的"第三人"的范围的研究有着悠长的历史。其早期也持"无限制说"(即双方当事人以外的第三人),但到后来发展成为"限制说"(即只有符合一定标准者才能够成为此条中的"第三人")。而近年来逐渐成为有力说的"对抗问题限定说",将"第三人"的范围限定在"与已经发生的不动产物权变动关系中的相对人处于对抗关系中的第三人"之内⑦,即该第三人仅限于:发生物权变动后,与对相关标的享有物权但未登记在册的相对人一样,也对该标的享有物权的第三人,并且该学说不只在于明确《日本民法典》第177条的涵盖范围,还被运用于准物权之间的冲突上。

回归到Z公司债权人诉A、B公司和N银行的案件中,如果引用该学说,"第三人"应当是与A、B公司或N银行具有对抗关系,双方对于已经转让但未经登记的股权权属有争议。本案中的H研究院作为Z公司的债权人,显然既与A、B公司不存在直接的对抗关系,也与N银行不存在直接的对抗关系,H研究院不应当被纳入《公司法》第32条第3款所要保护的有对抗关系的"第三人"。故根据上述法理、学说和《公司法》法律条文就完全可以推导出:公司债权人无权援引《公司法》第32条第3款的规定,要求未作工商变更登记的原股东承担股东责任。

---

⑥ 参见奚晓明主编:《最高人民法院关于公司法解释(三)、清算纪要理解与适用》(注释版),人民法院出版社2014年版,第420页。
⑦ 参见〔日〕近江幸治:《民法讲义II:物权法》,王茵译,北京大学出版社2006年版,第56页。

五、结论

立法及司法实践中对"第三人"的界定及对未变更工商登记股东的法律地位认定的不一致,直接导致在股东损害公司债权人利益责任这一类案件上司法裁判的不一致。司法机关对哪些《公司法》项下的相关主体需要对公司的债权人承担法律责任,以及需要承担何种责任的裁判是五花八门的。以本案为例,一个法院判决 A、B 公司为 Z 公司经工商登记的股东,N 银行为 Z 公司的实际控股股东,A、B、N 三个被告需要对公司债权人的损失共同承担赔偿责任;而另一个法院判决 N 银行的身份为实际控制人,A、B 公司是 Z 公司的法定股东,加上另外一个工商登记的 C 股东,需要 A、B、C、N 四个被告共同对 Z 公司进行清算,并以 Z 公司清算后的资产为限向公司债权人承担清偿责任。而在本文中提到的海南高级人民法院的案例,也历经了共计 8 年的一审、二审和再审,说明法院系统对这些问题尚未达成共识,同案不同判已严重影响了司法的权威性,因此,由我国《公司法》修订及司法解释对"第三人"和未进行工商变更登记的股东身份进行立法界定,显得尤为必要。只有制定统一的司法裁判标准,才能彰显司法的庄严和公正。

股权转让合同适用"法定解除"的特殊性探讨

刘晓雪[*]

在市场交易实务中,收购资产往往通过收购目标公司股权的方式来进行。其好处在于:一是可以直接针对项下资产进行实际控制;二是可以将资产收购的繁杂程度、不可预见的隐形因素降低。对于交易双方来说,围绕此类交易展开的重要法律形式之一即为股权转让合同。在笔者多次设计的交易模式中,股权转让合同对于交割节点、交割方式、风险点控制等均会作出详细的约定,但是对于合同双方在履约过程中的行为则无法控制。所以,往往一些股权转让合同在发生履约风险时,相对方为了将交易风险降至最低,即提请诉讼,要求法院判决解除股权转让合同、返还股权。股权转让合同作为一种契约形式,当然适用《中华人民共和国合同法》(以下简称《合同法》),这是基本的法理,但是对于股权转让合同这一承载公司法主体的特殊商事契约,是否也应当绝对地、普遍地适用《合同法》中关于法定解除权的规定,笔者借一案例展开如下探讨:

一、案情简介

自然人 A、B、C 为华南某公司的股东,合计持股 100%,A、B、C 与自然人 D、F 达成了针对该目标公司股权转让的合意,约定股权对价款为人民币 1 000 万元,签署协议、变更股权至 D、F 名下之日,受让人 D、F 向 A、B、C 支付首款 600 万元,待目标公司项下资产取得产权证后再行支付尾款 400 万元,且协议约定,交割日为工商变更之日,取得资产产权证以及交割日前的所有债权债务、税、费,均由原股东 A、B、C 自行承担,或可直接自尾款中扣除。该份协议签署于 2009 年,目标公司项下资产产权证办理时间为 2014 年,由于协议中约定的债权债务以及税费未能与原股东进行对账,该笔尾款的最后支付金额一直未能确定,原股东一直回避对账事宜,故受让人 D、F 无法向原股东支付尾款金额。在 2009 年至 2015 年长达 6 年期间,D、F 已经将该股权转让给另外的股东甲、乙、丙,且经过合法的工商变更登记程序。甲、乙、丙在目标公司原有基础上,对该公司进行了增资,注册资本金为原来的 10 倍,且将原有资产的价值提高了数倍。2015 年初,原股东 A、B、C 以 D、F 未支付尾款为由将其及甲、乙、丙诉至法院,要求法院判决解除该份股权转让协议,将股权返还给 A、B、C。这是笔者在实务中接触的一个典型案例。该案例引发了笔者关于股

---

[*] 四川盛豪律师事务所律师。

权转让合同是否能简单适用法定解除权判决解除的思考。

二、对适用法定解除权的思考

笔者认为,股权转让合同不同于一般的有偿合同,即便是发生违约行为,在不成立根本违约,原合同纠纷可以其他法律关系得以救济的,适用法定解除条款时就应更严格、谨慎,不能简单适用该解除事由。

1. 解除合同的适用必须谨慎

有限责任公司中发生的股权转让合同,判断是否可以解除,单凭受让方未按约支付股权转让价款这一事实,并不能必然得出肯定的结论。无论本案中股权交易双方之间的价款是否全部结清、是否完整履行合同,都不影响本案讼争的股权转让合同不能解除的法律定论。股权转让合同的解除还应考虑有限责任公司股东的稳定性和内部的人合性,解除合同的适用必须谨慎。

本案中,该目标公司股权的转让符合《中华人民共和国公司法》(以下简称《公司法》)第72条第2款的相关规定,且股权转让合同的订立时间和依合同进行工商股东变更核准的时间有6年之久,这说明这一股权变更事实已较长时间地客观存在,而目标公司的股权结构已经再次发生了变化,D、F已经将此股权转让给甲、乙、丙。甲、乙、丙在收购该股权时,并未查询到本案讼争的股权转让合同,而D、F愿意继续承担其与A、B、C之间的《股权转让合同》的全部权利与义务,是符合《合同法》规定的合同相对性原则的。并且目标公司又进行了增资,该公司注册资本金已经为原来的10倍。现目标公司已经为甲、乙、丙实际控制并实际经营长达两年之久,在此情况下,根据合同相对性原则,该股权转让合同纠纷的溯及力是不能涉及目标公司以及目标公司现任股东的,因为上述股权转让合同的解除,不利于避免公司内部出现的新的不平衡。该案纠纷的节点仅能停止在原股东A、B、C与D、F的债权债务纠纷上,而不能简单将尾款的支付作为适用法定解除权的事由。

2. 简单、普遍地适用解除权,不利于法律关系的稳定

如果仅仅依据尾款的未支付就作为适用《合同法》第94条的法定事由,对于股权转让这一针对闭合性组织体的法律关系来说过于轻率,且法院裁判的行为会严重扰乱公司内部结构稳定性和公司内部自治的秩序,违背《公司法》关于公司这一组织体的定义和设计模式。如果裁判解除该案中的股权转让合同,则实务中也不具备可操作性。因为股权已经增值,目标公司的资产价值已经远远超过A、B、C出让时的价值,合同一旦解除,全部交易归零,恢复原状,向A、B、C返还股权的话,如何剥离、区分目标公司的现有价值以及该股权对应的价值?且甲、乙、丙作为后手的善意受让股东,其对于前手的合同纠纷不应当负有合同的不利义务,这也超越了合同相对性的原则。

笔者认为,股权转让合同不是一个简单的合同问题,原因在于,这类合同包含着三层关系:一是受让方和转让方之间的关系,即股权主体的变更;二是受让方与

公司其他股东的关系，即新加入股东或股权比例变动对原股东的影响；三是这一股权变化对公司未来建设的影响。这三层主体关系，除意味着有限责任公司作为由股东组成的拟制组织，为盈利这一目的需要保持一定的稳定性外，判别股权转让合同目的是否实现，还需要考察公司及其他股东的整体关系。因此，认定一方未支付股权转让价款形成的争议、违约行为，是否就一定构成合同目的不能实现，这一事实判断，需要法官以及代理人进行综合考虑，笔者认为，主要应当思考以下两点：

（1）股权转让合同是否进行了关键商业条款的履行，即是否已经工商登记备案并变更了股东或股权比例。这一变更事实就说明了工商股东变化或股权比例的对外公示效力，在此情景下，如果解除合同，会影响到公司的对外公示效力，且解除合同的法定事由缺乏根本性和重大性。

（2）新股东是否已按股权转让合同行使了股东权利或履行了大部分公司义务。这一事实表明的是，公司其他股东对其股东身份的认可，同样此时如要解除合同，会形成公司内部其他股东的矛盾，甚至是公司原有决议的不确定性，直接影响公司这一封闭组织体的交易安全和运营现状。所以，股权转让合同在适用《合同法》94条时，并不是说完全不能适用，而是应当在对合同相对方提出的解除事由进行识别的同时，在更大程度上对公司的封闭性和人合性进行考量。该类合同不适宜简单、普遍地适用法定解除条款，而应当特殊、谨慎对待。

浅析撤销股权工商登记的若干法律问题

——以一公司股权纠纷引发行政诉讼案为例

李光耀* 夏 欢**

一、案情简介

四川省绿×环保建设工程有限公司(以下简称"绿×公司")成立于1994年，注册资本为500万元，股东为邱××(占60%股份)和四川省环X建设开发总公司(占40%股份)。绿×公司主要资产为"深圳大厦"，其位于成都市中心商业区暑袜北二街，背靠四川宾馆和皇冠假日酒店，地理位置十分优越，建筑面积约20 000平方米。

1999年12月，因股权转让(零转让)，绿×公司的股东变更登记为中×实业有限公司(占60%股份)和邱××(占40%股份)。后来，由于股权转让发生争议，该次变更登记于2002年1月被四川省工商行政管理局以零转让不合法为由，作出川工商处字[2002]第3001号决定，予以撤销。绿×公司的股东恢复到原始状态，即：邱××占60%股份和四川省环X建设开发总公司占40%股份。

2002年2月26日，因股权重新转让，绿×公司的股东变更登记为葛××、邱××等9个自然人。

2003年5月22日，四川省工商行政管理局作出川工商处字[2003]第3002号决定：撤销川工商处字[2002]第3001号决定和绿×公司1999年12月27日、2002年2月26日的变更登记。该决定被诉于成都市中级人民法院，经审理后作出[2003]成行初字第16号行政判决，撤销了该决定。四川省工商行政管理局不服，上诉于四川省高级人民法院，该院于2004年10月13日作出[2003]川行终字第96号行政判决：驳回上诉，维持原判，并令四川省工商行政管理局在判决生效后60日内重新作出行政决定。

2004年11月29日，四川省工商行政管理局向绿×公司发出川工商法通字[2004]001号通知书：根据两级法院判决，决定恢复绿×公司2002年2月26日的变更登记。

2004年12月7日，四川省工商行政管理局再次向绿×公司发出川工商法通字[2004]002号通知书，通知绿×公司，其合法登记股东为葛××等9人。并于2004

---

* 四川拓泰律师事务所律师。
** 四川拓泰律师事务所律师。

年12月20日依法为绿×公司换发《企业法人营业执照》,法定代表人为葛××。

四川香×企业公司(原中×实业有限公司)于2005年1月20日,向成都市中级人民法院起诉,要求撤销四川省工商行政管理局的川工商处字[2002]第3001号决定。四川省工商行政管理局认为,该决定已由其自行撤销而失去了效力,就未积极应诉。成都市中级人民法院遂判决撤销川工商处字[2002]第3001号决定。绿×公司不服,上诉到四川省高级人民法院。2005年11月14日,四川省高级人民法院判决维持原判。因此,四川香×企业公司一直要求恢复其股东地位,未果。

直到2010年左右,绿×公司因债务纠纷,导致"深圳大厦"被成都市中级人民法院依法拍卖,全部款项用于还债,股权之争已失去意义。

二、本案中的争议焦点

本案的争议焦点:一是股权零转让合法性问题;二是行政诉讼的时效问题;三是工商登记的效力问题。

三、对焦点问题的分析与结论

(一) 股权零转让合法性问题

股权零转让是指股权以零价格转让,即无偿转让。

除国有股权和合资企业股权转让要求依法批准及评估外,《中华人民共和国公司法》(以下简称《公司法》)及相关法律、法规对有限责任公司股权转让价格并没有特别规定。

根据《公司法》(1999年12月25日修正版)第35条的规定:"股东之间可以相互转让其全部出资或者部分出资。股东向股东以外的人转让其出资时,必须经全体股东过半数同意;不同意转让的股东应当购买该转让的出资,如果不购买该转让的出资,视为同意转让。经股东同意转让的出资,在同等条件下,其他股东对该出资有优先购买权。"可见当时仅有优先权的限制。

而根据《企业国有资产监督管理暂行条例》第23条的规定:"国有资产监督管理机构决定其所出资企业的国有股权转让。其中,转让全部国有股权或者转让部分国有股权致使国家不再拥有控股地位的,报本级人民政府批准。"以及《企业国有产权转让管理暂行办法》第13条的规定:"在清产核资和审计的基础上,转让方应当委托具有相关资质的资产评估机构依照国家有关规定进行资产评估。评估报告经核准或者备案后,作为确定企业国有产权转让价格的参考依据。在产权交易过程中,当交易价格低于评估结果的90%时,应当暂停交易,在获得相关产权转让批准机构同意后方可继续进行。"国有股权转让要依法批准和评估。

《中华人民共和国中外合资经营企业法实施条例》第20条规定:"合营一方向第三者转让其全部或者部分股权的,须经合营他方同意,并报审批机构批准,向登记管理机构办理变更登记手续。"《外商投资企业投资者股权变更的若干规定》第3条规定:"企业投资者股权变更应遵守中国有关法律、法规,并按照本规定经审批机关批准和登记机关变更登记。未经审批机关批准的股权变更无效。"合资及外资企业转让股权须报审批机构批准。

因此,2002年1月,四川省工商行政管理局以零转让不合法为由,作出川工商处字[2002]第3001号决定,撤销绿×公司于1999年12月的变更登记,是于法无据的。

(二) 行政诉讼的时效问题

行政诉讼时效是行政诉讼中的一项重要制度,它对于保护当事人权益、稳定行政法律关系、保障行政诉讼顺利进行具有重要意义。① 诉讼时效通常又称消灭时效,是指权利人因不行使权利的事实状态持续经过的法定期间,即依法发生权利不受法律保护的时效。② 所谓行政诉讼时效,是指不服行政行为的行政相对人(包括利害关系人)按照法律预设程序,有权请求人民法院保护其合法权益的法定期间,行政相对人不提起行政诉讼的事实状态持续到这一期间届满,则产生行政相对人丧失该项权利的法律后果,即人民法院对其合法权益不再予以保护的法律制度。我国民法学者关于诉讼时效的法律效力有几种观点,即诉权消灭主义、抗辩权发生主义和请求权相对消灭主义。③ 行政法不同于民法,我国对行政诉讼时效没有作出规定,学界争议亦颇多。笔者认为,应采用诉权消灭主义。诉权不是实体法上的权利,只是一种程序权利,实体法上的权利是诉权保护的对象,并非诉权本身。根据《中华人民共和国行政诉讼法》(以下简称《行政诉讼法》)及司法解释之相关规定,法官可以在立案前主动审查时效是否超过,因此在诉讼时效期间届满后,即使行政相对人仍有权提起诉讼,但其起诉已毫无实际意义,因为法院可依职权裁定不予受理,即使受理了而且被告或第三人也放弃时效抗辩权的行使,法院亦会裁定驳回起诉。因此诉权消灭主义符合我国行政诉讼立法例。④

四川香×企业公司(原中×实业有限公司)于2005年1月20日向成都市中级人民法院起诉,要求撤销四川省工商行政管理局的川工商处字[2002]第3001号决定(2002年1月作出的)。此时,距该决定作出时间已达3年之久,有超过诉讼时效的可能。

1990年的《行政诉讼法》第39条规定:"公民、法人或者其他组织直接向人民法院提起诉讼的,应当在知道作出具体行政行为之日起三个月内提出。法律另有

---

① 参见王晓华:《行政诉讼时效若干问题研究》,载《湖北行政学院学报》2002年第5期,第38—43页。
② 参见魏振瀛:《民法》,北京大学出版社2000年版,第191页。
③ 参见汪渊智:《论诉讼时效完成的效力》,载《山西大学学报》2002年第3期,第49—50页。
④ 参见尤春媛、郭文清:《我国行政诉讼时效制度存在的问题及对策研究》,载《山西大学学报(哲学社会科学版)》2005年第5期,第64—68页。

规定的除外。"最高人民法院《关于执行〈中华人民共和国行政诉讼法〉若干问题的解释》(法释[2000]8号)第41条规定:"行政机关作出具体行政行为时,未告知公民、法人或者其他组织诉权或者起诉期限的,起诉期限从公民、法人或者其他组织知道或者应当知道诉权或者起诉期限之日起计算,但从知道或者应当知道具体行政行为内容之日起最长不得超过2年。"第42条规定:"公民、法人或者其他组织不知道行政机关作出的具体行政行为内容的,其起诉期限从知道或者应当知道该具体行政行为内容之日起计算。对涉及不动产的具体行政行为从作出之日起超过20年、其他具体行政行为从作出之日起超过5年提起诉讼的,人民法院不予受理。"从上述规定可见,行政诉讼时效分为普通时效和最长时效,普通时效一般为3个月,适用该时效时必须同时具备两个条件:一是行政相对人必须知道具体行政行为的内容;二是行政机关作出行政行为时必须告知了行政相对人诉权或者起诉期限,二者缺一不可,一旦缺少其中一项将可能导致最长诉讼时效的适用。如果行政相对人不知道具体行政行为内容的,其起诉期限从知道内容时计算,但最长不超过5年,涉及物权的最长不超过20年;如果行政相对人知道行政行为内容但行政机关未告知诉权或起诉期限,则诉讼时效从行政相对人知道或者应当知道诉权或起诉期限日起计算,但从知道内容之日起最长不超过两年。

本案由于该诉讼未超过5年,人民法院依法受理是正确的。

在审理中,因被告四川省工商行政管理局错误地认为:其以川工商处字[2003]第3002号决定撤销了川工商处字[2002]第3001号决定——其实,成都市中级人民法院作出[2003]成行初字第16号行政判决,撤销了川工商处字[2003]第3002号决定,并经四川省高级人民法院[2003]川行终字第96号行政判决,维持原判;也就是川工商处字[2002]第3001号决定仍未被撤销。所以,四川省工商行政管理局没有向法院举证证明原告已经知道或应当知道川工商处字[2002]第3001号决定,起诉已超过诉讼时效,导致败诉。因此,人民法院的判决也是正确的。

(三) 工商登记的效力问题

2002年1月,四川省工商行政管理局以零转让不合法为由,作出川工商处字[2002]第3001号决定(虽然该决定是错误的),撤销了1999年12月绿×公司的股东变更登记:中×实业有限公司(占60%股份)和邱××(占40%股份),绿×公司的股东登记恢复到原始状态,即:邱××占60%股份和四川省环X建设开发总公司占40%股份。在此状况下,2002年2月26日,因股权转让,绿×公司的股东依法变更登记为:葛××、邱××等9个自然人。此时,中×实业有限公司丧失在绿×公司原有股份已不可逆转。即使其依法定程序撤销了川工商处字[2002]第3001号决定,也无法恢复其原有股份,最多可以要求行政机关赔偿损失(如果有)。或许,这才是中×实业有限公司3年后才提起行政诉讼的真实原因。

根据《公司法》(1999年12月25日修正版)第36条:"股东依法转让其出资后,由公司将受让人的姓名或者名称、住所以及受让的出资额记载于股东名册。"

《公司登记管理条例》第31条规定,有限责任公司变更股东的,应当自股东发生变动之日起30日内申请变更登记,并应当提交新股东的法人资格证明或者自然人的身份证明。因此,有限责任公司股权转让协议签订以后,一般涉及两个登记变更,一个是公司股东名册的变更,另一个是工商登记的变更。

公平、正义之于商事交易,犹如自由之于人类不可或缺,缺乏公平、正义的商事交易必将受到法律与道德的责难。设立登记与商事交易关联紧密,直接决定着适格商事主体的市场进入。⑤ 工商登记作为一种行政确认行为,是对公司企业法人资格和一般营业能力的确定、认可,因此公司登记总的说来具有确权效力。由于这种确权行为由国家行政机关统一进行,依法予以审查、确定、认可,具有中立性、公正性、权威性,从而使公司登记及公司登记信息具有证据效力,可为法院审判活动和行政管理提供准确、客观的处理依据。而对于交易第三人而言,因登记机关对公司事项统一、权威地确认及宣告,从而产生了对此种确认宣告的真实、合法性的信赖。为保护第三人利益进而维护交易安全,工商登记具有公信效力。因此,2002年2月26日,葛××等8人依据当时的工商登记,作为善意的第三人合法受让绿×公司的股份,并变更工商登记,取得了合法的股东地位,依法应受法律保护。四川省工商行政管理局作出川工商处字[2003]第3002号决定,撤销2002年2月26日的变更登记是错误的。也正因此,2004年11月29日,四川省工商行政管理局向绿×公司发出川工商法通字[2004]001号通知书:根据两院判决,决定恢复绿×公司2002年2月26日的变更登记。2004年12月7日,四川省工商行政管理局再次向绿×公司发出川工商法通字[2004]002号通知书,通知绿×公司,其合法登记股东为葛××等9人。

后来,四川香×企业公司(原中×实业有限公司)虽通过诉讼撤销了川工商处字[2002]第3001号决定,但要求恢复其原有股份却于法无据。

四、结语

对于有限责任公司的股东,依法登记是保证其股东权利得以实现的重要基础。在登记出现不合法变动时,应及时采取正确措施,妥善应对。否则可能出现如该案例中的虽然赢得行政诉讼,但却无法保证自己的股东权利的尴尬局面。

---

⑤ 参见李镇:《商事主体设立登记研究》,吉林大学2011年博士论文集(2011年12月)。

论股东优先购买权的性质

刘晓雪*

导言

(一) 选题的意义和目的

在现代公司法中,允许公司"永久性存在"。同时在承认公司独立人格的前提下,维持公司资本的独立性和稳定性,是保障交易安全的手段之一。作为公司的利益享有者,基于有限责任公司的封闭性和人合性,股东优先购买权是股东基于其投资者身份而享有的一种法定的优先权利。《中华人民共和国公司法》(以下简称《公司法》)于 2005 年修改后,在第 72 条对股东优先购买权作出了规定,股东向股东以外的人转让股权的,其意思以及转让行为是否能得到预期的效果,取决于两个条件:其一,转让股权必须征得全体股东过半数同意;其二,其他股东放弃就转让股权所享有的优先购买权。但是,对此权利的行使方式和行使期限等,目前我国《公司法》并未作出更为详细的规定,而在股东行使优先购买权的实践中产生了许多争议,比如,何时行使、能否部分行使、能否干涉同等条件的确定方式以及转让人是否可以撤销股权转让合同等。在学术讨论中,纵然对股权转让以及优先购买权的行使方式等方面的讨论,持续了多年且内容丰富,但对此权利的性质的探讨却是鲜见。在笔者看来,这些困境的发生皆是由于对股东优先购买权的权利性质的认识不同而发生的,所以结合现在的立法环境和实践情形,希望可以从公司法的角度,从股东权利的来源、设置目的的视角,深入分析股东优先购买权的权利属性和权能,并通过实际运用方式以及不同性质学说的演说,从最大化实现公司法立法目的的角度,对股东优先购买权的法律性质作出明晰的分析,为股东优先购买权的行使奠定基础,并试图从中找到能适用于实践中保护中小股东权益、打破公司僵局的可行办法。

(二) 文献回顾

国外立法对股权转让中的权利设置不同,《俄罗斯联邦公司法》允许在公司章程中另行约定股东优先购买权,在立法中肯定股东同意权;《日本公司法》和《法国公司法》并未对"股东优先购买权"作出法律规定,仅是规定了股东的同意权和异议股东的购买义务。而在英美公司法中,出于私法自治的原则,将公司股权转让的

---

* 四川盛豪律师事务所律师。

股东同意权和优先购买权都交由公司章程来决定。目前,在学者的研究中,对股东优先购买权的权利性质主要有以下看法:

王泽鉴教授认为,股东优先购买权是先买权,优先权人可以依据单方的意思表示与义务人在与其他第三方条件相等的情况下形成契约,而这种契约关系无须义务人的承诺即可具备法律效力。关于此观点,德国对此有明确的法律规定,将其定义为形成权,在司法实践中,也有不少的专业人员对此进行了论证。

于华江教授认为:"股东优先购买权是一种基于特殊社员权基础上的请求权。股东优先购买权是由股东权派生出来的,它与纯粹的物权及物化的租赁权有别。它不是对标的物的所有、占有和使用,而是由于股东向公司法人出资,取得股东资格(一种特殊的社员资格)后而依法享有的一项权利。它不能独立于股东资格和地位而存在,也不能与股份相分离而转让或放弃。"①

根据王利明教授在民法研究中优先购买权的定义,优先购买权是指特定的民事主体依照法律规定享有的先于他人购买某项特定财产的权利。② 论及《公司法》上股东优先购买权,王利明认为,股东优先权在其未行使之前已经形成了一定的权利行使基础,在股权对外出让之前,优先权是一种期待权,在拟出让人将股权对外转让给其他第三人时,优先权才可得以行使,权利要件和主体才完全具备。③

(三) 笔者的研究

1. 研究方式

通过对股东身份的确定、股权的性质出发,探讨股东优先购买权的产生基础和必要性,对学界存在的不同的股东优先购买权的性质学说展开演说和辨析,且结合案例显示出的优先购买权行使困境,对比"形成权说"与"请求权说"的根本区别和效果影响,同时也针对股权转让中的特殊情形,如股东撤销股权转让合同、同等条件被推翻,分析股权转让中的利益关系、股东优先购买权的性质对股权转让效果的影响以及对利益结构的影响。

2. 研究内容

对此问题,笔者的思考是,如果对股东优先购买权的性质作不同界定,是否会对股权转让的效果和方式造成影响。根据对相关书目和研究成果的收集、学习,笔者发现,目前学界对《公司法》第72条的争议仍然很大,不论是对"同等条件""同意程序""转让人反悔权"等问题引起的争议,还是对股东优先购买权的行使方式和效果进行的讨论,都没有一个界限分明的解决办法。

从立法本意来看,公司法之所以规定除转让人以外的其他股东享有优先购买权,目的就是为了保证其他股东可以通过优先购买权的行使,实现对公司的控制

---

① 于华江:《有限责任公司股东优先购买权问题研究》,载《政法论坛》2003年第4期。
② 参见王利明:《物权法研究》,中国人民大学出版社2002年版,第342页。
③ 参见王利明:《物权法论》,中国人民大学出版2003年版,第335页。

权,维护公司的人合性和股东结构。提供这种保护的立法依据是:一是根据有限公司兼具资合与人合的性质。其人合的性质要求公司股东之间具有很强的合作性。当股东向股东以外的人转让股权时,在新老股东之间能否建立起良好的合作关系,将对老股东的利益产生重大影响。为维持公司的人合性,立法赋予老股东优先购买权,以便其选择是否接受新股东的合作。二是承认老股东对公司的贡献,保护老股东在公司的既得利益。④ 而笔者在思考时,将目光转移到了权利属性的角度和股权转让利益保护的角度。笔者认为,凡是一种权利于法律上的存在,皆是因主体之需要、利益之平衡而设置,所以,其行使方式和救济手段的规定,都应是根据它存在的理由和前提而决定的。目前司法实践中出现的涉及股东优先购买权的股权转让纠纷,在裁决理由、说法各有不同,从现行《公司法》和司法解释中不能直接引用法律条款的情况下,应向更为深层和源头的方向探索,将权利的性质予以明确,对其进行不同的性质认定,以避免造成权利行使方式、条件和效果的更大不同。

本文分为四章,通过对不同学说的探讨和案例观察,笔者认为,对股权转让中的优先购买权的解释,不应刻板地依照一直以来的观点——绝对形成权说,而应当将目光放在转让人和第三人的交易成本和预期利益上去考量,并对股权转让中的特殊情形进行考察,最后得出结论:如将股东优先购买权解释为股东享有的在其他股东自愿对外出让股权的基础上,以同等条件优先与转让人缔结转让合同的请求权,同时将其权利行使效果设定为购买顺序上的优先,而非对交易价格的垄断和强势干扰,以使股权转让的利益结构得到平衡,这会对股权这种无形资本的流通带来更大的利益可能性。

3. 创新与不足

本文对股东优先购买权性质提出了自己的看法:一是应区分股权转让中的特殊情形,将股东优先购买权视为股权转让中享有此权的股东优先与转让人缔结股权转让合同的请求权,且仅为一种购买顺位上的优先权利,不能扩发为阻断更优交易条件形成的权利,也不是取得价格优惠的权利;二是赋予转让人在合理期限内的反悔权,给予第三人在合理期限内的竞争机会。这将有助于实现股权转让的目的,使股权转让的利益结构得到缓和与平衡,同时,也无损于公司组织体的人合性和股东结构稳定性。

当然,笔者的研究尚有不足,如未提出完整的转让人的反悔权制度内容,也未能对第三人竞争期限、优先权人行权期限以及转让人反悔期限进行密切的衔接,笔者将在后续的学习中,对此类问题进行不断补强和精进。

---

④ 参见刘殿双:《刍议股东优先购买权的部分行使》,载中国民商法律网,最后访问日期:2015年5月20日。

一、股东权利的来源和性质

(一) 股东身份与股东权利

有限公司是大陆法系公司制度中形成最晚的一种组织形式,它将投资人之间互信共赢、组织机构简单、公司人格及财产独立、股东承担有限责任等优势结合起来,从而成为现代商事活动中最适合中小商事组织的一种法律形式。投资人享有公司权利的基础是获取相应的股东身份,进而掌握对公司的控制、经营的权利,也由此产生其对公司的义务和对外承担债务的责任。所以,我们在此探索股东权利的权源,就应先从权利人的身份问题说起。

1. 股东身份的取得与确认

通常认为,股东即是向公司投资或者持有公司股份,以其所持股份为限额分取公司净收入、承担公司债务的人。目前,我国《公司法》对股东身份的确认,并没有明确的要件规定,在《中华人民共和国公司登记管理条例》(以下简称《公司登记管理条例》)中,也仅是将股东名称作为登记事项之一进行备案登记,作为判定股东是否具备合法身份的一种规则。通观各国公司法规则和理论,对公司股东身份的确认采取的是出资标准和登记标准。出资标准即是投资人向公司履行出资义务,使公司具备独立于股东财产的注册资本金;登记标准则以是否经法定登记机关将投资人名称载于法律文件中为标准来判断股东的身份。虽然普遍意义上认为"股东资格"与"股东身份"是同一意义,股东资格这一概念表明的是法律主体成为股东的可能性,实际上是表明这一主体能够成为公司的股东,或者说这一主体具有成为股东之可能。⑤ 所以,笔者在此认为,从公司运营的理想化规范状态来看,应将股东资格与股东身份区别开来,两者是一种递进关系,随着公司设立工作的不断进行,股东资格是取得股东身份的前提条件,股东身份是对作为投资人的股东资格进行法律确定和认可的结果,拥有股东资格并不意味着绝对享有股东身份所带来的权利和义务。但是在实践中,由于一些人为因素可能会有意识地规避法律规范化状态,从而使公司组织体的股东组成、公司类型发生变化。如隐名股东的情形,如果按照递进关系来看,则隐名股东因没有股东身份确认的程序而不能享有股东权利。但是在实践中,隐名股东作为实际出资人,大多都在参与公司经营,这时,股东资格与股东身份之间界限模糊,不能在实际操作中将两者剥离。

(1) 股东资格的取得

股东将其财产出资给公司,公司以支付股权作为回报对价。公司作为一个聚集庞大财富的组织体,将财富的控制权集中于一体。投资人放弃了对其财富的控制权,破坏了原有的财产关系,权利形态的改变也必须加以重新确认和分配。由此

---

⑤ 参见沈贵明:《股东资格研究》,北京大学出版社2011年版,第51页。

对股东资格的认定,是赋予其权利的要件和基础。

根据我国《公司法》《公司登记管理条例》以及《公司注册资本登记管理规定》的规定,投资人获取有限公司股东资格必须具备的条件为:投资人向公司进行实际出资。为减轻资金压力以及推进商事活动的便捷,也规定了此种出资可以采取分期缴纳的方式,但是首次出资不得低于注册资本金总额的20%。从此种规定看来,投资人一旦出资,便取得了股东的资格。但是单一以出资作为确定股东身份和地位的说法,存在诸多缺憾。

我国公司法将股东资格的取得分为原始取得和继受取得两种方式。原始取得又细分为设立取得和增资取得;继受取得分为转让取得、继承取得以及公司合并取得。在原始取得中,投资人取得股东资格应同时满足两个条件:一是投资人实际缴纳出资;二是公司依法成立。同时笔者认为,在公司依法成立之前,应当并无"股东"一说,而仅有"投资人"的称谓,即投资人是随着公司的设立而转化为股东身份的,从此才具备享有股东权利的主体资格。在原始取得中,以简单的"出资标准"作为判定股东资格的方式并无不可,因为,此种取得方式的义务人履行出资义务的行为表现明确,能获得直接的支付效果,但是在继受取得中,仅以出资是否到位来衡量其是否具备股东身份,"出资标准"却不尽然适用。以转让方式取得股权为例,受让人经过转让合同、支付对价等合法受让程序,直至公司变更登记程序后才能确定其股东的身份,方能行使其股东权利。由于有限公司兼具人合和资合的特性,公司法在继受取得的规定上采取了一定的限制,即若要对外转让股权的,需经过其他股东过半数同意,否则转让行为视为无效,但是,此种限制并不影响受让人合法受让之后取得股东身份的必然性,一旦确认股东身份,即可享有权利、负担义务。在此种股权取得的方式中,如果按照出资标准来审视,受让股东仅在向出让人支付了股权对价时就已经取得了股东身份,但是在学理和实践中不是如此。

(2) 股东身份的确认

股东身份是对股东资格的确认,实际上即是一种将投资人的名称载于公司股东名册,并且通过登记机关核准登记于公司设立登记文件中的程序要求。实则,要成为一个公司组织体的股东,不仅需要取得股东资格,还应获得资格的确认,至此股东才可成为一名具备完整权能的"股东"。

根据前述提及的转让取得股权的例子,受让人在仅支付对价之时仍不能成为公司的股东,此时所存在的法律关系,仅是受让人与出让人之间缔结的合同法律关系。若论受让人何时能具备完整的股东权能,应是在其依法办理股东变更登记、将其姓名或名称载于股东名册、核准登记于登记机关时。受让人与出让人达成转让协议、支付股权对价之时,仅能视为其履行了成为公司股东的先行义务,也可视为其取得了成为股东的可能性,而其股东身份的确认,应是在其完成了登记事项之时。

在确认股东身份时,必须明确的一点是,出资并非是确认其股东身份的唯一标准,比如因继承、赠与方式而取得股权的情形,继承人或受赠人并未向公司进行实际的、直接的出资,但是其股东的资格是在继承或赠与此类的法律关系发生之时即可实现,至其姓名或名称载于股东名册或备案于工商变更档案时才得以确认其股东身份。故笔者认为,应将"出资标准"与"登记标准"作为二元要件,出资行为是获取股东权利的先行条件,它使其获取公司股东的资格或者说是成为公司的股东具备了可能性。而登记公示行为是获取股东权利的必要要件,是对股东资格的再行确认环节,登记确认后,出资人方才获得了完整的股东身份。但是在识别具体的股东法律关系时,如隐名股东的实际控制权、有股东资格但未履行出资义务的股东行使共益权情形时,二元标准似乎不能全面适用,但是笔者认为,仍然可以作为确定股东身份的重要原则,在该原则之下,可以针对具体的股东法律关系制定特殊的识别标准。

2. 股东权利的来源

首先,论及究竟何为"股东权利",1993年《公司法》曾对股东权利进行了定义:公司股东作为出资者按投入公司的资本额享有所有者的资产权益、重大决策和选择管理者等权利。2005年《公司法》第4条以具体列举的方式定义:"公司股东依法享有资产收益、参与重大决策和选择管理者等权利。"可见,2005年《公司法》的股东权利定义修正了旧公司法中对"公司股东""出资者""所有者"的概念重叠问题,并且进一步明确了股东对"重大决策"仅有参与的权利。虽然在立法技术和法律语言上已经不断修进,但是学理对"股东权利"的概念仍然存在更为深入的学说和见解。比如施天涛教授认为,股东基于其股东身份和地位而享有获得公司经济利益并参与公司经营管理的权利。⑥ 此种定义是从股东的身份和地位的角度出发而定的。从权利的依据和范围方面,刘俊海教授则认为,广义的股东权泛指股东得以向公司主张的各种权利,故股东依据合同、侵权行为、不当得利和无因管理等法律关系对公司享有的债权亦包括在内;狭义股东权仅指股东基于股东资格、依据公司法和公司章程规定而享有的、从公司获取经济利益并参与公司治理的权利。⑦ 从权利的性质上看,也可将股东权利定义为"股权是既有财产权的一面,又有非财产权的一面"的综合权利。⑧

笔者认为,对股东权利进行概念划分和定义,第一,应认识此权利的来源和基础。第二,应认识此权利所包含的权能以及效果。新古典产权学派认为:作为公司出资者的股东是公司剩余风险的最终承担者,具有包括选任公司董事会等天然的决策权,反而观之,公司董事会及其经理层存在的唯一目标为,尽其所能实现公司股东利益的最大化。⑨ 在公司治理手段中,可能会出现代理股东治理以及股东亲

---

⑥ 参见施天涛:《公司法论》,法律出版社2006年版,第237页。
⑦ 参见刘俊海:《现代公司法》(第二版),法律出版社2011年版,第185页。
⑧ 参见雷兴虎主编:《公司法学》,北京大学出版社2006年版,第165页。
⑨ 参见易军、宁红丽:《合同法分则制度研究》,人民法院出版社2003年版,第198页。

自管理的情况,但是不管是何种治理结构,"股东出资者至上"则是公司运营和管理中的最基本宗旨。而"权利的基础是利益——权利来源于利益要求,权利乃是法律所承认和保障的利益,不管权利的客体是什么,上升到抽象概念,对权利主体来说,它总是一种利益或必须包含某种权益"。⑩ 有限责任公司作为以营利为目的的组织体,股东作为公司权益的所有者,其权利来源的前提是股东的出资,为保证营利性和稳定性,对利益的追逐是股东行使权利的根本目的。股东在公司运营中行使自己的权利并追求利益的阶段里,需要其付出相应的劳力、智力、资本等,可视为其为行使股东权利所支付的成本,而且只有当这种成本价值低于其从公司中获取的利润时,才可达到其作为股东所预期的效果,满足其盈利的目的,此时,才具备现实意义上的行权驱动力——利益的剩余价值。

其次,作为出资人来说,其往公司这个组织体投入资本时,当然是希望得到相应的回报。其成本可以低于其预期的利益,并且需要一定的外力使这种预期利益得到保障,这在《公司法》上就体现为法律确认其股东的资格,令其获取完整的股东身份,并赋予其决策和管理的实体内容,给予其获得利润的期待可能等形式。股东被赋予的此类显性形式意义上的权利可具体表现为:公司签发的出资证明或者股票的请求权、股份转让过户请求权、股息和红利的分配请求权、公司剩余财产的分配请求权等(即公司法所划分的自益权)、出席股东会的表决权、股东会的召集请求权、任免董事和公司管理人员的请求权、查阅公司章程及簿册的请求权、要求宣告股东会议决议无效的请求权、对董事或监事提起诉讼的权利等(即公司法所划分的共益权)。可见,股东权利是一种股东主动为之的权利,且权利的实现依赖股东行为。如果他积极行使了权利,支出了其行权的成本,则有望获得股东权利所带来的现实效果;如果他不行使权利,股东权利便失去了经济上的意义,于现实落空。

综上,股东权利是一种综合的、复杂的权利,随着公司法立法技术的不断精进和经济活动的不断发展,该权利会由简入繁,逐渐演化成包含不同性质、多种表现形式的权能,使其成为一个兼具多样性和统一性的权利束。

经过上述的分析,笔者认为,对某一权利的定义,从其来源和权能的角度进行归纳是比较恰当的,所以笔者眼中的股东权利,即是股东基于其股东的身份和地位,以获得利益为根本目的而享有的综合性权利。该综合性权利主要包括以下方面:对公司经营事务的知情权、对公司利润的分配权、对公司重大事务的决策权,等等。总体来看,可以划分为与公司财产有关的权益内容,以及与公司经营事务有关的权益内容。

(二) 认识股权的性质

股东与公司之间的权利义务法律关系的载体即是股东的身份和地位。在此探讨股权性质的必要性在于,能够帮助我们明确股权作为一个综合权利束,可以准确

---

⑩ 张文显:《法哲学范畴研究》(修订版),中国政法大学出版社2001年版,第303页。

界定其权利主体的地位和行使权利的方式,从而为下一步探讨股东优先购买权奠定理论基础,并进一步明确权利的救济方式和保护制度。虽在理论界中对"股权"与"股东权"两个概念的析别有较大争议,有学者认为"股权仅是一种财产权、物权,而股东权是一种社员权、非财产因素的权利",将两个概念进行了区分。但在本节内容中,对此概念的争议暂不作探讨,下文所称"股权"即意为"股东权利"(股东基于其股东的身份和地位,以获得利益为根本目的而参与公司管理的权利)。

目前学界对股权的性质各有见解,尚有"债权说""所有权说""综合权利说""新型民事权利说""社员权说"以及"独立说"。笔者赞成以江平教授为代表的"独立说",认为股权是区别于其他民事权利类型、与债权及所有权平行的独立民事权利。

1. 对"债权说"的评析

早在 20 世纪 30 年代,即有学者提出股权即债权的说法,股权的转让即是债权的转让。但是在笔者看来,随着现代经济的不断发展,形成有限公司与股份公司两大主流的商事组织体形态,对股权的本质认识不应再仅仅依靠罗马法的划分办法,而且按照债权说来审视股权,有诸多不当之处。

债权说认为,股东与公司之间的关系即是债权人与债务人的权利与义务关系。债的本质是"法律上可期待的信用",根据债权的特点来看,债权人与债务人之间的清偿行为是特定的给付义务。债权人对债务人享有可期待利益,但是在股权转让过程中,股东要实现其持有股权的可期待利益,可以出让股权的对价作为回报,此时股权对价的支付人并非是公司,而是股权的受让人。根据债权说并结合债权的作用和特质看来,若债权人(股东)实现其现实利益必发挥其请求权的特点,必须借助债务人(公司)的意思表示和行为,才能实现债权权益。但是在实际股权权益出让中,债权人的利益实现是依靠债务人以外的第三人的购买意愿和支付价款行为实现的,这并不符合债权说的主体相对性。另外,从权能看来,股权权能包含有股东的投票权、表决权、参会权和知情权等内容,且股东实现其股权利益时,可以行使其利润分配权获得公司净收入,也可以将股东权利进行自由转让,使权益实现方式多样化,且其权利的实现并不一定意味着权利的消灭。债权的权能是使债务得以全面履行、完全给付,实现债权人的权益,此时债权权利即为消灭。由此看来,股权权能的延伸并不能仅为债权所涵盖和调整,并且在权利满足上,债权原则上因消灭(清偿)得到满足[11],而股权并不如此绝对。所以,股权并非债权,不能为债权法律关系对其进行调整和规范。

2. 对"所有权论"的评析

有学者持"单一所有权说",即公司财产由股东享有所有权,公司本身仅有经营权。以王利明教授为代表的"所有权说"认为,公司的独立财产中存在两个不重

---

[11] 参见江平:《民法学》,中国政法大学出版社 2009 年版,第 444 页。

叠的所有权：一是股东所有权；二是公司法人所有权。王利明教授在论及股份制企业的所有权中提出了"所有权的二重结构"，即公司的财产由公司享有，形成了公司法人的财产所有权，而公司的全部财产又形成了一个整体，由公司股东全体共有，形成了股东的财产所有权，所以形成了公司财产由公司所有，公司本身整体由股东共有的二重结构。[12] 将股权与所有权并形而论，实际上是将股权视为"物"而论，从而将股权视为一种自物权。

梁慧星教授认为，权利人依法对特定的物享有直接支配和排他的权利即为物权。物权具有特定、支配、排他三种特性。而股权明显区分于物权的特性就在于：第一，从义务主体看来，股权的义务主体是其持有股份的公司和其他合作股东，而不能如物权一般，向除物权人以外的任何人皆可主张权利。第二，从行使权利的方式来看，物权属于排他、支配权，可以不依靠任何其他人的意思表示及行为即可直接行使其权利；而股权其包含的权利多是需要他人配合、积极履行才能得以实现的权利，比如股东大会召集请求权、利润分配请求权等，不可能如行使物上权利一般直接、排他、独立的行使，均需要依靠公司的意思或者行为才能介入和行使。第三，物权与股权的行使效果有异。对物权的主张和行使在权利成立的当时就已经成型、确定，一旦行使物权就能获得预期的、确定的经济利益；但是股权的行使则不一定，因为股权是股东基于其身份而获取的一种经济可能利益，此种利益的增减有赖公司经营管理水平的高低、公司盈利的多少，更受到市场环境、经济形势等外部环境的决定和影响，比如，股东会对当年公司盈利采取不予分配的决议、对外出让股权但是无人愿意受让，可见，股权的预期利益并不能在权利获得当时即可确定。

笔者认为，二重结构的理论实际上仅是对公司财产的抽象划分，并不适用于实际经济活动中。股东财产独立于公司财产、法人拟制独立人格的规则是现代公司制度的重要构建方式。根据物权种类法定的原则，要确认所有权，首先应确定权利是否为法律所设定。在二重结构下，公司法人所有权的客体是由股东出资形成的财产整体，此整体可表现为货币、知识产权、土地使用权等，这些财产均可归于法律设定的可划分的不同种类物，在其之上可以设立所有权，自公司成立后，公司即以其自有名称成为相应不动产的登记所有权人或者是相应动产的实际占有人，公司可以直接行使其对财产享有的支配权、使用权等权能。但是依据二重结构说，还存在着另一个所有权，即股东所有权，股东所有权的客体是公司本身，是将公司作为一个组织体进行了抽象的整合，实为一种虚拟的"物"，"法律按经济生活之实情，有时视某一财产为单一物，其中含有有体物、权利义务,谓之法律的集合物"。[13] 笔者看来，这个虚拟物中没有具体的、确定的有体物，公司财产已经划归由公司法人所有，股东所有权下没有实际的客体，仅是一个组织理念中的"稻草人"，且结合所

---

[12] 参见王利明：《物权法论》，中国政法大学出版社1998年版，第497页。
[13] 史尚宽：《民法总论》，中国政法大学出版社2000年版，第252页。

有权的特征来看,如果要确立股东所有权,股东应对其所有物享有直接支配的权利,但是上述已经讨论过,公司财产的支配权均由公司法人行使,股东对公司整体的所有权因没有具体行使的方式和载体,从而无法成立。另外,根据"一物一权"的基本原则,对一物只能设立一个物权,笔者认为,二重结构实际上是对同一物设立了两个所有权。综上,笔者认为,对公司组织体进行抽象,并将其定义为股东所有权的客体的说法并不成立。

3. 对"独立说"的评析

江平教授在《论股权》一文中指出,股权是股东因出资而取得的、依法定或公司章程规定的规则和程序参与公司事务并在公司中享受财产利益的、具有可转让性的权利。股权只能是一种自成一体的独立权利类型。

对此说法,笔者表示赞同。与物权和债权相比,股权随着公司制度的出现时间较晚,故是更为年轻的一种民商事权利,其所反映的社会关系是公司这个组织体与其股东之间的内部关系,以及股东通过公司组织体对外部形成的有限责任的法律关系。股权所包含的法律关系和社会关系皆不同于物权以及债权,在权利的定性上,就没有必要生硬的将其划入传统的某一类民事权利中去,否则会导致在股权行使权利和权利救济上产生不同的障碍。股权是作为股东转让出资财产所有权的对价的民事权利,它是目的权利(自益权)和手段权利(参与公司事务管理权利)的有机结合,同时也是团体性权利(如表决权)与个人性权利(如请求分配红利等财产性请求权)的辩证与统一,且兼具请求权和支配权,具有资本性和流通性。⑭ 股权与物权、债权之间是既有联系又区分明显的民事权利,它兼具请求权与支配权,但是这种权利属性的兼具,是建立在股权部分权能的体现上,并不能全面覆盖股权的全部内容。如股权中的自益权大多包含着请求权性质,比如分配剩余财产请求权之类的财产性权利,均需依靠公司这个营利性法人组织的意思、行为得以实现,另外,其兼具的支配权并不等同于所有权的性质,因其支配权的行使必须通过公司营利法人的行为而为之,故不是直接的、排他的支配权。

有学者提出,"独立说"仅仅是创设了企业产权制度的思路,并没有深入分析、提出"股权独立说"的具体权能。但是笔者认为,关于股权的权能,传统公司法理论已经对其作出了分类和完善,且在实际经济活动中,股权权能已经演化多样、趋于完整。比如,按照股权行使目的的不同,可将股权分为自益权和公益权,自益权主要包括股东分配红利的请求权、要求分配公司剩余财产的请求权、股份转让权、退股权、股东名称变更请求权,主要是股东基于其自身利益需要而行使的权利,是为一种财产权。而共益权则是股东主要以公司利益或团体利益为出发点而行使的权利,主要包括表决权、提案权、质询权、临时召集股东大会请求权、代表诉讼提起权等,在传统理论中被视为非财产权。当然我们也应当看到,其实股东在行使共益权

---

⑭ 参见江平、孔祥俊:《论股权》,载《中国法学》1994年第1期。

时,其间接目的是为了维护自身利益。股东必以从公司获取利益为根本目的,公司以向股东给予经济回报为终极关怀,这是股东行使其权利的根本目的。股权是财产权与非财产权的契合,正如江平教授所言,是目的权利和手段权利的有机结合,自益权是股东获取利益、达成其根本目的的目的权利,共益权就是为保障股东利益最大化的宏观方法。

从此看来,笔者认为,一方面,股权的基本权能其实已经进行了固定和描述,并且自益权和共益权皆是股权的权能,而非是组成股权权利集合的各项权利,而且从公司法人人格独立与股东人格独立、公司财产与股东财产分离的现代公司组织制度来看,股权的独立才能使公司法人对其公司财产拥有独立的、完整的、排他的所有权;另一方面,股权独立,才能确认股东在行使权利时产生的法律关系应适用的特别法,而非为民法中的债法、物权关系所调整,如此也明确了股权的救济方式和保护机制。所以,我们应该认识到,将股权视为一种新型的、独立于债权和所有权的民商事权利,是符合和顺应现代公司法和企业产权制度发展的。

(三)观点小结

有限公司作为一个闭锁的营利组织体,基于人合性和资合性,其关键在于保持团体稳定。探索股东优先购买权,应先由优先购买权权利人的身份和权利归属来作为理论基础,本章首先明确了股东的身份获取方式、股东权利的来源,从而明确了股东优先购买权人的身份和地位。而对股权性质的讨论,虽然此种性质之争于我国最早始于明晰国有产权制度中,是为明确国家作为股东与企业财产之间的关系,但是经过学界中各种性质归属的纷呈演说,对股权的性质的界定明显影响到了股东行使权利、发挥股权权能的方式和手段以及对股权权利的保护和救济。如今确立股权作为一个独立的、新型的民商事权利,明确了股权的资本性和流通性,且其兼具的请求权和支配权均不同于物权、债权之特性,有助于分析股权转让以及转让中优先购买权的权利来源和权利特性。

二、股东优先购买权的基础与特征

有限公司兼具人合性与资合性的组织特征,以保持资本的稳定性和人员的固定合作为基本的运营原则。但是在经济日益发展的现代社会,股权因其具有资本性和流通性,股权转让俨然已经成为社会财富流通的一个重要组成部分,可以发挥股权作为资本载体的优势,同时便捷交易程序、保障交易安全,也能为老股东的退出、新股东的进入提供有效沟通的机会,本文所探讨的优先购买权,也正是产生于股权转让程序之中的。

(一)股东优先购买权的基础

由于股权是不同于物权或债权的一种独立民事权利,股东持有的股权是对其出资的一种回报和对价,同时也是其获取经济利益、实现公司组织目的的基本载体。股权的自由转让是股东实现利益的一种方式，不能否定或随意剥夺股东拥有股权的此种权能，但出于有限公司保持人员稳定的考虑，对股权自由转让采取一定限制也是十分必要的。

股东优先购买权并非是存在于所有股权转让法律关系中的，我国《公司法》规定，股权转让按照受让人的所属范围不同，可以区分为内部转让和外部转让。内部转让即为公司股东之间进行的股权转让；外部转让即向公司股东以外的人进行的股权转让。如果公司章程没有对"股东优先购买权"的行使范围和行使方法作股东之间特别约定的话，股东优先购买权只是针对股权的外部转让。通说认为，对股权的外部转让进行限制是非常必要之法律规制，恰恰我们所探讨的股东优先购买权正是对股权外部转让的最为明显的一种限制方式。

对股权的外部转让进行限制是出于有限公司人合属性较为明显的特征。有限公司的股东之间具有非常密切的关系，在公司运营和治理中，股东个人的意志有着非常关键、重要的作用。股东一旦向非股东以外的第三人出让股份，就意味着整个公司股东结构发生变化甚至颠覆。从公司内部关系来讲，老股东面临合作伙伴的变化，暂且不谈新老股东之间是否仍有合作的合意，新股东的进入如果不经过老股东审视而直接由出让股东单方面的决定，有悖于有限公司的自治精神以及人合的属性基础。从公司的外部关系来讲，公司股东结构作为向商业市场公开的企业信息，新股东的进入很有可能会使外部提高对公司风险系数的评估，造成公司内部环境不稳定的印象，导致公司在商业活动中有可能处于不利地位。

从比较法的角度来看，世界先进各国的公司法皆将股权在股东之间的自由转让作为一种原则性的精神，但又对股权对外转让制定了不同条件的法定或者意定标准，主要立法方式有：

1. 对股权的对外转让实行了法定条件的规制

例如：《日本有限责任公司法》第19条第1款规定，股东可以将其全部或者部分出资份额，转让给其他股东。该条第2款又规定，股东在将其全部或部分出资份额转让给非股东的人的情形下，须取得股东会的同意。股东会不同意转让时，转让人可以请求指定其他受让人，也可以由受让人请求承认转让。[15] 又如《法国商事公司法》也规定，只有在征得至少代表3/4公司股份的多数股东同意后，方可向外转让股份。日本和法国在股权对外转让问题上，采取的都是严格限制态度，在立法模式上为拟出让股权的股东设置了"其他股东同意"或者"股东会同意"的限制。[16]

2. 不对股权转让作法律强制性限制，允许公司章程等自治性文件对股权转让另作约定

比如《意大利民法典》第2469条规定，参股可以在生者之间自由转让或因死亡

---

[15] 参见〔日〕末敏永和：《现代日本公司法》，金洪玉译，人民法院出版社2000年版，第284页。
[16] 参见沈四宝：《西方国家公司法原理》，法律出版社2006年版，第182页。

而继承,除非设立文件另有规定。意大利允许股权的自由转让,但是同时也允许股东自行合意,在公司章程之类的文件中对股东转让的事宜进行另外的约定作为限制。而1981年德国施行的《德国有限责任公司法》将有限责任公司的股权转让分为全部转让和部分转让。该法第15条第1款规定,股份可转让并可继承;该条第5款规定,股东可以通过公司章程为股份的转让规定其他条件,尤可规定转让应由公司批准。同时该法第17条对部分股权的转让进行了规定:股权的部分转让须经公司同意,公司的同意书须以书面作出,同意书必须说明受让人具体为何人,以及由股份未分割时的出资额分配到分割后的各股份的款额,且股东不得将其股份同时分割成多份转让给同一受让人。德国立法对股权转让事宜仅区分了全部转让与部分转让,以法律要求部分股权的转让须以取得公司的许可为条件,但并未对股权的受让人范围进行明确的限制。2008年的《德国有限责任公司法改革及防止滥用法》对1981年的德国有限责任《公司法》进行了修订,新法删除了上述第17条对部分股权转让的限制规定外,更加便捷了股东转让股份的交易行为,使股东可以随时分割股份,并可将部分股份转让与他人。⑰在英美法系国家并不区分有限公司和股份公司,而是划分为闭锁公司与开放公司。其限制闭锁公司股权转让的方式表现在,允许通过公开的公司章程或股东自行达成的合意,又或股东以个人名义向公司作出的保证、申明方式来限制股权的自由转让。如1984年《美国示范公司法》第6.27条第a款规定,公司章程(包括组织大纲与细则)、股东之间的协议或股东和公司之间的协议,可以对公司股票的转让或对公司股票转让的注册加以限制。

我国2005年《公司法》第72条第1款和第2款明确规定:"有限责任公司的股东之间可以相互转让其全部或者部分股权。股东向股东以外的人转让股权,应当经其他股东过半数同意。"同时该条第4款规定:"公司章程对股权转让另有规定的,从其规定。"由此可见,我国《公司法》兼采上述两种立法方式,既为股权的对外转让设置了"其他股东同意"的前置程序条款,同时也允许公司章程对股权转让事宜进行另外的约定。

虽然股权自由转让是公司永续性原则以及资本维持原则的外部表现形式,在开放公司或者股份公司中,股票的流通并不受争议与限制,但是在闭锁公司或有限公司中,股权对外转让作为与股票同样属性的流通行为,往往受到上述"同意条款"或意定条件的限制,此类限制解决了各国公司在运营中股权对外转让的"可"与"不可"的问题,是对股权本身流通性的肯定。然而在肯定了股权的流通属性,并不禁止股权的对外转让时,在实际股权转让活动中,当拟出让股权不能顺利通过其他股东或者股东会的同意决议时,拟出让人对股权的财产处分权受到了威胁,拟出让股权的经济利益有可能面临落空或者面临出让人强性让与股权的危险,而此时要如何确定其他股东对拟出让股权的权利或义务,如何确定第三人受让行为的有

---

⑰ 参见范剑虹:《2008年德国有限责任公司法的改革》,载《法学论丛》2009年第10期。

效性和可对抗性,又如何合理保护出让股东的正当经济利益?面对这些主体对撞以及利益的冲突,各国立法就此设计了"股东优先购买权"制度,确立了股权对外转让中转让人、其他股东与第三人进行利益博弈的重要权利内容。

(二)股东优先购买权的制度设计

1. 关于股东优先购买权的法律规范

由于有限公司产生的时间较晚,随之的"股东优先购买权"制度也晚于传统民法上的先买权制度。股东优先购买权主要包括两种:一是股东对转让股东股权的优先购买权;二是股东对公司发行新股的优先认购权。[18] 本文所探讨的股东优先购买权,即指有限公司的股东在征得其他股东同意、在对其他股东以外的第三人转让股权时,其他股东在与第三人交易条件相等的情形下对拟出让的股权享有优先购买的权利。

(1)我国公司法对股东优先购买权的相关规定

我国 1993 年的《公司法》于第 35 条第 3 款规定:"经股东同意转让的出资,在同等条件下,其他股东对该出资有优先购买权。"此规定确立了我国有限公司股东的优先购买权。但是在实际适用过程中,此种规范仅仅确立了制度结构,并未建立其具体的操作方式,比如老股东如何有效表达其购买目标股权的意愿,在面临两个以上的老股东皆表示愿意以相同价格购买目标股权时如何确定购买份额?以上情形在当时都无法可依,最后目标股权究竟花落谁家、目标股权可否分割成多个部分进行出让,这些问题都不能得到法律的回应,使整个股权交易落入尴尬的境地。

为此,我国 2005 年修订后的《公司法》第 72 条规定:"有限责任公司的股东之间可以相互转让其全部或者部分股权。股东向股东以外的人转让股权,应当经其他股东过半数同意。股东应就其股权转让事项书面通知其他股东征求同意,其他股东自接到书面通知之日起满三十日未答复的,视为同意转让。其他股东半数以上不同意转让的,不同意的股东应当购买该转让的股权;不购买的,视为同意转让。经股东同意转让的股权,在同等条件下,其他股东有优先购买权。两个以上的股东主张行使优先购买权的,协商确定各自的购买比例;协商不成,按照转让时各自的出资比例行使优先购买权。公司章程对股权转让另有规定的,从其规定。"可见,2005 年《公司法》在 1993 年《公司法》的基础上对此进行了大幅的修订和精进,明确了股东向股东以外的人转让股权的"股东同意制度"。股东转让的意思以及转让行为是否能得到预期的效果,取决于两个条件:一是转让股权是否征得全体股东过半数同意;二是其他股东是否放弃其享有的优先购买权。同时,更为重要的是,设置了股东优先购买权的行使方式,即在与第三人交易条件相等的情况下,其他股东对拟出让股权享有优先购买权;当转让人面临多个股东主张行使优先购买权时,可以通过协商方式来确定各方行使权利的份额,如果协商不成,则按照各优先权利

---

[18] 参见许尚豪、单明:《优先购买权制度研究》,中国法制出版社 2006 年版,第 233 页。

人的出资比例来确定权利份额。

而我国台湾地区的"公司法"第111条规定：股东非得全体股东过半数同意,不得以其出资之全部或一部,转让给他人。关于此项转让,不同意之股东有优先受让权,如不承受,视为同意转让,并同意修改章程中的有关股东及其出资额事项。此种立法方式包含两种限制模式,即"股东同意"以及"优先购买权",股东同意制度是优先购买权得以行使的先决条件,是为一种股权对外转让的前置程序,我国《公司法》第72条的设置与此种立法方式有相同之处。

(2) 其他各国公司法以股东优先购买权的相关规定

论及我国公司法关于优先购买权的立法渊源,就需了解其他各国对于此制度的立法情况,即股东优先购买权的三种立法例：

①《俄罗斯联邦公司法》第21条第4款规定："在同等条件下,公司参股人按其所占公司份额比例对公司其他参股人向第三人转让出资份额(部分份额)享有优先购买权,公司章程或公司参股人协议对行使该权利的程序另有规定的除外……有意向第三人出卖其份额(部分份额)的公司参股人,应将其出卖价格和其他条件书面告知公司其他参股人和公司。公司章程可以规定,通过公司告知参股人,如果公司参股人和(或)公司自告知之日起一个月内不对所出卖的份额全额(所有份额)行使优先购买权,则该份额(部分份额)可以以告知公司及其参股人同等的价格和条件出卖给第三人,公司章程或公司参股人协议对期限另有规定的除外。"此种立法模式即是允许公司章程对股东同意制度进行约定,但是对股东优先购买权则为法律拟定。

②《法国商事公司法》第45条规定："只有在征得至少代表3/4公司股份的多数股东的同意后,公司股份才转让给予公司无关的第三人。公司拒绝同意转让的,股东必须在自拒绝之日起3个月内,以按《民法典》第1843-4条规定的条件确定的价格购买或让人购买这些股份。在征得出让股东的同意的情况下,公司也可决定,在相同的期限内,从其资本中减去该股东股份的票面价值额,并以按前款规定的条件确定的价格重新买回这些股份。给予的期限届满时,仍未采取上述解决办法的,股东得按最初决定的办法转让其股份。"

类似此种立法模式的还有日本和德国的有限责任公司法。《日本有限责任公司法》要求,公司必须在2日内确定出明确的受让人;《德国有限责任公司法》要求,股权的转让必须经过公证形式,且公司章程可以特别规定股权的转让须公司同意才可为之。

此种立法模式仅规定了对股权对外转让的"股东同意制度",但是并未制定股东对目标股权的优先购买权制度,故公司或者其他股东对目标股权并无优先权之说。

③ 英美法系国家对股权的自由转让并无法律的明文限制。上文已经论及其关于股权转让的态度,即仅授权公司可以在公司章程、股东之间的协议以及股东与公司间的协议中,对股权的对外转让进行规范和限制,股东可以根据公司的情形,

以私力自治的方式来设立最符合公司自身运营要求、股东合作理念的股东同意制度或者股东优先购买权制度，如《美国示范公司法》即是如此规定。

在以上三种股东优先购买权制度设计中，我国现行《公司法》的规定与第1种设计最为接近，即同时约定了"股东同意制度"和"股东优先购买权制度"。相对于其他两种制度设计来讲，第1种对股权对外转让的限制是相对比较严格的。我国2005年《公司法》第72条，首先规定了股东的通知义务以及"过半数股东同意"的表决制度，可以说是股权对外转让的第一道关卡。如果股权对外转让事宜经过股东表决且同意，允许了出让股东的退出意愿，又设置了"其他股东在同等条件下的优先购买权"条款，此是为股权对外转让设置的最后防火墙，最大限度地保障了原有股东的人员组成结构，也尽最大的努力防止不受欢迎的新投资人进入公司，影响公司组织体的稳定。可见，股东优先购买权的发生，需要符合两个条件：第一，所有股东同意（包括视为同意）对外转让；第二，同等条件确定，所谓同等条件，应该解释为交易条件，包括但不限于：股权数量、价格、价款支付方式与时间、价款支付担保（或有），该同等条件即是法律上规定的股东优先购买权行使之"条件"。上述两个条件不具备，股东优先购买权就不可能发生。[19]

在上述立法例以及论述中，我们反复论及一个前置制度即股东同意制度，笔者认为，有必要对股东同意权作一辨析。

2. 股东同意权与股东优先购买权之联系

我国《公司法》第72条第2款规定的股东同意权制度，即股东在对外出让股权时，应以书面通知其他股东以征求是否同意出让的意见。如在甲、乙、丙组成的有限公司中，甲要将其持有的股权向乙、丙以外的丁进行出让，其在未通知乙、丙之时即与丁签署了《股权转让协议》，此时，大多数人认为，甲的行为已然侵犯了乙、丙的优先购买权。实质上，在此层面，甲的擅自签署股权转让协议的行为侵犯的客体是乙、丙的"同意权"，而非为"优先购买权"。所以，在解读我国《公司法》第72条同时作出"同意权"以及"优先购买权"的规定立法模式时，势必将两种权利的行使作一辨析和统一。

关于股权对外转让中的"同意权"与"优先购买权"，实践中有两种不同的理解。一方面，我们可以认为，如果甲对外出让股权没有得到全体股东过半数同意，不同意此次对外交易行为的股东就应当购买甲欲对外出让的股权，如果不同意出让的股东拒绝承担此种购买义务，则视为其同意甲对外转让股权。此种理解就造成了股权转让的对象限制：要么转让给乙、丙以外的其他人，要么只能由乙、丙对甲的股权进行义务购买。这种限制对于股权的流通及交易来讲，并不是十分严格的，至少是肯定了股权的自由流通性的，只是限制选择受让对象而已。然而此时也可

---

[19] 参见李平：《股东优先购买权的性质、行使与效力》，载 http://wenku.baidu.com/view/61761f01eff9aef8941e064d.html，最后访问日期：2013年3月7日。

以有另一种理解:全体股东过半数同意是股权对外转让的前置程序,如甲的出让行为必须征得全体股东过半数的同意,否则就不得对外转让;否决对外交易股权的股东需履行购买义务,如其不购买则由法律推定其同意甲的对外出让行为。此时,甲作为股东,其出让行为就会受到较为严苛的限制,除非达到以下条件之一:其他股东愿意受让,或者其他股东同意(推定同意),否则,股权不得对外转让。

笔者认为,在我国2005年《公司法》第72条第2款中,股东优先购买权与同意权是明显区分的,要充分理解两者之间的关系就需要结合《公司法》第72条第3款的规定。笔者认为,将同意权视为优先购买权的前置程序和必须条件是最为合理的,因为优先购买权的产生原因是为了尽可能地维护有限公司的内部结构,尽可能地确保经济活动的安全,而优先购买权作为保护股东权利不被肆意侵犯的最后一道防线,采取严格限制说并无不当之处。特别当我们论及股东优先购买权的行权障碍以及被侵害时,必须将同意权与优先购买权作出辨析,不能混淆。

(三) 股东优先购买权的特征

股东优先购买权属于传统民法上优先购买权制度的类型化表现,两者之间具有一定的共性,但是因为股东优先购买权产生的法理基础是有限公司的人合属性和封闭性特点,它既具有类似传统优先购买权的法律特征,同时又极富个性色彩。

1. 权利主体特定

优先购买权是产生于特定的法律主体之间先前已经发生的某种法律关系,只有与此种先行发生的法律关系产生联系的特定相对人才能享有优先权利。比如,承租人优先购买租赁物权中,如果没有承租人与出租方之间先行存在的租赁关系,承租人就没有行使优先购买权的法律关系基础。同样,如果非为公司章程中记载的具备合法身份的股东(隐名股东、未履行出资义务的股东不在此列),或者在公司章程中股东对股权的对外出让作出了特别的禁止性约定,出让股权的先行法律关系不存在,当然优先购买权就无从谈起。

2. 权利具有期待性

在当事人之间既定的法律关系存续过程中,在股东关系维持的过程中,在公司设立之初并不能准确地预见到股东必会出现变动的情形,也不能准确地确定优先购买权的发生时间或者价格,只能说是赋予了权利人对今后可能发生的股权转让事项获得了一种可期待的优先购买相应股权的权利。当股权转让关系发生时,特定权利人依据优先购买权所享有的并不是价值上的"含金量",而是得到可以优于其他人获得标的物权利的机会。股东在设立公司之初的经营信心和预期时间必然将在后续的公司运营过程中发生变化,若公司章程未对股权转让作出禁止性约定,则只有在股东有对外出让的意愿之时,其他股东才可能获得行使优先权利的机会。

3. 权利的行使需要前提条件

在优先购买权的基础法律关系中,一般来说,优先权人虽不是标的财产或权利的所有权人,但是其往往实际占有、使用该财产或权利,或者是与该财产权利有利害关系,形成了事实上的多重权利主体并存的局面。在该财产或权利的所有权不发生变动时,各法律关系主体得以维持原有的状态,但是一旦发生变动,优先权人的权利主张即可作为一种救济方式。所以,优先权的主体并非是随时、随意皆可行使权利的,应是在该财产或者权利发生所有权变动,可能影响其自身利益时方得行使。比如股东优先购买权,其所需要的前提条件是股东告知其他股东其对外转让股权之事宜,且获得其他股东之同意,只有完成告知义务和同意程序,其他股东才可向转让人主张优先第三人购买的权利,而不是其他股东可以随时、随意、无条件提出要购买他人股权。

4. 权利的行使受他方条件限制

在优先购买权的基础法律关系中,其权利的义务人是指出让人。但是如果只有出让人,在出让人与受让人之间也仅有一个法律关系的存在,没有他方的竞争,自然就没有购买顺序先后之说。故在优先购买权的行使中,权利人行使权利时有第三人与转让人之间的交易条件来作为参照物。股东行使优先购买权时,首先需以他方成就的"同等条件"作为交易内容的参照,另外也需要非股东购买人的出现,才能体现出其对于相同标的享有先于非股东购买人受让的优先身份和权利。从转让人的利益角度来讲,"同等条件"实际上也是对其他股东行使权利的一种限制,如果不能认可同等条件购入,自然就谈不上行使优先权利。

(四) 观点小结

由于本文所探讨的股东优先购买权是存在于股东转让股权行为中的,在本章中首先对股权的转让这一法律关系进行了深入的探讨。股权作为一种可流通的资本物、一种独立的民事权利,因有限公司的人合、资合属性使其必然受到限制。笔者通过横向比较世界先进各国的立法规范对股权转让方式的划分,分析股权内部转让与外部转让的效果,从而分析不同立法模式确定的对股权转让的态度。许多国家在为股权转让设置门槛时,常见地采用了股东同意权或股东优先购买权的方式来限制股权对外的自由转让。根据我国《公司法》的规定,采取了先须股东同意,再行优先购买的双重防线。这样的优先购买权模式,使得股东购买股权时出现了两种购买情况:一是当其他股东不同意对外出让股权时,其他股东就应履行购买此股权的义务,此时发生的购买并非是源于优先购买权;二是其他股东同意对外出让股权,此时主张的购买意愿才是行使优先购买权的表现。由此可见,股东同意权作为股东行使优先购买权的必要条件,在谈及股东权利保护以及判断股权转让行为的效果时应避免将两者混淆。

三、对股东优先购买权性质的讨论

一直以来,学界普遍认为,公司法中股东优先购买权的设置是为了保护闭锁公司的封闭性和资本稳定,实际上忽视了另外一种目的;即衡平转让人、拟受让人与其他股东之间的利益。[20] 既然法律赋予了其他股东对原始合作人所持股份的优先权利,对于原始合作人的出资、利益的保护也不应低于此。在公司运营中,股东对外转让股权亦是追求投资回报的一种表现方式,如果其他股东在同等条件下愿意购买则当然可以平衡二者的利益需求,但是在实践中,往往其他股东为了避免其他第三人进入公司,而给转让人设置重重障碍以防止其对外出让股权,比如,拟转让股权的股东为持股极少的小股东,其余股东经过表决程序将公司章程修改为禁止股东对外出让股权,或者其他股东在异议期内未明确表示是否购买,但在股权对外转让协议签署后,又要求司法机构确认该转让协议无效。此时,对其他股东行使优先购买权的条件、行使时间和行使的具体方式就应当有明确的限制和界定。从保障交易安全和促进经济运营的角度上来说,这不仅是保证闭锁公司的人合性的先决条件,也是解决股东与其他第三人的利益平衡问题所需:首先,在内部关系上使股东对外出让的股权符合《公司法》的规定和公司章程的约定,降低了闭锁公司中因为"人"的原因可能造成的交易风险和标的不稳定系数;其次,在外部关系上,使拟受让人的对"股权"的期待权利得到保障,因为已经在公司内部排除了其他股东"悔言"的可能,使股权流转得到良性、有序的进行。

从权利的法律性质论证股东优先购买权,一是因为权利的性质决定了权利的行使方式;二是因为在实践中对股东优先购买权的性质认定不同,可能影响股权流转的效果和目的,同时也会对权利人、义务人的划分和权益保护产生巨大的影响。如今商事主体在经济活动中所体现的经营方式和操作手段日益丰富,在实践中不断出现的股权转让纠纷也不乏股东优先购买权权益争议的情形,因此,笔者认为,正确认识股东优先购买权的法律性质尤显必要。

(一) 理论界的观点辨析

目前在我国学界对股东优先购买权法律性质这一问题主要存在"物权说""债权说""形成权说"以及"请求权说"。下面,笔者将从股东购买权的主体利益平衡以及权利现实操作性的角度,重点针对"形成权说"与"请求权说"展开辨析。

1. "物权说"与"债权说"

学界将股东优先购买权性质归于"物权说"或者"债权说"是基于优先购买权是否可以对抗第三人,而分别视为物权上的优先权或者仅有债权效果的优先权利。本文在对股权性质的探讨中所论及的股权物权论和股权债权论,那种将股东优先购买权归于物权或者债权的观点,正是从股权的属性出发的。对此,我们已经得出股权既非物权也非债权,而是独立的一项民商事权利,所以在此,笔者也认为,虽然股东优先购买权是股权的权利内容之一,但是以股权属性将股权性质论为物权或者债权的观点是不恰当的。

---

[20] 参见蒋大兴:《股东优先购买权行使中被忽略的价格形成机制》,载《法学》2012 年第 6 期。

2. 对"形成权说"的辨析

形成权是指权利人可以依靠其单方的意思表示就可使其与他人之间的法律关系发生变动的权利。形成权的属性特点在于,仅靠权利人单方行为即可使法律关系发生、变更或者消灭,并且权利人之意思表示一旦到达义务人,即可产生此种效果,且在一定期限内不行使的话,即丧失此权利。

在关于优先购买权性质的探讨中,将股东优先购买权归于形成权的观点,在学界占有重要位置。而在审视众多学者的分析和观点时,又可将形成权的主流观点细分为"绝对形成权说"和"附条件形成权说"。

(1) 绝对形成权说

如周友苏教授在《新公司法论》一书中阐述道:"股东优先购买权的效力内容表现为,当转让股东向第三人转让股权时,优先权股东一旦行使优先购买权即可排除第三人的购买可能,并且凭自己单方的购买意思表示形成以转让人与第三人同等条件为内容的股权转让合同,而无须转让人再承诺。此种法律关系的法律效果是依权利人单方意志而产生的,符合形成权的基本属性,因此应认定股东优先购买权属于形成权。"此种观点认为,不论优先购买权是法定还是约定,从其法理基础以及行使权利的法律效果来看,优先购买权就是传统民法理论上的绝对形成权。

依照此种观点,只要其他股东即权利人一旦要求行使优先购买权,在其购买的意思一经到达转让人时便直接形成了一种股权转让合同关系,此股权转让的合同内容与第三人的交易条件相同,且可直接对抗第三人的受让意愿,使转让人必须将股权转让给权利人。笔者看来,由于股权转让作为一项以盈利为主要目的的商事活动,转让人在前期寻找第三人作为受让人、接洽受让人时必然会投入商业成本,比如,其中会涉及转让人为寻到受让人而与此类资源持有者之间缔结的居间服务法律关系。而在转让人与第三人进行商洽的过程中,必然需要多回合的谈判工作,此阶段的成本付出是由转让人与第三人共同支付的。以上工作所耗费的人力、财力均应计入此次股权转让的前期成本。然而按照"绝对形成权"的观点,在股权转让的过程中,其利益保护的天平已经有所偏向,将其他股东即权利人的优势地位有所提挈,在其强势的意思表示直接否定转让人及第三人的前期投入成本的情形下,使转让人和第三人毫无抗辩或者反驳以示公平之权利。

(2) 附条件形成权说

我国台湾地区的王泽鉴教授对此种观点的分析是,仅以一方的意思表示,形成以义务人和第三人买卖合同同样条件为内容的合同,无需义务人(所有权人或者出卖人)的承诺,不过此项权利附停止条件,待义务人出卖标的物与第三人时,才能行使。[21]

依据此种观点,当权利人一旦发出受让股权的意思表示,转让人也应履行将其

---

[21] 参见王泽鉴:《民法学说与判例研究》(第一册),中国政法大学出版社1998年版,第520页。

股权转让给权利人的义务,第三人的受让意愿落空。但是其不同于"绝对形成权说"的地方在于,此种形成权附有权利停止的条件,即转让人有权停止股权对外转让程序,以此对抗其他股东的优先购买权利,使此次股权转让丧失了标的基础,转让行为更无从谈起。

(3) 观点评析

从"形成权"的基本属性出发,将优先购买权的法律性质划归于此,并不十分妥当。比照民事权利中的形成权定义,股东优先购买权基于其他股东的单方面意思表示即可主张权利,也就是说在其他股东同意转让及同等条件确定后,其他股东一旦向转让人发出"优先购买"的意思表示,在两者之间就自然形成了股权转让合同关系。对比国外立法通说,《德国民法典》第464条是优先购买权的形成权属性的立法典型,该条规定:"行使先买权,以向义务人发出意思表示为之。该意思表示不需要具备对买卖合同规定的行使。一旦行使先买权,先买权人与义务人之间的买卖成立。"但笔者认为,此种观点并不能符合我国《公司法》的权利设置目的和保障交易的宗旨。

依据绝对形成权说,拟转让人与优先权人之间的法律关系是依据权利人的单方意思表示而成立的,无须转让人的承诺,优先购买权都可行使。但是这里就有一个前提:即拟转让的股权是具备对外出让条件的,只有满足这个前提才具有行使优先权之标的基础。笔者认为,这种具备对外出让的条件包含了:其他股东同意转让和同等条件业已确定。如果将优先权人所享有的权利界定为形成权,那么是否说明权利人可以随时、随意的行使此项权利?很明显这个答案是否定的。我国《公司法》对优先权人行使优先权设置了条件:不同意对外出让则应在收到通知之日起满30日内提出异议,以及行使优先权后在合理期限内履行支付对价的义务。所以,股东优先购买权属于形成权或者是种特殊形成权的说法,笔者认为这种说法的出发点即上文所说的,只将目光放在了保障闭锁公司的人合性上,而没有将视角扩大,去考虑拟转让人和第三人的商洽成本、交易风险。如上文笔者已经分析的一样,在转让人和第三人的接洽过程中,可能涉及转让人与其他方之间的居间服务关系,各方为促成交易而付出的谈判时间、人力、财力以及商业规划,都成为商业成本。而从第三人的角度来看,其与转让人在商谈中多回合碰撞而形成的交易条件,在优先权利人一旦行使权利时就被直接使用,优先权利人对此条件的形成并没有花费任何成本;且作为公司以外的第三人来讲,其对公司事务和公司章程等情况的知悉程度并不能与股东对等,第三人不可能对公司的真实情况作最为全面的掌控,由此情况下,第三人能与转让人之间达成的交易条件,必定也包含了一些可期待利益,所以,对于第三人来讲,未免是种隐形风险和损失。在商事活动中,虽然商主体应尽的注意义务和风险自控义务固然应明显高于民事活动,但是若无限放大某一类商主体的权利行使模式和利益,笔者认为也是不妥的,不符合公司法保障商事主体交易安全以及公平公正的宗旨,并且在实践中,会严重影响股权流转的效果。

"附条件形成权说"的观点看似缓和了"绝对形成权说"单方意思表示对抗第三人时的僵化性、绝对性,附以停止条件,即强调了以股东出让股权的意愿作为此种权利的行使条件,但是根据民法学上对形成权的解释,由于形成权的设置是为了迅速地对法律关系进行厘清和确定,快速地将权利效果进行固定,所以形成权的行使必须遵守"不得附期限或者附条件"的重要原则,而此说恰恰使用了停止条件的提法。对于此规则的限制,王泽鉴教授予以的补充解释是,"按民法学者的观点,形成权之行使原则上不得附条件或期限,但若条件之成就与否系依相对人意思而定,或期限明确者不在此限"。㉒ 但是笔者认为,对民事权利的分类,形成权是从权利的作用角度而划分出来的,其作为一种固定的、直接性的权利,如果附以条件的话,就改变了此种权利的行使方式和操作实践方式,直接影响了行使权利的效果。实质上,附条件的形成权是赋予了转让人在股权转让交易中一种"反悔权",转让人可以通过撤销股权转让的意思表示来对抗优先购买权利人,但是此种"反悔权"是否可以成为权利的停止条件,笔者认为也存在疑义。

从现实操作的角度来看,将股东优先购买权定性为形成权,实有不妥之处。股东在转让股权时,其他股东优先购买权的实现,除了依靠权利人的单方意思表示,即可形成股权转让合同关系外,还需要股权转让人的配合行为,即履行股权转让合同的义务,直至股东名称变更、经过工商部门变更登记,股东的优先购买权实际上才真正地得以实现。但是此处往往出现许多问题,比如,在"一股二卖"的情形下,转让人面临着两份合同的履行义务:一是依靠权利人单方表示形成的股权转让合同;二是转让人与第三人商订的股权转让合同。依据"绝对形成权说",在此两份合同之间,转让人看似具有选择履行合同的权利,但是其并不能选择履行,而只能接受权利人的权利主张,且权利人的主张阻断了"同等条件"往更高价格再次形成的可能。转让人在履行其与权利人的合同时,必然不能履行其与第三人之间的合同,如果转让人与第三人之间缔结了相关的合同终止条件,例如,不能为第三人成功受让的话,转让人应向第三人承担经济赔偿责任等,转让人在此项股权交易中很有可能不仅没有因股权为其带来经济利益,而且也丧失了股权的持有权利,对此,笔者认为,这是对转让人权利的一种隐形侵害。依据"附条件形成权说",此时转让人可以不对外转让股权为由,使优先权利人的优先权利终止。但优先权利人往往以其不承认转让人的撤销合同行为,而要求继续行使优先购买权的权利,并由此产生纠纷,同时转让人也面临着其与第三人之间的因解除合同行为导致的赔偿责任,最终,股权交易不能进行,转让人对股权的"自由处置"程度受到极大限制。

绝对形成权一说虽然是我国民商法传统理论的固有态度,但是其并不能适应如今高效运转的市场行为,并且此种解释对优先购买权的利益保护结构有所偏颇,并且在实践中,优先购买权人并不能仅仅依靠此种权利性质即可顺利的、确定的受

㉒ 参见王泽鉴,《民法学说与判例研究》(第一册),中国政法大学出版社1998年版,第520页。

领股权。而附条件形成权之"条件"是不能具体设定的,并且附条件一说应适用于民事法律行为,是为了限制法律行为的效果,如果用于限制形成权的行使方式,从而影响到形成权的行使效果,则有悖于形成权的行使原则。

由于在股权转让过程中,转让人很可能出于感情因素或者其他商业考虑,不愿意将其持有的股权因优先购买权的主张而转让给优先权利人,此时就很可能发生转让人以各种理由拒绝配合,比如,撤销其与第三人之间的股权转让合同,或与第三人合意提高对价,又或者拒绝履行工商部门变更手续。虽然这些障碍可以由公权力的介入而得以排除,但是无形中使股东各方的交易成本受到损失或者不必要的增加。根据我们在实践过程中的经验,股权转让中的交易成本包含如下内容:

第一,前期准备成本。这是指转让人意欲对外转让股权时寻找受让方以及与受让方接洽阶段所耗费的成本。此时的成本承担主体主要为转让人。在社会分工趋向细化的现代经济市场,转让人如果不能通过自己的渠道获得优质的受让方对象资源,很有可能通过拥有丰富资源的投资咨询公司来寻找第三方,而这样的投资咨询公司向转让人提供服务时,往往是以缔结《居间服务协议》的方式进行的,由转让人向其支付一定的居间费用作为为其寻找受让人的代价。

第二,商业谈判成本。这是指转让人与第三人接洽后对股权转让事项以及转让条件进行商业谈判阶段的成本。成本的承担主体是转让人和第三人。在此阶段,转让人和第三人为组织谈判所付出的人力资源和财力资源也应计入交易成本里,而此类成本往往是无法具体考量的。

第三,价格发现成本。它存在于商业谈判阶段,承担主体主要是第三人。股权转让不同于一般的买卖行为,其购买标的并非有形物体,并无直观的价值判断方式,所以,有限公司股权转让的价格、合作条件的形成并不能通过简单的"定价销售"方式进行,需要转让人与受让人针对公司运营状态、公司财产状况以及公司背景进行了解,在此阶段,第三人为了保障自身的投资安全,多数会采取参考第三方机构外部评估的办法来审视风险,比如,聘请律师事务所对目标股权进行尽职调查,聘请资产评估机构对目标股权进行预评估,等等。另外,在论及双方之间的转让协议时,也可能会涉及公证合同的费用,而以上方式当然都会产生费用。

第四,诉讼成本及商誉成本。它发生于优先权利人主张权利不能时或者是第三人请求违约赔偿时。成本的承担主体包含了转让人、其他股东和第三人。如果优先权利人主张权利时,争议股权已经被处分或者转让人不配合权利人,而转让人与其他股东、第三人之间又不能进行协商的话,很有可能导致诉讼的发生。此种情形的诉讼会包括:其他股东对转让人提起的以履行优先购买义务为诉讼请求的诉讼。另外,如果转让人与第三人签署转让合同后,此份转让合同因优先权利人的出现而无法继续履行时,转让人如果在此合同签署过程中存在过错的话,第三人难免会提起违约赔偿之诉。此类诉讼涉及的不仅是诉讼确权的案件受理费用、财产保全费用,还包括各方聘请专业律师的费用。并且,若公司股东之间一旦发生诉讼,就难免对公司的商业形象以及业务能力产生消极影响,由此就会对公司的运营业绩造成损失。如此看来,本可以通过由公司股东私力协商进行的商事活动,却因为各主体之间不能协调而可能导致公权力的介入、诉讼的发生,为股权转让交易造成不必要的成本增加,同时受诉讼程序的规制,交易活动皆需暂停,公司形象将遭受负面评价,影响公司的经营效益,大大降低交易效率。

笔者认为,不论是绝对形成权说还是附条件的形成权说,两者皆是从优先购买权利人的行使权利方式和效果来进行定义的,但是如果不排除股权转让过程中出现的特殊情形(如转让人不再对外转让股权时、同等条件没有确定形成时),就仅仅用形成权对股东优先购买权进行单一的定性,难免会造成转让股东以及第三人前期准备成本、商洽成本以及价格发现成本的损失,也可能会使诉讼成本以及商誉成本成为一种不合理的成本付出,所以,笔者认为这种观点并不十分全面。

3. 对"请求权说"的辨析

请求权是指发生在特定的法律关系相对人之间的、一方要求他方为或者不为一定行为的权利。其权利特点在于:一是主体的相对性。必须是特定的法律关系中的特定权利人与特定义务人。二是为独立的实体权利,是可连接实体法与程序法的权利。三是请求权本身可以仅仅是某项权利的内容。比如,债权的请求权只是债权的一项内容。将股东优先购买权归于请求权性质,我国学者对此的解释是:优先购买权是权利人对出卖人享有的买卖合同订立请求权。只有当出卖人向优先购买权人给予承诺时,此种股权转让合同方可成立。对此,有学者进一步将优先购买权解释为附强制缔约义务[23]的请求权,其认为在出卖人违反义务将财产出卖给第三人时,优先权人可以诉请公权力介入,强迫该出卖人对其作出承诺的意思表示。换言之,出卖人对优先权人购买出卖财产的请求负有强制承诺的义务。[24] 也有学者这样解释:"股东优先购买权是一种基于特殊的社员权基础上的请求权,股东优先购买权是由股东权派生出来的,它与纯粹的物权及物化的租赁权有别,它不是对标的物的所有、占有和使用,而是股东向公司法人出资,取得股东资格(一种特殊的社员资格)后而享有的一项权利。它不能独立于股东资格和地位而独立,也不能与股份相分离而转让或放弃。股东权亦不同于合伙人基于无限连带责任以及强烈的人合性质而产生的优先购买权。与上述各种优先购买权相比,股东优先购买权受制于股权平等原则、股权自由转让原则,它的保护力度相对较弱。"[25]

在此我们可以将请求权说归于两类:一是"附有强制缔约义务的优先请求权";二是"基于社员身份的请求权"。首先对于后一类观点,笔者认为有一些偏颇。优先购买权确实是因股东的资格和地位而产生的。依据此权利,权利人可以

---

[23] 强制缔约义务,即是公民或者法人依据法律的规定,负有应相对人的请求,而与其订立合同的义务。

[24] 参见易军、宁红丽:《合同法分则制度研究》,人民法院出版社2003年版,第198页。

[25] 于华江:《有限责任公司股东优先购买权问题研究》,载《政法论坛》2003年第4期,第151页。

优先获取所出让股权的优先权利,但是其与出让人形成的股权转让合同(实为一种买卖合同)并不能说明权利来源于社员之间的关系,而是来源于意思自治和契约关系。尽管股东是基于合作关系而形成的一种社员法律关系,但是并不能就因此断定优先购买权是基于此种社员关系之上的请求权。

将股东优先购买权的性质归于附有强制缔约义务的优先请求权,在笔者看来有如下原因:一是从权利的行使效果出发;二是从请求订立的契约内容考虑。很显然,强制缔约义务对于股权转让人来说,在一定程度上限制了其意思自治和订约的自由程度,但是在订立契约的程序上来看,与其他的订约行为并没有太大的差异,只要双方当事人的意思表示均具备,方可达到要约和承诺的要求,而这种强制缔约的义务,表面上看是对转让人科以限制,实际上仅仅是给予优先购买权权利人要求转让人给予承诺的权利,并没有直接将权利人与义务人之间的合同视为法律上的"有效",换言之,此合同也并非是因权利人的单方表示就拟制成立的。另外,转让人作为优先购买权的相对义务人,其订约的自由只有在权利人的主张符合法定条件时才会受到一定的限制,其承诺的义务并不绝对。比如我国《公司法》第72条的规定,"同等条件"下方可行使优先购买权。意思即为,只有当权利人提出的条件与他方条件同等时,才能使义务人选择缔约对象受到限制——即只能与权利人(其他股东)订立股权转让合同。如果权利人不能以同等条件受让股权时,义务人的对外转让对象并不受此强制缔约的限制。所以,对于转让人来讲,强制缔约并非是对其课以无限制的强制义务,而是强制其与符合法定条件的人订约,不得有差别待遇。实质上,这是一种对转让人滥用订约自由的限制,主要是为了保障权利人在合理、同等的条件下与义务人即转让人订立合同的权利。但是在实践中,此种说法的弱点也在逐渐暴露。比如,在甲、乙、丙为股东的公司中,甲向乙、丙二人告知了其将向丁出让股权的事宜,并将股权对价(20万元)、合作方式等均作说明,乙、丙二人同意了甲的转让事项,随即乙提出以同等对价(20万元)行使优先购买权,此时根据附强制缔约的请求权一说,乙符合法定条件,甲的缔约自由就受到限制,甲必须接受乙的报价和购买请求,双方自然就此缔结买卖合同关系。但是如果此时丁或者其他意向受让人提出了高于原来的报价(30万元),是否允许甲将股权全部转让给报价更高的人呢?显然不行,因为甲、乙之间的合同关系已经确定,甲只能接受强制缔约所产生的后果。由此看来,强制缔约的方式,在股权转让的利益保护结构里对转让人的权益作了一定的牺牲。

但是在肯定了股东优先购买权之性质为"请求权说"的前提下,又将强制缔约义务附加于股东行使优先购买权的过程中去,此时权利行使的方式和效果和"形成权说"中所产生的效果相似,模糊了"形成权说"与"请求权说"的界限。我们从权利行使效果的角度对比权利行使过程中的"形成权说"与附强制缔约义务的"请求权说"的异同。

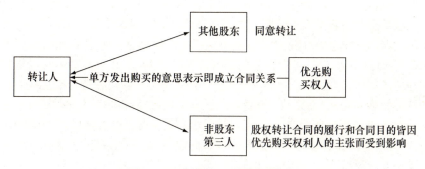

图 1　"形成权说"下的优先购买权

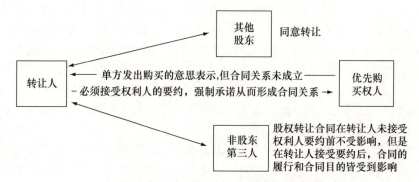

图 2　附强制缔约义务的请求权说下的优先购买权

通过对图1和图2的对比、分析,我们可以看出,实际上,将股东优先购买权附以强制缔约的义务所产生的权利效果与形成权说中的权利效果并没有太大的差别。在两种观点中,权利人在发出购买的意思表示后,转让人都必须给予承诺、向其出让股权。只是在图2中,对转让人课以强制缔约的义务,似有区别,但是这种义务附加的方式不过只是在弥补股权转让实际操作过程中的漏洞,毕竟股权转让不同于一般的物权转让,需要股权转让合同、股东名册以及工商变更登记等程序,此些均需转让人的配合才能完成,所以对转让人课以强制缔约的义务是为了弥补"形成权说"中程序的漏洞,规避了"形成权说"中转让人回避其他股东的单方购买要求,以不作为的消极方式与其他股东作抗争的情形,以强制承诺的方式,使转让人消极不作为的预期效果落空。两种学说观点导致最后的权利效果皆是使权利人获取股权,而非股东第三人的合同目的落空。由此看来,强制缔约义务实际上模糊了"请求权"和"形成权"的界限,使两者在权利效果上无限接近。

我们再回到上文的案例中(甲、乙、丙组成的公司),在优先购买权利人乙提出以同等条件(20万元)购买后,如果出现了丁或者其他意向受让人提出了更高的报价情形时(如30万元),如果不把优先购买权的性质规制于附强制缔约义务的请求权说,在20万元的同等条件成就时,甲就拥有了以下两种选择:一是与乙订立股权转让合同,这是基于甲的自由选择交易对象的结果,即使出现了更高的报价,甲也要自愿接受商业判断失误的后果;二是甲撤销与丁之间原有的股权转让合同,否定其与丁之间的合同意向,这是甲作为商人追求更高利益的表现,由此原有的同等条件(20万元)就被否定了,此时更新的同等条件应是30万元,乙此时就可以新的价格参与交易、主张优先购买,从而形成了新的同等条件。第二种选择则是基于简单的、基础的"请求权说"而来的。此处我们就会发现,如果乙作为优先购买权人提出20万元的条件购买意愿后,第三人丁提出了更高的报价由此可能颠覆"同等条件"的首次形成,丁的提高报价行为是否应有时间限制,还是可以任由其随时提出呢?笔者认为,在股权转让过程中,如果允许丁可以随时提高报价的话,就会导致乙的优先购买权处于极度不稳定的状态,降低了甲与乙之间的交易安全系数,同时也容易使转让人与其他方串通进行恶意的竞争报价,使其他股东的受让条件受到反复冲击,拉长整个交易的时间限度,这并不符合将优先购买权定性为"请求权"的最终目的——并非肆意侵害其他股东的优先购买权,而是平衡转让人与其他股东之间的利益关系。所以,此处笔者需要说明的是,对于"同等条件"的确定,应设定丁在一定合理期限内提出更高报价,此期限可以设定为在优先权人提出购买意愿之日起开始计算,超过此期限提出的报价即使高于原有的条件也不能动摇优先购买权人与转让人之间的交易关系。

抛开强制缔约义务,基于此请求权说下的股东优先购买权人享有的是转让合同的缔约优先权,而非是价格的垄断权或者是干涉同等条件形成的权利。如果第三方丁在合理期限内提出了更高的报价,转让人此时受到更高利益的诱惑,不再愿意在原有的价格条件上履行转让合同的义务,向优先购买权人乙出让股权的话,此时甲就需要解除与乙之间缔结的转让合同,以承担一定的违约责任为代价,转而投向新的价格基础。而在此价格基础上,优先购买权人乙仍享有优先权利,只是行使条件的前提有所变化,即变化为新的高价基础,在新的价格条件下,乙享有优先缔结转让合同的权利。笔者看来,对于股权转让过程中出现的价格竞争情形,这样的解释对转让人或者是其他第三人的利益保护更为合理。

通观上文述及的《俄罗斯联邦公司法》、我国《公司法》以及我国台湾地区的"公司法",我们可以发现,它们在优先购买权制度中规定,优先购买权人在同等条件下享有优先购买权,但却并没有规定在同等条件下,转让人必须将转让标的物出让给某一优先购买权人。由此可以看出,优先购买的权利对于权利人来说,仅仅是赋予其一种购买顺序上的优先,此种优先并不意味着受领标的物的必然性。另外,对于同等条件的形成,如果在交易中仅存在一个受让人的话,转让人在交易之初可能会接受此人的唯一报价,此时如果还未订立股权转让合同,如果正有第二个受让人的意向出现,转让人就很有可能会寻求更高的价格使自己获取更多的经济回报,此时如果再适用形成权说或者附强制缔约义务的请求权说,就会产生股权转让合同关系自然成立或者强制形成的结果,皆会阻碍新的同等条件产生,从而对转让人的利益造成了损害。所以,笔者认为,我们应从股东优先购买权的基本内涵和利益保护结构出发来探讨其权利性质,而不能随意地添加内容,否则就会对其内涵和外延发生变动,造成实践过程中的障碍。

(二) 优先购买权之对比解释

通观我们所认识的整个法律体系,存在着多种优先购买权,典型的如共有人优先购买权、承租人优先购买权及本文所讨论的股东优先购买权,以上类型化权利虽均处于同一个法律概念,但是分别受不同的部门法规制,保护的对象以及利益结构均有不同,并不能统一的、绝对的将此优先购买权制度全部划归为绝对的形成权说,虽然在目前的传统理论上大多将优先购买权视为形成权。要认识本文所述的股东优先购买权之性质,我们有必要从权利的类型化研究中去寻找线索。

1. 以承租人优先购买权为参照

承租人优先购买权是指作为承租人的公民、法人在租赁合同的期限内,当出租人出卖租赁物时,依照法律的规定,在同等条件下享有优先购买该租赁物的权利。从我国有关承租人优先购买权的法律规范精进、修改的进程来看[26],我国目前的司法解释已经逐渐具有针对实践中的具体个案进行更有针对性的解释的功能,并且在解释优先购买权的性质上,已经由绝对形成权一说倾向于请求权说。

以最高人民法院《关于审理城镇房屋租赁合同纠纷案件具体应用法律若干问题的解释》(法释[2009]第11号)第21条的规定来看,该条一改1988年《〈民法通则〉若干问题的试行意见》第118条对买卖行为直接宣告无效的绝对态度,在有关承租人优先购买权的问题上,采取了这样的缓和态度:一旦承租人的优先购买权被侵犯,而承租人又不能实现其购买目的时,承租人可要求出租人对其进行经济赔偿,但是不可以主张出租人与其他第三人之间的房屋买卖合同无效。也就是说,承租人的优先购买权并不是出租人与第三人之间买卖合同关系的阻止生效条件,即使侵害了承租人的优先权利,出租人与第三人之间的合同关系仍受法律保护。同时也能说明,《中华人民共和国合同法》(以下简称《合同法》)第230条的规定并非是效力性的强制规范,否则,当出租人与第三人订约时,对承租人的优先购买权进

---

[26] 1988年最高人民法院《关于贯彻执行〈中华人民共和国民法通则〉若干问题的意见(试行)》第118条规定:"出租人出卖出租房屋,应提前三个月通知承租人,承租人在同等条件下,享有优先购买权;出租人未按此规定出卖房屋的,承租人可以请求人民法院宣告该房屋买卖无效。"最高人民法院《关于审理城镇房屋租赁合同纠纷案件具体应用法律若干问题的解释》(法释2009第11号)第21条规定:"出租人出卖租赁房屋未在合理期限内通知承租人或者存在其他侵害承租人优先购买权的情形,承租人请求出租人承担赔偿责任的,人民法院应予支持。但请求确认出租人与第三人签订的房屋买卖合同无效的,人民法院不予支持。"第24条规定:"具有下列情形之一,承租人主张优先购买房屋的,人民法院不予支持:(一) 房屋共有人行使优先购买权的;……(三) 出租人履行通知义务后,承租人在十五日内未明确表示购买的;(四) 第三人善意购买房屋并已经办理登记手续的。"《合同法》第230条规定:"出租人出卖租赁房屋的,应当在出卖之前的合理期限内通知承租人,承租人享有以同等条件优先购买的权利。"

行侵害,承租人可以依照《合同法》第52条的"违反法律强制规定"来主张合同无效。这样的制度设计和态度转变,与其中所考虑的利益保护结构有关。在租赁关系与房屋买卖关系共存时,显然司法解释的考虑已经开始关注出租人与第三人在交易中的安全和利益,而不仅仅是过多地、单一地注重优先购买权利人的利益。房屋买卖合同的订立,是出租人对第三人的承诺,第三人作为外部的民事主体,其对于出租人与承租人之间的内部关系不具备查明的条件和可能,如果仅凭承租人在出租人与第三人的交易完成后再以优先购买权的身份出现,从而否定交易的结果,无疑使本次交易活动又被全部推倒重来。司法解释赋予了承租人基于优先购买权产生的损害赔偿请求权,而不是基于优先购买权的强制缔约、履行买卖的权利。承租人能否获得房屋的受让权利,关键要取决于出租人在第三人与承租人两者间的利益选择:出租人可以继续履行其与第三人之间的房屋买卖合同,另行基于租赁合同对承租人承担损害赔偿责任;或者出租人解除其与第三人之间签署的房屋买卖合同,向第三人承担解除合同的责任,再行与承租人签署基于优先购买权的买卖合同。当然,从租赁合同关系的基础来讲,我们不能排除承租人正当行使优先权获得房屋所有权的权利效果,但是至少我们可以由此司法解释看到,在保护承租人利益的同时,也对租赁关系中的优先权行使进行了一定的缓冲,将赔偿责任作为承租人利益的弥补,同时兼顾了出租人与第三人之间的买卖合同关系。所以在此看来,承租人的优先购买权行使方式源自其权利的性质——请求权,而如此的安排,也并未有损承租人的权利:首先,根据"买卖不破租赁"的原则,不论租赁房屋的所有权是否向第三人进行变动,承租人依据租赁合同仍然享有继续使用租赁房屋的权利。其次,即使承租人的优先购买权因第三人而落空,其虽然不能优先购买租赁房屋,但是其可以向出租人主张损害赔偿,在租赁合同到期之前,仍然不影响其对租赁物的使用,同时也获得了赔偿金。所以在此看来,承租人本身的权利地位明显高于第三人,所以本次司法解释设置"损害赔偿"的救济办法,是作为平衡租赁关系相对人以及第三人之间的利益的法律技术。

通过以上对承租人优先购买权的分析可见,司法解释对其权利性质的态度转变,是建立在此种法律关系的利益基础上的。此时,我们是否也可以将这种解释的方式移植到股东优先购买权中来呢?现在,我们需要的就是分析股东优先购买权的利益结构和行使程序。

2. 股东优先购买权之利益结构

在股权转让中,我们已经分析了转让人、受让人以及其他股东所扮演的交易角色。在传统的民商法理论中,已经习惯将股东优先购买权视为一种对"其他股东"的专门保护,作为维护有限公司封闭人合性的最后一道防线,但是随着经济市场的发展,在法治的进程中,利益主体的发掘和利益结构的平衡开始逐渐成为公司法公私兼具的精神。

(1) 其他股东凌驾于转让人、第三人的利益结构

就现行的股东优先购买权制度来讲,正如本文表一所展示,利益主体结构是由转让人、其他股东(优先购买权人)和第三人搭建起来的。但是在权利的分配上,根据形成权说,由于优先购买权人被赋予依靠单方意思表示即达到形成股权转让合同的效果,其绝对权利之强大,转让人必须接受且承诺,第三人必须因此被排除,可见,优先购买权人的地位和权利作用是凌驾于转让人和第三人之上的,而且是绝不可能被推翻的。当我们意识到此种利益结构时,已然发现了明显偏向的利益将会带来什么——必有权利遭到剥夺或者损害。现行《公司法》对其他股东的优先购买权已经给予地位上的提拔,由此忽视的是转让人和第三人的利益。

转让人和第三人在股权转让中所被忽视的利益和风险从何而来的呢?股权转让作为一项重要的商事活动,转让人和第三人在参与时皆需要尽一名商人所应具备的高度注意义务。股权转让活动的开始,需要转让人和第三人的商议和谈判,这会耗费巨大的人力、物力以及时间,双方对此次股权交易均保有很高的期待利益,但优先购买权人一旦出现,其在没有付出谈判精力、没有耗费任何资源的情况下,直接使用了转让人与第三人的长期谈判的商业成果作为"同等条件",使第三人的利益落空并且再无继续竞争的机会,使转让人必须接受"同等条件"优先购买的意愿,此时的优先购买权人与转让人、第三人之间的权利地位关系就如金字塔(如图3)一般,优先权利人的地位处于塔尖,而第三人已经付出的前期工作和预期利益可能直接因优先权人的出现而落空,所以处于金字塔的底端。笔者认为,优先购买权利人所获得权利的强势、地位的凌空,并不符合《合同法》保障交易以及促进经济的宗旨,也不符合《公司法》鼓励投资的宗旨。

图3

(2) 相对缓和、平等的利益结构

正如承租人优先购买权的作用一样,我们也应该认识到,股东优先购买权的制度设置作用也是为了平衡股权对外转让中的利益主体之间的法律关系。我们不能仅仅使用一项制度来对法律关系中的某一主体进行保护,而是应发挥这种制度的功能,以达到商事活动的最大效果。所以,我们回顾《公司法》从1993年到2005年规定的异同时,也不难发现,新旧《公司法》均没有否定"同等条件",这也说明了股

东优先购买权制度的保护对象不仅仅只有其他股东,而也兼顾了转让人的利益:优先购买权不仅仅只是优先购买,而是建立在"同等条件"的基础上的优先购买。以上文图2为例,在此种法律关系中,优先购买权人的地位相比于图1来讲,是有所降低,降低的原因是此时的优先购买权人的单方意思表示并不能形成股权转让关系,其与转让人之间的合同关系需要转让人的承诺才能得以成立。虽然课以强制缔约义务于转让人使优先权利的行使效果类似形成权说,但是否定了"优先购买权人的单方意思即可成立股权转让合同"的权利行使方式,这种以"请求权说"为前提的权利性质的设定,直接导致优先购买权人的地位向转让人靠拢,也会导致利益结构由原来的金字塔形式逐渐往平行模式扭转(如图4)。

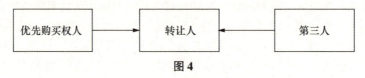

图4

此种平行模式下,一是明示了优先购买权人的地位与第三人、转让人相等,其作为商事活动的参与者,这种平等地位在股权对外转让中最为明显的是有利于"同等条件"的形成。二是明示了优先购买权人享有的仅是优先缔约的请求权,需要转让人的承诺,而第三人也可以通过其与转让人之间的转让合同关系而参与股权转让的价格竞争。

当转让人与第三人经过长期的商业谈判形成了合作条件、合法方式以及股权价款等方案,对于优先购买权人来讲,这就是其可以直接使用的"同等条件",我们可以看做是第一次同等条件。如果优先购买权人提出行使权利即形成立股权转让关系,关于此次出让标的的价格、出让条件就在此固定了。笔者认为,这样并不利于转让股东实现其收益权的最大化。因为此时的第三人面临优先购买权人的出现,其与优先购买权人之间形成了竞争关系,如果第三人此时再行报出新的价格或者其他条件(比如,其他有益于公司未来发展的条件,包括提供某种技术支持以及福利更为优厚的职工安置条件等),根据形成权说,此种竞争关系被直接忽视,股权转让在第一次同等条件下就已经成就,转让人无法根据新的报价来主张成立新的同等条件。所以从这个角度来看,将优先购买权人的权利行使的范围无限拔高,取得的不仅是购买顺序上的优先,还涉及对股权转让同等条件确定的阻断权利。这并不利于股权转让时的同等条件最大利益化,同时也有悖于股东出让股权的宗旨:尽可能地获取最大利益。而若将三者的关系趋于缓和,将利益结构设置为平行模式,此时优先购买权人享有的仅是优先缔约请求权,需要转让人的承诺才可成立合同关系,同时不影响第三人在合理期限内提出的价格竞争,对于同等条件的形成来说,就既可以保障优先购买权人的优先权利以及购买的前后顺序,也可以保障转让人在合理合法的范围下尽可能获取经济利益的权利,同时也使第三人具备了公平竞争的地位和条件,使股权交易进入到"交易公平、价优者得"的良性竞争机制。

3. 股东优先购买权的司法适用倾向

由于股东纠纷类的案件多发生于经济发达的地区,上海、北京、广东、浙江等主要城市关于股东优先购买权的诉争案件较为集中,此类地区的高级人民法院针对股权转让事宜所作出的司法意见,对本文的问题研究具有指导意义。如上海市高级人民法院民二庭《关于审理涉及有限责任公司股东优先购买权案件若干问题的意见》(沪高法民二[2008]1号)(以下简称《意见》)之第9条规定:"争议的股权已被处分,导致股东优先购买权无法实现,出让股东或公司有过错的,应当对享有优先购买权的股东承担相应的损害赔偿责任。"第10条规定:"股东向股东以外的第三人转让股权,其他股东行使优先购买权或因不同意对外转让而购买拟转让股权的,转让股东与第三人签订的股权转让合同不能对抗公司和其他股东工商登记的公示效力,但该股权转让合同在出让股东与第三人之间仍然具有法律效力。"第12条规定:"股东向股东以外的第三人转让股权,其他股东行使优先购买权或因不同意对外转让而购买拟转让股权,其他股东或公司请求法院撤销股权转让合同或确认股权转让合同无效的,法院不予支持。"可以看出,在对于股东优先购买权的个案纠纷解决上,上海市高级人民法院民二庭对股东优先购买权案件的《意见》似乎类似最高人民法院对于承租人优先购买权的缓和政策:

(1) 赋予了优先购买权人的损害赔偿请求权。在股权已经依法转让,导致优先权利的行使没有实现的基础和标的时,赋予了权利人向出让股东或者公司请求损害赔偿的权利。而此种损害赔偿的请求权基础源自于出让股东对其他股东优先购买权的侵犯,出让股东如有过错,应对其侵犯其他股东优先购买权的行为承担侵权后果。[27] 此种损害赔偿请求权的设置,使优先购买权人在权利受到侵害且无法实现权利目的时有经济赔偿作为弥补,由此笔者的理解是:第一,没有直接否定转让人与第三人之间的合同效力,可见已经关注到了"绝对形成权"对转让人和第三人可能带来的利益危害。第二,如果从"绝对形成权说"出发,优先购买权人在发出购买意愿时,其与转让人之间就直接形成了股权转让合同关系,且无条件排除第三人的购买意愿,即使争议股权已被处分,仍能采取公权力介入的方式使之回转至处分前的状态。但根据此《意见》的规定,笔者似乎看不到如此强硬的态度,而是认可争议股权的处分现状,转而由转让人向优先权利人承担赔偿责任以做平衡。

(2) 不因优先购买权人主张行使权利而对转让人与第三人业已形成的股权转让合同之相对人关系进行否定,同时也释明股权转让合同不因优先购买权的出现而无效。

---

[27] 例如《侵权责任法》第2条第2款规定:"本法所称民事权益,包括生命权、健康权、姓名权、名誉权、荣誉权、肖像权、隐私权、婚姻自主权、监护权、所有权、用益物权、担保物权、著作权、专利权、商标专用权、发现权、股权、继承权等人身、财产权益。"明确将股权作为侵权责任的客体,而股东优先购买权正是股权所包含的内容。

此《意见》说明了在股权转让过程中,可能出现两种合同关系:一是转让人与其他股东之间的优先购买股权的合同关系;二是转让人与第三人之间的股权转让合同,两种合同均为有效,只是后者因前者的存在而成为履行不能,但不否认其于合同法上的合同效力,使得第三人可以据此有效合同向转让人主张过错赔偿责任或者履行除股权转让之外的合同义务。由此笔者认为,这样的合同关系设定,在实践中使股权转让利益结构从金字塔模式趋于缓和的平行模式:转让人同时面对优先购买权人的购买意愿和第三人之间的合同履行不能之风险,虽然此时转让人的境地看似两难,但是实际上,转让人此时具备了选择的余地:可以将股权转让给优先购买权人,也可以继续博弈形成更为优厚的购买条件,甚至还可以对股权不作任何处分,继续由其持有,且并不违反法律规定。上海市高级人民法院的《意见》,已经将转让人从"必须承诺让与优先购买权人"仅有唯一选择的困境中拉出来,同时,第三人并不因优先购买权人的出现就丧失全部利益。从第三人的角度来看,上海市高级人民法院的《意见》为第三人考虑到了更多的保护空间,即使股权最终有可能落空,但是基于股权转让合同的有效,其可以从中挽回交易落空的部分损失或者获得其他的合同权利。

笔者认为,股东优先购买权在股权交易中的作用,不应仅仅定位于对其他股东的权利保护,对有限公司的闭锁性、人合性的防线,而更应将其制度的价值功能放大来看,将其作为平衡股权转让三方利益结构的有效法律工具。司法解释对承租人优先购买权利行使效果的缓和态度,体现了现在经济社会里优先购买权制度不仅需要关照优先权人的利益,也应去关怀转让人和第三人的外部利益,将这样的理念移植到股东优先购买权的性质中去考虑,是同样必要和必需的。在笔者看来,上海市高级人民法院民二庭的《意见》,也正是对股东优先购买权从"绝对形成权说"向"请求权说"转变的趋势体现。

(三) 观点小结

以上笔者总结了目前学界存在的股东优先购买权性质的不同观点,在分析主要观点的过程中,对"形成权说""请求权说"进行了重点剖析,在具体分析中又将"形成权说"细分为"绝对形成权说"和"附条件形成权说",将"请求权说"也细分为"优先缔约请求权说""附强制缔约义务请求权说"以及"基于社员地位的请求权说"。在整个论证过程中,笔者指出,虽然绝对形成权说是目前传统民法理论所支持的观点,但是在具体的股权转让过程中,交易条件和过程并不能由法律进行理想化的规范设计,所以并不如"请求权说"一样有利于实现股权转让的交易目的和利益获取,对优先购买权利人的权利和地位过分拔高,反而有损转让人和第三人合理的预期利益。而对于"请求权说"来讲,其中如对转让人课以强制缔约义务的话,则是模糊了"请求权"与"绝对形成权"的界限,也不利于实现股权转让中的最优对价,同样也会使利益结构产生偏向。

四、股东优先购买权在实践中的困境

本文讨论的股东优先购买权的性质问题,归根结底是为了解决在实践中股东优先购买权行使的困境。权利的性质会直接影响权利人行使权利的方式、转让人所应背负的义务以及第三人的交易结果。所以在现实中,确定对股东优先购买权性质的认识,也就确定了权利的行使以及救济的方法。在笔者的了解和认识中,因为权利性质模糊而导致的股东优先购买权行使障碍主要有两大类:一是转让人在优先购买权人出现后撤销其与第三人的转让合同;二是在转让过程中,"同等条件"无法确定与形成。在本部分中,笔者将重点对这两个行权障碍问题进行剖析。

(一) 股东优先购买权的行使程序

在股权对外转让中,当转让人与第三人签署了股权转让合同后,接下来的就是根据《公司法》第72条之规定履行相关的通知程序,以待取得其他股东的意见。如过半数股东同意转让股权,其他股东具有优先购买的权利,就此其他股东可以发出购买的意思表示。在目前的法律规范中,股东优先购买权的行使程序的设定也存在诸多漏洞,使得对权利的行使和救济均有不同的观点。

1. 通知的性质——并不等于"要约"

《公司法》第72条规定了转让人对其他股东负有通知的义务,且要求此种通知应以书面作出,内容应载明转让人与第三人之间的股权转让事项,包括但不限于拟转让股权的数量、拟受让对象、合作方式等。但是在法律中并未明确规定转让人通知义务的履行时间,同时也未释明此种通知是否为"要约"的性质。

笔者认为,只有在转让人与第三人达成基本的转让意向时,转让人才具备履行通知时间义务的条件,而这种条件的具备并不以签署股权转让合同为准,也可以表现为转让人与第三人签署的合作意向书或者是第三人向转让人发出的购买方案等形式。如此安排通知时间的原因,也在于通知的内容此时才称得上初步成型,在此之前的通知都仅仅是告知其他股东该转让人有意退出公司的意向,而并不能进行具体条件的告知。从告知内容上来讲,并不符合《公司法》第72条的规定目的。当转让人在股权转让之时,未向其他股东履行通知义务,人们常认为此不予通知的行为侵犯了股东优先购买权,但是实际上,其侵犯的仅是股东的同意权。

在实践中,有的学者将此种书面的通知认为是转让人向其他股东发出的要约,笔者认为是不恰当的。根据我国《合同法》第13条的规定[28],有学者认为转让人在履行通知义务时,将股权转让的主要条件已经告知了其他股东,包括股权转让的数量、价格等丰富信息,由此,这份书面的通知就已经具备了"要约"所需要列明的条件。在这种情形下,一旦转让人向其他股东发出了此份通知,且其他股东收到通知

---

[28] 参见《合同法》第13条:当事人订立合同,采取要约、承诺方式。

后,转让人就要承担《合同法》第18条㉙所规定的要约不得随意撤回和更改的限制。如果其他股东在转让人发出撤销此通知之前就给予了承诺,表示同意转让人转让股权的行为,同时也表示主张行使优先购买权来购买相应股权,此时,转让人就必须要接受其与其他股东之间的股权转让合同已经成立的事实,第三人就会丧失任何竞争的机会和交易利益。由此看来,这种将通知视为"要约"的观点,实际上也是出自将股东优先购买权之性质归于"绝对形成权说",将转让人的法定通知义务视为一种合同自治上的要约,从而使股东优先购买权人处于一种权利架空的地位——只要权利人表示愿意购买,则自然成立股权转让合同关系。

回到股东优先购买权制度的价值中来,既然赋予"同等条件"作为优先购买权的购买内容,则我们可以看到该制度的目的并不是为了伤害转让人在交易中应获取或者可能获取的经济利益,也没有规定在此种交易中只能形成一次转让价格,也可以理解为允许了价格竞争的存在,当然这种价格竞争需要上文述及的"合理期限"予以限制。在商业活动中,股权转让作为一项重要的商事行为,其中涉及的信息往往对公司本身、对市场等均具有非同小可的作用,所以在整个谈判过程中,往往需要参与各方对信息进行保密,其他股东对交易情况都不会有太多了解,即使了解,此时其他股东也不具备进入交易的条件(转让人还未发出正式通知)。从这个角度来讲,此时的第三人是作为唯一的买家存在的,当其向转让人提出购买意愿时的报价,必然仅仅是从其自身的基本商业判断出发的,在没有竞争买家的情况下,转让人为了尽快退出或者其他感情因素,很有可能会就此暂时应允第三人的报价。然而一旦转让人发出了正式通知,其他股东就可以凭借优先购买权而进入到此次交易中来,此时竞争买家已然不只有第三人了。而如果第三人为了不浪费前期的工作准备和商业资源,势在必得的话,此时的股权对价就会发生变化,在竞争下价格会有所攀高。如果此时将通知视为要约性质,就会大大损害转让人和第三人的利益,使第三人丧失与其他股东竞争的权利,也使转让人失去争取更高转让利益的机会。但是,在本文中反复论及的"同等条件"形成后又出现更高报价的情形,在这种特殊且常见的情形中,当价格出现竞争后,转让人向其他股东再行发出的通知就不止包含转让事项的内容,也必然包含股权数量、股权对价、债权债务承担方式等内容,我们对此份新的通知的认识就要区别于第一次通知的性质。因其内容的变化,根据合同法上要约的构成要件,以及对买卖合同内容的解释,如果新的通知具备了具体且确定的数量、价格、履行方式等条件的话,就可以将其视为要约性质的通知了。

所以,笔者认为,股东首次发出的关于转让事项的通知行为,并不是向其他股东发出的"要约",其他股东对此通知的回复、回函也就不能视为承诺,即使其他股

㉙ 参见《合同法》第18条:要约可以撤销。撤销要约的通知应当在受要约人发出承诺通知之前到达受要约人。

东表示同意转让或表示愿意优先购买,也不能使转让人与优先购买权人自然成立股权转让合同关系。

2. 其他股东同意的制度设计

按照我国《公司法》第 72 条的规定,其他股东应在收到转让事项的书面通知后给予转让人答复,如果自收到通知之日起 30 日未答复的,视为同意转让。其他股东半数以上不同意转让的,不同意的股东应当购买该转让股权,如果不购买的,视为同意转让。从我国法律规范中可以看出,法律在肯定了股权的资本性和流通性的前提下,又要保护有限公司的闭锁性和人合性,所以在给予了其他股东同意权的同时,也对其他股东不予表态或者故意阻碍股权转让的情形进行了防止——设置"同意"与"推定同意"两种审视模式。推定同意主要适用于:一是其他股东怠于表态的情形,法律设置了 30 日的合理期限,如果超期仍未明确表态,即适用推定同意;二是其他股东不准转让人对外转让股权,又不愿意或者无力购买此股权的情形,此时为了保障股权转让人应得的经济利益,防止交易效率就此拉低,推定此类"不准卖又不买"的股东同意转让人的对外转让。

另外,"过半数"的规定是基于股东人数而非是股权比例,明显区别于公司重大事务的决策机制,但是按照人头过半的规定,其优点在于规避了持股较多的股东一家独大的局面,避免了大股东通过股权比例过半数的形式来抹掉小股东表达意思的情形,更能体现人合性的特点。

我国 1993 年《公司法》对此种同意表决程序曾有过体现[30],但是在 2005 年《公司法》修改中被删除,并且在新《公司法》第 72 条第 4 款中对股权对外转让事宜作了补充规定:"公司章程对股权转让另有规定的,从其规定。"笔者认为,这也正是说明我国现行《公司法》转变了其对股权对外转让的态度:不再单一考虑有限公司的人合性特征,而也开始对公司股权作为一种流通资本的特性进行考虑;不单为股权优先购买权人在股权转让中的角色、地位进行考量,同时也关注到了作为股权利益享有者的转让人在股权交易中的权利保护的重要性。

3. 同等条件的形成

在股权转让中,对转让人对外转让股权用"其他股东同意权"和"优先购买权"加以限制,但是同时对其他股东行使优先购买权也设置了限制——"同等条件"。优先购买权人必须在同等条件下行使优先购买权,同等条件是行使优先购买权的实质条件,如果不能同等购买,也就谈不上优先了。同等条件是平衡优先购买权人、转让人、第三人之间利益的基础工具,其法律意义主要在于:一是明确了优先购买权法律关系的相对性和条件性。并不是说优先购买权人在任何时间、任何条件下都可以随意行使权利的。优先购买权人仅仅能因其身份而得到交易机会的保

---

[30] 参见 1993 年《公司法》第 38 条有关股东会行使下列职权中的第 1(10) 项:对股东向股东以外的人转让出资作出决议。

护,而并不是得到交易价格上的优惠。二是说明了我国法律设置优先购买权并不是从损害转让人利益的角度出发的,转让人仅仅受交易对象的选择限制,而并没有受到交易利益的限制。从法理的角度讲,法律在为某一主体设定权利时,并不能以损害另一类主体的权益为代价,所有的主体及权利都有受到法律平等保护的资格。同等条件的设定正是由此而来的。三是同等条件是依赖于第三人与优先购买权人的共同存在而产生的。如果优先购买权人不能接受第三人所能提供的交易条件,优先权就没有了行使的基础。所以也可以说,优先购买权人并不能完全地剥夺第三人的竞买机会,仅仅是在第三人提供的交易条件也能为优先购买权人所提供时,才能在交易顺序上将第三人予以排除。由此看来,同等条件的设定恰恰也说明了优先购买权不能单纯定性为绝对形成权的原因:优先购买权依赖第三人的出现和同等条件的产生而得以行使,而不能靠优先购买权人的单方意思表示随时或者随意行使。且这种行使是需要借助转让人和第三人的意愿的,因为在行使过程中,也可能发生第三人变更条件而导致优先购买权人不能接受的情形。

一直以来,"同等条件"都是学界颇富争议的问题,同等条件的形成时间、哪些条件属于同等条件的内容、同等条件的形成是否可以引入价格竞争机制等问题,都是值得我们去探讨的。对于同等条件的内容,往往采取两种表示方式,第一种是较为笼统地规定条件相同,但对何种条件相同、条件内容等不作细化规定,比如我国《公司法》第72条仅表明了"同等条件",但对"同等条件"的释义未作补充。第二种是采取列举方式来说明同等条件的内容,指明哪些条件可以作为同等交易条件,如价格、数量、支付方式等具体细化内容。如在上文提及的上海市高级人民法院民二庭的《意见》第3条规定:"其他股东主张优先购买权的同等条件,是指出让股东与股东以外的第三人之间合同确定的主要转让条件。出让股东与受让人约定的投资、业务合作、债务承担等条件,应认定为主要条件。"以及笔者在上文中引用的李平教授的观点,即同等条件应包括股权数量、价格、价款支付方式与时间、价款支付担保等条件。

笔者认为,由于交易形式多样、内容丰富,试图使用列举的方式对同等条件予以明晰是比较复杂的工作。在实践中,交易行为举不胜举,可以通过对"主要条件"的审查将股权转让中的同等条件得以明确。同等条件之主要条件就应包括股权转让的数量、价格、支付方式和时间、债权债务承担方式以及提供的其他有利于公司发展的条件,如提供某种技术支持、创造某种员工福利。

对于同等条件中的价格确定是否应该引入价格竞争形成机制的问题,笔者认为应该区分股权转让的现实情形。如果引入价格竞争机制,有可能出现第一次通知与第二次通知的情形,上文已经分析了两次通知的不同性质和效果,所以在此不再讨论。价格竞争机制的设计,目前看来是源于现实中转让人与第三人未形成确定的、不可撤销的转让条件时,优先购买权人提出优先购买意愿而第三人又报出更高价格的情形。而价格的初次形成多数是在转让人向其他股东进行的首次通知前,此时价格形成仅仅是一种方向性的报价,通常的首次确定方式是在第三人与转让人之间的股权转让合同中,通过协商的方式进行确定的。但是只要此份有关价格的转让合同不是明确的不可撤销的合同,当优先权利人介入交易后,第三人提出更高报价以对抗优先权利人的可能性就非常之大。虽然对高价与低价的取舍之间存在着不同的态度,但是笔者认为,如从股权转让的基本目的——资本流通、获取收益出发,价格竞争机制是转让人实现更高利益的渠道。从优先权人的角度讲,其作为买受人,当然希望股权对价越低越好,所以当发生股权对价款遭受竞争冲击时,优先权人更希望根本就不出现此种竞争,由于其权利的主张阻断了价格的继续向高发展。在笔者看来,现行的股权转让关系中,优先购买权人与转让人、第三人之间的权利地位本就不对等,如果再依绝对形成权的说法,优先权人行使权利的效果就可以覆盖了同等条件——直接使其权利行使的时间作为同等条件确定的节点,起到阻断价格朝高价竞争的可能。如此一来,就对转让人的预期经济利益设置了不合理的障碍,使优先权利人的优先权能扩大至价格形成方面,这是对优先权的内涵和外延进行的隐形延伸,使对转让人的利益保护形成一种忽略。但是在价格竞争机制的运行中,我们也应该注意到一个问题,即是否应当设置一个竞争时段,用以规制第三人的恶意拖延交易进程。对此,笔者已经肯定的观点是,应对第三人提出的更高报价设有一定的合理期限作为限制,否则将会无限延长股权转让的交易时段,会使优先购买权人的优先权利处于极度不稳定的状态。

(二) 权利行使的困境

由于股东优先购买权的性质不能明确,虽传统认为是绝对形成权,但在实践中往往发生权利行使的困境,使绝对形成权没有立足之地,或者坚持绝对形成权说会严重损害转让人或者第三人的利益,由此出现股权转让中的股东优先购买权困境。

1. 转让人之反悔——是否可以解除股权转让合同以对抗优先购买权人

在股权转让过程中,其他股东一旦以优先购买权人的身份出现,就会直接影响转让人与第三人之间的基于股权转让合同的权利义务关系。如果此时转让人解除了其与第三人之间的股权转让合同,撤回了其对外转让股权的意思表示,此时优先购买权人是否还能继续主张优先购买?对此问题,笔者引入了以下现实案例:

王某与邵某各出资20万元成立了佳禾公司,经过3年的运营,公司效益见好,公司净资产也从起初的40万元升值至500万元,但是王、邵二人之间的矛盾也开始逐渐显现,邵某提出退出公司,王某向邵某提出收购其50%股权的意向,并许诺以净资产的评估价进行购买。邵某在王某不知情的情况下与第三人骆某签订了股权转让合同。王某获悉后,眼看收购邵某的股权无望,王某遂向人民法院提起诉讼,主张依照《公司法》第72条行使股东优先购买权,要求以同等条件优先购买邵某的股权。收到传票后的邵某,索性解除了其与骆某的股权转让合同,向法院举证自己不再对外出让股权,请求驳回王某的诉讼请求。[31]

在上述案例中,正如笔者文中提及的一样,转让人可能因为感情因素或者商业判断等其他原因,在股权转让中反悔,而在此种反悔的情形下,其他股东是否能继续行使股东优先购买权呢?

按照绝对形成权说,在此情形下,优先购买权是形成权,所以优先购买权人王某仍然具备行使权利的基础,王某在向邵某发出愿意购买股权之时,王某与邵某之间就形成了新的股权转让合同关系,而邵某与骆某之间的合同关系是否继续履行,不影响王、邵之间的股权合同关系。实际上,本案中邵某未告知王某即行与第三人骆某签订《股权转让合同》的行为,是侵犯了王某的同意权,而非直接损害其股东优先购买权。邵某由于未告知王某,由此签署的《股权转让合同》应为效力待定的行为。股东同意权的行使并不能视为股东优先购买权的行使,而股东优先购买权的实现,必须以股东行使同意权为前提,否则其他不同意转让股权的股东应当购买该股权,而此种因不同意转让而购买股权的行为,并非是优先购买权的行使结果。所以,在此处,邵某对外转让股权给骆某,未经股东王某同意,侵犯了王某的股东同意权,但是并未侵犯其优先购买权,但如果邵某后行通知王某,请求了王某的追认,邵某与骆某之间的股权转让行为则有效;如果王某对此拒绝追认,邵某与骆某之间的股权转让行为则无效。[32] 但是王某据此提起诉讼,要求行使优先购买权,笔者认为不妥之处在于,其优先购买权的行使前提和行使条件均未成熟,股权转让的同意程序还未履行完毕,就已直接跳入了优先购买权的范围。如果仍旧坚持优先购买权为形成权的话,此时又需要以股东同意程序为前提和条件,而这对于形成权的单方行使、随时行使都可成就法律关系来讲,并不十分准确。

按照请求权说,若法律赋予了转让人反悔的权利,王某则丧失了主张优先购买权的基础和条件,一是因为转让人邵某已经解除了对外转让合同,表示不再对外转让股权,所以优先购买权并不具备行使的标的基础和同等条件。二是因为转让人不再对外转让股权,佳禾公司原有的股东结构不产生变动,从优先购买权的限制目的——维护有限公司人合性和闭锁性的角度来看,没有新的股东进入,也没有使公司组织体结构发生变化,并不与优先购买权制度之目的产生冲突。从请求权的角度来看,虽然邵某侵犯了王某的股东同意权,但是并不必然导致王某的优先购买权行使结果。如果通过司法力量的介入而一定要实现王某的优先购买权的话,笔者认为难逃"强制买卖",并且违背转让人意愿进行的股权转让,并不是此次股权转让的目的,也损害了作为股权利益享有者的转让人的合法权益。而将优先购买权的性质设置为请求权,则可以为股权转让留出更多的私法自治空间和利益余地。

---

[31] 参见上海宋海佳律师事务所:《股东优先购买权并不脆弱》,载 http://wenku.baidu.com/view/842706681eb91a37f1115c6c.html,最后访问日期:2013 年 3 月 20 日。

[32] 参见李平:《股东优先购买权的性质、行使与效力》,载 http://wenku.baidu.com/view/61761f01eff9aef8941e064d.html,最后访问日期:2013 年 3 月 7 日。

虽然该个案法律关系的要害在于厘清股东同意权与优先购买权的先后顺序和关联，但是也为我们引出了一个思考的角度，即转让人是否可以反悔，而这种反悔行为对股东优先购买权的行使将会产生什么影响？通过我们上文的分析，不难看出，转让人反悔无非是出于两种原因：一是对交易对象的选择；二是对利益的追逐。交易对象的选择困境往往在于权利人主张行使优先购买权时，如果转让人不愿意将其股权转让给原有股东的话，往往就会采取各种方式设置障碍。比如上述案件正是如此。从这种撤回意思表示的行为与其他股东优先购买权之间的利害关系中，可见将权利性质界定为形成权抑或请求权的区别所在。按照形成权说，即使撤回意思表示仍然无碍优先购买权的实现，转让人即使不再愿意出让也必须出让；按照请求权说，此时的转让人一旦撤回出让的意思表示，转让人的行为对公司原有股东不发生变动，也无损有限公司的人合性。而此种请求权的性质就体现在优先权利人请求优先购买的前提不存在了，如果继续要求转让股权，笔者认为就存在"强买强卖"的嫌疑，当然，如果转让人事后愿意对外出让，经过新的同意程序和新的同等条件确定后，优先权利人在此基础上仍然享有优先缔结转让合同的权利。在笔者看来，优先购买权制度的设置目的在于保护闭锁公司的人合特点，防止不受欢迎的人进入公司，无论以上何种解释，都可以达到防止新人进入的目的，即转让人退出公司或者不退出公司。但是依靠形成权行使的交易结果，是让转让人无奈退出公司，尽管其已经表示不想退出。如此的强性结果，笔者认为与股权转让以及转让人的自我意思表示的结果不相符合，且伤害了转让人与原有股东之间的经营情谊。如我们试图在股权转让纠纷中区分对待，当涉及转让人反悔之情形时，可以将股东优先购买权的性质定性为请求权，从而使转让人继续留在公司、不变更股东结构，既不发生股权转让的程序事务，也有利于对公司组织体的稳定和继续经营，此种方式对于股东之间的合作以及公司发展来讲，更为简单。

转让人反悔的第二种原因即是对利益的追逐，即是笔者所要讨论的下一个问题——同等条件是如何确定的。

2. 同等条件应如何确定

在股权转让中，转让人反悔的情形还有一种，延续上文的案例，我们进行假设：在经过同意程序后，邵某解除了其与骆某的股权转让合同，然后另行与张某签署了股权转让合同，合同内容中的股权对价款高于骆某，而王某此刻对其行使优先购买权的同等条件提出了异议。

按照绝对形成权说的观点，此时形成的更高价格并不能对抗王某的优先购买权，因为王某一旦行使了权利，就即刻形成了其与邵某之间固定的、确定的合同关系，邵某此时只能以较低价格即等同于骆某的价格向王某转让股权。据此王某得到的不仅是购买顺序上的优先，也得到了价格上的优惠，而邵某则是丧失了获取更高利益的可能。而按照请求权说的观点，由于优先购买权人王某行使权利需要具备同等条件的前提，所以在同等条件尚未形成或固定之前，王某主张优先购买权的行为并不能阻断邵某与其他人之间的商洽和报价往来,只有在同等条件经过价格竞争而确定,且邵某已经发出书面通知告知新的同等条件后,王某才得以行使优先购买请求权的可能。

我国《公司法》第72条仅规定了"同等条件",但是并未规定同等条件的形成方法和组成内容。在有限公司中,股权转让对价款的形成缺少一个公开的、参考性的价格指导,基本上股权对价的形成依靠以下方式:一是由转让人单方面报价;二是由第三人竞争报价;三是由转让人与第三人经过不断磋商形成初步价格。在转让过程中,如果由转让人进行单方面报价,很可能出现价格过低与过高两种情形:价格过低——优先购买权人乐意购买并且迅速与转让人订约,当其他第三人可能出更高价格竞买时已然丧失了标的基础,转让人只能承担商业判断失误的后果;价格过高——无法吸引外来的第三人,而优先购买权人又怠于行使优先购买权,导致股权转让不能顺利进行。

同等条件在实践中往往因为转让人对利益的追逐而发生变化,而这种变化又不仅仅是源于第三人之间的,也可能是源于第三人与其他股东之间的竞争关系。允许股东优先购买权以请求权的性质出现,是对股权转让价格形成机制的完善。优先购买权人主张行使优先购买权的行为不具备阻断价格形成的功能后,第三人在与优先购买权人展开竞争时,就完全有可能提高原来的报价,以示其实力,也是为了不浪费前期资源。而优先购买权人此时如果不能接受新的报价,就有可能放弃优先购买的权利,但是这种弃权行为并不会使转让人、第三人、其他股东构成的三方利益关系发生倾斜,因为新的股东既然具备更大实力,从资金的方面来说,是对公司有利的表现,在兼具对新股东筛选考量的同时,使转让人获得了更高的股权利益,所以笔者认为,同等条件的形成需要价格的竞争。

另外,从第三人的角度来看,其在股权转让的前期花费了大量的精力和物力与转让人达成交易价格等谈判内容,而优先购买权人出现后,直接享受了这种同等价格的形成结果,如果仍然按照形成权说的方式主张权利行使,使第三人无条件出局,则未免会对第三人的权益有所损害。在价格形成的方式中,笔者特别提到第三种,即第三人与转让人共同磋商形成的方式。在此种形成方式中,笔者认为更有必要使优先购买权人作为与第三人公平竞争的买家角色,共同参与到股权转让的报价环节中去,以此保护第三人努力换取的交易内容。如果不允许转让条件的调整或变更,很有可能使转让人与第三人在股权转让之初就作串通,故意抬高交易价格,在双方订约后,转让人默许第三人不实际向其履行转让价款支付义务,对此种债权的放弃行为其他股东很难从外部进行控制或者查明,由此一来,其实对其他股东的优先购买权造成了更大的阻碍和伤害:过高的同等条件使优先购买权几乎没有行使的可能。而如果允许交易条件可以在转让过程中进行调整,使股权转让价格的形成类似拍卖机制,并以合理期限对竞争机制进行限制,则转让人就再没有必要与第三人进行此种恶意串通,就会使得整个股权转让的同等条件形成过程更加透明化、公平化。

(三) 走出困境的途径

通过上述分析,笔者结合自身的体会深刻认识到,在有限公司股东退出机制中,股权转让是快速、有效实现退出的重要方式。由于有限公司兼具了人合与资合的性质,所以对股权转让中所涉及的转让人、其他股东和第三人的利益结构设定和平衡显得尤为重要。股权转让的限制条件——股东优先购买权又是股权转让的重要内容,整个权利设置体系决定了股权转让的利益倾向和效率保障。但是根据上文的分析,笔者认为,在股权转让中,公司法的实施仍然存在着现实的困境,如何走出这些困境,又是我们应当深思的问题,就此,笔者提出自己的一些看法:

1. 赋予转让人一定期限的反悔权

股权转让中可以设定优先权行使的特殊情况,即交易过程中如出现转让人停止对外出让股权的情形,此种停止行为可以表现为转让人为追求更高利益而解除其与第三人之间的股权转让合同,或者表现为转让人希望继续持有股权而撤回对外出让的意思表示。笔者认为,此时可以规定特定期限内的转让人反悔权,即是在股权转让过程中,如优先权利人未开始行使优先权利的,自然此种反悔权的行使可以不设期限。但是如果优先权利人一旦开始主张优先权后,法律应设定在一定期限内转让人享有反悔权,逾期的反悔无效。因为这是与价格竞争形成机制所匹配的权利。一旦有第三人或者其他意向受让人报出高于原有价格的新价格,转让人此时就有受到高价利益诱惑的可能,既然笔者的观点认为,对第三人的竞价要附有合理期限作为限制,那么也应设计转让人的反悔期限,一方面是对转让人利益追求的考量;另一方面也是出于对其他股东优先购买权的实现不被恶意拖延的保护。同时,如果转让人行使反悔权,对股东优先购买权在此时性质的认定,就应倾向为请求权,且行使方式就此参照请求权。因为转让人在反悔时,其作为股权持有人就获取了以下权利:一是转让人可以解除原有的交易合同,纵然可能需要以向合同相对人承担解约责任为代价;二是优先权利人不因为权利形成权性质的绝对性使其一旦主张权利即对"同等条件"进行了固定和阻断,而是在交易中允许"同等条件"在合理期限内的再次形成,使转让人的交易利益得以向高价发展。

2. 强调股东优先购买权行使的重点条件是基于转让人的自愿

此种建议是针对于股权转让中转让人撤回对外出让股权意思表示,而优先权利人要求继续行使权利、购买股权的情形。笔者认为,公司法之性质为私法,所适用的主体和规制的法律关系皆以私人意思自治为主,从交易主体的平等性和交易方式的公平性原则来讲,股权转让作为一种越来越普遍的经济活动,其所涉及的买卖合同关系和公司章程对股东约制的程度,对每一主体的权益都应进行考虑,不可将股权转让作为一种强行实现某一主体的利益,或者过于放大某一主体权利范围的资本流通方法。在股权交易中,若赋予转让人一定期限的反悔权,就应认可在此期限内股东撤回对外出让意思表示的行为效果。虽然就此优先购买权人无法继续行使权利，但是此种设计的最终效果使股东结构并不产生变化，对比优先购买权制度的设计目的——维护公司人合性和股东结构稳定，这样的规范也并不会影响公司的人合性。

3. 规定"同等条件"的内容和确定方式

"同等条件"的内容应当包括股权转让的数量、对价、合作方式、债权债务承担方式以及其他的有利条件，如可提供的技术支持、员工福利或是融资资源。如果上述内容不能用价格作为具体的衡量条件，但对股权转让和公司发展将产生决定性影响，而优先购买权人不能提供但仍要求行使优先请求缔约权的话，是明显不当的。关于"同等条件"的确定方式可以规范为，允许价格竞争机制的存在，但是设置一定的合理期限，自优先权利人主张权利之日起计算，具体期限可以比照股东行使同意权期限设定为 30 日。同样，对其他股东行使优先购买权也应当设置一定的期限，不能无限期地拖延股权转让的过程，也可以比照上述方式而设定。

五、结论

由于对股东优先购买权性质的认识不一，导致上述案例中基于不同权利行使的结果，以及实践中有关股东优先购买权的纠纷争议不断，而对此纠纷上具体解决方式也更缺乏具体明确的解释指导。我国《公司法》并没有明确规定股东优先购买权的绝对形成权性质，而与承租人优先购买权的类比可以看出，将其解释为请求权更为合理。笔者倾向于如下解释——股东优先购买权赋予权利人的是与转让人优先缔约的权利，而不是阻碍转让价格形成的权利，也不是无条件排除第三人的权利。当涉及股权转让中的转让人反悔情形时，如设计为"请求权"性质，并不影响有限公司的人合性和封闭性保护目的，转让人可以选择在原条件下优先转让给优先购买权人，也可以适当变更交易条件以求合理利益。从反面来讲，当此种利益要求过高，一则导致无人购买股权；二则优先购买权人也无法行使其权利，但是此时转让人仍为公司的股东，对公司的股东结构不会产生任何更改或影响。如此一来，还扭转了股东优先购买权利益结构的金字塔构建方式，实现了对转让人和第三人的商业风险和交易利益的关怀，同时也可以使股权转让的同等条件形成过程更为透明和公平，更好地诠释优先购买权人享有的请求转让人在同等条件下优先与其缔结股权转让合同的权利，使其获取了购买顺序上对抗第三人的绝对优势。因此，笔者对于股东优先购买权的性质问题，倾向于将其他股东之优先购买权解释为"优先缔约购买请求权"，而非是绝对的形成权，因为，这样更有利于参与股权转让的各主体利益平衡，也可使股权转让价格形成机制更为合理、透明，维持各商事主体公平竞争的市场原则。

浅谈涉矿企业股权转让中的矿权转让

巫 江[*]

一、涉矿企业股权和矿权转让的特殊性简述

随着经济时代的大发展,矿产品在工业生产和人类生活中日渐成为不可或缺的一部分,矿产品正在朝着形成主流行业的趋势发展。但就目前而言,我国法律法规对矿业权转让的限制颇多,实践中以转让股权的形式实现矿业权转让的现象屡见不鲜。从短时间来看,以股权换矿权的形式可以实现股权与矿权所有者的快速流转,从而提升整个矿产品的升级换代;从长远来看,虽然这种转让形式未被法律所禁止,但因理论和实务界对此并未形成一致的研究成果和处理标准,而存在着隐形的重大法律风险。在涉矿企业的股权和矿权转让合同效力主要靠裁判者自由裁量的情况下,矿业公司股权转让合同效力的认定很难形成一套客观的标准,这也使得我国各地区对同类问题的处理结果往往不同,不利于矿业权市场的健康发展。因此,本文对涉矿企业的股权和矿权转让中合同效力的认定问题进行简单探析,以便有助于全国各地逐渐形成较为统一的合同效力认定标准,进而更好地指导我国矿业权领域的司法实践,推动我国矿业权转让市场的健康稳定发展。

二、我国对涉矿企业股权和矿权转让合同效力问题的主要规定

在我国现行法律中,涉及矿山企业股权转让的法律规定与一般企业股权转让的法律规定并无两样,故在此重点引用矿权转让的法律法规规定:

(1) 1996 年 8 月颁布的《中华人民共和国矿产资源法》(以下简称《矿产资源法》)第 6 条规定:"除按下列规定可以转让外,探矿权、采矿权不得转让:(一)探矿权人有权在划定的勘查作业区内进行规定的勘查作业,有权优先取得勘查作业区内矿产资源的采矿权。探矿权人在完成规定的最低勘查投入后,经依法批准,可以将探矿权转让他人。(二)已取得采矿权的矿山企业,因企业合并、分立,与他人合资、合作经营,或者因企业资产出售以及有其他变更企业资产产权的情形而需要变更采矿权主体的,经依法批准可以将采矿权转让他人采矿。前款规定的具体办法和实施步骤由国务院规定。"

(2)《矿产资源法》第 42 条规定:"买卖、出租或者以其他形式转让矿产资源的,没收违法所得,处以罚款。"违反本法第六条的规定将探矿权、采矿权倒卖牟利

---

[*] 四川英特信律师事务所律师。

的,吊销勘查许可证、采矿许可证,没收违法所得,处以罚款。"

(3)《探矿权采矿权转让管理办法》第4条规定:"国务院地质矿产主管部门和省、自治区、直辖市人民政府地质矿产主管部门是探矿权、采矿权转让的审批管理机关,国务院地质矿产主管部门负责由其审批发证的探矿权、采矿权转让的审批,省、自治区、直辖市人民政府地质矿产主管部门负责本条第二款规定以外的探矿权、采矿权转让的审批。"

(4)《探矿权采矿权转让管理办法》第5条规定:"转让探矿权,应当具备下列条件:(一)自颁发勘查许可证之日起满2年,或者在勘查作业区内发现可供进一步勘查或者开采的矿产资源;(二)完成规定的最低勘查投入;(三)探矿权属无争议;(四)按照国家有关规定已经缴纳探矿权使用费、探矿权价款;(五)国务院地质矿产主管部门规定的其他条件。"

(5)《探矿权采矿权转让管理办法》第6条规定:"转让采矿权,应当具备下列条件:(一)矿山企业投入采矿生产满1年;(二)采矿权属无争议;(三)按照国家有关规定已经缴纳采矿权使用费、采矿权价款、矿产资源补偿费和资源税;(四)国务院地质矿产主管部门规定的其他条件。国有矿山企业在申请转让采矿权前,应当征得矿山企业主管部门的同意。"

(6)《探矿权采矿权转让管理办法》第7条规定:"探矿权或者采矿权转让的受让人,应当符合《矿产资源勘查区块登记管理办法》或者《矿产资源开采登记管理办法》规定的有关探矿权申请人或者采矿权申请人的条件。"

(7)《探矿权采矿权转让管理办法》第10条规定:"申请转让探矿权、采矿权的,审批管理机关应当自收到转让申请之日起40日内,作出准予转让或者不准转让的决定,并通知转让人和受让人,准予转让的,转让人和受让人应当自收到批准转让通知之日起60日内,到原发证机关办理变更登记手续;受让人按照国家规定缴纳有关费用后,领取勘查许可证或者采矿许可证,成为探矿权人或者采矿权人。批准转让的,转让合同自批准之日起生效,不准转让的,审批管理机关应当说明理由。"

(8)《矿业权出让转让管理暂行规定》第37条规定:"各种形式的矿业权转让,转让双方必须向登记管理机关提出申请,经审查批准后办理变更登记手续。"

(9)《矿业权出让转让管理暂行规定》第46条规定:"矿业权转让的当事人须依法签订矿业权转让合同。依转让方式的不同,转让合同可以是出售转让合同、合资转让合同或合作转让合同。转让申请被批准之日起,转让合同生效。"

三、涉矿企业股权转让中的矿权转让实践及其法律分析

本文主要阐述涉矿企业在股权转让的过程中,若股权转让合同也约定了矿权的转让,导致未经法律批准而是否认定转让合同发生法律效力的问题。下面以最高人民法院(2014)民二终字第48号"某矿业公司与某投资公司合同纠纷案"为

例,简要分析其中的法律要素。

1. 案情简介

2007年,矿业公司与投资公司签订《股权转让协议》,约定"矿业公司将探矿权的70%股权向投资公司永久性扩股转让",同时双方当事人对煤矿的合作投资比例、收益、风险及合作期间对涉案项目经营管理权的分配等作了约定。2011年,矿业公司起诉,认为协议违反国家关于探矿权转让的禁止性规定,请求法院"依法确认无效并予以解除"。

2. 法院认定

法院认为,依照《矿产资源法》第6条的规定,履行报批手续是转让探矿权的必经法律程序,故本案《股权转让协议》中涉及探矿权转让法律关系的约定成立但未生效。本案合同涉及探矿权转让,而转让探矿权属国家行政主管部门审批范围,双方当事人在签约时均应明知。按一般交易习惯,应由探矿权所有人向相关部门提出权利变动申请。截至本案诉讼期间,案涉探矿权仍在矿业公司名下,协议约定的探矿权转让仍具备履行条件,矿业公司作为探矿权权利人,并未向主管部门提交相关探矿权转让申请,消极抵制合同目的实现的意图明显。依《中华人民共和国民法通则》第57条的规定,矿业公司请求解除合同的主张不成立。判决确认《股权转让协议》中涉及探矿权转让的约定未生效。

3. 法律分析

虽然根据法律规定,矿权转让必须经过批准才能发生法律效力,但就本案而言,煤矿企业股权转让协议内容既有转让权益安排,亦有共同合作开发安排,并非单一的探矿权转让或股权转让合同,故法院在合同效力的认定上进行了区别对待,并没有因为股权转让协议中包括矿权转让内容,而矿权转让又未被批准,而最终全盘否认股权转让和矿权转让的合同效力问题。因此,在探矿权转让合同成立并具备继续履行条件的情况下,一方以未履行行政审批手续为由诉请解除或确认无效的,法院不予支持。

在经济发展的大环境下,法律法规既要保护合同相对方的诚实守信、意思自由,又要权衡经济发展的稳定性。故人民法院在认定此类涉矿企业的股权转让合同中所包含的矿权转让的内容时,不会简单地"一刀切"式的认定合同无效,人民法院会综合案件双方的合同履行能力和履行意愿,力争在维护经济秩序的同时保护意思自治原则。

四、涉矿企业股权和矿权转让的律师实务建议

目前的矿权合法转让主要以如下五种方式为主:

1. 通过向主管部门申请,经批准而取得矿业权

此种方式通常在不适用招、拍、挂或协议出让的情况下采用。行政主管部门按照评估结果确定矿业权价款,授予申请人矿业权。

2. 协议出让矿业权

协议出让矿业权是指主管部门依法批准申请人的申请后,双方就矿价、使用年限、矿区范围、付款方式和时间等事项,通过签订出让合同来取得矿权。

协议出让是一种比较特殊的出让方式。通常也用于不适用招、拍、挂的情形。

3. 招标出让矿业权

针对大型、复杂的矿产地,主管部门为找到资金充足且有较高资质的开发者,通常采用招标方式,严格按照招标的流程选择中标人来进行矿业权出让。

4. 拍卖出让矿业权

主管部门依照有关规定组织竞买人竞价,以竞价结果来确定矿业权受让人的方式。

5. 挂牌出让矿业权

挂牌出让矿业权是主管部门将拟出让矿业权的交易条件在矿业权交易场所挂牌公布,竞买人在公布期限内进行报价,主管部门最后根据挂牌期限截止时竞买人的出让价结果确定最终矿业权受让人的方式。

有限责任公司股权转让变更登记效力探讨

熊 杰[*]

引言

有限责任公司股权转让是公司实践中最常见的活动之一。一般而言,一个完整的有限责任公司股权转让活动通常会经历签订股权转让合同、股权转让合同生效、受让方向转让方支付股权转让价款、转让方与受让方共同向公司申请股东名册变更登记、公司进行股东名册变更记载、公司向公司登记机关申请股权变更登记、公司登记机关核准股权变更登记等多个环节。股权转让涉及的公司股东名册的变更记载和公司登记机关的变更登记,对于股权转让合同、股权变动具有何种影响和意义,对当事人、公司、第三人有何种法律效果?这些问题既涉及当事人之间的意思自治,也涉及交易当事人的风险控制、交易安全与公司秩序维护和善意第三人信赖利益的保护,在公司法实践中具有十分重要的意义。

一、股权转让变更登记与股权转让合同

股权转让合同与其他合同一样,存在合同成立及效力问题。股权转让合同的成立涉及的是成立条件是否具备的问题。股权转让合同成立后,还存在着生效、未生效、有效、无效、效力待定、可撤销或可变更等不同情形。

公司法与合同法在规制股权转让合同方面属于特别法与一般法的关系,股权转让合同作为合同,其成立条件及其效力首先应当适用合同法的有关规定予以判断。根据《中华人民共和国合同法》(以下简称《合同法》)第 25 条以及最高人民法院有关《合同法》的司法解释的规定,在合同成立的时间问题上,我国采用自承诺生效时合同成立的原则,因此,除非当事人另有约定,股权转让合同在股权出让人与受让人就股权转让事项达成合意,必备条款齐备,双方当事人在合同上签字或者盖章时即告成立。根据《合同法》第 44 条的规定,依法成立的合同,自成立时生效;法律、行政法规规定应办理批准、登记等手续生效的,依照其规定。最高人民法院《关于适用〈合同法〉若干问题的解释(一)》第 9 条规定:"法律、行政法规规定合同应当办理批准手续,或者办理批准、登记等手续才生效,在一审法庭辩论终结前当事人仍未办理批准手续的,或者仍未办理批准、登记等手续的,人民法院应当认定该合同未生效;法律、行政法规规定合同应当办理登记手续,但未规定登记后生效

---

[*] 北京市中伦(重庆)律师事务所。

的,当事人未办理登记手续不影响合同的效力。"因此,除非法律(包括《公司法》)、行政法规另行规定了批准或者登记的生效手续或者股权转让合同对其生效附加了条件,原则上,股权转让合同自合同成立之时起生效。

股权转让合同生效与股权变更登记是相互关联又互相区别的两个概念。股权转让合同生效意指股权转让合同具备法定或者约定的生效条件,在股权转让人与受让人之间发生法律上的约束力,在股权转让人与受让人之间就股权转让相关事项确立了权利义务关系。股权变更登记意指将股权变动情况记载于公司股东名册或者由公司登记机关在公司登记资料中予以记载。股权转让合同生效后,股权变动是否发生以及是否完成股权变更登记手续,取决于股权转让合同的相关约定以及股权转让合同当事人和相关方履行股权转让合同约定义务和相关法律规定义务的情况。股权变更登记是股权转让合同的履行内容或者履行结果,而不是股权转让合同的生效条件。股权变更登记对股权转让合同的成立和生效并无必然的直接影响,但股权转让变更登记手续的完成可以推定股权转让合同已经生效并得到全部或部分履行。

二、股权转让变更登记与股权变动

股权变动意指股权从转让人处转移到受让人,转让人失去股权,受让人获得股权。股权转让合同生效后,转让人转让之股权什么时点转移到受让人,是一个重要而复杂的问题,不仅涉及标的股权在转让人与受让人之间的归属问题,还涉及公司运作(如股东表决权行使、收益分配等)、第三方交易安全等问题,应根据股权转让合同当事人间的意思表示和股权转让合同履行的不同情况作出不同认定。

在股权转让合同有效成立并生效的前提下,应当按照如下规则认定股权变动的时间:

1. 依照双方的约定认定

在股权转让合同对股权变动时点有约定的情况下,从其约定。例如,当事人在股权转让合同中约定,自合同生效时起,转让之股权即归属于受让人的,则应当认定,在转让人与受让人之间,转让之股权涉及的权利和利益在合同生效之时应当实质地转归受让人。又如,当事人在股权转让合同中约定,自受让人付清价款之时起,转让之股权即归属于受让人的,则应当认定,在转让人与受让人之间,转让之股权涉及的权利和利益在转让价款付清之时应当实质地转归受让人。

2. 根据具体情形认定

在股权转让合同对股权变动时点没有约定的情况下,应当根据如下情形,分别认定:

(1) 在公司向股东发放了股权证或者出资证书的情况下,转让方向受让方交付股权证或出资证书时,股权发生变动。

(2) 在公司没有发放股权证或者出资证书,或者虽然发放了股权证或者出资证书,但转让方未向受让方交付股权证或者出资证书的情况下,公司股东名册变更登记完成时,股权发生变动。

（3）在公司没有发放股权证或者出资证书,或者虽然发放了股权证或者出资证书,但转让方未向受让方交付股权证或者出资证书,公司也没有设置股东名册的情况下,转让方和受让方共同向公司发出股权变动的通知时,公司股权发生变动。

（4）在公司没有发放股权证或者出资证书,或者虽然发放了股权证或者出资证书,但转让方未向受让方交付股权证或者出资证书,公司也没有设置股东名册,转让方和受让方没有向公司发出股权变动的通知的情况下,转让方与受让方签署股权转让工商变更登记所需法律文件并提交公司时,股权发生变动。

（5）在公司没有发放股权证或者出资证书,或者虽然发放了股权证或者出资证书,但转让方未向受让方交付股权证或者出资证书,公司也没有设置股东名册,转让方和受让方没有向公司发出股权变动的通知,转让方与受让方未签署股权转让工商变更登记所需法律文件并提交公司的情况下,受让方履行完毕股权转让合同中约定的付款义务时,股权发生变动。

实践远比立法或理论丰富。实践中大量存在着当事人签署了股权转让合同,甚至已经完全履行了合同义务,但股东的股权转让却未记载于股东名册,未办理或者未能办理工商变更登记手续,使受让方的权利受到不同程度的影响,进而引发争议的情况。

股权转让活动中,股权在转让人与受让人之间是否发生转移、何时发生转移与股东名册变更记载是否完成、工商变更登记是否完成、股权变动是否取得约束公司或者对抗第三人的效力是既有联系又有区别的问题。股权变动的发生,不一定就与股权变更登记同步。股权变动可能先于或者同时于股权变更登记发生。如果依据股权转让合同的约定和履行情况,股权在当事人间发生转移,但相关当事人没有将股权变动的情况通知公司并向公司提交必要的证明文件,股权变动仅在股权转让合同当事人之间具有效力,对公司及社会公众没有约束力。

三、股权转让变更登记的效力

依据我国现行《公司法》涉及公司股权变更登记的相关规定,可以将公司股权变更登记分为内部变更记载和外部变更登记。我国现行《公司法》第32条第1款规定:"有限责任公司应当置备股东名册,记载下列事项:（一）股东姓名或者名称及住所;（二）股东的出资额;（三）出资证明书编号。"该条第2款规定,记载于股东名册的股东,可以依股东名册主张行使股东权利。该条第3款规定,公司应当将股东的姓名或者名称及其出资额向公司登记机关登记;登记事项发生变更的,应当办理变更登记。未经登记或者变更登记的,不得对抗第三人。现行《公司法》第73条规定,依照《公司法》第71条、第72条转让股权后,公司应当注销原股东的出资证明书,向新股东签发出资证明书,并相应修改公司章程和股东名册中有关股东及其出资额的记载。该公司章程的该项修改不再由股东会表决。显然,前述《公司法》第32条第1款、第2款和《公司法》第73条是关于内部变更记载及其效力的规定,《公司法》第32条第3款是关于外部变更登记及其效力的规定。

1. 内部变更记载的效力

内部变更记载的要旨在于为确定股东与公司之间的身份关系提供依据。一般认为,依据我国现行《公司法》第32条第1款、第2款和第73条的规定,记载于股东名册的股东,可以依据股东名册的记载向公司主张行使股东权利,无须提供其他证据,股东名册的记载具有证明力。公司可以依据股东名册的记载向记载于股东名册的股东履行义务,即使股东名册记载的股权实际权利人可能发生变动,因而股东名册对于公司具有免责效力。

股权转让内部变更的完成,股权变动发生约束公司的效力,即新股东得以股东名册的记载向公司主张行使股东权利。有观点认为,股权变动不经过内部变更记载不发生效力,《公司法》第73条所称"转让股权后"意指"股权转让合同生效后"而非"股权变动后"。[①] 笔者认为,该种观点缺乏法律依据,也不合理。我国《公司法》第73条所称"转让股权后"应指股权发生变动后,即股权从转让方转移给受让方后。如果仅仅是股权转让合同生效后,公司就应当注销原股东的出资证明书,向新股东签发出资证明书,并相应修改公司章程和股东名册中有关股东及其出资额的记载,完全不考虑转让方与受让方双方的意思自治和股权转让合同生效与履行的动态过程可能需要的时间,恐非立法本意,也对转让方不公平,从而失去合理性。实务中,股权转让人与受让人也多在股权转让合同中对股权变更登记的条件、期限予以明确约定,即使约定的变更登记时间与合同生效时间存在一定的合理间隔,也并无不当。

2. 外部变更登记的效力

公司股权转让后,公司将公司股东姓名或名称及其出资额发生的变动情况向公司登记机关进行变更登记,是为股权转让的外部变更登记。外部变更登记同内部变更记载一样,都具有证明变更事项已经发生、权利已经发生转移的作用,具有证明力。与内部变更记载不同的是,外部变更登记作为一种股权变动的公示方法,具有公信力,即股权变更登记事项一经公司登记机关登记,便可推定其真实、合法,任何善意第三人根据登记与登记权利人发生的交易,均应受到法律的保护,即使事实证明登记有瑕疵,对于信赖登记而与登记权利人发生交易的第三人,法律仍应承认其具有与真实、合法登记相同的法律效果。我国现行《公司法》明确规定,股权转让外部变更登记具有对抗效力。现行《公司法》第32条第3款一方面要求"公司应当将股东的姓名或者名称及其出资额向公司登记机关登记;登记事项发生变更的,应当办理变更登记";另一方面又明确规定:"未经登记或者变更登记的,不得对抗

---

① 参见刘俊海:《现代公司法(第二版)》,法律出版社2011年版。

第三人。"此处的第三人显然是指股权转让人、受让人以及公司之外的善意第三人，不包括恶意第三人以及具有重大过失的第三人。所谓对抗第三人的效力，意指股权变动信息经由公司登记机关登记后，推定社会公众知道或者应当知道登记信息。如果股权转让合同生效且股权发生变动后，公司怠于向公司登记机关办理股权变更登记手续，则股权转让合同的效力和股权变动的效力并不因此受到影响，只不过股权变动的效果不能对抗第三人而已。

从以上关于股权转让内部变更记载与外部变更登记法律效力的分析可以看出，相同点在于内部变更记载和外部变更登记都具有证明股权发生变动的作用，都具有证明力。不同点在于，股权转让内部变更记载具有对抗公司及公司免责的效力，外部变更登记则具有公示效力和对抗第三人的效力。

3. 内部变更记载与外部变更登记之间的冲突及解决

股权转让内部变更记载的要旨在于规制股东与公司之间的关系，外部变更登记的要旨在于规制股权持有者与社会公众的关系，赋予登记股权以对世权效力。对于一个标准的股权转让活动来讲，一般是公司应股权转、受让双方的要求并依据转、受让双方提供的证据，先进行股东名册的变更记载即内部变更记载，随即向公司登记机关进行股权变更登记即外部变更登记。《公司法》第 73 条没有对公司进行股东名册变更登记的时限进行明确规定，应当理解为公司应当在接到股权转让人和受让人向公司提出股权变动的通知或提出股东名册变更记载的请求并提供必要资料后的合理期限内完成。现行《中华人民共和国公司登记管理条例》（以下简称《公司登记管理条例》）第 34 条第 1 款明确规定，有限责任公司变更股东的，应当自变更之日起 30 日申请变更登记，对公司申请股权变更登记的时限作出了明确规定。对《公司登记管理条例》第 34 条第 1 款的合理理解应当是：公司在接到股权转让方与受让方股权变动通知并提供必要资料后 30 日内向公司登记机关申请变更登记。

最完美的状态是，股权变更的内部记载与外部登记完全一致，同时进行。但最完美的东西往往不具有现实可能性。由于种种原因，常常出现在一定期限内甚至相当长的期限内，股权变更内部记载与外部登记不完全一致的情形，主要有以下两种情形：第一种情形是，股权变动后，已经完成内部变更记载，但未进行外部变更登记。第二种情形是，股权变动后，已经完成外部变更登记，但未进行内部变更记载。

对于第一种情形，由于已经完成股权转让内部变更记载，新股东可以依据股东名册的记载向公司主张股东权利，公司应当依据股东名册的记载向新股东履行义务。对于第二种情形，由于公司已经知道股权发生变更的法律事实并向公司登记机关申请了股权变更登记，应当视为公司自股权转受让双方向公司发出股权变动的通知并提供齐备股权变更必备资料之时起已经完成了股东名册的变更记载。公司不得依据原来的股东名册的记载向原股东履行义务，否则，公司应当承担相应法律责任。当然，无论是哪一种情况，如果涉及转让之股权与善意第三人之间的法律关系,则应以外部变更登记为判断依据,这是外部变更登记公信力的必然要求。

四、结语

股权转让变更登记,不仅关系到转受让双方的权利与义务,还关系到股权持有人与公司、公司登记机关乃至社会公众之间的权利、利益与义务,呈现多边法律关系和多种法律效果的特点。在股权转让变更登记法律效力问题上,法律既要妥当处理某种具体法律关系,又要照顾多种法律关系之间的协调。在股权转让活动中,在转让人与受让人之间,应当坚持意思自治为主,对于当事人的意思表示,只要不违反法律、行政法规的强制性规定,均应予以尊重;如果涉及当事人以外的人,特别是善意第三人,则应当坚持商法的外观主义,在股权变更登记效力的认定方面,应当坚持这一原则。

参考文献

[1] 中华全国律师协会民事专业委员会编:《公司法律师实务——前沿、务实与责任》,法律出版社2006年版。
[2] 李克武:《公司登记法律制度研究》,中国社会科学出版社2006年版。
[3] 尹秀超、王立争、吴春岐:《公司登记》,知识产权出版社2008年版。
[4] 刘俊海:《现代公司法(第二版)》,法律出版社2011年版。

股权争议案例分析

张 铁[*]

一、基本案情

2004年2月4日,黑龙江省经济委员会主持召开由有关政府部门和某钢铁集团有限公司(以下简称"某钢铁公司")、黑龙江省某地质勘察院(以下简称"某勘察院")、某矿业有限公司(以下简称"某矿业公司")、某林业管理局(以下简称"林管局")参加的协调会,形成会议纪要载明:"某钢铁公司与某矿业公司以6∶4的比例协商成立新的股份公司,合作开发铁多金属矿。某勘察院所占比例待评估矿权价款后,林管局所占比例待测算其应收林业用地的资源补偿费后,分别按所占比重确定股份比例,其所占股份比例从某钢铁公司和某矿业公司所占股份中折扣。"据此,某钢铁公司、某矿业公司、某勘察院和林管局于同年4月1日签订了《关于共同出资开发设立某钢铁公司集团冶金矿业有限公司的协议》,协议约定:"一、某钢铁公司与某矿业公司以6∶4的比例合作开发金属矿,某勘察院和林管局分别以评估后矿权价款和占用林地的资源补偿费入股,共同设立股份公司。二、公司注册资金为1亿元,由某钢铁公司和某矿业公司按照6∶4的比例分别出资6000万元和4000万元人民币,并确保当年4月底前到位至指定账户,某勘察院所占比例待评估矿权价款后,林管局所占比例待测算其应收林业用地的资源补偿费后,分别按所占比重确定股份比例,其所占股份比例从某钢铁公司和某矿业公司所占股份中折扣。四、某钢铁公司负责办理新股份公司的名称核准及登记注册工作,并与某矿业公司共同做好开发研究规划、项目建议书等前期工作。此外还约定了成立股东会、董事会、共同承担经营风险及其他事项。"各方签订了《冶金矿业有限公司章程》(以下简称《公司章程》),章程规定股份公司有4名股东,同时规定了各方出资额、出资方式、出资比例。同日,股份公司召开第一次董事会议,并成立监事会,按照某钢铁公司2人、某矿业公司、某勘察院和林管局各1人比例正式设立。

上述协议、章程签署后,某矿业公司未按照约定期限投入注册资金。2004年8月3日、8月4日,某钢铁公司致函某矿业公司,称公司具备注册登记条件,要求某矿业公司按照约定将注册资金汇入指定账户,否则损失自负。8月6日,某矿业公司回函称应对前期探矿工作和林地进行评估,并经各参股方确认,完成上述工作后再进行注册。8月7日,某钢铁公司复函称,对矿权和林权的评估不影响新公司的

---

[*] 黑龙江龙信达律师事务所。

注册,且对某钢铁公司与某矿业公司的持股比例不产生任何影响,故要求注册资金在一周内到位,否则后果自负。

2005年5月12日,某钢铁公司、某勘察院和林管局三方签署的《矿业有限公司章程》[以下简称《公司章程(二)》]规定,公司有三名股东,即某钢铁公司、某勘察院和某林管局,股份公司注册资本为1亿元,各股东持股比例为97.5%、1.5%、1%,股东认缴的出资额必须在股份公司设立前足额缴纳。在公司登记时,某勘察院和某林管局认缴的注册资金均由某钢铁公司垫付。

2005年5月13日,省经委再次就公司问题主持协调会,会议决定:"一、继续重申和坚持2004年2月4日协调会的各项原则;二、各方注册资金要在5月15日前同步到位,5月16日股份公司注册,否则视为违约方弃权。"2005年5月16日,股份公司经工商局批准登记成立,注册资本为1亿元,公司股东为某钢铁公司、某勘察院和某林管局三方,向公司登记机关报送的是《公司章程(二)》。

5月17日,某矿业公司将4000万元汇入股份公司账户,公司同日收到此款,并在企业财务账目中将该款项记载为实收资本,此后,某矿业公司派员参与了股份公司的经营活动。

2006年9月19日,盛龙公司与某矿业公司签订《股权转让协议书》,约定某矿业公司以4000万元的价格将其在股份公司的股权转让给盛龙公司。同年9月22日,公司召开第一届第二次股东会会议,通过了以下协议:"一、某钢铁公司、某勘察院和某林管局同意某矿业公司将其持有的股权转让给盛龙公司,并放弃优先购买权。二、股权转让后,股份公司成立时的章程中有关股东名称及出资金额作相应的修改。三、受让方支付股款后,按省经委会议纪要精神确认的持股比例,享受股东权利并承担股东义务。"此后,某钢铁公司、某勘察院和某林管局签署了一份未署明日期的《指定代表或共同委托代理人的证明》,委托盛龙公司法定代表人到公司登记机关办理公司股东变更事宜。股份公司亦出具《公司变更登记申请书》及《股东(发起人)出资情况表》,请求将原公司股东某矿业公司变更为盛龙公司,并确认盛龙公司认缴和实缴出资额为4000万元,持股比例为40%,出资时间为2006年9月19日。

2008年8月4日和8月7日,盛龙公司分两次将1.6亿元汇入股份公司,股份公司为其出具了标明"投资款"的收据。2009年1月13日,在盛龙公司提起本案诉讼后,案外人哈尔滨市某商贸有限公司致函盛龙公司、股份公司,称该公司通过盛龙公司参股,因得知股份公司股东发生股权争议导致矿山建设停止,故决定撤回5000万元投资,请盛龙公司给予确认,股份公司予以退款,并给予一定利息的补偿。股份公司致函盛龙公司后,将1.5亿元投资款退回。盛龙公司回函表示异议,称股份公司自行决定将1.5亿元投资款退回没有法律依据。

2009年1月12日,盛龙公司向黑龙江省高级人民法院起诉,请求确认股东资格及股权比例,给付收益1亿元及变更工商登记。在诉讼过程中,某勘察院与股份公司于2009年5月7日签订《补充协议》,约定某勘察院以2亿元矿产权权益入股,其所占股权比例暂定为15%,并以此办理工商登记。待矿山项目投资总额确定后,再按2亿元占总投资额的比例确定实际股权比例。2009年6月5日,某钢铁公司、某勘察院和某林管局召开临时股东会议,决议称:由于矿山建设总投资和林管局林地资源补偿没有最终确定,故暂定某勘察院持股15%,某林管局持股5%,某钢铁公司持股80%,上述比例不作为固定股比,待矿山总投资和林地资源补偿确定后,最终确定各股东持股比例。股份公司庭审中证实,公司尚处于开发建设阶段,没有盈利。

二、案件分析

笔者所在律师事务所(以下简称笔者)代理盛龙公司参加诉讼,在诉讼过程中,笔者认为,盛龙公司是具有股东资格的。因为各方签订的出资协议和《公司章程(一)》中均未约定迟延履行出资义务即丧失股东资格,并且根据《公司法》的规定,股东未按照约定出资并不当然否定其股东资格。某矿业公司因银行不能办理大额银行转账业务,其短暂逾期履行出资义务有正当事由,不构成违约,也不能按照省经委协调会中关于逾期出资视为弃权的决定处理。某矿业公司在逾期出资后,股份公司以实收资本名义接受了该项出资,某矿业公司也派员参加了股份公司的经营活动,并以股东名义行使了股东权利,其他股东均未提出异议,此事实表明,股份公司及股东对某矿业公司股东身份予以认可。在第一届第二次股东会会议决议中,决定了对章程中股东及出资金额作相应修改等内容,也委托某矿业公司办理股东由某矿业公司到盛龙公司的相关手续。即使其他股东认为某矿业公司违反股东义务应予除名,也应根据《公司法》的规定作出决议,并履行减资手续。某钢铁公司、某勘察院和某林管局在未通知某矿业公司参加会议的情况下作出的《公司章程(二)》,因违反《公司法》的相关规定,其内容对某矿业公司无约束力。某矿业公司与盛龙公司签订的股权转让协议不违反法律强制性规定,且经过其他股东的同意,符合《公司法》第72条的规定,因此盛龙公司应依法取得原由某矿业公司持有的股份公司股权。

在本案中,公司召开第一届第二次股东会会议确定转让股权事宜并由某矿业公司办理了章程变更。某矿业公司与盛龙公司高度重视章程的重要性,并立即到工商部门进行了变更登记,从而避免了因章程未明确股东资格和持股比例而产生争议,也能保证盛龙公司在后续的投资和经营中的合法权益。

三、有效的公司章程可以避免潜在争议

公司章程是股东之间的合意表示,在公司内部股东之间对股东资格及股份的确认产生争议时,是证明股东身份及股份的效力证据。当事人在协商一致签订章程后,应及时到工商部门进行备案,防止法律风险。有效公司章程不仅可以避免股

权争议，还可以避免公司经营僵局。制定公司章程时，股东应当根据自身的情况充分利用章程，科学合理地设计表决权制度和公司的治理机构，这是对公司僵局最好的预防。例如，公司章程设计不合理可能造成公司僵局，如果公司章程规定股东会或董事会决议须经全体一致同意或赋予小股东一票否决权，但由于无法形成一致或小股东行使一票否决权也会导致决议无法通过，使公司陷入僵局；再如，公司的股权结构不合理也可以造成公司僵局，通常在股东人数较少的有限责任公司里，持股人往往持股比例均衡，甚至是相同的，持股人在经营理念和经营策略上如果无法形成一致意见，各方的信任破灭，关系出现僵化的时候，由于各自所占股权均衡可能无法形成有效的决策，进而会形成公司的持续僵局状态。

公司章程是公司成立之初股东之间的合同，它具有契约性，我国《公司法》给予了股东在制定公司章程时很大的自治空间，因此，公司应加强在公司章程制定中对股权纠纷的重视，提高受让人在股权转让合同中的注意义务，并制定股东大会议事规则和董事会议事规则等管理规则，并通过制定章程如下规则对权利义务进行明确细化，可以有效地避免纠纷，预防潜在的风险，避免公司僵局的发生，保证公司的正常运营。

(1) 限制表决权行使制度，即由公司章程规定，一个股东持有的股份达到一定比例时，减少其投票权的数额。对控股股东的表决权加以限制，防止其利用资本多数侵害少数股东的合法权益。

(2) 特定事项表决权制度，即交付股东会表决的特定事项必须经特定类别的股东同意方可通过。

(3) 表决权排除制度，即股东会表决时，与决议事项有特别利害关系的股东应当回避，不得就该决议事项行使表决权，也不能由他人代理其行使表决权。

(4) 股东之间分享公司的控制权，如股东可以在章程中约定一方担任董事长的，另一方委派的董事可以占多数，双方的董事人数相等可以以公司的名义聘请中介机构出面委派独立董事；一方担任执行董事的，另一方担任总经理，并明确执行董事无权聘任或解聘总经理等。

(5) 最终决定权制度。章程中可以赋予董事长在出现表决僵局时行使最终的决定权，也可以规定在董事会出现表决僵局时，将此事项交由股东大会表决。

(6) 明确约定股权转让事项。当公司陷入僵局时，小股东有权要求控股股东以约定的或以合理的价格收购股权。

(7) 明确约定公司解散事项。

综上所述，公司章程是股东之间的合意表示，公司章程一经生效，即发生法律约束力。公司章程的效力及于公司及股东成员，同时对公司的董事、监事、经理具有约束力。公司股权设计或章程设计不合理可能造成公司僵局，因此，公司股东应根据公司的运营情况的变化，积极对章程进行审查，修改与公司情况不符的章程约定，消除潜在的风险。

附条件股权转让的股东身份判定

曾亚西* 赵 豪**

一、基本案情

2008年1月22日,A商贸公司召开股东会,形成股东会决议:吸收杜某、罗某为公司新股东,同意唐某将所持有的A商贸公司的45万元股权(占注册资本的90%)中的12.5万元转让给罗某、10万元转让给杜某,股权转让后罗某出资12.5万元,占注册资本的25%。

同日,唐某、罗某签订了《股权转让协议》,约定唐某将持有的A商贸公司12.5万元的股权转让给罗某,罗某出资12.5万元购买该股权,并于此协议生效之日起30日内将股权转让款支付给唐某。上述股东会决议及《股权转让协议》形成后,A商贸公司进行了工商变更登记,A商贸公司的股东为唐某、陈某、杜某、罗某。

2008年4月26日,A商贸公司又形成股东会决议,同意公司股东罗某将其所持有公司股权12.5万元(占注册资本的25%)转让给唐某,罗某退出股东会。同日形成一份《股权转让协议》,约定罗某将其持有的A商贸公司12.5万元股权(占公司注册资本25%)转让给唐某,唐某出资12.5万元购买该股权,并于此协议生效之日起30日内将股权转让款支付给罗某。此后,A商贸公司变更了工商登记,罗某不再具有该公司股东身份,该公司股东变更为唐某、陈某、杜某。

2008年1月21日,唐某、罗某某(罗某的哥哥)签订一份《承诺(协议)》约定:"本人承诺,罗某某于2008年1月21日支付给唐某人民币200万元。在3日内唐某将B实业有限公司、A商贸公司股份的20%过户给杜某,同时过户给罗某25%的股份。如果罗某某在3个月内未将唐某的欠款归还给唐某,唐某有权无偿将罗某股份自动过户给唐某,杜某的股份保持不变。以上杜某、罗某两位股东系罗某某指定的股东。"

2009年6月,唐某将其所持有的A商贸公司股权35万元(持股比例为70%)全部转让给符某并退出了A商贸公司的股东会,A商贸公司股东变更为符某、张某、杜某。同年9月,杜某将其所持有的A商贸公司股权全部转让给唐某,唐某再次成为A商贸公司的股东。

---

* 北京炜衡(成都)律师事务所。
** 北京炜衡(成都)律师事务所。

现罗某认为,2008年4月26日签订的《股权转让协议》并非由其本人签名,而系唐某假冒罗某的签名,应为无效协议。由于罗某原持有的股权已转让给第三人,因此罗某要求唐某赔偿各项损失共计1 337.25万元。

二、如何确认有限责任公司的股东身份

根据《中华人民共和国公司法》(以下简称《公司法》)第32条第2、3款的规定:"记载于股东名册的股东,可以依股东名册主张行使股东权利。公司应当将股东的姓名或者名称向公司登记机关登记;登记事项发生变更的,应当办理变更登记。未经登记或者变更登记的,不得对抗第三人。"因此,对于何时取得股东身份,法律并没有明确规定。《公司法》仅规定股东可以依据股东名册行使股东权利,但并未明确规定股东身份自记载于股东名册之日起享有。而对于股权变更的工商登记,公司法将其规定为对抗效力。有限责任公司股东变更时,进行工商行政变更登记的意义,主要体现在"通过其对外公示和信息披露的功能,实现对第三人的保护和交易稳定的作用,并有利于政府监管的实施。……对于公司外部的第三人来说,登记机关的股东登记是可信赖的,可为判断股东资格的依据的。但是,对内如何来判断是否具有实质上的股东资格的时候,工商行政机构的登记就并不是唯一的衡量标准了"。①

虽然在本案的一审判决中,一审法院认为:"罗某是否支付了股权转让款,属于其与唐某之间的债权债务关系,不影响其合法的股东身份;罗某受让案涉股权是否系受罗某某的指定,亦不影响其合法的股东身份。"但笔者认为,在对内股东身份的认定上,应依据交易习惯并综合交易习惯考量。例如,是否有实际出资、是否有出资证明、公司章程是否变更、股东名册是否记载、是否实际行使股东权利、履行股东义务等都应当成为确认股东身份的考量因素。根据最高人民法院《关于适用〈中华人民共和国公司法〉若干问题的规定(三)》第23条的规定:"当事人之间对股权归属发生争议,一方请求人民法院确认其享有股权的,应当证明以下事实之一:(一)已经依法向公司出资或者认缴出资,且不违反法律法规强制性规定;(二)已经受让或者以其他形式继受公司股权,且不违反法律法规强制性规定。"

在对内进行股东身份确认时,不同证据均具有不同的证明作用。虽然是否具有股东身份与是否支付转让对价确属于不同法律关系,但受让人是否支付转让对价,仍应当是股东身份确认的重要考量因素之一。本案中,不管是罗某还是罗某某,均未向唐某支付任何股权转让对价,并且A商贸公司和该公司的其他股东对此均知晓,虽然罗某已成为A商贸公司形式上的股东,但不管是罗某还是罗某某的股东身份,都是具有瑕疵的。

---

① 贾明军、韩璐主编:《法院审理股权转让案件观点集成》,中国法制出版社2012年版,第124页。

三、股权转让能否附条件生效或解除

根据《中华人民共和国合同法》(以下简称《合同法》)第45条的规定:"当事人对合同的效力可以约定附条件。附生效条件的合同,自条件成就时生效。附解除条件的合同,自条件成就时失效。当事人为自己的利益不正当地阻止条件成就的,视为条件已成就;不正当地促成条件成就的,视为条件不成就。"因此,附条件的合同是指当事人在合同中特别规定一定的条件,以条件是否成就来决定合同效力的发生或消灭的合同。在本案中,虽然股权转让协议并未附生效或解除条件,但值得探讨的问题为,股权转让行为能否附条件生效或解除。

《公司法》并未对有限责任公司股权转让行为能否附生效或解除条件作出明确规定。但《中华人民共和国民法通则》第62条规定:"民事法律行为可以附条件,附条件的民事法律行为在符合所附条件时生效。"股权转让作为民事法律行为之一,当然应受上述法律规定的规制,即股权转让行为可以附条件生效和附条件解除。

根据唐某与罗某某签订的《承诺(协议)》:"本人承诺,罗某某于2008年1月21日支付给唐某人民币200万元。在3日内唐某将B实业有限公司、A商贸公司股份的20%过户给杜某,同时过户给罗某25%的股份。如果罗某某在3个月内未将唐某的欠款归还给唐某,唐某有权无偿将罗某股份自动过户给唐某,杜某的股份保持不变。以上杜某、罗某两位股东系罗某某指定的股东。"由于罗某某为罗某所持股权的隐名股东,因此案涉股权转让本质上应为附解除条件的股权转让。本案由于所附股权转让解除条件成就,因此唐某有权无偿将罗某代持罗某某的股权过户给自己。

四、笔迹鉴定的法律判定

本案在诉讼过程中进行了3次笔迹鉴定,因此,对笔迹鉴定的证明能力和证明力的判定,成为本案诉讼过程中无法忽视的问题。2010年12月6日,原告罗某单方委托了C司法鉴定所进行笔迹鉴定,鉴定结果为在2008年4月26日的《股权转让协议》中,转让方的签名并非为其本人书写。对此鉴定结论,被告唐某不予认可,遂一审法院委托D司法鉴定中心对2008年4月26日的《股权转让协议》和《股东会决议》中罗某的签名进行笔迹鉴定,鉴定结果为《股权转让协议》和《股东会决议》中的罗某签名均不是罗某本人书写。据此,一审法院认定《股权转让协议》无效,被告唐某应当对罗某进行损失赔偿。

在二审过程中,被告唐某委托国家级司法鉴定中心E司法鉴定中心对2008年4月26日的《股权转让协议》中罗某的签名进行笔记鉴定,鉴定意见为该《股权转让协议》上的签名为罗某本人所签。由于3次鉴定意见的相互矛盾,所以本案的笔

迹鉴定意见不足以成为定案的依据。鉴定证据的客观性依赖一系列的条件，主要在于其形成过程中应遵循一些基本原则，包括必要事实原则、客观中立原则、科学可靠原则、来源真实原则、双方平等原则、意见公开原则。② 笔迹鉴定的科学性体现在"书写习惯的特殊性和书写习惯的稳定性"。③ 但无论是痕迹的特殊性，还是痕迹的稳定性，相较于生理特征鉴定（如 DNA 鉴定、指纹鉴定等），笔迹鉴定似处于劣势。因此对于重要法律文书的签订，不仅要有当事人的签名，更应当有当事人加盖的手印，以防止可能出现的法律风险。

五、总结

公司股东之间的股东身份判定，不应当仅以股东工商登记作为判断依据，还应当根据交易习惯综合考量。其中，是否有实际出资、是否有出资证明、公司章程是否变更、股东名册是否记载、是否实际行使股东权利、履行股东义务等都应当成为确认股东身份的考量因素。在股权转让的受让方股东身份对内确认中，是否向转让方支付股权转让价款，则应当成为重要的判定因素。此外，《公司法》虽然未对股权转让行为能否附条件生效或解除作出明确规定，但依据《中华人民共和国民法通则》和民法基本原理，笔者认为，股权转让行为可以附条件生效或解除。而对于诉讼中出现的同一事物截然不同的鉴定意见，应当对该鉴定意见审慎对待，不应将其作为定案依据。

---

② 参见黄维智:《鉴定证据客观性保障》，载《社会科学研究》2005 年第 5 期，第 125—129 页。
③ 王亚南:《论笔迹鉴定结论的证据效力——兼谈"世纪遗产争夺案"的笔迹鉴定》，载《中国司法监督》2009 年第 6 期，第 52 页。

论国有股权转让僵局的突破

孙艺茹*

国有股权转让既要符合《中华人民共和国公司法》(以下简称《公司法》)关于股权转让的规定,又涉及国有资产监管的特别程序。根据《公司法》《企业国有资产监督管理暂行条例》《企业国有产权转让管理暂行办法》以及国有股权向管理层转让等规定和相应产权交易机构的交易规则,对于转让方而言,国有股权交易可以分为初步审批、清产核资、审计评估、内部决策、审批备案、申请挂牌、签订协议、产权登记、变更手续等步骤。在长期的实践中笔者发现,转让方在审计评估阶段经常面临程序不能推进的困境,笔者称之为国有股权转让僵局。僵局的出现会严重影响国有股权交易效率,限制国有资产的优化整合。

一、问题的提出

《中共中央关于全面深化改革若干重大问题的决定》(以下简称《决定》)指出,要坚持和完善基本经济制度,推动国有企业完善现代企业制度。要使国有企业朝着适应市场、适应社会主义经济制度的方向前进,首先必须使国有企业适应现代企业制度,国有资产能够盘活,继而实现保值、增值。只有在企业效率提高,效益改善的前提下,国有企业才能发挥其特有的优势。在国有企业已经基本完成公司制改革的基础上,应当进一步规范国有股权转让程序,扫清国有股权转让进程中的障碍,使国有股权可以平等地参与市场竞争,增强国有企业的经营活力。

然而,现行国有股权转让面临着程序上的困境。以笔者执业中遇到的一个项目为例:国有独资公司A系省政府投资平台,由省级国资委直接代行出资人职责,与某民营公司C共同投资成立了有限责任公司B,A持有B公司20%的股权,C持有B公司80%的股权,为B公司的控股股东,C并实际控制B公司,包括财务资料、公章等。后B公司经营不善,导致出现巨额亏损,且大量的对外担保遭到债权人起诉,被要求承担代偿责任,A公司所持股份价值持续缩水。A公司出于尽快止损的目的,决定转让所持股份。于是编制了转让方案,并经国资委审批后,从备选库中选择了审计、评估事务所委托进行审计、评估。审计评估工作进行之初,B公司尚且配合,提供了相关资料,但在即将出具评估报告环节,B公司在C公司的控制下不予配合。按照评估行业的惯例,评估机构要求B公司在《被评估单位承诺函》上

---

* 安徽承义律师事务所一级合伙人。

签字盖章,B公司予以拒绝。该函载明:"我单位承诺如下,并承担相应的法律责任:(1)资产评估所对应的经济行为符合国家规定;(2)我们所提供的资料真实、准确、完整、合规,有关重大事项如实地、充分地揭示;(3)纳入本次评估范围的资产与经济行为涉及的资产范围一致,不重复、不遗漏;(4)纳入资产范围的资产权属明确,出具的资产权属证明文件合法、有效;(5)纳入本次评估范围的资产在评估基准日至评估报告提交日期间发生影响评估行为及结果的事项的披露及时、完整;(6)不干预评估机构和评估人员独立、客观、公正地执业;(7)本次评估范围内的资产无未揭示的抵押、担保事项,也不存在影响生产经营活动和财务状况的其他重大合同纠纷和重大诉讼事项。"该承诺函是评估报告的必备附件,由于B公司至今未签章,导致审计评估工作无法完结,股权转让事项陷入僵局。

根据我国现行法律、法规及规范性文件的规定,转让方在交易国有股权时,应当委托会计师事务所实行全面审计,在清产核资和审计的基础上,委托资产评估机构进行资产评估。该评估报告经核准或者备案后,作为确定企业国有股权转让价格的参考依据。《企业国有资产评估管理暂行办法》第15条规定:"企业提出资产评估项目核准申请时,应当向国有资产监督管理机构报送下列文件材料:……(七)资产评估各当事方的相关承诺函……"第16条规定:"国有资产监督管理机构应当对下列事项进行审核……(七)企业是否就所提供的资产权属证明文件、财务会计资料及生产经营管理资料的真实性、合法性和完整性做出承诺……"上述案例中,由于C公司利用其控股股东地位,拒绝配合对B公司进行全面审计,导致A公司无法履行国有股权转让的必经程序,股权交易陷入僵局。

类似僵局,在笔者近年的执业过程中并非个案。

二、原因探析

《中华人民共和国企业国有资产管理法》第55条规定:国有资产转让应当以依法评估的、经履行出资人职责的机构认可或者由履行出资人职责的机构报经本级人民政府核准的价格为依据,合理确定最低转让价格。《企业国有产权转让管理暂行办法》第13条对审计评估程序进行了细化规定:在清产核资和审计的基础上,转让方应当委托具有相关资质的资产评估机构,依照国家有关规定进行资产评估。评估报告经核准或者备案后,作为确定企业国有产权转让价格的参考依据。这里所称的转让方,是指持有国有产权的国有资产监督管理机构、企业。转让方转让国有产权,包括国有股权,应当由转让方委托第三方机构进行审计评估程序,以作为转让价格参考的依据。通过以上规定,我们尝试分析国有股权转让僵局的制度成因:

1. 国有股权转让程序设计不尽合理

根据《公司法》及相关规定,在有限责任公司的国有股权转让中,转让股权所属企业必须召开股东会就股权转让事宜进行内部审议,形成同意股权转让的决议,取得其他股东放弃优先购买权的承诺。而对股份有限公司的国有股份转让,产权交易中心也需要转让股权的企业提交股东大会就股权转让事宜进行内部审议形成的同意股份转让的决议。程序的先后设定使得处于参股地位的国资转让方在审计评估阶段或公司内部决策方面,需要得到转让股权所属企业的配合,但在遭遇阻碍力量时,法律没有为国资非控制股东设计救济的方式,国资转让方无法通过正当的司法和行政途径与阻挠方进行有效的对抗,结局往往是公司经营每况愈下,两败俱伤。

2. 国有股权转让程序缺乏相应的保障机制

纵观我国国有股权转让法律体系,股权转让程序既不具有民事行为的自主性,也没有相应的权力保证实施,处境十分尴尬。一方面,在订立转让合同前,国资转让方须就本次股权转让的产权数额、交易方式、交易结果等基本情况制订转让方案,报国有产权主管部门进行审批,在获得批复后,方能进行下一步工作。国有产权主管部门对转让起到了一定的监管作用,但并不是完全的监管,仅审核转让标的和过程,并不对转让程序的推动起到积极作用;另一方面,国有股权转让程序虽有着特殊的程序约束,却没有特殊的制度保障。在转让陷入僵局时,缺乏有效的应对措施解决这一困境。以 A 公司遭遇的困境为例,按照规定,因为股权转让行为性质属于民事行为,A 公司所属的国资委无权以行政手段进行干涉,要求人民法院裁判评估报告生效亦缺乏法律依据。《企业国有产权转让管理暂行办法》第 12 条第 2 款规定:"转让所出资企业国有产权导致转让方不再拥有控股地位的,由同级国有资产监督管理机构组织进行清产核资,并委托社会中介机构开展相关业务。"也就是说,如果不是因为转让导致转让方失去控股地位,而是像 A 公司这样自始不具有控股地位,便无法适用该规定。因此,处于参股地位的国有股东转让国有股权,处于弱势境地。

三、路径与对策

综合以上分析,笔者从程序设计和制度保障两个角度尝试提出问题的解决思路,愿与诸位同仁探讨:

1. 改革国有股权转让程序

避免国有股权转让僵局,需改革现行的国有股权转让程序,使处于弱势地位的国资转让方拥有行之有效的预防和救济手段。

(1) 可以将转让股权所属企业的内部决策程序提至审计评估之前,转让方在国有股权转让方案通过审批后,即可提议转让股权所属企业召开股东会,形成同意转让的决议,同时作出协助转让方转让国有股权并予以配合的承诺,甚至形成相应的转让计划,从而有效推进转让程序;

(2) 可以在制度层面增加相应处罚措施,规定因转让股权所属企业或其他股东不予配合导致形成转让僵局的,追究相应公司和股东的法律责任。

2. 建立健全国有股权转让保障机制

建立健全国有股权转让保障机制,包括但不限于建立人民法院主持审计评估工作制度。国有股权转让并非完全等同于一般财产权转让的民事行为,关系到国有资产的保值增值和有效止损,有必要在股权转让陷入僵局时给予相应的保障。

(1) 当国资转让方因自身原因或目标公司原因造成审计评估工作停滞,国资转让方应当有权向人民法院申请,由人民法院指定相关机构开展审计评估并认可其报告的效力。

(2) 健全国有产权管理部门监督机制。现行的国有产权管理部门监督仅停留在限制性阶段,应当逐步向推动性阶段转变,在国有股权转让程序陷入僵局时,国有产权主管部门可以对相关情况进行调查,责令有关责任单位或自然人提供相应资料,对转让行为予以配合,利用行政手段主动扫清障碍。

(3) 建立其他可替代机制,如被评估企业不配合,可以由国资转让方组建专家组,就资产权属证明文件、财务会计资料及生产经营管理资料的真实性、合法性和完整性出具专家意见,或者由国资转让方出具相应兜底承诺,保证国有资产不流失。

本文观点在实践中是否具有可操作性,以及对国有产权有效转让是否具备保障功能,尚待探讨和检验,但随着产权市场的进一步开放,仅具有参股地位的国有股权在产权处置过程中,绝不能处于弱势和失控地位。

浅论煤矿《企业整体转让合同》的法律性质和效力

马朝兴[*] 郑显芳[**]

一、案例简介

2012年12月,吴某等4人作为受让方与刘某等5人作为出让方签署了《企业整体转让合同》,以3 000万元受让了以刘某等5人为股东的某煤业有限公司的煤矿包含采矿许可证、生产许可证、安全生产许可证等在内的全部资产。《企业整体转让合同》约定:"甲方保证出让给乙方的资产证照资料合法完整,……甲方应把出让的合法批准文件及企业决议文件作为合同的必须附件。"合同签订后,吴某等人向刘某等人支付了现金3 000万元,刘某等人将某煤业有限公司营业执照等证照和煤矿的所有证照交付给吴某等人,但相关证照上的权利人一直是某煤业有限公司,并未变更成吴某等人。

吴某等人接手煤矿后发现该煤矿资源已经枯竭,遂以《企业整体转让合同》无效为由,要求刘某等人返还其企业整体转让价款3 000万元。诉讼中吴某等人发现,2014年3月,该煤业公司股东刘某等5人召开公司临时股东会,决议将5人所持有的该煤业公司100%的股权以60多万元的对价转让给渠某等4人,并签署了《股权转让协议》(实际未收取股权转让款)。4名股权受让人中的2人为《企业整体转让合同》受让人中的2人,但该股权转让协议中并非这两个人本人签字,且这两个人表示对该股权转让一事不知情。

本案争议焦点有二:一是《企业整体转让合同》的性质是矿业权转让还是股权转让;二是《企业整体转让合同》的效力是有效还是无效。

二、《企业整体转让合同》的法律性质争议

(一)《企业整体转让合同》本质上是采矿权买卖合同

受让人认为,《企业整体转让合同》本质上是买卖矿产资源,属于倒卖采矿权,主要有以下理由:

(1)《企业整体转让合同》明确约定:"甲方(出让方)保证出让给乙方(受让

---

[*] 北京德恒(成都)律师事务所律师。
[**] 北京德恒(成都)律师事务所律师。

方)的资产证照资料合法完整,……甲方应把出让的合法批准文件及企业决议文件作为合同的必须附件。"可见,作出企业决议文件、办理包括煤矿采矿权变更登记等在内的合法出让批准文件,是出让人的主要合同义务。

(2)《企业整体转让合同》关于违约责任的条款约定:"甲乙双方均应严格遵守本合同所约定的条款,若甲方不按合同约定标的物出让给乙方并及时提供办理产权变更登记兼有关过户手续,除应继续履行合同外,应向乙方支付20%的违约金,……"可见办理采矿权证等产权变更登记兼煤矿的有关过户手续是出让方的主要合同义务,并非受让方的义务。

(3)《企业整体转让合同》的受让人中没有任何人参与过或委托其他人参与过煤业公司2014年3月召开的临时股东会,更没有任何人在该股东会决议上签字,该临时股东会决议中受让人的签名系他人伪造,受让人对此完全不知情。2014年3月,《企业整体转让合同》的受让人中,没有任何人与刘某等5人签订过或委托其他人与刘某等5人签订过《股权转让协议》,《股权转让协议》中的受让人签名是他人伪造,受让人对此完全不知情。

(二)《企业整体转让合同》不是股权转让合同

1. 从《企业整体转让合同》的内容看,其与股权转让无关

(1)《企业整体转让合同》除转让采矿权证等煤业公司资产的约定外,无任何文字内容或意思表示要转让该煤业公司股权。

(2)正因为吴某等人受让的是某煤业公司的资产而非其股东股权,所以《企业整体转让合同》才会约定刘某等人"负责办理采矿权等产权变更登记兼有关过户手续,把出让的合法批准文件及企业决议文件作为《企业整体转让合同》的必须附件"。

(3)2014年3月,刘某等人签订的《股权转让协议》中没有任何内容或意思表示该股权转让协议是《企业整体转让合同》的一部分或延续。

2. 从《企业整体转让合同》的形式看,其与2014年3月的《股权转让协议》无关

正因为吴某等人通过《企业整体转让合同》受让的是某煤业公司的资产而非其股东股权,吴某等人之后才从未要求进行煤业公司股权变更登记,所以,2014年3月,刘某等人明知其转让某煤业公司股权的受让人与《企业整体转让合同》的受让人不一致时,且明知股权受让人不是本人签字,也没有本人授权,刘某等人仍然签署了股权转让协议。

3. 从《企业整体转让合同》的履行看,其与股权转让无关

(1)吴某等人受让的是某煤业公司的资产而非其股东股权,因此,吴某等人在向刘某等人支付转让款时才会在转账用途中记载"购矿",而不是"股权转让款"。股权转让款支付多少、支付与否是股权的转让人和受让人之间意思自治的结果,与吴某等人无关,也与《企业整体转让合同》无关。没有任何证据可以推论得出2014

年3月的《股权转让协议》是吴某等人签署的《企业整体转让合同》的延续。

（2）采矿权是某煤业公司的主要资产，《企业整体转让合同》约定，吴某等人购买的是某煤业公司的采矿权等全部资产。《中华人民共和国矿产资源法》（以下简称《矿产资源法》）等法律法规对转让采矿权规定了相应的审批手续，办理该产权转让审批手续是刘某等人的合同义务。在刘某等人与吴某等人签署《企业整体转让合同》后，刘某等人一直未履行办理采矿权等资产的过户手续的合同义务，所以未实际发生采矿权等资产所有人的流转。但是，2014年3月，刘某等人将某煤业公司股权转让给第三人之后，吴某等人购买的还在某煤业公司名下的这些资产，既不在吴某等人的控制之下，也不在刘某等人的控制之下。可见《企业整体转让合同》与股权转让合同无关。

4. 刘某等人没有申报并缴纳过股权转让的个人所得税

根据国家税务总局《关于加强税种征管促进堵漏增收的若干意见》（国税发[2009]85号）的规定："股权交易各方必须在签订股权转让协议并完成股权转让交易以后至企业变更股权登记之前，到主管税务机关办理纳税（扣缴）申报，并持税务机关开具的股权转让所得缴纳个人所得税完税凭证或免税、不征税证明，到工商行政管理部门办理股权变更登记手续。股权交易各方已签订股权转让协议，但未完成股权转让交易的，企业在向工商行政管理部门申请股权变更登记时，应填写《个人股东变动情况报告表》（表格式样和联次由各省地税机关自行设计）并向主管税务机关申报。"如果《企业整体转让合同》是股权转让合同的观点完全正确，刘某等人就应当按国税发[2009]85号的规定缴纳个人所得税。但是，刘某等人除了2014年在工商部门办理了股权变更登记外，没有在工商部门填写《个人股东变动情况报告表》，更没有向税务机关申报过个人所得税，证明刘某等人在2012年12月签署《企业整体转让合同》的真实意思，就只有转让企业整体资产，并不是转让企业股权。否则，按照《中华人民共和国刑法》（以下简称《刑法》）第201条的规定，刘某等人的行为涉嫌逃税罪，应处3年以上7年以下有期徒刑，并处罚金。

综上所述，《企业整体转让合同》是刘某等人向吴某等人转让某煤业公司采矿权证等全部资产，并非转让公司股权，且吴某等人也没有受让过某煤业公司的股权。

三、《企业整体转让合同》的效力之争

（一）有效论

刘某等人认为，煤业公司除股东变更外，并无其他方面的变更，煤矿的所有证照目前仍然在煤业公司名下，并未变更给吴某等人。《企业整体转让合同》与股权转让是一个整体，本质上是股权转让而非矿权转让。因此，《企业整体转让合同》合法有效。

(二) 无效论

但吴某等人认为,《企业整体转让合同》本质上属于矿业权转让合同,依法应当认定无效,其主要理由有以下几点:

1. 刘某等人处分某煤业公司资产的行为属无权处分行为,《企业整体转让合同》依法应属无效

根据《中华人民共和国公司法》的规定,公司和股东的财产各自独立,公司全体股东未经公司授权无权处分公司财产,更无权占有处分公司财产获得的对价。本文案例中,刘某等人未经公司授权,直接以自己的名义处分了公司财产,还直接占有了处分公司财产的对价,且其处分公司财产的行为一直没有得到财产权利人某煤业公司的追认,根据《中华人民共和国合同法》(以下简称《合同法》)第48条和第51条的规定,其转让行为无效,且根据《刑法》第271条的规定,刘某等人的行为已经涉嫌侵占公司财产罪。

2.《企业整体转让合同》内容违反法律法规的强制性规定,依法应认定无效

(1) 吴某等人不具有采矿权受让人的主体资质。由于《企业整体转让合同》主要是转让某煤业公司的采矿权,而吴某等人不具有2014年7月9日修订的《探矿权采矿权转让管理办法》第7条规定的受让人资质,即不符合《矿产资源开采登记管理办法》第5条规定的有关采矿权申请人的条件,没有依法设立矿山企业的批准文件,也没有采矿权申请人资质条件的证明文件。另外,吴某等人也不符合《国土资源部关于进一步完善采矿权登记管理有关问题的通知》第13条、第19条的规定,不具有独立企业法人资格,不具有采矿权受让主体资格。

(2) 本案例中的采矿权转让不符合法定转让条件。《矿产资源法》第6条第2款规定,已取得采矿权的矿山企业因企业资产出售而需要变更采矿权主体的,经依法批准可以将采矿权转让他人采矿。同时《探矿权采矿权转让管理办法》第10条第3款规定,对于探矿权、采矿权合同批准转让的,转让合同自批准之日起生效。本文案例中转让合同没有经过任何有权机关批准,所以即使其他转让条件均符合法律规定,该转让合同也未生效,且不具备继续履行的条件。

3.《企业整体转让合同》严重损害社会公共利益,依法应属无效

(1) 刘某等人出售公司资产的目的在于倒卖采矿权牟利。某煤业公司注册资本仅60多万元,其主要资产就只是采矿权,刘某等人对公司资产出售要价3000万元,主要是针对采矿权要价,且他们出售公司资产后,将所有资产价款据为私有而非公司所有,其行为和目的都在于倒卖采矿权牟利。根据《矿产资源法》第6条的规定,这种私自倒卖采矿权牟利的行为,损害了社会公共利益,依法应认定无效。

(2) 国家对矿业规定了严格的市场准入制度,是为了维护社会公共利益。从立法本意上看,国家对矿业规定严格的市场准入制度,为的就是避免不具有矿业权开采资质的受让人进入矿业权市场,从而破坏国家的矿业政策,妨碍矿业主管部门的监管,而且还会破坏自然环境,并易导致矿难及地质灾害的发生,危害公共安全,

损害社会公共利益。从民事行为能力上看,如果受让人不符合《矿产资源法》及《探矿权采矿权转让管理办法》规定的受让条件,其从事矿业权生产经营的民事行为能力就欠缺,即受让人不具有进行矿业权交易的民事行为能力。因此,此矿业权受让人不符合法定资质条件的采矿权转让合同,符合《合同法》第52条第4项"损害社会公共利益"的规定,依法应认定无效。

4. 《企业整体转让合同》无论是否股权转让合同,均属以合法形式掩盖非法目的的无效合同

(1) 如果《企业整体转让合同》属于股权转让合同,刘某等人之所以先以3 000万出售企业整体资产,再以与公司注册资本等价的60多万转让公司股权,目的应在于不缴纳转让公司股权应缴纳的高额税费,因此属于以合法形式掩盖非法目的的无效情形。

(2) 如果《企业整体转让合同》不属于股权转让合同,《企业整体转让合同》只是刘某等人转让采矿权等公司全部资产,刘某等人以自己的名义处分公司采矿权等财产的目的就是倒卖公司采矿权牟利,属于以合法形式掩盖非法目的的无效行为。

《合同法》第56条规定,无效的合同自始没有法律约束力。第58条规定,合同无效,因该合同取得的财产,应当予以返还;不能返还或者没有必要返还的,应当折价补偿。有过错的一方应当赔偿对方因此所受到的损失,双方都有过错的,应当各自承担相应的责任。可见,合同效力与合同双方当事人的重大经济利益相关。

综上所述,《企业整体转让合同》的法律性质认定关乎合同的效力,而合同的有效、无效直接关系到合同双方当事人的重大经济利益,因此应审慎分析认定《企业整体转让合同》的法律性质,确认其法律效力。就本文案例中的《企业整体转让合同》而言,笔者认为,该合同无论是否属于股权转让协议,均应认定其为无效协议。

第六部分

股东资格、股东责任与股东权利纠纷

从一起再审案看股东资格的确定

龚志忠[*]

一、案件情况

因万先生要求 HR 公司将其确认为股东未果，2011 年 6 月 22 日，万先生向一审法院提起诉讼，请求：确认其系 HR 公司股东，出资 510 万元注册资本金；判令 HR 公司配合万先生办理公司股东变更的工商登记手续；由 HR 公司承担本案诉讼费。

（一）一审情况

1. 一审查明的事实

（1）2004 年 5 月 27 日，HR 公司经有关部门核准设立，进行水电开发，注册资本 100 万元。公司共有 4 名股东：BE 公司及其实际控制人唐先生分别出资 40 万元和 14 万元，合计占注册资本 54%；SH 公司及其实际控制人张先生分别出资 32 万元和 14 万元，合计占注册资本 46%。2007 年 4 月 26 日，HR 公司变更注册资本为 1 200 万元，各股东持股比例不变。

（2）2008 年 6 月，为了公司建设的需要，唐先生、张先生拟增资扩股，遂与万先生口头协商，由万先生出资 510 万元，占公司 30% 股权。

（3）2008 年 7 月 29 日，万先生以个人名义向城区信用合作社贷款 510 万元，借款用途为"电站投资"，HR 公司及其股东提供担保。

（4）2008 年 8 月 4 日，万先生将所借 510 万元打入了 HR 公司账户，HR 公司会计凭证记载为"实收资本"。

（5）2008 年 8 月 10 日，唐先生、张先生和万先生签署了一份《HR 水电开发有限公司章程》（以下简称《HR 公司章程》），其中载明，万先生于 2008 年 8 月 10 日认缴出资 510 万元，占公司注册资本的 30%。该章程未在工商局备案。

（6）2008 年 8 月以后，万先生曾以 HR 公司董事长身份出席公司外部活动，以股东身份参加公司股东会。

（7）HR 公司注册资本由 1 200 万元增加至 1 700 万元，未办理工商变更登记。

（8）2010 年 11 月 20 日，唐先生代表 HR 公司向万先生补写了一张《借条》，内容为，"借到万先生人民币 510 万元，此款已于 2008 年 8 月 4 日转入公司账户，由公司承担信用社利息和本金归还，期限为一年半，若到期未能偿还作为资本债转为公

---

[*] 北京嘉润律师事务所高级合伙人。

司股金"。

(9) 唐先生于 2009 年 7 月 26 日、2010 年 5 月 18 日,向万先生账户内转入人民币 110 万元,2011 年 3 月 3 日,唐先生又将 400 万元人民币转入万先生账户内。

(10) 2011 年 6 月 20 日及 6 月 23 日,HR 公司作出《HR 水电开发有限公司账务自查结论》(以下简称《账务自查结论》),其中注明"实收万先生资本金 510 万元",但万先生并未在该《账务自查结论》上签字。

2. 一审判决理由

一审法院认为:万先生将 510 万元转入 HR 公司账户后,万先生、唐先生、张先生于 2008 年 8 月 10 日签署的《HR 公司章程》已明确了万先生为 HR 公司股东且占公司 30% 的股权,但 2010 年 11 月 20 日 HR 公司出具的《借条》,已将万先生支付的 510 万元认定为借款,该借条约定还款期限为 1 年半,超过 1 年半该借款才能转为公司股金,而还款期限应从出具借条之日,即 2010 年 11 月 20 日起算,HR 公司于 2011 年 3 月 3 日归还了万先生全部借款,故万先生成为 HR 公司股东的条件不成就。

3. 一审判决

一审法院经审判委员会讨论决定,作出一审判决,驳回了万先生的诉讼请求。

4. 一审上诉

万先生不服一审判决,提起上诉,请求撤销一审判决,改判支持其一审全部诉讼请求。

(二) 二审情况

1. 二审事实认定

二审中,万先生提交了新的证据,证明其向贷款方共计偿还 919 820.88 元的贷款利息。

对一审判决确认的其他事实,各方当事人均无异议,二审法院予以确认。

2. 二审判决理由

本案二审争议的焦点主要是万先生能否成为 HR 公司股东的问题。

对此,二审法院除支持一审法院关于《借条》是当事人的真实意思表示,合法有效,《借条》已将万先生与 HR 公司之间的投资关系变更为借款法律关系,万先生不应成为 HR 公司的股东的认定外,还进一步认为:

HR 公司归还万先生全部借款本金后,2011 年 6 月 20 日及 23 日,其作出的《账务自查结论》虽记载"实收万先生资本金 510 万元",SH 公司、BE 公司、唐先生及张先生等公司股东均有签字,但万先生并未在《账务自查结论》上签字,表明万先生已最后认可其原先用于投资的 510 万元款项已转化为借款,借款归还后其不再是 HR 公司股东,不再行使股东权利、参与公司管理。

2007 年 4 月 26 日的 HR 公司《企业法人营业执照》记载,HR 公司的注册资本为 1 200 万元,虽然 2008 年 8 月 10 日修改的《HR 公司章程》第 6 条记载:"2008 年

8月增加自然人股东万先生后为1700万元",但HR公司增资至1700万元后并未申请变更工商登记。根据《中华人民共和国公司法》(以下简称《公司法》)第26条第1款的规定:"有限责任公司的注册资本为在公司登记机关登记的全体股东认缴的出资额。"万先生2008年8月4日将510万元转账至HR公司账户,HR公司并未将其登记为公司注册资本,HR公司或者万先生将先前转入的510万元当作借款,并非抽逃出资,并未违反法律规定,合法有效。

3. 二审判决

综上,二审法院经审判委员会讨论决定,作出二审判决,驳回上诉,维持原判。

4. 申请再审

万先生不服上述二审判决,向最高人民法院申请再审。最高人民法院裁定提审再审。

(三)再审情况

1. 再审查明的事实

最高人民法院除对原一、二审查明的事实予以确认外,另查明:万先生从城区信用合作社贷款1年期满后,又展期半年,贷款期限累计1年半。2008年8月10日修订的《HR公司章程》第64条规定:"本章程经公司登记机关登记后生效。"第66条规定:"本章程于二〇〇八年八月十日订立生效,原公司章程自动失效。"

2. 再审判决理由

最高人民法院认为,本案再审争议的焦点问题是:万先生是否取得了HR公司的股东身份及万先生对HR公司的股权是否转变为债权。

(1)关于万先生是否取得了HR公司的股东身份。股东身份的确认,应根据当事人的出资情况以及股东身份是否以一定的形式为公众所认知等因素进行综合判断。根据本案查明的事实,最高人民法院认为,万先生已经取得了HR公司的股东身份。

首先,万先生打入HR公司账户的510万元为出资款而非借款。2008年6月,万先生在出资之前,已经与HR公司及其股东就出资事宜达成了合意;2008年8月4日,万先生将所贷的510万元转入了HR公司的账户,实缴了出资,履行了先前约定的出资义务,HR公司的会计凭证也将该510万元记载为"实收资本";直至2011年3月15日,唐先生还认可万先生投入HR公司的510万元是投资款。2011年6月20日及23日,HR公司作出的《账务自查结论》仍然注明"实缴万先生资本金510万元"。以上事实足以证明,万先生已经按认缴的出资额向HR公司实缴了出资,万先生支付的510万元为出资款而非借款。

其次,万先生的股东身份已经记载于《HR公司章程》,万先生也以股东身份实际参与了HR公司的经营管理。2008年8月10日,公司股东共同修订并签署了新的《HR公司章程》。《HR公司章程》中载明,万先生于2008年8月10日认缴出资510万元,占HR公司注册资本的30%。其后,万先生以HR公司董事长的身份,出席了电站的复工典礼,并多次参加 HR 公司的股东会,讨论公司经营管理事宜,实际行使了股东权利。

《HR 公司章程》第 64 条规定:"本章程经公司登记机关登记后生效。"第 66 条同时规定:"本章程于二〇〇八年八月十日订立生效。"该章程并未在工商部门登记。针对同一章程对其生效时间的规定前后不一致的情形,此时根据章程本身已经无法确定生效的时间,而只能根据相关法律规定和法理,对《HR 公司章程》的生效问题作出判断认定。

公司章程是股东在协商一致的基础上所签订的法律文件,具有合同的某些属性,在股东对公司章程生效时间约定不明,而《公司法》又无明确规定的情况下,可以参照适用《中华人民共和国合同法》(以下简称《合同法》)的相关规定来认定章程的生效问题。参照合同生效的相关规定,最高人民法院认为,经法定程序修改的章程,自股东达成修改章程的合意后即发生法律效力,工商登记并非章程的生效要件,这与公司设立时制定的初始章程应报经工商部门登记后才能生效有所不同。HR 公司章程的修改,涉及公司股东的变更,HR 公司应依法向工商机关办理变更登记,HR 公司未办理变更登记,应承担由此产生的民事及行政责任,但根据《公司法》(2005 年 10 月 27 日修订)第 33 条第 3 款的规定,公司股东变更未办理变更登记的,变更事项并非无效,而仅是不具有对抗第三人的法律效力。

(2) 关于万先生对 HR 公司的股权是否转变为债权。根据既有的法律规定,综合考虑案件事实情况,最高人民法院认为,万先生对 HR 公司的股权并未转变为债权。理由是:

第一,股东不得抽逃出资是公司法的一项基本制度和原则,我国《公司法》对此作了明确规定。股东向公司出资后,出资财产即转变为公司的法人财产,其独立于股东个人的财产而构成公司法人格的物质基础。股东从公司抽回出资,则会减少公司资本,动摇公司的独立法人地位,侵害公司、其他股东和公司债权人的利益,因而为法律所严禁。本案中,无论是万先生主动要求 HR 公司将其出资转变为借款,还是唐先生代表 HR 公司向万先生出具《借条》并将其出资作为借款偿还,抑或是万先生与 HR 公司协商一致,将出资转变为借款而归还,本质上都是根本改变万先生对 HR 公司出资性质的违法行为,都会导致万先生抽回出资并退股的法律后果,这是有违公司法的禁止性规定的,因而上述行为均应无效,万先生的股东身份自然也不应因此种无效行为而改变。最高人民法院尤为强调的是,抽逃出资并不限于抽逃注册资本中已经实缴的出资,在公司增资的情况下,股东抽逃尚未经工商部门登记,但已经成为公司法人财产的出资,同样属于抽逃出资的范畴,亦在《公司法》禁止之列。故此,二审法院关于 HR 公司并未将万先生出资的 510 万元登记为公司注册资本、HR 公司或者万先生将 510 万元转变为借款并非抽逃出资的认定不当,最高人民法院予以纠正。

第二,《借条》并不能证明万先生对 HR 公司的出资已经转变为借款。即便不考虑前述法律禁止性规定的因素，单纯从《借条》这一证据本身分析，亦不能得出万先生对HR公司的出资已经转变为借款的结论。《借条》对万先生转入HR公司账户的510万元规定了1年半的还款期限，在此期限内HR公司如未能归还本息，则该510万元即转为股金。万先生和HR公司对1年半的借款期限究竟应从何时起算存在争议。最高人民法院认为，在当事人没有特别约定的情况下，按照交易惯例，借款期限应从款项实际交付给借款人时起算，具体到本案，即使将万先生的出资当作借款，借款期限也应从510万元转入HR公司账户的2008年8月4日起算，这与万先生从城区信用合作社贷款1年半的期限正好吻合。HR公司主张借款期限应从《借条》出具的2010年11月20日起算，但此时万先生已经将该款项转入HR公司两年多，HR公司实际占有和使用此款项却不属于借款，当然也无须支付借款的利息，而万先生从银行贷款帮助HR公司渡过难关，不但没有获得任何对价，还需要自行承担贷款的利息，这不但违背常理，也有失公平，故最高人民法院对HR公司的此项主张不予支持。按2008年8月4日计算借款期限，至2010年2月4日1年半的期限届满，HR公司并未归还全部借款，按《借条》的约定，万先生支付的510万元也应转为出资而非借款。从另一方面看，《借条》载明应由HR公司承担510万元贷款的利息归还义务，但事实上，该项贷款的利息919 820.88元系由万先生偿还，无论借款期限从何时起算，HR公司均未在《借条》约定的1年半的借款期限内偿付利息，从这一角度考量，万先生支付的510万元也应属于出资而非借款。因此，原一、二审法院认定《借条》已将万先生与HR公司之间的投资关系转变为借款关系确有不当，最高人民法院予以纠正。在万先生向HR公司支付的510万元属于出资款，不应作为借款返还的情形下，唐先生可以另行向万先生主张返还其所支付的510万元。

综上，万先生已经取得了HR公司的股东身份，《借条》的出具并不能将其对HR公司的股权转变为债权，万先生有权要求HR公司确认其股东身份并办理股东变更登记。原一、二审判决认定事实不清，适用法律错误，最高人民法院予以纠正。

3. 再审判决

最高人民法院根据《公司法》(2005年10月27日修订)第33条、第36条以及《最高人民法院关于适用〈中华人民共和国公司法〉若干问题的规定(三)》(以下简称《公司法解释(三)》)第23条、《中华人民共和国民事诉讼法》第170条第1款第2项之规定，作出如下判决：

（1）撤销一、二审判决。

（2）确认万先生为HR水电开发有限公司的股东，出资510万元，持有30%的股权。

（3）HR水电开发有限公司应于本判决生效之日起15日内，配合万先生办理股东变更登记手续。

二、律师研讨意见

本案一、二审和再审判决对万先生已经于 2008 年 8 月完成投资并取得股东资格并无分歧。但面对没有书面增资协议、公司章程的生效条款出现矛盾、增资未登记等复杂事实,一、二审判决均未就为何认定万先生已经于 2008 年 8 月完成了出资进行详细的说理,略显粗糙,况且,一方面,认定 HR 公司注册资本从 1 200 万元增加至 1 700 万元未做登记;另一方面,又认定 2008 年 8 月 10 日《章程》发生效力、2010 年 11 月 20 日补签《借条》合法有效,似乎有些前后欠照应;加之既认定《借条》,则继续按《借条》的本意认定借款自 2008 年 8 月 10 日而非 2010 年 10 月 20 日起始才是顺理成章的,这样一来,再认定万先生 2008 年 8 月向 HR 公司付款的性质是投资就有些前后矛盾了。再审判决则弥补了这个瑕疵,不过再审判决关于这部分的说理也有值得研讨之处。这个说理的核心是,依赖什么证据认定万先生 2008 年 8 月从金融机构借款后再付给 HR 公司的行为,究竟是向 HR 公司投资还是向 HR 公司借款?

律师认为有两个问题必须说清楚,首先是认定股东资格的证据的优先顺序是什么,其次是认缴出资的合意的生效条件是什么。

(一) 关于认定股东资格的证据优先顺序

再审判决认定股东资格优先顺序的依据应当是最高人民法院《公司法解释(三)》第 23 条的规定,即:"当事人之间对股权归属发生争议,一方请求人民法院确认其享有股权的,应当证明以下事实之一:① 已经依法向公司出资或者认缴出资,且不违反法律法规强制性规定;② 已经受让或者以其他形式继受公司股权,且不违反法律法规强制性规定。"

1. 股东资格是当事人主张拥有股东权利的先决条件

《公司法解释(三)》第 23 条规定主张股东权利的先决条件是"出资"与"认缴出资"并重,"出资"排列在"认缴出资"之前。而再审判决则通过"首先"和"其次",而不是"同时"的排列,确定"出资"优先于"认缴出资",即实际缴付出资的行为优先于认缴出资的合意。

对此,律师认为,纵观《公司法》和《公司法解释(三)》的规定和立法意图,应当确认主张股东权利的第一前提条件是"认缴出资",也即"认缴出资"优先于"出资"。就内部效力而言,认定股东资格的必要证据是已经生效了的全体出资人/股东认缴出资(或转让股权)合意的证据,其他诸如出资者实际缴付了出资(或支付了转让对价)的证据、出资证明书及公司登记文件等只是充分性证据,而非必要性证据。

按照 2005 年《公司法》第 28 条的规定:"股东应当按期足额缴纳公司章程中规定的各自所认缴的出资额。股东以货币出资的,应当将货币出资足额存入有限责任公司在银行开设的账户;以非货币财产出资的,应当依法办理其财产权的转移手续。股东不按照前款规定缴纳出资的,除应当向公司足额缴纳外,还应当向已按期足额缴纳出资的股东承担违约责任。"第29条的规定:"股东缴纳出资后,必须经依法设立的验资机构验资并出具证明。"第30条的规定:"股东的首次出资经依法设立的验资机构验资后,由全体股东指定的代表或者共同委托的代理人向公司登记机关报送公司登记申请书、公司章程、验资证明等文件,申请设立登记。"股东初始资格的取得依附于公司的设立登记。公司设立登记的实质性必要条件是全体股东签署公司章程和全体股东按章程缴付出资并完成验资。对于公司增资,《公司法》没有相应的明确规定,但结合第28条的两款规定来看,增资时股东资格的取得依附于认缴出资的意思表示。由此可见,无论公司设立还是增资,形成认缴出资的合意都是认定股东资格的必要条件,按照章程规定,实际缴付出资仅在公司设立时为认定股东资格的必要条件。

值得注意的是,2013年12月28日修改的《公司法》,删除了2005年10月27日修改的《公司法》的第29条,取消了对公司设立时股东出资的验资要求,同时修改了2005年版《公司法》的第30条,将其修改为新版《公司法》的第29条:"股东认足公司章程规定的出资后,由全体股东指定的代表或者共同委托的代理人向公司登记机关报送公司登记申请书、公司章程等文件,申请设立登记。"因此,自2013年12月修订的《公司法》施行之日起,无论公司设立还是增资,形成认缴出资的合意是认定股东资格的必要条件,按照章程规定实际缴付出资已经不再是认定股东资格的必要条件。

2. 达成生效合意但未实际交付任何出资对股东资格的影响

《公司法解释(三)》第18条第1款规定:"有限责任公司的股东未履行出资义务或者抽逃全部出资,经公司催告缴纳或者返还,其在合理期间内仍未缴纳或者返还出资,公司以股东会决议解除该股东的股东资格,该股东请求确认该解除行为无效的,人民法院不予支持。"该条第2款规定:"在前款规定的情形下,人民法院在判决时应当释明,公司应当及时办理法定减资程序或者由其他股东或者第三人缴纳相应的出资。"由此可见,达成合意但未实际交付任何出资对股东资格(即主张拥有股东权利)没有影响,除非以下条件全部成就:公司组织形式为有限责任公司;经公司催告后股东在合理期限内仍未缴付任何出资;股东会做出解除该股东之股东资格的决议。而且,解除该股东的股东资格以后,公司还要及时办理法定减资程序或者由其他股东或者第三人缴纳相应的出资。当然,如果在增资的情况下,公司并未就增资事项进行工商变更登记,则公司也无须办理减资的工商登记。另外,如果股份有限公司的认购人未按期缴纳所认股份的股款,经公司发起人催缴后,在合理期间内仍未缴纳,公司发起人对该股份另行募集,则该原认购人丧失股东资格。

尽管达成合意但未实际交付任何出资对股东主张其拥有股东权利没有影响,但对其主张行使股东权利却有影响。根据《公司法解释(三)》第17条的规定,股东未履行或者未全面履行出资义务或者抽逃出资,公司根据公司章程或者股东会决议对其利润分配请求权、新股优先认购权、剩余财产分配请求权等股东权利作出相应的合理限制,该股东请求认定该限制无效的,人民法院不予支持。

值得注意的是,本案中,再审判决是将"股东资格"和"股东身份"相混同的。再审判决将万先生是否取得了HR公司的股东身份列为本案争议的第一个焦点问题,结论是万先生已经取得了HR公司的股东身份,论证思路则是"股东身份的确认,应根据当事人的出资情况以及股东身份是否以一定的形式为公众所认知等因素进行综合判断"。对此,律师认为,"股东资格"与"股东身份"是不同的概念。广义而言,股东资格是当事人在公司内部主张拥有股东权利的先决条件,主张对象是公司和公司股东、公司管理层等内部利害关系人,获得股东资格的必要条件是出资合意。股东身份则是当事人向社会主张拥有股东权利的前提条件和向社会宣示拥有股东权利的符号和证据,主张对象是公司的外部利害关系人,获得股东身份的必要条件是获得股东资格并依法完成工商登记程序。

综合《公司法解释(三)》第24条、第25条、第26条、第27条和第28条之规定,股东资格、行使股东权利和股东身份与出资合意、出资行为、办理工商登记的逻辑关系应该是:股东资格因生效的出资合意而产生,因生效合意获得的股东资格具有对抗其他股东及无代持协议关系的"实际出资人"的效力;行使股东权利因生效的出资行为而产生,该股东权利具有对抗与之建立代持协议关系的名义股东的效力,但仅因出资而行使股东权利不能对抗其他股东,也不能对抗外部第三人;股东身份应指为社会公众周知的股东的公开身份,其因工商登记而产生,具有且均具有对抗外部第三人的效力。获签发出资证明书并被记载于股东名册系获得股东资格(即生效合意)的延伸,与获"实收资本"记载于公司会计账册后果相似,具有对抗其他股东及无代持协议关系的"实际出资人"的效力。

综上,只要达成认缴出资(或转让股权)的合意且合意依法生效,出资人的出资人/股东资格即得到确认。针对向公司直接出资取得股权的情形,这种合意的形式证据是全体股东签署并已生效的《出资协议书》和公司《章程》(公司设立时)和增资出资人与公司及/或原股东签署的《增资协议书》(公司增资时);针对受让取得公司股权的情形,这种合意的形式证据是符合法定要求和公司《章程》要求的转让双方签署并已生效的《股权转让协议书》。

需要完整说明的是,上述关于"合意优先"的认定存在以下例外情形:一是出资人合意不明或无法确证合意的真实、完整内容(例如,历史遗留的拨款、内部集资、改制、重组等情形),遵循"谁投资谁拥有"的原则,按照合法证据证明的实际出资人确定股东资格。二是有限责任公司的名义股东与实际出资人协议约定股权代持(该协议应不违反法律的强制性规定),实际出资人在实际出资完成后可以依协议约定主张其拥有"投资权益",并且在其他股东半数以上同意的前提下,通过变更股东、签发出资证明书、记载于股东名册、记载于公司章程并办理公司登记机关登记等程序,取得股东资格和股东身份,将自己的"股东权益"由仅约束签约当事方的合同权利转变为对抗其他股东及其他第三人的身份权利。

(二) 关于认缴出资的合意的生效条件

一审判决认定公司《章程》已明确了万先生属于HR公司股东且占公司30%的股权,从而认定万先生参与签署的增资后的公司《章程》已合法生效。二审判决对上述认定没有进行更正。再审判决则认为,在股东对公司章程生效时间约定不明,而《公司法》又无明确规定的情况下,可以参照适用《合同法》的相关规定来认定章程的生效问题。参照合同生效的相关规定,最高人民法院认为,经法定程序修改的章程,自股东达成修改章程的合意后即发生法律效力,工商登记并非章程的生效要件,这与公司设立时制定的初始章程应报经工商部门登记后才能生效有所不同。

本案中增资后的公司《章程》到底生效了没有呢? 律师认为:通常而言,公司修改的《章程》应当与公司通过的修改《章程》的股东会决议同时生效,而股东会决议自股东会表决通过该决议之时起即生效。照此推理,HR公司增资后的公司《章程》应当自公司股东会通过修改章程的决议之日起生效。假定不考虑股东会会议的法定程序问题,各股东方签署章程的2010年8月10日即是股东会日期,也即是章程开始生效的日期。但如果作此认定,则可能陷入逻辑循环:认定万先生股东资格的前提是增资后的《章程》已生效,而认定《章程》已生效的前提是万先生已经取得股东资格。另外,如此认定还可能会引发一个逻辑悖论:在法律没有规定经修改的公司《章程》须经登记方能生效的情况下,约定《章程》自股东会决议通过日或股东签署日起生效是普通条款,约定《章程》自登记之日起生效是特别条款,按照特别条款优于普通条款的惯例,约定增资后《章程》自登记之日起生效的条款应当优先,故增资后《章程》尚未生效,则万先生已经取得股东资格且已实际缴付出资,但公司《章程》却否认其股东身份和股东权利。是故,此时不能沿用通常认定公司修改后的《章程》的生效条件来认定2008年8月HR公司增资后《章程》是否生效。

在此情形下,再审判决认为公司章程是股东在协商一致的基础上所签订的法律文件,具有合同的某些属性,在股东对公司章程生效时间约定不明,而《公司法》又无明确规定的情况下,可以参照适用合同法的相关规定来认定章程的生效问题。这是适当的,但还不是最适当的,因为该判决仍然没有摆脱逻辑循环。再审判决应当跳出"章程"这个名称的框框,将2008年8月10日万先生参与签署的"章程"认定为各方形成合意由万先生对HR公司增资510万元的协议文件,即HR公司增资协议书。

章程是公司最高内部治理文件,约束公司和全体内部利害关系人,签署人为同意该章程的所有股东(公司设立时签署人为全体出资人),自公司通过批准该章程的股东会决议之时起生效(公司设立时为自公司获得设立登记的企业法人营业执照之日起生效)。出资协议是公司与出资人之间的协议文件,约束公司和出资人,签署人为公司和认缴出资的所有出资人(公司设立时签署人为全体出资人),经签署后自公司和全体认缴出资人的权力机关按各自内部程序批准该协议之日起生效（公司设立时为经签署后自全体出资人的内部权力机关批准之日起生效）。

2008年6月，HR公司两自然人股东（同时也是两法人股东的实际控制人）唐先生、张先生拟增资扩股，与万先生协商，由万先生出资510万元，占公司30%股权，但各方没有签署协议文件，至2008年8月10日，3人首次签署HR公司《章程》作为HR公司增资的法律文件。彼时唐先生既是自然人股东又是法人股东代表，同时还是HR公司的实际控制人的法定代表人，3人签署的《章程》既是HR公司原股东与新投资人之间的合意，也是HR公司与新投资人之间的合意。由此可见，3人签署的该份《章程》，实际上是各方合意由万先生对HR公司增资510万元的协议文件，即实际上是HR公司的增资协议书。在这样认定的基础上，确定其生效与否就能直接适用《合同法》的规定了。由于该《章程》的第64条规定，"本章程经公司登记机关登记后生效"，而第66条同时规定，"本章程于二〇〇八年八月十日订立生效"，两条款出现冲突且无法判定孰为优先，且此《章程》依法无须办理批准、备案、登记等手续，根据《合同法》第44条第1款规定："依法成立的合同，自成立时生效。"故此《章程》于认缴出资人万先生与公司法定代表人唐先生（必要签署人）及他方法定股东代表人张先生（非必要签署人）签署之日（2008年8月10日）成立，自该日起生效。

进一步的问题是，如果本案中增资后的《章程》没有约定《章程》自股东会决议通过日或股东签署日起生效，而只约定增资后《章程》自登记之日起生效，但公司始终没有办理工商登记手续，情况又将如何呢？

假定2008年8月4日，万先生仍将所贷的510万元转入HR公司的账户，HR公司的会计凭证也将该510万元记载为"实收资本"，2011年6月20日及23日，HR公司作出的《账务自查结论》仍然注明"实收万先生资本金510万元"。其后，万先生也曾以HR公司董事长的身份出席电站的复工典礼，并多次参加HR公司的股东会，讨论公司经营管理事宜。根据这些情况是否足以认定万先生已经实际取得股东资格呢？律师认为不能。

根据《合同法》第45条第1款的规定："当事人对合同的效力可以约定附条件。附生效条件的合同，自条件成就时生效。附解除条件的合同，自条件成就时失效。"直至本案受理，3人所签《章程》仍未办理备案，HR公司仍未办理增资的工商登记，据此，该《章程》生效的条件始终未成就。在确认万先生向HR公司付款510万元的行为可定性为出资的合意（即《章程》）没有生效的情况下，万先生的付款行为只能确定为债权债务性质而非出资性质，何况随后发生唐先生向万先生出具《借条》（万先生也接受了《借条》）并且实际归还了510万（万先生也实际接收了510万元）的事实，可见，记载万先生拟对HR公司增资510万元合意的《章程》一直没有生效，而且各方也一直没有成就约定条件使《章程》生效的意愿——毕竟，办理工商登记完全取决于HR公司的意愿也即万先生、唐先生的意愿，完全不受任何第三人的影响或限制；而随后万先生又与 HR 公司以《借条》的形式将 510 万元的性质确认为"借款"。所以，尽管发生了万先生将 510 万元转入了 HR 公司账户、HR 公司的会计凭证也将该 510 万元记载为"实收资本"、万先生曾以 HR 公司董事长的身份出席了相关典礼，并多次参加 HR 公司的股东会等事实，但这些事实均不能发生使《章程》生效的效力，《章程》不生效，认定万先生向 HR 公司付款的行为应定性为"出资"，且万先生由此取得 HR 公司股东资格就没有合意基础。

不过，律师支持最高人民法院对还款期的认定，即按万先生实际向 HR 公司付款的 2008 年 8 月 4 日起计算借款期限，至 2010 年 2 月 4 日 1 年半的期限届满，HR 公司并未归还全部借款，按《借条》的约定，万先生支付的 510 万元应转为出资。

这引出了更有趣的问题：本案中的《借条》究竟有无效力？万先生持有的 HR 公司的股权到底能不能转变成债权？

一、二审判决都坚持认定万先生所持 HR 公司的股权已经转变成为债权，再审判决则予以否定。虽然再审判决对此问题的认定结论是明确的，论证过程则是多元的和耐人寻味的。本案各方到底发生的是股权交易还是债权交易，还是股权转债权交易或股权转债权再转股权交易？万先生所持的 HR 公司的股权是不是已经转变成为债权？这是个重要问题。万先生所持的 HR 公司的股权能不能转变成为债权？这是个更重要、更具有挑战性和更具有实践意义的问题（笔者将另文再叙）。

浅谈公司股东资格能否自动丧失问题

——以股权转让和增资扩股合同解除引发的一宗案例为例

曾家煜[*]

一、案例简介

乙公司注册资本1 300万元,股东为自然人丙、丁。2009年,乙公司濒临破产引进甲公司,甲公司与乙公司及乙公司股东自然人丙、丁签订《股权转让及增资扩股框架协议》(以下简称《框架协议》),约定甲公司通过股权转让和增资扩股方式合计取得乙公司70%的股权。其中,甲公司以3 000万元的对价受让丙、丁持有的乙公司19%的股权,之后甲公司通过向乙公司增加注册资本4 000万元取得乙公司51%的股权,增资扩股及股权转让之后,甲、丙、丁所持有的乙公司股权分别为70%、20%、10%。同时,各方特别约定,乙公司在办理股权转让和增资扩股工商变更登记之后4年内,丙、丁有权从乙公司经营收入中分笔提成合计人民币5 000万元。

框架协议后,各方按框架协议完成了股权转让和增资扩股所有手续,协议后的4年内乙公司得到了飞速发展。

2013年,丙、丁因在乙公司的提成款未提供相应票据,乙公司向丙、丁支付约40%的提成款后暂未支付剩余提成款。2014年3月,丙、丁以甲公司实际控制乙公司,且乙公司未按照《框架协议》向其支付提成款,已经构成根本违约,导致其合同目的不能实现为由,向甲公司发出解除《框架协议》及其后的系列协议通知书,并提出甲公司的股东资格因解除通知送达生效而丧失,要求甲公司向丙、丁返还乙公司股权。甲公司以协议约定仲裁为由,向仲裁委申请仲裁,请求认定解除通知无效。仲裁委最终裁决解除通知有效,目前甲公司正在向某中级法院申请撤销仲裁裁决。

与此同时,丙、丁以仲裁委认定解除通知有效,甲公司因此不再是乙公司股东为由向法院提起诉讼,请求法院确认甲公司基于乙公司股东身份召开的股东会决议无效,目前案件在审理中。

本案的争议焦点有二:一是股权转让和增资扩股协议已经履行完毕后,乙公司

---

[*] 北京德恒(成都)律师事务所律师。

原股东能否主张解除股权转让和增资扩股协议？二是股权转让和增资扩股协议可以解除并且已经解除，甲公司因该协议取得的乙公司股东资格能否自动丧失？

二、股东能否主张解除已经履行完毕的股权转让协议和增资扩股协议

在本文案例中，丙、丁发出解除协议通知时，股权转让及增资扩股协议均已履行完毕，未履行完毕的是框架协议中乙公司支付提成款的义务。在此且不论仲裁裁决结果，就案件实际情况，笔者有如下认识：

（一）对案例中约定的丙、丁从乙公司提取提成款的法律性质分析

1. 案例中约定的提成款是乙公司未来4年的或有义务

本文案例中的《框架协议》约定："丙、丁有权在协议签订后4年内从乙公司经营收入中分笔提成5000万，每年的具体提成数额、比例及日期根据乙公司当年经营状况确定。"笔者认为，该5000万仅仅是乙公司股东们对公司未来4年经营收益的一个预估，乙公司这4年到底经营收入如何，营利多少，各股东并不清楚，所以才会约定每年的具体提成数额、比例及日期根据乙公司当年经营状况确定。如果乙公司这4年经营亏损，根据《中华人民共和国公司法》（以下简称《公司法》）第166条的规定，则丙、丁不得提成，否则违反《公司法》第166条关于"有利才分"的规定。

2. 丙、丁在协议签订后4年内从乙公司经营收入中的分笔提成是丙、丁对乙公司利润的优先分配权

《框架协议》约定中没有一个字或词的意思有该提成款项是股权转让款的性质，反而明确该款项是乙公司经营收入提成，因为提成者是公司股东，因此该款项应属于股息红利性质。

（1）提成款的约定符合股息红利的特征。《框架协议》提成款每年的具体提成数额、比例及日期根据乙公司当年经营状况确定。由于该款项来自乙公司经营收益，且要求根据公司收益大小确定，即公司多盈利多提取、少盈利少提取、无盈利不提取，可见，该款项明显是乙公司股东的股息红利，而且该约定符合《公司法》第167条关于股息红利"公司有利才分"的原则。

（2）本约定实质是甲公司放弃了自己在《框架协议》签订之后4年内在乙公司的部分股息红利分取的权利。因为在这4年中，丙、丁从乙公司盈利中提完这5000万提成款之后，甲公司才能参与乙公司剩余盈利的分配。可见该款项是乙公司分取的股息红利，并不是甲公司应支付丙、丁的股权转让对价款，丙、丁无权因乙公司未履行该支付义务认为是甲公司违约。

（3）提成款如果是股权转让款，则关于提成款的约定无效。如果该5000万是甲公司应支付丙、丁的股权转让款，且双方约定该股权转让款不是股权受让人支付

而是由标的公司支付,则该约定属于协议双方恶意串通侵占标的公司财产的行为,违反《公司法》第3条和第5条第2款的规定,侵犯了乙公司独立法人财产权。同时丙、丁将股权转让款变名为标的公司的提成款,其目的应该在于可以逃避缴纳股权转让款的个人所得税(按照个人所得税20%的税率计算,丙、丁因此应缴纳国家个人所得税1000万元)。因此,根据《合同法》第52条第(2)、(3)、(4)、(5)项的规定,该约定依法应属无效;根据《合同法》第56条的规定,如果该款项是股权转让款,则该约定自始没有法律约束力,丙、丁又凭什么可以据此申请解除与甲公司之间的股权转让和增资扩股协议呢?而且根据《合同法》第58、59条的规定,丙、丁应返还根据该条款约定已经从乙公司领取的所有提成款。

(二) 乙公司不支付丙、丁协议约定的提成款不构成甲公司违约

1. 乙公司对丙、丁的付款义务不是甲公司对丙、丁的义务

从《框架协议》内容看,乙公司是框架协议的一方当事人,支付丙、丁销售收入提成款是乙公司的未来的或有义务,不是甲对丙、丁的义务。该支付条款也没有将该乙公司应支付的提成款作为甲公司应支付丙、丁的股权转让款或股权转让补偿款的一部分的意思表示,而且该协议中也没有任何关于甲公司在乙公司盈利后不支付该提成款或者支付提成款不符合约定时,由甲公司向丙、丁支付该提成款的意思表示。

乙公司和甲公司作为各自独立的企业法人,乙公司的义务在法律上不能等同于是甲公司的义务。即使乙公司真有违约行为,依法也应由乙公司自行承担责任,而不能由甲公司承担责任。丙、丁认为,乙公司掌握在甲公司手中,所以乙公司不履行支付义务就是甲公司违反框架协议的约定,在不存在公司法人人格否认的情况下,丙、丁的该主张和认识没有任何法律依据。

2. 乙公司不继续支付丙、丁剩余的提成款,有合理的抗辩事由

乙公司支付丙、丁40%的提成款后,丙、丁并未向乙公司提交正式发票,导致乙公司财务上无法处理该提成款。乙公司在丙、丁出具发票之前,有充分理由不继续向丙、丁支付剩余的提成款。因此,丙、丁以乙公司不支付剩余的提成款为由主张甲公司违约的托词,无事实依据和法律依据。

综上所述,5000万元是乙公司盈利时对丙、丁的股息红利支付义务,不是甲公司对丙、丁的股权转让款支付义务。丙、丁称该5000万元是甲公司应支付的股权转让款属混淆概念,因此丙、丁称因为乙公司未支付丙、丁该5000万元股权转让款导致其股权转让和增资扩股合同目的不能实现的事实根本不存在。

(三) 已经履行完毕的合同不得解除

缔约目的不能实现的违约行为称之为根本性违约,主要指违反的义务对合同目的的实现十分重要。如一方不履行这种义务,将剥夺另一方当事人根据合同有权期待的利益。这种违约行为从法律特征来讲,一是指完全不履行,即债务人拒绝

履行合同的全部义务;二是指履行质量与约定严重不符;三是指履行部分的价值和金额与整个合同价值和金额相比占极小部分,对另一方当事人无实质意义。即无论从哪个方面说,这类合同还没有完全履行。本文案例中协议解除的争议应当属于缔约目的实现后的乙公司股东权利之争,不是协议各方当事人缔约目的是否实现之争。非经法定程序认定无效,已经履行完毕的协议依法不存在解除问题。

(1)《增资扩股协议》约定,甲公司单独增资乙公司,以人民币4 000万元的价格认购增资后乙公司51%的股权。由此可见,甲公司向乙公司支付4 000万元持有乙公司51%股权后,协议就已经履行完毕。这一增资方式符合《公司法》第35条的规定。工商变更登记完成后,甲公司、乙公司、丙、丁制订增资扩股协议的目的就都已经得到实现。之后各方的争议是合同目的实现后的当事人之间的争议,不是各方合同目的是否实现的争议。

(2)《股权转让协议》约定,甲公司向丙、丁支付股权转让款3 000万元后取得丙、丁持有的乙公司19%的股权,该协议在甲公司支付完股权转让款和股权工商变更登记过户完毕后即履行完毕。这一股权转让方式符合《公司法》第72条的规定。工商变更登记完成后,各方《股权转让协议》的目的就都已经得到实现。之后各方的争议是合同目的实现后的股东权利争议,仍然不是各方合同目的是否实现的争议。

三、股权转让协议和增资扩股协议解除,公司股东资格能否自动丧失

(一) 股东资格取得与丧失的情形

1. 股东资格取得的情形

根据股权取得方式的不同,股东资格的取得可以分为原始取得和继受取得两种形式。根据原始取得的时间,又可以分为成立时取得和成立后取得两种。成立时取得是指公司设立时认缴公司出资的人依法登记为公司的股东;成立后取得,是指公司成立后通过认购公司发行新股或认缴公司增加的注册资本而取得股东资格。本文案例中,甲公司取得的股权,一部分来源于股权转让,另一部分来源于增资扩股。增资扩股取得的股权属于原始取得,股权转让取得的股权属于继受取得。

2. 股东资格丧失的几种情形

《公司法》没有明确规定股东资格丧失的情形,但根据《公司法》的规定,结合最高人民法院的相关司法解释,可以将股东资格丧失的情形归纳为如下几种:

(1) 自然人股东死亡或法人股东解散或终止;
(2) 股东将其所持有的股份转让给他人;
(3) 股份被人民法院强制偿还债务;
(4) 股份作为质押标的后被依法处分;
(5) 股份依法被公司回购;

(6) 未依公司章程规定履行出资义务而受到除名处置。

需要说明的是,第(6)种情形来源于最高人民法院《关于适用〈公司法〉若干问题的规定(三)》[以下简称《公司法解释(三)》]第18条的规定:有限责任公司的股东未履行出资义务或者抽逃全部出资,经公司催告缴纳或者返还,其在合理期间内仍未缴纳或者返还出资,公司以股东会决议解除该股东的股东资格,该股东请求确认该解除行为无效的,人民法院不予支持。对于股东除名之后的后续事宜,该条第2款规定:在前款规定的情形下,人民法院在判决时应当释明,公司应当及时办理法定减资程序或者由其他股东或者第三人缴纳相应的出资。在办理法定减资程序或者其他股东或者第三人缴纳相应的出资之前,公司债权人依照该规定第13条或者第14条请求相关当事人承担相应责任的,人民法院应予支持。

对照前述六种情形,本文案例中甲公司在乙公司的股权既没有发生转让,也不涉及甲公司法人资格丧失,更不涉及该股权被人民法院依法处分,因此,甲公司并未因为解除协议通知而丧失乙公司的股东资格。

(二) 关于增资扩股获得的股权能否自动丧失问题

由于股东通过增资扩股获得的公司股权属于股东原始取得公司股权,根据《公司法解释(三)》的规定,只有在股东未履行出资义务或者抽逃全部出资的情形下,公司才能以股东会决议形式解除该股东的股东资格,本文案例中股东不存在此情形。

本文案例中的《增资扩股协议》已经履行完毕,不属于《合同法》第94条规定的合同可以法定解除的任何一种情形,也不属于《合同法》第93条规定的"当事人协商一致,可以解除合同"的情形。《合同法》第91条规定,债务已经按照约定履行,合同权利义务终止。因此,如果基于原合同当事人意愿想要恢复合同履行前的原状,应当属于另外一个合同法律关系,与已经履行完毕的《增资扩股协议》无关。另外,在《增资扩股协议》已经履行完毕的情况下,直接解除《增资扩股协议》退还股权及增资款,有悖公司资本确定、维持、不变三原则,不利于公司债权人利益的保护。

(三) 关于通过股权转让获得的股权能否自动丧失或恢复的问题

《公司法》第74条规定:"依照本法第七十二条、第七十三条转让股权后,公司应当注销原股东的出资证明书,向新股东签发出资证明书,并相应修改公司章程和股东名册中有关股东及其出资额的记载。"也就是说,公司股东在转让股权后就丧失了其在公司的股东资格,所以丙、丁在将乙公司股权转让给甲公司之后就丧失了其就该部分股权在乙公司的股东资格。在公司存续期间,可通过受让公司股份取得股权,而一旦转让股份,转让履行完毕,转让人的股东资格不能够自动恢复,若要重新获得股东资格,必须重新加入;受让股份股东的公司股东资格也不能自动丧失或消灭,若要消灭,必须经过法定程序。

(四) 股权转让协议和增资扩股协议解除与否,均不影响甲公司享有的乙公司股东资格和股东权利

股东资格适用商事外观主义。根据《公司法》第 3 条、第 25 条、第 26 条、第 27 条、第 31 条的规定,以自己的名义认缴公司出资或以自己的名义向公司实际出资的人,或者记载于公司章程的股东栏或股东名册的人,或者持有公司出资证明书的人,都是公司的合法股东,具有公司股东资格,享有公司股东权利,这些股东资格和权利非依法定程序不得丧失。工商备案登记资料及公司章程记载显示,甲公司目前是乙公司的合法股东,持股比例为 70%。甲公司持有的这 70% 乙公司的股权,不可能因为股权转让协议和增资扩股协议解除而自动丧失。

四、与本案相关的其他问题

《增资扩股协议》《股权转让协议》与《合同法》上规定的一般买卖合同有着根本的不同,解除该类协议客观上根本无法恢复原状。根据《合同法》第 97 条的规定,合同解除后,尚未履行的,终止履行;已经履行的,根据履行情况和合同性质,当事人可以请求恢复原状,或者采取其他补救措施,并有权要求赔偿损失。

一般的合同仅适用《合同法》的规定,《增资扩股协议》《股权转让协议》的履行和解除不仅要适用《合同法》的规定,更要适用《公司法》的规定。

(1) 非经法定程序认定无效,已经履行完毕的协议依法不存在解除问题。

(2) 如本文案例,甲公司作为合法持有乙公司 70% 股权的大股东已经 4 年多,在这 4 年多的时间里,甲公司利用自身各种优势资源,使 2009 年已经停产、濒临破产的乙公司变成了盈利巨大的企业。乙公司现在的注册资本、公司总资产、净资产、盈利能力及未来发展与 4 年前已经完全不同,公司股权价值成倍增长,此时主张解除合同,明显不符合诚信原则,也不利于纠纷的化解。

(3) 已经履行的《增资扩股协议》《股权转让协议》的内容完全不具有可逆转性,解除协议不仅在客观上根本不可能恢复原状,而且会极大损害公司股东、职工、债权人的合法权益。

综上所述,已经履行完毕的《增资扩股协议》《股权转让协议》不应当然解除,股东在协议履行完毕之后的争议可以按照《公司法》的相关规定解决;《增资扩股协议》《股权转让协议》的解除,并不必然导致股东因该协议取得的股东资格自动丧失,否则不利于商事投资关系的稳定和公司制度的健康稳定发展。

论有限责任公司股东以不具有处分权的财产出资

——股东资格取得与股东资格解除

赵 鸿*

一、背景案例

(一) A 公司成立

A 公司经某工商局注册登记设立。
性质:有限责任公司;
类型:高新技术企业;
注册资本金:人民币 50 万元(出资方式:现金实缴);
股东:两个自然人股东;
法定代表人:股东之一。

(二) A 公司增资扩股

A 公司的注册资本金增资到 200 万元。
股东:增加 3 人,合计 5 个股东,具体构成为 4 个自然人股东及 1 个法人股东(以下简称"B 公司");
出资方式:现金+专利;
专利出资情况:由其中 1 个新增自然人(以下简称"教授""教授股东")(该人拥有 A 公司所需要的技术,是专利的发明人之一)以专利出资,占 20% 的股权比例,专利经会计师事务所验资确认价值(达到并符合注册资本金对应比例的价值额);
章程修改:A 公司完成了增资扩股的章程变更,上述股东全部列入公司章程;
增资扩股登记:工商局为增资扩股后的公司办理了变更登记(注册资本、章程、公司股东),并重新核发了新的营业执照;办理了公司组织机构、税务登记等相应变更登记,从程序上完成了此次变更。
上述股东均成为工商局登记章程中的"股东",且认为均完成了各自的出资。

---

* 四川明炬律师事务所。

(三) 关于专利

所有人：B 公司；

发明人：含教授在内，共有 3 个发明人；

专利所有权人变更：未变更到教授名下，亦未变更到 A 公司名下；

工商档案对公司股东出资的确认：全体股东(含教授)的出资均足额实缴；

备案登记：B 公司在专利局做了独占许可使用备案登记，由 A 公司独占许可使用(B 公司与 A 公司签订的支付使用费的独占许可协议一并备案)。

(四) 纠纷累积

(1) A 公司完成增资扩股系列变更登记后，教授股东不到 A 公司进行必要的技术指导，不参加 A 公司的任何活动，包括股东会，甚至拒绝接听 A 公司及股东的电话，成为"占位不为"的股东。

(2) A 公司引进新的投资人，但无法满足投资人要求 100% 表决权通过的公司内部决议条件，严重影响 A 公司的经营发展。

(3) 困扰：构成经营发展的重大障碍；

(4) 曾经的处理：与教授股东协商办理股权转让未果。教授股东提出的不让步的股权转让价款，让 A 公司未能接受。

二、问题的提出——"教授股东"资格的确定及其解除

"教授股东"是否已经完成其出资？

是否可解除，如何解除？股东资格解除后的公司股东之工商变更登记如何进行？

(一) 有限责任公司的股东

1. 股东概念

以其认缴的出资额为限对公司承担责任并以其实缴的出资比例分取红利，对公司依法享有资产收益、参与重大决策和选择管理者等权利并应当遵守法律、行政法规和公司章程的人。

2. 实务中的股东类型

(1) 完全股东；

(2) 显名股东；

(3) 隐名股东。

(二) 股东出资方式

(1) 货币；

(2) 实物、知识产权、土地使用权等可以用货币估价并可以依法转让的非货币财产(但法律、行政法规规定不得作为出资的财产除外)。

(三)"教授股东"是否具有股东资格

1. "教授股东"的出资财产及财产权属

教授股东的出资是"专利",专利的所有权人是 B 公司。

2. "教授股东"的出资情况

以不属于自己的、无处分权的财产出资。

3. "教授股东"未完成其出资

《中华人民共和国公司法》(以下简称《公司法》)第 28 条第 1 款规定,股东以非货币财产出资的,应当依法办理其财产权的转移手续。

A 公司全体股东及 B 公司签字认可教授以 B 公司的专利作为其出资,且专利也经评估,教授股东也列入 A 公司章程,但属于 B 公司所有的"专利"未过户到 A 公司,教授股东未完成其出资。

4. "教授股东"具有股东资格

根据《公司法》第 3 条第 2 款规定,有限责任公司的股东以其认缴的出资额为限对公司承担责任;第 28 条第 1 款规定,股东应当按期足额缴纳公司章程中规定的各自所认缴的出资额;第 34 条规定,股东按照实缴的出资比例分取红利。最高人民法院《关于适用〈中华人民共和国公司法〉若干问题的规定(三)》[以下简称《公司法解释(三)》]第 8 条、第 10 条对于未变更过户的出资财产均规定,在法定或指定时限内办理了权属变更的,认定为履行了出资义务。

基于上述法律的规定,股东资格的取得不以其出资是否完成为条件。教授股东未完成其出资,但具有股东资格。

出资人以前款规定的财产出资,已经办理权属变更手续但未交付给公司使用,公司或者其他股东主张其向公司交付,并在实际交付之前不享有相应股东权利的,人民法院应予支持。

(四)"教授股东"资格是否可以解除

《公司法解释(三)》第 17 条第 1 款规定:有限责任公司的股东未履行出资义务或者抽逃全部出资,经公司催告缴纳或者返还,其在合理期间内仍未缴纳或者返还出资,公司以股东会决议解除该股东的股东资格,该股东请求确认该解除行为无效的,人民法院不予支持。该规定,从司法层面破除了公司股东僵局,对公司治理发展具有划时代的里程碑意义。

教授股东未完成出资,经 A 公司催告仍不履行出资,A 公司可以根据股东会决议解除其股东资格。

三、背景案件的处理

(一) A 公司内部处理

股东会决议认定教授股东未履行其缴纳出资义务,决定由 A 公司向教授股东发出"股东出资催缴通知书",要求其限期足额交纳出资,逾期未缴纳,解除其股东资格。教授股东经 A 公司两次催缴,不响应、不履行出资义务。A 公司即以股东会决议解除了教授的股东资格。

(二) 公司对外处理

1. 工商局

A 公司依据解除教授股东资格的股东会决议变更股东登记,工商局不认可,认为不能依据股东会的股东除名决议办理公司股东变更登记。处理受阻。

2. 法院诉讼

A 公司向法院提起解除教授股东资格的股东会决议确认之诉。

(1) 法院认为,公司在增资扩股的变更过程中,公司及其全体其他股东均认可了教授以其不具有处分权的专利出资,且经评估和验资,虽然专利未向 A 公司办理财产权的转移手续,但基于民事领域中当事人意思自治及《公司法》只规定了以非货币财产出资,未限定是以股东自己的财产或他人财产出资,同时,《公司法》也未规定以财产权出资而未办理财产权转移的法律后果,故不宜认定为教授未出资。

(2) 经法院调解,教授股东以零元对价向 A 公司其他股东转让股权,由此解决了 A 公司的股东股权之困。

(三) 结论

1. 股东资格

股东以他人的非货币财产出资,经全体股东认可及公司认可,且经非货币财产权利人认可,该股东的名字或名称载入公司章程,并经公司登记管理机关依法登记,则该股东具有股东资格,只是因股东未完成其出资,不享有分取红利的权利。

2. 股东资格的解除

股东未履行出资义务,经公司催缴未缴,自公司以股东会决议解除该股东资格之时起,该决议即产生法律效力,该股东的股东资格由此丧失。

3. 股东变更登记

未出资股东虽经公司催缴出资不缴而被股东会决议解除股东资格,但公司却不能凭此股东会决议在公司登记管理机关当然地办理公司股东变更登记。

四、实务难点和困惑

1. 工商局变更

有限责任公司依法经由股东会决议解除未履行出资义务股东的股东资格后,如何办理股东及章程的工商变更登记?在现行《中华人民共和国公司登记管理条例》中未规定,工商局不可凭此股东会决议办理对应的变更登记。背景案例中,作者亲历工商局对此的不受理,因此公司的股东除名只能在公司内部进行。被解除股东资格的股东不能从工商局的登记档案中去除,导致"解除股东资格的股东会决议"不能产生对外的公示效力,影响公司的经营发展,制约公司的依法自治。

尽管司法审判已经确认"股东会决议解除股东资格"具有当然的法律效力,但是工商局对此却不予以确认。现实中法律适用的不一致性,导致《公司法解释(三)》第17条的公司自治除法院诉讼适用之外不能直接适用,阻碍了该条对公司治理发展的积极支持作用。

2. 法院诉讼

《公司法解释(三)》第17条只规定了被解除股东资格之股东对"解除股东资格"决议提起诉讼的处理,未规定公司对此"解除股东资格之股东会决议"提起诉讼的处理,公司对此是否享有诉权,尚值得商榷。因《公司法解释(三)》第17条已经赋予符合司法解释规定所作出的"解除股东资格决议"的当然有效性,故公司再就本公司此股东会决议,向法院提起"解除股东资格决议"之确认之诉,逻辑矛盾。

3. 公司提起以上确认之诉值得商榷

若公司提起诉讼,可能被法院裁定驳回起诉或判决驳回诉讼请求,无法取得工商局所需要的直接变更股东名称的判决或裁定,而工商局又不受理公司凭"解除股东资格的股东会决议"办理在此状态下的股东及章程变更登记。股东会决议"解除股东资格"的实务操作中存在着法律适用上的不统一及操作程序上的断链,需要如何处理,还需持续研讨。

因为根据《公司法解释(三)》第17条第2款的规定:"在前款规定的情形下,人民法院在判决时应当释明,公司应当及时办理法定减资程序或者由其他股东或者第三人缴纳相应的出资。在办理法定减资程序或者其他股东或者第三人缴纳相应的出资之前,公司债权人依照本规定第十三条或者第十四条请求相关当事人承担相应责任的,人民法院应予支持。"

有限责任公司股东除名制度研究

李天瑜*　沈弋力**

一、除名制度概述

(一) 除名制度概念

股东除名,又被称为开除或除名权,目前在国内未有统一的名称及定义。一般而言,它是指在公司存续期间,部分股东实施严重侵害公司利益的行为,使其他股东和公司难以容忍其继续保留股东资格,而按照法定程序强制将其退出公司,使其股东资格丧失的一种法律制度。这实质上是打破有限责任公司封闭性困境的救济措施之一。我国台湾地区的学者杨君仁将其定义为:除名是股东被迫脱离公司,其基本理念乃在借由除名,以确保公司存在的价值以及其他股东继续经营公司的权益,所以,股东除名权,可以说是股东集体性的防卫权。因此,尽管概念上没有统一,但对于股东除名问题已达成以下共识:第一,股东被除名是违背其意愿,被动地被驱逐出公司的;第二,除名必须存在特定事由;第三,除名将导致被除名股东被强制离开公司的后果,其股东身份消灭。

(二) 除名制度的法律特征

1. 除名的身份剥夺性

股东除名的法律后果是对缺乏"诚信义务"的股东的身份和资格的剥夺,是断绝被除名股东与公司、其他股东之间关系的一种措施。自除名生效之日起,被除名股东就彻底丧失了在公司中的股东资格。但被除名股东丧失的只是行使股东身份的权利,包括了股权中的股东表决权、分红请求权和剩余财产请求权等,并未丧失出资额范围内的财产权,即原股权下所享有的财产权益。此时,股权中的身份权与财产权分离,即股东除名解决的是股东的身份或资格的问题,而不是股东的财产权问题,只针对股东资格,并未针对出资额。所以除名制度是在保障财产权的前提下对股东身份进行的先行处理,以迅速解决公司股东因人际危机所出现的僵局。股东被公司除名时,有权要求公司返还其在公司中的出资,但被除名股东的股权是由其他股东强制收购,还是由公司回购,对这个问题存在争议。因为公司应当遵循维持资本原则,其原本的出资可以由公司处理,具体由其他股东或第三人承买,还是

---

* 四川公生明律师事务所。
** 四川公生明律师事务所。

公司以注册资本以外的财产回购,或是进行减资处理,就与被除名的股东没有关系了。[1]

2. 单方性

股东除名是违背被除名股东的意愿剥夺其在公司的权利,排除其对公司的参与。剥夺其股东身份或资格是公司内其他股东作出的整体决定,是依公司一方的意思表示,不需要征求被除名股东的意见。公司可以作出决定将缺乏"诚信"的股东排除在公司之外,该种决定,一经法定程序即行生效,被除名股东的身份或资格就完全丧失。在该种意义上讲,该种决定是一种强制的剥夺决定,是公司作出的单方面的意思表示,不需征求被除名股东的同意。

3. 程序性

股东除名是一项严肃的公司事务,必须严格依照法定程序进行,非经法定程序不能生效。原因如下:一是公司作出剥夺非诚信股东的股东身份或资格的决定,是非因该股东自己的意愿或者说是违背该股东自己的意愿的,它使各方当事人的关系处于高度紧张的状态,因此,必须依照法定程序以避免股东除名制度沦为股东相互倾轧的工具,维护拟被除名股东的正当利益;二是股东除名不仅会对被除名股东权利造成影响,还会涉及公司、其他股东和债权人的利益,所以必须为其设定严格的程序。

4. 处罚性

由于股东除名是对不履行股东义务的股东的一种严厉的处分手段,实质上是把股东的资格强制除去,具有处罚性。公司有权维护本公司及其他股东的权益,惩处违规的股东,并且当其具有除名的重大事由时,将其除名。而这种处罚性的严厉之处在于除名股东的股东资格上,一旦被公司除名,该股东不得再恢复其在本公司的股东身份,彻底与该公司切断了一切关系,即使被除名股东改正其行为或弥补了其行为所带来的严重后果,公司也不得再恢复其股东身份。

5. 防御性

有限责任公司的人合性表明,股东间的和谐关系是公司赖以良性运营的前提,当股东之间的合作基础消失了,必然会影响公司的发展以及背离股东在设立公司当初的预期。当公司中的某一股东身上发生某种事实不利于有限责任公司人合性的维系或公司中的某一股东恶意损害公司利益使其他股东已不能容忍继续与其共事于同一公司时,公司可以运用股东除名制度,将影响或妨碍公司利益的股东清除出公司,这不仅使其他股东能够继续经营公司、创造财富,而且公司仍能继续存续并且正常运营,而不会因个别股东而陷入困境。[2] 因此,股东除名制度具有维持公司正常存续和保护公司及其他股东共同利益的功能。

---

[1] 参见王颖:《有限责任公司股东除名制度研究》,西南政法大学2012年硕士学位论文。
[2] 参见甘琪:《有限责任公司股东除名制度研究》,广东商学院2012年硕士学位论文。

二、国外除名制度简述

(一) 部分国家的有限责任公司除名制度

1. 德国法

《德国有限责任公司法》开始并未有明文规定,因实务中出现除名的需要,德国通过学说理论和"法官造法"的方式,创建了股东除名制度,最后写入了《德国有限责任公司法》。

《德国有限责任公司法》第21—25条规定了滞纳出资股东的除名:(1) 股东迟延缴付出资时,可催告其在规定的宽限期内缴付,并提出警告可能因此没收其已缴的股份。此项催告应以挂号信形式发出,宽限期至少为1个月。(2) 股东在宽限期届满仍不缴付时,公司即可声明将该股东的股份及其已付款项收归公司。此项声明应以挂号信寄出。(3) 公司就滞纳的款项或以后就股份追索的出资款额受到损失时,被除名的股东仍应对损失负责。③

现如今,德国法学界较为一致地认为,在有限责任公司中可以以重大事由将股东除名,如果某个股东的行为给公司的继续存续带来严重影响或者使公司因其行为无法存续,其他股东无法容忍该股东继续留在公司的,就可以将该股东除名。至于股东被除名的原因即为股东有被除名的重大事由,此重大事由既包括股东自身的原因,也包括股东的行为上的原因。在德国,股东除名须经股东决议,决议是按照《德国有限责任公司法》中规定的须经公司股东的3/4的意见通过,采取的是多数决。由于股东除名的重大后果,德国联邦最高法院要求股东的除名除了须经股东决议外,还须经法院的最终判决,股东除名的决议方能生效。

2. 日本法

《日本公司法典》关于股东除名规定在第859条和第860条。其中,第859条规定:份额公司社员有下列事由时,该份额公司可基于目标社员以外社员的过半数的决议,以诉讼请求除名目标社员:(1) 不履行出资义务。(2) 违反第594条第1款(含第598条第2款中准用的情形)的规定。(3) 执行业务时实施不正行为,或没有执行业务的权利却参与了业务的执行。(4) 代表持份公司时实施不正行为,或没有代表权却代表持份公司实施了行为。(5) 前各项所列者外,未尽重要义务的情况(持份公司执行业务股东的业务执行权或代表权的消灭之诉)。④ 第860条规定:份额公司执行业务社员有下列事由时,该份额公司可基于目标业务执行社员以外的社员的过半数的决议,以诉讼请求对象业务执行股东执行业务的权利或代表权的消灭。(1) 发生前条各项所列事由时。(2) 执行份额公司的业务,或在代表份额公司上明显不适合任职时(被告)。

---

③ 参见杜景林、卢湛译:《德国商法典》,中国政法大学出版社2000年版,第55页。
④ 参见吴建斌、刘惠明、李涛译:《日本公司法典》,中国法制出版社2006年版,第449—450页。

3. 美国法

由于美国市场经济较为先进,有着传统的自律习惯,并且又奉行民主主义的思想,所以崇尚股东本位。在20世纪60年代之前,美国公司法律对股东退股这一问题一直是持反对态度的,股东如果要退出公司,需要提起解散公司的司法途径才能达到退出公司的目的。1996年的《美国统一有限责任公司法》在美国立法上首次确定了股东除名制度。该法第602条规定了股东除名的事由,并且设定了股东被除名的条件:(1) 股东可以根据经营协议被除名。(2) 如符合下列条件,经其他股东投票一致同意可以将股东除名:① 继续与该成员一起经营公司构成不合法;② 股东实质上的全部分配权利已经被转让,但为担保目的所作的转让或全部分配利益被置于扣押令之下而未丧失赎回权者不在此列;③ 在法人股东已注册申报了解散证书或类似文件,或其特许证已经被撤销,又或者法人成立地的司法机关已经中止其从事商业经营权利的情况下,公司向该股东发出将其除名的通知之日起90日内,该法人股东仍未撤回解散证书,或者未能获新的许可证,又或者未能重新获得从事商业经营的授权;④ 股东已经被解散并处于清算之中。(3) 如符合下列条件,经公司或其股东申请,股东可以被法院裁定除名:① 股东实施了对公司商业不利并具有实质性影响的不正当行为;② 股东持续、故意地严重违反了经营协议或本法规定的股东对公司或其他成员的义务;③ 股东作出了一项与公司商业相关的行为,使得继续与该股东共同经营商业在情理上已经不可行。

4. 俄罗斯法

《俄罗斯联邦有限责任公司法》第10条设定了开除公司参股人制度:"占公司注册资本百分之十以上份额的公司参股人,有权要求按照司法程序开除严重违反义务或以自己的行为(不作为)致使公司无法经营或造成实质困难的参股人。"⑤第23条第4款规定:"被开除出公司的参股人份额转归公司所有。在这种情况下,公司应支付被开除公司参股人其所有份额的实际价值,该价值根据法院作出的开除判决生效时的上一个会计期间的公司财务报表确定,或经被开除公司参股人同意向其交付同等价值的实物。"⑥根据该法第23条可得知,第10条所说的司法程序是通过法院实施的,并且第10条对开除股东的条件也作出了规定:(1) 开除股东提起的主体为占公司注册资本10%以上份额的公司参股人;(2) 开除股东的因由是被开除的股东严重违反义务或因自己的行为使公司利益受损;(3) 被开除股东的行为需达到致使公司无法经营或造成实质困难的程度。

(二) 比较与总结

股东除名制度的发展是随着有限责任公司出现之后,基于有限责任公司的人合性特征,为了解决股东之间发生的不可调和的矛盾问题,解决公司僵局而产生的。股东除名制度在发达国家得到认可和实施,很大一个原因是有限责任公司具

---

⑤ 王志华译:《俄罗斯法译丛——俄罗斯联邦公司法》,北京大学出版社2008年版,第7页。
⑥ 同上书,第18页。

有人合性,从而体现了股东除名这一制度的价值目标所在。但我们也可以很明显地看到,上述国家在股东除名制度的构建上还是有一定的差异的,尤其是德国和美国之间的差异更为明显:

1. 股东除名的基础不同

在德国法中,股东除名制度的适用是以实质性基础作为理论依据和判断标准的;而在美国法中,股东除名制度的适用基础是由于其内部压力的存在,而使得法院所关注的是股东个人在公司事务上的发言权是否能够被严重限制或者剥夺;日本属于大陆法系,但是由于其大胆引进了英美的一些先进的理念制度,其表现就兼具大陆法系和英美法系相互融合的特点。

2. 对股东的过错的要求也不相同

德国法上并没有对股东的过错作出特别具体的要求,股东除名的适用并不必然要求股东存在过错;而美国法的股东除名则要求股东实施了对公司极为不利的具有实质影响的不正当的行为;俄罗斯法则要求被开除股东的行为需达到致使公司无法经营或造成实质困难的程度,可见,其要求的对公司不利的程度较高。

总之,国外成熟的立法经验和制度设计对我国有很大的借鉴意义,对不同立法选择和制度安排各自存在的原因进行深入比较分析,将有利于我国探寻建立有限责任公司股东除名制度的正确途径。在具体的制度设计层面,借鉴大陆法系国家的一些成熟做法,引进和完善股东除名制度,将国外成功的经验运用于公司法的适时改革和完善中,有利于应对国内产生的问题。

三、构建我国有限责任公司股东除名制度的必要性

股东除名制度对于公司法的补充与完善具有重要的意义,但在《中华人民共和国公司法》(以下简称《公司法》)中并没有关于股东除名制度的规定。基于现实中出现的越来越多的关于股东除名的问题,随着社会及经济的进一步发展,股东除名越来越迫切地需要予以重视。而股东除名制度的适用,除了解决公司僵局问题以外,还可以避免公司解散,因此,它成为有限责任公司的一种具有普遍性的制度。我国《公司法》设立股东除名制度的必要性主要表现在:

(一) 理论基础

构建我国有限责任公司股东除名制度需要理论的支撑,如果没有合理性依据的支撑,除名制度的构建即如空中楼阁。笔者认为,这样的理论基础主要表现在两方面:

1. 有限责任公司的人合性特征是除名制度得以实现的前提

(1) 股东除名与人合性有着密切的联系。在学理上,公司依据信用基础构成因素的差异可以分为人合公司、资合公司以及两合公司。[⑦] 从这种区分来看,具体

---

⑦ 参见刘俊海:《现代公司法》,法律出版社2011年版,第28页。

的构成因素包括人合性因素和资合性因素。"人合性因素"不仅体现在人合公司和两合公司对外的信用基础上,也可以体现在公司内部制度的很多方面。对内"人合性因素"可以简单地说就是股东个人对公司经营存续的影响因素,从某种意义上说,人合因素是人合公司和两合公司内部构建一系列制度的核心因素。而在资合性公司中,其成立的信用基础为资本,股东的个人情况对公司并不是很重要。就股东除名而言,其目的是为了避免公司和部分股东受到其他股东行为及个人条件的不利影响。只有在人合性公司中,股东的行为或个人因素变化,导致了公司内部出现严重的信赖危机,公司无法容忍该股东继续留在公司内部时,才有将其除名的可能。所以说除名股东与"人合因素"的影响是密不可分的。

(2) 我国有限责任公司为典型的人合性公司。主要表现在:股东自身的资产状况、信用状况和个人能力是公司存在的信用基础,股东之间具有基本的信赖关系;对股东数量进行一定的限制,股东人数一般较少;不对外发起募股,股东之间的关系较为稳定,转让出资受到一定的限制;经营权与管理权具有统一性。正因为有限责任公司这种典型的人合性特征,往往导致其具有一定的封闭性,而封闭性又导致股东之间的相互信任关系对于公司来说至关重要。据此而言,如果某一股东的行为严重侵害了其他股东甚至公司的利益时,股东之间的信任关系就会破裂,公司将无法正常经营。如果对此没有救济,公司很可能会面临解散的后果,而这有可能违背某些股东的意愿。因此,仅仅因为一个股东的恶意行为,就使得其他股东承受这种不利益,面临被迫解散公司的窘境未免有违公平原则。这种情况下,如果想要维护公司的运营,而让恶意股东自担其责,除名制度不失为一个最好的选择。

2. 公司契约理论

公司是许多愿意缔结契约的当事人——股东、债权人、董事、经理、供应商和客户之间的协议。从这点看来,公司实际上是公司股东之间所缔结的契约,公司股东享有的权利和承担的义务取决于公司股东之间的契约规定。基于契约法的基本原则即契约自由原则,当事人可以凭自己的意思创立契约以及自主决定契约的具体内容,股东有权在公司契约中对股东资格达成合意并作出约定。随着我国公司的发展,我国公司的内部纠纷逐渐增多,公司法在关注公司外部关系的同时,也应当关注公司内部的关系,否则会影响公司组织的稳定、协调和健康发展。将公司界定为一种契约,能够为公司处理内部问题提供理论基础。由于公司被界定为一种契约,因此,我国公司法也应当认可契约自由原则。契约自由原则在公司法领域的反映主要表现在三个方面:公司契约的设立自由、公司组织形式的选择自由以及公司契约内容的约定自由。因此,对于与公司、股东利益密切相关的除名制,如果公司章程进行了不违反《公司法》的规定,我们应该承认其是有效力的。

(二) 实践需要

我国《公司法》历经三次修改,在最近一次的2013年修改中仍旧没有关于股东除名的规定。对股东除名仅仅在最高人民法院《关于适用〈中华人民共和国公司法〉若干问题的规定(三)》[以下简称《公司法解释(三)》]的第17条中进行了简要的规定。该条第1款规定:有限责任公司的股东未履行出资义务或者抽逃全部出资,经公司催告缴纳或者返还,其在合理期间内仍未缴纳或者返还出资,公司以股东会决议解除该股东的股东资格,该股东请求确认该解除行为无效的,人民法院不予支持。《公司法解释(三)》将股东除名的事由限制在了股东履行出资义务上,同时也表明了最高人民法院的观点,就是《公司法》并不禁止股东除名,这无疑是一种进步。但是,最高人民法院仅仅是通过一个解释稿表明其对股东除名的态度,并且其所规定的股东除名也仅仅限于股东出资不实或抽逃出资的情形,远远不能满足实践当中的要求。由此看来,仅仅这条司法解释并不能解决现实中遇到的困境。比如,有限责任公司是人合性较强的公司,若某一股东滥用股东权利给公司造成损害,但其履行了出资义务或者没有抽逃出资,便不符合《公司法解释(三)》第17条关于股东除名的规定,这样的情况下,其他股东只能采取一些无奈的做法:或者自行强行转让该股东股权,或者解散公司。这往往是得不偿失的。此外,在司法实践当中,由于没有相应的法律依据,法院对于有关股东除名的案例也是判决各异,严重损害了司法的权威,我国立法和司法实践都需要股东除名制度的建立。同时,由于规定的缺失,股东会滥用股东除名的案件也频频发生,因此,建立我国有限责任公司的股东除名制度就是极迫切的了。在此,笔者仅挑选几个代表性案例进行分析:

1. 王某、张某诉请法院解散公司案(见表1)⑧

表1

时间	审理法院	涉案焦点	一审判决结果及理由	备注
2007年	顺义区人民法院	李某损害公司利益,致使公司不能正常开展业务,三人又无法达成解散公司的协议。	法院经审理认为,李某、王某、张某作为公司的股东,在经营过程中发生了激烈的矛盾和冲突,并采取对抗的态度,相互之间的合作基础已经完全破裂;李某作为执行董事、经理无法正常开展工作,公司的决策和管理机制都处于瘫痪状态,公司业务也分别由李某、王某个人把持,分别开展工作,公司在运营管理上出现了严重困难,公司陷于僵局;王某、张某未能通过转让股权的形式退出公司,股东之间亦无能力打破公司僵局,公司继续存续,会使公司及股东权益受到重大损失。故作出上述判决。	此案发生在《公司法解释(三)》颁布之前,面对某一股东侵害公司利益的行为,其余股东无奈只能选择解散公司的方法。

---

⑧ 参见崔玲玲:《经营陷入僵局 判令公司解散》,载 http://bigr.chinacourt.org/public/detail.php? id=51138&kw=僵局,发布访问日期:2007年5月24日,最后访问日期:2015年5月20日。

2. 青岛太平洋奥特莱斯有限公司解除未出资股东张某股东资格案(见表2)⑨

表2

时间	终审法院	涉案焦点	一审判决结果及理由	二审判决结果及理由	备注
2012年8月15日	山东省高级人民法院	股东除名是否有法可依？	①确认张某对奥特莱斯公司没有履行出资义务，并判决张某部分赔偿对太平洋公司造成的损失；②由于太平洋公司解除张某的股东资格的诉讼请求的实质意图是通过民事诉讼改变行政机关已作出的对外商投资企业股东批准、登记的行政行为，而该项诉讼请求不属于人民法院民事诉讼审理范围，应通过行政程序解决。因此驳回太平洋公司的此项诉讼请求。	①驳回张某的诉讼请求；②奥特莱斯公司应办理公司章程相应的减资程序或由太平洋第三相应缴纳出资。	该案发生于《公司法解释(三)》实施以前，因无法可依，一审法院驳回了奥特莱斯请求解除张某股东资格的诉求，而在《公司法解释(三)》实施之后，奥特莱斯作出股东会决议，法院依此审理，最后奥特莱斯将张某除名。

虽然《公司法解释(三)》对股东除名规定得过于笼统，但它无疑也是一种进步。而且我们认为，既然《公司法解释(三)》明确将"股东除名"的"主导权"赋予了公司，相关的行政审批的配套制度也需要加以跟进，以实现司法解释和行政法规、规章方面的衔接，防止出现各种矛盾冲突抵消"股东除名"制度在纠纷争议解决方面的重大意义。

3. 深圳市即达行国际投资有限公司与上海瑞证投资有限公司的公司决议效力确认纠纷案(见表3)⑩

表3

时间	终审法院	涉案焦点	一审判决结果及理由	二审判决结果及理由	备注
2013年	上海市第一中级人民法院	瑞证公司在2012年度所作的解除即达行股东资格的决议是否有效？	系争股东会决议在程序上不违反法律和公司章程的规定，但形成决议的理由和实际情况不符，即达行行为不符合《公司法解释(三)》对股东除名的情形，因此判决该决议无效。	驳回上诉，维持原判。	该案中，法院严守"未出资和抽逃全部出资"的规定，认为即达行出资了一部分，因此以不符合《公司法解释(三)》的规定为由认定解除即达行股东资格的股东会决议无效。

---

⑨ 青岛太平洋奥特莱斯有限公司解除未出资股东张某的股东资格案。参见蒋琪、秦增光：《首例股东除名制之争》，载《法人》2012年第11期。

⑩ 参见深圳市即达行国际投资有限公司与上海瑞证投资有限公司决议效力确认纠纷案[(2013)沪一中民四(商)终字第1624号]。

与上述案件类似的还有:沭阳县银中园林有限公司与胡玉友确认纠纷上诉案⑪;甲设备公司等与王某股东资格确认纠纷上诉案⑫,等等。由于《公司法解释(三)》仅仅规定了股东除名的两种事由,且规定得过于笼统,便造成了法官硬性判案,最后结果只能是善意股东的利益受损。

综上所述,在有限责任公司中设立股东除名是有限责任公司处理公司与股东关系的现实需要,也是维持公司发展的需要。

四、构建我国有限责任公司股东除名的设想

(一) 股东除名须遵循的原则

有限公司兼具人合性和资合性,人合性决定了股东除名制度存在的理性和必要性,而资合性则在一定程度上影响了制度的具体构建,因此必须通过制度设计来促进和体现这种矛盾中的平衡。在私法自治原则之下,公司自治有其合理性;而在利益失衡的情况下,法律管制也具有正当性,因此,在具体构建股东除名法律制度的过程中,有必要将法律管制和公司自治结合起来,并且根据调整不同利益关系的需要厘清管制与自治的范围,这是法律制度构建的基本路径。分析股东除名制度本身,其与生俱来的弊端在于可能造成对债权人和被除名股东权益的损害,以及可能造成股东滥用权利。反观我国现行《公司法》,较为明确的除名事由与程序不明,存在制度缺失,这些应是股东除名制度构建的重点。

1. 自治原则

相比股份有限公司,有限公司股东人数较少、资产规模较小,相对应的,其对社会公众利益的影响自然较小,有限责任公司应有更大的自治空间,尤其是在公司内部关系的处理上,这主要是基于对有限责任公司人合性的尊重。除名股东旨在于调整公司内部关系,化解股东之间的信任危机,恢复公司的正常运营,因此,股东除名制度应该更多地属于股东自治的范畴。在我国目前尚无具体股东除名制度的情况下,有些公司章程中有关满足一定条件而将股东除名的规定,理应受到法律的尊重。

2. 慎用原则

针对股东之间的利益冲突,《公司法》需要强制性地规定公司的一般除名权,从而恢复公司的信任基础,维持股东之间的利益均衡。同时,又因为股东除名制度在适用过程中对外会对债权人的利益造成不利影响,对内也可能损及被除名股东的财产权益,因此,在制度构建中必须要考量这些问题,通过法律管制来纠正利益失衡,从而维持股东除名所涉及各方主体的利益均衡状态。除名,必须是属于解决

---

⑪ 参见沭阳县银中园林有限公司与胡玉友股东会议效力确认纠纷上诉案[(2013)宿中商终字第0037号]。

⑫ 参见甲设备公司等与王某股东资格确认纠纷上诉案[(2013)沪一中民四(商)终字第635号]。

公司内部困境最后不得已的手段，只有这样才能合乎股东忠实义务的内涵以及手段与目的之间的比例原则。因此，如果事实上能够借由其他较为和缓的手段处理和解决冲突争执时，除名不是必要手段，对此需要明确加以规定。

3. 资本维持原则

《公司法解释（三）》第 17 条第 2 款规定："在前款规定的情形下，人民法院在判决时应当释明，公司应当及时办理法定减资程序或者由其他股东或者第三人缴纳相应的出资。在办理法定减资程序或者其他股东或者第三人缴纳相应的出资之前，公司债权人依照本规定第十三条或者第十四条请求相关当事人承担相应责任的，人民法院应予支持。"从此款规定可以看出，除名不得有违资本维持原则。

(二) 具体构想

1. 除名权的主体

目前实践中存在两种做法：一种是德国的规则，除名股东必须经股东决议，这意味着除名的决定是公司意思的表达，而根据股东决议提起的除名之诉的主体也应是公司，而非个别股东。一种是根据 1996 年的《美国统一有限责任公司法》，"公司或其他成员"可以向法院提出申请，请求法院裁定除名某一股东。也就是说在美国，除名权的主体可以是公司，也可以是其他股东，日本也是如此。具体到我国的股东除名权主体，笔者认为应明确权利主体为公司。

(1) 股东除名权作为公司对抗个别股东的集体防御权，通过驱逐想法、利益等不合的股东化解公司僵局，保证公司的正常经营，其制度目的在于维护公司的整体利益——而公司整体利益的承载者是公司本身，而并非股东个人。

(2) 本文主张除名决议即生除名效力，在此制度设计之下，股东决议即是公司意思的表达，除名权的行使主体必然是公司（具体而言，应是股东会），而无股东个人行使除名权的可能。

2. 除名事由

(1) 意定事由。章程作为公司的内部宪章，是公司自主安排公司事务的自治性文件。在不违反国家法律、行政法规中的强制性规范和禁止性规范的前提下，股东有权就公司可否除名股东的问题做出具体安排，公司可以通过章程对除名事由进行具体规定，此即意定事由。但是，赋予章程就股东除名事由进行约定的自由，并不意味着股东在创设除名事由时不受任何限制。笔者认为，章程中约定的除名事由应遵循以下几项要求：首先，股东通过章程约定的除名股东事由，应不违背诚实信用和公序良俗原则。其次，参照各国立法的做法，可以作为除名股东事由的必须是与股东自身有关的原因，或者是股东自身因素（如年老、患病、必须具有某种身份而丧失该身份等），或者是股东个人的不当行为（如违反出资行为、违反竞业禁止等）。如果某事由完全与股东自身无关，则不允许在章程中约定为除名股东的事由。再次，由于除名是对股东利益的重大剥夺，所以可在章程中约定的事由应当属于重大的事由，即可能对公司或其他股东利益造成严重不利影响的事由。

（2）法定事由。在情节特别严重，章程不可排除的情况下，就需要法律进行规定。通过借鉴各国的法律，结合我国的实际情况，法定事由可大体为以下几个方面：第一，继续与某一股东一起经营公司为不合法，将会使公司面临极大的困境甚至被强制解散。如公司的控制股东有做假账等违反法律强制性的行为，将会对公司的存续发展造成极大的隐患，此时如果控制股东执意为之而通过其他方法无法改变，则其他股东可将该控制股东除名。第二，股东滥用权利，实施了对该公司商业不利并具有实质性影响的不正当行为。如股东滥用控制权为自己谋取不正当收入，在其他股东提出异议的情况下依然没有停止滥用权利行为，或者将该收入归还公司。第三，故意、持续地严重违反法定义务，且在法定或约定的期限内未停止该行为或者采取补救措施。如股东违反出资义务，在法定期限或者约定期限内仍不履行出资义务；再如，股东违反竞业禁止义务，在其他股东提出的期限内仍未停止竞业行为。

3. 除名程序

笔者认为，对此应当确立一个相对客观的判断标准。较为简便易行又直接的做法是，通过发出通知的方式来判断是否还存在其他解决问题的可能。公司应向其认为具备除名事由的股东发出通知，通知中应载明要求其在限定的期限内消除可被除名的情形，或者采取补救措施，否则将启动除名程序。而如果拟被除名股东在接到通知后既未提出异议，也未按照通知要求去做，则此时可启动除名程序。

（1）除名决议的作出。首先，需要股东会做出相应的决议。股东除名不因章程记载而自动具有效力。其次，在除名的表决程序中，若章程没有规定，笔者认为可以参照我国2013年《公司法》第43条的规定进行表决。再次，要适用表决权回避规则，拟被除名的股东在除名表决中无表决权。有关除名股东的股东会决议显然违背拟被除名股东的意愿，并且与被除名股东有特别利害关系，该股东或其代理人不得就其持有的股权行使表决权，或代理其他股东行使表决权。在表决权回避的情况下，不论是否采行严格多数原则，均有可能出现小股东将大股东开除的情况，但是在股东平等原则之下，笔者认为，应当给予其对于存在重大事由的指控进行申辩的机会。

（2）决议的生效。除名决议经股东多数决通过并不当然生效，因为拟被除名股东如果并未参加此股东会的话，此时可能并不知道自己已被除名的情况，而在其并不知情的情况下就处分了拟被除名股东的个人权利，显然不符合正义理念。但同时，除名决议也不以拟被除名股东的同意为其生效要件。笔者认为，折中的做法是，除名决议送达拟被除名股东方产生效力。因此，在除名决议作出后，股东会应做成除名通知并送达拟被除名股东，并将除名依据及除名决议一同附上。如果拟被除名股东拒绝签收，可参考《中华人民共和国民事诉讼法》规定的留置送达的做法；如果拟被除名股东地址不详或者下落不明，可参考《中华人民共和国民事诉讼法》规定的公告送达的做法。

五、结语

2013年修订的《公司法》中没有关于除名制度的规定,这不得不说是新《公司法》的一个缺憾,表明我国打破公司僵局的救济措施并不完善。我国在公司立法中一直回避着股东除名的问题,都源于对除名制度的误解,认为除名制度违背了资本维持原则,将损害债权人的利益。其实除名制度具有深厚的理论基础,也实为社会所迫切需要,是维护诚信股东利益,稳定公司经营有效措施,法律应当适时跟上,为公司和股东权益的保障提供途径。况且在建立股东除名制度时,如能充分考虑同公司法的宗旨及其他原则的协调,通过严密的制度设计以及立法、司法等手段就能够实现将某些股东的开除,以及对其他股东、公司债权人利益平等保护的目标。

参考文献

[1] 谢轶:《论有限责任公司股东除名制度的理论构建》,华东政法大学2013年硕士论文。

[2] 王颖:《有限责任公司股东除名制度研究》,西南政法大学2012年硕士学位论文。

[3] 郝坤:《浅析有限责任公司股东除名制度》,华东政法大学2012年硕士学位论文。

[4] 蒋琪、秦增光:《首例股东除名制之争》,载《法人》2012年第11期。

[5] 储陈城、高越:《出资瑕疵股东之股东除名的根基》,载《北京化工大学学报(社会科学版)》2011年第1期。

[6] 张明昕:《论有限责任公司股东除名事由的确定》,中国政法大学2010年硕士学位论文。

[7] 甘琪:《有限责任公司股东除名制度研究》,广东商学院2012年硕士学位论文。

[8] 刘德学:《股东除名权法律问题研究》,中国政法大学2008年博士学位论文。

[9] 丁俊峰:《股东除名的裁判路径:从理论到实践的嬗变》,载《山东审判》2008年第5期。

[10] 李梦:《公司股东除名问题研究》,载《商场现代化》2007年第9期。

[11] 吴德成:《论有限责任公司股东的除名》,载《西南民族大学学报(人文社科版)》2005年第9期。

[12] 刘炳荣:《论有限责任公司股东除名》,载《厦门大学法律评论》第8辑,厦门大学出版社2004年版。

[13] 张民安:《公司契约理论研究》,载《现代法学》2003年第2期。

从隐名出资相关案例看隐名股东资格认定

谢金秀[*]

一、案情介绍

(一) 案例一

2008年3月28日,徐志荣、吴建军、曾辉和雷建清签订了嘉好公司的章程,确定了公司的股东名称及所占股份比例。2008年4月3日,嘉好公司成立,注册资本为2 000万元整,股东为郑文、雷建清,法定代表人为郑文。2008年6月14日,郑文、雷建清、吴建军、曾辉、杨金平签订《股东投资协议书》约定:合作开发经营益阳2007-52号宗地;本项目启动资金为5 800万元,其出资比例郑文占25%、雷建清占30%、吴建军占15%、曾辉占15%、杨金平占15%;上述出资必须在2008年6月29日前足额汇至嘉好公司账户,且以实际到账为准。2008年6月20日,嘉好公司进行了工商变更登记,变更后股东为郑文、雷建清、曾辉、杨金平、吴建军。2009年5月6日,嘉好公司股东雷建清、郑文、曾辉、杨金平、吴建军召开股东会议,作出如下决议:"上述股东为嘉好公司的全体股东,除此之外,无其他股东参与经营管理和盈亏分配。股东向他人借资的,由各股东自行与出借人进行结算,与其他股东无关;截至2008年6月29日,本项目的实际总投资为5 611万元,其中雷建清出资1 740万元、郑文出资1 435万元、曾辉出资870万元、杨金平出资870万元、吴建军出资696万元;经各股东确认,雷建清出资比例为31%、郑文出资比例为25.6%、曾辉出资比例为15.5%、杨金平出资比例为15.5%、吴建军出资比例为12.4%。"2011年3月4日,嘉好公司变更注册资本为3 800万元,股东为雷建清、徐志荣、吴建军、曾辉、郑雪飞、周华、毛飞,法定代表人为雷建清。2011年10月8日,嘉好公司法定代表人变更为吴发贵,股东为雷建清、吴发贵、吴建军、曾辉、郑雪飞、周华、毛飞。

2008年4月2日至2008年5月16日期间,益阳凌云有限责任会计师事务所共为嘉好公司进行了3次验资,并出具了书面的验资报告,当时的出资情况是:2008年4月2日首次出资,郑文200万元、雷建清200万元;2008年4月24日增资时,郑文出资530万元,2008年5月16日增资时,雷建清出资400万元、曾辉出资70万元、杨金平出资300万元、吴建军出资300万元。

雷菊珍与雷建清系姐弟关系,从2008年2月25日至2008年5月29日,雷菊珍向雷建清账户汇款共计268万元,之后雷建清将雷菊珍款项268万元汇入了嘉

---

[*] 北京康达(成都)律师事务所实习律师。

好公司账户。2009年6月份,嘉好公司向雷菊珍出具了一份投资确认书:雷菊珍从2008年2月25日至2008年5月29日,共向嘉好公司投资的金额合计为268万元,截至2008年6月29日,嘉好公司应付投资款利息为278 400元,公司在该投资确认书上加盖了公章,嘉好公司股东及投资人雷建清、杨金平、曾辉、吴建军、郑文、仇源旺、雷菊珍、毛飞、周华在该投资确认书上签名。2009年8月11日,嘉好公司向雷菊珍出具"今收到雷菊珍股金268万元"的收款收据一张,并在该收据上加盖了公司财务专用章。

2011年2月28日,雷菊珍以借款纠纷为由向益阳市中级人民法院起诉嘉好公司,要求嘉好公司偿还雷菊珍借款本金268万元及利息,后撤回起诉转向法院起诉要求确认其在嘉好公司的股东资格。

(二) 案例二

X公司、J公司、W公司于2003年2月21日共同出资设立B公司,该公司注册资本为1 000万元,其中X公司以实物出资500万元,J公司以实物出资488万元,W公司以货币出资12万元。B公司于2004年2月10日吸收合并X公司,更名为BX公司。X公司注销,不再持有B公司500万的股权,同时由原X公司14位自然人将1 500万元作为B公司的注册资本,成为BX公司的新股东,BX公司将注册资本增至2 000万元。后BX公司多次转让股权并进行工商变更登记。

本案中,X公司登记原始股东为10个自然人,注册资本为50万(实际为54.25万),后增资到1 000万,考虑到公司法对股东有人数限制,将其中632人(原B集团改制破产分流职工)的增资均挂到10个原始股东名下,实际出资人仅有出资证明,未进行工商登记。J公司由3人出资设立,后将多于注册资本的出资转为实际资本,注册资本由300万元变更为1 000万元。在股权转让时将537.91万股份转让给B公司,而实际上,J公司在设立时由X公司出资1 281万元,民间出资756.5万元,民间出资除3名原始登记在册的股东出资外,其余来自X公司的职工集资和部分社会人员出资。W公司由3名自然人(名义股东)出资50万元设立,而公司出资人实际为X公司,3名自然人仅为名义股东。后因部分实际出资人与管理层出资人矛盾,需对BX公司进行产权界定。

二、案件反映的问题及最终认定结果

案例一和案例二都反映了隐名出资的问题。在公司中,事实上的投资者(隐名出资人)已向公司认购或实缴出资,并承担公司的经营风险,但公司的章程、股东名册或者工商登记中记载的出资人却是他人(显名股东),他人以自己的名义享有形式上的股东权利和承担形式上的股东义务。这样的做法导致在公司中同时存在名义股东和显名股东这样一个相对的概念。从根本上来说,隐名出资与冒名出资、虚名出资不同,是几方博弈和选择的结果,是一种有意为之,要么是善意规避法律,要么是恶意规避法律,要么是非规避法律、基于其他考量的行为。

(一)对案例一的分析

在公司中,股东是最重要的角色,出资是股东的合同义务,也是设立公司的法定义务。从行为属性来说,出资是一种设权行为,是取得股东资格的对价。然而,在司法实践中,不是一出资即当然获得股东身份,也不是所有的向公司的出资都是股东出资,尤其是在隐名出资的情形下。

案例一的争议焦点是,能否依据雷菊珍向嘉好公司投资268万元的行为认定雷菊珍为嘉好公司的发起人和股东。雷菊珍主张其是嘉好公司的发起人、原始股东,请求确认其股东身份并办理股东登记,理由是嘉好公司已经实际收到其通过雷建清转入嘉好公司的268万元。根据最高人民法院《关于适用〈中华人民共和国公司法〉若干问题的规定(三)》[以下简称《公司法解释(三)》]第1条的规定:"为设立公司而签署公司章程、向公司认购出资或者股份并履行公司设立职责的人,应当认定为公司的发起人,包括有限责任公司设立时的股东。"①而在本案中,雷菊珍无法被认定为嘉好公司的发起人,其主要原因如下:(1)雷菊珍未参与过公司章程的起草、签订。(2)嘉好公司成立之初,益阳凌云有限责任会计师事务所为嘉好公司进行了3次验资,从3次验资报告看,未显示雷菊珍有过出资。(3)雷菊珍最初隐名在雷建清名下。(4)2011年2月,雷菊珍曾以借款纠纷名义起诉嘉好公司要求偿还268万元的借款本金及利息,后撤回起诉。因此,虽然雷菊珍通过雷建清向嘉好公司投资了268万,但综合公司成立时的情况、原始股东的陈述、公司验资报告等来看,向嘉好公司投资268万元的行为,只能认定雷菊珍是隐名在雷建清名下的嘉好公司的实际投资人,但不能证明雷菊珍为嘉好公司的发起人。

《公司法解释(三)》第24条第3款规定:"实际出资人未经公司其他股东半数以上同意,请求公司变更股东、签发出资证明书、记载于股东名册、记载于公司章程并办理公司登记机关登记的,人民法院不予支持。"在本案中,嘉好公司股东及投资人对雷菊珍的投资情况作出签字确认,并由嘉好公司出具收据的行为,不能当然显示嘉好公司股东同意雷菊珍成为公司新股东,其仅是对雷菊珍在嘉好公司投资的确认,但并未明确雷菊珍的投资与雷建清的投资的关系,也未确认雷菊珍在嘉好公司所占的股份份额,之后也无股东会纪要,故投资确认书不能成为雷菊珍已经成为嘉好公司股东的依据。为此,法院认定雷菊珍是公司的隐名股东但非发起人,由于对内未经过其他股东和公司的同意,无法认可其股东身份。

而法院对潘祥贵与绍兴市成天电器有限公司股权确认纠纷一案的处理,则更

---

① 严格说来,发起人与股东不能等同,二者是两个既相区别又相联系的概念。通常情况下,发起人是指参加订立发起人协议、提出设立公司的申请、认购公司出资或股份并对公司设立承担责任的人。发起人在设立公司过程中受发起人协议的约束,在公司成立后,才能具有股东身份。公司股东并不以发起人为限。除公司发起人外,任何在公司设立阶段和公司成立后认购或受让公司出资或股份的人都可以成为公司的股东。

为充分地论证了何为股东出资。潘祥贵作为承天公司员工,向承天公司缴纳款项共计人民币3万元,对此,承天公司出具收据,款项内容为"投资款"。然而该款项未经过依法验资和公司登记机关登记转化为公司的注册资本,不能证明属于承天公司的公司章程所规定的其应当缴纳的出资额。因此,该出资行为并非法律上的股东出资行为,最终该出资行为只被认定为债权性投资,而非股东出资。此外,对于股东身份的判定,也并非仅从是否出资进行认定,应从形式特征和实质特征两方面予以判断。潘祥贵在承天公司的设立、变更过程中未参与公司章程的签署,缴纳的投资款3万元非股东出资行为,也未取得股东出资证明书。故潘祥贵虽出资但并非公司股东。

由以上案例可见,当实际出资人和名义股东之间无证据证明有代持股份事实合意时,则不应当认定为隐名投资行为,而应当视情况认定为借贷法律关系或不当得利。当实际出资人的出资行为并非履行公司法规定的出资义务,该资本未转化为公司资本时,只能认定为债权性投资。同时在进行股东资格判定时,应当坚持"两重标准,内外有别"的原则进行处理,虽具有隐名出资事实,也不应简单认定为公司股东,而应区分内外关系,一旦涉及隐名出资人和名义股东以外的第三人,应当严格依照法律办事,只有满足了各项要件,才能认定为公司股东。

(二) 对案例二的分析

隐名出资之所以盛行,原因之一是善意规避法律,尤其是在国有企业、集体企业改制时发生很多。《中华人民共和国公司法》(以下简称《公司法》)第24条规定:"有限责任公司由五十个以下股东出资设立。"基于《公司法》对股东人数进行了限制,当国有企业、集体企业改制成立有限责任公司时,由于企业职工人数众多,只能由股东合计持有股份,推举一部分人登记在册对外成为股东,其他仅出资未登记的人即成为隐名股东,委托显名股东代为持股。目前这种做法被认可为是属于历史遗留问题。

实务中,当出现双重或多重隐名出资时情况更为复杂,这时应如何界定公司产权和股东身份?面对实践中的隐名投资行为,笔者认为,必须通过事实梳理和审计、会计等方式的查证,一层层揭开面纱,才能还原事件的本来面目。在处理存在隐名出资现象公司的股权界定时,应当结合形式要件和实质要件从中查找实际出资人和实质的产权所有者。

案例二即为国有企业改制的代表案例,作为有限责任公司来说,因为法律上给予50名股东的上限规定,因此,当实际出资人人数众多时,只能选择法定数额内的实际出资人成为公司对外的名义股东,剩下的实际出资人只得隐名,这样的做法实属无奈,也未被《公司法》所禁止。因此,针对案例二及类似案件,在界定公司产权时,应坚持"谁投资,谁拥有"的原则,充分考虑企业的形成因素和发展历程,根据不同的情况,兼顾各方利益,合理地处理与公司有关的法律关系,从而准确界定产权的最终归属和股东的身份。

证明股东资格的证据主要有三个层次:源泉证据、效力证据和对抗证据。其中源泉证据为基础性证据,是指股东依靠自身的出资行为而原始取得或继受取得股权的证据,包括冠以"出资证明书"的书证等能够证明股东认缴或实缴出资的各类证据。当以上三类证据发生冲突时,要根据内外法律关系去进行证据效力判定。例如,在股东与股东、股东与公司之间的股权确认纠纷中,应尽可能尊重源泉证据。案例二中,W 公司中出现了隐名出资,其产权依法应归属于原 X 公司出资人共同所有,由于原 X 公司被吸收合并,故属于现 BX 公司的实际出资人所有。而 J 公司的实际出资人为 X 公司的职工(原 B 集团公司改制破产分流职工)和部分外部人员等自然人及 X 公司。对此,实际出资人拥有出资证明书等源泉证据,公司内部的股东登记簿中也记载在案,分红簿中也显示原 B 集团改制破产分流职工和部分外部人员等 530 名实际出资人作为股东享有公司分红。B 公司于 2004 年吸收合并 X 公司,X 公司的资产填补了 B 公司的设立出资虚位并作为唯一的出资资金来源,故 BX 公司承袭了 X 公司产权,X 公司的实际出资人便成为该公司的实际出资人并拥有其全部产权。在本案中,源泉证据是确认股东资格的基础支撑,并且优于其他两个层次的证据,故最后截至 2007 年该公司新增现金出资前,该公司产权依法应归于 530 名对原 X 公司实际出资的自然人名下,即属于原 B 集团改制破产分流职工和部分外部人员等自然人。

三、隐名股东资格的具体认定

当前,学术界关于隐名股东资格的认定主要有三种学说:一是实质说;二是形式说;三是折中说。实质说的理论基础是民法的意思主义,充分尊重个人的自由意志、自主选择。在这样一种学说中,对内在事实的遵循高于一切,故在出资事实的基础上认定股权归属。形式说则更看重于股东名册、公司章程及工商登记等证明材料,体现的是商法的外观主义和公示主义。折中说则认为应该"内外有别":在处理隐名投资人和名义股东的关系时根据实质要件判定,适用双方的协议;当纠纷涉及两者以外的第三人时,则根据形式主义来确定股东资格。此种学说是对实质说和形式说的妥协,当个体公平与社会秩序发生冲突时,优先保护信赖利益,维护交易安全和社会秩序。

就实践处理来说,不能单纯地根据形式要件标准或实质要件标准确认股东资格,不论哪种做法都有欠缺。当实质要件和形式要件相符时,就不存在所谓的隐名出资问题,不论采取何种标准进行判定都是可以的。当实质要件和形式要件产生冲突而不一致时,则需要进行一个考量和选择,根据证据的层次和效力进行认定,综合运用两种标准确认股东资格。

笔者认为,在认定隐名股东身份时,应坚持三个原则:一是维护公司中法律关系的稳定性,尊重公司自治;二是区分内外关系,适用不同的价值判断标准,平衡各方利益;三是正确适用法律。

认定股东资格时，离不开价值判断。正义价值与秩序价值是在对隐名股东进行价值判断时的两种重要方法。笔者认为，恶意规避法律、以合法形式掩盖非法目的的行为一律无效，不应当承认实际出资人具有股东资格，同时还应当设置一定的惩罚机制，对此种行为予以严肃惩处。善意规避法律和非规避法律的隐名出资并未对第三人、国家和社会的利益造成损害，应当在投资协议有效的基础上内外有别地处理，根据不同的主体关系进行股东资格认定，具体如下：

1. 隐名投资人和显名股东之间

隐名投资人和显名股东之间一般会签订协议，在合同中具体约定双方的权利和义务。根据《公司法解释（三）》第24条的规定，两者之间的合同如果没有《中华人民共和国合同法》（以下简称《合同法》）第52条规定的情形，则应当认定为有效，并且隐名投资人可以实际履行了出资义务为由向显名股东主张投资权益。因此，只要隐名投资人和显名股东之间的协议真实、合法、有效，则应当按照协议内容确定二者的法律关系和认定股东资格。除非当事人有相反约定，隐名股东因向公司实际出资具备实质要件应当取得股东资格。处理这两者的关系，应当严格根据《合同法》的规定。

2. 隐名投资人、显名股东和公司其他股东之间

隐名股东一般只存在于有限责任公司，其在何种情况下可以显名化，目前在理论和实务方面已有明确的结论。考虑到有限责任公司具有较强的人合性，在隐名投资人和显名股东之间协议真实、合法、有效的基础上，认可实际出资人的股东资格，还应当满足三个要件：只有当隐名投资人对公司给予了实际出资、在公司中实际以股东身份享有权利和承担义务、其他股东知道隐名投资人的存在并且认可其以股东身份行使权利，隐名投资人才具有股东资格。除此之外，应当以股东名册等作为股东行使权利、履行义务的依据。根据《公司法解释（三）》第24条第3款，隐名出资人要确认自己的股东身份，从公司外部进入公司内部、成为公司的成员，必须取得一定数量的其他股东（其他股东半数以上）的同意。否则，只能根据合同的相对性，向显名股东主张权益，而不能直接向公司或其他股东主张股东的身份和权利，即跳出《合同法》的规定，适用《公司法》和《公司法解释（三）》的规定。

3. 隐名投资人、显名股东和公司以外第三人之间

公司以外的第三人，是指与公司进行交往的外部人员，通常是债权人。第三人一般并不知道隐名出资人和显名股东之间的约定，对其而言，显名的才是公司股东。为了保障交易顺利进行和维护善意第三人的权益，应当允许第三人信赖工商登记关于股东资格的形式记载。《公司法解释（三）》第26条规定："公司债权人以登记于公司登记机关的股东未履行出资义务为由，请求其对公司债务不能清偿的部分在未出资本息范围内承担补充赔偿责任，股东以其仅为名义股东而非实际出资人为由进行抗辩的，人民法院不予支持。名义股东根据前款规定承担赔偿责任后，向实际出资人追偿的，人民法院应予支持。"隐名出资人并不直接对外承担责

任,可见,对外的股东是名义股东,隐名出资人和名义股东之间的内部约定不具有对外效力。

笔者认为,在处理对外关系时虽承认形式大于实质,名义股东为公司股东,但为了更好地保护第三人的合法权益,与此同时还应当引入"刺破公司面纱"理论,刺破隐名出资人的双重面纱。当隐名出资人滥用公司独立人格和股东有限责任损害债权人利益时,得允许债权人越过名义股东要求隐名出资人直接承担连带赔偿责任。

四、结语

股东资格是出资人行使股东权利、承担股东义务的身份基础。确定股东资格对于股东、公司和第三人来说都具有重要的意义。现实中的隐名出资有着复杂的成因和类型,因此在实践中进行股东资格认定、争议解决时标准也并非一成不变,该类问题的解决思路为争议类型化、标准多元化,应在今后的司法实践中结合具体案情进行分析,本着法律的精神和具体规定去认定隐名出资者是否具有股东身份以及相应的责任承担。在今后的公司立法中,应当对隐名投资行为进行明确的界定,并对其资格认定设定清晰的标准,从而减少隐名投资中规避法律的情形,更好地促进公司的发展。有限责任公司基于人合性对于股东人数的法定限制也应明确允许通过隐名股东的方式予以变通处理,同时应完善公司内部治理、规范文件备置,确保源泉证据、推定证据与对抗证据三位一体,在保护交易安全的同时,维护和实现好实际出资股东的合法权益。此外,股份代持与股份信托在一定程度上类似,只是信托具有一定期限,受托人仅在信托期间内行使股权,期满后,则由信托委托人当然恢复对标的股权的权利。而在股份代持、隐名出资的情况下,实际出资人欲显名化,必须满足一定的条件,不能当然地取得股东资格。如果实际出资人仅为投资获取收益,选择信托风险低,会更为有利。完善信托制度,能够创新股份代持方式。

参考文献

[1] 赵磊:《公司诉讼中的法律解释——以隐名股东法律问题为例》,载《西南民族大学学报(人文社会科学版)》2013 年第 2 期,第 104—109 页。

[2] 吕召、高雁:《公司隐名出资人股东资格确认的相关问题》,载《中国审判》2008 年第 7 期,第 71—73 页。

[3] 郑瑞平:《论隐名股东利益之法律保护》,载《中国政法大学学报》2010 年第 5 期,第 103—108 页,第 160 页。

[4] 扈家瑜:《隐名股东资格认定及其责任承担》,载《湖南人文科技学院学报》2011 年

第1期,第55—58页。

[5] 潘文杰:《隐名投资人转为显名股东须具备法定条件》,载《人民司法》2012年第6期,第85—87页。

[6] 薛启明:《有限责任公司隐名股东法律问题试析》,载《山东审判》2007年第3期,第99—103页。

[7] 王荣、吴碧虹:《有限责任公司隐名股东资格认定问题探析》,载《净月学刊》2014年第1期,第78—82页。

[8] 雷金牛:《刺破隐名投资人的双重面纱》,载《法学杂志》2014年第3期,第120—131页。

[9] 唐英:《隐名股东的法律界定》,载《贵州民族学院学报(哲学社会科学版)》2010年第2期,第66—70页。

瑕疵出资股权设立信托的外部责任试析

刘 斌* 蔺楷毅**

股东出资是公司资本的物质基础,也是公司对外承担责任能力的表征之一。基于该原因,在股东出资瑕疵的情况下,法律赋予外部债权人要求瑕疵出资股东对公司债务承担相应的责任。但是,将瑕疵出资的股权设立信托,受托人持有该股权后,是否也当然应当对公司债务承担相应的责任呢?本文对此进行了初步分析,笔者认为,受托人不应基于股权信托承担该责任。

一、瑕疵出资股权信托的现实

(一)信托法的规定

现代世界各国的信托法均直接或者间接地起源于英国的信托法。从英美法关于信托制度的本意来看,信托起源的主要目的是规避土地转让、税收等限制。在信托法律关系设立后,委托人仅向受托人让渡普通法意义上的法律财产权,但同时,为使受托人为受益人利益管理财产的义务具有法律效力,赋予受益人依照衡平法享有实质上的所有权。但大陆法系没有英美法项下的"双重所有权",为此,大陆法系基于债权和物权区分模式设立了信托财产权:一是确认了受托人对信托财产的所有权,同时赋予受益人对信托财产享有信托利益,并使之债权化;二是确认了信托法为民法特别法,以此阻却民法中有关物权和债权规则的当然全盘适用。从世界各国来看,均要求委托人将信托财产的所有权转移给受托人或者置于受托人名下,以此确保信托财产有别于委托人财产;并要求受托人基于信托目的和受益人的利益管理信托财产,以有别于受托人的固有财产。

我国作为大陆法系国家,没有英美法系中普通法和衡平法的概念,无法照搬英美法关于信托财产所有权分离的规定。《中华人民共和国信托法》(以下简称《信托法》)第2条规定:"信托是指委托人基于对受托人的信任,将其财产权委托给受托人,由受托人按委托人的意愿以自己的名义,为受益人的利益或者特定目的,进行管理或者处分的行为。"使用"委托给"一词,是我国《信托法》的独创。但无论使用财产"转移"还是"委托给",作为信托法制度的基础,财产权均应基于"委托"向受托人转移,并由受托人名义持有该财产。换言之,我国《信托法》的"委托给"表

---

* 北京市金杜律师事务所。
** 北京市金杜律师事务所。

述,是"委托"+"给",不仅要有"委托"的行为,还要有受托人接受的行为,"给"也表示完成财产所有权的转让。① 可见,受托人持有信托财产,是各国信托法的基本原则,也是信托制度的当然要义。

(二)瑕疵出资股权信托问题的提出

《信托法》第10条规定:"设立信托,对于信托财产,有关法律、行政法规规定应当办理登记手续的,应当依法办理信托登记。未依照前款规定办理信托登记的,应当补办登记手续;不补办的,该信托不产生效力。"

但《信托法》颁布后,我国并没有针对信托出台过相应的信托登记操作办法或规则,因此,我国信托登记处于"有法可依""无法操作"的状况。根据上述规定,目前我国信托登记的现实是:

(1)只有法律和行政法规规定应当办理信托财产登记手续的,才应当办理财产登记;

(2)我国采取"登记生效主义",并且该登记仅仅指向的是"信托财产"登记,而非信托登记;

(3)我国信托登记按照一般商事交易模式和物权变动规则进行物权变动登记,并未有针对信托进行的特别登记,没有显示和区别信托登记财产有别于一般物权取得的特殊性。

实践中,大量的情况是,委托人将其持有的目标公司股权作为信托财产,委托给受托人持有设立信托。尤其是在结构化集合信托中,委托人将股权委托给受托人(信托公司)设立信托计划,并通常认购次级收益权。为了取得信托财产,根据法律规定,股权转移给受托人信托公司持有,基于控制股权的角度,信托公司通常均会办理工商变更登记。究其本质而言,股权信托行为与一般投资人以现金认购优先级受益权并无法律本质上的区别,两者均为信托法律关系,只不过信托财产的内容一为股权,一为现金。因此,股权"转移"登记至受托人名下的外在表现形式是股权转让合同关系,本质却是信托法律关系。

但如果委托人将未全面履行出资义务的股权作为信托财产,则即会引出本文所探讨的问题(本文我们暂且不论委托人与受托人的内部关系,仅就其外部责任进行分析),即如果作为股东的委托人存在出资不到位、出资不实、抽逃出资等瑕疵出资行为,信托公司基于信托而取得股权后,信托公司对外展示的"外观"是:信托公司经过股权受让取得该瑕疵股权,并对外登记成为目标公司的股东。如果外部债权人能够证明该股权存在瑕疵出资情况,则能否要求信托公司基于瑕疵出资对公司债务承担相应的责任?

---

① 参见周小明:《信托制度:法理与实务》,中国法制出版社2012年版,第40页。

二、对现有法律规定的辨析

从现有法律、法规和司法解释的内容来看,最高人民法院《关于适用〈中华人民共和国公司法〉若干问题的规定(三)》[以下称《公司法解释(三)》]对如何认定股东身份;在出资不实情况下,原股东及知情受让人应当承担何种法律责任等作出了一系列规定。而对于信托公司基于信托取得股权,是否也属于《公司法解释(三)》(特别是该司法解释中关于"知情受让人应与出资不实的原股东对出资瑕疵承担连带责任")的适用范围?法律并无明确规定,理论中亦无深入探讨。

(一) 现行法律、司法解释对股东出资不实责任的规定

《中华人民共和国公司法》(以下简称《公司法》)第28条规定:"股东应当按期足额缴纳公司章程中规定的各自所认缴的出资额。股东以货币出资的,应当将货币出资足额存入有限责任公司在银行开设的账户;以非货币财产出资的,应当依法办理其财产权的转移手续。股东不按照前款规定缴纳出资的,除应当向公司足额缴纳外,还应当向已按期足额缴纳出资的股东承担违约责任。"

《公司法解释(三)》第13条第2款规定:"公司债权人请求未履行或者未全面履行出资义务的股东在未出资本息范围内对公司债务不能清偿的部分承担补充赔偿责任的,人民法院应予支持;未履行或者未全面履行出资义务的股东已经承担上述责任,其他债权人提出相同请求的,人民法院不予支持。"

《公司法解释(三)》第18条规定:"有限责任公司的股东未履行或者未全面履行出资义务即转让股权,受让人对此知道或者应当知道,公司请求该股东履行出资义务、受让人对此承担连带责任的,人民法院应予支持;公司债权人依照本规定第十三条第二款向该股东提起诉讼,同时请求前述受让人对此承担连带责任的,人民法院应予支持。受让人根据前款规定承担责任后,向该未履行或未全面履行出资义务的股东追偿的,人民法院应予支持。但是,当事人另有约定的除外。"

上述法律、司法解释确立的原则是:有限公司原股东及相应股权的知情受让人,应就履行出资义务、在未出资本息范围内的补充赔偿责任等承担连带责任,以此强化股东出资责任的法定性、绝对性。但是,法律、司法解释没有对基于信托法律关系受让的股权是否适用以上规定给出意见。

根据了解的情况,在起草《公司法解释(三)》的时候,起草人并没有考虑信托持股的情况。据悉,在《公司法解释(三)》原稿中仅有一条职工持股会的内容与信托有关,但考虑到这一问题延伸出的法律问题很多,一条司法解释处理不了,而且从最高人民法院到各级审判机关对信托法律关系不太熟悉,没有进行深入研究,所以在最终的定稿中取消了关于职工持股会的内容,当然也就未能涉及信托持股的问题。

（二）股权信托的法律责任理解

股权信托下，尽管工商登记已经将信托公司登记为股东，但是信托公司对信托股权的权利是受到严格和明确限制的，有别于一般商事交易和物权取得规则下持有的股权。

1. 信托设立的信托文件会对作为受托人的信托公司作出一系列权利限制

实践中，信托文件都会约定受托人的权利限制条款，例如：在满足一定条件的情况下应归还股权；未经转让方书面同意，不得擅自就标的股权进行质押或者附加其他权利负担（包括抵押、质押、留置、收购协议、期权协议、出售权协议、债权从属等），等等。从股权转让合同的约定可以看出，信托公司只能按照信托合同约定对股权进行积极的管理和经营性处分，而不能擅自进行其他处置。并且，我国《信托法》也明确规定，禁止受托人从信托财产中受益。因此，信托公司对作为信托财产的股权实际上既无充分的自由处分权利，也无受益的可能。

基于传统民法理论，所有权人对其财产应具有完全的、自由的处分权和收益权，股权也是如此。前述信托公司基于信托取得的股权所受的约束，可进一步说明信托公司名下的股权应区别于基于买卖、赠与等法律关系获得的股权。工商部门将信托公司登记为目标公司的股东（对信托人身份未做明确登记），是因为我国还没有建立完善的信托登记制度，现有工商登记体制与信托法没有很好地衔接。

笔者认为，工商登记的后果不应该与信托法律制度相背离。并且，如果在目标公司工商登记资料中备案了《信托合同》《股权转让合同》等信托文件，且已经对信托公司基于信托而取得股权的股东身份进行了必要和充分的披露，应可对抗基于外观主义而对信托公司股东责任提出的挑战。

2. 信托财产的法律属性表明其不应作为外部债权人声索权利的标的

我国《信托法》第15条规定："信托财产与委托人未设立信托的其他财产相区别。"第16条规定："信托财产与属于受托人所有的财产（以下简称固有财产）相区别，不得归入受托人的固有财产或者成为固有财产的一部分。受托人死亡或者依法解散、被依法撤销、被宣告破产而终止，信托财产不属于其遗产或者清算财产。"

在信托成立后，受托人因承诺信托而取得信托财产，并以自己的名义对信托财产进行管理或者处分。可以说，信托成立后，信托财产处于受托人的实际支配控制之下。但信托财产是为信托目的而存在的，是实现信托目的的物质基础和保障。为保护信托财产，保障信托目的的完成，应当赋予信托财产独立于受托人财产的法律地位。信托财产与受托人固有财产的区别主要在于受托人对这两部分财产所享有的权利和承担的义务是不同的，主要区别如下：

（1）财产的权利主体不同。信托财产的所有权权能是分离的，根据信托文件的规定，受托人享有信托财产的管理处分权，受益人享有信托财产的收益权；除遗嘱信托外,委托人对信托财产享有基于所有权所产生的、旨在保护信托财产权益的独立的请求权。这就是说,对信托财产,委托人、受托人、受益人分别享有独立的权利,信托财产的权利主体包括委托人、受托人和受益人。但对于受托人的固有财产的所有权,完全由受托人独立享有,受托人是其固有财产的唯一权利主体。

(2) 受托人对信托财产和固有财产所享有的权利在内容上不同。对信托财产,受托人在信托关系存续期间享有占有、使用、处分的权利以及基于这些权利或者在信托财产运用过程中所产生的请求权。对固有财产,受托人享有完全的所有权,即包括占有、使用、收益、处分四项权能的所有权,同时还享有以固有财产为内容的各项独立的请求权。

(3) 行使权利的条件不同。受托人是由于承诺信托而取得信托财产,从而取得对信托财产的各项权利的,所以,受托人行使这些权利,必须以履行自己的承诺为条件,也就是必须根据信托文件,按照委托人的意愿,为实现信托目的而管理信托财产。同时,为确保受托人依信托目的正确行使对信托财产的权利,受托人在行使权利时,也负有诚实、信用、谨慎、有效管理、分别管理等义务。这些义务都是受托人的法定义务。受托人承诺信托,意味着对保证这些法定义务的履行作出了承诺,所以又可以说,受托人行使对信托财产的权利是以保证履行若干法定义务为前提的。对于固有财产,受托人在法律允许的范围内可以根据自己的意愿任意支配、处置,受托人依法行使对其固有财产的权利是不受限制的。

(4) 财产收益的归属不同。信托财产的收益归属于受益人,为受益人所有;受托人固有财产所产生的收益则归属于受托人,为受托人所有。

(5) 所担保履行的债务不同。信托财产仅为属于信托财产的债务担保,而受托人的固有财产则为受托人的债务的担保。应当注意的是,受托人可以其固有财产为信托财产的债务提供担保,但绝对不允许以信托财产为受托人的债务提供担保。

从以上主要区别可以看出,信托财产虽然在受托人的实际控制和支配之下,但它与受托人的固有财产有本质的区别,信托财产及其收益都不属于受托人所有,为保证信托财产的安全,保证信托目的的实现,必须严格划分信托财产与受托人固有财产的界限,禁止将信托财产归入受托人的固有财产或者将信托财产作为固有财产的一部分。因此,信托财产既独立于委托人的财产,也独立于受托人的固有财产,并不属于受托人(信托公司)的固有财产。

就此而言,笔者认为,只有受托人完全享有所有权的财产,才能成为受托人对外承担责任的基础;受托人取得的信托财产,不应成为受托人对外承担责任的依据。换言之,只有在信托公司固有财产范围内,依照一般商事交易和物权取得规则持有的股权,才应当成为其对外承担责任的基础,也才能成为外部债权人声索权利的责任对象。而信托公司基于信托财产取得的股权,不能要求受托人因持有该信托财产而对外承担责任,也不能成为外部债权人声索权利的责任对象。

(三) 信托公司并非"名义股东"

《公司法解释(三)》第26条规定："公司债权人以登记于公司登记机关的股东未履行出资义务为由，请求其对公司债务不能清偿的部分在未出资本息范围内承担补充赔偿责任，股东以其仅为名义股东而非实际出资人为由进行抗辩的，人民法院不予支持。名义股东根据前款规定承担赔偿责任后，向实际出资人追偿的，人民法院应予支持。"

实际上，上述司法解释主要针对的是在隐名股东委托持股的情况下各方主体的责任分担问题。信托公司持有股权系基于信托法律关系，并非基于委托法律关系，信托持股在信托财产所有权归属、独立性、处置股权的灵活性上与委托持股有明显区别。因此，信托公司应不属于《公司法解释(三)》第26条所称的"名义股东"。

三、继续思考：信托公司承担补足出资责任的假设

(一) 信托公司不应以其固有财产补足出资

众所周知，除非《信托法》另有明文规定，信托公司的固有财产应当受到《信托法》的保护，不对因信托产生的债务承担责任，且信托财产区别于受托人的固有财产，且不得互相交易。

《信托法》第37条进一步规定："受托人因处理信托事务所支出的费用、对第三人所负债务，以信托财产承担。受托人以其固有财产先行支付的，对信托财产享有优先受偿的权利。受托人违背管理职责或者处理信托事务不当对第三人所负债务或者自己所受到的损失，以其固有财产承担。"

因此，信托公司接受委托人的股权信托，并将其作为信托财产。如果要求信托公司以固有财产补足信托股权的瑕疵出资，既违反《信托法》的规定，也破坏了信托的基本制度基础，并且导致信托公司不愿意接受股权作为信托财产，也会引起信托实践的混乱。

(二) 信托公司以信托财产承担瑕疵出资责任的影响

如果不能苛责信托公司以固有财产承担补足出资责任，能否要求信托公司以信托财产为限在瑕疵出资范围内对外部债权人承担相应的责任呢？由此假设而言，如果要求信托公司以信托财产为限对公司外部债权人承担相应的责任，需要考虑以下问题：

1. 信托公司承担责任的财产范围

实践中，存在大量的集合信托计划，作为自益信托，划分为优先级、次级等不同的风险偏好的投资人，众多委托人将股权、资金、债权等多种类型的财产投入信托计划中，如果要求信托公司对外承担瑕疵出资责任，是仅以该信托股权为限承担相

应的补足出资责任,还是以信托财产整体对外承担责任?对此,法律并没有明确的规定。

我们可以进一步分析,在信托计划设立之后,优先级信托财产和次级信托财产成为一个整体,由信托公司通过综合运用全部信托财产,为受益人谋取收益,受益人按照约定共同承担风险和责任。在信托计划的运营过程中,如因部分信托财产存在瑕疵对信托计划之外的人产生负债,要求整体信托财产对外承担责任,则要求同等比例的计算信托财产的减值,核定受益权份额同等比例的减少。这不仅违背了信托目的,与《信托法》和信托文件的规定相悖,也损害其他委托人/受益人的利益。

如果要求信托公司仅仅以该信托股权为限承担补足出资责任,是以该股权投入信托计划时的原值为限,还是以其现值为限承担责任?信托公司是否需要将该股权进行处置?尤其是股权原值和现值不一致时,如何厘清和认定信托公司补足出资的责任?还需要考虑的是,《信托法》第17条规定:"除因下列情形之一外,对信托财产不得强制执行:(一)设立信托前债权人已对该信托财产享有优先受偿的权利,并依法行使该权利的;(二)受托人处理信托事务所产生债务,债权人要求清偿该债务的;(三)信托财产本身应担负的税款;(四)法律规定的其他情形。对于违反前款规定而强制执行信托财产,委托人、受托人或者受益人有权向人民法院提出异议。"该条进一步明确,除非符合法定情况,信托财产不属于被强制执行的财产范围,更加确认了信托财产不应成为对外承担责任的标的。对于该股权进入信托之前的瑕疵出资情况,在信托法律关系中需要进行处置是否符合上述《信托法》的规定呢?上述问题,显然不能够当然地得出肯定性结论。

2. 信托收益分配及信托财产分配问题

在信托关系中,基于信托财产取得的信托收益需要向受益人进行分配,这是受托人的法定义务,也是受益人的法定权利。同样,在信托计划终止时,无论是现状分配,还是信托财产处置之后的资金分配,受托人都需要按照信托文件的约定向受益人进行财产分配。尤其是在集合信托计划中,优先级受益人通常具有优先分配权或者其他增信保障机制(如回购),如果受托人基于瑕疵出资股权信托而对外承担责任,显然会损害受益人的收益分配权,影响信托财产的整体处置,将会导致信托内部法律关系的混乱和破坏。

四、倾向性的小结

信托公司基于信托取得股权,并进而登记为股东,是信托公司基于我国《信托法》对信托财产登记"有法可依""无法操作"的无奈之举。但基于信托法律制度的基本原理,信托公司取得的信托股权,仅仅是形式上的所有权:作为信托财产,无论是该股权的法律地位、信托公司对信托财产处置权利,还是该股权的收益权利,均受到《信托法》及信托合同的严格限制和约束,既非作为受托人的信托公司的固有财产,亦非其可以完全自由处置之财产。基于法律对信托财产的特殊规定,按照"特别法优先于一般法"的法理原则,信托公司对信托股权无权也不应承担瑕疵出资的相应责任。否则,受托人可能处于既违法又违约的状况,对外与信托制度"物有所值""物尽其用"的现代立法理念相悖,对内则可能会导致信托法律关系的混乱。

瑕疵出资情况下股东权利限制问题探讨

李 威* 刘元星**

一、股东瑕疵出资概述

(一) 股东瑕疵出资的概念

瑕疵出资在《中华人民共和国公司法》(以下简称《公司法》)中并无明确的规定,瑕疵出资可以概括为股东违反出资义务、履行出资义务不符合出资协议、公司章程或法律规定的情形。

瑕疵出资的情况根据是否足额到位可以分为未出资和未适当出资。未出资的情形大体可以概括为拒绝出资、虚假出资、抽逃出资和不能出资的情形;未适当出资可以概括为出资金额不足、迟延出资、出资实物或无形资产价值不实和出资物有瑕疵。

(二) 股东瑕疵出资的现行相关规定

根据《公司法》第34条的规定,股利分配请求权和新股优先认购权根据实际出资的比例为原则,约定为例外。《公司法》第42条、第186条对表决权和剩余财产分配权也作出了规定,但该两条下的权利行使是依据实际出资还是认缴出资并无明确规定。虽然2011年实施的最高人民法院《关于〈中华人民共和国公司法〉若干问题的规定(三)》[以下简称《公司法司法解释(三)》]中有多个条款专门对相关问题进行了规定,如第7—16条事关或涉及对瑕疵出资的认定及其责任的承担;而第6条、第17条明确了除名制度,规定可对瑕疵出资股东除名,对其认缴的股份可另行募集。但对股东除名并未有明确规定的操作程序,如果除名程序不合法,其决议如何合法?

二、案例

2014年3月,甲公司与乙公司、丙公司共同出资成立某大型机械销售有限公司(以下简称"销售公司"),出资协议及公司章程约定:2014年9月底前,三方共同努力完成与某大型机械生产企业的销售谈判;甲公司于2014年9月底前出资1 000万元,乙公司、丙公司也于2014年9月底前各出资500万元。销售公司于签订出资

---

* 山东豪才律师事务所执行主任。
** 山东豪才律师事务所实习律师。

协议后的第二日办理了公司登记,销售公司随后成立。

由于谈判并不顺利,2014年9月底,销售公司并未与某大型机械生产企业完成销售谈判,直至2014年年底,销售公司才与生产企业签订代销协议。2014年9月底,乙公司、丙公司已按出资协议约定将各自认缴的出资注入销售公司,而甲公司于2014年年底才开始注资,至2015年3月,认缴了全部出资。

三方对甲公司出资未遵守出资协议及公司章程的约定产生了激烈的争议,乙公司和丙公司认为:甲公司未按协议及章程的约定出资,是严重的违约行为,应取消甲公司的股东资格。随即乙公司和丙公司在未通知甲公司的情况下召开股东会,并形成股东会决议,取消甲公司的股东资格。而甲公司认为自己的出资行为并未损害销售公司及其他股东的利益,代销协议未签,即便出资也不能开展经营,也是浪费。股东之间的出资协议及公司章程没有约定关于除名程序的任何内容。

该案例大体带来3个问题:

(1)乙公司、丙公司两方形成的股东会决议是否有效?

(2)甲公司应否作为股东参与股东会的决议?

(3)瑕疵出资期间股东会决议的表决权怎样划分,以及股东的其他权利是否应该受到限制?

显然,上述第一个问题的答案与第二个问题是紧密相连的,若甲公司应作为股东参与该股东会决议,则该股东会决议无效;否则,反之。在此,我们有必要探讨瑕疵出资与股东资格的关系。

(一)瑕疵出资与股东资格的关系

从目前的法律规定和实务审判来看,瑕疵出资并不影响股东资格的认定。从公司成立之初,股东之间就用契约(章程)的方式确认了股东名册上各股东的地位(资格)。拥有股东资格就其本质来说是一种权利能力,是对民事主体民事权利能力和民事义务能力的一种体现。从民法理论上来讲,具有民事权利能力意味着能够拥有享有权利和承担义务的资格。股东资格这一概念在公司法范围内类似民法理论上的民事权利能力,股东权利则类似于民法主体的其他具体权利。也就是说,股东资格只是行使股东权利的一种前提,是公司股东享有股东权利承担股东义务的基础。因此,股东虽出资有瑕疵,但股东地位(资格)仍不可否定,也由此,上述案例的第一、第二个问题的答案显而易见。而对于上述案例的第三个问题,在现行法律法规规定不明确且也没有股东之间约定的情况下,使得该问题的探讨极具价值。如前所述,从法律规定方面看,除了股东之间的表决程序适用《公司法》第41—43条的规定以外,瑕疵出资股东的权利应受到限制。

(二)取得股东资格并不意味着股东一定享有完整的股东权利

在出资者取得股东资格后,能够享有和行使一定的股东权利。但是,权利与义务是相一致的,两者虽然不是完全对等的关系,却始终是基本一致的。股东资格的取得只是证明股东具有能够享有权利并承担义务的能力,然而,股东权利有其来源基础,是基于法律的规定和法律行为。可以说,没有股东的出资,没有公司的存在,就没有股东权利的产生。从目前我国《公司法》的规定来看,股东权利的取得虽然不以完全出资为必要条件,尤其目前实行认缴制下,对于认缴资本数额和认缴期限股东拥有主动的决定权,但完全出资却是享有完整的股东权利的必要条件。因此可以将股东的权利行使看做是一种附条件的权利,一般当股东全面履行出资义务后方可完整地行使股东权利。

三、瑕疵出资股东权利受限的理论分析

(一) 与股东权利的来源基础有关

出资是股东在成立公司中的基本义务。股东的出资构成公司的财产,是公司得以初步运营的基础。股东出资形成的资本对公司的存续、发展至关重要。股东权中的财产权权能的基础是股东出资,如果股东没有向公司出资,就丧失了实现这一权能的基础,其股利分配权等股东权利就应当会受到限制。从相反的角度分析,如果股东未经实际出资便享有股利分配权等股东权利,等同于股东只享受权利而没有承担相应的义务,显然是不正当的。

(二) 与公平正义原则相符合

谁投资、谁受益和风险与利益相统一是民事法律领域中的一个基本理念。股东出资的实现可以视为股东之间、股东与公司之间存在的契约行为的履行。在发起成立公司之初,股东就会对出资额、出资形式、认缴时间等达成一致。在此基础上,如果出现出资瑕疵情形,股东就违反了股东之间或者与公司之间的约定。任何人不能基于自己的错误行为而获益,不能例外,股东因为其出资存在瑕疵,其享受的利益和风险自然要同诚信出资的股东相区别,这也是最基本的社会公理,与公平正义的理念相吻合。

我国现行《公司法》的规定也是如此,虽然目前认缴制度下已经没有了最低注册资本的要求,但《公司法》要求股东对认缴资本进行确认,认缴资本仍然存在认缴与实缴的区别。从公司的运营角度来说,公司经营活动最初依赖股东的出资。

(三) 与权利义务的一致性相符合

权利与义务相一致是民商法领域的一项重要原则。权利义务相一致原则要求权利主体享有权利的同时,也应当承担相应的义务。没有无权利的义务,也没有无义务的权利,权利与义务相统一,两者相互依存、相辅相成。对公司进行出资是股东的一项义务,与此相对应,股东应当享受相应的权利。在出资者并未完全履行或履行出资义务存在瑕疵的情况下,股东的权利应当受到一定的限制,否则会出现权利与义务不一致的情形,如股东享有较多权利而只需承担较少义务,这无疑给公司

及其交易活动带来了极大风险,也会带来股东之间的矛盾。因此,从权利义务的平衡角度看,应当对股东权利的行使进行一定的限制。

四、对瑕疵出资股东权利限制的实践分析

显然,在上述案例中,甲公司在出资瑕疵的情况下,其股东权利应受到限制是肯定的。但其权利应如何受限制?受限制的度是多少?这是该问题的难点。

在上述案例中,甲公司出资瑕疵并非一直持续下去,甲公司在承担了部分违约损失后,三方达成了和解,但笔者想要探讨的是,三方如果达不成和解,甚至甲公司出资瑕疵一直持续该如何解决呢?

无疑,对某一股东的权利进行限制,在事先没有书面约定的情况下,必须通过股东会决议来实现(即便有事先约定,往往也要通过股东会决议作出),但如何操作?适用怎样的程序才能达到这一目的?《公司法》第41—43条仅规定了股东会召集、表决等程序,其规定是原则性的,是理想状态下使用的程序,但对某一股东权利进行限制时,往往股东之间会出现激烈的对抗,尤其是最严厉的权利限制——股东除名。在《公司法》对表决权没有规定是依据实际出资还是认缴出资行使的情况下,瑕疵出资股东的表决权按什么份额行使?实践中,往往各股东都按有利于己方来解释,但各种解释都没有明确的法律依据,最终极易造成公司僵局。

五、股东权利限制的实现

目前,现行法律对出资瑕疵股东的限制在红利分配、优先认购权、转让出资或股份权方面都有了明确的规定,但在至为关键的表决权方面没有明确规定。如前所述,这极易造成司法实践中的争议。

(一) 由法律作出直接规定

目前,《公司法》给予了公司很大程度的自治权,但部分条款中也存在着规定不明的情况下,如《公司法》第42条的规定,笔者认为,为避免实践中产生争议,可明确规定为实缴出资还是认缴注资(此时的表决权应以实缴为妥)。但对于权利限制方面的内容,尤其是表决权的行使,法律应作出可操作的、明确的具体规定。

(二) 公司章程的自治

公司章程是公司的宪章,公司章程是股东意志的体现。公司法中对众多事项规定公司章程规定优先,对于出资瑕疵股东的权利在公司法允许的情况下自然可以通过公司章程进行约定,尤其是对《公司法》中规定不明确的条款。在没有法律明确规定的情况下,为防止将来公司运作过程中出现的纷争、甚至是"公司僵局",自治就显得尤为重要。当然,对于瑕疵出资股东的权利限制应当有合理的范围,股东知情权、建议和质询权、提议召开临时股东大会的权利、股东大会的召集和主持

权、临时提案权、异议股东股份收买请求权、特殊情形下请求解散公司权、起诉权是公司法中的强制性规范,这些权利是基于股东而享有的,该部分权利不能因为出资瑕疵而予以限制。

上述两项应以法律直接规定为主。因为要求(或者说是希望)投资人都精通复杂的法律而予以自治是不现实的,立法者必须起到主导作用,并允许股东在不违反法律的情况下进行自治约定。

认缴资本制下出资期限届满前股东对公司债权人的补充赔偿责任

贾首波*

2013年12月28日,第十二届全国人民代表大会常务委员会第六次会议审议通过了《关于修改〈中华人民共和国公司法〉的决定》。本次对《中华人民共和国公司法》(以下简称《公司法》)的修改,主要涉及三个方面:第一,将注册资本实缴登记制改为认缴登记制。除法律、行政法规以及国务院决定对公司注册资本实缴另有规定的以外,取消了关于公司股东应当自公司成立之日起两年内缴足出资,投资公司可以在5年内缴足出资的规定;取消了一人有限责任公司股东应当一次足额缴纳出资的规定。公司股东自主约定认缴出资额、出资方式、出资期限等,并记载于公司章程。第二,放宽注册资本登记条件。除法律、行政法规以及国务院决定对公司注册资本最低限额另有规定的以外,取消了有限责任公司最低注册资本3万元、一人有限责任公司最低注册资本10万元、股份有限公司最低注册资本500万元的限制;不再限制公司设立时股东的首次出资比例;不再限制股东的货币出资比例。第三,简化登记事项和登记文件。有限责任公司股东认缴出资额、公司实收资本不再作为公司登记事项。

本次《公司法》的修改,终止了以往的法定资本制度,确定了认缴资本制度,将公司注册资本的数额、缴纳等关键事项交由公司自行决定,是公司改革在市场化方向的重要进步。认缴资本制实施后,社会兴起了开办公司的热潮,各地工商局一度门庭若市。而新设立的公司一般都没有实际缴纳注册资本,出资期限往往都约定在10年、20年后,甚至还有约定在50年后或者公司解散前缴纳注册资本的情况。因为新修改的《公司法》取消了最低注册资本的限制和出资期限的限制,新设公司的注册资本数额更是出现了严重两极分化,要么登记为0元、1元等极少数额,要么登记为几百万元、几千万元甚至几个亿之多。

上述情况也引发了社会各界对公司债权人权利保护的担忧,毕竟公司的注册资本是公司的责任财产,注册资本的充实和真实,是公司对债权人债权担保的基础。一旦公司的注册资本不用实缴而改为认缴,并且认缴方式和期限由公司章程自行规定,公司的责任财产将变得不确定,公司债权人的利益将面临较大风险。股东在认缴资本制下是否承担对债权人的法律责任,尤其在章程规定的出资期限之前,股东是否对债权人承担责任,已经成为法律实务中面临的重大问题。

---

* 毕业于吉林大学法学院,荷兰莱顿大学法学院硕士,北京康达(成都)律师事务所律师。

一、问题的提出与现有法律的规定

在认缴资本之下,公司的注册资本不用实缴,出资金额、出资方式、出资期限等由公司章程规定,并且工商局不再就实缴出资进行登记,只对章程进行备案。在章程规定的出资期限前,如果公司没有资产偿付公司债权人的债权,债权人是否有权要求股东提前出资,在其认缴的出资限额内清偿债权?

对上述问题,《公司法》没有明确的规定,相关法律和司法解释也没有直接的明文规定,目前只有三条法律和司法解释对此问题有所涉及:一是最高人民法院《关于适用〈中华人民共和国公司法〉若干问题的规定(三)》[以下简称《公司法司法解释(三)》]第13条第2款的规定:"公司债权人请求未履行或者未全面履行出资义务的股东在未出资本息范围内对公司债务不能清偿的部分承担补充赔偿责任的,人民法院应予支持;未履行或者未全面履行出资义务的股东已经承担上述责任,其他债权人提出相同请求的,人民法院不予支持。"二是最高人民法院《关于适用〈中华人民共和国公司法〉若干问题的规定(二)》[以下简称《公司法司法解释(二)》]第22条的规定:"公司解散时,股东尚未缴纳的出资均应作为清算财产。股东尚未缴纳的出资,包括到期应缴未缴的出资,以及依照公司法第二十六条和第八十一条的规定分期缴纳尚未届满缴纳期限的出资。公司财产不足以清偿债务时,债权人主张未缴出资股东,以及公司设立时的其他股东或者发起人在未缴出资范围内对公司债务承担连带清偿责任的,人民法院应依法予以支持。"三是《中华人民共和国企业破产法》(以下简称《企业破产法》)第35条的规定:"人民法院受理破产申请后,债务人的出资人尚未完全履行出资义务的,管理人应当要求该出资人缴纳所认缴的出资,而不受出资期限的限制。"

对此笔者认为,《公司法司法解释(三)》第13条只规定了股东在没有履行或没有全面履行出资义务时,对公司债权人的债权在其未出资本息范围内承担补充赔偿责任。但是,在公司章程规定的出资期限前,股东没有出资义务,此时股东尚不构成"没有履行或全面履行出资义务",债权人尚不能直接依据本条规定要求股东在其出资期限前对债权承担补充赔偿责任。《公司法司法解释(二)》第22条和《企业破产法》第35条虽然规定了股东未到出资期限的出资应该提前缴纳,但是只限于公司解散时或被宣告破产时。在公司未解散或宣告破产前,公司债权人亦难以直接根据前述规定要求股东在其出资期限前对债权承担补充赔偿责任。

二、股东在出资期限前应否对公司债务承担补充赔偿责任的理论争议

在公司章程规定的出资期限前,股东是否应对公司债权人的债权承担补充赔偿责任,理论界存在肯定说和否定说两种争议。

1. 否定说

持否定说的学者认为,在公司章程规定的出资期限届满前,股东对公司债权人的债权不承担补充赔偿责任,理由大致有以下两点:

(1) 严格法律解释说。根据目前的法律,除了规定在公司解散或破产时股东应该提前出资外,在其他情况下,没有法律规定股东应该提前出资。《公司法司法解释(三)》第13条只规定了股东未履行或未全面履行出资义务时对债权人的补充赔偿责任,但是股东在出资期限前没有履行出资的义务,也就没有违反出资义务,《公司法司法解释(三)》第13条也不应适用。

(2) 风险自担说。发起人设立公司时,在章程中规定了出资期限,该出资期限是发起人延迟出资的权利和期限利益,依法应该予以保护。同时,公司章程是法定备案事项,公司章程备案后,股东的出资期限也就备案和公示了。虽然股东出资及期限系股东之间的约定,但经过备案登记后即具有涉他效力。债权人在与公司进行交易时应查询该公司的实缴出资和股东的出资期限,在债权人明知公司实缴资本和股东出资期限后仍然与公司进行交易的,应视为债权人认可股东的出资期限,故在股东出资期限届满前债权人不得要求股东出资,或要求股东对债权承担补充赔偿责任。①

2. 肯定说

(1) 资本担保责任说。认缴制下股东认缴的出资是公司的责任财产,不管出资是否到期都是责任财产的一部分,股东都应以认缴出资为限承担责任。当公司财产不足以清偿债务时,股东就应该在其认缴出资限额内承担责任。

(2) 内部效力说。章程关于出资期限的约定是股东内部的约定,虽然经过登记备案,但是仍不能约束第三人,仍无对外效力。

(3) 救济效率说。从结果上看,要求债权人提起破产申请和要求股东提前出资对股东责任并无实质影响,但是前者导致公司终结,后者不影响公司存续,且后者债权人救济成本更低,更节约司法资源,更为经济和妥当。

三、股东在出资期限前应否对公司债务承担补充赔偿责任的理由分析

笔者认为,根据《公司法》及相关法律的规定和公司法的理论基础,股东在出资期限届满前应当对公司债务承担补充赔偿责任,理由如下:

1. 是公司法股东有限责任原则的必然之意

股东有限责任原则是公司法的基石之一,股东将其资产转移给公司从而换取对公司债务的有限责任。我国1993年的《公司法》第3条规定:"股东以其出资额为限对公司承担责任。"2005年修改的《公司法》和2013年修改的《公司法》将本条修改为"股东以其认缴的出资额为限对公司承担责任"。后面修改的《公司法》只

---

① 参见李建伟:《认缴制下股东出资责任加速到期研究》,载《人民司法》,2015年9期。

是增加了"认缴的"三个字,但是却具有深远且重大的意义。它确定了股东对公司承担有限责任的范围是"认缴的出资额"而非实缴的出资额。也就是说,只要股东认缴了出资额,不管出资方式是什么,不管出资期限是多久,都是其承担有限责任的范围,都属于公司责任财产的一部分。② 股东之间约定的出资期限只是股东内部关于出资的安排,而对股东的有限责任没有实质性的影响,对债权人的债权没有实质性的影响。在公司资产不足以清偿债权人债权的情况下,股东应该以其认缴的出资额为限依法承担有限责任。股东关于出资期限的约定不能对抗债权人请求股东承担补充赔偿责任的请求权。另言之,在前种情况下,就算股东的出资期限尚未到期,但是股东也应该提前出资或直接向债权人承担补充赔偿责任。

同时,2005年修改的《公司法》和2013年修改的《公司法》对股东的有限责任只是修改为"认缴的出资额",而非"已到出资期限的认缴的出资额"。也就是说,从公司法的立法本意看,股东间可以约定其出资期限,但出资期限并不影响股东的有限责任。当公司需要股东承担有限责任的时候,无论股东的出资期限是否到期,股东都应该立即提前出资或承担补充赔偿责任。

2. 是公司法资本维持原则的必然要求

在《公司法》修改确立认缴资本制后,公司法的资本维持制度并未废除。此时资本维持原则应体现为:在股东认缴资本额全部实缴到位前,公司应至少保持不出现无法清偿对外债务的境况。一旦公司丧失这种偿付能力,法律则应要求股东向公司补充缴付未缴的财产,以保持公司的债务清结。此时,虽然股东出资期限未到期,股东亦应提前出资或直接向债权人承担补充赔偿责任。

3. 是适用《公司法司法解释(三)》第13条的必然

虽然《公司法司法解释(三)》第13条规定,在股东未履行或未全面履行出资义务时,股东才向债权人承担补充赔偿责任,但是在股东缴纳完毕其认缴的出资之前,股东均属于未全面履行其出资义务。股东不能以其出资期限未到期为由抗辩其已经全面履行了出资义务。因为《公司法》第3条明确规定,股东以其认缴的出资额承担有限责任,只有股东缴纳完毕了其认缴的出资,股东才属于全面履行出资义务。股东出资期限只是股东间关于出资的安排,并不影响股东出资义务的全面履行。

另外,根据对《企业破产法》第35条,"人民法院受理破产申请后,债务人的出资人尚未完全履行出资义务的,管理人应当要求该出资人缴纳所认缴的出资,而不受出资期限的限制"的文义理解可以看出,法律将股东因未到出资期限而未出资的情况也归为"尚未完全履行出资义务"的情形之一。综合分析《公司法》《企业破产法》等法律,可以得出这样一个结论:股东因出资期限未到而未出资,也属于未完全

---

② 参见赵旭东:《认缴资本制下的股东有限责任——兼论虚报资本、虚假出资和抽逃出资行为的认定》,载 http://www.financialservicelaw.com.cn/article/default.asp? id=4315,最后访问日期:2015年6月20日。

履行出资义务,应适用《公司法司法解释(三)》第13条的规定,对债权人承担补充赔偿责任。

4. 是司法实践中公平原则和防止股东权利滥用原则的必要体现

出资期限对股东来说是一种期限利益,可以解决股东设立公司时的资金压力,减少投资人的创业成本,但股东这种期限利益,却增大了债权人的债权清偿风险。根据权利和义务对等的公平原则,股东享受了期限利益,就应该承担相应的义务,即股东应该承担确保债权人债权可以合理预期地得到清偿。

同时,根据新修改后的《中华人民共和国公司登记管理条例》,股东的出资期限只需要通过股东修改公司章程即可变更。工商管理机关对出资期限也不进行登记和专门备案,但在备案的公司章程中,可以查询到股东的出资期限。如果认为股东在出资期限前不承担任何出资义务和补充赔偿责任,则股东可以随意修改出资期限,无限期地推迟股东的出资责任和补充赔偿责任,实质上股东是利用股东的有限责任和公司独立法人人格侵害债权人的权利。

综上所述,股东在出资期限届满前对公司债务应该承担补充赔偿责任,这不仅是公司法及相关法律的应有之意,也是司法实践中公平原则的必然要求。

四、实证案例分析

2015年5月,上海普陀区人民法院对首例认缴出资案进行了判决,判决结果印证了股东在出资期限届满前对公司债务应该承担补充赔偿责任的结论。

该案案情如下:上海某投资公司成立于2013年11月,注册资本2 000万元,实缴金额400万元。其中公司发起人徐某认缴出资额为1 400万元,实缴出资额为280万元,毛某认缴出资额为600万元实缴出资额为120万元。两人的认缴出资期限均为两年。2014年4月,毛某将公司股权转让给林某,投资公司也通过股东会决议,新老股东徐某与林某将公司注册资本由2 000万元增资到10亿元,但是实缴金额依然是400万元,两名股东的出资期限为2024年12月31日之前。2014年5月,投资公司与一家国际贸易公司发生业务,结欠国际贸易公司8 000万元并应于30日内付清。后投资公司无能力付款,国际贸易公司将投资公司连同4位新老股东全部告上法庭,要求投资公司支付欠款;要求公司股东徐某、林某在各自未出资本息范围内,就投资公司不能清偿的部分承担补充赔偿责任,要求徐某、毛某承担连带责任。

法院就案件作出一审判决:某投资公司应该在本判决生效之日起10日内向国际贸易公司支付欠款;对投资公司不能清偿的欠款,徐某和林某在未出资的本息范围内履行出资义务,承担补充清偿责任。

在本案的判决中,法院特别指出:认缴制下公司股东的出资义务只是暂缓缴纳,而不是永久免除,在公司经营发生不足以清偿公司债务时,公司包括债权人可以要求公司股东提前缴纳出资,以用于清偿公司的债务。③ 本案正是基于前述法律基础才判决投资公司股东在其认缴出资范围内对公司债务承担补充责任。

本案判决也合理区分了公司责任和股东补充责任的关系和范围。由公司对债权人直接承担法律责任,由股东在其未出资本息范围内对公司未能清偿的债务承担补充清偿责任。该判决未采用只判决公司承担法律责任,待债权人要求公司履行债务且执行不能的时候再另行起诉公司股东承担补充赔偿责任的模式。因为在"司法实务中,不应当以公司破产清算作为债权人向发起人追缴出资的前提,只要债权人有证据证明发起人存在未尽出资义务的事实,即可将发起人作为共同被告予以起诉;法院判决书中应当载明只要公司账户上的资金或不动产等资产的强制执行尚不足偿债,债权人即有权申请法院在未出资的本息范围内强制执行发起人的财产"。④

五、结论

在认缴资本制下,公司的责任财产是所有股东认缴的出资总额,股东的有限责任是股东认缴的出资额。股东可以按照公司章程规定的出资期限出资,但是出资期限的约定不能对抗其对公司债权人的有限责任。即使在公司章程规定的出资期限届满前,股东未缴足出资的,仍属于未全面履行出资义务,仍应该适用《公司法司法解释(三)》第13条的规定。在认缴资本制下,在出资期限届满前,公司资产不足以清偿公司债务的,股东在其未出资本息范围内对公司债权人应当承担补充赔偿责任。

---

③ 参见上海法院首例注册资本认缴出资案判决,载 http://blog.sina.com.cn/s/blog_565fb29d0102vqm2.html,最后访问日期:2015年6月20日。
④ 石冠彬、江海:《论公司发起人的出资补缴责任——兼评〈公司法解释三〉第13条》,载《法商研究》2014年第2期。

有限公司股权代持与公司法人人格混同

方　灿*

一、案例介绍及分析

(一) 案例介绍

郑某夫妻系 A 公司(在西昌某县注册并运营)全资股东,法定代表人为郑某,A 公司是以大理石矿开采、加工、销售为一体的企业,名下拥有三个大理石采矿权、50 余公里的矿山开采道路、数千亩的矿山林权、小型的石材加工厂及配套土地。

A 公司在发展过程中,郑某成立了 B、C、D、E 公司,每个公司均在 A 公司矿权所在地(即西昌某县),与 A 公司共同形成石材工业园区。名下分别拥有:1—3 个不等的大理石采矿权、上千亩的矿山林权,其中 B、C 名下还分别拥有大型的石材加工厂及配套土地;除 B 公司有第三人参股、控股股东为郑某外,C、D、E 公司均为郑某的关联人代持公司全部股权,实际控制人为郑某,但郑某不是 B、C、D、E 公司的法定代表人。

为拓展公司销售,郑某在成都成立了销售公司 F,并在西昌成立了公司总部 G;为解决企业融资问题,郑某还在西昌成立了投资公司 H。F、G、H 公司均由郑某的亲戚或企业经营骨干人员代持公司全部股权,实际控制人为郑某,但郑某同样也不是 F、G、H 公司的法定代表人。

上述所有公司凡是涉及股权代持事项的,均签订了股权代持协议,全部代持协议均在郑某处存放。各公司所有注册资本金在公司成立时均从其他子公司转账到该公司并验资,后撤走用于其他子公司的经营,但各公司名下的资产、实际投资基本已超过注册资本金的数额。

各公司均有独立账务、账册和基本管理人员架构,并有独立纳税、对外签约、销售等实体经营资格,但正常生产经营的为 A、B、C、H 公司,其他公司均没有实际经营。各公司内部实际管理情况为:管理人员均以总公司 G 的名义统一聘用、培训,并在内部自由调动、安排、分配工作;财务由总公司统筹、调用、支出;管理人员的工资由总公司发放;一般工作人员的工资由各公司发放。

在企业经营过程中,为对矿山开采、加工进行基础投资和技改,郑某分别以 A、B、G 公司为主体,以 A—H 名下的土地及矿权和各公司的股权作抵押或保证担保,向商业银行授信贷款 4 亿元人民币,向信用社贷款 5 000 万元,所获得款项由郑某

---

* 四川衡平律师事务所律师、合伙人、监事。

根据各公司需求进行统一分配使用,还款(本息)由郑某进行统一调度各公司的收入进行。

(二) 案例中涉及的法律问题

此案中,涉及有股权代持及公司法人人格混同两大法律问题。首先,郑某系各公司的实际股东,其名下有多个代其持股的名义股东,郑某与其名义股东之间的法律关系如何处理、两者如何分别保护自己的合法权益、如何保护对外债权人的权益,这是在股权代持关系下,笔者思考的问题。而本案与其他股权代持案例不同的是,本案中,实际股东郑某一直参与各公司的经营管理,且是各公司的实际控制人,虽然各公司均有独立的组织架构,但郑某实际控制的各公司显然涉及公司法人人格混同,对外债权人(如银行、信用社等)在借款主体无法归还借款的情况下,依据什么向各公司主张债权?在股份代持与公司法人人格混同两大问题并存的情况下,如何平衡实际股东、名义股东及对外债权人的权益,是本文想要探索解决的首要问题。

二、股权代持及其法律风险

(一) 股权代持

1. 股权代持的定义

股权代持又称委托持股、隐名投资或假名出资,是指实际出资人与他人约定,以他人名义代实际出资人履行股东权利义务的一种股权或股份处置方式,即实际出资人在从事经营性投资性活动的过程中,出于自身的各种原因对外隐瞒其作为出资人的事实,通过与他人签订代持协议,借用他人的名义,实施与投资、经营相关的活动,并从中获取收益、承担风险的一种法律现象。

目前,我国法律、法规中尚无股权代持的明文规定。但在最高人民法院《关于适用〈中华人民共和国公司法〉若干问题的规定(三)》[以下简称《公司法解释(三)》]中已经涉及,其中包括第25、26、27条。

2. 股权代持的法律效力

司法实践中,法院是有条件地认可股份代持行为的,只要股权代持协议没有《中华人民共和国合同法》(以下简称《合同法》)第52条规定的情形,股权代持协议就认定为有效。当然,股权代持协议仅对当事人(实际出资人、名义出资人)有拘束力。而且,实际出资人对代持股权享有的是投资权益,而非股东权益。也就是说,有效的股权代持协议保护的是实际出资人的投资权益,而实际出资人能否享有股东权益,必须严格按照《中华人民共和国公司法》(以下简称《公司法》)的规定执行。

实际上,股权代持属于委托持股关系,委托人是实际出资人(即实际股东),受委托人是名义出资人(即名义股东),但这种股权代理关系又区别于一般的委托代理关系。股权代持关系,往往是不为外人(包括公司股东和第三人)所知的。而且,《公司法解释(三)》第 25 条第 3 款规定:"实际出资人未经公司其他股东半数以上同意,请求公司变更股东……人民法院不予支持。"换句话说,经法定程序,实际投资人是可以变更为股东身份的。

(二) 股权代持的法律风险

1. 股份代持协议被认定为无效的风险

《公司法解释(三)》第 25 条第 1 款规定:"……如无合同法第五十二条规定的情形,人民法院应当认定该合同有效。"换言之,股份代持协议有《合同法》第 52 条情形的,应当认定为无效。如外商规避外资市场准入政策而与境内企业或个人签订的股权代持协议、以股权代持形式实施的变相贿赂、公务人员以股权代持形式经商的,等等。这样的股权代持协议都会被法院认定无效,对双方当事人没有法律效力。

2. 名义股东被要求履行出资义务的风险

因股权代持协议仅对实际股东与名义股东有拘束力,其效力不能对抗善意第三人,故名义股东承担公司的出资义务,若实际股东不出资或者出资不实,名义股东就面临着被目标公司及其他股东、第三人要求出资或者补足出资的风险。虽然名义股东可以在出资后向实际股东追偿,但也存在诉讼风险。

3. 名义股东恶意侵害实际股东权益的风险

股权代持关系,是一种特殊的委托代理关系。实际股东是通过名义股东行使股东权利的。按照股权代持协议约定,同时基于受托人的谨慎履职义务,名义股东应该服务并服从于实际股东。但纷繁复杂的大千世界,因为利益诱惑,名义股东可能发生侵害实际股东利益的情形,如在经营决策权、利润分红权、资产分配权等方面表决时违背实际股东的授意或实施损害实际股东利益的行为;不向实际投资人转交投资收益;擅自对代持股权进行处分,将股份转让或质押给第三人,等等。

4. 名义股东的股权被财产保全和强制执行的风险

因为实际股东的股权登记在名义股东的名下,该股权对应着目标公司相应的财产权利。如果有第三人(主要是名义股东的债权人)获悉该股权登记情况,可能对名义股东提起诉讼的同时会提出冻结该股权的财产保全申请,并在获得法院的生效判决后,该第三人可能提出针对代持股权的执行请求。在这种情形下,实际股东不能主张该名义股东系代持关系而排斥法院的执行。

5. 名义股东发生不测后可能导致财产处分的风险

如果名义股东身体健康出现问题,或者发生意外,导致残疾、意识障碍甚至死亡,可能引发其名下股权的转让、继承问题,名义股东的继承人可能要求对其所持股份进行处分;名义股东的婚姻亮起红灯,对方起诉离婚的话,也可能要求对其所持股份进行分割。这些,都可能使实际股东的股权遭受意外风险。

三、案例中的股权代持行为分析

(一) 股东抽逃出资及其责任承担

《公司法》第28条规定:"股东应当按期足额缴纳公司章程中规定的各自所认缴的出资额。"而从法律上明确了股东的出资义务。案例中,郑某的出资是挪用其他公司资金所得,属于瑕疵出资行为,并在验资后即抽逃出资,郑某的行为违反了《公司法》及《公司法解释(三)》的相关规定,需要承担相应的法律责任。但是,目前出现抽逃出资的子公司在后续经营时间中实际投资已超过其资本金额度,据此,郑某的出资虽然有瑕疵和抽逃行为,但该行为并没有造成因抽逃出资导致资本不足的后果,因此,郑某无须再对出资不足承担法律责任。

假定郑某抽逃出资成立:首先,公司或者其他股东可以对抽逃出资的股东提起诉讼,要求其返还出资本息。其次,协助抽逃出资的其他股东、董事、高级管理人员或者实际控制人需要对此承担连带责任。前述两点中,因公司处于郑某实际100%控制,且公司实际无其他股东,故本案中除B公司外,该诉讼提起和引发的内部责任承担的可能性为零。第三,公司债权人可以请求抽逃出资的股东在抽逃出资本息范围内对公司债务不能清偿的部分承担补充赔偿责任。第四,债权人可以请求协助抽逃出资的其他股东、董事、高级管理人员或者实际控制人对此承担连带责任。后面两点中,因债权人与股东、三高人员之间对公司信息不对称的原因,要实现也极为困难。

在本案中,郑某的股权由他人代持,郑某作为实际股东与其代持股股东即名义股东,应当如何承担责任呢?

对此,笔者认为,对实际股东、名义股东之外的第三人来说,实际股东与名义股东之间签订的股权代持协议对其没有拘束力,公司或其他债权人通常会要求名义股东,即工商登记在册的股东承担出资不到位的责任,而若名义股东无经济实力承担该项责任,笔者认为,如果公司或其他债权人能够证明实际股东与名义股东之间的代持股关系,则可要求实际股东承担此项责任,并要求名义股东承担相应连带责任,因为若没有名义股东的帮助,实际股东作为隐名股东,也无法进行抽逃出资等行为,但此举的弊端在于举证难度较大。

(二) 关于生产经营责任事故的承担

案例中的公司作为大理石矿开采、加工、销售一体的企业,除了会面临公司经营中产生的亏损风险外,在矿石开采、加工过程中,还会面临安全事故的风险。而这类事故一旦发生,则公司及其主要负责人、法定代表人等都可能会被追究相应的刑事责任,对于郑某及其代持股股东而言,应当由谁承担刑事责任以及承担什么样的刑事责任呢?

根据《中华人民共和国刑法》及其修正案的相关规定,涉及安全事故方面的犯罪,通常会追究直接责任人、实际控制人的刑事责任,本案中,郑某虽不是登记在册的股东,但实际参与了公司的经营管理,是公司的实际控制人,其承担刑事责任无争议。而对于其代持股股东,笔者认为,要视其是否直接参与公司经营管理以及对事故的发生是否有责任而定,若该名义股东能够证明自己并未实际参与公司经营管理,显然不应当承担相应的刑事责任。

四、公司法人人格混同及其法律后果

(一) 公司法人人格混同

1. 公司法人人格混同的定义

法人人格混同是指股东与公司之间资产不分、人事交叉、业务相同,与其交易的第三人无法分清是与股东还是与公司进行交易。这里确认的是公司股东和法人之间的混同和责任承担关系。延伸来讲,关联公司间人格混同,又称为姐妹公司人格混同,是指公司与公司之间法人人格特征高度一致的公司存在状态。

公司法人人格混同主要表现为以下三种形式:

(1) 公司间组织机构混同。公司之间如果具有相同的公司管理人员、相同的工作人员、相同的办公场所、相同的电话号码等情形,一般可认定为公司组织机构混同。公司作为企业法人,其运行基础便是人的组合。因此,不同公司间一旦组织机构混同,极易导致公司财务、利益整体性混同,公司的独立意志也将不复存在。

(2) 公司间财产混同。公司财产独立是公司人格独立的基础,只有在财产独立的情况下,公司才能以自己的财产独立地对其债务负责。公司间财产混同违背了公司资本三原则①,严重影响了公司对外清偿债务的物质基础。

(3) 公司间业务混同。业务混同是指公司之间在经营业务、经营行为、交易方式、价格确定等方面存在混同现象,主要表现为:公司之间从事相同业务活动,各业务活动不以公司独立意志支配。

此外,关联公司法人人格混同主要表现为母子公司间人格混同、公司间相互投资引发人格混同、姐妹公司(相同股东成立的数家法人企业)间人格混同。下文主要探讨姐妹公司间人格混同问题。

2. 公司法人人格混同的责任承担

传统的"揭开公司面纱"仅是指通过揭开公司面纱而追究公司面纱背后的股东个人的连带责任,从而使股东与债权人的利益获得再平衡。随着司法实践的发展,出现在揭开公司面纱之后让公司承担股东的债务以及否认姐妹公司各自的独立人格而被视为一体的情形,前者为反向刺破面纱,后者为揭开姐妹公司的面纱,又称为"三角刺破",它指公司股东滥用其对若干公司的支配权,为规避法定义务

---

① 公司资本三原则是指资本确定、资本维持、资本不变。

或者合同义务,利用多个关联公司之间的关联性转移利益,损害其中一个或者若干个公司的利益以求其作为控制股东在公司集团的利益最大化,而应其中某个公司债权人的请求,否认关联公司之间的各自独立地位,共同对发生的债务承担责任。

《公司法》第20条第3款"公司股东滥用公司法人独立地位和股东有限责任,逃避债务,严重损害公司债权人利益的,应当对公司债务承担连带责任"的表述,属于传统的"揭开公司面纱"的场合。因此,有观点认为,《公司法》尽管引入了法人人格否认,但对于关联公司人格混同这一类行为却未有涉及,以致找不到人格否认适用于关联企业人格混同的具体条文。在审判实践中,要对人格混同的关联企业实行人格否认,只能依据民法基本原则准用公司法人人格否认理论,而不能直接适用《公司法》第20条。其实,公司法人人格否认理论的实质是在公司独立人格被滥用后,得以揭开公司面纱,即绕过公司而直接追究隐藏在公司法人背后的股东的责任。关联公司人格否认与传统的人格否认制度在法理上并无二致,两者概念区分的意义在于责任流向上的差异,即关联公司人格否认,债务首先从被控制的公司流向控制股东,接着从该控股股东流向其他受制于该股东的具有关联性的公司。三角刺破的提法,只是表明责任的承担不是直线流动,而是提供一定的媒介发生转向的形象说法而已。

在我国,同一股东设立若干公司,并完全控制这些公司的运营,即"一套人马、若干牌子"的关联公司模式非常普遍。因此,根据关联公司大量存在且独立性难以保障的情况,将法人人格否认的规制适用扩展至关联公司之间的人格否认,符合我国确认这一规定的立法意图。关联公司人格混同的原因多是由于股东滥用了公司法人独立地位和股东有限责任,否认关联公司各自的独立人格。将各个关联公司视为一体,对其中特定公司的债权人承担连带责任,不过是将滥用关联公司人格之股东的责任延伸到完全由他们控制的关联公司上。在关联公司人格混同的情形下,扩展适用法人人格否认制度,体现了比照最相类似的条款、类似情况类似处理的原则。

遗憾的是,我国法律目前没有对普遍存在的姐妹公司法人人格混同应承担的责任和相互关系进行规定,同时,鉴于公司实际控制人与股东往往并不重合,我国法律也没有对实际控制人在公司法人人格混同时是否与股东同样承担连带责任进行规定,而现实生活中对这些问题均涉及较广,对此,期待《公司法》后续司法解释中能对此有所触及。

(二) 案例中的公司法人人格混同的法律后果分析

案例中,各公司的实际控制人均为郑某,并且管理人员均以总公司G名义统一聘用、培训,并在内部统一调动、安排、分配工作,除F公司外,其他公司均设立于A公司所在地,即出现了组织机构混同;财务由总公司统筹、调用、支出,贷款所得款项由郑某根据各公司的需求统一分配使用,还款也由郑某统一调度各公司的收入进行,各公司设立时的出资也是从其他公司所得,使得各公司财产出现混同。A公司大理石矿开采、加工、销售一体，B—E公司在A矿产所在地形成工业园，各公司业务出现混同。因此可以认定案例中各公司为姐妹公司，且法人人格相互混同。

郑某分别以A、B、G公司为主体，以A—H公司名下的土地及矿权和各公司的股权作抵押或保证担保，分别向商业银行和信用社借款，在构成公司人格混同的情况下，关联公司就需为该借款承担连带责任。对郑某而言，其是各公司背后的控制人，笔者认为，实际控制人应与股东为同一法律地位，并在此承担同等法律责任，实际控制人郑某的上述行为应适用《公司法》第20条的规定，需要对公司的债务承担连带责任。

五、股权代持下公司法人人格混同的认定

（一）考量股权代持的合法性

要认真分析股权代持交易中是否出现《合同法》第52条规定的情形。一般来讲，一方以欺诈、胁迫的手段使对方就范而签订股权代持协议的很少，实践中，双方当事人共同协商签约的居多。设定股权代持的目的，不能存在恶意串通、损害国家、集体或第三方利益，以合法形式掩盖非法目的，损害社会公共利益，规避法律法规的强制性规定的情形。如债权人能够证明实际股东与名义股东之间所签订的代持协议中有上述情形，则可主张股份代持协议无效。基于此，公司法人人格混同的认定也就不受股权代持的影响，可顺利进行。

（二）符合公司法人人格混同的构成要件

1. 形式要件

须有两个以上依法成立的公司法人出现人员、经营、财产混同的情形，即具有违背《中华人民共和国民法通则》第37条所规定的法人条件的外在表现。在具体案件的判断标准上可能存在差异，但只要有符合上述表征的事实和证据即可认定。

2. 实质要件

（1）不具备相应的独立的民事行为能力，即在某一特定的个案中，两个以上的公司法人的行为能力处于相互依存、"相互搀扶"的状态；

（2）公司法人的意思表示存在瑕疵，即一个公司的意思表示可能即另一公司的意思表示，相对人难以辨别；

（3）违反了法律或社会公共利益，由于不具备法人的实质要件，可能损害不特定的债权人的利益，因此违反我国法律的规定。

（三）股权代持下公司法人人格混同的认定

公司法人人格混同只是客观上造成了相对人和债权人的混淆，进而损害债权人的利益，故其构成要件上并不要求法人主观上存在过错，亦无须债权人举证证明其主观上存在过错，债权人仅需举证证明公司组织机构、财务管理等方面出现混

同。而在存在股权代持的情况下,债权人的举证难度无疑会加大。在我国现行法律规定中,并未有针对此种情况的相关法律条文。对此,笔者认为,为保护债权人的合法权益,在债权人提交了基础性法律证据,如《股权代持协议》、证人证言等以后,法庭应将人格混同的公司法人列为共同诉讼当事人,要求其参与诉讼,并承担举证责任,证明公司的组织机构、财务、管理人员等并未出现混同现象。这样,才能更好地保护债权人的利益。

本案中,郑某夫妇除直接持有 A 公司股权外,B—H 公司均以其他人的名义持有股权,按照上文分析,显然 A—H 公司中的各公司之间及各公司与实际控制人郑某之间应该认定为公司法人人格混同,从而其中一个公司的债权人可就其债权要求实际股东和各法人人格混同的公司承担连带支付责任。但是,因信息不对称,债权人可能并不清楚郑某的股权代持关系,进而得到 A—H 公司各公司法人人格混同的信息和相应证据,同时,鉴于名义股东个人与该代持股权的公司在法人人格混同证据上可能并无明显表现,这种表现反而体现在实际股东与该公司的法人人格混同上,但对第三人来讲,因不知实际存在的股权代持关系,故在实际执行中,其可能仅能要求 A—H 公司中的其中某两个或三个公司因法人人格混同而对其债权承担连带支付责任,而无法将名义股东和实际股东追加进来!

综上,无论股份代持还是公司法人人格混同,在现实中都大量存在,但都同样面临着法律规定不完善的问题。这就需要股东及公司严格自律,切实维护好市场秩序,加强责任承担意识,使公司步入良性发展轨道。而作为公司债权人,则应多方收集事实依据,了解公司是否涉及股权代持、实际控制人和名义股东的关系、公司法人人格混同的各项表现形式等,必要时可通过证据保全、申请法院调查取证等手段,来维护债权人的利益。

参考文献

[1] 吴凤君、王柯丁:《有限责任公司股份代持问题——以最高人民法院司法解释为中心》,载《法治研究》2012 年第 9 期。

[2] 卢铨:《IPO 股权代持法律问题调查报告》,湖南大学 2012 年硕士学位论文。

[3] 连铭:《公司股东资格认定法律研究》,华中师范大学 2009 年硕士学位论文。

[4] 孟亚:《股东出资瑕疵民事责任分析》,载《西江月》2013 年第 28 期。

[5] 李岳:《对公司人格混同司法适用的再思考》,载《黑龙江省政法管理干部学院学报》2010 年第 1 期。

[6] 朱慈蕴:《公司法人人格否认:从法条跃入实践》,载《清华法学》2007 年第 2 期。

论"股东按照实缴的出资比例分取红利"的利润分配规则

——从一起公司决议效力纠纷案谈起

周 伟[*] 朱进姝[**]

《中华人民共和国公司法》（以下简称《公司法》）第34条规定："股东按照实缴的出资比例分取红利；公司新增资本时，股东有权优先按照实缴的出资比例认缴出资。但是，全体股东约定不按照出资比例分取红利或者不按照出资比例优先认缴出资的除外。"上述规定确定了股东利润分配的基本规则，在公司章程没有特殊约定的情况下，股东应按照实缴的出资比例分取红利。该利润分配规则，体现了股东分取公司利润的权利基础源于股东的出资这一公司制度的基本精神。但是，其中"实缴的出资比例"应如何理解？是指经工商登记的实缴注册资本比例，还是指股东实际投入到公司的出资比例？对此，法律及相关司法解释没有明确，在司法审判实践中，各地法院的解读各有不同。在近期发生的一起公司利润分配决议效力纠纷案中，审理法院即认为"实缴的出资比例"应指实缴的注册资本比例，进而判决撤销公司股东会作出的利润分配决议。该案判决所反映出的审判思路，值得深思和探讨。

一、案情简介

A公司是某电厂工程的项目法人，由B公司、C公司于2004年12月共同成立。B公司、C公司在成立A公司时签订《股东协议书》约定：A公司的注册资本暂定为10亿元，B公司认缴8.4亿元，C公司认缴1.6亿元，均以人民币现金投入；股东各方需在公司章程签订之日起一个月内缴付一期注册资本2000万元用于公司注册，剩余部分根据建设工程需要经公司决议后分期注入，最后一期注册资本必须在工程竣工决算前注入。2007年，A公司增资引入新股东D公司，公司注册资本为5000万元，其中，B公司出资2550万元，持股51%；C公司出资1300万元，持股26%；D公司出资1150万元，持股23%。

2009年，国家发改委下发了《关于A公司电厂新建工程项目核准的批复》规定："本工程动态总投资45.6亿元。其中项目资本金为9.1亿元，约占动态总投资的20%，由B公司、C公司和D公司分别按51%、26%和23%的比例出资。"

---

[*] 北京市金杜律师事务所律师。
[**] 北京市金杜律师事务所律师。

2009年12月，A公司股东会形成《2009年股东会决议》，决议根据工程进度资金需求，首先将公司注册资本及实收资本由5 000万元增至1.325 49亿元，由股东三方按股比以人民币现金方式认缴。B公司按照决议要求如期缴付了增资4 210万元，但C公司始终未履行其增资义务。此后，A公司自2010—2012年多次召开董事会和股东会，决议三方股东按股比增资。C公司多次明确表示同意对公司继续增资，却一直未履行增资义务。为保证工程顺利推进，B公司按51%的股比向A公司陆续注入资本金3.618 7亿元，并帮助A公司获得工程所需贷款。2012年9月，A公司两台机组相继投产，总投资约45.6亿元，并实现盈利。

2013年7月16日，A公司召开董事会、股东会，经B公司、D公司以74%的股比表决通过，形成了《利润分配决议》。该决议的主要内容为：（1）确认截至2012年12月31日，A公司实际到位资本金为41 187万元，其中B公司实际出资人民币3.873 7亿元，C公司实际出资人民币1 300万元，D公司实际出资人民币1 150万元；（2）决定同意按审计机构审计的2013年7月31日前的公司累计滚存未分配利润，在提取法定公积金等项目后，按各方实缴出资与全部已到位出资之比例全额分配（即B公司94.05%、C公司3.16%、D公司2.79%）；（3）从41 187万元以后的增资（最终满足注册资本为总投资的20%），各股东从其新增出资缴付到位之日起开始享有相应的股权及其收益分配权。就41 187万元以后的新增资本部分，B公司同意C公司有权按26%、D公司有权按23%的比例认缴出资，如其任何一方不认缴或认缴后不足额出资，另一方有权继续缴付其放弃部分的新增出资。

2013年8月27日，C公司向法院提起民事诉讼，以利润分配决议内容违反公司章程中"股东按照实缴的出资比例分取红利"的规定，请求撤销利润分配决议。

2014年4月28日，一审法院作出判决认为：A公司利润分配决议所确定的利润分配比例为"按各方实缴出资与全部已到位出资之比例全额分配"，B公司超过注册资本投入公司资金的性质属于资本公积，不属于公司章程规定的实缴出资，因此该决议内容违反了该公司章程规定的按照"实缴的出资比例进行分配"的规定。据此判决撤销A公司利润分配决议。

2014年6月10日，A公司及一审第三人B公司、D公司均向二审法院提出上诉，请求撤销一审判决，驳回C公司提出的诉讼请求，维持A公司作出的决议。

2015年5月12日，二审法院作出判决，二审判决认为：公司章程规定"按照实缴的出资比例分取公司红利"，其中实缴"出资"是指履行增资程序、办理工商登记的注册资本。B公司在2009年及以后已投入的36 187万元，未履行增资程序、未登记为新增注册资本，故该笔资金不能认定为新增注册资本。因此，A公司仅以董事会和股东会利润分配决议，作出"按B公司94.05%、C公司3.16%、D公司2.79%实缴出资与全部已到位出资之比例全额分配"的决议，违反了公司章程关于利润分配比例的相关规定。据此，二审判决驳回上诉，维持一审判决。

本案为公司决议效力纠纷，根据一、二审法院的认定，利润分配决议的召集程序、表决方式不违反法律、法规和公司章程的规定。因此，本案的争议焦点为，案涉利润分配决议按照各股东实际投入到公司的出资比例分配利润，是否违反A公司章程规定的"股东按照实缴的出资比例分取红利"的利润分配规则。就此，需要厘清的问题有二：一是如何理解和认定公司章程中规定的"按实缴出资比例分取红利"的利润分配规则？二是案涉利润分配决议的内容是否违反公司章程的规定？

二、《公司法》规定"股东按照实缴的出资比例分取红利"，应如何理解？

A公司章程规定"股东按照实缴的出资比例分取红利"的利润分配规则，与《公司法》(2005年修订)①第35条、《公司法》(2013年修正)第34条规定的利润分配规则一致。讨论对公司章程该条规定的理解，首先需对《公司法》规定的利润分配规则解读。也就是说，《公司法》规定"股东按照实缴的出资比例分取红利"，其中的"实缴的出资"究竟是指什么？有观点认为，该"实缴的出资"即实缴的注册资本，股东应按照实缴注册资本比例分配利润。股东缴纳到公司的出资，未履行相应的验资程序，未经工商部门登记为注册资本，不能作为分配利润的依据。本案一、二审判决实质上即采用此观点。但笔者认为，无论是从《公司法》的立法本意，还是对《公司法》进行体系解释、文义解释等的解读，《公司法》规定按照"实缴的出资比例"进行利润分配的规则，显然不能僵化地理解为以"实缴的注册资本比例"为分配依据。

1. 在公司内部法律关系中，对股东"出资"的理解和认定，应充分尊重股东的意思自治

在公司法领域，出资是一个内涵颇为丰富的概念，通常是指股东在公司设立时或者增加资本时，为取得股份或股权，根据协议的约定以及法律和章程的规定向公司交付财产或履行其他给付义务。出资制度是资本制度的重要组成部分，同时也是股东享有权利的必要基础条件之一。② 注册资本，根据《公司法》第26条的规定，是指在公司登记机关登记的全体股东认缴的出资额。《公司法》下股东的"出资"与工商登记的注册资本并非同一概念，有的情况下，"出资"即指工商登记的注册资本，但很多情况下，"出资"并不当然等同于工商登记的注册资本。

对于本文所探讨的利润分配规则而言，解决的是股东与股东之间、股东与公司之间的内部法律关系，并不涉及公司外部第三人的信赖利益问题。在此情况下，对"实缴出资"的理解不应僵化地解读为工商登记的注册资本。股东取得和享有股东权利的来源和基础是股东的出资，基于股东的出资，公司才得以运营发展，进而

---

① 本案股东会决议作出时应适用《公司法》(2005年修订)，《公司法》(2013年修正)关于利润分配规则的规定与《公司法》(2005年修订)并未变化。出于对案例评析的需要，本文分析时，主要依据《公司法》(2005年修订)。

② 参见赵旭东主编：《公司法》(第二版)，中国政法大学出版社2013年版，第117页。

为股东创造利润和收益。因此，股东之所以享有利润分配请求权等股东权利，本质上来源于股东履行了出资义务，而该"出资"当然是指股东实缴到公司作为公司经营资本的资产，而不取决于股东的出资是否经工商登记为注册资本。对于公司内部的法律关系而言，出资金额、出资比例等均是股东合意的结果，对"出资"的认定，应充分尊重股东意思自治。如果股东各方的真实意思为，其投入公司的相应资金是出资性质，则应依据股东意愿予以确认。至于工商登记的注册资本，只因工商登记仅具有证明出资的证权效力，而不具有设权效力。如有证据证明股东投入到公司的资金，各股东真实意思表示均认为属于"出资"，则不应以未履行增资程序、未办理工商登记为由否认"出资"的效力，甚至据此剥夺股东利润分配请求权这一股东的基本权利。

2. 从《公司法》本身解读，"实缴的出资"也并非仅指"实缴的注册资本"

对《公司法》本身运用体系解释、文义解释等规则进行解读，《公司法》利润分配规则规定的"实缴的出资"，并非仅指"实缴的注册资本"。比如，根据《公司法》(2005年修订)第28条[3]、第29条[4]、第32条[5]的规定，判定股东是否履行出资义务、股东投入到公司的资产性质是否是出资，不以在工商登记为注册资本为标准。相反，股东将出资资产实缴到公司，即视为股东已履行出资义务[6]，公司有义务为股东办理工商变更登记，将其出资登记为注册资本。[7] 公司未履行办理工商登记

---

[3] 《公司法》(2005年修订)第28条规定："股东应当按期足额缴纳公司章程中规定的各自所认缴的出资额。股东以货币出资的，应当将货币出资足额存入有限责任公司在银行开设的账户；以非货币财产出资的，应当依法办理其财产权的转移手续。股东不按照前款规定缴纳出资的，除应向公司足额缴纳外，还应当向已按期足额缴纳出资的股东承担违约责任。"《公司法》(2013年修正)的规定与《公司法》(2005年修订)的规定一致。

[4] 《公司法》(2005年修订)第29条规定："股东认足公司章程规定的出资后，由全体股东指定的代表或者共同委托的代理人向公司登记机关报送公司登记申请书、公司章程等文件，申请设立登记。"《公司法》(2013年修正)的规定与《公司法》(2005年修订)的规定一致。

[5] 《公司法》(2005年修订)第33条规定："有限责任公司应当置备股东名册，记载下列事项：(一)股东的姓名或者名称及住所；(二)股东的出资额；(三)出资证明书编号。记载于股东名册的股东，可以依股东名册主张行使股东权利。公司应当将股东的姓名或者名称及其出资额向公司登记机关登记；登记事项发生变更的，应当办理变更登记。未经登记或者变更登记的，不得对抗第三人。"《公司法》(2013年修正)的规定与《公司法》(2005年修订)的规定一致。

[6] 《公司法解释(三)》第10条第1款规定："出资人以房屋、土地使用权或者需要办理权属登记的知识产权等财产出资，已经交付公司使用但未办理权属变更手续，公司、其他股东或者公司债权人主张认定出资人未履行出资义务的，人民法院应当责令当事人在指定的合理期间内办理权属变更手续；在前述期间内办理了权属变更手续的，人民法院应当认定其已经履行了出资义务；出资人主张自其实际交付财产给公司使用时享有相应股东权利的，人民法院应予支持。"
《公司法解释(三)》第11条第1款规定："出资人以其他公司股权出资，符合下列条件的，人民法院应当认定出资人已履行出资义务：(一)出资的股权由出资人合法持有并依法可以转让；(二)出资的股权无权利瑕疵或者权利负担；(三)出资人已履行关于股权转让的法定手续；(四)出资的股权已依法进行了价值评估。"

[7] 《公司法解释(三)》第23条规定："当事人依法履行出资义务或者依法继受取得股权后，公司未根据公司法第三十一条、第三十二条的规定签发出资证明书、记载于股东名册并办理公司登记机关登记，当事人请求公司履行上述义务的，人民法院应予支持。"

的义务,不应影响对股东已履行出资义务的认定,更不影响将股东投入到公司的资产认定为股东的"出资"。最高人民法院《关于适用〈中华人民共和国公司法〉若干问题的规定(三)》[以下简称《公司法解释(三)》]第 16 条亦明确规定:股东未履行或者未全面履行出资义务或者抽逃出资,公司根据公司章程或者股东会决议对其利润分配请求权、新股优先认购权、剩余财产分配请求权等股东权利作出相应的合理限制,该股东请求认定该限制无效的,人民法院不予支持。可见,无论股东享有利润分配请求权还是限制股东的利润分配请求权,判断依据是股东是否将"出资"实缴到公司,而非是否登记为注册资本。

2013 年修订的《公司法》对公司资本制度的重大修改以及随之而来的工商登记制度修改,更充分证明工商登记并不具有设权效力,不能作为判断股东是否享有利润分配请求权等股东权利的依据。2013 年修订的《公司法》第 34 条仍规定了"股东按照实缴的出资比例分取红利",却同时取消了对股东实缴的出资额的工商登记。2014 年 2 月 18 日,国家工商总局《关于做好注册资本登记制度改革实施前后登记管理衔接工作的通知》(工商企字[2014]32 号)规定:"公司实收资本以及股东(发起人)认缴和实缴的出资额、出资方式、出资期限不再作为登记事项。2014 年 3 月 1 日后公司申请办理上述事项登记的,公司登记机关应当决定不予受理。"显然,《公司法》规定的"股东按照实缴的出资比例分取红利"中的"实缴的出资",不应解读为工商登记的注册资本。

三、本案股东会利润分配决议是否违反 A 公司章程,而予以撤销?

(一) 应如何理解 A 公司章程中的按照"实缴的出资比例"分配?

就本案 A 公司章程规定的利润分配规则而言,该章程的规定与《公司法》(2005 年修订)第 35 条规定相一致。如前述分析,基于对《公司法》第 35 条规定的理解,该公司章程规定的"实缴的出资"亦应指股东实际投入到公司的资产,而非注册资本。并且,从各股东的真实意思表示而言,章程所规定的"实缴的出资",也并非仅指注册资本。

在本案中,B 公司与 C 公司于 2004 年成立 A 公司时即签署《股东协议书》,约定"公司注册资本暂按工程总投资的 20% 确定,即 10 亿元,股东各方须在公司章程签订之日起一个月内按前款比例缴付一期注册资本共人民币 2 000 万元用于公司注册。剩余部分根据工程建设需要经董事会决议后分期注入"。2009 年,根据国家发改委下发的《关于 A 公司电厂新建工程项目核准的批复》规定,"本工程动态总投资 45.6 亿元。其中项目资本金为 9.1 亿元,约占动态总投资的 20%,由 B 公司、C 公司和 D 公司分别按 51%、26% 和 23% 的比例出资"。

可见,鉴于 A 公司作为工程项目公司的特殊性,自 B 公司、C 公司合作成立 A

公司时，各股东认缴的出资额并非只是第一期工商登记的注册资本，包括 C 公司在内的各股东均同意将根据工程建设需要分期注入出资。据此，从各方股东的真实意思而言，章程规定的"按实缴的出资比例分配"的"出资"，并非仅指当期公司章程载明的 5 000 万元注册资本以及相应的出资比例。

（二）本案利润分配决议是否应予撤销

如前述分析，A 公司章程规定的"实缴的出资比例"，不应仅指实缴的注册资本比例，而应遵循各股东的真实意思表示认定为股东的"出资"。本案中，A 公司曾分别于 2009 年和 2012 年作出股东会决议，确认了 B 公司 2009 年及以后向 A 公司陆续投入了 3.618 7 亿元资金，累计投入资金总额达到 3.873 7 亿元。B 公司对 A 公司实际出资的事实和金额，已经有效股东会决议确认为股东实缴出资，这是股东各方的真实意思表示。公司未履行增资程序、办理工商登记手续，不应影响对 B 公司已实际缴纳出资的认定，更不应影响对 B 公司实际缴纳的资金性质为"出资"的认定。

据此，本案所涉及的利润分配决议，确认截至 2012 年 12 月 31 日，A 公司实际到位资本金为 4.118 7 亿元，其中 B 公司实际出资 3.873 7 亿元，占 94.05%，C 公司实际出资 1 300 万元，占 3.16%，D 公司实际出资 1 150 万元，占 2.79%，并决定按照各方实缴出资之比例分配利润，并不违反法律、法规和公司章程的规定，合法有效，依法不应撤销。

四、小结

公司具有社团法人的特性，在股东对公司内部事务进行治理时，法院应当充分尊重股东的真实意思表示，尊重股东通过作出公司决议的方式处理公司内部事务以及股东之间的权利义务关系。在《公司法》及公司章程均规定了股东会是公司的最高权力机构和意思表示机构时，股东会就应当有权决定股东的利润分配规则，只要股东会决议符合《公司法》及公司章程规定的法定程序，且其内容没有违反法律、法规的强制性规定和章程规定，其效力就应当得到确认，司法应当予以维持。

本案中，一、二审法院判决曲解《公司法》以及章程中关于"股东按照实缴的出资比例"分配利润的规定，违背公司各股东的真实意思，将"实缴的出资"僵化的解释为工商登记的注册资本，径行撤销公司决议，违反了公司法和商事审判的基本原则，也与当前所倡导的司法不轻易干预公司内部事务的基本原则相违背。判决结果更是导致没有履行出资义务的股东不仅不承担违约责任，反而享有实际缴纳出资股东所应享有的股东收益，结果有违公平原则，该判决所体现的法院固化、守旧的审判思路，值得关注和反思。

论有限公司小股东权益的保护[*]

袁怀军[**]

社会主义市场经济的发展和活跃,离不开有限责任公司小股东的参与。在现实生活中,有限责任公司中的小股东权益受到侵害的情形主要表现在:有些有限责任公司的大股东在股东会上搞"一言堂"家长制,使股东会形同虚设;有的有限责任公司监事会或监事无法行使监督职能;有些有限公司以各种借口长期不向股东分配利润;有些有限责任公司不允许中小股东查阅公司财务状况;有的公司经营严重困难,财务状况恶化,或因股东之间分歧严重,股东会、董事会又不能作出公司解散清算的决议;小股东缺乏退出公司的有效机制,等等。由于有限责任公司小股东在公司中往往处于弱势地位,且小股东人数较少,难以形成与大股东抗衡的合力,加上小股东退出机制不健全,权益受到损害的中小股东又无法像股份有限公司股东那样可以通过转让股份退出公司,致使有限责任公司小股东的权益受到严重损害的情况在现实生活中尤为突出。因此,尽快建立和完善有限责任公司小股东权益有效保护制度,是进一步完善公司制度,促进社会主义市场经济健康发展必须解决的重要课题。

修改后的《中华人民共和国公司法》(以下简称《公司法》)在小股东权益保护方面作了重要尝试,如股份有限公司关联交易表决回避制度,表决权积累制度,在此笔者提出以下几点思考:

一、应建立有限责任公司关联交易表决回避制度

关联交易是指股东与控股公司的交易。关联交易有利有弊,其好处在于减少了交易环节,有利于公司降低公司交易成本,有利于公司对所需产品质量的监控。但由于关联交易与公司个别股东有利害关系,其本身存在较大的道德风险。若掌握了公司控制权的大股东利用关联交易进行质次价高的交易或虚假交易,则损害了公司的利益以及其他股东和小股东的利益,因而公司法的任务是规范关联交易,而不是禁止关联交易。国际上比较通行的做法是建立表决回避制度。修改后的《公司法》第125条规定了上市公司股东表决权回避制度,这一规定有利于防止上市公司大股东滥用表决权,也为股份有限公司小股东的权益提供保护。

---

[*] 该文发表于《商场现代化》2007年第2期。
[**] 四川华敏律师事务所律师。

但目前这一规定仅适用于上市公司,非上市股份公司、有限责任公司不适用。就有限责任公司而言,同样具有建立关联交易表决回避制度的必要性和紧迫性。

二、在有限责任公司中应实行限制资本多数决制度

资本多数决制度是指由股东出资额的多少决定公司议事的表决权,这一制度有利于激发股东的投资热情。但随着现代公司股权分散化的日益加剧,实行无限制的资本多数决原则的最大弊端在于,大股东有机会凭借手中表决权的优势操纵有限公司"三会"(股东会、董事会、监事会),形成有限责任公司内部的大股东专权,从而严重损害公司及小股东的利益。

修改后的《公司法》仍然援用了传统公司法原则中的一股一权的无限制资本多数决制度。《公司法》第43条规定,"股东会会议由股东按照出资比例行使表决权。但是,公司章程另有规定的除外"。《公司法》第104条对股份有限公司也有类似的规定。尽管《公司法》第43条规定了"公司章程另有规定的除外",但由于小股东出资比较少,公司登记成立时往往简单援用工商部门提供的"标准格式"章程,因此寄希望于小股东在公司章程中对大股东的表决权进行限制,在现实中可操作性不强。

笔者认为,为了防止大股东操纵公司事务,限制大股东表决权的立法可以参照国际通行做法,采用以下措施:

(1) 在股东人数较少(如10人以下)的有限责任公司实行严格的限制资本多数决制度。如比利时和卢森堡的法律规定,在股东大会上掌握超过公司股份40%的股东,其超过的股份丧失表决权。

(2) 在规模较大、股东人数较多的有限责任公司建立限制资本多数决与小股东积累投票制相结合的制度。我国修改后的《公司法》第106条规定了累积投票制。即股东大会选举董事和监事时,股东的投票权按所持股份数乘以拟选举董事和监事人数的积计算。但是这一崭新的制度仅适用于上市股份有限公司。因此,在这类有限责任公司中,一方面可以采用限制资本多数决制度以限制大股东的表决权;另一方面,可以参照上市公司对小股东实行积累投票制。

三、进一步完善股东代表诉讼制度

修改后的《公司法》第152条规定:"董事、高级管理人员有本法第一百五十条规定的情形的,有限责任公司的股东、股份有限公司连续一百八十日以上单独或者合计持有公司百分之一以上股份的股东,可以书面请求监事会或者不设监事会的有限责任公司的监事向人民法院提起诉讼。监事有本法第一百五十条规定的情形的,前述股东可以书面请求董事会或者不设董事会的有限责任公司的执行董事向人民法院提起诉讼。"可见,修改后的《公司法》建立了股东代表权诉讼制度,这对

防止董事、监事、高级管理人员执行公司职务时违反法律、行政法规或者公司章程的规定，给公司造成权利侵害，特别是保护小股东权益方面，将发挥极其重要的作用。

但从修改后《公司法》的内容看，要使新建立的股东代表诉讼制度真正发挥作用，至少还有以下几个方面的问题需要进一步完善：

（1）股东提起代表诉讼时，"人民法院可以应公司的请求，要求股东提供相应的担保"的规定值得商榷。《公司法》第22条第2款、第3款规定："股东会或者股东大会、董事会的会议召集程序、表决方式违反法律、行政法规或者公司章程，或者决议内容违反公司章程的，股东可以自决议作出之日起六十日内，请求人民法院撤销。""股东依照前款规定提起诉讼的，人民法院可以应公司的请求，要求股东提供相应担保。"由于公司股东大会或董事会决议往往涉及的标的巨大，如法院应公司的请求要求作为原告的股东提供相同金额的担保，难以达到通过股东提起诉讼来避免公司受到损害的目的。笔者认为，立法上应对要求原告股东提供担保的情形作出限制性规定。事实上，国外有由法院对公司的申请进行审查的做法，主要看是否存在原告滥用诉权的可能，一般只有在有证据证明原告滥用诉权的情况下，法院才会裁定要求原告提供必要的担保。

（2）修改后的《公司法》第150、152条未对中小股东提起代表诉讼时诉讼费用的缴纳作出规定。由于代表股东往往是为了公司整体利益提起诉讼，且代表诉讼往往标的巨大或者涉及重大事项。相应的诉讼费用也会十分高昂，如果该诉讼费用全额由原告股东预缴，将给原告股东造成巨大的经济压力，因此最高人民法院在作出司法解释的时候应予以充分考虑，建议建立诉讼费用补缴制度和缓缴制度。只看诉讼结果给公司带来实质性的财产利益，或者成功避免公司可能遭受的损失，原告股东就其诉讼行为所支出的包括律师费用等在内的合理费用，可以请求公司给予补偿，对诉讼标的巨大、诉讼费用高昂的案件，也可以建立诉讼费用缓缴制度。

（3）有关股东提起代表诉讼的原告主体、受偿主体问题。

四、进一步完善公司司法解散制度

司法解散公司是指司法机关依据适格主体的请求依法裁决对公司予以解散的一种诉讼制度。修改后的《公司法》第183条规定："公司经营管理发生严重困难，继续存续会使股东利益受到重大损失，通过其他途径不能解决的，持有公司全部股东表决权百分之十以上的股东，可以请求人民法院解散公司。"针对该条规定，以下几点问题应当进一步完善：

1. "经营管理发生严重困难"的规定过于笼统，不便操作，易发生歧义

该规定是仅指经营发展发生严重困难，财务状况恶化，还是因股东之间分歧严重，管理发生严重困难，或者仅仅是经营方面的管理混乱致使公司陷入困境，或者以上因素兼而有之，并不明了，在司法实践中容易发生歧义。因此，笔者认为，司法

解释应对《公司法》第 183 条中的"经营管理发生严重困难"作广义的解释,应包含股东发生严重分歧的情况,这样更有利于保护小股东的权益。

2. 使部分小股东丧失原告主体资格

按《公司法》第 183 条的规定,持有公司全部股东表决权 10% 以上的股东才有请求人民法院解散公司的主体资格。尽管这一规定注意到了公司具有的永久存续性特征,考虑了随意解散公司会对社会造成的不良影响,但却使持有公司全部股东表决权 10% 以下的股东丧失了退出公司的可能性。

(1) 按照现行《公司法》的规定,除公司破产外,股东退出公司的途径有股权转让、股份回购和解散三种,前两种途径的行使在很大程度上取决于大股东的意志。而在第 181 条规定的营业期限届满、决议解散、公司合并或者分立、依法被吊销营业执照、司法解散五种法定情形中,除吊销营业执照属于行政处罚外,前三种同样在很大程度上也取决于大股东的意志,剩下的就只有司法解散诉讼了。如果司法解散诉讼制度将持有公司全部股东表决权 10% 以下的股东排除在原告主体资格以外,这部分股东就丧失了退出公司的合法有效途径。这种制度上的设置造成了小股东法律救济措施的缺失,这对小股东权益的保护是十分不利的。

(2)《公司法》第 183 条以持股 10% 作为是否享有原告主体资格的界限,缺乏科学依据。在小股东权益的一体保护方面,在客观上形成对持股 10% 以下小股东的歧视,这在法律上讲是不公平的。因此笔者认为,在以后的立法或司法解释中应取消持股 10% 的限制性规定。

可见,要切实有效地保护有限责任公司小股东权益,必须建立有限责任公司的关联交易表决回避制度、限制资本多数决制度,并切实完善有限责任公司的股东代表诉讼制度、司法解散制度。

认缴资本制下有限公司股东权分析

朱增进[*]

股东权及其行使的依据在于法律的规定和公司章程的约定。我国《公司法》规定的股东权利制度是以法定资本制为背景的,原则上股东权的取得及其行使是以实缴资本为前提的,也就是股东权的基础是实缴出资。但是,在认缴资本制下,股东无须先行缴纳注册资本,而只需在约定的将来或法定的情况出现时才缴纳。因此,股东权的基础就不再是实缴资本,而只要承诺出资就足够了。在理论上尚未实际出资的股东在原则上就与已出资的股东享有同等的权利。而且,从《公司法》本身的规定来看,也没有对这两种制度背景下的股东权作出区分。但是,这两种制度背景下的股东权是否就完全没有区别呢?实践中,如果公司章程中对认缴资本的股东权作出限制,是否会出现无效情形呢?下面就股东权中比较容易引起争议的各项权能逐一进行分析。

一、知情权

这是股东最基本的权利。无论是实缴资本还是认缴资本,对公司经营的相关信息进行了解,是股东在公司发挥作用的起点。如果这一权利缺失,股东其他权利及其保障就无从谈起。而赋予认缴股东知情权,对公司经营也并不会造成多少不便。因此,只要股东不是出于恶意行使这一权利,公司就没有理由阻碍其行使。《公司法》第 33 条也将此权利规定为股东的固有权利。该条规定:股东有权查阅、复制公司章程、股东会会议记录、董事会会议决议、监事会会议决议和财务会计报告。股东可以要求查阅公司会计账簿。该条规定的唯一例外情形是,公司有合理根据认为股东查阅会计账簿有不正当目的,可能损害公司合法利益的,可以拒绝提供查阅,并应当自股东提出书面请求之日起 15 日内书面答复股东并说明理由。但即便如此,股东仍有可以寻求司法救济,即公司拒绝提供查阅的,股东可以请求人民法院要求公司提供查阅。

虽然法律将知情权赋予了认缴股东,但是如果股东在章程中约定将该权利予以排除的,在法律上是否有效?认缴股东能否事后再主张知情权?从知情权的民法权利属性来说,权利人予以抛弃,或预先约定排除的,在法律上并无不可。但是,鉴于知情权对股权的基础属性,以及其法定性,即便股东事先予以抛弃,或在章程

---

[*] 江苏世纪同仁律师事务所。

中加以排除,也不应影响认缴股东事后主张知情权。否则,认缴股东对公司经营的信息一无所知,股东的其他权利也就缺乏起码的信息基础而无从谈起。

二、股东会议召集权与表决权

《公司法》第4条规定,公司股东依法享有资产收益、参与重大决策和选择管理者等权利。召集股东会会议及参加表决,是股东参与公司重大决策和选择管理者等权利的具体体现。

1. 首次股东会的召集

《公司法》第38条规定,首次股东会会议由出资最多的股东召集和主持。因此,首次股东会会议的召集是法定的。但是,这里的出资究竟是指实缴还是认缴是存在争议的。在对法律规定有争议的情况下,应当最大限度地尊重当事人的意思自治,这是现代民商法适应经济要求的一个重要法律原则。因此,只要股东没有异议,无论是由实缴还是认缴出资最多的股东召集和主持首次股东会会议,就都是有效的。

2. 临时股东会的召集

当公司表决机关不能作为时,认缴股东是否仍可以召集股东会呢?《公司法》第40条第3款规定,代表10%以上表决权的股东可以自行召集和主持股东会。这就涉及认缴股东是否享有表决权这个前提条件。如果公司章程明确规定了认缴股东享有表决权,那自然没有问题;如果公司章程有规定,认缴股东不享有表决权,也不存在问题。因为《公司法》第42条规定,股东会会议由股东按照出资比例行使表决权,但公司章程另有规定的除外。现在的情况是,当公司章程只是笼统规定时,又当如何处理呢?这里的出资比例究竟是实缴还是认缴的呢?对此也有争议。就法律解释来看,两者均可。从实缴股东的抗辩权来看,其主张认缴股东不享有表决权,在法律上也没有依据。因此,只要从法律层面没有明确规定,认缴股东与实缴股东一样享有召集权与表决权。但是,在公司治理的实践层面是否合理有效,还有待考察。

3. 定期股东会的召集与表决

《公司法》第43条第1款规定,股东会的议事方式和表决程序,除本法有规定的外,由公司章程规定。因此,认缴股东对定期股东会是否有召集权与表决权,全看公司章程的规定。即便对于重大事项,如果章程规定认缴股东无表决权的,认缴股东也只能被排除在外。例如,《公司法》第43条第2款规定,股东会会议作出修改公司章程、增加或者减少注册资本的决议,以及公司合并、分立、解散或者变更公司形式的决议,必须经代表2/3以上表决权的股东通过。如果认缴股东没有表决权,对这些重大事项也就没有决策参与权了。这是否违背了《公司法》第4条的规定呢?因为该条规定,公司股东依法享有资产收益、参与重大决策和选择管理者等权利。但答案是否定的,因为该规定强调了股东是依法享有参与重大决策的权利,该权利并非是绝对的权利，同时该条规定也不是强制性规范。因此，章程对此权利所作出的限制，只要是依法作出的并符合立法精神，就是有效的，就应当得到认可。

因此，原则上，在章程未作出明确限制的情况下，在股东会会议召集与表决权上，认缴股东也应与实缴股东享有同等权利。但是，如果章程作出了明确限制，不赋予认缴股东以召集权和表决权的，则无相应的权利。

三、分红权

分红是股东投资的根本目的所在。现代制度经济学认为，公司或企业就是一系列合同编织成的立体网络，公司或企业的本质就是合同。① 因此，对分红权可以从合同的视角来观察。而从合同法看，如果股东没有分红权，就意味着不能实现合同的根本目的，股东加入公司就失去了意义，变成一个纯粹的责任承担者，只负有义务却不享有权利。这又与民法上的权利义务相一致原理相背。在这个意义上，认缴出资的股东似乎也应当享有分红权。从法律层面来看，《公司法》第34条规定，股东按照实缴的出资比例分取红利，但全体股东约定不按照出资比例分取红利的除外。因此，在原则上，分红权是以实缴出资为基础的，认缴出资的没有被赋予分取红利的权利。虽然该法条规定了例外情形，但是这个例外的规定只是明确不按出资比例分红，并没有明确是不是仍以实缴出资为前提。不过，从法律解释角度看，举轻以明重，既然可以不照出资比例分红，出资本身就完全可以不作为分红的基础来考虑。因此，如果章程约定了认缴出资的可以分红，认缴股东就应享有分红权，但是，如果章程没有约定的或者约定不明的，认缴股东就不能享有分红权。在我国公司章程普遍属于机械抄袭的状况下，明确认识到这一点无疑是非常重要的。

另外，股东的分红权除了章程规定以外，是否还需要设置一定的前置程序？因为如果认缴出资的股东，在资本尚未实缴时就已享受了分红，但是在认缴条件成就时，却并没有能力实缴出资，而公司最后破产，其出资义务就在实际上被免除了。这样只享有权利，不用负担义务的机制，就可能激励公司尽可能采取认缴制，然后在经营中吃光花光，最后一破了之。这样对公司债权人显然是不利的，对鼓励公司稳定持续发展也是不利的。但是《公司法》关于公司财务、会计的制度中对此缺乏明确的规定。因此，可以考虑从公司财务制度规定方面入手，对认缴出资的公司，在计算利润时明确成本应当包括全部出资，而不能只以实缴出资为基础来计算，或者规定对认缴出资的公司，在预留与认缴出资额相当的法定公积金之前，不得分配利润。这样对认缴股东及公司债权人，在利益上就是平衡的。这一点有待《公司法》修订或司法裁判确立相应的规则。

---

① 科斯、张五常，尤其是以张五常为代表的合约经济学，对企业的本质进行了深入的研究，揭示了企业的合约本质，沟通了经济学和法学，为法律人理解作为经济实体的企业提供了一个独特的与经济主体性质同一的视角。遗憾的是，这一点还没有为法律人所广泛认同和接受。

四、转让权

《公司法》第 71 条规定,有限责任公司的股东之间可以相互转让其全部或者部分股权。股东向股东以外的人转让股权,应当经其他股东过半数同意。公司章程对股权转让另有规定的,从其规定。因此,对于认缴出资形成的股权,是可以转让的,法律并不禁止。但是,如果章程限制转让,则应按照章程的规定办理。那种认为转让权属于股东的固有权利因而不能受到限制的观点,是与法律规定不符的。认缴出资形成的股权的转让,难点倒不在是否有权转让,而在于转让价款的确定以及转让后出资的责任如何承担的问题。

典型的情况是,认缴出资的股权转让,约定受让人向转让人支付对价,但事后受让人又以转让方未实际出资,股权转让价格过高,显失公平为由,要求撤销或变更股权转让合同。而转让方则抗辩称,股权转让价格并非根据出资计算出来的,也不是根据公司净资产值计算出来的,而是由双方商定的,股权值多少钱,不同的人有不同的定价,没有一个客观的绝对标准,只要是双方商定的,就不存在显失公平,在法律上就是有效的。这就涉及一个认缴出资股权的定价问题。从经济的观点来看,同一股权对不同人的边际价值不同,因此也会有不同的价格,但是只要双方是在市场条件下达成的一致,这个价格就是合理的、有效的,不能因为股权对其他人的边际价值更高,因而价格可能更高,而否定双方协商一致的价格,否则就等于取消了市场对资源的配置。

有一种观点认为,股权价格应当以净资产值计算,只要约定价格过分偏离净资产值,就应当认定为显失公平。这种观点在缺乏市场观念的法律专业人士中很流行。这种观点的错误在于,把股权量化的方法等同于股权价格本身,不懂得股权价格是由市场供求双方的具体条件决定的,不是由什么固定不变的计量方法决定的。实践中之所以会使用一定的计量方法测算,只是为了给市场价格提供一个可供操作的参照量,以节省计价的交易费用而已。何况,价格的计量方法并非只有一种,而是有多种,很难说哪一种更正确。比如,一般都认为以净资产值计量出来的股权价格是最合理的,但是物品有价无市是很常见的,净资产值再高,没有人愿意出这个价来买,物品就不值这个价,同时,有的物品的市场成交价则远超净资产值,比如溢价发行的股票。从经济学的角度来说,净资产值或实缴资本值计算法所计算的,其实不是股权的上头成本,而成本不是成本,经济上的成本是机会成本,即股权能够带来的租值,股权的价格就是由这个租值的贴现值决定的。因此,以净资产值或实缴资本值作为股权定价标准的观点,是一种错误的观点。也因此,对于股权转让双方商定的价格,不能事后又以价格过分偏离净资产值构成显失公平为由予以撤销或变更。

认缴出资的股权转让所带来的最普遍的问题,是出资责任究竟由何人承担。受让方认为,股权价格中包含有出资部分的价值,但转让方并没有实际出资,理应承担相应的出资责任,如果由受让方承担,转让方应退还相应的股权转让价款。转让方则认为,其出资本来就属于认缴性质,受让方明知但当时并未明确异议,且其股权已转让,不再是股东了,因此,与股权相关的权利和义务均应由受让方享有和负担。公司及债权人则认为,股权转让只能约束转让方与受让方,不能约束公司及债权人,在认缴条件成就时,公司与债权人均有权要求转让双方实缴出资。

在上述几方观点中,公司和债权人的主张是有法律根据的。最高人民法院《关于适用〈中华人民共和国公司法〉若干问题的规定(三)》[以下简称《公司法解释(三)》]第19条第1款规定,有限责任公司的股东未履行或者未全面履行出资义务即转让股权,受让人对此知道或者应当知道,公司请求该股东履行出资义务、受让人对此承担连带责任的,人民法院应予支持;公司债权人依照本规定第13条第2款向该股东提起诉讼,同时请求前述受让人对此承担连带责任的,人民法院应予支持。据此,对认缴出资的实际缴纳,转让人与受让人是负有连带责任的。同时,该条第2款规定,受让人根据前款规定承担责任后,向该未履行或者未全面履行出资义务的股东追偿的,人民法院应予支持。但是,当事人另有约定的除外。因此,除转让方与受让方之间另有约定不得追偿的以外,受让方是可以向转让方追偿的。这就意味着,认缴出资的股权转让价格中,如果没有扣除认缴的出资额,受让方事后是可以实际承担出资责任为由进行追偿的;如果已扣除认缴的出资额,受让方就不能再进行追偿。

但是,这样也带来两个问题:

(1) 如果认缴出资的股权转让时没有对价,或者对价为零,或者对价显著低于出资额,转让方是否需要承担实缴出资责任?如果其承担了,是否可以向受让方追偿?根据前文的分析,股权转让对价是市场协商确定的,不应以出资额作为是否公正的评判标准。因此,即便对价与出资额相比,有显著的差距,但是只要双方没有明确对实缴出资的责任作出约定,转让方就不能以价额差距大而不应承担实缴责任为由抗辩。

(2) 认缴出资的股权转让后,虽然转让方在公司已不享有任何权利,但其也不能脱卸实际出资的责任,而且只要出资一天没有实际缴纳,转让方的责任就一天都不能免除。这似乎很不合理,但是,如果股权一经转让,转让方可以就此脱责,就可能鼓励股东以认缴方式出资,然后从公司获取红利,等到要承担出资责任时,就将股权转让给无履行能力的人,从而逃避实缴责任,使公司和债权人的利益受到损害。而根据《公司法》第20条第3款的规定,公司股东滥用公司法人独立地位和股东有限责任,逃避债务,严重损害公司债权人利益的,应当对公司债务承担连带责任。因此,这是一个两难问题。虽然在司法裁判规则没有变更以前,转让方只能继续处于实缴责任承担者地位,但是,对这一两难问题应当展开探讨了。否则,认缴制将形同虚设。

五、优先购买权

《公司法》第34条规定了公司新增资本时,股东认缴出资的优先权;第71条规定了股权对外转让时股东的优先购买权;第72条则规定了股权执行程序中的优先购买权,这些规定是否适用于认缴出资的股东?从法条规定本身看,并没有区分是认缴股东还是实缴股东,同时,法条也规定了股东之间的协商和约定优先,因此,认缴股东是否享有优先认购权或购买权,首先取决于股东之间的协商和公司章程的约定。在公司章程没有限制认缴股东的优先认购权或购买权的情况下,就不能以只是认缴出资为由,否认认缴股东与实缴股东一样享有优先认购权或购买权。

六、回购请求权

《公司法》第74条规定了股东的回购请求权。根据该条规定,在法定的三种情形下,"对股东会该项决议投反对票的股东可以请求公司按照合理的价格收购其股权"。从三种情形是,(一)公司连续五年不向股东分配利润,而公司该五年连续盈利,并且符合本法规定的分配利润条件的;(二)公司合并、分立、转让主要财产的;(三)公司章程规定的营业期限届满或者章程规定的其他解散事由出现,股东会会议通过决议修改章程使公司存续的。前两种情形显然没有排除认缴股东的回购请求权,但难点在于何为合理的价格。首先,当然是双方协商的价格。在双方协商不成的情况下,由于第一种情形是以公司有利润为前提,而利润的计算又是直接与出资相联系的,因此,与利润计算的方法一致的方法测算的股价,就是合理的价格。但是对于第二种情形,由于合并、分立以及转让主要财产时,对公司的资产必然有评估,而且合并、分立以及转让本身就是市场交易的一种表现形式,因此,以合并、分立以及转让财产时的价格比例测算的,就是合理的价格。至于第三种情形,由于认缴出资的条件必然已经成就,不存在认缴与实缴之分,股东一体享有回购请求权,股权价格按照清算的资产比例测算的,即为合理价格。

七、股东代表诉讼权

《公司法》第152条规定了股东的代表诉讼权。该条规定,董事、高级管理人员有本法第150条(应为第149条,作者注)规定的情形的,有限责任公司的股东,可以书面请求监事会或者不设监事会的有限责任公司的监事向人民法院提起诉讼;监事有本法第150条规定的情形的,前述股东可以书面请求董事会或者不设董事会的有限责任公司的执行董事向人民法院提起诉讼。监事会、不设监事会的有限责任公司的监事,或者董事会、执行董事收到前款规定的股东书面请求后拒绝提起诉讼,或者自收到请求之日起30日内未提起诉讼,或者情况紧急、不立即提起诉讼将会使公司利益受到难以弥补的损害的,前款规定的股东有权为了公司的利益以自己的名义直接向人民法院提起诉讼。他人侵犯公司合法权益,给公司造成损失的,本条第 1 款规定的股东可以依照前两款的规定向人民法院提起诉讼。

根据这一规定,有限公司的认缴股东即便未实际交付出资,也享有代表诉讼权。虽然这一权利是法律直接赋予的,是法定权利,但是,出于认缴股东尚未实际出资,股东或公司章程会通过约定或规定事先排除或限制其代表诉讼权。这样的约定或规定是否具有法律约束力,是一个值得探讨的问题。从民事权利来说,只要不是具有人身属性的权利,权利人予以抛弃并无不可。但是,股东代表诉讼权有所不同,因为这一权利的目的是为了保护公司的合法利益不受公司实际控制人员的侵害。如果公司章程中预先加以排除,就会使公司实际控制人员对公司的侵害行为失去制约。从公司章程的合同本质来说,这样的规定属于恶意串通损害第三人利益的情形,应当依据有关合同法律的规定认定为无效。因此,股东的代表诉讼权,不但不会因为是认缴股东而受到限制,而且还不会因为有约定或章程规定而被排除。

综上分析,股东权的构成是复杂的,界定认缴出资的股东权利,不能采取简单划一的规则,而应具体情况具体分析,才能适应复杂条件的约束,得出合理的结论。实践中之所以出现错综纷纭的观点,除了本身情形复杂以外,还有一个根本的原因,就是法学界缺乏一个统一的公司理论,对公司的本质缺乏统一而深刻的认识。随着注册资本制度改革的进一步深化,围绕股东权产生争议也必将增多,也许只有一个统一的公司理论,才能彻底有序地解决这些争议。

参考文献

[1] 李志刚:《公司资本制度的三维视角及其法律意义——注册资本制的修改与股东的出资责任》,载《法律适用》2014 年第 7 期。

[2] 赵旭东:《认缴资本制下的股东有限责任——兼论虚报资本、虚假出资和抽逃出资行为的认定》,载《法律适用》2014 年第 11 期。

[3] 俞巍、陈克:《公司资本登记制度改革后股东责任适法思路的变与不变》,载《法律适用》2014 年第 11 期。

[4] 刘俊海:《关于工商登记制度改革的认识误区及辨析》,载《法律适用》2014 年第 11 期。

[5] 王利明:《市场主体法律制度的改革与完善》,载《中国高校社会科学》2014 年第 4 期。

[6] 王东敏:《新修订的公司法与审判实务有关的问题》,载《人民司法》2006 年第 1 期。

[7] 刘俊海:《建议〈公司法〉与〈证券法〉及三套外商投资企业法联动修改》,载《法律适用》2013 年第 12 期。

第七部分

公司诉讼热点问题

担保债权人对公司提供担保的决议审查义务异议

苏祖耀*

对于违反《中华人民共和国公司法》(以下简称《公司法》)第16条规定的公司对外担保的效力问题,学界观点不一,司法判决迥异,但几乎一致认为,担保债权人对公司提供担保的决议有审查义务,只不过是实质审查与形式审查的区别而已。在《人民司法》杂志社编著的《法律规则的提炼与运用重述(商事卷)》中,其第一部分《公司法》——公司对外担保法律效力的司法认定的专家重述之法律规则为:"担保债权人对公司提供的公司相关同意担保的决议承担形式审查义务。相关决议形式上合法有效,且担保债权人在审查时已尽到合理的注意义务的,公司以决议存在实质上的瑕疵为由主张否定担保合同的效力的,人民法院不予支持。"最高人民法院在《中华人民共和国最高人民法院公报》2015年第2期中就招商银行股份有限公司大连东港支行诉担保人振邦氟涂料股份公司借款合同纠纷案(以下简称"招行东港支行案")认定:《公司法》第16条第2款属于管理性强制性规范,不应作为认定合同效力的依据;债权人对公司提供担保的股东会决议仅负有形式审查义务。形式审查义务仍然以查阅公司章程并存在符合章程规定的决议以及对决议进行了审查为前提,这意味着如果没有决议或没对决议进行审查便是无效。笔者不以为然,并认为担保债权人只要是善意的,其对公司提供担保的决议没有审查的法定义务,也没有形式审查义务,主要依据如下:

一、《公司法》第16条的担保规定属于调整内部关系的管理性规范

《公司法》第16条第1款有两层意思:一是公司向其他企业投资或者为他人提供担保,是由董事会还是由股东会(股东大会)决议由公司章程规定,这是赋权性规范;二是"公司章程对投资或者担保的总额及单项投资或者担保的数额有限额规定的,不得超过规定的限额"。这明显是内部治理规范。而该条第2款"公司为公司股东或者实际控制人提供担保的,必须经股东会或者股东大会决议"以及第3款"前款规定的股东或者受前款规定的实际控制人支配的股东,不得参加前款规定事项的表决。该项表决由出席会议的其他股东所持表决权的过半数通过"的规定,是对为公司股东或者实际控制人提供担保时的决策程序及限制关联股东的投票权的

---

* 广东经纶律师事务所合伙人、中华全国律师协会公司法专业委员会委员。

规定。这些均是就对外投资或为他人提供担保这两种行为,公司内部应如何决策的规定,调整的是公司内部治理事宜,是公司进行投资或提供担保这一行为前内部决策形成的机制,旨在加强公司的内部治理和控制,以提高公司对外投资和担保决策的科学性,降低经营风险,显然独立于公司以外的任何第三人,更非课以第三人之审查义务。

众所周知,公司法律关系分为对内关系和对外关系。公司与股东、公司与董事、股东与股东之间的关系等属于公司内部关系,内部关系由公司法、公司章程、内部制度及内部契约性文件调整;而公司与债权人、公司与交易相对人、公司与政府等属于外部关系,除由《公司法》调整外,还受《中华人民共和国合同法》(以下简称《合同法》)、《中华人民共和国物权法》和《中华人民共和国担保法》(以下简称《担保法》)等法律及签订的合同调整。公司法主要是组织法,规范组织体内部的管理;《公司法》是私法,公司自治为首要原则,国家不应当加入过多的强制管理。公司对外提供担保的决议,不管是公司股东(大)会决议或董事会决议都属于内部法律关系,而不是外部法律关系,由《公司法》、公司章程、内部制度规范。但担保法律关系是对外关系,在本质上属于债关系,首先应适用债法(《合同法》《担保法》)。内部管理性规范一般不具有对外效力,外部法律关系与内部法律关系有冲突时,前者优于后者,这是公司法的基本原理。

最高人民法院在上述招行东港支行案的判决中也认为,《公司法》第16条的规定,"其实质是内部控制程序,不能以此约束交易相对人。故此上述规定宜理解为管理性强制性规范。对违反该规范的,原则上不宜认定合同无效。另外,如作为效力性规范认定,将会降低交易效率和损害交易安全。比如,股东会何时召开,以什么样的形式召开,何人能够代表股东表达真实的意志,均超出交易相对人的判断和控制能力范围,如以违反股东决议程序而判令合同无效,必将降低交易效率,同时也给公司动辄以违反股东决议主张合同无效的不诚信行为留下了制度缺口,最终危害交易安全,不仅有违商事行为的诚信规则,更有违公平正义。

二、审查义务与"内部管理规则"不能与约束外部人的原理相违背

公司的管理者(董事、经理)的权力和权限应受以下几方面的限制:一是在法律允许的范围内行事;二是应在公司权能范围内行事;三是在公司章程规定及内部规定权限内行事;四是在股东会或董事会授权范围内行事。但管理者如果超越他的权限,对公司的约束力如何?违反法律禁止性规定的行为当属无效,不能约束公司。超越公司权能范围的行为(Ultra Vires),受"推定知晓理论"(Constructive notice doctrine)的影响(该理论认为,与公司交易的人被推定了解公司公开文件的内容,既然与公司交易的人被认为知道交易是超出公司目的条款范围的,所以不能强制执行),在早期的各国公司法实践中都认为是无效的,但在近代以来,各国已先后抛

弃了该越权理论。① 超越公司章程所规定的权限或董事会授权范围的行事,公司受"内部管理规则"(indoor management rule)和董事"表面权力"(apparent or ostensible authority)的约束。根据内部管理规则(又称 Turquand 条款),公司赋予董事多大的权力是公司内部的规定,与公司交易的人永远不能肯定代表公司的人的实际权力,第三者可推定公司已适当地采取了授权需要的内部程序。公司是否对董事加以限制,如何限制,是公司内部管理的问题。②

"内部管理规则"最早来自英国 1856 年 The Royal British Bank V Turquand 一案。原告向公司就盖有公司图章和由两名董事签署的债券提出诉讼。公司章程规定,董事可以按公司股东的决议案授权以债券形式借款。公司拒绝付款的理由是没有授权的决议案。法庭裁定原告胜诉。首席法官 Jervis 说:"我们现在可以肯定,与这些公司交易跟与其他合伙交易不同,与公司交易的人必须阅读法规以及文件。但他们不必再做任何事情。而在目前的情况下,当事人阅读文件会找到借款的附有条件的许可,不是禁止。他发现授权可以以决议案完成,他有权推定有这样的决议案,授权董事做从文件表面上看来已经合法做的事。"③

如果委托人把代理人安置于某个职位或者容许代理人自置于某个职位,而对该职位惯常具有的权力设置一些不为第三者所知的限制,在交易中该代理人声称或其行为表明他有这个寻常权力,致使第三者相信这种权力的存在,这就是表面权力。在此情况下,委托人应对代理人的行为负责。这种表面权力也适用于公司的董事、经理。

英国 Denning 勋爵在 1968 年审理 Hely-Hutchinson V Brayhead Ltd 一案时指出:"当董事会委任董事、总经理时,可以明文限制他的权力,说未经董事会批准前,他不可以订购价值超过 500 英镑的货物。在这个情况下,他实有的权力受限于 500 英镑的限制,但他的表面权力包括所有董事、总经理的寻常权力。在他与不知道限制的人的交往中,公司受他的表面权力约束。"④英国有许多这些类似的案例。如:公司章程规定董事会有权决定会议的法定人数为三个。在一次只有两名董事出席的会议中,董事授权秘书把公司的图章盖在抵押上,由那两名董事见证。法庭裁定,抵押有效。又如,董事、总经理代表董事会签署若干债权转让书,把债权让与债权人。董事会并没有特意授权转让,但公司章程规定,董事会可以委任董事、总经理以及把权力下放给他。董事、总经理被人承认为董事、总经理,他亦以董事、总经理的身份办事,但没有委任他的决议案,亦没有决议案显示下放给他的是什么。法庭裁定,转让有效。⑤

---

① Jil Poole, Abolition of the Ultra Vires Doctrine and Agency Problems, the Company Lawyers Vol.12 No.3 March, 1991.
② S. Griffin, Directors Authority: The Companies Act 1989, The Company Lawyer Vol 12 No 5.
③ 何美欢:《香港代理法》,香港中华书局 1992 年版,第 385、386 页。
④ 同上书,第 104—105 页。
⑤ 参见何美欢:《香港代理法》,香港中华书局 1992 年版,第 387 页。

根据 1989 年《英国公司法》，公司所做行为的有效性并不因章程大纲的规定而产生疑问；一个人善意与公司交易时，董事会约束公司的能力或董事会授权其他人去从事这一交易的能力，并不受公司章程的限制；与公司交易的人无义务去调查一宗交易是否公司章程"允许"的或者董事会约束公司的权限有无限制，或者董事会是否有权授权其他人去从事这一交易。⑥

1938 年修订的《日本商法》第 262 条明确规定，总经理、副总经理、专务董事、常务董事及"附有其他代表公司权限名称的董事"所做的行为，即使该董事没有公司代表权，公司对善意的第三者也须负责。这就是所谓的"表面代表董事"的规定。⑦

在德国，在公司内部，董事必须遵守章程以及股东会和监事会对他们的活动所规定的限制。然而这些内部限制无论第三方是否知晓，都对第三方不产生效力（除非涉及勾结诈骗的情况）。如果董事未能遵守上述限制，则应对由此产生的后果承担责任。⑧⑨

赋予担保债权人形式审查义务，必然首先要求获取并查阅公司章程，从而确定公司担保需要获得董事会同意还是股东（大）会同意，这与上述"内部管理规则"相违背。

三、审查义务与我国法定代表人制度、公章制度及普遍社会认知相悖

《中华人民共和国民法通则》第 38 条规定："依照法律或者法人组织章程规定，代表法人行使职权的负责人，是法人的法定代表人。"对于法定代表人的性质和内涵，学界长期以来未给出一个为大家所认同的理论概括。《公司法》第 13 条规定："公司法定代表人依照公司章程的规定，由董事长、执行董事或者经理担任，并依法登记。公司法定代表人变更，应当办理变更登记。"工商行政管理局颁发给公司的企业法人营业执照均明确记载了法定代表人。经过登记的法定代表人，就是法律认可的其对外代表公司的人，在外人看来，其无须经股东会或董事会另行授权即代表公司，若需另行授权的人则叫意定代表人或授权代表人。

我国《民法通则》第 43 条规定："企业法人对它的法定代表人和其他工作人员的经营活动，承担民事责任。"我国《合同法》第 50 条规定，法人或者其他组织的法定代表人、负责人超越权限订立的合同，除相对人知道或者应当知道其超越权限的

---

⑥ 参见 J. Tucker, Companies Act 1989-where are we know? Solicitors Journal 5 July 1991, p.774; Is Stephenson, Ultra Vires and agency under the new law, Solicitors Journal, Vol. 134 No. 11, 16 March 1990; D. Wright and B. Creighton, Rights & Duties of Diretors, Butterworths, 1991, pp. 33 - 34。

⑦ 参见刘江永编译：《日本的股份公司制度》，经济科学出版社 1993 年版，第 115 页。

⑧ 参见〔英〕梅因哈特：《欧洲十二国公司法》，李功国等编译，兰州大学出版社 1988 年版，第 223 页。

⑨ 参见苏祖耀：《现代公司董事法律制度》，广州出版社 1995 年版，第 93—127 页。

以外,该代表行为有效。同《合同法》第 50 条的立法意图类似,最高人民法院《关于适用〈中华人民共和国担保法〉若干问题的解释》(法释〔2000〕44 号)第 11 条规定:"法人或者其他组织的法定代表人、负责人超越权限订立的担保合同,除相对人知道或者应当知道其超越权限的以外,该代表行为有效。"这些规定表明,如果第三人非因重大过失不知法定代表人超越职权,而有理由相信其在该事项上有决定权,担保合同有效,公司应承担担保责任。这些规定都是维护交易安全所需。课以担保债权人审查公司决议的义务,是对法定代表人这一公司对外法定代表机关的否定,动摇法定代表权制度建立的基础。公司遵循章程所定的规则进行担保决策,既是公司的内部行为,又是公司的单方行为,第三人无须也无从介入公司内部。当公司通过董事会、股东(大)会内部机关决策对外担保意思形成之后,必须由公司意思表示机关即法定代表人或有权代表表达于外部。法定代表人经依法登记公示后自然就是公司全面权力的对外代表,他就是公司对外担保意思表示的身份表彰,如果对第三人苛以审查其权限的义务,便是强人所难,挑战了法定代表人的法定代表权。更何况,公司内部对于法定代表人权限的限制,并不具有对世效力;在法定代表人违反其内部限制时,应视为法定代表人构成其对公司忠实义务的违反,公司在承担相应的合同义务和责任后可对其进行追偿。公司也有足够的救济途径去追究法定代表人的过错责任。因此,法定代表人基于其法定代表权代表公司对外签署的担保合同应有效,而无须课以第三人审查公司内部规定及其决议的义务。

此外,公章使用是我国的悠久历史文化传统。每一个公司都有在公安机关依法登记注册的官方的公司印章,它代表公司行使法定主体行为,可以代表公司签署任何文件,包括合同、协议及其他法律文件等。公章是公司权利的象征,盖公章就是公司对外行权的行为。我国甚至有认章不认人的传统和习俗。公司法定代表人在担保文件上签字并盖上公章,对一般的百姓和商人来说便确信那是公司的行为,公司是要受其约束的。这种信赖利益应该受到保护。

四、审查义务脱离了实际,忽视了担保行为的普遍性、形式多样性以及决策形式的丰富性

作为债权实现的保证措施,不仅在银行贷款活动,而且在货物买卖、物业租赁、工程建设以及任何发生债权债务关系的活动中,都普遍会发生担保行为。担保的债权既有千万亿元的巨债,也有几万几千甚至几百元的微债。对交易的相对方来说,担保往往是愿意缔结交易合同的前提,由于履约能力很弱、不令人相信的人和公司比比皆是(尤其是在全民创业对注册资本完全没有要求的今天),许多交易债权人完全是建立在对担保人的信任基础上。银行出具保函是经常性的担保行为,大多数保函通常由银行分行或支行出具。就笔者所知,除极大额的担保外,几乎鲜有人会要求提供银行的股东会或董事会的决议并进行审查,大多数保函仅有分行或支行的公章,连签字都没有,这都是基于对银行的信赖。如果债权人对担保人的

决议有审查义务,这些保函岂不均无效?

担保的方式既有抵押、质押,又有保证、定金、留置。抵押、质押除签署合同外,还需担保人的一系列行动配合,如提供抵押物、质押物清单、权属证明,大多还需办理登记手续,动产质押还需移交财产控制权,在此等情形下,岂可因没有审查股东会或董事会决议就否定其效力?

担保决策的表现形式更是多种多样,有股东签字的股东会决议、股东没签字但公司盖章的股东会决议、股东没签字但公司盖章加法定代表人(或董事长)签字的股东会决议,有董事签字的董事会决议、董事没签字但公司盖章的董事会决议、董事没签字但公司盖章加法定代表人(或董事长)签字的董事会决议,还有未出示任何决议但在合同中声明已通过公司的股东会决议或董事会决议的,或没有任何决议也没在合同中声明但仅由法定代表人签字并盖公司章的,或公司出示由法定代表人签字及盖公章的授权委托书授权某某代表公司签署合同并盖公司公章的,等等,不一而足。担保文件的形式有签署正式的保证合同或抵押合同或质押合同、有单方出具担保函、有仅在主合同中以担保人名义签署盖章的,等等。中国的公司大多内部治理不规范,多年没有召开过股东会和董事会会议的公司并不鲜见,公司法规定由股东会或董事会决定的事项岂不均无效?而且,现实中有不少的公司章程就公司对外提供担保如何作出决议根本就没有规定。

此外,请注意《公司法》第16条第1款不但针对对外担保,还针对其他企业投资。在现实中,公司对其他企业投资没有决议或决议超过章程规定的金额,但公司签订合同后已经履行,实际上已投入资金,如果合同相对人对决议有审查义务,投资行为岂不也无效?

在绵阳市红日实业有限公司一案中,最高人民法院指出:"出于保护善意第三人和维护交易安全的考虑,在公司内部意思形成过程存在瑕疵的情况下,只要对外的表示不存在无效的情形,公司就应受其表示行为的制约。"这是正确的。

五、没有审查公司决议便否定担保的效力,是对诚实信用原则的破坏和践踏

诚实信用是民商法的基本原则,甚至被称之为"帝王条款"。它要求人们在民商事活动中应当讲信用、守诺言、诚实不欺,正当行使权利和履行义务。如果允许公司以公司没有决议或决议不符合其章程的规定为由主张担保无效,对债权人是不公平的,不利于社会信用制度的建立。尤其是已在合同中声明通过了公司内部决策程序的担保,或由法定代表人签字并盖章的担保,或公司已配合办理了登记或已移交了质物的担保,如果还可以主张无效,其诚信何在?公司的决策过程外人无法得知,而且公司、股东、董事还可以通过诉讼主张决议不存在、撤销或无效,而这完全在其内部掌控之中,完全可能根据内部利益而取舍。这必然助长不守信用者逃责。提供担保的公司如果可以以违反内部规定为由否定担保效力,无疑是说:

"我是骗了你,但是因为你不调查了解我,故我无须承担责任,活该!"这是强盗逻辑!是对诚实信用原则毁灭性的破坏和践踏!

六、法律直接规定"由董事会或者股东会、股东大会决议"并不能得出赋予了担保债权人审查义务的结论

有学者认为,如果《公司法》没有第16条的规定,而只是公司章程规定由董事会或者股东会、股东大会决议,对外不具有效力,因为根据《公司法》第11条的规定,公司章程只对公司、股东、董事、监事、高级管理人员具有约束力。但公司为他人提供担保,根据公司章程规定,由董事会或者股东会、股东大会决议由《公司法》直接规定,一旦这种决策程序由公司内部要求提升为《公司法》上的要求时,其效力范围就发生了改变,法律具有普遍适用的效力。第三人在与公司签订合同时,应当注意到法律的既有规定,社会公众通过推定可知公司法定代表人的对外担保行为需要通过公司董事会或者股东(大)会的有效决议。

这一观点似是而非。《公司法》第16条针对的是公司行为,是内部管理性规范,而不适用于外部人。《公司法》及其他法律有大量的类似规定,而外部人都没有审查的义务。例如,关于公司的经营范围,《民法通则》第42条规定:"企业法人应当在核准登记的经营范围内从事经营。"《公司法》第12条规定:"公司的经营范围由公司章程规定,并依法登记。公司可以修改公司章程,改变经营范围,但是应当办理变更登记。"《中华人民共和国公司登记管理条例》第15条规定:"公司的经营范围由公司章程规定,并依法登记。"如果法律有直接规定便对外有约束力,便赋予交易相对人审查义务,则交易相对人每做一笔交易(包括广大消费者消费),都必须审查所从事的交易是不是在公司登记的经营范围内,否则交易无效?而事实上"越权无效"的做法已被世界各国所抛弃。最高人民法院《关于适用〈中华人民共和国合同法〉若干问题的解释》第10条明确规定:"当事人超越经营范围订立合同,人民法院不因此认定合同无效。但违反国家限制经营、特许经营以及法律、行政法规禁止经营规定的除外。"再如,《公司法》第37条规定的股东会可以行使的职权、第46条董事会可以行使的职权等规定,都是法律的直接规定,与公司交往的人是不是都必须审查公司决议是否符合公司法和公司章程规定?"公司从事经营活动,必须遵守法律、行政法规,遵守社会公德、商业道德,诚实守信,接受政府和社会公众的监督,承担社会责任"(《公司法》第5条第1款);"股东应当按期足额缴纳公司章程中规定的各自所认缴的出资额"(《公司法》第28条),也是《公司法》的直接规定,第三人在与公司签订合同时,是否也应当注意到法律的既有规定?显然没有必要。

有人认为,理性商人从事交易应当基于风险控制的必要,从注意义务出发履行基本的形式审查义务。理性的风险控制是必要的,但债权担保人自身风险控制与担保人应承担的责任是两个不同的问题,并不能因风险控制不足而减免相对行为

人的法律责任。正如防范意识不足而被骗,不能因此免除诈骗人的责任;少女风险防范不足独自深夜行走,在偏僻的地方被抢劫,抢劫犯亦不能以女子风险控制意识不足为由而免责。法律的价值取向,应该是要求公司加强内部治理,规范决策程序,控制自身的风险,强化违规的赔偿和处罚。正如要实现社会安宁、减少犯罪,法律应强调守法和违法制裁,而不是强调公民如何防范。过分强调防范,必然限制自由。同样,强调审查义务,必然阻碍交易的正常开展。

商业合作风险分配应遵循的是"最优承担"原则,即由对风险最有控制力的一方来承担。签订合同各方应确保自身有签约能力这是各自的签约前提,提供担保的公司对其决策程序、决策有效性及决策风险的了解和控制,无疑比作为外人的债权人强,其决策的瑕疵需要另一方承担后果缺乏法理依据。

当然,担保债权人如果客观上明知(如已告知或已收到章程)公司签署人没有权限甚至是恶意串通的,则另当别论。

七、结语

公司签署商务合同或从事业务活动,其对外的意思表示,在相对人来说并非一定要表现为符合公司章程的股东会或董事会决议,在公司法定代表人签署或授权委托签署或在符合表见代理签署的情况下,担保债权人没有法律义务审查公司提供担保的决议的义务,除客观上知道担保文件签署人超越权限或恶意串通外,担保合同应有效。公司签署人超越公司内部规定的行为,由公司追究责任。

损害公司利益责任纠纷案中举证责任边界的界定

许俊儒[*] 叶 成[**]

一、案情

甲、乙两人于 2000 年共同出资设立 A 公司,各占 50% 的股权,法定代表人为甲。实际上,A 公司日常经营管理主要由乙负责,其父亲丙、母亲丁分别作为 A 公司的监事、财务负责人,与乙共同管理 A 公司。2011 年,甲举报乙涉嫌职务侵占,经过某公安局开展调查,某检察院提起公诉,某法院开庭进行了审理,但在审理中,乙因病死亡,故某法院裁定终止审理。

现甲以 A 公司法定代表人的身份,以 A 公司为原告起诉丙、丁,认为丙、丁与乙共同实施侵犯 A 公司财产的行为,应对 A 公司承担赔偿责任,且丙、丁亦为乙的继承人,应在继承乙遗产范围内对乙侵占 A 公司财产的行为承担赔偿责任。A 公司已举证证明乙、丙、丁在 2009—2011 年期间从 A 公司交通银行账户中分多笔取出 800 多万元,并分别于同一天将与前述取出金额相对应的款项合计 550 多万元现金存入乙、丙、丁的个人银行账户,以此证明乙、丙、丁三人共同将 A 公司款项转至三人的个人账户,即实施了侵占公司财产的行为;但 A 公司无法举证证明乙、丙、丁三人将该财产未实际用于 A 公司生产经营,即无法举证证明乙、丙、丁三人将 A 公司款项转入其个人账户后的具体用途;而且,由于 A 公司的财务账册等所有财务资料一直在丙、丁的实际控制之下,A 公司无法提交财务账册对此加以证明。而法院在庭审中,多次要求丙、丁提交公司财务账册等资料,丙、丁却一直以各种理由不予提交。

二、评析

本案中,撇开 A 公司的其他诉讼请求,A 公司已向法院提交 A 公司的交通银行凭证等证据,欲证明乙、丙、丁共同将 A 公司款项转至三人的个人账户,实施了侵占公司财产的行为,但无法进一步举证证明乙、丙、丁将所转移的财产用于何种用途,而丙、丁主张其将相应财产用于公司生产经营,但并未举证加以证明,且在法庭要

---

[*] 上海市锦天城(南京)律师事务所律师。
[**] 上海市锦天城(南京)律师事务所律师助理。

求下拒不提供财务账册等材料。在这种情况下，能否直接认定乙、丙、丁侵占A公司财产550多万元的事实，这实质上是举证责任的边界问题，即A公司是否已经尽到了其应尽的举证责任，是否应当进一步举证乙、丙、丁将A公司财产转移至个人银行账户后的具体用途？我们认为，从民法高度盖然性证明标准、举证责任分配规则以及证明妨碍规则综合分析，均能充分说明A公司已经尽到了合理的举证责任，而丙、丁既不举证证明其主张，亦拒绝提交其持有的财务账册等关键证据，应当承担举证不能的法律后果，因此，足以在法律上认定乙、丙、丁存在侵占A公司财产550多万元的事实。

（一）高度盖然性证明标准

本案中，认定乙、丙、丁是否将A公司款项550多万元存入个人账户，以及该行为是否构成侵占A公司财产，均涉及举证责任的边界问题，即A公司举证到何种程度才足以认定这些事实。而民法的高度盖然性证明标准能够较好地回答这一问题。

高度盖然性证明标准经过各国司法实践的检验，具有科学性和合理性。高度盖然性即是从事物发展的概率中推定案情、评定证据，它是在证据无法达到确实、充分的情况下，对证明待证事实发生的盖然性比较高的证据予以确认。与"高度盖然性证明标准"相对应的是"客观真实证明标准"。客观真实证明标准要求将法院认定的事实与已经发生的案件事实完全吻合，以达到确实、充分的证明标准。但是，受到时空等因素的限制，法官不可能还原客观真实，而仅能根据现有的证据作出判断，且一味追求客观真实而迟迟不予判决，将造成诉讼效率的低下与司法资源的浪费。所以，理论界和司法实务部门均对"客观真实证明标准"提出质疑，认为客观真实证明标准"严重损害了其他价值目标或利益的实现"[①]，主张以"法律真实"的证明要求取而代之。目前，我国已建立了民事诉讼的高度盖然性证明标准，且在司法实践中得到了广泛应用，最高人民法院《关于民事诉讼证据的若干规定》第73条[②]对此作出明确规定，而且第63条[③]亦确立了"法律真实"的证明要求。

结合本案，A公司提供的交通银行凭证等证据，能够证明乙、丙、丁从A公司交通银行账户中分多笔取出800多万元，并分别于同一天将与前述取出金额相对应的合计550多万元现金存入个人银行账户，从高度盖然性证明标准来看，足以从法律上认定乙、丙、丁将A公司财产转入个人账户。至于乙、丙、丁将A公司的550多万元财产转入个人账户后，若丙、丁无法提供任何证据证明其将相应财产用于A公

---

① 肖建国、肖建华：《民事诉讼证据操作指南》，中国民主法制出版社2002年版，第282页。

② 最高人民法院《关于民事诉讼证据的若干规定》第73条规定："双方当事人对同一事实分别举出相反的证据，但都没有足够的依据否定对方证据的，人民法院应当结合案件情况，判断一方提供证据的证明力是否明显大于另一方提供证据的证明力，并对证明力较大的证据予以确认。"

③ 最高人民法院《关于民事诉讼证据的若干规定》第63条规定："人民法院应当以证据能够证明的案件事实为依据依法作出裁判。"

司生产经营，从高度盖然性证明标准角度考量，这种情况下一般具有普通常识的正常人，亦能够合理确信乙、丙、丁侵占了 A 公司的上述财产。

（二）举证责任分配规则

根据"谁主张谁举证"基本原则、"公平及诚实信用原则"等确立的举证责任分配规则，结合本案，丙、丁主张其将该财产全部用于 A 公司的生产经营，丙、丁应当对此负有举证证明之义务，但丙、丁没有提供任何证据对此进行证明。况且丙、丁一直实际控制 A 公司，能够证明丙、丁没有将该财产用于 A 公司实际经营的直接证据，即 A 公司的财务账册均在丙、丁处，更应由丙、丁承担举证证明责任，否则，丙、丁应承担举证不能的后果。

1. 谁主张谁举证原则

根据《民事诉讼法》第 64 条第 1 款④、最高人民法院《关于民事诉讼证据的若干规定》第 2 条⑤、第 76 条⑥的规定，以及"谁主张谁举证"的基本原则，当事人对自己提出的主张有责任提供证据证明。本案中，A 公司主张丙、丁存在侵犯 A 公司财产的行为，要求丙、丁承担赔偿责任，对此项诉讼请求，A 公司已经举证证明丙、丁存在转移 A 公司财产的客观事实，侵犯了 A 公司的合法权益，因此，A 公司有权要求丙、丁承担返还上述财产等赔偿责任。而丙、丁主张其将转移 A 公司的财产用于 A 公司的生产经营，即对 A 公司的主张提出了抗辩，即属于"一方提出主张后另一方对该主张进行抗辩，应当就此承担举证的责任"⑦，则丙、丁应对其主张的抗辩理由和事实承担举证责任，否则应当承担不利的法律后果。

结合司法实践，对于类似案件作出的裁判印证了本文的观点，例如，在济南金鹦鹉诉宁述同损害公司利益责任纠纷案⑧中，法院认为，公司高级管理人员应严格按照财务流程处分公司财产，否则其将公司财产转入个人账户，而又无法证明其具有用于公司经营支出的合理理由的，应承担法律责任。

2. 公平及诚实信用原则

根据最高人民法院《关于民事诉讼证据若干规定》第 7 条的规定⑨，基于法律

---

④ 《中华人民共和国民事诉讼法》第 64 条第 1 款规定："当事人对自己提出的主张，有责任提供证据。"

⑤ 最高人民法院《关于民事诉讼证据的若干规定》第 2 条规定："当事人对自己提出的诉讼请求所依据的事实或者反驳对方诉讼请求所依据的事实有责任提供证据加以证明。没有证据或者证据不足以证明当事人的事实主张的，由负有举证责任的当事人承担不利后果。"

⑥ 最高人民法院《关于民事诉讼证据的若干规定》第 76 条规定："当事人对自己的主张，只有本人陈述而不能提出其他相关证据的，其主张不予支持。但对方当事人认可的除外。"

⑦ 王利明：《论举证责任倒置的若干问题》，载《广东社会科学》2003 年第 1 期，第 151 页。

⑧ 参见济南金鹦鹉办公设备有限公司诉宁述同损害公司利益责任纠纷案〔(2014) 章商初字第 1828 号民事判决书〕。

⑨ 最高人民法院《关于民事诉讼证据的若干规定》第 7 条规定："在法律没有具体规定，依本规定及其他司法解释无法确定举证责任承担时，人民法院可以根据公平原则和诚实信用原则，综合当事人举证能力等因素确定举证责任的承担。"

的公平原则和诚实信用原则,本案综合考虑双方是否有毁灭或隐匿证据、双方的举证难易、公平责任以及当事人自身的客观条件等因素,应由实际掌握并控制案件证据的一方承担举证责任。民事诉讼作为一种因私权纠纷引起的活动,当事人对于有可能导致自己不利后果的证据大多采取消极的态度。但是,如果一方当事人手中所持有的孤证对决定案件事实的真伪不明起决定作用时,依据诚实信用原则的要求,当事人应当出示。如果持有证据的一方当事人拒绝出示,可以作为人民法院确定当事人负担举证责任的重要因素。⑩ 举证责任分配应考量举证可能性,拥有更多的举证可能性的一方当事人,应负该事实的举证责任。举证的可能性是由证据与当事人距离的远近决定的,如果一方当事人远离证据,该证据全在另一方当事人保持范围内,他就没有可能得到,此类案件就应当由保持该证据的一方承担举证责任。⑪

本案中,乙作为A公司的总经理,丙、丁分别作为A公司监事及财务负责人,完全具有掌握A公司相关款项支出等信息、证据的职务便利,且丙、丁也曾多次在庭审中承认,乙、丙、丁三人长期负责A公司的日常经营管理并实际掌握了A公司的财务账册。因此,本案应全面考虑举证难易、公平责任及当事人的举证能力等,丙、丁完全具备举证证明A公司财务支出的能力,应当由丙、丁承担举证责任以证明其将A公司款项转入个人账户的行为具有合理依据,即由丙、丁举证证明该款项用于A公司日常经营管理的积极事实,完全具有合理性。换言之,囿于本案属于民事诉讼范畴,苛求A公司举证证明乙、丙、丁将相应款项用作何种用途,即证明将转移后的财产并非用于公司生产经营这一消极事实,显然既不符合基本的公平原则,亦属于A公司无法在客观上举证证明的事项。

结合司法实践,基于法律的公平原则及诚实信用原则将举证责任归于公司实际经营人的案例亦有很多,例如,在江苏金驹物流投资有限公司与徐州市太行科技发展有限公司、刘瑞军财产损害赔偿纠纷案⑫中,法院认为,应由实际控制公司印鉴和财务账册的经营管理人员承担其对处置公司财产作出合理解释的证明责任,否则,若不能举证并作出合理解释,应当承担返还公司财产的责任。

(三) 证明妨碍规则

最高人民法院《关于民事诉讼证据的若干规定》第75条⑬的规定,实际上确立了证明妨碍规则。证明妨碍规则一般指一方举证不能,而该证据恰好在对方手中

---

⑩ 参见贺小荣:《当事人举证责任分担与法官的自由裁量权》,载《人民法院报》,2005年5月6日,第B01版。

⑪ 参见王利明:《论举证责任倒置的若干问题》,载《广东社会科学》2003年第1期,第155页。

⑫ 参见江苏金驹物流投资有限公司与徐州市太行科技发展有限公司、刘瑞军财产损害赔偿纠纷案[(2014)苏商终字第0222号民事判决书]。

⑬ 最高人民法院《关于民事诉讼证据的若干规定》第75条规定:"有证据证明一方当事人持有证据无正当理由拒不提供,如果对方当事人主张该证据的内容不利于证据持有人,可以推定该主张成立。"

但无正当理由拒绝提供对自己不利的证据,甚至有可能毁灭该证据,则推定该证据对拒绝提供证据一方不利。在这种情况下,如果法院简单通过适用证明责任规范作出对提出主张一方败诉的判决,其非正义性是显而易见的。因为"让实施证明妨碍行为的当事人承担诉讼上不利的后果,也符合人们的经验法则,拥有证据的一方当事人不愿意提交证据,通常总是该证据的内容对自己不利,证据有利于自己却不提交是违反人们的常识的"。[14]

根据民事诉讼中举证责任分配的基本法理,双方当事人对其在诉讼中所提出的事实主张均负有相应的证明责任,但任何当事人对自己的主张提供证据是以能够收集到必要的证据为条件的。一方当事人用于证明其主张事实的证据,可能正好在对方当事人手中,或者一些与证据相关的重要信息为对方当事人所掌握,在此情形下,如果恪守每一方当事人均无义务把对对方有利的证据资料告知或提供的规则,当事人收集证据就会遇到难以克服的困难,案件的真实性也会由于证据收集受挫难以得到澄清。虽然在事实无法查清时,法院还可以动用证明责任规范作出裁判,但是,不去想方设法减少收集证据的困难而一味求助于证明责任来裁判案件,显然是错误且不公平的,因为"根据证明责任进行裁判,是最后的手段,仅当事实调查达到了合理程度时,这一手段才能发挥其正当性价值"。[15] 基于此,要求占有或者掌握证据的对方当事人负担起提交证据的义务,显然是一种更符合民事诉讼制度目的的选择。[16]

本案中,能够证明乙、丙、丁没有将 A 公司财产用于 A 公司实际经营的直接证据,即 A 公司的财务账册,均被丙、丁实际掌握,虽经乙涉嫌职务侵占刑事案中某公安局的追查,以及本案中法院再三要求丙、丁提供,但丙、丁无正当理由仍拒不提供,已构成证明妨碍,结合最高人民法院《关于民事诉讼证据的若干规定》第 75 条的规定,可以直接推定 A 公司的主张成立,由丙、丁承担不利的法律后果,即推定乙、丙、丁三方通过将 A 公司财产转入其个人银行账户方式,侵占了 A 公司的财产。在司法实践中,亦有大量运用证明妨碍规则作出对拒绝提供证据一方不利的判决。[17]

---

[14] 李浩:《〈民事证据规定〉与民事证据规则的修订》,载《中国检察官》2011 年第 3 期,第 34 页。

[15] 〔德〕罗尔夫·施蒂尔纳、康斯坦次:《民事诉讼中案件事实阐明时的当事人义务——兼论证明妨碍理论》,载米夏埃尔·施蒂尔纳编:《德国民事诉讼法学文萃》,赵秀举译,中国政法大学出版社 2005 年版,第 357 页。

[16] 参见李浩:《〈民事证据规定〉与民事证据规则的修订》,载《中国检察官》2011 年第 3 期,第 34 页。

[17] 例如,徐斌诉江苏牧羊集团有限公司公司盈余分配纠纷案〔(2015)苏商终字第 00272 号民事判决书〕、黄颖诉美晟房产公司商品房预售合同纠纷案(载《最高人民法院公报》2006 年第 2 期)、石鸿林诉泰州市华仁电子资讯有限公司著作权侵权纠纷案(载《最高人民法院公报》2009 年第 3 期)。

对信息披露违法案完善证券行政执法的建议

张保生* 王 汀** 朱媛媛***

引题——两起案例

近期,风神轮胎股份有限公司(股票代码:600469)(以下简称"风神股份")因年报会计差错事项被证监会河南监管局(以下简称"河南监管局")给予警告和顶格罚款的行政处罚。根据《行政处罚决定书》认定,风神股份2011年三包业务入账金额与实际发生金额不符,从而虚减利润700多万元;2012年三包业务入账金额与实际发生金额不符,从而虚减利润2 200多万元;2012年虚增主营业务收入1.2亿多元,从而虚增利润2 000多万元。①

风神股份不服行政处罚决定,提出行政复议认为,河南监管局认定的信息披露违法事项属于《中华人民共和国行政处罚法》(以下简称《行政处罚法》)规定的行政违法显著轻微的情形,依法不应给予行政处罚,主要理由为:第一,所涉事项为年报财务差错,从差错比例看,2011年虚减利润仅占当期利润的2.78%,2012年合计虚减利润仅占当期利润的0.65%(单项计算为6%),2012年虚增主营业务收入仅占当期主营业务收入的1.43%,情节显著轻微。第二,相关会计差错事项的发生均具有客观性。所涉业务均真实发生,不是财务造假,公司没有虚假记载的主观故意。第三,公司股价并未因此受到波动,未造成社会危害。第四,就同一事项,公司此前已被河南监管局采取监管措施,公司已根据监管要求进行整改,消除了可能的不良影响。第五,基于证监会行政执法标准的统一性,不应对公司进行行政处罚。据此,请求证监会撤销河南监管局的行政处罚决定。2015年8月5日,风神股份收到《行政复议决定书》,证监会维持该行政处罚决定。

而对于与上述案例同期的同样涉及年报会计差错事项的另一起案例,证监会西藏监管局对西藏天路股份有限公司(股票代码:600326)(以下简称"西藏天路")则以情节显著轻微为由,作出了不予行政处罚的结案通知书。

2014年4月23日,西藏天路公告称,公司收到证监会西藏监管局"关于对西藏天路股份有限公司采取责令改正、责令公开说明措施的决定"。2014年4月27日,西藏天路发布《关于重大前期差错更正事项说明的公告》称,由于重大会计差错导

---

* 北京市金杜律师事务所合伙人。
** 北京市金杜律师事务所律师。
*** 北京市金杜律师事务所律师。
① 参见中国证券监督管理委员会河南监管局《行政处罚决定书》(编号:[2015]1号)。

致其2011年度虚增利润4009万元,占当期利润的35%。2014年12月19日,西藏天路公告称,西藏监管局对公司作出《结案通知书》,认为西藏天路违反了《中华人民共和国证券法》(以下简称《证券法》)第63条、第67条的规定,但违法行为轻微。依照《中华人民共和国行政处罚法》(以下简称《行政处罚法》)第38条第2项规定,决定对公司不予行政处罚。

上述两起案例在很多方面具有相似之处:均涉及年报的会计差错事项,违法事项均发生在2011年或2012年,被立案调查的时间比较接近,均是监管机构要求公司先作出整改决定。但案件结果却迥异,会计差错比例较低(不到10%)的风神股份被处以顶格行政处罚,会计差错比例较高(35%)的西藏天路被认为违法行为轻微而不予行政处罚。上述案例,暴露出证券监管机构在办理信息披露违法案件中的一些问题,促使作者对完善我国证券监管的行政执法问题进行思考。

一、对信息披露违法案件中"重大性"标准的明确

1. 现行法律框架下对"信息披露违法"的认定标准及其缺陷

证券市场信息披露违法,是指信息披露义务人在依法披露的信息中存在虚假记载、误导性陈述或者重大遗漏的情形。《证券法》第63条规定:"发行人、上市公司依法披露的信息,必须真实、准确、完整,不得有虚假记载、误导性陈述或者重大遗漏。"从这一规定的字面表述来看,在虚假记载、误导性陈述、遗漏记载三类违规事项中,法律仅对遗漏作出"重大性"要求,而对虚假记载、误导性陈述没有重大性要求。

基于对法律的文义解释,监管机构对于信息披露中的"虚假记载"和"误导性陈述",已经呈现出事无巨细的态势,即只要存在虚假记载、误导性陈述的情形,不论程度轻重,监管机关一律可以立案稽查并进行处罚。结合风神股份案例可见,监管机构在案件稽查和处罚中确实存在从严适用上述法律的倾向。

监管机构的上述做法,虽然目的是为了强化对上市公司信息披露合规的管理,也有助于法律权威在执法领域的彰显,但是,在采用现代化大生产方式和从事大规模产销活动的上市公司经营过程中,任何资产、收入、权益、协议、人事、债权债务关系的调整,都有可能对上市公司所披露的会计信息造成牵一发而动全身的效果,而且,基于信息领受人的区别和局限性,同样的披露信息也有可能存在不同的理解和解读,因此,虚假记载、误导性陈述在客观上难以完全杜绝,其中尤以上市公司的财务会计数据变动敏感及影响程度为甚,这也导致财务会计差错问题成为信息披露违规领域的"重灾区"。

事实上,财务数据的绝对精准不可实现。首先,某些经济业务可能存在几种不同会计处理方法,相应得到的结论也会有所差异,只要遵循会计核算原则且不违背会计准则,都应当予以认可;其次,会计差错在现实中无法完全避免,如果虚假记载没有重大性标准,所有的会计差错都要被处罚,甚至某个年报公告数据与实际发生数据差额1元也属于财务差错,也要受到行政处罚。按此理解,目前的被监管对象

将很难真正有效地履行信息披露义务,这显然有悖于资本市场运行的客观情况,且过分增加上市公司的负担。

可见,对"虚假记载"的认定和处罚,不能僵化于对《证券法》第63条的文义理解,如对现状视而不见,监管机构对上市公司信息披露瑕疵的认定和处罚就可能引起被监管人的冲突,继而引发不应有的法律纠纷,使得监管机构执法的稳定性和权威性受到挑战。

2. 认定构成"信息披露违法"应以符合"重大性"标准为原则

作为证券交易市场建设的重要规制部分,"信息披露违法"的定义不宜被简单的文义解释所遮断。对这一概念核心要义的剖析,一方面,需要横向结合行政监管法律体系;另一方面,则需要深入探究信息披露制度的设立目的。

作为行政处罚的实施主体,证券监管机构同样应当注意,行政处罚是典型的侵益性行政行为,潜存着侵害行政相对人合法权益的危险性[②],因此,作为上位法的《行政处罚法》,为抑制这种消极因素,设立了一系列的制约机制和原则,其中的处罚公正原则,要求行政处罚必须公平、公正,实施行政处罚应当与违法行为的事实、性质、情节及社会危害程度相当,包括对轻微的违法行为不予处罚。《行政处罚法》第38条第2款规定,违法行为轻微,依法可以不予行政处罚的,不予行政处罚。这是行政处罚法对不予行政处罚的原则性规定。

遵循法律的体系解释原则,监管机构在适用《证券法》第63条和第193条对包括虚假记载在内的信息披露违法行为进行行政处罚时,应当同时遵循适用于所有行政处罚行为的《行政处罚法》的上述规定,即信息披露违法行为应具备重大性才应予行政处罚,否则该等免予处罚制度,无异于丧失了运行的生命力,也将割裂证券行政执法与当前行政法律体系的联系。

证券市场的稳健运行和效率保证以信息的有效流动性为主导,因此,《证券法》第1条规定:"为了规范证券发行和交易行为,保护投资者的合法权益,维护社会经济秩序和社会公共利益,促进社会主义市场经济的发展,制定本法。"《证券法》第67条第1款规定:"发生可能对上市公司股票交易价格产生较大影响的重大事件,投资者尚未得知时,上市公司应当立即将有关该重大事件的情况向国务院证券监督管理机构和证券交易所报送临时报告,并予公告,说明事件的起因、目前的状态和可能产生的法律后果。"

根据上述,我国《证券法》的立法目的之一,是通过强制性信息披露确保投资者获取足以使自己形成客观、独立投资决策的信息,以消除证券市场主体之间的信息不对称性。不具备重大性的信息披露瑕疵,由于不会对投资者的投资判断和公司股价产生影响,也就没有对其进行行政处罚的必要。

---

② 参见姜明安主编:《行政法与行政诉讼法》(第二版),北京大学出版社、高等教育出版社2005年版,第312页。

基于此,信息披露违法只有在具备"重大性"时才应予以行政处罚,符合《行政处罚法》"行责罚相统一"的基本原则,也是《证券法》关于信息披露制度立法目的的应有之义。

3. 对"重大性"标准界定范围的讨论

目前,现行法律中并无对信息披露违法行为之"重大性"标准的明确规定。尽管证监会在《信息披露违法行为行政责任认定规则》(以下简称《认定规则》)中对认定信息披露违法行为的客观方面需要考虑的情形进行了概括式列举③,但对于"重大差错更正信息"中的"重大"的内涵,《认定规则》并未作出进一步的细化。

上海证券交易所和深圳证券交易所颁布的《股票上市规则》,以交易标的、涉及资产、成交金额或产生利润占比与相应审计项目最近会计期间是否达到10%以上,作为衡量是否构成"应披露交易"的标准之一。上述尺度将"应披露信息"中的"重大性"的内涵予以具体化,进一步落实了信息披露制度的立法意旨。因此,对"重大性"的解构,同样应当在信息披露监管制度中得以贯彻,体现为监管机构进行立案和处罚的事项,不仅进行"质"上的定性,还需予以"量"上的界定。通过对信息性质及程度的双向评判,达到信息披露体系建立的真正目的。

经查阅和分析证监会公开披露的自2005年至今对上市公司因会计差错被行政处罚的全部案例,所涉财务差错事项占当期相关事项的比例均大大高于10%④,除风神股份案外,没有一例单纯因低于10%的财务差错事项而被行政处罚的案例。因此,可以合理地认为,将10%的占比确定为处罚事项"重大性"的标准之一,符合市场监管的现实情况,并不违反证券监管机构业已形成的执法惯例,能够获得有效的执行。

显然,重大性标准已经在证券监管实务领域,尤其是虚假陈述监管领域得到事实上的适用,但是否可以将虚假陈述案件中重大性标准和标准范围的认定上升到规章乃至法律层面,才是监管机关、立法机关目前迫切需要解决的问题。毕竟只有合理、公允、科学的执法标准,才能在发挥监管作用的同时,维系上市公司的生存与活力。

二、执法标准的统一和案例指导制度的创设

1. 执法标准的统一是证券监管法治化的要求

2013年8月,证监会在下发的《中国证监会关于进一步加强稽查执法工作的意见》中明确提出:"保障全系统行政处罚工作的统一性。"《肖钢主席在证券期货稽查执法工作会议上的讲话》中也指出:"要进一步明确执法的标准,减少自由裁

---

③ 参见《信息披露违法行为行政责任认定规则》第12条(中国证券监督管理委员会公告[2011]11号)。

④ 当然,因同时存在其他违法事项和违法情节的除外,例如,财务差错所占当期事项比例虽然低于10%,但因此发生了盈亏变化。

量空间,做到同一情形同样对待。"

然而,关于信息披露违法行为的处罚标准,《认定规则》对其主客观方面的表述仍属于较为宏观的列举。这种框架性的规定造成监管机构日益呈现出以"有错必罚"取代"有错必纠"的趋势,尤其是对财务会计数据披露不准确事项的处罚。程度性规定的缺失不仅有违成文法国家的立法规范和立法传统,更会增加监管实践中因执法标准不统一而造成监管机构与被监管人的对立。

随着《中国证券监督管理委员会派出机构行政处罚工作规定》的施行,证监会各派出机构已经开始行使行政处罚权。但如前述案例,证监会派出机构在类似案件中出现的明显不同的处罚结果,显然已经不能用自由裁量权来解释其合理性。在处罚标准未以法律、法规形式明示的当下,区域间执法不统一的现象已经出现。在标准无迹可寻、案例分歧严重的情况下,作为被监管对象的上市公司,在执行信息披露制度时,只会愈加举步维艰。

2. 信息披露违法行政处罚标准应避免对上位法的"隔离"

作为行政处罚的一种,证券监管机构在对绝大多数信息披露违规行为进行行政处罚时,仍停留在单一适用《证券法》的层面,而极少兼顾《行政处罚法》的适用,尤其是隔断了与《行政处罚法》关于从轻、减轻或者免予处罚制度的衔接,造成了风神股份以轻微情节遭到顶格处罚的执法失衡现象的发生。

因此,在信息披露违法认定规则尚未细化前,对信息披露违法案行政处罚决定的作出,应当直接适用《行政处罚法》的有关量化规定;在此后制定证券违法行政处罚标准法律法规时,也应注意与《行政处罚法》、上市公司信息披露标准、企业会计重大差错认定标准、证券违法民事赔偿标准、证券违法刑事认定标准等相关制度的衔接,避免各项制度之间产生难以调和的冲突与矛盾。

3. 建立案例指导制度的建议

在证券违法监管过程中,某些案例往往会呈现出疑难、复杂、新类型、普遍性或者广泛关注性等特点,因此,上述对证监会及其派出机构稽查、处罚工作具有指导作用的案例,可以由证监会进行统一遴选、审查和发布,以总结执法经验统一标准,提高稽查和处罚质量,维护行政行为的公平、公正和统一性。

在刚性的处罚标准和典型的指导性案例的双向制约下,不仅可以使证券违法行政处罚的不确定性得以消解,更可以使包括上市公司在内的被监管对象也能够获得有效执行信息披露规则的明确依据。

三、信息披露违法案件行政执法期限的明确与控制

1. 证券监管机构的行政调查缺少强制性执法期限的约束

我国证券法律、法规和证券监管部门颁布的规范性文件中均未明确规定证券监管机构的立案调查期限。在执法过程中,证券监管机构往往展开旷日持久的调查程序以保证案件的调查质量和查办效果。比如,在宝硕股份信息披露违规案中,公司

于 2006 年 10 月 18 日收到《立案调查通知书》⑤,但直到 8 年后的 2014 年 8 月 1 日,公司才收到证监会下发的《行政处罚决定书》。⑥ 可见,在没有明确行政执法期限的约束下,监管机构办理案件的效率不容乐观。而在立案调查期间,上市公司的再融资等权利将受到诸多限制,长达 8 年的调查程序,无疑将严重损害上市公司的生命力。

《中国证监会关于进一步加强稽查执法工作的意见》提出对特殊案件要建立快速会商处理机制,对当事人自查自认自纠消除危害的案件要建立快速结案制度,完善稽查执法流程控制,提高查办效率,案件调查审理周期原则上不得超过 1 年等要求。但是,上述意见从效力上来说,仅属于部门规范性文件;从内容上来说,也仅是一种倡导性的指引,而非具有强制性的规定。

2. 明确办案期限是监管机构行政执法的基本要求

行政处罚程序法定是行政机关执法的基本原则,在同样属于行政机关的公安机关办理治安案件时⑦、国土资源主管部门调查国土资源违法案件时⑧、卫生行政机关办理卫生违法违规案件时⑨,均受制于对期限作出约束的部门规章甚至法律层面的强制性规定。

美国《1934 年证券交易法》对 SEC 完成执法调查及合规审查与检查的截止日期进行了明确规定,一般情况下为 180 日,过于复杂的案件可以在通知 SEC 主席后根据需要将截止日期另行延长 180 日。⑩

可见,明确办案期限,不仅符合我国行政执法的基本原则,更是发达国家证券执法遵循的基本守则。因此,我国证券违法案件调查期限同样可以作出 6 个月的基本限制,重大、复杂、疑难案件经报送证监会主席批准可以延长 3 个月。

随着我国证券违规稽查手段的先进化、稽查人员的专业化以及行政机关相互之间配合程度的不断提高,证券监管机构正通过案件管理科学化、调查手段智能化等多种措施优化调查程序,不断缩短案件办理时限。在此背景下,明文控制案件调查期限,不仅是证券市场主体的诉求,应该也符合监管机构"有法可依"的期望。

四、赋予被调查对象立案前的申辩权

1. 证券监管机构立案调查通知书对上市公司的重大影响

我国证券法律、法规对立案调查期间上市公司的再融资进行了诸多限制,包括不得公开发行证券⑪,正在进行的重大资产重组被暂停(特殊情况除外)⑫,不得发

---

⑤ 参见中国证监会《立案调查通知书》(冀证监立通字[2006]2 号)。
⑥ 参见中国证监会《行政处罚决定书》([2014]69 号)。
⑦ 参见《中华人民共和国治安管理处罚法》第 99 条(主席令第 67 号)。
⑧ 参见《国土资源行政处罚办法》第 32 条(国土资源部令第 60 号)。
⑨ 参见《卫生行政处罚程序》第 29 条(卫生部令第 53 号)。
⑩ 参见美国《1934 年证券交易法》第 4E 条。
⑪ 参见《上市公司证券发行管理办法》第 11 条(中国证券监督管理委员会令第 30 号)。
⑫ 参见《上市公司重大资产重组管理办法》第 53—56 条(中国证券监督管理委员会令第 109 号)。

行股份购买资产⑬,正在进行的借壳上市被暂停⑭,不得发行优先股⑮等。

根据《上市公司信息披露管理办法》第 30 条的规定,上市公司或其董监高涉嫌违法违规被有权机关调查,公司应当立即发布临时报告予以披露,说明事件的起因、目前的状态和可能产生的影响。因此,立案调查程序的启动不仅意味着上市公司的再融资受到限制,作为必须披露的事项,上市公司对立案调查通知的公告还会严重影响投资者信心和投资者判断,造成股价的大幅波动。

证券监管对上市公司的影响绝不仅限于作出行政处罚的时点,事实上,自监管触角开始延伸之时,资本市场就会对此作出强烈反应。在此期间,证券市场主体产生的不可逆的损失,并非监管机构一纸违法事实不成立或不予处罚的结案通知所能弥补。立案调查程序的启动宜保持相当的谨慎性,在发出正式立案调查通知前,有必要赋予被调查对象陈述及申辩的机会,以避免完全陷入被动及出现不可逆的局面。

2. 在正式立案调查通知发出前赋予被调查对象申辩权的必要性

赋予当事人立案调查前的申辩权,有助于证券监管机构查清案件事实,有效防止错案发生,也有利于节约有限的调查资源。

即使是在以严苛监管著称的美国证券交易委员会(SEC)的执法过程中,一般也先进行不施加强制措施的非正式调查,寻求相关人员的自愿配合,在该等程序中,SEC 依赖调查对象的合作来获取信息、文件及证词。一旦初步调查表明存在违法或对方不合作,SEC 才会启动正式调查。⑯

因此,在正式立案调查通知发出前,赋予调查对象陈述与申辩的权利,不仅符合现代证券违法稽查程序的惯例,也有助于监管机构更快捷、全面地了解事实,避免造成上市公司不必要的损失和执法资源不必要的浪费。

五、创设证券违法调查阶段的律师介入权,切实保障被监管对象的申辩权

1. 律师介入权是被监管对象获得现场保护的要求

尽管我国现行法律法规没有明确禁止当事人在证券违法调查程序中委托律师,但是实践中,证券监管机构对律师在调查阶段的介入普遍表现出排斥的消极态度。在现代意义上的行政执法中,当事人委托律师是一项贯穿始终的程序性权利,这是避免当事人被动沦为调查程序的"客体"、时刻生活在恐惧之中的重要保证。

---

⑬ 参见《上市公司重大资产重组管理办法》第 43 条。
⑭ 参见《公开发行证券的公司信息披露内容与格式准则第 26 号——上市公司重大资产重组》第 53 条(中国证券监督管理委员会公告 2014 年第 53 号公告)。
⑮ 参见《优先股试点管理办法》第 25 条(中国证券监督管理委员会令第 97 号)。
⑯ 参见洪艳蓉:《美国证券交易委员会行政执法机制研究:"独立"、"高效"与"负责"》,载《比较法研究》2009 年第 1 期,第 25 页。

美国 SEC 调查规则规定,在正式调查程序中,调查对象有权获得律师代理[17],调查阶段的律师介入权长期为美国 SEC 所严格遵守。我国证券监管机构的调查程序往往声势浩大,呈现出"广撒网"的特点。律师作为专业人员介入该程序,一方面,可以其丰富经验协助被调查对象尽快判断出稽查人员的关注重点,配合稽查人员做好调查;另一方面,律师通过访谈调查对象、梳理事实材料、提出申辩意见,也能够为监管机构对案涉行为的准确定性提供有益参考。

2. 律师介入是行政执法得到有效监督和制约的有效保证

被监管对象的权利之所以应当得到保障,是因为在强大的国家机器面前,被调查对象只是一个弱者。一旦形成行政处罚决定,将会对上市公司的经营造成重大打击。在 2014 年年底,证监会出台《关于改革完善并严格实施上市公司退市制度的若干意见》确定了"重大违法公司强制退市制度"后,这一打击对上市公司而言将更加致命。

在缺少律师作为专业人员进行有效抗辩和制衡的情况下,仅依靠行政机关的自我约束与谨慎从事,难以保障被调查对象的合法权利,即使监管机构在稽查处罚工作中实行了所谓的"查审分离"制度,但由于两部门隶属同一行政机关之下,仍无法摆脱"做自己法官"的影响。因此,只有使调查对象获得专业的法律帮助,才能确保稽查人员的执法程序获得来自外部的有效监督和制约,同时促使执法者摆脱偏见的羁绊,以"兼听则明"的态度保证执法程序的公平性与公正性。

六、强化行政处罚决定书的说理性,提高行政执法的权威性

1. 行政处罚决定书说理性不足导致的困境

实践中,证券监管机构制作的行政处罚决定书普遍呈现出"宜粗不宜细"的特点,对于当事人的申辩意见,多以"已经予以考虑"予以简单处理。

作为我国最为专业的执法机构之一,证券监管机构对复杂资本市场案件的认定过程和逻辑推理被寄予厚望。法律文书说理性的不足,将会大大折损其专业性及公信力,难以获得被处罚者的认同,也会导致行政复议及行政诉讼案件的不当增加。

作为上市公司必须公告的事项,行政处罚决定书的语焉不详,不仅会造成上市公司与投资者关系的紧张,也会有损监管机构的权威性。权威性的获得来源于可接受性,说理是行政处罚决定书和行政复议决定书的精髓,是连接案件事实和认定结果的纽带,只有让公众知晓法律事实的认定和法律适用之间的逻辑关系,才能真正让公众感受到执法的公平与正义,才能获得公众的普遍接受和信服。

---

[17] 参见郭雳:《美国证券监管执法中的调查与和解制度》,载《经济法研究》(第 5 卷),北京大学出版社 2007 年版,第 365 页。

2. 规范行政处罚决定书和行政复议决定书的制作,是建立现代化证券监管体系的必要前提

行政处罚决定书和行政复议决定书的制作,可以参考日渐完善的法院裁判文书的体例。对于案件事实,根据证据进行充分的认定,对当事人的质证意见予以反驳;对于法律适用,应避免拘囿于证监会的规范性文件,在《行政诉讼法》建立了"红头文件"一并审查制度后,仅立足于部门规范性文件的适用,将增大行政处罚决定书和行政复议决定书在行政诉讼中被推翻的风险;对于当事人的申辩意见,应针对案件事实准确引用法律法规的相应条文进行逐一回应。

证券监管机构翔实的调查、专业的技术分析和逻辑判断,不应被粗疏的文字表述所遮盖,条分缕析的行政处罚决定书和行政复议决定书,是建立现代化监管体系的必要前提,也是对执法公正、专业和权威性质疑的最有力回应。

七、结语

在我国证券市场逐渐成熟的当下,证券监管机构稽查规定、稽查程序的完善是资本市场和法治社会的双重要求。本文以两例信息披露违法案所暴露出的若干问题切入,试图建立现代化证券执法的雏形。作为引玉之砖,本文的不足也是方向,唯有共同致力于实践探究,才能完成对制度空白的渐进填补。

公司归入权问题探讨

——兼谈对《公司法》第148条的理解

张秀华*

一、案情简介

2002年2月,A和B出资共同设立了有限责任公司C,主要经营保洁业务。A占公司80%的股份,B占公司20%的股份。A任公司的法定代表人及总经理,B是公司的监事。

C公司自成立后,依法进行保洁业务活动。自2006年开始至今,C与D一直进行业务合作,现每月服务费为:58 000元。自2008年开始至今,C一直为E进行保洁服务,现每月服务费为15 875元。自2011年开始至今,C一直为F进行保洁服务,现每月服务费为:11 875元。自2006年开始至今,C一直为G进行保洁服务,现每月服务费为:12 800元。上述D、E、F、G 4个业务单位每月的服务费共计98 550元(每年服务费共计1 182 600元)。C与上述4个业务单位的合作稳定、愉快。C与上述4个业务的合作是每月依法结算,即上述业务单位按月向C支付服务费用,C向上述业务单位开具发票。B一直负责C与客户的沟通与联络,包括各个客户单位保洁人员的日常管理、每月和客户的结算等。

2013年9月开始,C的法定代理人、总经理A患白血病入院治疗,至今尚在治疗中,未完全康复。自2013年9月以来,B实际控制着C。在此期间,B从C的会计处拿走了2013年至2014年1月的所有账务资料,拿走了C的公章、财务章;B多次从C账上将C的钱直接划到自己卡上,共计金额568 000元。在2014年2月,B违反《中华人民共和国公司法》(以下简称《公司法》)的相关规定,成立了自己的公司H。从2014年2月开始至今,B将C的所有业务客户的结算都用H的票据结算。B不仅以H的发票截走了C的所有业务收入,也截走了C所有的客户。从2014年2月至6月(A提起诉讼的时间),B以H的发票截走C的业务收入共计492 750元,且,B、H的上述损害C利益的行为至今仍在继续。在2013年9月A生病以来,B还将C的库存设备、办公设备等(包括但不限于电脑、结晶机、吸尘器、洗地机、各种保洁材料等)均搬入H,由B、H共同非法占有和使用。

C的总经理A在2014年化疗间隙,发现自2014年2月份开给客户的结算发票均被客户退票。A去客户处询问缘由,才知道自2013年9月其生病入院以来,B不

---

* 北京市中淇律师事务所合伙人。

仅一直和客户保持联系,正常管理客户处的保洁人员,正常给客户服务,而且 B 也一直每月和客户正常结算,但是从 2014 年 2 月开始,B 未用 C 的发票结算,而是用了 H 的发票结算。A 多次和 B 联系,试图召开股东会来沟通解决相关问题,B 均不予理睬,且 B 还派其手下的人通过短信、到家里骚扰、在住处走廊写侮辱性语言等方式对 A 进行恐吓、谩骂和侮辱,情节极为恶劣。C 于 2014 年 6 月向法院对 B 提起损害公司利益责任纠纷诉讼。具体诉讼请求如下:(1) 判令 B 返还 C 款项568 000 元;(2) 判令 B 向 C 返还营业收入款项 492 750 元(自 2014 年 2 月开始计算,暂计至 2014 年 6 月,具体数额计算至判决下达为止);(3) 判令 B 向 C 赔偿损失金额共计 1 182 600 元(C 一年的营业收入额)(至诉讼时,上述 1、2、3 三项金额共计 2 243 350 元。);(4) 本案诉讼费由 B 承担。

二、焦点问题与代理思路

笔者认为,本案的焦点问题有三个:第一,B 是不是 C 的高级管理人员。第二,C 行使归入权的"收入"如何计算?如何理解《公司法》第 148 条中"收入"的规定?第三,C 的损失额如何计算?归入权与赔偿权竞合时的处理。

而作为律师,其代理思路如下:

1. B 是 C 的高级管理人员

事实依据与法律依据如下:

(1) 从 B 具体行使的职权看,B 实际上是 C 的高级管理人员。《公司法》第 49 条规定:"有限责任公司可以设经理,由董事会决定聘任或者解聘。经理对董事会负责,行使下列职权:(一) 主持公司的生产经营管理工作,组织实施董事会决议;(二) 组织实施公司年度经营计划和投资方案;(三) 拟订公司内部管理机构设置方案;(四) 拟订公司的基本管理制度;(五) 制定公司的具体规章;(六) 提请聘任或者解聘公司副经理、财务负责人;(七) 决定聘任或者解聘除应由董事会决定聘任或者解聘以外的负责管理人员;(八) 董事会授予的其他职权。"在 C 经营过程中,从 C 提供的 D、E、F、G 4 个业务单位主管领导的录音、保洁点主管的录音、法院依职权调取的证据可以确认,B 一直负责和业务单位的结算与业务联系,管理着各保洁点的正常的工作和运行,主持着 C 的经营管理工作,组织和实施着公司的经营活动。从 C 的会计的录音可以确认,B 具体管理着 C 的财务,并在 2014 年初辞退了会计,且至今控制着 C 自 2013 年 9 月至 2014 年 1 月的账簿。从上述 B 行使的职权可以确认,B 实际上是行使了经理的职权。B 正是利用其高级管理人员的实际身份的便利控制着 C 公司,并从 C 账上划到自己卡上 568 000 元。B 也正是以其高级管理人员身份控制着公司的便利,截走了 C 的业务收入与客户。B 称其是C 的监事,不是 C 的高管,请问:监事有什么权利主持公司的经营管理活动?监事有什么权利辞退公司的财务?从上述 B 行使的职权看,B 完全是履行的《公司法》中规定的经理的职权。毫无疑问,B 实际上行使着 C 的经理职权,是 C 的高级管理人员。

从C提供的所有录音也可以证明:C业务单位的主管领导、各保洁点的保洁主管、C单位的会计,都确认了B经理的身份。

(2) 从《公司法》的立法本意看,《公司法》第148条关于竞业禁止的规定,其目的实际上是为了避免掌握一定公司控制权的高级管理人员利用职务的便利损害公司权益而设立的制度。C是一个由两个自然人投资成立的有限公司。自2013年9月股东之一A患病以来,B实际控制着公司,掌握着C方的管理及经营大权,因此,B是股东、高级管理人员、监事、公司控制人等多重身份竞合。

2. B违反了《公司法》有关公司高管的禁止性规定,应依法对C承担民事法律责任

《公司法》第148条规定:"董事、高级管理人员不得有下列行为:……(二) 将公司资金以其个人名义或者以其他个人名义开立账户存储;……(五) 未经股东会或者股东大会同意,利用职务便利为自己或者他人谋取属于公司的商业机会,自营或者为他人经营与所任职公司同类的业务;……(八) 违反对公司忠实义务的其他行为。董事、高级管理人员违反前款规定所得的收入应当归公司所有。"本条适用于公司的董事及高级管理人员。B实际上是C的高级管理人员,B从C账上转款到自己卡上、经营与C同类业务的公司,并截走C业务款及客户等行为,严重违反了《公司法》第148条竞业禁止的规定,应依法承担向C归还、赔偿的责任。

3. B违反了《公司法》有关监事的忠实与勤勉义务,侵犯了C的合法权益,应对C承担赔偿责任

撇开B作为C高级管理人员的身份,B作为C的监事,从C账上转款到自己卡上、经营与C同类业务的公司,并截走C业务款及客户等行为,严重违反了公司法及相关法律法规的规定,严重违反了法律规定的监事的忠实与勤勉义务,严重地损害了C的合法权益,B应依法对C承担赔偿法律责任。

在本案中,B为A单位的股东、监事、高级管理人员,多重身份竞合。《公司法》第21条规定:"公司的控股股东、实际控制人、董事、监事、高级管理人员不得利用其关联关系损害公司利益。违反前款规定,给公司造成损失的,应当承担赔偿责任。"《公司法》第147条规定:"董事、监事、高级管理人员应当遵守法律、行政法规和公司章程,对公司负有忠实义务和勤勉义务。董事、监事、高级管理人员不得利用职权收受贿赂或者其他非法收入,不得侵占公司的财产。"《公司法》第149条规定:"董事、监事、高级管理人员执行公司职务时违反法律、行政法规或者公司章程的规定,给公司造成损失的,应当承担赔偿责任。"在本案中,身为C的监事,B对C负有忠实义务和勤勉义务。B控制了C的账务资料与公章、财务章;B把C的钱划到自己卡上;B设立了自己出资的与C关联的公司H,B利用关联公司H,不仅截走了C的业务收入与客户,并且将H的办公设备、施工的机械、保洁材料等搬到了H,现在所有保洁点所用的设备、工具等都是H所有。B上述行为,严重地违反了上述

法律的规定，违反了其对C应尽的忠实义务及勤勉义务，给C造成了重大的损失，B应依法承担赔偿C损失的责任。

4. C损失额的计算

根据《公司法》第148条的规定，B从C账上转款到自己卡上568 000元、经营与C同类业务的公司H的收入，以及截走C的客户，使C丧失的预期收入均是C的损失额。

三、案件焦点问题评析

1. 实务中对公司高级管理人员的确认标准

在公司里具体行使高管人员职责的人员应该被确认为公司高管人员。《公司法》第148条的适用范围应该包括监事。

(1)《公司法》第216条第1项明确规定："高级管理人员，是指公司的经理、副经理、财务负责人、上市公司董事会秘书和公司章程规定的其他人员。"在本案中，B是C的监事。根据上述条款的规定，B并不是C的高管人员。但B又实际上控制着公司，对C进行着日常的经营管理，实际行使着《公司法》第49条规定的经理的职权。B也正是利用了其对C控制和管理的便利，才实施了从C账上划款到自己卡上、截走C的客户及业务到自己公司的行为，严重侵犯了C的合法权益。在本案中，B是股东、监事、高管人员的多重身份竞合。因此，应该确认B是C的高管人员的身份。

(2) 本案还涉及的另一个问题，公司监事是不是应该适用《公司法》第148条竞业禁止的归入权的规定。

根据现行《公司法》的规定，第148条的规定适用于董事、公司高管人员，不包括监事。归入权制度是指公司特定管理人员违反法定义务而为特定行为所获得的利益归公司所有。该制度设立的依据是公司特定管理人员对公司负有的诚信义务、忠实及勤勉义务。公司特定管理人员在经营公司业务时，必须忠诚于公司利益，以最大限度实现、保护公司利益。当其自身利益与公司发生冲突时，其必须以公司利益为重。当公司特定管理人员违背上述义务并为了特定行为而获得利益时，归公司所有。因此，对公司负有忠实及勤勉义务的公司特定管理人员均应受归入权制度的约束。

《公司法》第147条规定："董事、监事、高级管理人员应当遵守法律、行政法规和公司章程，对公司负有忠实义务和勤勉义务。董事、监事、高级管理人员不得利用职权收受贿赂或者其他非法收入，不得侵占公司的财产。"该条很明确的规定了监事对公司也负有忠实和勤勉的义务。与该条款相衔接，第148条规定了归入权制度，但未把监事列入适用范围，前后两条的规定在衔接上有瑕疵。

现行《中华人民共和国证券法》（以下简称《证券法》）第47条对公司的归入权也有规定："上市公司董事、监事、高级管理人员、持有上市公司股份百分之五以上的股东,将其持有的该公司的股票在买入后六个月内卖出,或者在卖出后六个月内又买入,由此所得收益归该公司所有,公司董事会应当收回其所得收益。但是,证券公司因包销购入售后剩余股票而持有百分之五以上股份的,卖出该股票不受六个月时间限制。公司董事会不按照前款规定执行的,股东有权要求董事会在三十日内执行。公司董事会未在上述期限内执行的,股东有权为了公司的利益以自己的名义直接向人民法院提起诉讼。公司董事会不按照第一款的规定执行的,负有责任的董事依法承担连带责任。"该条规定中,也把监事纳入了归入权的范围。

为保持法律规定的连续性,为了避免公司监事违反对公司的忠实和勤勉义务而损害公司的利益,公司监事应该适用《公司法》第148条的规定,并需要进一步通过立法将监事列入该条的适用范围。

2. C主张的归入权数额计算

在本案中,原告主张归入权的数额为H的营业收入,而被告抗辩H在经营中有大量的成本,并出具了相关的证据。根据《公司法》第148条第2款的规定:"董事、高级管理人员违反竞业禁止规定所得的收入应当归公司所有。"当公司高管发生第148条中规定的竞业禁止的经营行为时,本条款的"收入"是指"营业收入"还是指"利润"?对该条款的理解直接影响了本案C损失额的计算。

对于归入权的性质,学界有以下几种观点:形成权说、请求权说、请求权兼形成权说、债权说。笔者个人比较认同债权说。公司董事、高管违反竞业禁止的规定,实际上是在公司与董事、高管人员之间直接设立了一项债权债务关系,归入权属于法定之债,归入权行使期间应适用民法诉讼时效的规定。正是因为归入权是债权,所以公司作为债权人,有权要求债务人即违反竞业禁止义务的董事、高管人员返还相关收入并赔偿损失。归入权实质上是在董事、高管人员违反竞业禁止义务时,为了维护公司的合法权益,公司依法采取的一种补救措施。从立法的目的来讲,归入权的法律规定、解释及适用,应该强调董事、高管人员对公司的诚信、忠实及勤勉义务,以充分保护公司的合法权益,有利于公司权利的行使和公司利益的实现。

根据归入权制度设立的目的,笔者个人认为:当公司高管发生第148条中规定的竞业禁止的经营行为时,《公司法》第148条中规定的"收入"应作"营业收入"之解释,有以下几个方面的考量:

(1) 从归入权立法目的看,"收入"不应理解为利润,如果解释为"利润",则是对《公司法》第148条作了限缩解释,弱化了董事、高管人员违反竞业禁止义务的责任,不利于对公司合法权益的保护。因此,"收入"应该解释为"营业收入"。

(2) "收入"是一个会计学概念。在会计学领域里,"收入"指的就是营业收入。而"利润"是指盈利,即收入扣除成本后的部分。按照文义解释,"收入"也应解释为"营业性收入"。

(3) 在实践中,公司董事、高管自营或与他人共同经营同公司相同或相类似业务时,其自营或与他人共同经营公司的利润不易确定,且在这类案件中,公司作为原告,根据证据规则,负有举证的义务。如果让公司举证公司董事、高管自营或与他人共同经营同公司相同的利润,实属举证不能。如举证责任分配给被告,如果被告不举证或所举证据加大了其公司成本,这对这类案件的受害方公司利益保护非常不利。因此,从《公司法》第148条的适用看,也应该将该条款中的"收入"解释为"营业收入"。

(4) 有观点认为,从公平的角度讲,《公司法》第148条中的"收入"应该解释为"利润"。理由是公司董事、高管自营或与他人共同经营的公司经营过程中也有成本,如将归入权中的"收入"解释为"营业收入",则对其显失公平。笔者个人对此持不同的意见。公司董事、高管人员违反竞业禁止的义务,其所承担的法律后果在支付赔偿款外,也可以有违约金部分。把上述条款中的"收入"解释为"营业收入",其中的利润部分可以理解为补偿性质,如从公司董事、高管人员违约角度讲,成本部分实质上是惩罚性质的违约金,也符合公平的原则。其目的不是仅仅补偿公司所受的实际损失,而且还是对违反对公司负有忠实和勤勉义务的董事、高级管理人员的惩罚,具有惩罚性质。

3. C损失额的计算,兼论归入权与赔偿权竞合问题

在本案中,因为C与D、E、F、G 4个业务单位合作有十多年了,这4个单位是C赖以生存的主要客户。如果没有B截走这些客户的违法行为,C与D、E、F、G 4个业务单位的合作会一直进行下去。因为B违反竞业禁止的行为,使得C失去了这些客户。因此,C除了行使归入权主张"收入"外,能不能向B主张因此产生的损失赔偿?

在本案中,归入权与损害赔偿权发生了竞合。这两种权利竞合时如何处理,我国法律并没有规定。从国外立法的情况看,主要有三种做法:一是择一法。归入权和赔偿权由公司选择其中一个权利行使。代表国家是德国。二是重叠法。公司先行使归入权后,如还有损失,仍可以行使赔偿权。代表国家是瑞士。三是单一法。公司只能行使归入权,不能行使赔偿权。我国台湾地区就是采用这种方法。

笔者个人主张我国立法应采用重叠法。因为在归入权这类案件中,公司董监高控制着公司的经营管理,公司及股东处于劣势地位,公司的合法权益容易受到极大损害。在发生归入权和赔偿权竞合时,如果仅仅规定公司只能行使其中的一项权利,势必会导致公司的合法权益得不到最大限度的保护,在实践中会导致公司的部分权益因没有法律救济途径而得不到保护,从而会助长董监高竞业禁止行为的发生和蔓延。而重叠式立法,在保障公司行使归入权的前提下,公司如有损失发生,仍有权行使赔偿权,以弥补归入权行使后的不足。可以充分的保障公司的合法权益。

我国立法对归入权与赔偿权竞合没有规定。在司法实践中,笔者建议应支持公司对两项权利的请求,因为法律也没有禁止归入权与赔偿权的同时请求。只要公司在行使归入权后,尚有损失的,就应该支持公司的赔偿请求。在本案中,C向B

提出了赔偿1年营业额的损失请求,法院应根据案件的具体情况及证据情况,予以支持或部分支持。

四、立法建议

(1) 建议在《公司法》第148条的适用人员中加入"监事"。

(2) 建议将《公司法》第148条的"收入"明确解释为"收入或营业收入",即当公司高管发生第148条中规定的竞业禁止的经营行为时,如在本条第4款(违反公司章程的规定或者未经股东会、股东大会同意,与本公司订立合同或者进行交易)、第5款(未经股东会或者股东大会同意,利用职务便利为自己或者他人谋取属于公司的商业机会,自营或者为他人经营与所任职公司同类的业务)规定的情形发生时,公司行使归入权的范围应该为"营业收入"。

(3) 建议在规定归入权与赔偿权竞合时,明确在保障公司行使归入权的前提下,公司如有损失发生,仍有权行使赔偿权。

如何理清集团公司内部的错综关系

——由一起典型案例说起

罗 勇[*] 彭建华[**]

一、案例情况

N厂成立于1981年,是一家集体所有制企业,1990年发起设立H公司,H公司于1993年上市。后N厂作为其发起设立的股东,将其股东权益转让给T公司,N厂成为H公司的一部分,一直由H公司控制、管理。因当时工商管理制度的不规范,并没有明确N厂与H公司的关系,既未办理工商变更登记,又未实际经营。

2004年,H公司将其委托广东一家证券公司(以下简称"广东证券公司")理财的H公司527万股股权转让给N厂,N厂成为H公司股权持有人。后来广东证券公司破产清算,需要对该527万股股权权益进行处分,因N厂未实际经营,也没有工作人员,H公司作为N厂实际控制人,时任H公司董事长邢某委托山东一家律师事务所(D所)追回上述股权权益,并签订风险代理合同,约定按收回金额的25%计收律师费,由时任H公司总经理梁某与D所律师一同前往广东证券公司破产清算组主张股权权益,相关手续均以加盖N厂公章作为N厂委托人身份提供。经过多番协调,527万股股权解开席位处置,处置款项6 000余万元。因当时N厂负债累累,为避免股权处置款项汇入N厂账户后立即被债权人主张,所以以N厂的名义发出指令函,指令广东证券公司破产管理人将股权处置款项划至D所账户里。D所扣除25%风险代理费用后,尚应返还4 000余万元给N厂。后来D所分几次累计返还3 000余万元,还剩余1 000余万元未返还。

因H公司董事长邢某作为H公司法定代表人,委托D所代理多起H公司案件(均是以口头承诺、报告或邢某个人签字的委托合同的形式应允,且邢某个人签字的合同均发生在邢某离任前夕,部分案件也未实际进行代理,只是向法院了解了案情)未支付律师费,D所以此为理由拒不返还。在这期间,H公司两度变更了控股股东,邢某早已离任董事长之职,新的H公司领导层对邢某口头答应和离任前夕签字且未实际进行代理的代理费用不予认可,拖延时间达3年之久。其间H公司委托律师给D所发去律师函催促返还剩余款项,D所以拒不签收等方式予以拒绝。2015年,H公司委托本所律师作为主办律师协同山东另一家律师事务所(Q所)组

---

[*] 四川迪扬律师事务所。
[**] 四川迪扬律师事务所。

成律师团队,对 D 所及承办律师通过司法途径追偿。

二、案例评析

本所律师接受委托后,查阅了相关资料,并做了详细的尽职调查,详尽了解了 H 公司的历史情况,以及 H 公司与 N 厂的关系变化情况。发现虽然本案看似只是一起简单的返还财产纠纷,但是本所律师经过研讨发现颇为复杂,难度很大。首先,要理清 H 公司与 N 厂的错综交织的关系,H 公司与 N 厂数次经过股权持有和实际控制的变换,如何认定本案诉争股权权益归属。其次,如何把邢某委托 D 所代理的 H 公司案件应付费用与 N 厂的股权权益划清界限,即 H 公司的委托费用不应由 N 厂承担,毕竟 H 公司与 N 厂系属两个独立的法人。经本所团队律师研究,得出如下解决方案:

(1) 通过行政投诉至 D 所所属的司法行政单位,责令其对非法占有此款项的违规行为予以说明并返还财产;

(2) 通过民事诉讼途径追偿;

(3) 通过刑事报案,请求公安机关侦查并追回款项。

为做好本案追偿的充分准备,本所主办律师亲赴山东与 Q 所律师会商,对上述三种方案进行了论证,得出结论如下:

(1) 行政手段可以提出来,但是鉴于 D 所在山东几乎是独来独往的,极少与司法行政单位接触,D 所承办律师作为法律人,对此方式的性质和后果也是清楚的,不会轻易退还款项,此方案可能收效甚微。

(2) 民事途径是最主要的方式,但是一连串的问题出现了:

① 如何突破独立法人之间的混同,以哪个主体起诉? H 公司与 N 厂均系独立法人,从法律上讲,527 万股权益属于 N 厂,具有原告主体资格,但是 H 公司作为其唯一的控制人,邢某、梁某直接操控支配了 N 厂的所有行为,且风险代理合同是以 H 公司名义签订,只是在其中一份补充协议里加盖了 N 厂公章。返还的 3 000 余万元中,1 700 万元以 N 厂名义指令支付,其余款项汇至 H 公司关联公司账户。此外整个行为中,N 厂使用的公章是 N 厂更换前的老章,依规应予销毁。且该章是 N 厂最初设立时刻制,鉴于当时公章管理不规范,没有经过备案登记,在主张 527 万股权益之前,N 厂已更换过公章并经公安机关备案登记。如果对前述行为均不予认可,所有的行为全部推翻,追偿的难度也会增加。

② 如何证明 6 000 余万元的款项汇至 D 所账户,这个举证里的一项关键证据从哪里来? 据 H 公司提供的信息,此 527 万股是经广东省高级人民法院(以下简称"广东高院")裁定归 N 厂所有后处置得来,但公司查不到当年的案号。在没有一丝可靠线索的情况下,本所主办律师带着试一试的想法去广东高院查档,可是因为没有案号,法院不允许查档,经主办律师反复沟通后,法院同意在档案系统里搜索关键词予以查询,但是法院所有的破产案件都不涉及 N 厂,查询结果让本案的进展

陷入僵局。广东高院建议去广州市中级人民法院查一查,主办律师马不停蹄地奔赴该地,却被告知没有案号拒绝查档,再次被拒之门外,沟通无果后,在广州彻底失去了线索,进退两难。这时本所律师想起此前查询的广东证券公司工商登记信息,显示其处于破产清算阶段,并未注销。那为什么不去破产管理人处查查?再次抱着试一试的想法,主办律师去了该证券公司注册地,让人喜出望外的是,破产管理人就在注册地址,这让主办律师心里看到一丝希望。经与破产管理人的负责人高某了解,前述527万股股权权益处分从未经过法院,且当年是他本人经办,所有的指令函、汇款记录资料均存放在破产管理人处。这让主办律师久久悬着的心终于放下来了,真是柳暗花明又一村!但是高某基于他们的顾虑,不同意提供上述资料。最终让本所律师欣慰的是,广州之行没有白费,知道了核心证据在哪,就可以申请法院调取。

③ 风险代理合同在诉讼中是否予以认可?如果认可,H公司与N厂的关系如何划清?

④ D所及当年承办律师也是作为法律人,是否对1 000余万元财产予以转移,诉讼后能否得到执行?

⑤ 管辖法院选在哪里更为妥当?

⑥ 采取哪些保全措施能保证最大限度地维护委托人的利益?

(3) 若实施刑事方案,民事方案相应会中止,且刑事立案标准要求更严。同时还有一个问题困扰着本所律师,即使通过刑事途径,以什么罪名报案?邢某、梁某均不是N厂的工作人员,职务犯罪显然不妥,背信损害上市公司利益罪也不是十分妥当。此外,若刑事方案启动,鉴于H公司作为上市公司,时间久远,关系错综复杂,牵扯面较广,现任管理层也有所顾虑。经研究决定,暂且搁置刑事方案。

三、律师观点——诉讼策略如何确定

经会商,同意本案主攻民事诉讼追偿,采取以下诉讼策略:

(1) 为理清H公司与N厂的混同,团队律师一致同意以N厂名义对D所及当年承办律师提起诉讼,且对风险代理合同予以认可。

(2) 考虑到D所律师在起诉地基层法院的影响,团队律师决定提高起诉标的至3 000余万元,由起诉地中级人民法院审理此案,以期保证诉讼过程及结果的公平、公正。

(3) 申请诉前保全。为降低诉讼成本,N厂在起诉地请一家担保公司提供担保。

这样,在花费了最小的成本后,就把一个拖了数年之久,诉争标的巨大的纠纷案件予以立案并进入诉讼程序。

四、结语

面对错综复杂的案件,应冷静下来细致分析。

(1)调查工作要扎实,这是基础。基于调查结果整理出法律关系,不可轻信委托人提供的信息。

(2)综合考虑诉讼效果和实际效果,权衡利弊制订出诉讼方案。

(3)应对措手不及的情形,要多动脑筋,灵活思维。这是挑战,也是考验!突破常规思维,坚定信念。

(4)需要指出的一点是,法律服务对公司来说只是一方面,总体来说,要顾及公司运营这个商业行为,最终的目的是要服务于公司并实现公司利益最大化。

此外,借鉴H公司内部错综复杂的情况代理,对于以后服务于其他公司也是有借鉴意义的。

公司人格混同的正确认定与法人人格否认的审慎适用

——以某法院审理的一起财产转让纠纷案为例

蒲鹏英*

公司法人人格否认是我国公司法确立的一项重要制度,具体体现在《中华人民共和国公司法》(以下简称《公司法》)第 20 条的规定中。通常认为,该条规定中的第 3 款即"公司股东滥用公司法人独立地位和股东有限责任,逃避债务,严重损害公司债权人利益的,应当对公司债务承担连带责任"的规定,是对公司债权人的"纵向保护",也可称之为"对公司面纱的纵向刺破",而最高人民法院公布的第 15 号指导性案例①所体现的责令关联公司承担责任的裁判思想,则是对债权人给予的"横向保护",也可称为"对公司面纱的横向刺破",至于对公司债权人是否给予"逆向保护",则尚在理论讨论阶段(主流的观点是持否定意见)。鉴于公司法人人格否认制度的不恰当运用可能冲击公司法人制度的基石,导致对公司法人人格否认制度存在价值的否定,亵渎该制度的公平、正义之价值目标,并产生新的不公平,因此必须严格把握公司法人人格否认制度的适用标准和条件。笔者认为,公司人格混同是适用公司人格否认规则之典型情形,对其表现形式和构成要件应予以全面把握、慎重认定,切忌捕风捉影、牵强附会。最高人民法院公布的第 15 号指导性案例对公司人格混同的认定非常扎实、充分、稳妥,是审理公司人格混同案件的典范。如果审判人员对公司人格混同理论和公司人格否认制度的知识储备不足,在面对涉嫌公司人格混同的案件时,就可能混淆公司活动中的法律行为,错误判定公司人格混同,有意或无意地滥用公司人格否认规则,本文提供的某基层法院审理的一起财产转让纠纷案件便是一例。

一、据以讨论的案例

原告周某因被告 G 省东明玻璃有限公司(以下简称"东明公司")借款 50 万元,未按期归还本息,遂向 G 省 Z 市某基层法院起诉,要求东明公司偿还借款,并以 G 省 Z 市兴中玻璃有限公司(以下简称"G 省 Z 市兴中公司")与东明公司发生人

---

* 四川泰维律师事务所律师。
① 最高人民法院指导案例 15 号:徐工集团工程机械股份有限公司诉成都川交工贸有限责任公司等买卖合同纠纷案,最高人民法院审判委员会 2013 年 1 月 31 日发布。

格混同、G省Z市兴中公司又与G省兴中玻璃有限公司(以下简称"G省兴中公司")发生人格混同为由,要求该两公司对东明公司所负周某的债务承担连带清偿责任。

该基层法院认定:东明公司欠周某50万元的借款债务属实。

该基层法院查明:东明公司于2000年2月成立,住所地为G省Z市某县某镇某村,公司股东为高军、罗强、陈海、魏雪4名自然人,高军为公司执行董事兼总经理,曾华为公司常务副总经理,罗强、魏雪为公司副总经理。

2011年7月,作为大型国有企业的G省兴中建材股份有限公司拟收购东明公司,双方为此签订了《玻璃业务合作框架协议》,主要约定:G省兴中建材股份有限公司(甲方)优先采取股权交易方式实现对东明公司(乙方)的收购,如股权交易存在法律或财务方面的障碍,则采取其他合作方式;甲方向乙方提供1亿元人民币的借款,乙方保证将其全部用于清偿高息集资款。该协议签订后,东明公司将G省兴中建材股份有限公司按协议出借的1亿元用于清偿了高息集资款。

2011年11月,G省兴中建材股份有限公司的子公司G省兴中公司作为甲方、东明公司作为乙方、东明公司的各股东作为丙方,签订了《合作协议》,主要约定:

(1) 由G省兴中公司出资70%、东明公司出资30%共同设立G省Z市兴中公司,再由东明公司转让包括生产线、所有房屋建筑物及土地使用权、机器设备在内的主要资产给G省Z市兴中公司。

(2) 乙方分别所欠金融机构和G省兴中建材股份有限公司的1.5亿元、1亿元借款债务转移给G省Z市兴中公司,但乙方其他负债以及或有负债不纳入转移范围。

(3) G省Z市兴中公司接收乙方不超过300名的员工,并与其签订劳动合同。

(4) 资产转让价格为乙方资产作价之和减去乙方转移给G省Z市兴中公司的债务之差即人民币5.5亿元。

(5) 乙方和丙方保证将资产转让价款专项用于偿还债务,为此约定了偿还顺序和设立共管账户等具体操作事宜。

(6) 乙方认可甲方的"三五"管理模式,未来G省Z市兴中公司的资本投资、市场营销和采购等应与甲方的整体战略协调一致,并纳入甲方对下属子公司的管理和考核体系。

随后,G省兴中公司出资7 500万元、东明公司出资3 000万元,共同设立了G省Z市兴中公司,住所地为G省Z市某县某镇某村(与东明公司原住所地相同),公司法定代表人、董事长为G省兴中公司委派的赵进(后变更为方明),副董事长为高军(也即东明公司董事长),总经理为罗强(也系东明公司副总经理),监事为魏雪(也系东明公司副总经理),财务总监为江容(G省兴中公司委派)。

2012年1月,G省Z市兴中公司(甲方)与东明公司(乙方)签订《资产转让协议》,约定的资产转让范围、债务转移范围、资产转让价款及支付方式、转让价款的用途等内容,与G省兴中公司与东明公司签订的《合作协议》的相关约定相同。另外,《资产转让协议》还约定:乙方将与标的资产有关的现有的文件和资料原件交由甲方委派的交接人员保管,包括但不限于业务记录、营运记录、统计资料、说明书、维护手册、培训手册、可行性研究报告、政府批文等文件和资料,无论是以文字形式或以电脑软件、硬件形式或其他形式予以记录的文件。

《资产转让协议》签订后,G省Z市兴中公司与东明公司对资产进行了移交,并签订了《资产交接协议》,涉及交接的相关事实为:

(1) 双方确认东明公司的存货为2 000余万元、负债2.5亿余元,该两部分款项与5.5亿元的资产转让价款相抵后,G省Z市兴中公司实付东明公司资产转让价款3.2亿余元,该款由G省兴中公司转入共管账户,在G省Z市兴中公司监督下由东明公司偿还了对外债务。

(2) 移交的项目包括《资产转让协议》约定的东明公司的全部资产以及东明公司的全部证照、印章、文件和资料。

(3) G省Z市兴中公司还接收了东明公司的全部职工473名,并与员工签订了《劳动合同》。

(4) 东明公司移交给G省Z市兴中公司的土地和房产,至本案起诉时尚未完成过户。

(5) G省Z市兴中公司的全国工业产品生产许可证是通过东明公司变更企业名称的方式取得。

G省豪森集团有限公司是G省兴中公司的子公司,该公司法定代表人为赵进,其在2012年5月以前是G省Z市兴中公司的法定代表人,曾代表G省兴中公司与东明公司签订了《合作协议》,又以法定代表人的身份代表G省Z市兴中公司与东明公司签订了《资产转让协议》《资产交接协议》,并在交接清单上签字。

G省兴中公司对G省Z市兴中公司进行"三五管理"模式,制定了《劳动人事管理暂行办法》《兴中玻璃区域公司绩效考核管理试行办法》《兴中玻璃成员企业绩效考核管理办法(试行)》《兴中玻璃区域公司基础管理考核实施细则(试行)》及《资金集中管理规定》。G省Z市兴中公司的主要经营业务、内部机构设置、人事和财务的管理等均受G省兴中公司的支配。

东明公司资产转让、移交后,因其已无生产经营的基础,故处于停产状态,办公场所已转至他处,但未到工商登记机关办理注销登记。

二、本案争议的焦点及法院的观点

本案争议的焦点是:

(1) 东明公司与G省Z市兴中公司是否发生人格混同?

(2) G省Z市兴中公司与G省兴中公司是否发生人格混同?

(3) 东明公司与G省兴中公司是否存在人格混同?

(4) 上述三公司如果分别构成人格混同,是否损害了原告的利益,应否承担连带清偿责任?

对于上述争议焦点,受理本案的某基层法院认为:东明公司、G省Z市兴中公司、G省兴中公司之间分别构成人格混同,它们共同损害了原告的利益,应对原告的 50 万元借款债务承担连带清偿责任。其理由是:

1. 东明公司与 G 省 Z 市兴中公司发生人格混同,东明公司法人人格不独立

(1) 两公司的地址和经营场所均为 G 省 Z 市某县某镇某村,属住所地和经营场所混同。

(2) 两公司的高管人员存在交叉、重叠关系。如陈军既是东明公司执行董事兼总经理,又是 G 省 Z 市兴中公司副董事长;罗强既是东明公司副总经理,又是 G 省 Z 市兴中公司总经理;魏雪既是东明公司副总经理,又是 G 省 Z 市兴中公司监事。

(3) 从两公司签订的资产转让协议来看,设立共管账户、管理转让价款,并要求全部转让价款用于偿还东明公司所欠自然人及企业的借款本息,使东明公司对自己的资产、企业内部事务完全丧失了独立支配的权利,且严重损害了包括本案原告周某在内的其他债权人依法对自己的债权平等保护的权利。

(4) 东明公司将《资产转让协议》中没有约定的东明公司的公章、合同专用章、法定代表人印鉴、合同化验室章、营业执照(正副本)、组织机构代码证、税务登记证、一般纳税人资格证(正副本)、全国工业产品生产许可证(正副本)等等全部证照,以及公司的领导人员及职工 473 名,均移交给了 G 省兴中公司、G 省 Z 市兴中公司。

(5) G 省 Z 市兴中公司的全国工业产品生产许可证是通过东明公司更名的方式取得的。

2. G 省 Z 市兴中公司与 G 省兴中公司存在人格混同

(1) G 省 Z 市兴中公司尚未成立,就由其股东东明公司和 G 省兴中公司协议决定了 G 省 Z 市兴中公司采取资产转让的方式收购东明公司的资产,并约定了其他事项。

(2) G 省 Z 市兴中公司收购东明公司的资产转让价款是由 G 省兴中建材股份有限公司和 G 省兴中公司支付的,G 省 Z 市兴中公司没有支付转让款。

(3) 东明公司所转让的资产是交接给 G 省兴中公司和 G 省 Z 市兴中公司的。

(4) 赵进既是 G 省豪森集团有限公司的法定代表人,在 2012 年 5 月以前又是 G 省 Z 市兴中公司的法定代表人。方明是 G 省兴中公司的副总裁,在 2012 年 5 月以后又是 G 省 Z 市兴中公司的法定代表人。

(5) 赵进的上述身份,曾代表 G 省兴中公司与东明公司签订了《合作协议》,又以法定代表人身份代表 G 省 Z 市兴中公司与东明公司签订《资产转让协议》《资产交接协议》,并在交接清单上签字。

(6) G省兴中公司对G省Z市兴中公司进行"三五管理"模式。G省兴中公司对其各部门、各区域公司、各集团(中心)、包括G省Z市兴中公司制定《区域公司、成员企业绩效考核管理试行办法》《成员企业绩效考核管理办法(试行)》《区域公司基础管理考核实施细则(试行)》及《资金集中管理规定》。G省Z市兴中公司接管东明公司后,每天的营业额款项均汇入了G省兴中公司的子公司——G省豪森建材集团有限公司的账上。上述行为使G省Z市兴中公司的机构设置、人事安排、人财物的支配等,均由G省兴中公司负责及行使权利,使其没有独立的法人人格。

3. 东明公司与G省兴中公司发生人格混同

(1) 从东明公司与G省兴中公司签订的《合作协议》来看,设立共管账户、管理转让价款,并要求全部转让价款用于偿还东明公司所欠自然人及企业的借款本息,使东明公司对自己的资产、企业内部的事务完全丧失了独立支配的权利。

(2) G省兴中公司是G省Z市兴中公司的股东。

(3) 东明公司所转让的资产交接给了G省兴中公司和G省Z市兴中公司。

(4) 《资产转让协议》中没有约定的东明公司的全部证照以及东明公司的领导人员及职工473名,均由G省兴中公司和G省Z市兴中公司接收。

(5) 东明公司的行政文档资料也是由G省兴中公司和G省Z市兴中公司接收的。

综上,上述三公司之间相互构成人格混同,且严重损害了包括本案原告周某在内的其他公司债权人依法对自己的债权平等保护的利益,应当承担连带清偿责任。

据此,该基层法院作出了由G省兴中公司和G省Z市兴中公司对东明公司所负周某50万元借款债务承担连带清偿责任的判决。G省兴中公司和G省Z市兴中公司不服该判决,上诉至G省Z市中级人民法院,该法院经审理,作出了几乎与原审法院一致的认定,判决维持原判,驳回上诉。

另外,在G省Z市中级人民法院作为一审而审理的东明公司其他债权人起诉的债务纠纷案件中,该法院和作为二审的G省高级人民法院,均认定G省兴中公司、G省Z市兴中公司与东明公司相互构成人格混同。

三、对本案的法律分析

笔者认为,首先,本案中的G省Z市兴中公司与东明公司之间,实际上是资产收购关系,不是股权转让关系,因而本案中只存在G省Z市兴中公司对东明公司所转让资产的接收问题,不存在本案某基层法院所称的G省Z市兴中公司对东明公司的接管问题。其次,该基层法院认定G省兴中公司、G省Z市兴中公司与东明公司相互构成人格混同,是完全错误的。最后,即使三公司之间构成人格混同,在本案中也不应判决G省兴中公司、G省Z市兴中公司对东明公司所负债权人周某的50万元借款债务承担连带清偿责任。笔者就后两个问题作如下法律分析:

1. 东明公司、G省Z市兴中公司、G省兴中公司相互之间均不构成人格混同

(1) 按照公司人格混同理论和我国《公司法》第20条的规定,如果公司股东对其投资设立的公司滥用股东权利,绝对控制、支配公司,使公司没有独立意志,完全丧失法人人格,则导致公司股东与公司的人格混同。在认定了公司人格发生混同后,滥用股东权利、严重损害公司债权人利益的公司股东,应当对公司债务承担连带责任,此为"纵向刺破公司面纱"。另外,根据我国的司法实践,当公司股东滥用股东权利,使作为公司"姊妹公司"的关联公司与公司发生财产、业务、人员的混同时,关联公司与公司也构成人格混同,关联公司应就公司债务承担连带责任,此为横向的"刺破公司面纱"。按照《公司法》第20条的意蕴和最高人民法院第15号指导案例的思想,以及公司人格混同理论的普遍观点,在这里要注意两点:

第一,无论是"纵向刺破"情形下的公司股东对公司债务承担连带责任,还是"横向刺破"情形下的关联公司对公司债务承担连带责任,甚至于"反向刺破"情形下的公司对公司股东债务承担连带责任,其核心和特点是公司股东对公司的控制和支配,绝不是反过来指公司对公司股东的控制和支配。

第二,在适用公司人格否认制度时,公司债权人应当起诉公司的股东,承担公司人格混同的法律责任,而绝不应是公司所投资设立的子公司。

在本案中,东明公司的股东是高军、罗强、陈海、魏雪4名自然人,而G省Z市兴中公司是其与G省兴中公司共同投资设立的子公司。如果本案发生人格混同,按照《公司法》第20条的规定,应当是指东明公司的自然人股东对东明公司的控制和支配,从而使其丧失独立意志和法人地位。因此,东明公司债权人周某欲以人格混同为由兴讼,其责任主体应当是实施人格混同行为的东明公司的股东,即高军、罗强、陈海、魏雪全部股东或其中之一或之二或之三,而G省Z市兴中公司作为东明公司的子公司,依照人格混同理论,无论如何都不能成为与东明公司构成人格混同的行为主体和责任主体。尚不论G省Z市兴中公司在本案中是否实施了过度控制和支配东明公司的行为,即使有,也不可能发生与东明公司构成人格混同的问题。如果非要说在东明公司与G省Z市兴中公司之间存在人格混同,也只能是东明公司对G省Z市兴中公司的过度控制和支配,使得G省Z市兴中公司完全丧失了独立意志,而绝不是相反。因此,本案某基层法院认定G省Z市兴中公司通过各种行为使东明公司完全丧失了对自己资产、企业内部事务独立支配和处理的权利,这显属本末倒置,是对公司人格混同理论最荒谬的误读。

(2) 本案中可否大胆引入逆向否认公司法人人格理论呢? 笔者认为不能。

第一,本案不存在逆向否认公司法人人格的事实基础。表面上看,本案某基层法院似乎是在适用逆向否认公司人格理论对本案进行认定和判决的,但从其评判意见来看并非如此。根据国外公司法的逆向否认公司人格规则以及我国学术界逆向否认公司人格理论,当公司股东为规避义务或责任而滥用公司法人资格,恶意将自己财产转移给公司,给公司股东的债权人造成损害时,可以将公司股东与公司视

为一体,要求公司为股东所负债务向股东的债权人承担责任。但在本案中,某基层法院并未查明和认定东明公司为规避义务或责任而滥用 G 省 Z 市兴中公司法人资格,恶意将自己的财产转移给 G 省 Z 市兴中公司的事实,反而认定的是 G 省 Z 市兴中公司滥用权利,通过设立共管账户、管理和限制使用资产转让价款,使东明公司对自己的资产、企业的内部事务完全丧失了独立支配的权利。这意味着本案中并不存在适用逆向否认公司法人人格规则的事实。

第二,即使本案存在东明公司为规避义务或责任而滥用 G 省 Z 市兴中公司法人资格的事实,也不能适用逆向否认公司法人人格规则。因为适用该规则,将损害 G 省 Z 市兴中公司的独立法人财产权,侵犯该公司债权人和其他股东的利益;同时,我国《公司法》第 20 条第 3 款对公司人格否认制度的权利主体和责任主体有明确规定,逆向否认公司人格制度与之相冲突,按照主流的观点,在我国《公司法》的体系下,不得适用逆向否认公司法人人格制度。②

(3) 根据公司人格混同的理论与实践,造成公司人格混同的核心要素和主要特征是公司股东与公司之间、关联公司之间的财产发生混同,各自的财务账册不清,相互之间的财产难以分辨。但在本案中,某基层法院并没有查明和确认 G 省 Z 市兴中公司与其股东之一的东明公司,以及与另一股东 G 省兴中公司之间在财产方面存在难以分清的混同事实,而本案法院似乎是根据 G 省 Z 市兴中公司对支付给东明公司的资产转让款在使用上给予的限制,就认为东明公司对自己的资产丧失了独立支配的权利。这显然无论如何也说不上两公司之间财产混同。而对 G 省 Z 市兴中公司与 G 省兴中公司而言,法院同样没有查明和确认两公司之间存在财产混同的事实,但本案法院似乎是依据 G 省 Z 市兴中公司支付给东明公司的资产转让款是由 G 省兴中公司代为支付的,就认为两公司之间存在财产上的混同。

事实上,本案中 G 省兴中公司和 G 省 Z 市兴中公司对支付给东明公司的资产转让款在使用上给予限制(即设置共管账户、限定资产转让价款资金的支付对象和程序、方式等),目的无非是为了避免东明公司的债权人在东明公司转让资产后因不明原委或非理性行为致使其误向 G 省 Z 市兴中公司主张债权,从而给作为财产受让人的生产经营带来不利影响。此种限制,是两公司协议合意的结果,是对资金用途的特别约定,既未导致东明公司对该转让价款所有权的丧失,也未妨害东明公司对资金的使用,完全谈不上使东明公司对自己的资产、企业内部事务丧失独立支配的权利。同样,G 省兴中公司代 G 省 Z 市兴中公司向东明公司支付资产转让款,一方面是为了满足作为转让方的东明公司急于取得资金的要求,同时也是为了促使东明公司尽快与 G 省 Z 市兴中公司签订《资产转让协议》,而且它可以将所代为支付的资产转让价款中的部分款项冲抵其对 G 省 Z 市兴中公司的出资款。因此,

---

② 参见廖凡:《美国反向刺破公司面纱的理论与实践》,载《北大法律评论》第 8 卷第 2 辑,北京大学出版社 2007 年版。

G省兴中公司代G省Z市兴中公司支付资产转让价款,根本说不上两者之间存在财产混同。

(4)本案法院依据三公司之间的有关行为所做出的三公司存在人格混同的认定,均是错误的。具体言之:

第一,关于G省Z市兴中公司与东明公司住所地和经营场地混同问题。由于G省Z市兴中公司对东明公司所收购的是包括全部生产线在内的主要资产,并由此利用所收购的生产线进行生产经营,因而其住所地和生产经营场所自然是东明公司原来的住所地和生产经营场所。本来,东明公司在转让资产后,已经丧失了生产经营能力,其原来的住所地和经营场地客观上已经不再存在,因而应当考虑注销企业,向工商登记机关交回并销毁营业执照。即使东明公司基于债权债务的处理暂不宜注销企业,也应当变更其住所地,但东明公司未能这样做;而作为受让方的G省Z市兴中公司,显然也不可能要求作为独立法人的东明公司注销企业和变更住所地,由此就出现了G省Z市兴中公司的现有实际住所地和经营场地与东明公司营业执照所载明的住所地和原来的经营场所"相同"的情况,显然,这种相同与公司人格混同情形下的公司股东与公司之间、关联公司之间的住所地和经营场地的相同相去甚远,或者说根本就不是一回事。

第二,关于G省Z市兴中公司与东明公司管理人员交叉任职问题。在本案中,陈军既是东明公司执行董事兼总经理,又是G省Z市兴中公司的副董事长;罗强既是东明公司副总经理,又是G省Z市兴中公司总经理;魏雪既是东明公司副总经理,又是G省Z市兴中公司监事;方明既是G省兴中公司副总裁,从2012年5月起又是G省Z市兴中公司的法定代表人;赵进在2012年5月以前既是G省Z市兴中公司的法定代表人,又是作为G省兴中公司姊妹公司的G省豪森集团有限公司的法定代表人。

上述情形是非独资的有限公司对高层管理人员在人事安排上的通常做法,不足为奇,并非公司人格混同的独有特征。简单地将公司各股东分别委派人员担任公司高管的现象认定为公司人格混同情形下的管理人员交叉,是对公司治理结构和公司人事制度的无知。至于将赵进先是代表G省兴中公司与东明公司签订《合作协议》,后又代表G省Z市兴中公司与东明公司签订《资产转让协议》等情形,牵强附会地作为公司人格混同的证据,则是对公司人格混同理论的极度滥用。

第三,关于G省Z市兴中公司的全国工业产品生产许可证是通过东明公司更名方式取得的问题。在本案中,G省Z市兴中公司受让东明公司资产的目的在于利用东明公司的生产线从事玻璃制造业务,为此须取得全国工业产品生产许可证。虽然G省Z市兴中公司的全国工业产品生产许可证是通过东明公司更名方式取得,但此种"更名"不是因为G省Z市兴中公司与东明公司系同一企业的名称改变,因而对东明公司所取得的全国工业产品生产许可证所载明的企业名称进行的变更,而是在 G 省 Z 市兴中公司与东明公司不是同一企业前提下,颁证机关授予生产许可证的一种许可方式。因此,欲图以 G 省 Z 市兴中公司的生产许可证是通过东明公司更名方式取得的事实为据,从而推定两公司构成人格混同,是毫无依据的。

第四,关于 G 省 Z 市兴中公司在接收东明公司的转让资产时接收有关证照印鉴和档案资料问题。从两个公司的《资产转让协议》的约定来看,G 省 Z 市兴中公司接收东明公司的有关证照印鉴和档案资料的直接目的在于"保管",至于为何由 G 省 Z 市兴中公司保管,不得而知,也许是东明公司因其转让实物资产须移交办公场所及其办公设施,因而其有关证照印鉴和档案资料不便于自己保管,故委托给 G 省 Z 市兴中公司保管。既然是"保管"而不是移交,当然不会表明其已经归属于 G 省 Z 市兴中公司,其所有权仍属于东明公司,相信也不会影响东明公司对有关证照印鉴和档案资料的使用。本案一审法院将以上述情形进行罗列,并与两个公司构成人格混同挂上钩,这其中的逻辑关联何在?难道由此就可以认为两个公司构成人格混同吗?

第五,关于 G 省兴中公司对 Z 市兴中公司采取"三五管理"模式问题。现代公司的发展趋势表明,集团公司对所属子公司按照统一的理念、制度、规则进行管理,是公司治理的常态模式。在本案中,G 省兴中公司对 G 省 Z 市兴中公司采取"三五管理"模式,制定和执行统一的规章制度、管理办法,这是规模发展、规范管理的必然要求。只要母公司与子公司之间财产独立、权属清楚,则不能轻率地否认其各自的独立人格。

第六,关于 G 省 Z 市兴中公司接收东明公司的职工问题。在本案中,G 省 Z 市兴中公司接收东明公司原聘任的员工,与之订立《劳动合同》,从而两者之间形成劳动合同关系,这与东明公司没有任何法律关系,没有任何理由可以将此作为 G 省 Z 市兴中公司与东明公司存在人格混同。

2. 法院判决不当

即使本案三公司相互之间构成人格混同,也不存在对原告利益的损害,不应判决 G 省 Z 市兴中公司和 G 省兴中公司对原告的 50 万元借款债务承担连带清偿责任。

在本案中,东明公司所负原告的债务仅为 50 万元,而东明公司在 G 省 Z 市兴中公司有 30% 的股权,其出资额为 4 500 万元,尚且不论东明公司是否还有其他财产,仅东明公司的上述 30% 股权,也足以满足原告实现其 50 万元的债权。因此,纵使东明公司与 G 省 Z 市兴中公司存在人格混同,也远没有构成对原告利益的严重损害,故不能适用《公司法》第 20 条第 3 款,不能要求 G 省 Z 市兴中公司对东明公司所负原告的 50 万元债务承担连带清偿责任。

综上,本案法院根据 G 省 Z 市兴中公司与东明公司、G 省 Z 市兴中公司与 G 省兴中公司在公司人格混同方面的蛛丝马迹现象,便牵强附会地对其进行无限扩大化理解,特别是完全抛开人格混同的根本特点(即公司股东对公司的控制支配,使公司丧失独立法人地位,绝非公司对公司股东进行控制和支配,使之丧失独立人格)来进行理解和认定,这是对法人人格否认制度公司和人格混同理论最为颠覆性的滥用,完全偏离了我国《公司法》第20条的规定和司法实践所确立的公司法人人格否认制度。

非法清算受益人仅需在非法清算行为造成的实际损失范围内承担违约责任

——从一起股东清算责任纠纷案看违法清算损害债权人利益的责任承担问题

郑书宏[*]

公司清算是指公司解散后，依照法定程序清理公司债权债务，处理公司剩余财产，待了结公司各种法律关系后，向公司登记机关申请注销登记，使公司法人资格消灭的行为。

我国目前的公司形式有两种：有限责任公司和股份有限公司，都属于资合公司。资合公司的股东通常对公司债务承担有限责任，公司债权人只能对公司而不能对股东主张债权，为保障债权人的利益，必须依法进行清算。清算应当按照法律的要求进行，未按照法律要求进行清算的，相关责任人应当对非法清算的行为负责。

一、法定清算程序

按照《中华人民共和国企业破产法》《中华人民共和国公司法》（以下简称《公司法》）及其司法解释等相关法律规定，公司清算的具体步骤如下：

1. 成立清算组

根据清算的种类不同，清算组的成立也不相同，一般情况下，自行清算时，在公司解散事由出现之日起15日内成立清算组，有限责任公司的清算组由股东组成，股份有限公司的清算组由董事或者股东大会确定的人员组成。债权人申请人民法院指定有关人员组成清算组进行清算，清算组成员由法院指定。清算组成立以后，应当选举出清算组组长，然后制定清算过程中的议事规则和会议制度，编制工作计划，接下来就是清算组进行清算的具体步骤和方法。

2. 由清算组接管公司管理权并清理、接管公司财产、债务

接管公司管理权主要包括接管公司的公章、无遗漏的债权债务清册、资产清册、合同书、协议书等各种法律文件、账务账册、传票、凭证、空白支票等账务文件、职工花名册等记录职工情况的所有文件、企业购买的有价证券、享有的无形资产的

---

[*] 四川君合律师事务所创始核心合伙人、副主任。

权利凭证、企业的历史档案和其他应当提交的资料。清理公司财产应当首先确定公司的财产范围并接管公司财产。将公司的实物和债权进行清查登记,对公司享有的债权进行确认,调查公司对外投资情况,对公司的其他权利进行登记,对公司的非金钱财产进行财产估价。要求占有清算公司财物的持有人交还其财物,如果相应的财物无法交回,则可以要求相应的持有人作价清偿;如果被清算公司向外进行了投资,则应当严格按照《公司法》和相关法律、法规的要求回收对外投资;责成相关股东交足尚未缴纳或者抽回的出资。接管公司的债务分为债务的确认和登记,对债务的确认是接管债务的最重要的工作,通常情况下应当审查债务产生的原因和依据,对相应的债务产生的合同进行审查,审查有无违规合同或者非应公司承担的债务,完成公司债务的确认后,将得到清算组确认的债务登记造册。

3. 设立清算账户

清算账户应当在清算组接管公司的同时设立,因为清算组一开始工作便会发生清算费用,公司原有的账户是以正常的生产经营为条件的,不能满足清算业务的需要,因此应当及时设立清算费用账户和清算损益账户。

4. 通知或者公告债权人申报债权,进行债权登记

清算组应当自成立之日起10日内通知债权人,并于60日内在报纸上公告。债权人应当自接到通知书之日起30日内,未接到通知书的自公告之日起45日内,向清算组申报其债权,查验是否有遗漏债权人;对债权人申报的债权,核对其证明材料。申报登记结束后,清算组应当编制债权、债务清查报告表,以利于及时收取债权、清偿债务、解决纠纷。

5. 处理与清算相关的公司未了结的业务,收取公司债权,参加公司的诉讼活动

为了结公司现有业务而对尚未履行完毕的合同进行清理,包括继续履行或终止履行或解除合同;催收应收款,收回债权;代表公司参与民事诉讼活动。因为不同的债权有不同的情况,所以应当制定不同的策略方针来实现债权的回收工作。在清算过程中,很可能会遇到必须经过诉讼程序才能解决的问题,清算组应当以公司代表人的身份参加民事诉讼,通过诉讼解决争议,清算组可以聘请律师代表公司进行诉讼。

6. 处理公司财产,编制资产负债表和财产清单

因为公司在清算中,大部分的清偿都是金钱清偿,因此清算组有必要对公司的相应资产进行变价处理,转为货币形式。在公司的债权清理完毕、债务登记清楚和财产变价处理完以后,清算组应当重新编制资产负债表和财产清单。相关报表完成以后,如果公司财产能够清偿公司债务,则按法定顺序清偿;如果不足以清偿的,及时通知债权人协商解决,协商不成债权人可以向法院起诉;公司财产不足清偿债务的,清算组应当停止清算活动并向人民法院申请宣告破产。

7. 制订清算方案、确认并实施清算方案,提交清算报告

清算组在清理公司财产、编制资产负债表和财产清单后,应当制订清算方案,

并报清算公司股东会或者人民法院确认,股东会或人民法院有权提出清算方案修改建议和意见,由清算组进行修改,直至通过。清算组制订的方案经确认后,清算组即可按清算方案执行。公司清算结束后,清算组应制作清算报告,并编制出清算期内收支报表和各种财务账册,将这些材料一并提交股东会或政府主管部门,由上述机构对这些材料的真实性与合法性予以确认。清算报告的内容包括:(1) 公司解散原因及日期;(2) 清算组的组成;(3) 清算的形式;(4) 清算的步骤与安排;(5) 公司债权债务的确认和处理;(6) 清算方案;(7) 清算方案的执行情况;(8) 清算组成员履行职责情况;(9) 其他有必要说明的内容。

8. 办理注销登记

清算报告和清算期内收支报表、各种财务账册经股东会或国有独资公司的政府主管部门分别确认后,清算组应将清算报告报送公司登记机关,申请注销登记。经公司登记机关核准后,公告公司终止。

二、清算组未按法定程序进行清算的法律责任

最高人民法院《关于适用〈中华人民共和国公司法〉若干问题的规定(二)》[以下简称《公司法司法解释(二)》]第18条规定:"有限责任公司的股东、股份有限公司的董事和控股股东未在法定期限内成立清算组开始清算,导致公司财产贬值、流失、毁损或者灭失,债权人主张其在造成损失范围内对公司债务承担赔偿责任的,人民法院应依法予以支持。有限责任公司的股东、股份有限公司的董事和控股股东因怠于履行义务,导致公司主要财产、账册、重要文件等灭失,无法进行清算,债权人主张其对公司债务承担连带清偿责任的,人民法院应依法予以支持。上述情形系实际控制人原因造成,债权人主张实际控制人对公司债务承担相应民事责任的,人民法院应依法予以支持。"第19条规定:"有限责任公司的股东、股份有限公司的董事和控股股东,以及公司的实际控制人在公司解散后,恶意处置公司财产给债权人造成损失,或者未经依法清算,以虚假的清算报告骗取公司登记机关办理法人注销登记,债权人主张其对公司债务承担相应赔偿责任的,人民法院应依法予以支持。"第20条第1款规定:"公司解散应当在依法清算完毕后,申请办理注销登记。公司未经清算即办理注销登记,导致公司无法进行清算,债权人主张有限责任公司的股东、股份有限公司的董事和控股股东,以及公司的实际控制人对公司债务承担清偿责任的,人民法院应依法予以支持。"

从上述规定可以看出,对于非法清算的,清算组(有限责任公司的股东、股份有限公司的董事和控股股东)应当承担清算责任。但是承担的责任是连带清偿责任还是就实际损失承担民事责任,在实践中因具体情况不同而有所不同。

作为资合公司的有限责任公司和股份有限公司的股东,均只需在认资范围内承担赔偿责任,但上述法律法规中对于某些行为又规定的是连带赔偿责任,在实务审判中,法院的倾向性意见一般是在认资或者收益范围内承担赔偿责任。

三、从一起股东清算责任纠纷案看违法清算损害债权人利益的责任承担问题

在四川某发展有限公司因连续两年未年审而向工商行政管理部门申请公司注销时,作为股东的陈某、陈某全依法组成清算组对公司进行了清算,并分配了公司剩余资产人民币110余万元。北京聚鸿基公司受让原四川某发展有限公司原债权人对该公司的1000余万元债权,但却因原四川某发展有限公司已经清算注销,无法主张权利。随后,北京聚鸿基公司认为陈某、陈某全违反了公司清算程序和清偿顺序,导致其权益受损,要求陈某、陈某全承担其损失赔偿责任约1000余万元。

该案债权形成的时间在1997年,距起诉时已逾15年,且该债权先后经过5次转让,导致本案债权形成时间较长、转让主体多、证据收集难的艰难处境。在接受委托人陈某、陈某全委托后,律师仔细审阅了原告提交的证据材料,将公司注销程序、原告受让债权程序是否合法作为本案争议焦点问题,通过向工商局、法院等机构查档,收集公司注销的全套手续,掌握了案件主要事实及相应的法律规定,通过对重点问题逐一分析并形成专业代理意见,将律师意见通过开庭前的沟通、庭审中的辩论及庭审后的书面代理词的方式,充分展现给法院。

法院经审理后认为,陈某、陈某全承担赔偿责任的范围为未依法清算给债权人造成的损失。但是,本案全部债权金额并不等同于陈某、陈某全违法清算而给聚鸿基公司造成的损失。根据《公司法》的规定,股东分配公司剩余财产应以清偿公司所有债务为前提,二审法院据此撤销一审判决,改判陈某、陈某全向北京聚鸿基公司赔偿损失110万余元,并驳回北京聚鸿基公司的其他诉讼请求。

本案所形成的判决,明确了股东作为清算组成员的法定义务,确认了清算组的赔偿责任以分配的公司剩余财产为限,而非原债权总额,重点应审查非法清算给债权人造成的实际损失(股东分配的财产及其利息)是符合补偿性民事责任的特点的。

论公司的司法解散*

袁怀军*

一、公司司法解散的概念分析

公司是由股东依据公司法之规定合意创造的以营利为目的的经济组织。通常公司的存在有股东们事先确定的期限,公司的经营期限届满就意味着公司寿命的终结。在公司法理论上,以消灭公司的法人资格为目的的公司财产清算行为被称为公司解散。

按公司法理论和各国公司法实践,公司的解散主要有三种情况:一是自愿解散;二是行政强制解散;三是法院判决解散。自愿解散一般是章程规定的解散事由出现或股东合意解散;行政强制解散一般是在公司违反法律、法规,被行政机关依法撤销或吊销营业执照而解散;法院判决解散也叫公司司法解散。[①]

公司司法解散制度,是指股东基于自身利益、公司利益或国家和社会公共利益受到损害等法定事由,向法院提起解散公司的诉求,由法院判决强制解散公司的制度。由于公司在存在期间,负载了众多的社会关系,公司除通过正常的途径解散外,如公司章程规定的解散事由出现、公司股东会作出解散之决议、公司经营期限届满而未形成延长之决议等,还可能因其经营活动伤害某一社会主体的利益而遭被动之解散。如公司不能偿还到期债务而被债权人申请破产、公司因发生严重违法行为而被行政当局决定撤销,还可能因公司的存在处于违法状态或公司侵权由利害关系人申请司法解散等。因此,公司法赋予股东司法解散请求权有其必要性。

《中华人民共和国公司法》(以下简称《公司法》)修订前把公司作为由股东会才能表达自己意志的封闭团体,把股东平等原则仅仅落实在同股同权方面,在"大多数决定原则"下,大股东支配公司的行为几乎不能节制,所以大股东滥权的局面无法收拾,造成公司的小股东在权益遭受侵害时处于弱势地位,且这一问题日渐严重。考虑到公司不过是股东们共同投资形成的合同产物,当股东们在投资合同的履行出现不可调和的矛盾,公司的运行发生背离该投资合同所确立的宗旨,一部分股东成为自己创建的公司的受害者时,他们有权诉请法院解除这一投资合同,即请求法院颁令解散公司。但是我国《公司法》是在社会整体商业意识淡薄和商业规则贫乏的背景下出现的,它虽然具备了一部商业组织法的基本框架结构,但因其内

---

* 该文发表于《法制与经济》2007年第5期。

* 四川华敏律师事务所律师。

① 参见赵万一、吴长波:《论公司的司法解散》,载《河南省政法干部管理学院学报》2005年第6期。

容陈旧、简单和死板,使得法律的规范性大打折扣,无法真正担负起调整公司行为的沉重责任。而修订后的新《公司法》在规定了公司司法解散制度之外,还规定了强制收购股东股份的相关内容。

二、对公司司法解散的历史考察

公司的司法解散作为一种公司司法制度,它的真正作用在于当公司内部发生股东之间的纠纷,在采用其他的处理手段不能平息矛盾的情况下,给予少数股东请求司法机关介入,以解散企业、恢复各方权利,最终使冲突得以解决的一种救济方式。该制度最初起源于英国,英国的信托制度要求大股东在支配公司时忠实于公司的利益和小股东的利益,但是在实践中,法律上这种原则性的规定不足以有效制止大股东滥权的行为,于是,英国的司法制度在150年前就创设了小股东申请法院发布公司强制清盘令的制度,使受压迫的小股东可以通过申请法院发布强制清盘令,以结束公司的生命并依据投资比例分配公司剩余财产。1986年《英国破产法》第122、124条规定,小股东可以请求法院解散公司,如法院认为解散公司是正当与公平的,便可颁发公正合理的清盘令。一般来说,其判断的事实依据有:

(1) 公司行为违反小股东的基本权利和合法期望;

(2) 公司经营超越章程大纲和章程细则所定之范围或公司设定的目的已无法实现;

(3) 公司实际上仅仅是大股东、董事或经理人实现个人利益的"工具"和"外衣";

(4) 公司被人利用进行诈骗或进行其他非法活动。②

《英国公司法》上的公正合理清盘令制度推出后,其他国家都立法效仿。如《美国示范公司法》规定了公司的司法解散,确认法院可以解散一家公司。如果公司的股东向法院提起了解散公司的请求,并且证明其可以要求解散的事实中具有下列任意一项即可,这些事项包括:

(1) 董事在经营公司事务时陷于僵局,股东没有能力打破这一僵局,而且有着重大损害正威胁着公司和股东的利益,或者公司的业务或事务违背股东利益;

(2) 董事或者公司支配者的行为方式曾经、正在是非法的、压制的或欺诈的;

(3) 公司的资产正在被滥用或浪费。

《日本商法》第406条规定,持有已发行股份总数1/10以上股份的股东,在以下情况下可以请求法院解散公司:

(1) 公司业务执行发生严重困难,经营不利,股东利益受损;

(2) 公司面临无法挽救的亏损或在公司的执行和战略上有重大疑问时;

(3) 公司的财产分配严重不当时。

---

② 参见刘连煜:《公司治理与公司社会责任》,中国政法大学出版社2001年版。

《德国有限责任公司法》第61条规定:"如公司已不可能达到其目的,或根据公司本身的情况,存在其他应解散的重大原因时,可由法院判决解散。"《法国商事公司法》第1844条规定:"法庭根据一个股东基于正当理由,尤其在其他股东不履行其义务或股东之间不和,致使公司管理活动陷于瘫痪的情况下提出的请求,可以判决提前解散公司。"《加拿大商业公司法》第214条规定:"公司清算和解散正义公道。"《英国破产法》第122条规定:"法院有权解散公司,如果它认为是公正和公平的。"对原则性概念"公正和公平",英国法未加详细说明,但从英国判例法来看,大致有以下几种情形:

(1) 公司股东的合理期待落空;
(2) 对公司管理层失去信心;
(3) 公司事务陷入僵局;
(4) 公司基础丧失。③

可见,目前在各国司法体系中,公司司法解散制度已成为公司法保护小股东利益的一项重要制度,是公司法的一个重要组成部分。我国现行《公司法》第183条确定了公司司法解散制度,顺应了实践中的公司小股东权益保护的需要。

三、公司司法解散的制度意义

(1) 司法解散作为司法救济的一种,和我国目前建设社会主义市场经济的法制要求完全一致。计划经济年代里,我国过多强调了采用行政手段对经济进行干预,而对于个人的主体性作用却没有强调,这是与目前现代的市场经济发展的内在要求不相符合的。因为现代市场经济的要求是要将一切商品经济的活动纳入法制轨道,用司法的方式而非行政干预作为经济纠纷的最终解决方式。

公司股东之间的营利性、契约性关系决定了股东应享有公司解散请求权。因为股东出资设立公司的目的,就是要谋求和实现自身利益的最大化。若公司长期陷入经营僵局,不但公司股东的利益受到损害,而且社会整体资源也无法得到有效和合理的利用。在一些极端的例子中,小股东不能以投票权制约大股东,在股东关系产生矛盾时他们无法进行各种制约活动,如不能撤资、利益分不到、财务报表不让看等情况,这些都需要司法解散制度的介入和保护。

(2) 司法解散制度对于小股东利益的保护具有积极意义。正如前文所述,依据合法的相对多数和绝对多数原则,大股东占据了极大的优势地位,使小股东的利益无法得到有效的保护,会极大地挫伤小股东的投资积极性,干扰本来良好的经济秩序。设立司法解散制度有利于股东之间的合作长期化、稳定化,同样,可以使各方利益达到最大化。

当前,在经济领域实践中,无论大企业还是小企业都存在着大量的股东纠纷,

---

③ 参见马俊驹、林晓镍:《有限责任公司股东的法律救济》,载《河南师范大学学报》2001年第4期。

司法解散制度可以是一种全新的解决公司纠纷的方法,也是对上述其他两种解散方式——公司自愿解散和行政解散的一种有效的补充。所以,在此意义上,必须要加强司法解散的制度建设和作用发挥。

四、我国《公司法》的最新规定及其缺陷

我国于2005年对《公司法》进行了修订,建立和健全了小股东权益保护的新体系,增设了公司司法解散制度,但也存在很多问题。如《公司法》第183条规定:"公司经营管理发生严重困难,继续存续会使股东利益受到重大损失,通过其他途径不能解决的,持有公司全部股东表决权百分之十以上的股东,可以请求人民法院解散公司。"这从法学史的角度上第一次通过立法形式规定了司法解散制度。不过从整个体系来看,这些条文只是确立司法解散制度的开端,因为其缺少现实的可操作性。下面对于其中的比较突出的两个问题进行分析:

(1) 从"公司经营管理发生严重困难,继续存续会使股东利益受到重大损失"的规定来看,各利益相关者的看法肯定是不一样的。问题有:什么是经营管理发生困难;股东间严重不和是不是经营管理发生困难;其时间维度应该从什么方面进行界定;股东利益的重大损失到底多大才是"重大",而且这是针对损失的现实性还是可能性,等等。这些都是很模糊的一个定义,可操作性不强,在司法实践中认识难以统一。笔者认为,有必要尽快以立法或司法解释的形式予以完善和明确。

(2) 从"持有公司全部股东表决权百分之十以上的股东,可以请求人民法院解散公司"的规定来看,该规定过于僵化。因为在实践中存在着大量股东人数较多的有限责任公司,在这些股东中,持有公司全部股东表决权10%以下的股东大有人在,如机械的规定持有公司全部股东表决权10%以上的股东才有权向法院提起司法解散公司,则有对这部分股东构成歧视之嫌。笔者建议,应修改为"联合持有公司全部股东表决权10%以上的股东,可以请求人民法院解散公司"。

五、小结

对于一个正在经济飞速发展的国家来说,《公司法》的制定和修改是至关重要的。对于公司法的司法解散分析只是其中的一方面,其法制的建设和健全需要社会各界的关心和集体的努力,还需要在长期的经济实践中不断修正。笔者相信,以司法解散公司为代表的小股东利益保护的诉讼体制的建立,一定会促进股东之间的协作和协调,会对我国公司的法人治理局面有极大的好处。

有限责任公司股东间签订承包经营合同的法律效力探讨

万艺娇[*]

一、问题的引出

近年来,伴随现代公司治理制度的建立、发展,大多数有限责任公司的出资人接受和采用了《中华人民共和国公司法》(以下简称《公司法》)中关于股东、董事、监事及经理层的治理结构的运营管理方式。但经济生活的多样性及中国国情决定,现代化的分权治理的企业制度并非企业家们的唯一选择,很多情况下,企业治理制度、管理模式根据企业家的不同理念和需求,日益呈现出各种纷繁复杂的模式。例如,由于社会分工的精细化和企业的专业化发展特征愈发显现,诸如房地产、电子、化工这类企业对管理者提出了更高的专业化管理要求。与之相对应的是,社会资本的逐利性,决定了投资者在投资方向的选择上,往往会忽略企业的专业化管理要求,而比较关注企业的成长性和盈利性,从而决定是否对该企业投资入股。为了实现具有专业管理技能的股东和非专业化投资股东的融合,不致使任何一方权益明显受损,由具有专业管理经验的股东对企业进行承包经营,并承诺给予投资股东固定的承包利润回报的这一承包经营模式,常常成为股东们的选择。再如,企业小股东在无力实际掌握控制公司经营权的情况下,索性将公司经营管理权全部让渡给大股东,由大股东承诺保证最低收益。这些情况在司法实务中屡见不鲜,但由于我国《公司法》对此无明确规定,而该制度所导致的结果与公司法中的法人治理结构要求相悖,所涉及的最低利润回报、固定承包经营费的保底性质等问题,导致股东承包经营有限公司的合法性备受争议。

二、承包经营制的历史演变及法律特征

承包经营最初来源于农村承包经营制度。农村承包经营是指公民以户为单位与集体组织签订承包经营合同,集体组织将集体所有的土地、森林、山岭、草原、荒地、滩涂和大型生产资料等授权给农户承包经营。农村承包经营户在其合同范围内,享有对土地、山林、水面、滩涂等生产资料的经营权,具有经济组织所享有的全部权利,独立承担全部义务。

---

[*] 江西求正沃德律师事务所管理委员会主任。

由于农村承包经营制度的成功,在20世纪80年代,政府开始推动国有企业进行承包经营改革,实行企业承包经营。所谓企业承包经营,即按照所有权与经营权分离的原则,以承包经营合同的形式,确定国家与企业的责权利关系,使企业做到自主经营、自负盈亏的经营管理制度。当时主要相关的立法规定有:国务院于1988年2月27日发布的《全民所有制工业企业承包经营责任制暂行条例》,以及1988年4月13日实施的《中华人民共和国全民所有制工业企业法》第2条的规定:"企业根据政府主管部门的决定,可以采取承包、租赁等经营责任制形式。"1991年6月3日国务院发布的《全民所有制工业企业转换经营机制条例》第7条规定:"继续坚持和完善企业承包经营责任制,逐步实行利税分流,统一所得税率,免除企业税后负担,实行税后还贷。"

《全民所有制工业企业承包经营责任制暂行条例》对企业承包经营合同的主体双方存在着严格的限制,即发包方是代表国家所有权的企业主管部门或国家授权单位,而承包方则是企业本身。可见,企业承包经营合同中的主体具有双重法律关系,两者之间既有民商事合同双方当事人平等的合同关系,又有行政隶属的上下级关系。企业承包经营的形式包括:利润承包责任制(以"包死基数、确保上交、超收多留、欠收自补"为原则)、资产承包经营责任制(以国有企业的保值增值为考核指示,以分红等与经营者利益挂钩实现奖惩的方式)。由于国企承包经营制合同中主体关系的特殊性,一方面,所有权人对经营者不能有效监督管控;另一方面,对经营者的激励机制不足,而随之而来的是经营者道德风险事件。对企业掠夺式经营现象频发,对承包企业产生了较大的负面影响,承包经营制逐渐退出,取而代之的是企业的公司制改革。20世纪90年代,企业的公司制改革成为主流。

从上述农村承包经营到国有企业的承包经营,再到现在公司的承包经营演变可以看出,立法意义上承包经营主要是指农村承包经营责任制和全民所有制企业的承包经营,其中根据《全民所有制工业企业承包经营责任制暂行条例》第2条,法律上对于国有企业承包经营制的概念规定为:"承包经营责任制,是在坚持企业的社会主义全民所有制的基础上,按照所有权与经营权分离的原则,以承包经营合同形式,确定国家与企业的责权利关系,使企业做到自主经营、自负盈亏的经营管理制度。"根据上述规定可以看出,企业承包经营的主要特点在于"权能分离"。法律界人士比较公认的是现有公司承包经营模式是对《全民所有制工业企业承包经营责任制暂行条例》"权能分离"经营方式的承继,但对于其完整的概念及特点,由于目前无明确法律规定则不一而足。刘俊海教授在《新公司法框架下的公司承包经营问题研究》一文中认为,公司承包经营的核心法律特征有三:一是承包人对公司承包期间发生的全部债务承担清偿责任,股东依然对公司债务享受有限责任待遇;二是承包人能否取得承包收益,取决于承包人的经营绩效与市场风险等不特定因素,而公司的收益具有可预见性与可确定性;三是发包公司事先概括授予承包人在承包期间享受为开展承包经营所必需的广泛经营管理权限,公司治理机构的经营管理权限受到相应的限制和影响。笔者认为,刘俊海教授所作的三个特征的概括,基本上反映了公司承包经营管理的主要特征。但具体到由公司股东对公司承包经营且对其他股东承诺最低收益保证的情况,承包股东的责任可能会突破其出资范围而导致个人财产的无限责任后果。

三、公司股东间签订的承包经营合同的法律效力

考虑到股东具有公司决策者及最高权力者的身份,同时为了表述方便,本文忽略掉公司承包经营合同究竟应由公司与承包股东签订,还是股东之间签订的形式问题,而统一以股东间的承包经营合同表述。对公司股东间签订的承包经营合同的法律效力的争议,一般存在以下两种意见:

一种意见认为,公司承包经营合同将公司的所有权利归于承包人一人,突破了《公司法》中关于公司内部治理结构的法定安排,架空了股东会、董事会和监事会,使之形同虚设。同时公司承包经营合同也违反了公司盈亏处理制度,合同中关于承包股东对公司承担亏损弥补义务,一方股东可能获得超过出资比例的利润等规定,违反了股东有限责任原则和公司法关于股东出资比例分配盈余的规定。

另一种意见认为,承包合同是当事人意思自治的体现,《公司法》所规定的股东按照出资比例获取利润是股东的权利,此种权利与其他民事权利一样完全可以通过合同进行重新安排,当然亦可放弃,法律无须对股东自由处分自己权利的行为作过多干预。

笔者同意第二种意见。理由如下:

1. 《公司法》中关于公司治理制度的结构性规则应属于任意性规则,而非强制性规则

公司股东对公司的承包,往往会突破《公司法》中关于公司内部治理规范的设置。无效论者认为,承包经营制会突破公司关于股东会、董事会、监事或监事会的职权,承包股东取得公司的经营管理权后,其他股东权利受到限制,股东会和董事会被架空,因而在对股东间承包经营合同的效力问题上,首要解决的应是公司法中内部治理结构规范的设置是否是强行性法律规范的问题。因为根据民商事基础法律理论,违反强行性法律规范的行为应被判定为无效行为,否则应按"法不禁止即自由"的原则,不宜否认其法律效力。

公司法是强制性规范和任意性规范的结合,由于目前对两种规范进行区分没有统一的标准,对于《公司法》中的内部治理结构的规定属于哪种规范,亦无一致意见。笔者认为,该类规范应属于任意性规范。因为,一方面,公司法本质上属于私法,公司法中关于内部治理机制规定的目的和作用是调整股东间私人利益关系和内部运行制度,是为了保证股东利益回报,实现公司内部各利益协调发展,但当事人本人永远是自身利益的最佳判断者,法律对股东关于自身利益的决策行为,不应更多干预,而应放松管制,给予股东更大的自由空间。另一方面,对于公司外部

的法律关系,公司作为主要的商业交往主体之一,从保护外部交易安全和对公司外第三人利益保护出发,涉及公司外部交易的公司法规则应属于强制性规范。结合无效论者的观点,承包经营行为所谓的违反和突破,如股东权利的划分和公司经营管理权自我设定,以及公司及全体股东基于自愿通过承包经营合同方式,对内部经营控制权进行相应安排,除涉及股东修改章程、增减注册资本、合并解散分立公司三事项外,均属于公司的内部性事务,并不影响公司外部责任的承担,应属于私法领域的任意规范。

2. 股东承包经营并没有违反有关股东会、董事会及其权利的设置

股东对公司的承包经营,一般程序是通过董事会提交股东会协商表决同意,之后承包股东才能依据承包合同行使部分股东会、董事会的权利。可见,承包股东与被承包公司间的承包经营合同,以及公司股东会对承包经营合同的通过是承包股东取得该些权利的依据。因此,承包股东所取得这些权利是经公司股东会、董事会授权的行为,并没有违反《公司法》中关于股东会、董事会设定的相关规定。

3. 关于承包股东的亏损弥补义务的问题

承包经营合同中约定的承包股东的亏损弥补义务是指,当公司未达到承包经营合同中所约定的经营目的及股东应得的利益回报时,承包股东应对公司或其他股东进行弥补的义务。承包股东亏损弥补义务的约定,的确可能使股东对公司承担有限责任的权利义务关系被破坏。但毋庸置疑,有限责任制度的设计是法律对投资股东的权利保护,而法律并不禁止当事人对自身权利的限制或放弃的行为。而承包股东之所以会自愿主动对自己享有的该项权利予以放弃,是为了获得相应的商业利益,是在承包股东权衡利弊后,对自身权利的处分行为,该处分行为并不影响任何公司及股东以外的任何外部关系。对于股东处理自己权利且并不损害他人利益的行为,法律无需也不应予以规制。

4. 关于其他股东享受固定收益或优先分配权的问题

股东之间对公司收益的分配,并不是对公司财产的处置,而是股东对他们之间权利的安排和处分。2004年《公司法》规定,"股东按照出资比例分取红利",但这一规定在2005年《公司法》中已得到修改。2005年《公司法》第35条规定:"股东按照实缴的出资比例分取红利;公司新增资本时,股东有权优先按照实缴的出资比例认缴出资。但是,全体股东约定不按照出资比例分取红利或者不按照出资比例优先认缴出资的除外。"据此,股东有权"不按照出资比例分取红利",也有权对分配顺序和分配比例进行约定。因此承包经营协议中关于股东优先分配权的设定,具有明确的法律依据。

5. 关于承包股东的固定利益回报承诺问题

发包人享有的固定利益回报,自国有企业承包经营制时期就以法律形式确定下来了。《全民所有制工业企业承包经营责任制暂行条例》第9条规定的"承包上交国家利润的形式"第3项为"微利企业上交利润定额包干"。认为固定收益回报

无效的观点,主要援引的依据是1990年11月12日最高人民法院发布的《关于审理联营合同纠纷案件若干问题的解答》第4条第2款的规定:"不参加共同经营,也不承担联营的风险责任,不论盈亏均按期收回本息,或者按期收取固定利润的,明为联营,实为借贷,违反了有关金融法规,应当确定合同无效。除本金可以返还外,对出资方已经取得或约定取得的利息应予收缴,对另一方则应处以相当于银行利息的罚款。"并进而认为承包经营的实质是借贷。笔者不同意这种观点。

首先,从承包经营的法律属性来看,发包人履行出资义务后,将其出资一并托付给承包人经营管理而不得干预,其自身仍以出资承担了经营风险。从承包人来说,承包人对公司进行全面管控和经营,理应对公司的经营风险承担责任,并支付承包金。由于发包人与承包人之间不共同经营,是承包经营制度的天然属性,也从法律上排除了共担风险、共负盈亏原则的适用。不能因此牵强附会地认为是实为借贷的行为。

其次,在承包经营行为中,其他股东仍以其出资对外承担责任,只享有要求承包股东交纳承包金的义务,不得要求承包股东返还其出资本金。但"名为联营实为借贷"的关系本质实为借款,借款人有向贷款人返还本金的义务。

再次,股东承包经营后,其他股东对公司外部责任仍然存在,而"名为联营实为借贷"并不对外部负责,只对"名为联营实为借贷"合同对方享有要求返还资金的权利。

最后,在承包经营关系,其他股东与公司的经营风险仍挂钩,例如,在出现公司破产的情况下,其他股东的投资款会受到损失。但"名为联营实为借贷"中,贷款人与企业风险无关,即使在企业破产的情况下,贷款人的出借本金仍可参与破产分配。

承包经营合同订立时所约定的保底利益分配,是承包股东和非承包股东权衡利益关系后所设定的预期权利。股东优先分配权就是股东对预期收益所约定的分配原则,既然法律已认可股东的优先分配权,就不宜否认股东的固定收益回报的合法性,否则就变成了以实际履行合同公司的盈利状况来反推合同的效力的尴尬状况。

四、允许股东承包经营具有现实的必要性

法律源于社会生活的需要,在社会经济生活中,大量公司根据自身需要而实行承包经营模式。如果否认承包经营行为的法律效力,实际上会使这些公司的经营状态处于不确定当中,发包人和承包人可随时根据自身利益的需要而决定是否继续履行合同,使勤勉诚信履约的一方承受权利无法保障的风险。因而,否认承包经营行为的效力,必然导致道德风险频发,不利于社会诚信制度的建立。

公司法对"三权分治"的设计是理想的公司经营模式之一,这并不影响和排斥承包经营成为其有益的补充。承包经营模式具有的独特的作用,符合市场需求,符

合等价有偿、互利互惠的公平理念。

在不轻易认定合同无效,保护交易安全的理念下,法学理论界多名学者都提出要强调保护当事人意思自治原则,维护商事行为的灵活多样性,充分尊重当事人的合同自由,并倾向认可和保护该类承包经营合同的效力。这一观点也越来越为司法裁判者们所接受,并运用到具体案件裁判当中。

五、承包经营合同的限制条件

以上笔者论述了股东对公司实行承包经营是出于商者对自身利益的考量和需要,法律不应横加干涉。同时我们也应当看到,公司作为经济领域一个重要的商事主体,其交易的安全性也不容忽视,因此在承认承包经营合同合法有效的情况下,仍应对其作出一定的限制。

1. 不得授权和让渡《公司法》中规定的股东会的部分重大专项权能

《公司法》中股东会的章程修改、增减注册资本、解散、合并、分立是必须通过股东会决定的事项,是关系到公司生死存亡的根本性权利。对这些事项,应不允许由承包股东一方掌握,否则极易造成公司及其股东甚至第三人的重大利益损害,因此,如果承包合同中存在该相关规定,应认定为无效。

2. 任何股东不得以承包经营合同对抗外部债权人

股东承包经营属于股东之间或股东与公司之间的内部合同关系,不能因此而影响外部债权人的利益。例如,在公司经营亏损状态下,非承包股东不能以保底收益约定而要求强行分配收益,造成债权人的债权受到损害。

承包经营模式在有限公司中的适用有一定的不足,但我们不能在遇到问题时为省略麻烦而简单否认其效力。只有在认可承包经营合同效力的前提下,不断对其进行制度优化、改良,发挥其活力,才能顺应和满足社会经济生活的需要。

参考文献

[1] 刘俊海:《新公司法的制度创新:立法争点与解释难点》,法律出版社2006年版。

[2] 林勇:《公司股东内部承包协议的效力》,载 http://www.linlawyer.cn/ShowArticle.shtml? ID = 201473116481085561.htm,最后访问日期:2015年8月2日。

认缴资本制下公司债权人的法律风险识别与防范

张 涛[*]

2013年《中华人民共和国公司法》(以下简称《公司法》)进一步完善了2005年《公司法》确立的我国公司认缴资本制度。新《公司法》的这种完善,在刺激投资者投资热情、活跃市场交易的同时,也增加了公司债权人的市场交易风险。厘清新《公司法》在公司认缴资本制度上的完善内容,及其给公司债权人带来的法律风险,制定有针对性的防范措施,对律师提供公司法律服务具有重要意义。为此,笔者拟就该问题作初步探讨,以期抛砖引玉,求教于同行。

一、公司认缴资本制的具体内容

2005年《公司法》确立了我国公司的认缴资本制度。该法在第26条将1993年《公司法》规定的"有限责任公司的注册资本为在公司登记机关登记的全体股东实缴的出资额",修改为"有限责任公司的注册资本为在公司登记机关登记的全体股东认缴的出资额"。对股份有限公司的注册资本规定也作了相应的修改。然而,2005年《公司法》的认缴资本制是有限制的、不完全的。该法在规定公司注册资本可以认缴的同时,还规定了注册资本的最低限额,以及缴纳出资的期限,强调了股东的出资仍然需要依法设立的验资机构验资。法律在赋予股东出资自由的同时,也强调了公司在诞生时的最低责任能力要求。2013年《公司法》则对2005年《公司法》的认缴资本制进行了完善,主要表现如下:

(1) 公司营业执照的载明事项不再出现"实收资本"的内容。

(2) 放宽了注册资本的登记条件,赋予公司章程对公司注册资本的自主约定权。除法律、行政法规以及国务院决定对特定行业注册资本最低限额另有规定的以外,取消有限责任公司最低注册资本3万元、一人有限责任公司最低注册资本10万元、股份有限公司最低注册资本500万元的限制。

(3) 不再限制公司设立时全体股东(发起人)的首次出资比例,不再限制公司全体股东(发起人)的货币出资金额占注册资本的比例,不再规定公司股东(发起人)缴足出资的期限,赋予公司章程对股东(发起人)出资时间等的自主约定权。

(4) 不再强制公司验资、年检,简化公司登记手续等。

---

[*] 四川英特信律师事务所。

正如赵旭东教授阐明的那样,新《公司法》将2005年《公司法》中有关公司资本的几项法定限制完全取消,实行了注册资本的"零首付",从有限制的、不完全的认缴资本制转变为无限制的、完全的认缴资本制。①

二、认缴资本制下公司债权人的法律风险识别

我国公司认缴资本制的确立和完善,极大地激发了投资者举办公司的热情,在当前"大众创业、万众创新"的大背景下,各类公司更如"雨后春笋"般涌现。据报道,2015年上半年,全国新登记注册企业200.1万户,比上年同期增长19.4%,全国平均每天新登记企业1.11万户。然而,公司依据2013年《公司法》设立只是取得了从事商业交易的主体资格,并不表明其必然具有从事商业交易的责任能力。因此,与这些在前述认缴资本制度下设立的公司从事商业交易,必须高度审视其中的法律风险。

1. 公司注册资本尚未缴足的法律风险

如前所述,2013年《公司法》规定的公司注册资本是公司股东(发起人)在公司章程中认缴的资本,即公司股东(发起人)在公司章程中承诺缴纳的资本,因此,公司在设立后的营业执照上,尽管载明注册资本成百上千万,其实公司在设立时可能没有一分钱,因为公司在设立时可能还没有届满股东(发起人)承诺缴纳认缴资本的期限。但公司以其独立的法人财产对公司债务承担责任,是公司法的基本原则,既然如此,在公司股东(发起人)尚未缴纳认缴资本的情况下,公司的债务清偿能力在通常情况下其实为零。

在此种情况下,可否根据"有限责任公司的股东以其认缴的出资额为限对公司承担责任,股份有限公司的股东以其认购的股份为限对公司承担责任"的规定,要求公司股东提前履行出资义务呢?就现有的法律规定而言,目前我国仅在《中华人民共和国企业破产法》(以下简称《企业破产法》)第35条规定了公司破产清算时可以要求股东提前履行出资义务。除此之外,没有任何法律赋予公司利害关系人有权要求公司股东提前履行出资义务,即便适用《破产法》,公司债权人的利益也不能得到完全的维护。

笔者以正在承办的一起案件予以说明,在此种情况下,公司债权人将遭受怎样的法律风险。

Y投资公司系两个自然人出资设立的公司,注册资本金达1亿元,但这1亿元均是这两个自然人股东认缴的资本,截至笔者代理该公司的一个债权人李某向该公司提起诉讼时,这两个自然人股东向该公司缴付认缴资本的期限尚未届满。李某是在审查Y公司注册资本有1亿元的前提下,听信Y公司有关项目经营情况的

---

① 参见赵旭东:《资本制度改革与公司法的司法适用》,载《人民法院报》,2014年2月26日,第7版。

介绍后,向 Y 公司提供借款 200 万元的。借款期限届满,Y 公司竟然拒绝偿还借款。李某无奈,向法院起诉,要求判令 Y 公司偿还借款。期间,李某申请法院对 Y 公司的财产进行保全,可经法院查询,Y 公司既无银行存款,也无房屋、土地等其他可供保全的财产,连 Y 公司用于办公的房屋都是向他人租赁的。李某提出追究这两个自然人股东的责任,但却没有任何证据证明这两个自然人股东应该为 Y 公司的债务承担责任。李某在本案中完全有可能只取得一张胜诉的判决,却不能取回自己的借款。

2. 公司内部治理机制薄弱的法律风险

尽管《公司法》对公司内部的治理结构作出了安排,构建了股东(大)会、董事会、经理层、监事会的公司治理框架,但对框架的具体搭建及其运营机制则基本交给了公司章程进行约定。但囿于投资者的认识,实践中绝大多数公司股东都没有在公司章程中对公司内部的治理机制作出科学的建构,以至于公司经营随意、管理随意,公司财产的保值、增值度不高,最终影响到公司债务的履行能力,对公司债权人的利益造成损害。该种状况在 2005 年《公司法》修改前就普遍存在,但此时的《公司法》尚强制要求股东实缴部分出资,强制要求公司接受行政主管部门的年检,对公司内部的治理有法定的监督。然而,2013 年《公司法》允许公司通过自治性章程确定股东的出资总额,取消公司年检制度,赋予公司更大的自主决策权,却没有相应地对公司治理机制进行完善,没有对公司管理人员行为提出较法律修改前更为严格的约束规范,以至于 2013 年《公司法》下公司管理层的勤勉和忠实义务更加难以落实,直接影响了公司债权人的交易利益。

3. 公司外部监管制度不完善的法律风险

公司认缴资本制是一种放权于民的立法制度,它需要一套健全的社会诚信体系作为保障。只有在良好的社会诚信机制发挥保障功能的条件下,才能使公司在道德和法律的轨道中运转,防止公司触碰法律底线,侵犯债权人利益。然而当下,而在我国目前尚未建立起健全的社会诚信体系下,该制度的适用将会产生如下法律风险:

(1)在没有独立的第三方机构对公司信用作出客观地评估下,公司债权人只能依据公司自身提供的信息和部分行政机关公示的信息对公司进行评判,而公司自身提供的信息往往是避重就轻的,行政机关公示的信息也是不完整的,因此,债权人的判断容易发生偏差。

(2)取消有限责任公司、一人公司、股份有限公司最低注册资本限制后,为规避一人公司在涉讼时对公司财产独立于股东财产的举证责任,即便实际上是一人公司,可能也会注册成为由控股股东一人经营的普通有限责任公司,因为认缴相同数量的资本可以设立不同形式的公司,而对此情况,2013 年《公司法》并没有予以规范。

(3)尽管 2005 年《公司法》就规定了公司法人人格否认制度,对公司股东滥用公司法人独立地位和股东有限责任,损害公司债权人利益的现象进行规制②,但在我国司法实践中,绝大多数时候是将公司资产低于法定最低资本限额作为否认公司法人人格的重要事由,公司债权人可以据此要求股东对公司债务承担无限连带责任。③ 2013年《公司法》却取消了法定最低资本限额,这会使公司债权人对公司资本显著不足的判断丧失法定标准,使得本已困难重重的"人格否认之诉"更加难以成功,公司债权人利益被侵害后的救济也更加举步维艰。

三、认缴资本制下公司债权人的法律风险防范

针对前述商业交易中的法律风险,公司债权人有必要在以下方面加强防范,尽量避免这些法律风险由可能转变为事实。

1. 交易前,全面了解公司信息

无论对公司信息的掌握在当下存在怎样的障碍,全面了解交易对象的信息仍然是开始交易的第一课,是防范交易风险的重要措施,因为"没有调查就没有发言权","知己知彼,方能百战不殆"。了解公司信息可以从以下方面着手:

(1) 注意搜集该公司在行政机关公示的相关信息。根据《企业信息公示暂行条例》的规定,政府部门在履行职责过程中产生的能够反映企业状况的信息,依法可以公开的都应当予以公示;企业依法应当公示的信息如果没有公示或虚假公示的,还可以申请行政主管部门处理。

(2) 利用"大数据"思维,在各行各业中搜集该公司的相关信息,其中包括但不限于该公司股东及其利害关系人的信用状况。

(3) 聘请律师做尽职调查。律师作为法律专业工作者,能够从众多的公司信息中筛选出有价值的内容,增强公司债权人的识别能力。

2. 交易时,精心设计交易形式

交易内容决定交易形式,只有充分认识交易内容才能设计出合适的交易形式。在交易实践中,往往因为某个自然人与公司的紧密关系,才决定与该公司从事交易,这恰好与有限公司的人合性特点相吻合。因此,有必要在区分某个自然人与该公司关系的基础上,在与该公司建立合同关系时,让某个自然人对该合同负责,要么让某个自然人对合同履行进行担保,要么直接让某个自然人与该公司一道对合同的履行承担责任。特别是与财产状况不太好的公司进行交易,一定要该公司对交易提供担保,以转移交易风险。

---

② 2005年《公司法》第20条第3款规定:"公司股东滥用公司法人独立地位和股东有限责任,逃避债务,严重损害公司债权人利益的,应当对公司债务承担连带责任。"

③ 上海市高级人民法院《关于审理公司法人人格否认案件的若干意见》第7条规定:股东未缴纳或缴足出资,或股东在公司设立后抽逃出资,致使公司资本低于该类公司法定资本最低限额的,人民法院应当认定公司资本显著不足。

3. 交易中,及时跟踪公司经营管理状况

只有经营状况良好的公司才能保证交易合同的履行,因此,为了保证交易利益,公司债权人必须高度关注公司经营管理状况。公司债权人可通过合同约定在特定的情况下参与到公司的治理中去。可借鉴美国的"相机治理"机制,即随公司的财务状况变化参与公司治理,当公司处于正常或较好的财务状况时,债权人不干预;当公司陷入财务困境时,债权人有权参与到公司的治理中去。如双方可约定,当公司的资产达不到注册资本的2/3时,债权人可参与到公司的治理中去;当公司作出重大资金转移时,允许债权人有表决权等。④

4. 积极推动新《公司法》配套制度建设

市场经济是法制经济,只有健全市场法制,才能增强市场参与的预见能力,才能主动防范法律风险。为此,公司债权人在2013年《公司法》下应当积极配合政府有关《公司法》配套制度的完善,特别是社会诚信体系的构建,按照《企业信息公示暂行条例》的规定,积极公示企业信息,促进社会诚信建设。

---

④ 参见魏旭玲:《对我国公司资本制度改革下债权人利益保护的思考》,载《法制与社会》2015年第9期,第98页。

对赌协议的法律性质及效力研究

奚 庆[*] 吴倩芸[**]

近年来,随着大量境外私募股权基金进入我国市场从事投资业务并取得了丰厚收益,国内的私募股权基金也逐渐发展成熟,私募股权投资[①]在我国呈现出朝气蓬勃的发展态势。但由于在投资的实施中,受到投、融资双方信息不对称等问题的束缚,又由于我国监管制度、立法水平等与经济发展的不协调,以及现行法律对对赌协议的效力问题并无明文规定,因此,各界对于对赌协议的效力存在诸多争议。这给对赌协议的运用及私募股权的发展带来了一定的阻碍。为此,研究对赌协议的概念、性质以及对赌协议在我国的法律适用问题,对于更好地发挥其在资本市场中的作用,具有十分重要的现实意义。

一、对赌协议概述

(一) 对赌协议的概念

对赌协议(Valuation Adjustment Mechanism, VAM),又称估值调整机制,系包括增资合作、估值调整、股权转让等一系列内容的无名合同。行业通常定义是指投资方与融资方在达成协议时,各方对于未来不确定情况的一种约定。该机制的目的主要是根据企业未来实际经营情况对当前企业估值及投资价格进行修正。假如事先约定的条件出现,说明融资方的企业价值被低估,融资方因此遭受了一定的损失,可以对投资方行使协议约定的权利;假设事先约定的条件未达成,则说明融资方的企业价值被高估,投资方为此付出了超额的投资成本,因此融资方需要对投资方进行补偿。所以,对赌协议实际上是期权形式的一种。

(二) 对赌协议的成因

1. 难以对目标公司进行准确估值

投资方在决定对目标公司投资前,一般会对目标公司进行细致、全面的尽职调查,但尽职调查受到主客观多种因素的影响,包括但不限于行业周期、行业前景、政策扶持、管理者素质及个人偏好等,因此,在诸多复杂因素的影响下,即便是经验丰

---

[*] 南京师范大学法学院副教授、上海市锦天城(南京)律师事务所律师,法学博士。
[**] 上海市锦天城(南京)律师事务所律师助理。
[①] 私募股权投资(Private Equity,简称"PE"),其从投资方式角度看,与公开发行股票相对应,是指没有上市的股权投资。

富的投资方,也难以对目标公司作出准确的估值。因而签订对赌协议,可以有效地发挥估值调整机制的作用,矫正估值不准确造成的价值偏差。

2. 投、融资各方信息不对称

在投资中,投资方往往是通过公开渠道对目标公司进行调查,例如,其提交的商业计划书、财务审计报告以及其他途径得到有限的信息,而非直接参与目标公司的投资管理以获得第一手真实数据材料。相反,融资方往往是目标公司的实际控制人、原始股东,掌握整个企业的信息。虽然投资方一般应具有辨别真假的能力,但目前市场上信息纷杂繁多,完全准确地甄别出目标公司是否真正有潜力,是非常困难的。

3. 激励机制的设立

一方面,投资方并非目标公司的实际控制人、管理者,因此,欲通过目标公司的经营效益的增长来实现投资收益,只能寄希望于目标公司的实际控制人、管理者。另一方面,通过对赌协议的订立,将估值与股权或现金等对价挂钩,融资方为维护自身利益甚至获得投资方许诺的补偿,会努力经营以使目标公司达到对赌协议中约定的条件。因此,对赌协议是投资方对融资方设立的有效激励机制。②

(三) 对赌协议的主体

作为私募股权投资应用中的契约工具,实务中对赌协议的主体一般包括投资方和融资方两方主体。

其中,投资方一般是经验丰富、资金雄厚的机构或公司;融资方则大多处于发展阶段的中小型企业或这些企业的原始股东。这些企业虽然一般有着较好的发展前景,但由于缺乏资金,企业发展计划的实施受到了诸多限制。目前对赌的案例中成功较多的为民营企业的对赌,国有企业对赌受挫明显,例如,徐工集团作为融资方和凯雷亚洲投资基金的对赌就最终以流产告终,归根结底是由于国有企业作为融资方受限较多,涉及的审批和流程复杂,不好操作。

(四) 对赌协议的内容

对赌协议中所对赌的内容多种多样,在诉讼或仲裁中现最为常见的对赌内容包括:

1. 业绩承诺对赌

业绩承诺对赌是指采用一定的财务指标(通常为净资产回报率或净利润数额)为衡量指标,约定融资方在约定年限内达到约定的财务指标,投资方给予相应的货币或股权奖励;反之,融资方应当按照约定的计算方法向投资方支付货币补偿,或向投资方转让股权,或向投资方回购目标公司的股权。

---

② 参见江秋杰:《从合同法角度分析对赌协议的法律效力》,华东政法大学 2014 年硕士学位论文集,第 7 页。

2. 股权回购对赌

股权回购对赌,即若融资方没有在约定的时间实现目标公司的上市,未能上市的融资方应当按照约定的计算方式向投资方回购股权。通常预设回购率,以投资金额为基数,根据投入资金日期和回购要求提出日期间的年限按一定公式计算。

除上述两种最为常见的对赌内容外,其他对赌内容还包括非财务指标的设定,如专利权限期转让、管理层人员安排等。③

二、对赌协议的法律属性分析

目前我国法律尚未对对赌协议作出明确的规定或设定特定名称,根据《中华人民共和国合同法》(以下简称《合同法》)第124条的规定,对赌协议在合同法上属于无名合同。无名合同产生的根源在于:合同法奉行合同自由原则,在不违反社会公德和公众利益以及强制性法律规范的前提下,允许当事人订立任何内容的合同。对于无名合同的法律适用,《合同法》第124条作出了原则性规定:"本法分则或者其他法律没有明文规定的合同,适用本法总则的规定,并可以参照本法分则或者其他法律最类似的规定。"而对赌协议与何种有名合同最相类似,目前实践中仍存在争议。

(一) 对赌协议与借款合同

借款合同是借款方向贷款方借款,到期返还借款并支付利息的合同。在"对赌协议第一案——海富案"中,甘肃省高级人民法院参照最高人民法院《关于审理联营合同纠纷案件若干问题的解答》第4条第2项关于"企业法人、事业法人作为联营一方向联营体投资,但不参加共同经营,也不承担联营的风险责任,不论盈亏均按期收回本息,或者按期收取固定利润的,是明为联营,实为借贷,违反了有关金融法规,应当确认合同无效"之规定④,认定《增资协议书》中的对赌条款无效。虽然最终在最高人民法院的判决中对二审法院的认定进行了纠正,但实践中仍存在对赌协议在本质上是借款合同的观点。

借款合同与对赌协议在本质上就有着根本的区别。从合同目的来看,通过签订借款合同,贷款人是为了获得稳定的利息收益,借款人是为了获取资金。而签署对赌协议的目的则在于通过投资有商业发展潜力的公司或项目,从股权溢价中获得高额收益。两者的目的不同,决定了审查内容的不同。因此,借款合同更多是考虑资金使用是否合法收回借款的风险,虽然贷款方也会考虑借款方将资金用于哪个具体项目,但这并不是最重要的审查因素。而对赌协议由于存在更大的商业风险,投资方会通过严格谨慎的尽职调查、综合考虑各种风险后才进行项目的投资,

---

③ 参见王军旗、杨燕婷:《"对赌协议"纠纷法律实务研究》,载 http://www.dhl.com.cn/pageview.php? newsid=3053&navstr=%D1%A7%CA%F5%BB%EE%B6%AF,最后访问日期:2015年9月30日。

④ 参见甘肃省高级人民法院(2011)甘民二终字第96号判决书。

且通常会在协议中约定补偿条款以减轻投资失败造成的损失。

(二) 对赌协议与附条件合同

根据《合同法》第45条第1款,当事人对合同的效力可以约定附条件。附生效条件的合同,自条件成就时生效。附解除条件的合同,自条件成就时失效。目前存在的观点认为对赌协议是附生效条件合同的原因在于,附生效条件合同具有未来性和不确定性:

(1) 未来性是指所约定的条件是将来发生的事实,即当事人缔约时还尚未发生。对赌协议中约定的条件,即业绩增长或实现上市,也均是目标公司在未来某个时间点才会实现的。

(2) 不确定性是指所附条件能否发生在缔约时尚不能肯定,即约定的条件将来是否发生还处于不确定状态。在对赌协议中,目标公司业绩能否达到约定的标准,在订立协议时各方均无从知晓,也存在着企业达不到标准的可能性。[5]

经过分析我们可以发现,对赌协议与附生效条件合同存在着的本质区别在于,附条件合同是在条件成就时生效,但对赌协议在订立时就已经生效,目标公司是否达到约定的条件仅仅影响着双方的给付内容,并不影响协议本身的效力。

(三) 对赌协议与射幸合同

射幸合同,是指在合同成立时,当事人的给付义务内容不能确定,须视将来不确定事实的发生与否确定的合同。对于射幸合同,两大法系国家的立法均有明文规定,我国现行法律体系当中虽无射幸合同的专门立法,但是却存在着保险合同、彩票合同、有奖销售合同等射幸合同。由此我们可以得出,射幸合同至少应当具有两个特点:一是当事人在订立合同时对合同标的具有不确定性,订立射幸合同时存在的只是获得该标的的或然性或机会;二是当事人各方都存在获利或遭受损失的可能性,其投入与收益之间具有不对等性。[6] 射幸合同作为一种特殊的合同类型,其最根本的法律特征即为射幸性。

通过上述对射幸合同的分析,从对赌协议的内容来看,对赌协议也应该归类为射幸合同。首先,投融资双方在签订对赌协议时,双方对于目标公司业绩增长或是上市的实现都具有极大的不确定性,即使融资方在主观上作出了努力,但由于业绩增长或公司上市受到政策环境等诸多主、客观不确定因素的影响,因此也未必能达到双方约定的条件。其次,如果对赌协议约定的条件达到,则基本会形成投融资方双赢的局面,融资方可以获得股权,投资方也可以通过股价的提高从中获利;如果对约定的条件未达成,融资方不仅会丧失股权或进行赔偿,投资方也会因投资失败遭受一定的损失。因此,对赌协议完全符合射幸合同的最根本特征,是典型的射幸合同。

---

[5] 参见傅穹:《对赌协议的法律构造与定性观察》,载《政法论丛》2011年第6期,第69页。
[6] 参见谢海霞:《对赌协议的法律性质探析》,载《法学杂志》2010年第1期,第74页。

三、对赌协议在我国的法律效力分析

对赌协议是投融资领域目前被广泛使用的工具,在西方资本市场及法律框架下早已获得认可,对其法律规制也已较为完善。但在我国,对对赌协议尚缺乏明确的法律规范,在我国公司法体制以及严格的金融监管环境下,投融资双方简单套用西方资本市场成熟的操作方式,易遭遇水土不服,其法律效力一直以来为理论界和司法界所争论。

(一) 我国司法实践对对赌协议效力的认定

在我国被称为"对赌协议第一案"的海富投资诉甘肃世恒不履行对赌协议补偿投资案(以下简称"海富案"),于 2012 年 11 月 7 日,被最高人民法院以(2012)民提字第 11 号民事判决书推翻了此前两审法院的判决,第一次明确确认了股东与股东之间的业绩补偿型对赌协议合法有效。2014 年 8 月,上海市第一中级人民法院(以下简称"上海一中院")亦以(2014)沪一中民四(商)终字第 730 号民事判决书确认"海瑞沨股权投资合伙企业与连云港鼎发投资有限公司等股权转让合同纠纷"案(以下简称"瑞沨案")中的股权回购型对赌协议有效。

对于投资方而言,因履行对赌协议所引发的纠纷,根据现已披露的案例显示,基本上集中在出现了触发股权回购或业绩货币补偿的情况下,协议相对方拒绝履行或不完全履行协议而引发争议进行诉讼或仲裁程序。

因各起案件的情况并不一致,而法院和仲裁机构在司法实践中对于案件的处理亦略有差别,故下文区分法院和仲裁机构进行介绍分析。

1. 法院系统对对赌协议内容的认定

(1) 对于对赌协议或对赌条款的效力,就有关股权回购的内容而言,根据现有的司法判例,基本认定为有效。虽然最高人民法院(以下简称"最高法院")在"对赌第一案"(即海富案)中并未对股权回购条款有效与否进行判定,但在该判决中,最高法院对于对赌条款的有效性设定了一个基本的判定原则,即在充分尊重当事人意思自治和交易自由的前提下,该协议或该条款在并未违反现行法律规定、损害目标公司债权人及其他股东的利益的情况下,应为合法有效。

在上述"瑞沨案"的判决中,上海一中院就对赌协议和对赌条款是否合法有效的判定原则进行了更为明确的归纳和阐述,就所涉及的股权回购条款是否有效,法院设定了 4 个应当同时遵循的原则,即鼓励交易、尊重当事人意思自治、维护公共利益和保护商事交易的过程正义。⑦ 就该案而言,诉讼双方曾签署了两份对赌协议,第一份协议包含了除诉讼双方、目标公司外的其他投资方,但第二份对赌协议则仅为诉讼双方和目标公司签署,并约定了更高的股权回购率,上海一中院根据四

---

⑦ 参见上海第一中级人民法院(2014)沪一中民四(商)终字第 730 号判决书。

项判定原则，确认了第一份协议中的对赌条款的效力，而第二份协议中的对赌条款则因损害了其他投资方的利益而被认定为无效。

上海一中院所设定的上述4个判定原则，是在与最高法院的评判标准保持一致的前提下，根据现今的商业趋势而对于司法实践中法院判定对赌条款效力评判标准所进行的高度概括和明确。通观多个法院相关案例中所作出的认定，该4个判定原则，实际上系全国各地法院对于对赌条款评价标准在无形中所达成的共识。

除了股权回购外，实践中产生纠纷的另一常见对赌条款为业绩补偿条款，设定的补偿条件通常为货币补偿或股权补偿，而尤以货币补偿更为常见。最高法院在"海富案"中，对于投资方诉请的业绩补偿，直接肯定了业绩对赌条款的效力。

（2）对于对赌内容所体现的责任主体和责任内容而言，对于前者，集中在目标公司是否应当承担责任的确认上。一般的对赌协议，签约方通常包括投资方、融资方及目标公司，而在股权回购及业绩补偿条款的约定中，往往将目标公司设定为一并承担责任，或对融资方的义务承担担保责任。在最高法院的"海富案"判决作出后，目标公司向投资方的补偿，已被确定为违反了法律和公共利益而被认定为无效。

而对于对赌内容所体现的责任，即融资方是否应按照对赌条款设定的计算方法承担责任问题，虽然最高法院在"海富案"中直接依据对赌条款约定的计算方式支持了投资方的诉讼请求，但值得注意的是，最高法院在该判决中对于业绩补偿的认定部分指出，"迪亚公司（即融资方）对海富公司（即投资方）请求的补偿金额及计算方法没有提出异议，本院予以确认"，而其他法院在案件判决中亦有类似陈述。

回购溢价和业绩货币补偿实质上是违约赔偿，而该案中最高法院认可对赌条款约定的业绩补偿计算方式盖因融资方并未要求法院调低，因此在本案中，对于货币补偿标准法院实际上未有判断。如前所述，在回购溢价和业绩货币补偿是违约融资方对守约投资方的损害赔偿时，则损害赔偿的标准该如何界定，尤其是如果在同一案件中，在投资方同时诉请股权溢价回购和货币补偿的情况下，在融资方提出调低要求时，法院是否应对计算方式进行调整，以及法院面对投资方作为能够取得很高资金回报率的投资企业，判决的下调幅度是否仍囿于现今司法实践中经常采用的同期银行贷款利率的4倍？遗憾的是，目前暂未查询到同时主张溢价回购和业绩补偿的案例，而现有的单一主张溢价回购或业绩补偿的案例，法院未对相关标准作出任何调整。

2. 仲裁机构对于对赌协议内容的认定

商事仲裁机构作为专门的针对商业纠纷的司法裁判机关，相较法院而言，更注重对合同各方意思自治的保护，而裁判内容更趋灵活，法律也赋予了仲裁员更多的自由裁量权。

（1）对于对赌协议或对赌条款的效力，无论是股权回购条款还是业绩补偿条款，仲裁庭与法院的态度一致，均认为有效。仲裁庭对于该等协议或条款的认定标准亦与法院基本一致,即在充分尊重双方当事人意思自治的情况下,条款本身并无显失公平、违反公共利益或不合法的情形,应认定为有效。

(2) 对于对赌内容所应体现的责任主体和责任内容而言,仲裁庭的态度和法院并不完全一致。就责任主体而言,目标公司应否承担责任,仲裁庭并未"一刀切"的进行认定。仲裁庭判断目标公司承担责任的前提,系签约时目标公司是否受到了融资方的控制,通常量化的标准即,签约时目标公司是否仅是签约的融资方的唯一一个股东、目标公司的实际经营是否为融资方所控制。如是,则目标公司系遭受融资方控制的主体,出于保护投资方的利益,目标公司亦应为责任主体。该观点所借鉴的系"刺破法人面纱"的反向运用,认为在该种情况下目标公司的独立人格与融资方混淆,因而应当承担责任。当然,所承担责任的类型不会是股权回购义务,而是对股权回购款的支付义务或业绩补偿款的支付义务。

就责任内容而言,针对溢价回购和现金补偿标准,仲裁庭对于资金损失的认定,并不似法院般机械地认为上限为同期银行贷款利率的4倍,而是将该标准作为参照,结合案件损失方的实际情况进行自由裁量,突破4倍的裁决实际并不鲜见。现已裁决的案件中,也已出现了仲裁庭同时支持溢价回购和现金补偿的情况。

(二) 对赌协议的合法性要求

无论是对赌协议本身,还是从目前的司法实践来看,对赌协议是否合法与其内容和主体息息相关。通观相关案例中多个法院对个案所作出的认定以及上述提及的4个判定原则,在实际操作中,判定对赌条款是否合法有效主要应考虑以下问题:

1. 对赌协议未侵犯公司法人独立财产权

投资方与目标公司之间对赌协议的效力根据我国公司法理论及相关法律规定,在公司有效存续的情况下,基于公司资本维持和法人独立财产的原则,股东基于其投资可从公司获得财产的途径,只能是依法从公司分配利润或通过减资程序退出公司,除此之外,股东应无权直接从公司取得公司财产,否则是对公司及公司债权人权益的损害,有可能被认为构成股东滥用股东权利。[⑧]

股东与公司对赌的实质,是赋予股东在不需要经过法定利润分配程序的情况下,直接从公司获得财产,使得股东可以不承担经营风险,而当然获得约定收益,其约定的实质损害了公司的利益,因而属于无效约定。司法实践亦明确投资方与目标公司之间签署的对赌协议无效。在"海富案"中,最高法院作出的再审判决,否定了股东与公司对赌的效力,肯定了股东与股东之间对赌条款的合法有效性。

关于股东与公司之间对赌条款的效力,最高法院认为,股东与公司间的对赌约

---

⑧ 《公司法》第20条第1款规定:"公司股东应当遵守法律、行政法规和公司章程,依法行使股东权利,不得滥用股东权利损害公司或者其他股东的利益;不得滥用公司法人独立地位和股东有限责任损害公司债权人的利益。"

定,使得股东的投资可以取得相对固定的收益,该收益脱离了公司的经营业绩,损害了公司利益和公司债权人的利益。而针对股东与股东之间对赌条款的效力,最高法院认为,股东对股东的补偿承诺并不损害公司及公司债权人的利益,不违反法律法规的禁止性规定,是当事人的真实意思表示,是有效的。

虽然国内仲裁机构目前对这种投资方和公司对赌的倾向性意见是,当"对赌协议"签订之时,投资方尚非目标公司的股东,因此双方之间是合同法律关系,而非公司法律关系。而对赌条款作为估值调整机制,其本质是"多退少补"的商业安排,并没有违反法律的强制性规定,而且这一条款本身的设计也无任何显失公平之处。因此,投资方与目标公司约定的对赌条款并不损害被投资公司或其债权人的利益,是合法有效的。但是由于我国目前没有成文的法律规范,仅从个案来看,并不能确保投资方与公司签订的对赌协议的效力被认可,投资方还是应尽量避免与目标公司签订对赌协议。

2. 对赌协议中的"对赌",必须公平合理

根据最高法院再审判决所体现的审判原则和精神,估值调整机制整体安排的公平合理性也是法院在认定协议效力时的重要考量因素。因此,实践中必须在投资协议中明确约定投资定价的依据,如列明投资时所依据的目标公司的经营状况、财务数据、行业前景等因素,目标公司及其股东对业绩的承诺,并明确列明投资价款确定的方式或计算公式,这样才有利于司法机关综合考量并认可估值调整条款的公平合理性,避免对赌协议被认定无效的法律风险。

3. 对赌协议的主体要求

对赌协议的效力与其签约主体是否存在关联,在实践中并无定论。从实践来看,对赌条款在国内多被用于私募股权投资之中,商业实践和司法实践中的案例也基本以私募股权投资为背景。虽然在上述司法案例中法院并未明确指出,参与对赌的投资方必须是私募股权投资方,但由于没有明确的法律规定,普通投资方参与对赌将存在着不被司法机构认可的风险。

四、结语

随着经济和投资市场的发展,对赌协议作为私募股权投资领域的一项重要工具,其应用也在不断增加。对于投、融资双方,对赌协议不是纯粹的"你输我赢"的赌局,而是双方根据商业观察,出于双方共赢的目的设立的一个价值增长机制。对赌协议作为类似射幸合同的无名合同,在我国的现行法律框架中运行不存在合法性障碍。但是由于我国并非判例法国家,目前的分析仅是基于现有的司法案例,且对赌协议存在高风险,因此应该将其纳入合同法或对其司法解释加以规范和调整,使得投融资行为能在法律的框架内有序进行,以更好地发挥其在资本市场中的作用。

参考文献

[1] 江秋杰:《从合同法角度分析对赌协议的效力》,华东政法大学 2014 年硕士学位论文。

[2] 王军旗、杨燕婷:《"对赌协议"纠纷法律实务研究》,载 http://www.dhl.com.cn/pageview.php?newsid=3053&navstr=%D1%A7%CA%F5%BB%EE%B6%AF。

[3] 傅穹:《对赌协议的法律构造与定性观察》,载《政法论丛》2011 年第 6 期。

[4] 谢海霞:《对赌协议的法律性质探析》,载《法学杂志》2010 年第 1 期。

[5] 李子薇:《对赌协议的法律属性及其效力探析》,载《中财法律评论》第 7 卷。

[6] 赵昭:《对赌协议的合法性出路》,载《学术界》2015 年第 2 期。

[7] 李有星、冯泽良:《对赌协议的中国制度环境思考》,载《浙江大学学报》2014 年第 1 期。

[8] 王伯潇:《对赌协议法律规制的路径再勘》,载《青海社会科学》2015 年第 1 期。

[9] 赵飞:《对赌协议法律问题研究》,复旦大学硕士学位论文,2012 年。

[10] 刘迎霜:《私募股权基金投资中对赌协议的法律解析》,载《国际商务(对外经济贸易大学学报)》2015 年第 1 期。

浅谈股权投资中对赌协议的法律效力问题

莫静华[*]

近年来,中国资本市场繁荣,中国私募股权投资(PE)活跃,众多 PE 投资者都试图以各式的"对赌协议"或投资协议中的"对赌条款",保障自己的投资权益或减小投资风险。但 PE 投资在我国司法层面还没有针对性的法律规定或司法解释,司法判例也没有提供足够多的指引,业界也没有足够的重视。笔者以自己参与办理的股权投资纠纷中所涉对赌协议的法律效力问题及我国 PE 投资现实需求,简谈几点。

一、案件简介

A 投资基金公司(以下简称"A 公司")于 2010 年与 B 股份有限公司(以下简称"B 公司")签署了增资协议,A 公司以认购 B 公司新增的股份成为 B 公司的股东,然后 B 公司与 C 公司进行资产重组,B 公司借壳上市。与此同时,D、E、F 公司也同 A 公司一样,均以同样的方式入资 B 公司成为新股东,且 D、E、F 拥有 B 公司 80% 以上的股份。

A 公司为保障自己的投资权益和减少风险,与 B 公司的三大股东 D、E、F 公司共同签订了一份《补充协议》。该协议主要约定,若 B 公司借壳上市不成功,B 公司应以投资金额加固定比例的利息回购 A 公司的股权,D、E、F 公司对 B 公司回购义务承担配合和付款连带责任。

事后,B 公司借壳上市未遂,A 公司计划落空。A 公司随即要求 B 公司以约定的金额回购其股份,并且要求 D、E、F 公司对 B 公司承担回购付款连带责任。多方由此发生争议,A 公司将 B、D、E、F 公司起诉至某高级人民法院,要求 B、D、E、F 公司按《补充协议》内容履行回购义务。

二、案件争议的焦点问题

本案件争议的焦点问题,笔者认为可以简单概括为以下几点:

(1) B 公司的大股东 D、E、F 公司与 A 公司设定了有关 B 公司(目标公司)是否上市成功的对赌目标;

(2) 对赌内容是 B 公司上市不成功,则 B 公司(目标公司)溢价回购 A 公司的

---

[*] 四川祥裕律师事务所合伙人、副主任律师。

股份,B 公司的原股东 D、E、F 承担回购款的连带支付责任。

本案中,对赌条款的法律效力问题,直接关系到 A 公司的诉请是否成立。

对此,有截然相反的两种观点:

(1) 该协议内容合法有效,应完全按该协议内容执行。因为签约主体具有相应民事行为能力、意思表示真实、协议内容不违反现行的法律、法规、司法解释及社会公共利益,应当认定为合法有效,即法无明令禁止皆可为;其回购的保证条款同样也有效,应严格按协议约定执行。

(2) 该协议内容因违反了公司法的有关强制性效力规定,损害了公司及其他利益相关方的利益当属无效,回购的保证条款也无效。

三、笔者观点及法律分析

笔者赞成第二种观点,理由如下:

1. 从公司法角度看,B 公司的大股东 D、E、F 公司与 A 公司之间设立了 B 公司回购 A 公司股份的对赌条款,违反了《中华人民共和国公司法》(以下简称《公司法》)第 35 条规定的"公司成立后,股东不得抽逃出资"的强制性法律规定

在司法实践中,为进一步明确抽逃出资的形式,2014 年 2 月 20 日修订的最高人民法院《关于适用〈中华人民共和国公司法〉若干问题的规定(三)》第 12 条规定:"公司成立后,公司、股东或者公司债权人以相关股东的行为符合下列情形之一且损害公司权益为由,请求认定该股东抽逃出资的,人民法院应予以支持:(一) 将出资款项转入公司账户,验收后又转出;(二) 通过虚构债权债务关系将其出资转出;(三) 制作虚假财务会计报表虚增利润进行分配;(四) 利用关联交易将出资转出;(五) 其他未经法定程序将出资抽回的行为。"按照《公司法》的规定,股东从公司取回其股权出资(包括计入注册资本金的出资金额以及资本公积金的出资金额)的合法途径仅限于以下四种:第一,公司按照《公司法》第 177 条规定的法定程序减少注册资本;第二,异议股东按照《公司法》第 142 条规定的法定情形对股份有限公司行使异议股份回购请求权;第三,股东在公司解散清算时,按照《公司法》第 186 条规定的清算程序分取公司剩余资产;第四,股份有限公司的发起人和认购人在缴纳股款或者交付抵作股款的出资后,在公司未按期募足股份、发起人未按期召开创立大会或者创立大会决议不设立公司的情形下,按照《公司法》第 91 条之规定取回其股本。

《公司法》有关维持和巩固公司资本的上述规定,是公司得以生存和发展的制度基石,属于强制性规范中的效力性规范。公司资本是公司的信用基础和对公司债权人的总体担保。为确保公司在存续、运营阶段可持续健康发展以及保障债权人、股东的正当权益,《公司法》规定了资本维持原则。对此,《公司法》第 27 条、第 28 条、第 35 条、第 127 条、第 142 条和第 166 条是资本维持原则的体现,属于强制性规范。其中第 35 条和第 142 条明确了抽逃出资行为、股份回购行为的法律效

力,这应当属于强制性法律规范中的效力性规范。

因此,就本案例而言,《补充协议》中约定由 B 公司向 A 公司履行股份回购义务的条款,实质上是变相允许股东抽逃出资的行为,不符合资本维持原则,违反了《公司法》中的效力性强制性规范,损害了 B 公司及公司其他股东,尤其是债权人的利益,因此是无效条款。

再者,公司回购本公司股份理应是公司与股东之间的法律关系,受《公司法》规定的公司权力决策范围、决策程序的有关规定约束,而不是股东与股东之间的单纯契约关系。虽然股东与股东之间可以约定相互转让股权,但不得约定本来属于公司权力机构决策范围内的回购本公司股份的事项。

2. 从合同法角度看,B 公司不是《补充协议》的当事人,A 公司与 D、E、F 公司无权在《补充协议》中为 B 公司约定设立回购义务

从合同法角度看,合同具有相对性。我国《合同法》第 8 条第 1 款明文规定:"依法成立的合同,对当事人具有法律约束力。"换言之,合同仅对缔约当事人产生法律拘束力,而不对缔约方之外的第三人产生法律拘束力。合同可以为缔约方之外的第三人创设利益,但无权为合同外的第三人设定义务或者责任。因此,为合同外的第三人设定义务或者责任的合同条款无效。

虽然案例中的缔约方 A、D、E、F 公司对 B 公司持有绝大部分的股份,但 B 公司还有其他小股东以及公司的债权人。因此,B 公司仍是《补充协议》之外的第三人。

3. 由于《补充协议》约定的 B 公司向 A 公司履行股权回购义务的条款无效,D、E、F 公司作为该股权回购义务保证人与 A 公司之间的保证条款亦归无效

保证是债务人以外的第三人为债务人履行债务而向债权人所作的担保。根据《中华人民共和国担保法》第 5 条的规定:"担保合同是主合同的从合同,主合同无效,担保合同无效。"本案中,因 A 公司与 B 公司之间的回购条款无效,建立在该无效条款之上的保证回购条款亦归无效。

四、结语

虽然笔者认为上述案例中的对赌条款无效,但对于对赌协议的合法性,我国法律并没有明文规定其为合法还是非法。针对对赌协议在资本市场中不可代替的作用,特别是在西方资本市场,对赌协议或条款几乎是每一宗投资不可少的技术环节。为满足新常态下公司投融资模式创新的需求,保障经济发展有法可依,我国应完善相关法律规定或作效力性司法评定标准。

为此,笔者建议投、融资双方在设立对赌协议时应从三个方面考虑:

(1) 要充分考虑我国现行法律、法规中效力性强制性规范;

(2) 要考虑对赌双方主体资格的合法性,即应在投资机构和融资企业原股东之间进行对赌;

(3) 在对赌的内容和范围限定上,应总体限于估值调整范围内,对业绩承诺或

目标公司上市期待进行对赌。

综上所述，笔者认为，只要符合上述三个方面评定标准的对赌协议或对赌条款，应当认定为合法有效、为现行司法所许可。这也是顺应我国经济充分市场化的大趋势。